现代经济与管理类规划教材

现代营销学教程

主 编 秦 勇 李东进

清华大学出版社
北京交通大学出版社
·北京·

内 容 简 介

本教材以4P营销组合为写作基础，主要内容包括：市场营销导论、客户满意、消费者行为分析、组织市场购买行为、市场调查与预测、市场营销战略、市场细分与市场定位、产品策略、价格策略、渠道策略、中间商、促销策略、市场营销管理、国际市场营销及市场营销理论的新发展等内容。本教材强调理论与实务相结合，体例布局力求新颖。每章开篇均有本章导读（含知识结构图）、开篇案例等专栏，文中穿插大量的阅读资料以拓展知识并增强易读性。每章后设有课后习题和案例讨论模块，内容丰富，形式多样。

本教材可作为高等院校市场营销、工商管理或其他相关专业学生的教材使用，也可作为企业市场营销管理培训用书或企业营销人员的参考用书。

图书在版编目（CIP）数据

现代营销学教程／秦勇，李东进主编．—北京：北京交通大学出版社：清华大学出版社，2013.8

（现代经济与管理类规划教材）

ISBN 978-7-5121-1537-8

Ⅰ．①现… Ⅱ．①秦… ②李… Ⅲ．①市场营销学-高等学校-教材 Ⅳ．①F713.50

中国版本图书馆CIP数据核字（2013）第164935号

责任编辑：张利军　　特邀编辑：程书芹

出版发行：清 华 大 学 出 版 社　　邮编：100084　　电话：010-62776969　　http://www.tup.com.cn

　　　　　北京交通大学出版社　　邮编：100044　　电话：010-51686414　　http://www.bjtup.com.cn

印 刷 者：北京时代华都印刷有限公司

经　　销：全国新华书店

开　　本：185×260　　印张：24　　字数：612千字

版　　次：2013年8月第1版　　2013年8月第1次印刷

书　　号：ISBN 978-7-5121-1537-8/F·1212

印　　数：1～4 000册　　定价：38.00元

本书如有质量问题，请向北京交通大学出版社质监组反映。对您的意见和批评，我们表示欢迎和感谢。

投诉电话：010-51686043，51686008；传真：010-62225406；E-mail：press@bjtu.edu.cn。

前言

作为一门学科，市场营销学诞生至今已逾百年。这期间，随着全球经济的不断发展，市场营销学的形式和内涵也发生了根本性的改变。其突出表现为，营销学的应用已不仅限于企业，而且还延伸至一些非营利性组织，甚至包括政治领域。例如，四年一届的美国总统大选，参选的各方无不应用市场营销方法对选民进行市场细分，并对其进行广告宣传，以阐明利益，求得目标选民的支持。与其应用范围的扩大相适应，市场营销学也逐步扩展为服务市场营销学、非营利组织市场营销学、地方市场营销学及国际市场营销学，等等。

伴随着市场经济在我国的蓬勃发展，市场营销学知识在我国被广泛传播。目前，国内有800多所高等院校开设了市场营销专业，开授营销学课程的专业更是不计其数。如今，市场营销学已在高等教育经管类课程体系中占据着重要的位置，是每一位工商管理类专业学生必修的一门课程。因此，不断探索市场营销课程教学新模式、新方法，编写出一本能够适应当前人才培养新需求的实用型教材，无疑具有一定的积极意义。

市场营销活动是从满足消费者的需求出发，并贯穿整个过程的管理。本教材以4P营销组合为写作基础，主要内容包括：市场营销导论、客户满意、消费者行为分析、组织市场购买行为、市场调查与预测、市场营销战略、市场细分与市场定位、产品策略、价格策略、渠道策略、中间商、促销策略、市场营销管理、国际市场营销及市场营销理论的新发展等内容。本教材强调理论与实务相结合，体例布局力求新颖。每章开篇均有本章导读（含知识结构图）、开篇案例等专栏，文中穿插大量的阅读资料以拓展知识并增强易读性。每章后面设有课后习题和案例讨论模块，内容丰富，形式多样。

本教材致力于帮助学生在学习过程中形成清晰的理论知识体系，建立科学的理论观察点。本教材的学习将有助于学生敏锐地发现营销的关键问题，从而捕捉营销的机会点，并通过成功的营销策划活动正确地执行。

本教材由秦勇、李东进担任主编，朴世桓、于洁、何强、何天林担任副主编。各章的编写分工为：第1章由李东进负责编写；第2章由马蔚姝负责编写；第3章由秦勇负责编写；第4章由秦勇、朴世桓负责编写；第5章由刘爽负责编写；第6章由何强负责编写；第7章由秦勇、何天林负责编写；第8章由曹海英、于洁负责编写；第9章由阎飞龙、崔丽霞负责编写；第 10 章由秦勇、张子峰负责编写；第 11 章由李东进、张子峰负责编写；第 12 章由秦勇负责编写；第 13 章由王薇负责编写；第 14 章由博昭负责编写；第 15 章由刘爽负责编写。全书由秦勇负责起草编写大纲，秦勇、李东进负责总撰、修改和定稿。

在编写过程中，编者参考和借鉴了众多学者的研究成果，在此谨向这些专家们表示诚挚的谢意。此外，我们要特别感谢张利军编辑为本书的出版所付出的辛苦与努力，他在编辑方面所给予的专业帮助是本书得以顺利出版的最大保障。

鉴于学识有限，书中不足之处在所难免，敬请广大读者和同行批评指正。

秦　勇　李东进
2013 年 8 月

目录

第 *1* 章

市场营销导论

本章导读

市场营销是现代企业一项必不可少的重要职能，它直接面对顾客，并识别顾客的需求和欲望，进而通过产品、价格、渠道和促销等多种策略来实现企业的经营目标。本章阐述了市场营销的基本概念和相关理论，主要讲述营销内涵、营销参与者、营销理念的变迁、市场营销环境及营销管理等内容，以便为读者进一步学习打好基础。

本章的知识结构图如下：

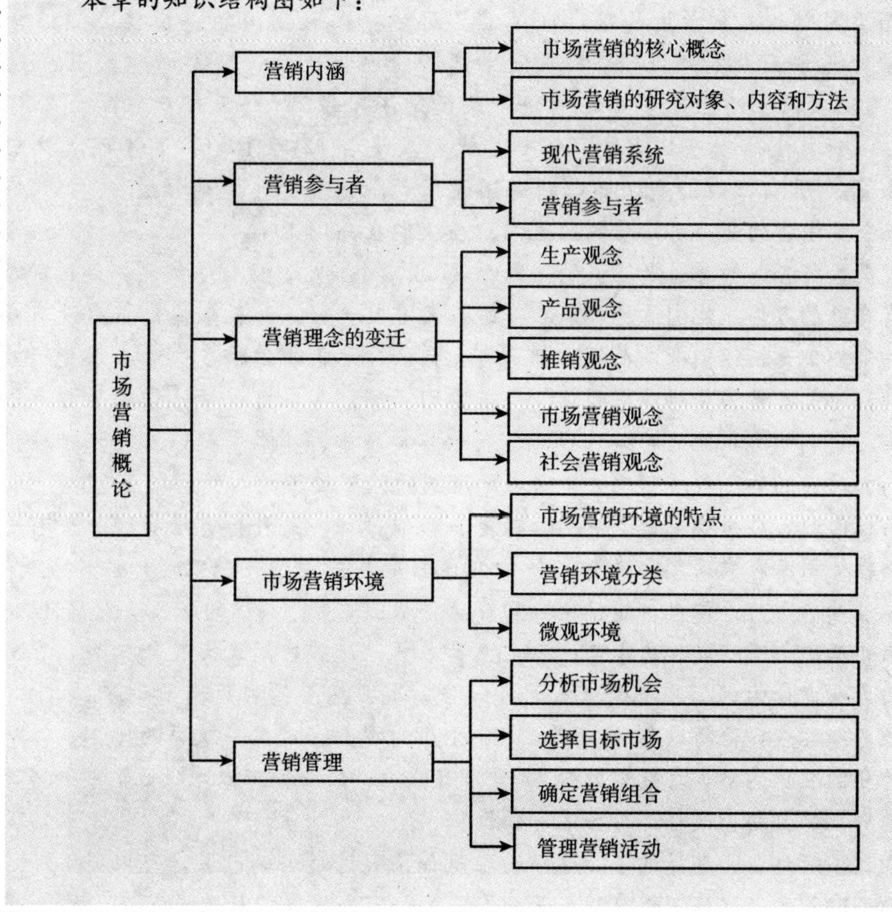

开篇案例

岛国卖鞋

有一个欧洲的跨国制鞋公司，为了开发一个岛国的市场，先后派出了五个考察队。

第一个被派去的考察人员马上就汇报说：这里没有鞋子的市场，因为人们都没有穿鞋的习惯，建议放弃这里，另外选择别的市场。

第二个被派去的是由公司里最优秀的推销员组成的队伍。推销员们在岛上转悠了半天，第二天就回来了。他们在述职报告中声称：岛上的居民还没有一个是穿鞋的，因为他们还没有这个习惯，岛上暂时也没有卖鞋的；由于存在这么巨大的市场空缺，公司可以把鞋大批量地运过去，而他们也有信心把鞋推销给这些岛国的居民使用！

第三个被派去的考察队是鞋厂的厂长们。厂长们在岛上转了两天，回来之后显得非常高兴，他们声称：岛国是一个很有市场前景的市场，他们在岛上找到了可以生产鞋的原料，而且原料以及岛上的其他各方面社会资源价格都很低廉；他们建议公司立即到岛国设立分厂，认为只要能够赶快大批量生产，肯定可以获取高额的利润。

第四个被派去的是公司的财务部门。他们比较了“国际贸易”和“本地化生产”两种模式的优劣后，认为：岛国的原料、土地、劳动力、水、电等资源的价格相对低廉，而公司距离岛国最近的鞋厂也是非常远的，而且岛国的关税较高。综合两种模式所需的各方面成本来说，“本地化生产”的优势较大。只要新建的鞋厂能够保持每天1 000双以上的生产量（这对公司来说是不难做到的），每双鞋的成本可节省4元。按一个月生产3万双计算，一个月就可以节省12万元，半年就可以收回建厂的全部成本。所以，他们建议公司到岛国设厂，就地生产、就地销售。

第五个被派去的是公司的营销经理们。经理们在岛国上呆了5天，拜访了上至岛国酋长，下至各行各业的普通老百姓的岛国人共50多个样本。他们了解到，岛国的居民一直都没有穿鞋的习惯，他们看见外来的穿鞋人都非常奇怪——原来他们根本没有意识到穿鞋这件事。但是，他们很多人的脚都是有毛病的，他们想过很多办法去避免脚病，都不太奏效，他们非常渴望脚病得到根除。当他们了解到穿鞋可以帮他们的脚避免很多意外的伤害，更利于防止他们的脚病后，都表示非常愿意、非常渴望一双鞋。经理们还了解到：岛国居民的脚，普遍都比公司所在的欧洲的同年龄段的人的脚长2～3英寸，宽1英寸左右。因此，公司要对卖给他们的鞋重新加以设计。另外，曾经有过一个有一定竞争力的制鞋公司派人来考察过；但当他们发现当地居民都不穿鞋以后，认为没有市场，就放弃了继续的努力；但也不能排除他们日后会卷土重来。岛国的居民是没有什么钱的，但是岛上的居民都听从酋长的命令；岛上盛产香蕉，这些香蕉又大又甜又香，在欧洲是极具销售力和竞争力的。经理们跟酋长谈过了，也去岛上的香蕉园看过了，非常高兴，因为酋长已经答应：他将以每20公斤到30公斤的香蕉，对应一双鞋的比例，换取鞋公司专门为岛国生产的鞋，总数量大概为10万双左右，第一批可以先跟他们要一万双，越快到货越好，并且给予该鞋公司独家卖鞋权！

经理们了解过了，也算过了，这样的香蕉如果经过适当的包装，可以以30元/公斤的价格卖给欧洲的××连锁超市的经营公司，按一万公斤算，扣除包装、运输、关税、人员工资等，每公斤香蕉的纯利润为 23 元。一万双鞋，如果从离岛国最近的厂运到岛国，公司的总成本为 16 万元。那第一批 1 万双鞋，可以换得的香蕉总数额（按 25 公斤香蕉=1 双鞋算）是 25 万公斤，而香蕉的总利润为 575 万元。扣除鞋的成本，公司可以在第一笔交易中营利 559 万元。如果鞋在岛国本地生产，则每双鞋可以再节省成本 4 元，公司则可以得到 563 万元的总利润！

不过，经理们也算过了，投资设厂的资金需要 200 万元，而且从建厂到真正出成品交货，需要三个月的时间，满足不了酋长的迫切要求；而公司从最近的鞋厂设计、生产那一万双鞋，再运到岛国出售，只需要一个半月，这个时间酋长是可以容忍的。所以，经理们建议公司用“国际贸易”做成第一笔的 1 万双交易，打好关系和基础；同时在岛国建厂投入生产，以便为后续更大的市场发展提供支持！

制鞋公司对营销经理们的报告大加赞赏，同时给予了重赏！

（资料来源：吴震．一个经典的市场营销故事：岛上卖鞋［OL］．［2012-11-11］．http：//blog. renren. com/share/229426907/1575380581.）

1.1 营销的内涵

营销活动是现代企业经营管理的核心之一，尤其在当今商品极大丰富，市场供过于求，消费者需求不断个性化的新时代，营销更是为企业所高度重视。然而令人遗憾的是，大多数人甚至是一些营销实践者，往往把营销理解为推销和广告等活动，“一叶障目，不见森林”，因而不能真正认识和理解营销的内涵。

1.1.1 市场营销的核心概念

1. 需要、欲望和需求

需要和欲望是市场营销活动的基础。“需要”是指人们生理上、精神上或社会活动中所产生的一种无明确指向性的满足欲，如饥饿了就会寻找食物，但并未指向是具体哪一种食物。

欲望（wants）是指人们在获取这些基本需要时的愿望，即表现出来的对基本需要的特定追求，是人类需要经由文化和个性塑造后所采取的形式。比如为满足“饥饿”的生理需要，人们可能选择西式汉堡包、皮萨或者中式的大饼鸡蛋等。可以看出，欲望是用可满足需要的实物来描述的，市场营销无法创造需要，但可以影响欲望，并开发特定的产品和服务来满足欲望。

需求（demands）在市场营销中具有特定的定义，它是指人们有能力购买并愿意购买某一具体产品的欲望，即对某特定产品或服务的市场需求。企业可以通过各种营销手段来影响需求，激发顾客的购买。

2. 产品

产品是指任何提供给市场并能满足人们某种需要和欲望的东西。产品概念并不限于实物，任何能够满足需要的东西都可以被称为产品。可以把产品划分为有形的商品，无形的服务、理念和体验。有形的商品是生产生活和营销实践的重点，比如电子产品、食物和住房等。随着市场经济的发展和成熟，服务的地位日益重要，服务往往需要顾客的参与才能完成，服务也往往需要同有形的产品共同销售来满足顾客的需要，比如航空业、理发业和汽车租赁行业等。体验日益成为一种重要的产品，体验往往通过协调多种类型的服务和商品来实现，它带给消费者的是一种生理和精神上的有价值的经历，比如到迪尼斯乐园游玩，到星巴克喝咖啡，等等。理念是企业的一种宣言或口号，往往通过有形的产品或无形服务来实现，消费者认可了一种理念，就会持续购买该公司的产品。

3. 价值、满意和机会成本

消费者作出购买选择的依据是他们对各种产品和服务所提供的价值的理解，也就是产品和服务对消费者的有用性或效用。顾客价值是指顾客从拥有和使用某产品中所获得的价值与为取得该价值所付出的成本之差。产品的效用通常是根据对产品价值的主观判断和需支付的费用来作出评价。

顾客满意取决于消费者所理解的产品效用与期望值进行的比较。如果产品的效用低于顾客期望，消费者就不会满意。如果效用符合顾客期望，购买者就会感到满意。如果效用超过顾客期望，顾客就会感到惊喜。

消费者购买产品需要支付费用，有时必须放弃购买其他产品或服务的机会，称之为机会成本。所以消费者在作出购买决策时，会全面衡量产品的价值、满意和机会成本三个方面的关系。

4. 交换、交易和关系

交换是向他人提供所需之物或价值，并获取相应之价值的实物或服务的行为。作为满足需要的一种方式，交换有许多优点，人们没有必要掌握为自己生产每样必需品所需要的各种技能，只要掌握自己擅长的技能来进行生产，然后进行交换获得所需产品。

交换是市场营销的核心概念，而交易则是市场营销的度量单位。所谓交易就是指买卖双方价值的交换。交易通常有包括货币交易和非货币交易两种，交易应具备的条件除了双方都具有对方所需求价值之外，还应具有双方同意的交易条件、时间和地点，以及维护交易的法律和承诺。

交易营销是关系营销的一个组成部分，除了进行短期交易之外，营销人员还必须与有价值的顾客、分销商和供应商建立长期的关系。这主要通过承诺和持续提供高质量的产品、良好的服务和公平的价格来建立较强的社会和经济联系。关系营销日益重要，它强调长期性，其目标是为顾客提供长期价值，其成功的尺度是顾客长期和持续的满意。现在的营销者通过许多营销手段来建立、维护和加强顾客关系，努力实现顾客满意和顾客忠诚。

5. 市场

由交换和关系的概念可引出市场的概念，市场是指产品的现实和潜在的购买者。这些购买者共同具有某一特定的、能通过交换和关系得到满足的需要或欲望。因此，市场规模的大小，取决于需要交换并拥有供交换的资源，而且用这些资源进行交换来满足欲望的人的数量。

市场原是指买卖双方聚集在一起交换商品的场所，后来经济学家用市场一词来泛指交易某类产品的卖方和买方的集合，一般市场营销者认为卖方组成行业，买方组成市场。市场营销者的目标就是认识特定市场的需要和欲望，然后挑选出能提供最佳产品或服务的市场，也就是目标市场；然后设计和生产产品和服务来满足消费者需求，使顾客获得价值和满意。

1.1.2 市场营销研究的内容和方法

1. 市场营销的研究内容

市场营销的研究内容是对研究对象的更为深入和系统的阐述，主要包括以下几个方面。

（1）研究市场营销学中的基本理论。作为一门科学的理论基础，市场营销学首先清晰地阐述了学科性质、研究对象和方法等内容，进而研究不同经济发展时期市场营销理论的发展和变革，这些营销观念主要包括生产观念、产品观念、推销观念、市场营销观念、社会营销观念、大市场营销观念和全球市场营销观念等，各个营销观念深刻地反映了不同历史条件下的市场环境。

（2）研究企业的战略计划过程。市场营销中包括企业的一些市场战略计划，如对目标市场的选择、市场定位、产品定价、渠道选择和促销等，这些战略决策关乎企业在某行业的发展和成功。企业的市场部门必须制定准确、清晰的市场战略计划，并同时与其他部门进行合作和沟通，才能够保证市场营销的成功。

（3）研究市场营销管理过程。市场营销管理过程即市场营销的计划及执行活动，其过程包括对产品的研究开发、定价、促销和渠道的一切获得，其目的就是通过市场营销管理来达到全面满足组织或个人需求的目标。营销管理主要涉及的内容是企业宏观和微观环境研究，产业市场和消费者市场及其购买行为研究，市场调查和预测，市场细分、目标市场选择和市场定位，营销组合，以及营销组织的理论等。

2. 市场营销的研究方法

市场营销理论发展至今，也发展出许多成功的研究方法，这也促进了市场营销理论的进一步发展。在20世纪50年代以前，传统营销学主要从具体产品、经营机构和销售职能等角度进行研究，研究方法主要包括产品研究法、机构研究法和职能研究法。20世纪50年代以后，新的研究方法得以出现。第一种是管理研究方法，它是从管理决策角度对市场营销进行研究，这种方法非常注重营销战略、计划、控制等职能，著名的营销学者菲利普·科特勒的著作均采用管理研究方法。第二种是系统研究法，它主要应用了系统工程的原理和方法，从系统角度分析市场营销的组成部分和相互关系，强调企业，环境，顾客等因素之间的协调和均衡。第三种是社会研究方法，这种方法主要研究企业的市场营销活动和各种营销机构为社会做出的贡献和付出的成本。

1.2 营销系统

现代市场营销是一个多要素组成的系统，营销不仅仅是企业的一项重要功能，同时还要同多方发生利益关系。

1.2.1 现代营销系统

现代营销系统的参与者主要包括供应商、企业、竞争者、中间商和顾客等几个部分，如图1-1所示。企业从供应商那里获取原材料，然后根据目标市场顾客的需求设计和生产产品，最后通过中间商和零售商销售给最终用户。在这个过程中还要同竞争对手展开全方位竞争，以确保市场地位和企业利润。

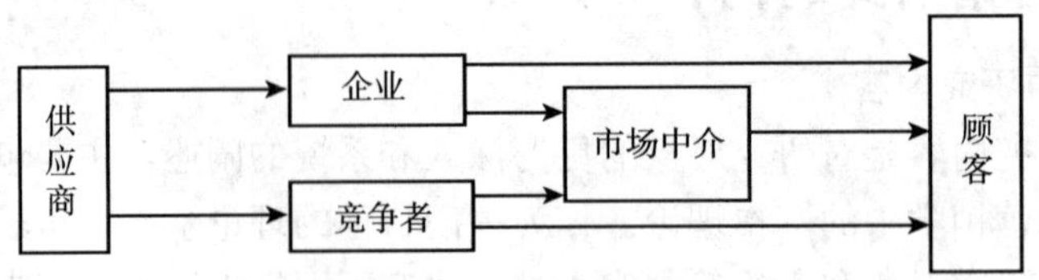

图 1-1 现代市场营销系统的主要参与者

如果利用迈克尔·波特的价值链进行分析，营销系统中的每一个参与者都为下一级的参与者增加价值。同时，营销系统中的每个参与者都会受到环境因素的影响，这些因素主要包括人口、经济、政治、文化、技术、法律等。企业的成功不仅取决于自身的行为，还取决于整个系统对最终顾客需要的满足程度。在这个系统中，各个参与者都在进行动态的博弈行为。

1.2.2 营销参与者

营销部门的工作是通过创造顾客价值和满意来吸引顾客并建立顾客关系。但是营销部门仅靠自己的力量难以完成此项任务。营销部门的成功依赖于现代营销系统的其他组成部分——供应商、市场中介、顾客、竞争对手和公众。这些因素构成了企业的价值传递系统。

1. 企业

在制订和实施营销计划时，营销部门应该与其他部门进行沟通和合作，如管理层、财务部门和生产部门等。所有这些相互关联的部门构成了企业的内部环境。高层管理部门制定企业的使命和战略，营销部门依据高层管理部门的计划来作出营销战略计划和决策。

营销部门同样必须与企业其他部门进行紧密合作。财务部门负责寻找和使用营销计划所需资金。研究和开发部门设计符合顾客需要的产品和服务。采购部门负责为生产提供原材料，生产部门负责生产品质和数量都合格的产品。会计部门核算收入与成本，以便管理部门了解是否实现了预期利润目标。这些部门都对营销部门的计划和行动产生影响。所有部门必须坚持"以顾客为中心"的理念，协调一致为顾客提供满意的产品和服务。

2. 供应商

供应商是公司整个顾客"价值传递系统"中的重要一环。他们能提供企业生产产品和服务所需要的资源。供应商的变化对营销有重要的影响。营销部门必须从战略角度和顾客需求角度来关注供应能力，保证弹性供应，以避免供应短缺或其他因素对销售造成影响。为了实现长期的竞争优势和顾客满意，营销部门也必须关注主要原材料的价格趋势，因为供应成本上升将使产品价格上升，从而影响公司的市场地位。

3. 市场中介

市场中介是指帮助企业将产品促销、销售并分销给最终购买者的中介机构，主要包括经销商、货物储运商、营销服务机构和金融中介。经销商是销售渠道公司，它帮助企业找到顾客或把产品卖给顾客。经销商包括批发商和零售商。由于经销商的规模越来越大，使其拥有足够的谈判力量，所以企业不得不面对这些少数的大型的分销机构。

货物储运公司能帮助企业在从原产地到目的地的过程中存储和移送货物。在与仓库、运输公司的交易中，企业必须综合考虑成本、运输方式、速度和安全性等因素，从而决定运输和储存货物的最佳方式。营销服务机构包括市场调查公司、广告公司、传媒机构和营销咨询公司，他们帮助企业正确地定位和促销产品。由于这些公司在可靠性、质量、服务和价格方面参差不齐，所以公司在选择时需要谨慎。金融机构包括银行、信贷公司、保险公司和其他机构，他们能够为交易提供金融支持或对买卖风险进行担保。大多数公司和客户都需要借助金融中介来为交易提供资金。

同供应商一样，市场中介也是企业的整个价值传递系统中的重要组成部分。在实现顾客满意的过程中，企业不仅要使资金的业绩最好，而且还要与供应商和市场中介建立有效的伙伴关系，以使整个系统取得最佳业绩。

4. 顾客

企业应该认真地选择和研究其目标顾客。市场中主要存在5种顾客市场，即消费者市场、企业市场、政府市场、经销商市场和国际市场。消费者市场由个人和家庭构成，他们仅为自身或家庭消费而购买产品或服务。企业市场购买产品是为了进一步深加工，或在生产过程中使用。经销商市场购买产品或服务是为了销售，以获取利润。政府市场由政府机构构成，购买产品和服务用于服务社会公众。国际市场由其他国家的购买者构成，包括消费者、生产商、经销商和政府机构。每种市场都有各自特定的特点，营销管理者需要对这些市场进行深入研究，把握每种顾客的真实需求和购买行为，为其提供满意的产品和服务。

5. 竞争对手

用营销学的观点来分析，一个企业要想获得成功，就必须比竞争对手做得更好，让顾客更满意。因此，营销部门不仅要考虑目标顾客的需要，而且要在心目中塑造比竞争对手更有优势的形象，以赢得战略上的优势。

与竞争对手相比，每个公司都要制定自己独特的市场定位，这样才能与竞争对手区别开来，才能在特定市场占据地位和保持长期的竞争优势。在市场上占绝对优势的大公司所采取的营销战略，小公司就不一定适合使用，但可以用来借鉴。小公司的成功的营销战略，大公司也可以借鉴和学习。所以，每个公司都要研究自己的竞争对手，并确立正确的市场定位，采取差异化战略来创造和保持竞争优势。

6. 公众

公众是指对一个企业实现其目标产生影响的任何团体，主要包括金融、媒体、政府、公民等因素。一个企业在制定针对顾客的营销计划时，也应制订针对其主要公众因素的营销计划，这样可以为企业赢得良好的社会形象和口碑，能够帮助企业有效地实施营销计划。通过与公众进行良好的互动，企业可以获得良性的发展。

1.3 营销观念的变迁

营销观念是指企业从事营销活动的指导思想，它是在一定的历史条件下产生的，并随企业外部环境的变化而变化。根据营销理论的发展历程，营销观念大致分为以下几个阶段：生产观念阶段、产品观念阶段、推销观念阶段、市场营销观念阶段和社会营销观念阶段。下面分别予以介绍。

1.3.1 生产观念阶段

生产观念是从工业革命至20世纪20年代间主导西方企业的经营思想。其大的背景是，当时的生产力还较为落后，商品相对匮乏，市场处于供不应求状态。因此，企业只要能生产出价格合理的产品，就不愁没有销路。生产观念认为，消费者喜欢那些可以随处买得到而且价格低廉的产品，企业应致力于提高生产效率和分销效率、扩大生产、降低成本以扩展市场。因此，生产观念不是从消费者的需求出发，而是从企业生产出发，其主要表现为“我生产什么，就卖什么，我卖什么，消费者就买什么”。企业经营者最关心的就是扩大生产规模，提高生产效率，降低生产成本，提高销量。福特汽车公司创始人亨利·福特的至理名言“我不管消费者喜欢还是不喜欢，我的汽车就是黑色的”，就是对这一理念最好的诠释。

阅读资料 1－1

福特的T型汽车

福特汽车公司成立于1903年，第一批大众化的福特汽车因实用、优质、价格合理，生意一开始就非常兴隆。1908年初，福特根据当时大众的需要，作出了战略性的决策，致力于生产规格统一、品种单一、价格低廉、大众需要且买得起的汽车。1908年10月1日，采用流水线生产方式的著名的T型车被推向市场。

此后十多年，由于T型车适销对路，销量迅速增加，产品供不应求，福特在商业上取得了巨大的成功。

到了20世纪20年代中期，随着美国经济的快速增长和百姓收入的增加、生活水平的提高，汽车市场发生了巨大的变化，买方市场在美国已经基本形成，道路及交通状况也发生了质的改变，简陋而又千篇一律的T型车虽然价廉，但已经不能满足消费者的消费需求。然而，面对市场的变化，福特仍然自以为是，置消费者的需求变化于不顾，顽固地坚持生产中心的观念，就像他宣称的“无论你需要什么颜色的汽车，我福特只有黑色的”，这句话也成了营销观念僵化的“名言”。面对市场的变化，通用汽车公司及时地抓住了市场机会，推出了新的式样和颜色的雪佛兰汽车，雪佛兰一上市就受到消费者的追捧，福特T型车的销量剧降。1927年销售了1 500多万辆的T型车不得不停产，通用公司也乘虚而入，一举超过福特，成为世界最大的汽车公司。

从福特T型车的兴衰历史可以看出，营销理念是多么的重要，根据市场特点，及时改变营销理念，成就了通用，使其成为了世界第一大汽车公司，而固守僵化的营销理念，也使福特遭受了沉重的打击。因此正确的营销理念是企业成功的关键。

（资料来源：徐向阳．从福特T型车的兴衰谈汽车营销理念的转变［OL］．［2012-11-15］．http：//auto.sohu.com/20060523/n243372081.shtml.）

1.3.2 产品观念阶段

在生产观念阶段的末期，市场环境发生了逆转，由于企业生产规模及产量的不断提升，商品市场上出现了供过于求的局面。此时，企业的经营理念如不再发生转变，必将造成更多商品的滞销，企业将不可避免地陷入经营困境。此时的企业经营者认为，消费者最喜欢高质量、多功能和具有某些特色的产品，企业应致力于生产优质产品，并不断加以改进，只有这样，企业的产品才能在众多的竞争产品中脱颖而出，并得到消费者的青睐。

与生产观念相同，产品观念同样没有考虑到消费者的需求与欲望。此时，企业最容易患上所谓的“营销近视”，即过度沉醉于自己的产品品质上，而不是专心研究市场，因而导致在营销管理中缺乏远见，致使企业经营陷入困境。

阅读资料 1－2

营销近视症

营销近视症（Marketing Myopia）是著名的市场营销专家、美国哈佛大学管理学院西奥多·莱维特（Theodore Levitt）教授在 1960 年提出的一个理论。营销近视症就是不适当地把主要精力放在产品上或技术上，而不是放在市场需要（消费需要）上，其结果导致企业丧失市场，失去竞争力。这是因为产品只不过是满足市场消费需要的一种媒介，一旦有更能充分满足消费需要的新产品出现，现有的产品就会被淘汰。同时消费者的需求是多种多样并且不断变化的，并不是所有的消费者都偏好于某一种产品或价高质优的产品。莱维特认为：市场的饱和并不会导致企业的萎缩；造成企业萎缩的真正原因是营销者目光短浅，不能根据消费者的需求变化而改变营销策略。

（资料来源：百度百科，http：//baike. baidu. com/view/1823543. htm.）

1.3.3 推销观念阶段

推销观念产生于 20 世纪 20 年代末至 50 年代前，是一种重要的营销理念。当时的背景是，社会生产力有了巨大发展，市场由买方市场转变为卖方市场，大量商品无法销售出去，形成巨大的库存。此时，企业最主要任务就是千方百计将这些滞销的商品卖出去。

持有推销观念的企业认为，消费者通常表现出一种购买惰性或抗衡心理，如果不采取某种措施，消费者一般不会足量购买某一企业的产品。因此，企业必须进行大量的推销活动，以刺激消费者采取行动。这种观念还认为，企业的销售成果与推销努力是密切相关的，故企业非常重视对推销人员的相关培训，以提高其销售技巧，以提升成交达成率。推销观念可简单概括为一句话，即“我卖什么，顾客就买什么”。因而，此种观念同生产观念和产品观念一样，没有将消费者的需求和欲望作为产品设计和生产过程的基础。

阅读资料 1－3

三株公司推销观念

1994 年，三株莺啼初试，销售额达 1.25 亿元，1995 年猛跳到 23 亿元，1996 年则达到惊人的 80 亿元。支撑这个销售奇迹的是三株惊人的推销手段，它在全国所有大城市、省会城市等注册了 600 个子公司，吸纳了 15 万名推销人员，三株的传单、招贴、标语和横幅满天飞，成为家喻户晓的名牌。

但是，一方面由于管理体制的原因，另一方面也与三株狭隘的推销观念有关，三株只注重花大量人力物力把生产出来的产品推销出去，而忽视了市场的调查研究工作，致使产品功能与消费者日益变化的需求脱节。这样一来，即使是最好的推销手段也难以吸引消费者。因此三株销售业绩开始逐年滑坡，还欠下大笔贷款。一个曾经盛极一时的品牌就这样逐渐被人们所淡忘。

1.3.4 市场营销观念阶段

市场营销观念产生于20世纪50年代中期。第二次世界大战之后，欧美各国的军工工业很快地转向民用工业，工业品和消费品生产的总量剧增，造成生产相对过剩，随之导致了市场的激励竞争。在这一竞争过程中，许多企业开始认识到传统的销售观念已不再适应市场的发展，他们开始注意消费者的需求和欲望，并研究其购买行为，这一观念上的转变是市场营销理论上一次重大变革①。

市场营销观念认为，实现企业营销目标的关键在于满足消费者的需求和欲望。通俗的解释为，顾客需要什么，企业就生产什么。这种观念抛弃了以企业为中心的指导思想，取而代之的是以消费者为中心的指导思想。市场营销观念以消费者需求为中心，协调所有影响消费者的活动，并通过这种满足顾客的行为而获取利润，无疑较前几种营销观念更具积极意义。

1.3.5 社会营销观念阶段

企业奉行以消费者为中心的市场营销观念，有可能会使得在满足部分消费者需求的同时损害社会公德和其他公众的权益，从而导致人们对此种观念的质疑和反对。这就要求企业不仅要满足目标顾客的需求与欲望，而且要考虑消费者及社会的长远利益，即企业利益、消费者利益与社会利益有机地结合起来。社会营销观念便由此应运而生。

社会营销观念的出现，是对市场营销观念有益的修正和完善，已为越来越多的企业和消费者所接受。

1.4 市场营销环境

企业并不是生存在一个真空内，作为社会经济组织或社会细胞，它总是在一定的外界环境条件下开展市场营销活动。而这些外界环境条件是不断变化的，一方面，它既给企业造成了新的市场机会；另一方面，它又给企业带来某种威胁。因此，市场营销环境对企业的生存和发展具有重要意义。企业必须重视对市场营销环境的分析和研究，并根据市场营销环境的变化制定有效的市场营销战略，扬长避短，趋利避害，适应变化，抓住机会，从而实现自己的市场营销目标。

① 吴泗宗．市场营销学［M］．3版．北京：清华大学出版社，2008：6.

1.4.1 市场营销环境的特点

市场营销环境是一个多因素、多层次而且不断变化的综合体。其特点主要表现在以下方面。

1. **客观性**

企业总是在特定的社会经济和其他外界环境条件下生存、发展的。不管你承认与否，企业只要从事市场营销活动，就不可能不面对这样或那样的环境条件，也不可能不受到各种各样环境因素的影响和制约，包括微观的、宏观的。因此，企业决策者必须清醒地认识到这一点，要及早做好充分的思想准备，随时应付企业面临的各种环境的挑战。

2. **差异性**

市场营销环境的差异性不仅表现在不同的企业受不同环境的影响，而且同样一种环境因素的变化对不同企业的影响也不相同。例如，不同的国家、民族、地区之间在人口、经济、社会文化、政治、法律、自然地理等各方面存在着广泛的差异性。这些差异性对企业营销活动的影响显然是很不相同的。由于外界环境因素存在差异性，因而企业必须采取不同的营销策略才能应付和适应这种情况。

3. **相关性**

市场营销环境是一个系统，在这个系统中，各个影响因素是相互依存、相互作用和相互制约的。这是由于社会经济现象的出现往往不是由某一个单一的因素所能决定的，而是受到一系列相关因素影响的结果。例如，企业开发新产品时，不仅要受到经济因素的影响和制约，更要受到社会文化因素的影响和制约。再如，价格不但受市场供求关系的影响，而且还受到科技进步及财政政策的影响。因此，要充分注意各种因素之间的相互作用。

4. **动态性**

营销环境是企业营销活动的基础和条件，这并不意味着营销环境是一成不变的、静止的。恰恰相反，营销环境总是处在一个不断变化的过程中，它是一个动态的概念。以中国所处的营销环境来说，今天的环境与十多年前的环境已经有了很大的不同。例如，国家产业政策过去是将重点放在重工业上，现在已明显向农业、轻工业倾斜，这种产业结构的变化对企业的营销活动产生了决定性的影响。再如，我国消费者的消费倾向已从追求物质的数量转化为主流正在向追求物质的质量及个性化转变，也就是说，消费者的消费心理正趋于成熟。这无疑对企业的营销行为产生最直接的影响。当然，市场营销环境的变化是有快慢大小之分的：有的变化快一些，有的变化则慢一些；有的变化大一些，有的变化则小一些。例如，科技、经济等因素的变化相对快而大，因而对企业营销活动的影响相对短且跳跃性大；而人口、社会文化、自然因素等的变化相对较慢、较小，对企业营销活动的影响相对长而稳定。因此，企业的营销活动必须适应环境的变化，不断地调整和修正自己的营销策略；否则，将会使其丧失市场机会。

5. **不可控性**

影响市场营销环境的因素是多方面的，也是复杂的，并表现出企业不可控性。例如，一个国家的政治法律制度、人口增长以及一些社会文化习俗等，企业不可能随意改变。而且，这种不可控性对不同企业表现不一，有的因素对某些企业来说是可控的，而对另一些企业则可能是不可控的；有些因素在今天是可控的，而到了明天则可能变为不可控因素。另外，各个环境因素之间也经常存在着矛盾关系。例如，消费者对家用电器的兴趣与热情就可能与客观存在的电力供应的紧张状态相矛盾，那么这种情况就使企业不得不作进一步的权衡，在利用可以利用的资源前提下去开发新产品，而且企业的行为还必须与政府及各管理部门的要求相符合。

1.4.2 市场营销环境的分类

1. 宏观环境

企业的宏观营销环境因素，也称为一般环境因素。对宏观营销环境因素进行分析，一般从人口环境、政治法律环境、经济环境、社会文化环境、自然地理环境和科学技术环境6个方面分析（如图1-2所示）。

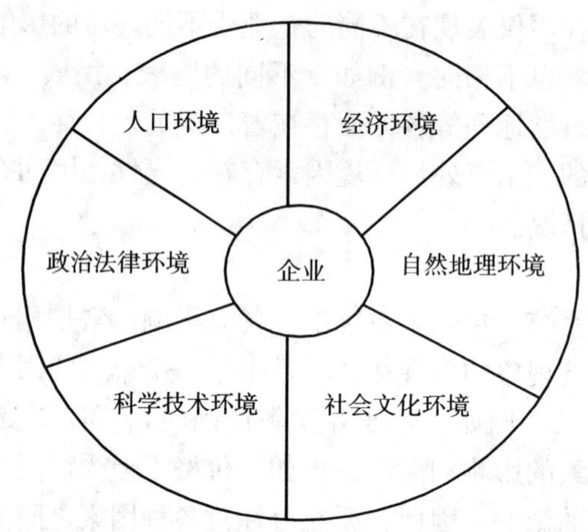

图1-2 企业宏观营销环境系统

1）人口环境

人口是构成市场的第一位因素。市场是由那些想购买商品、同时又具有购买力的人构成的。因此，人口的多少直接决定市场的潜在容量，人口越多，市场规模就越大。而人口的年龄结构、地理分布、婚姻状况、出生率、死亡率、人口密度、人口流动性及其文化教育等人口特性，会对市场格局产生深刻影响，并直接影响企业的市场营销活动和企业的经营管理。企业必须重视对人口环境的研究，密切注视人口特性及其发展动向，不失时机抓住市场机会，当出现威胁时，应及时、果断调整营销策略以适应人口环境的变化。

（1）人口数量与增长速度的影响。首先，人口数量是决定市场规模和潜在容量的一个基本要素。如果收入水平不变，人口越多，则对食物、衣着、日用品的需要量也越多，那么市场也就越大。因此，按人口数目可大致推算出市场规模。其次，人口的迅速增长促进了市场规模的扩大。一方面，人口增加，其消费需求也会迅速增加，那么市场的潜力也就会增大。另一方面，人口的迅速增长，也会给企业营销带来不利的影响。比如人口增长可能导致人均收入下降，限制经济发展，从而使市场吸引力减小。

（2）人口结构的影响。人口结构主要包括人口的年龄结构、性别结构、家庭结构、社会结构以及民族结构。第一，不同年龄的消费者对商品的需求不一样。第二，人口的性别不同，其市场需求也有明显的差异。第三，家庭的数量直接影响到某些商品的需求总量。

（3）人口的地理分布及区间流动的影响。地理分布指人口在不同地区的密集程度，由于自然地理条件以及经济发展程度等多方面因素的影响，人口的分布绝不会是均匀的。随着经济的活跃和发展，人口的区域流动性也越来越大。在发达国家除了国家之间、地区之间、城市之间的人口流动外，还有一个突出的现象就是城市人口向农村流动。在我国，人口的流动主要表现在农村人口向城市或工矿地区流动，内地人口向沿海经济开放地区流动。另外，经商、观光旅游、学习等使人口流动加速。对于人口流入较多的地方而言，一方面由于劳动力增多，就业问题突出，从而加剧行业竞争；另一方面，人口增多也使当地基本需求量增加，消费结构也发生一定的变化，继而给当地企业带来较多的市场份额和营销机会。

阅读资料 1－4

2011 年中国人口总量及结构统计分析

一、人口总量继续保持低速增长

2011 年年末，我国总人口（包括 31 个省、自治区、直辖市和中国人民解放军现役军人，不包括香港、澳门特别行政区和台湾省以及海外华侨人数）为 134 735 万人，比上年末增加 644 万人。全年出生人口 1 604 万人，人口出生率为 11.93‰，比上年增加 0.03 个千分点；死亡人口 960 万人，人口死亡率为 7.14‰，比上年增加 0.03 个千分点。

二、劳动年龄人口比重出现下降

2011 年末，全国 60 岁及以上人口达到 18 499 万人，占总人口的 13.7%，比上年末增加 0.47 个百分点；65 岁及以上人口达到 12 288 万人，占总人口的 9.1%，增加 0.25 个百分点。由于生育持续保持较低水平和老龄化速度加快，15～64 岁劳动年龄人口的比重自 2002 年以来首次出现下降，2011 年为 74.4%，比上年微降 0.10 个百分点。尽管未来几年会有小幅波动，但对劳动力供给问题需要给予更多关注。

三、出生人口性别比呈下降态势

2011 年，我国出生人口性别比为 117.78，比上年下降 0.16，出生人口性别比自 2008 年以来连续三年出现下降，表明出生人口性别比治理显现成效；总人口性别比为 105.18，受出生人口和死亡人口的影响，总人口性别比自 2005 年来一直呈现下降态势。

四、城镇人口比重首次超过 50%

2011 年，城镇人口比重达到 51.27%，与上年相比，上升 1.32 个百分点，城镇人口为 69 079 万人，增加 2 100 万人；乡村人口 65 656 万人，减少 1 456 万人。城镇人口比乡村人口多 3 423 万人。

五、流动人口继续增加

2011 年，全国人户分离的（居住地和户口登记地所在乡镇街道不一致且离开户口登记地半年以上的）人口为 2.71 亿，比上年增加 977 万人；其中，流动人口（人户分离人口中不包括市辖区内人户分离的人口）为 2.30 亿，比上年增加 828 万人。

（资料来源：2011 年中国人口总量及结构统计分析［OL］．［2012－01－21］．http：//www.askci.com/news/201201/21/0497_86.shtml.）

2）政治法律环境

对企业来说，政治环境指企业市场营销活动的外部政治形势和状况，以及国家方针政策的变化对市场营销活动带来的或可能带来的影响，而法律是评判企业营销活动的准则，只有依法进行的各种营销活动，才能受到国家法律的有效保护。政治法律环境主要包括：国际国内政治局势、国际关系、国家的方针政策、有关的法律法规等。

3）经济环境

经济环境指企业营销活动所面临的外部社会条件，其运行状况及发展趋势会直接或间接地对企业营销活动产生影响。有些经济环境因素直接影响企业的营销活动，称之为直接经济环境，主要包括消费者收入水平、消费者支出模式和消费结构、消费者储蓄和信贷情况等。有些经济环境因素间接影响企业的营销活动，称之为间接经济环境，主要包括经济发展水平、经济体制、地区与行业发展状况、城市化程度等。

4）社会文化环境

社会文化环境是指一个社会的民族特征、风俗习惯、语言、道德观、价值观、教育水平、社会结构等的总称。社会文化环境的影响遍及整个市场营销活动，它主要包括消费者受教育水平、消费者的价值观念、消费者的宗教信仰、审美观、风俗习惯、语言文字等因素。

5）自然地理环境

一个国家、一个地区的自然地理环境包括该地的自然资源、地形地貌和气候条件，这些因素都会不同程度地影响企业的营销活动，有时这种影响对企业的生存和发展起决定的作用。企业要避免由自然地理环境带来的威胁，最大限度利用环境变化可能带来的市场营销机会，就应不断地分析和认识自然地理环境变化的趋势，根据不同的环境情况来设计、生产和销售产品。

6）科学技术环境

进入 20 世纪以来，科学技术日新月异，第二次世界大战以后，新科技革命蓬勃兴起，形成了科学-技术-生产体系，科学技术在现代生产中起着领头和主导作用。工业发达国家科技进步因素在国民生产总值中所占比重已从 21 世纪初的 5%～20%，提高到现在的 80%以上。我国目前这一比重仅占 30%左右。现代科学技术是社会生产力中最活跃的决定性因素，它作为重要的营销环境因素，不仅直接影响企业内部的生产和经营，而且与其他环境因素相互依赖、相互作用，影响企业的营销活动。

2. 微观环境

企业的微观营销环境因素，也称为特定环境因素，主要由供应商、营销中间商、公众、顾客、竞争对手、社会公众以及企业内部参与营销决策的各部门组成。鉴于在 1.2 节中已对此作了较为详尽的介绍，在此仅对竞争者部分内容加以补充。

竞争是商品经济的基本特性，只要存在着商品生产和商品交换，就必然存在着竞争。企业在目标市场进行营销活动的过程中，不可避免地会遇到竞争者或竞争对手的挑战。一个公司识别竞争者似乎是一项简单的工作，但其实不然。

从产业竞争的角度看，哈佛的迈克尔·波特识别出有 5 种力量决定了一个市场或细分市场的竞争状况。这 5 种力量是同行业竞争者、潜在竞争者、替代产品、购买者和供应商，如图 1－3 所示。

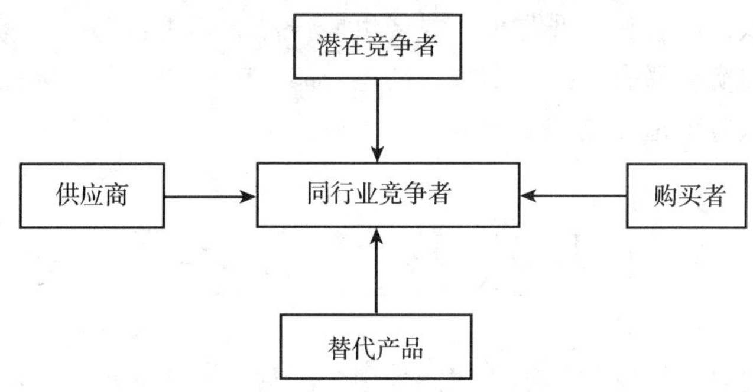

图 1－3　波特的 5 种力量竞争模型

1）细分市场内竞争的激烈程度

如果某个细分市场已经有了众多的、强大的或者竞争意识强烈的竞争者，那么该细分市场就会失去吸引力。如果该细分市场处于稳定或者衰退，生产能力不断大幅度扩大，固定成本过高，撤出市场的壁垒过高，竞争者投资很大，那么情况就会更糟。这些情况常常会导致价格战、广告争夺战、新产品推出，并使公司要参与竞争就必须付出高昂的代价。

2）进入退出壁垒

某个细分市场的吸引力随其进退难易的程度而有所区别。根据行业利润的观点，最有吸引力的细分市场应该是进人的壁垒高、退出的壁垒低。在这样的细分市场里，新的公司很难打入，但经营不善的公司可以安然撤退。如果细分市场进入和退出的壁垒都高，那里的利润潜量就大，但也往往伴随较大的风险，因为经营不善的公司难以撤退，必须坚持到底。如果细分市场进入和退出的壁垒都较低，公司便可以进退自如，获得的报酬虽然稳定，但不高。最坏的情况是进人细分市场的壁垒较低，而退出的壁垒却很高。于是在经济良好时，大家蜂拥而入，但在经济萧条时，却很难退出。其结果是大家都生产能力过剩，收入下降。

3）替代产品

如果某个细分市场存在着替代产品或者有潜在替代产品，那么该细分市场就失去吸引力。替代产品会限制细分市场内价格和利润的增长。公司应密切注意替代产品的价格趋向。如果在这些替代产品行业中技术有所发展，或者竞争日趋激烈，这个细分市场的价格和利润就可能会下降。

4）购买者讨价还价能力

如果某个细分市场中购买者的讨价还价能力很强或正在加强，该细分市场就没有吸引力。购买者会设法压低价格，对产品质量和服务提出更多要求，并且使竞争者互相斗争，所有这些都会使销售商的利润受到损失。如果购买者集中形成组织，或者该产品在购买者的成本中占较大比重，或者产品无法实行差别化，或者顾客的转换成本较低，或者由于购买者的利益较低而对价格敏感，或者顾客能够进行联合，购买者的讨价还价能力就会加强。销售商为了保护自己可选择议价能力最强、转换销售商能力最弱的购买者。较好的防卫方法是提供顾客无法拒绝的优质产品市场。

5）供应商讨价还价能力

如果公司的供应商——原材料和设备供应商、公用事业、公会，等等，能够提价或者降低产品和服务的质量，或减少供应数量，那么该公司所在的细分市场就会没有吸引力。如果供应商集中或有组织，或者替代产品少，或者供应产品是重要的投入要素，或转换成本高，或者供应商可以向前实行联合，那么供应商的还价能力就会较强大。因此，与供应商建立良好关系和开拓多种供应渠道才是防御上策。

1.5 营销管理

市场营销同样也是一种管理过程。我们采用美国营销协会的定义，即营销管理是计划和执行关于商品、服务和创意的概念化、定价、促销和分销，以创造符合个人和组织目标而进行交换的一种过程。营销管理过程主要包括分析、计划、执行和控制这几项重要职能，覆盖产品、服务和创意三个方面。它是建立在交换的基础上，其目的是满足各个方面的需要。

营销管理者必须在环境分析的基础上制订详细的营销战略计划，在具体执行过程中进行反馈和控制，必要时需要对某些业务进行调整，以期完成营销战略计划。营销管理过程主要包括分析市场机会、选择目标市场、确定营销组合和管理营销活动等一系列紧密连续的内容。

1.5.1 分析市场机会

1. 识别市场机会

营销管理过程也是识别、分析、选择和发掘市场机会以实现企业目标的管理过程，即企业与最佳市场机会相适应的全过程。这个过程包括 4 个步骤，如图 1-4 所示。

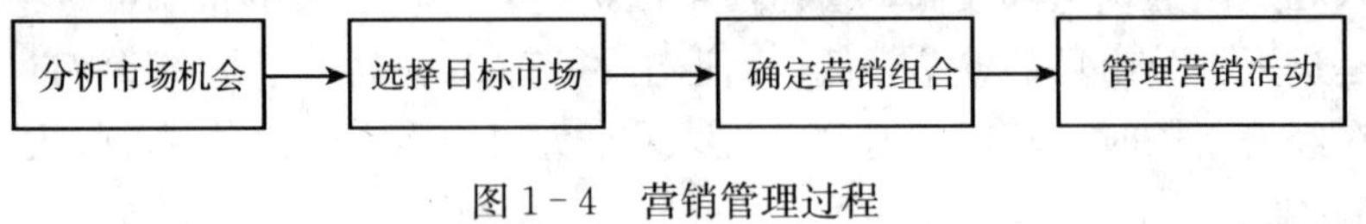

图 1-4　营销管理过程

市场需求和市场竞争的动态变化，使得企业不可能永远依靠现有产品和市场，所以必须寻找新的市场机会。分析和识别市场机会是营销管理的第一步，市场机会（market opportunity）是可以做生意获得利润的机会，反映了尚未满足的市场需求。市场未满足的机会在客观上只是一种环境机会，能否成为企业的市场机会，要看其是否与企业战略计划和目标一致，企业是否具备把握机会的能力和资源，能否比竞争对手更快、更好地利用机会。

识别市场计机会的方法有很多，主要包括市场渗透、市场开拓、产品开发和多元化。市场渗透方法（market penetration）是在不改变现有产品和市场的情况下进一步加快市场渗透，扩大现有产品在现有市场的销售，企业可以利用价格、广告、促销等方式来提升现有市场的销售业绩。市场开拓方法（market reclamation）是为现有产品寻找新的细分市场，扩大现有产品的市场规模。产品开发方法（product development）是企业通过创新为现有顾客提供新产品或改进产品，为顾客带来更多利益，满足新的需求。多元化方法（diversification）是企业选择本行业之外的新行业进行市场开发，实行跨行业的多元化发展。企业要结合自身的资源情况来选择新的行业，去把握新的市场机会。

2. 分析市场机会

某个市场机会是否会成为企业的营销机会，要看它是否适合企业的战略目标和资源。每个企业在特定时期和营销环境下都有特定的目标，有些市场机会不符合这些目标就不能成为企业的营销机会，比如有些市场机会可以在短期内提高销售业绩，但不利于企业长期发展。所以企业在面临市场机会时，一定要结合自身的战略目标和资源状况来进行选择，只有那些能够发挥企业资源优势，又符合企业战略目标，同时也具备成功条件的市场机会才能转化为公司的营销机会。

对于市场机会的选择，企业要慎重考虑。在决定选择和投资市场机会之前，一定要全面、多角度地研究和评估市场机会。首先，要从科学技术角度或物质层面进行评估，根据技术的发展规律和趋势来决定是否选择该市场机会。其次，要从市场角度进行评估，研究市场机会所衍生的产品或服务的目标顾客，分析市场需求和规模、顾客的购买意向和购买行为。然后进一步从财务角度进行评估市场机会，分析和预测市场机会的成本收益率、存在的风险、现金流等问题，从财务角度评估市场机会是十分重要的。最后，从时间角度进行评估，根据企业的战略发展规划来决定是否选择市场机会，既要考虑短期的市场定位，也要考虑企业的长期战略发展，企业应从保持和增强竞争优势的角度来评估和选择市场机会。

1.5.2 选择目标市场

1. 预测需求量

企业选择市场机会时，必须对现有和未来的市场容量作出可观的分析和预测，主要包括当期市场其他同类产品的销量、企业产品可达到的销售量、未来市场增长量等指标。同时要考虑这些指标的影响因素，如经济发展、收入水平等宏观因素，同时分析这些因素的动态发展状况以及对需求的影响程度，看市场是否有发展潜力，然后再决定是否进入这一市场。

2. 市场细分

市场细分（market segmentation）时首先衡量若干影响需求的变量，然后细分具有不同需求的顾客群。划分的依据可根据不同产品对地理、人口、心理和行为等不同的变数的敏感差异程度。经过市场细分，每一个细分市场都是由具有类似需求和行为特征的顾客组成，不同的顾客群体对企业一定的营销刺激会作出类似的反应。

3. 市场目标化

在市场细分的基础上，根据企业具体的营销管理能力，选择一个或几个细分市场作为目标市场从事经营，这种选择过程叫做“市场目标化”。市场目标化可以通过 5 种战略实现，即目标集中化、产品专业化、市场专业化、选择性专业化和全面覆盖的方法。

4. 市场定位

企业确定目标市场之后，就要进行市场定位。所谓市场定位（market positioning）是根据竞争对手的产品特征及在市场上所处的位置，针对顾客对该种产品某种属性的重视程度，塑造出企业与众不同、个性鲜明的产品和市场形象。企业在进行市场定位时，一方面要了解竞争对手的产品特征和市场定位，另一方面要研究顾客对产品属性的重视程度，然后根据这两方面的情况来确定企业的产品特征和市场定位。

1.5.3 确定营销组合

营销管理的第三个步骤是确定市场营销组合（marketing mix）。营销组合是为了满足市场需要，企业对可以控制的各种营销要素（如质量、价格、分销、广告和促销等）进行优化组合。企业可以控制的营销因素有很多，为了便于分析，采用美国的麦卡锡教授提出的分类方法，即产品（product）、价格（price）、地点（place）和促销（promotion），简称“4P”，它体现了现代市场营销观念指导下的整体营销思想。

产品是表示企业提供给目标市场的产品和服务的一个总的概念，其中包括产品质量、外观、款式、品牌、型号、包装以及各种服务。价格是表示顾客购买产品时所支付的价钱的一个总的概念，其中包括价目表所列的价格、折扣、支付期限、信用条件等。分销地点表示企业协调渠道体系的其他成员，使产品顺利到达目标顾客的过程，包括渠道选择、销售模式、存储与运输等。促销表示企业宣传和说服顾客购买产品的一系列活动的总称，包括广告、推销、宣传报道等。

在细分市场和市场定位之后，企业就要对营销组合进行决策，根据目标顾客的需求来制定产品、价格、分销和促销决策，通过 4 个营销组合组成部分的整体协调，来为目标顾客提供优质、快速的产品和服务。

1.5.4 管理营销活动

营销管理的最后一个步骤就是对营销活动进行管理，因为前 3 个营销管理步骤都需要营销管理系统的支持。对于营销活动来说，主要通过下面 4 个管理系统的支持来实现。

1. 营销信息系统

营销信息系统是计划、组织和控制系统的基础，负责收集、整理和分析有关的市场信息，快速、有效地提供分析报告给营销决策者，以便改善市场营销计划的制订、执行和控制。营销信息系统主要包括 4 个子系统，即内部报告系统、营销情报系统、营销调研系统和营销分析系统。内部报告系统专门为管理者提供有关销售、存货、现金和账款等信息。营销情报系统负责调查企业内外营销环境的发展情况和趋势。营销调研系统是协调管理者进行某一专项营销调研的组织。营销分析系统运用统计和模型方法，对调研进行综合分析和研究，为营销决策提供理性依据。

2. 营销计划系统

现代营销管理既要制定长期的战略规划，也要制订具体可实行的营销计划，所以企业要依靠两个计划系统的支持，即战略计划系统和营销计划系统。战略计划决定了各项战略业务单位的目标和方向，每项业务还需要制订一个营销计划。营销计划是对每一项业务、产品线或品牌的具体营销方案进行计划，营销计划主要分为长期计划和年度计划。

3. 营销组织系统

营销计划制订之后，需要一个强有力的营销组织来执行营销计划。根据不同的企业规模，营销组织系统可由几个人或几个层级的专业人员来组成。企业营销的成果和效率，不仅取决于它的组织结构，还取决于对管理人员和执行人员的招聘、培训和激励等一系列营销组织的管理。

4. 营销控制系统

在营销计划实施过程中，可能会出现很多偏离计划的情况，所以需要一个控制系统来保证营销目标的实现。营销控制系统主要包括年度计划控制、盈利控制和战略控制。年度计划控制是为了保证年度计划中的销售利润和其他目标的实现。盈利控制是企业定期对产品、顾客群体、分析渠道等方面的实际盈利水平和能力进行分析和评估。战略控制是企业从整体战略角度审核和调整战略方向和目标，由于环境的动态变化和顾客需求的变化等因素，需要企业不断地进行战略调整和控制，保证企业不断地发展。

营销管理的 4 个系统相互联系，相互制约，营销信息是制订营销计划的依据，营销组织负责实施营销计划，而实施的结果是控制的依据，这 4 个系统构成了完整的营销管理体系。

本 章 习 题

一、单选题

1. “以社会利益、消费者利益和企业利益三者统一”的观念是（　　）。
   A. 生产观念　　B. 产品观念　　C. 推销观念　　D. 社会营销观念
2. 企业市场营销管理过程的最后阶段是（　　）。
   A. 分析市场机会　　B. 选择目标市场
   C. 确定市场营销组合 D. 营销计划的组织、实施和控制
3. 企业制定营销战略的首要内容和基本出发点是（　　）。
   A. 目标市场　　B. 市场细分　　C. 市场规划　　D. 发展生产
4. 现代营销观念是以消费者为中心，它要求企业经销活动的出发点是（　　）。
   A. 供应商的需求　　B. 消费者的需求　　C. 社会文化的需求　　D. 企业文化的需求
5. 以“顾客需要什么，我们就生产供应什么”作为其座右铭的企业是（　　）。
   A. 生产导向型　　B. 市场营销导向型　　C. 推销导向型　　D. 社会营销导向型

二、多选题

1. 现代营销系统的主要参与者包括（　　）。
   A. 企业　　B. 供应商　　C. 市场中介　　D. 顾客
   E. 管制机构
2. 营销管理过程包括（　　）。
   A. 分析市场机会　　B. 制定推销策略　　C 选择目标市场　　D. 管理营销活动
   E. 选择目标市场
3. 常见的营销观念有（　　）。
   A. 生产观念　　B. 产品观念　　C. 推销观念　　D. 市场营销观念性
   E. 社会营销观念

三、名词解释

1. 需要　2. 交换　3. 生产观念　4. 产品观念　5. 市场营销观念

四、简答及论述题

1. 结合某种产品或行业来阐述营销的核心概念。
2. 简述营销学的研究对象、内容和方法。

3. 营销参与者有哪些？在营销活动中各自扮演什么样的角色？
4. 简述营销观念的变迁。
5. 试论述营销管理的程序。

案例讨论

"康师傅"打开大陆方便面市场

顶新企业的创业者是来自台湾的魏家四兄弟。1988年，魏家兄弟开始在大陆投资设厂。刚到大陆时，他们不仅感到内地地理环境很大，而且看到了内地市场蕴涵着的巨大商机，特别是注意到当时许多家庭的食用油都是品质较差的散装油，于是想到做生不如做熟，决定把在台湾经营油脂的家族经验移植到内地，在内地生产高品质的包装食用油。因此，顶新在大陆发展的第一步就是在北京生产"顶好清香油"。但由于缺乏对市场的了解，产品价格不为消费者所接受，生产的"顶好清香油"叫好不叫座，导致公司入不敷出。

后来，顶新又在济南投资生产"康莱蛋酥卷"，还曾到内蒙古投资一个蓖麻油项目，但都以失败告终。从台湾带来的1亿元台币股本赔掉了80%。现为顶新董事长的魏应行回想起创业时的心境曾感慨地说："当对内地形势认识只有5分或10分的时候，感觉真是太好了，什么东西一乘上12亿，心情就很激动，恨不得拥抱大陆；随着时间的延长、投资的深入，当认识到30分至40分的程度时，就沮丧起来，因为不合市场规律的事太多，做什么都不顺利；等到股本赔光，恨不能卷铺盖回家的时候，已经是认识到50分到59分了，一旦越过这个阶段，到达60分以上时，就会'柳暗花明，峰回路转'了。"

爱因斯坦曾说过："成功需要99%的努力和1%的灵感。"魏氏兄弟在创业道路中所需要的正是这1%的灵感，而不可思议的是，这1%的灵感竟然是在一次旅途中偶然诞生的。

魏应行一次出差旅行，因为不太习惯火车上的饮食，便带了两箱从台湾捎来的方便面，没想到这些在台湾非常普通的方便面引起了同车旅客极大的兴趣，大家都觉得这面好吃、方便，到后来甚至有人忍不住"偷"吃起来，两箱面很快一扫而空。

就是这次经历，魏应行发现了一个新的创业契机。于是，他冷静地分析了大陆的方便面市场，发现当时的方便面市场两极化：一边是国内厂家生产的廉价面，几毛钱一袋，但是质量差，面条一泡就糟，调味料就像是味精水；另一边是进口面，质量好，但是五六元一碗，一般消费者接受不了。如果有一种方便面，味美价廉，价格在一二元钱，一定很有市场；而且随着生活节奏的加快，人们对方便食品的需求量一定会越来越大。

品牌＋口味：康师傅一炮打响。看准了方便面市场，顶新企业又重新振作起来，他们劝说股东继续投资，然后一头扎进这个崭新的领域。他们首先考虑如何为产品命名。为此，他们下了一番工夫，给产品起名叫"康师傅"。"康"代表健康，念起来也很响亮；"师傅"是大陆最普遍的尊称，也是专业、好手艺的代名词。康师傅叫起来既上口，又亲切，再配上笑容可掬、憨厚可爱的"胖厨师"形象，是一个很具号召力的品牌。

确定了品牌名称，接下来就是开发适合大陆口味的面，经过公司调研部门上万次的口味测试和调查发现：大陆人口味偏重，而且比较偏爱牛肉口味，于是公司决定以“红烧牛肉面”作为进入市场的主打产品。在工艺上，公司从日本、德国进门口了最先进的生产设备，采用特选面粉，经蒸煮、淋汁、油作制成面饼，保证了面条够劲道，久泡不糟，再加上双包调料和细肉块调配出的美味汤汁，且售价仅在两元左右，使得“好吃看得见”的康师傅方便面一亮相便征服了消费者。

产品质量：康师傅的不懈追求。从生产第一包方便面起，顶新就把产品的高质量作为自己的追求。顶新的每一家工厂就像孪生兄弟一样，厂区内除了厂房便是成片的绿地，宽敞的厂房将原物料库、生产车间、成品库有机地结合在一起成为一个封闭的整体空间，从而有效地避免了中间环节交叉污染的可能性，为制造优质的产品创造了一个良好的外部环境。

要追求高品质，就要有高起点。顶新从日本、德国、丹麦等国引进先进的生产设备，为了进料精确，顶新引进德国用于制药的 AZO 给料系统。为了使面条达到波拉奔德标准（口感劲道程度），顶新还花 60 万元进口了一部检测仪。

在方便面生产线上，成品面部都要通过严格检测，分量不够或是有异物的一经检出即被气流吹到旁边的次品箱内。为了不让任何一个次品流入社会，影响康师傅的信誉，这些次品被粉碎并加工成饲料，包装材料则送到焚化炉焚化。

在顶新生产车间的门口有一面镜子，员工进车间先照镜子，难道进车间还要化妆？原来照镜子是检查员工衣着是否整齐。照完镜子，还要过一道风门。将员工身上的落发和尘土吹去。进了车间，还要戴上一种特殊的帽子，以防止人为的污染。

品质保证不仅靠先进设备，更要靠严格的管理。顶新采用 TQC 全面品质管理系统，从原物料采购、生产到销售，每一个环节都在严格的管理控制之中。例如，为保证牛肉的新鲜，提供牛肉的厂家必须将牛肉洗净，包装并用冷藏车运送；脱水蔬菜采用的标准也是顶新制定的企业标准，比国家标准还要严格。对面粉供应商顶新也有一套自己的认证体系。首先组织品保小组对面粉供应商的生产环境和工艺进行评估，合格后让供应商提供小样，做理化和微生物指标测试。经小批量生产合格后方能进货。但此时面粉供应商仍不能高枕无忧，品保小组对其仍有 1～3 个月的观察期，一旦发现有不合格产品，立即停止进货。就这样，最初的 20 几家供应商被优选为 7 家。

根据制度规定，品保部门直接向公司总经理负责，不受生产单位制约，他们的身影到处可见。在生产线上，有很多管制点，如配比、温度、压延、切丝、油炸等等，都是他们的用武之地。成品下线，还要经品保人员确认方可入库。在库区，方便面分区存放，就连方便面箱码放也很有讲究。为在运输中避免产品破损、变质，顶新还坚持使用成本较高的专用运输车。

顶新的品保工作不只局限在厂内，顶新有专门的信后服务人员，直接为消费者负责。今年 3 月，由于机器故障，一批方便面出现克重不足的现象，售后服务人员发现后，及时将流入市场的产品回收，更换成合格产品。

在顶新，品保的概念已不只是制度和口号，而已成为深入人心的实际行动。自 1995 年顶新率先将 ISO 9002 质量认证体系引进方便面生产以来，到目前为止，集团旗下已有 7 家方便面生产公司通过了认证。

消费者满意：康师傅的承诺。康师傅一炮而红后，如果只考虑短期的赢利，而不为企业的长远发展注入心血，那么，它今天也许只是全国 1 000 多家方便面厂中普通的一个。但康师傅成功之后，并没有停步不前，而是不断地学习和改善。从卖出第一碗面开始，康师傅就下决心要做中国的面王。当然要做"面王"可不是自己说说就可以的，首先要让消费者接受和信赖，只有不断为消费者提供方便和满意，才有可能成为消费者心中的理想品牌。

"物超所值"是康师傅对消费者的一个不变的承诺，为了做到这一点就要不断前进。首先，从产品质量上入手。随着市场销量的不断上升和生产规模的不断扩大，各种原物料的供应问题显得越来越突出，不是供货不及，就是质量不合要求。在这种情况下，公司决定以合作经营方式引进台湾专业制造商来大陆投资设厂。从 1993 年开始先后建成了纸箱厂、PSP 碗厂、包膜厂、塑料叉厂等配套服务厂，完成了产业的垂直整合，既保证了产品质量的稳定，降低了成本，又为康师傅的进一步发展奠定了坚实的基础。

在保证产品质量的同时，康师傅还尽心竭力地做到让消费者满意。为了将最新鲜的产品及时送到消费者手中，同时避免因长途运输造成的地区差价，顶新从 1994 年开始相继在广州、杭州、武汉、重庆、西安、沈阳、青岛等地设立生产基地，生产线也从 1 条增加到 88 条，并根据各地的口味差异，开发生产了 20 余种不同口味的产品。为了使出门在外的消费者吃的方便，康师傅还首创在碗面上加放塑料叉，真正做到了随时随地提供方便。此项创举迅速成为潮流，使得所有生产方便碗面的厂家纷纷仿效，碗面配小叉成了一项不成文的标准。

通路精耕：康师傅畅销全国。几年的发展，顶新在拥有了生产规模之后，开始专注于发挥、拓展企业的通路优势。

康师傅方便面从 1992 年上市后，产品供不应求、销路很好，但销售周期长。进入 1996 年，同类产品纷纷上市。竞争日趋激烈，原有的销售渠道和周期很难将产品顺利推上市场。为此，集团提出"通路精耕"的概念，意在缩短流通周期。

过去产品要倒七八手才能到消费者手里，实行通路精耕后，减少为二三手，甚至在有的城市只有一手，即由集团直接向各大超市供货，二三手转货主要由集团销往批发市场。目前在国内 200 多个城市中，方便面到消费者手中只经过两次转手，集团批给大批发商，批发商再卖给零售商。

为了规范市场，顶新还将国内市场划分为 1 500 个区域，每个区域找一个专属经销商，通过严谨的供销合同，使经销商与顶新集团成为命运共同体，权力、义务明确，这样可以有效地避免由于批发商过多导致的恶性竞争。

从 1997 年实行通路精耕以来，效果很好。由于禁止跨区销售，批发商都有钱可赚，新产品推广也比以前顺畅得多。过去新产品从上市到进入消费者家庭需一个半月，现在只需 2～3 周。为了确保经销商及时销货，顶新集团派出 3 000 多名业务代表，为经销商提供配套服务，与之共同开发客户。每个业务代表都要开发 50～100 个客户，这样既保证了经销商的利益，又延伸了销售网络，市场也因此健康发展。

通过"通路精耕"措施，目前，康师傅已在全国地级城市成立了 200 个自营销售和配送网点，并在距全国各级批发市场100米的范围内设立了166个“前进仓库”，加上直营商场、大型超市和由14 000家经销商所形成的销售网络，使康师傅产品畅销全国。

如今，顶新集团在全国有12大生产基地，88条生产线，年产方便面近40亿包。康师傅方便面已得到广大消费者的支持和认可，康师傅品牌知名度已达到95%，康师傅方便面的市场占有率达到35%，当之无愧地成为中国方便面的领导品牌。

思考讨论题

为什么“康师傅”开拓大陆市场能够一举成功?

第 2 章

客户满意

本章导读

随着市场竞争的日趋激烈和科学技术的不断进步，处于竞争行业的企业不得不开始重视客户满意，由此导致客户满意在企业界和学术界成为一个日益突出的课题。经过近50年的研究，客户满意理论逐步完善，已从一种简单的经营口号和经营目标发展成为一种较成熟的经营管理模式。本章在系统介绍客户满意基本理论的基础上，对其理论进一步扩散，内容涉及目前一些前沿研究成果，如客户满意与客户忠诚、员工满意、客户抱怨的互动影响，由此提出基于客户满意的营销哲学思想和营销策略。

本章的知识结构图如下：

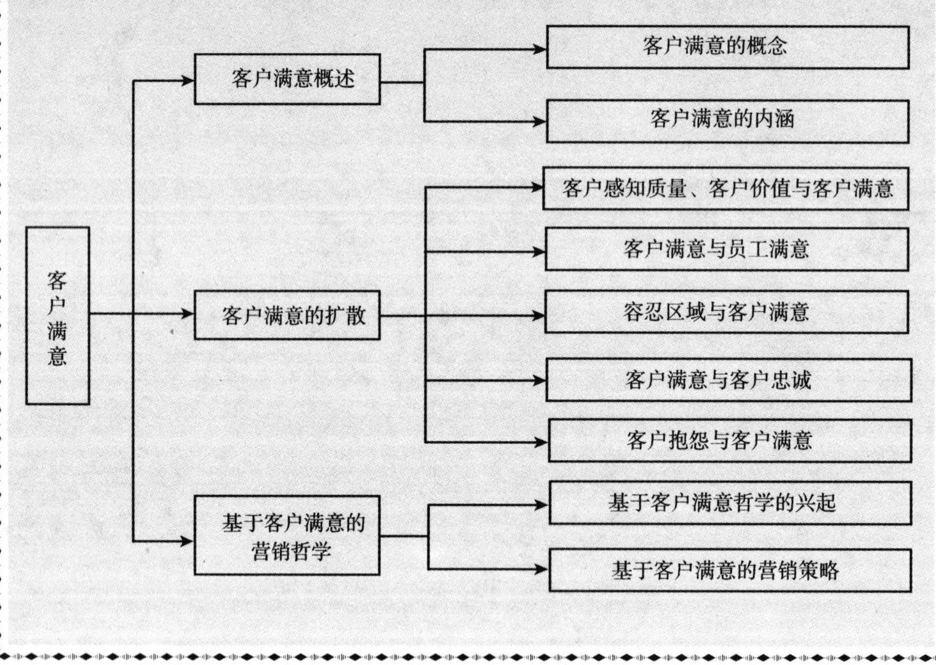

开篇案例

香格里拉的营销之道

香格里拉饭店与度假村是从1971年新加坡豪华香格里拉饭店的开业起步的，很快便以其标准化的管理及个性化的服务赢得国际社会的认同，在亚洲的主要城市得以迅速发展。其总部设在香港，是亚洲最大的豪华酒店集团，并被许多权威机构评为世界最好的酒店集团之一，它所拥有的豪华酒店和度假村已成为最受人们欢迎的休闲度假目的地。香格里拉始终如一地把客户满意当成企业经营思想的核心，并围绕它把其经营哲学浓缩于一句话“由体贴入微的员工提供的亚洲式接待”。

香格里拉有8项指导原则：

(1) 我们将在所有关系中表现真诚与体贴；

(2) 我们将在每次与客户接触中尽可能为其提供更多的服务；

(3) 我们将保持服务的一致性；

(4) 我们确保我们的服务过程能使客户感到友好，员工感到轻松；

(5) 我们希望每一位高层管理人员都尽可能地多与客户接触；

(6) 我们确保决策点就在与客户接触的现场；

(7) 我们将为我们的员工创造一个能使他们的个人、事业目标均得以实现的环境；

(8) 客户的满意是我们事业的动力。

香格里拉饭店的回头客很多。饭店鼓励员工与客户交朋友，员工可以自由地同客户进行私人的交流。饭店早在2000年就建立起了“客户服务中心”，与原来各件事要查询不同的部门不同，客户只需打一个电话到客户服务中心，一切问题均可解决，饭店也因此可更好地掌握客户信息，协调部门工作，及时满足客户。在对待客户投诉时，绝不说不，全体员工达成共识，即“我们不必分清谁对谁错，只需分清什么是对什么是错。让客户在心理上感觉他赢了，而我们在事实上做对了，这是最圆满的结局”。每个员工时刻提醒自己多为客户着想，不仅在服务的具体功能上，而且在服务的心理效果上满足客户。香格里拉饭店重视来自世界不同地区、不同国家客户的生活习惯和文化传统的差异，有针对性地提供不同的服务。如对日本客户提出“背对背”的服务：客房服务员必须等客户离开客房后再打扫整理客房，避免与客户直接碰面。饭店为客户设立个人档案长期保存，作为为客户提供个性化服务的依据。

2.1 客户满意概述

客户满意是现代市场营销领域的一个核心概念，20世纪六七十年代这一概念才被第一次引入营销领域，至今对客户满意的研究已进行了近50年。

2.1.1 客户满意的概念

客户满意是从英文Customer Satisfaction（CS）翻译过来的，在客户满意概念的定义上，理论界和学术界至今仍然存在着分歧。

对于客户满意学术上有两种观点。一种观点是从状态角度来定义的，认为客户满意是客户对购买行为的事后感受，是消费经历所产生的一种结果。Howard 和 Sheth（1969）认为客户满意是“客户对其所付出的代价是否获得足够补偿的一种认知状态”。Oliver 和 Linda（1981）认为客户满意是“一种心理状态，客户根据消费经验所形成的期望与消费经历一致时而产生的一种情感状态”。Westbrook 和 Reilly（1983）认为客户满意是“一种情感反应，这种情感反应是伴随或者是在购买过程中产品陈列以及整体购物环境对消费者的心理影响而产生的”。Kotler 则认为客户满意是“指一个人通过对一个产品的可感知的效果（或结果）与他的期望值相比较后形成的感觉状态，是感知的效果和期望值之间的差异函数”。

另一种观点是从过程的角度来定义客户满意，认为客户满意是事后对消费行为的评价。Hunt（1977）认为客户满意是“消费经历至少与期望相一致时而作出的评价”；Engel 和 Blackwell（1982）认为客户满意是“客户对所购买产品与以前产品信念一致时所作出的评价”；Tse 和 Wilton（1988）则认为客户满意是“客户在购买行为发生前对产品所形成的期望质量与消费后所感知的质量之间所存在差异的评价”。这些学者认为，在客户满意的内涵中，评价过程是其核心组成部分。从过程角度对客户满意的定义囊括了完整的消费经历，指明了产生客户满意的重要过程。

后一种定义方法引导人们去关注产生客户满意的知觉、判断和心理过程，比从状态角度的定义更具实用价值，也更多地为其他研究人员所采用。无论是从状态角度还是从过程角度对客户满意进行定义，都说明它是一种积极的购后评价，是客户在感受到所购买产品与先前的产品信念相一致时而作出的积极评价，既可以是对整个购买过程所作的评价，也可以是对购买结果所作的评价。

2.1.2 客户满意的内涵

1. 客户的内涵

客户满意里的“客户”不仅包括企业产品或服务的现实或潜在的消费者，而且还包括企业的各种利益相关者，如企业内部的员工、供应商、中间商、投资者等构成价值链条中每个关键环节的所有成员。客户满意与否会引发一系列连锁反应，涉及整个价值链让渡系统中的所有成员。因此，要实现客户满意的最终目标，就必须从营销活动的起点做起，确保价值链让渡系统中的每一个环节、每一类客户的满意。这是理解客户满意内涵的真正意义所在。

2. 客户满意的特点

客户满意具有以下若干基本特征。

（1）主观性：客户满意是建立在客户对其产品和服务的体验基础上，感受的对象是客观的，结论是主观的。它既与自身条件如知识、经验、收入、生活习惯和价值观念有关，还与媒介传闻、市场中假冒伪劣产品的干扰等因素有关。

（2）层次性：处于不同层次的人对产品和服务的评价标准不一样。

（3）相对性：客户常对产品的技术指标和成本等经济指标不熟悉，而习惯于将此产品与相关联或相竞争的产品以及以往的消费经历相比较而得到满意和不满意的相对意义。

（4）阶段性：产品都有其使用寿命，服务也有时间性。客户对某个品牌的产品和服务的满意来自于过去的使用体验，是在过去多次买卖和提供的服务中逐渐形成的。

3. 客户满意的层次

客户满意包括 3 个依次递进的层次，如图 2－1 所示。

（1）物质满意层。这是客户满意的核心，即企业通过提供产品的使用价值来使客户感到物质上的满意，如通过产品的功能、质量、设计和品种等。

（2）精神满意层。这是客户在消费企业提供的产品形式和外延的过程中产生的满意，如产品的外观、色彩、装潢、品位和服务等所产生的满意。

（3）社会满意层。即客户在购买和消费企业提供的产品和服务的过程中能够实现的社会利益维护程度以及社会文化的和谐程度。社会满意主要依靠产品/服务所蕴含的道德价值、社会文化价值和生态价值来实现。

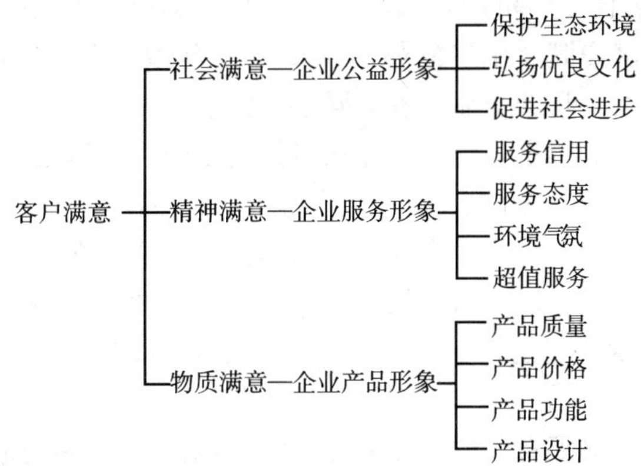

图 2－1 客户满意层次

客户满意是动态的，具有鲜明的个性及时空差异；同时，客户满意也没有绝对的标准和统一的模式。因此，企业所追求的客户满意，是有针对性的，是因人而异的。

4. 客户满意的水平

客户满意水平包括 3 种心理状态：不满意、满意和愉悦。

客户满意程度如何，取决于客户接受产品或服务的感知同客户在接受之前的期望相比较后的体验，如图 2－2 所示。

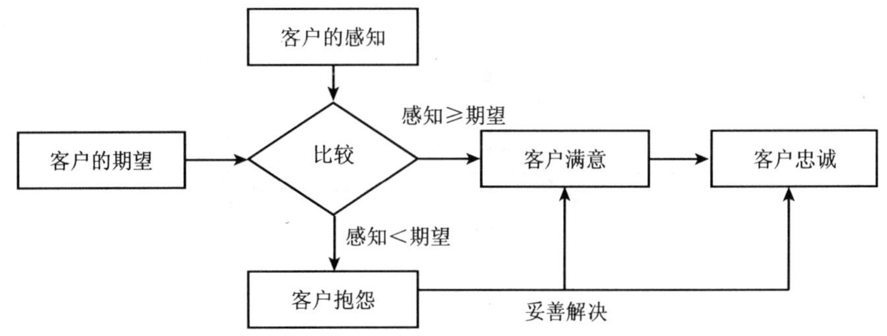

图 2－2 客户满意期望与顾客感知后的感受

① 当感知接近期望时，一般会出现两种状态：一种是客户因实际情况与心理期望基本相符而表示“比较满意”；另一种是客户会因对整个购买决策过程没有留下特别印象而表示

“一般”。所以，处于这种感受状态的客户既有可能重复同样的购买经历，也有可能选择该企业的竞争对手的产品或服务。

② 当感知高于期望时，客户就会体验到喜悦和满足，感觉是满意的，其满意程度可以通过事后感知与事前期望之间的差异函数来测量。显然，感知超过期望的越多，客户的满意程度就越高，而当感知远远超过期望时，满意就演变成忠诚。

③ 当感知低于期望时，则客户会感到失望和不满意，甚至会产生抱怨或投诉。但如果对客户的抱怨采取积极措施妥善解决，就有可能使客户的不满意转化为满意，甚至令其成为忠诚的客户。

(1) KANO 模型。

1984 年日本卡诺博士（NORIAKI KANO）提出 KANO 模型，通过对客户需求的分类，反映了客户需求对客户满意水平的影响。KANO 模型是个典型的定性分析模型，它可用于对绩效指标进行分类，帮助企业了解不同层次的客户需求，找出客户和企业的接触点，识别客户满意的至关重要的因素，帮助企业找出提高企业客户满意度的切入点。

如图 2-3 所示，KANO 模型定义了 3 个层次的客户需求。

基本型需求：是客户认为产品“必须有”的属性和功能，在一般情况下，客户不会在调查中提到基本需求的，因为他们认为这是产品应有的基本功能。如果产品没有满足这些基本需求，客户就会很不满意；相反，如果产品完全满足基本需求，客户也不会表现出特别的满意。

期望型需求：不是“必须有”的产品属性或服务行为，有些期望型需求连客户都不太清楚，但是却是他们希望得到的。如果能满足客户的期望型需求，就有可能使客户满意，吸引回头客。在市场调查中，客户谈论的通常是期望型需求。期望型需求在产品中实现越多，客户就越满意；当没有满足这种需求时，客户就不满意。

兴奋型需求：要求提供给客户一些客户完全出乎意料的产品属性和行为，使客户产生惊喜。如果产品没有满足这类需求，客户就不会满意，因为他们通常没有想到这些需求；相反，当产品提供了这类需求时，客户就会对产品非常满意。

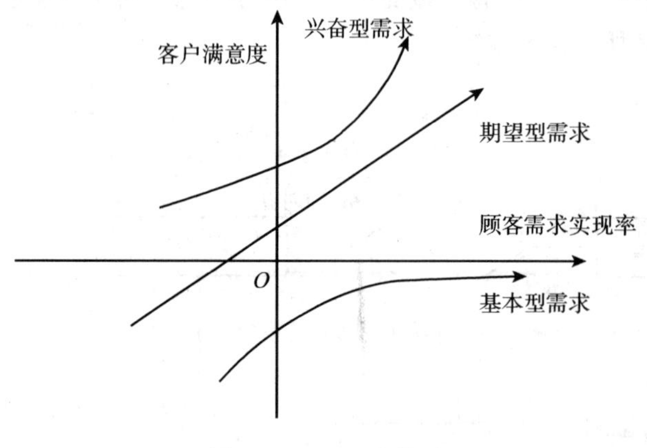

图 2-3　KANO 模型

这 3 种需求根据绩效指标分类就是基本因素、绩效因素和激励因素。企业要首先全力以赴地满足客户的基本需求，保证客户提出的问题得到认真的解决，重视客户认为企业应有义务做到的事情，尽量为客户提供方便。然后，企业应尽力去满足客户的期望型需求，提供客户喜爱的额外服务或产品功能，使其产品和服务优于竞争对手并有所不同，引导客户加强对本企业的良好印象，使客户达到满意。客户满意后，要想办法使客户产生惊喜，时时处处传达"客户至上"的精神。同时，也要注意由于客户水平的不断提高以及竞争对手更好地满足客户期望而引起的需求水平的不断提高。

(2) ACSI 指数。

1989 年，瑞典成为第一个正式拥有用来评估产品和服务质量，跨行业、企业的国家客户满意度调查工具（Sweden Customer Satisfaction Barometer，SCSB)。1994 年，SCSB 被引入美国并加以改造，用于构建美国客户满意度指数（American Customer Satisfaction Index，ACSI)，该模型已得到多年来大规模消费数据的证实。ASCI 模型如图 2－4 所示，该模型由客户满意度与其决定因素感知质量、客户期望和感知价值，以及客户忠诚和客户抱怨 6 个变量组成一个整体逻辑结构。客户满意处于模型的中心，感知质量、感知价值和客户期望共同决定客户满意，客户满意决定客户抱怨和客户忠诚。感知质量是客户对所经历服务的评价，对客户满意有正面的影响；感知价值是相对于价格的质量水平；客户期望在客户经历服务之前形成，其本身受到广告、口碑等因素的影响，是客户对供应商所提供服务质量的预期。这三个前提因素相互联系，共同决定了客户满意。当客户满意时，会减少抱怨和增加忠诚。

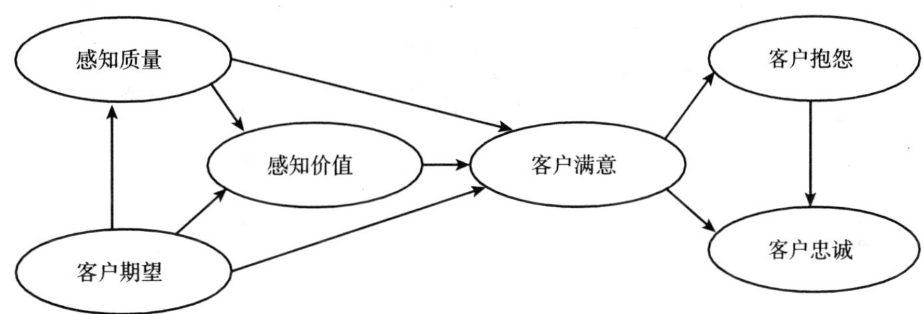

图 2－4 ACSI 模型

（资料来源：http：//www.smartmr.com.）

2.2 客户满意的扩散

在前人基础上，许多学者对客户满意的前因后果研究又进一步进行了扩散，前因除了前面提到的产品绩效与客户期望以外，逐步深入涉及客户感知质量、员工满意、容忍区域等对客户满意的影响；后果研究除了客户满意对再购买意愿、客户忠诚的影响外，其对立面——客户不满意的研究，特别是客户抱怨对客户满意的影响也得到一些学者的关注。

2.2.1 客户感知质量、客户价值与客户满意

早期对客户满意的研究认为不一致性是客户满意度的直接前因。后来的研究发现，除了不一致性对客户满意度具有直接影响外，感知质量与客户满意度也具有直接关系。

根据这一理论，影响和决定客户满意的因素包括服务质量、客户期望、服务价格以及感知价值等。美国学者Parasuraman等人在1985年提出的“五个期望差距”模型，为服务质量模式建立了重要的基础。该模式认为，服务质量和客户满意的衡量方式是相同的，都是预期与绩效的比较。

但是客户满意的影响因素不仅受到服务质量和产品质量的影响，同时也受到价格、期望、情境等因素的影响。期望、不一致性和质量感知的函数关系经常引出相互矛盾的结论，致使一些学者认为满意形成过程在不同的产品类别是有差异的，且取决于特定的消费环境（Aleeb和Basu，1994；Johnson，Nader和Fornel，1996；Palonron，Johnson和ard Sreng，1997）。在对低参与度和高参与度产品的客户满意模型研究中，Churchil等（1982）发现，在一个高参与度的环境中，仅质量就会影响客户满意。但是，在低参与度的环境中，不一致性和质量都是满意的直接前因。Pattecaon（1993）在对高参与度产品的研究中也发现了质量对客户满意的影响作用比不一致性大。产生这种结果的原因是高参与度购物情境降低了客户对消费前质量的敏感度，而增加了他们对消费结果的敏感度（Oliver和Bearden，1983）。

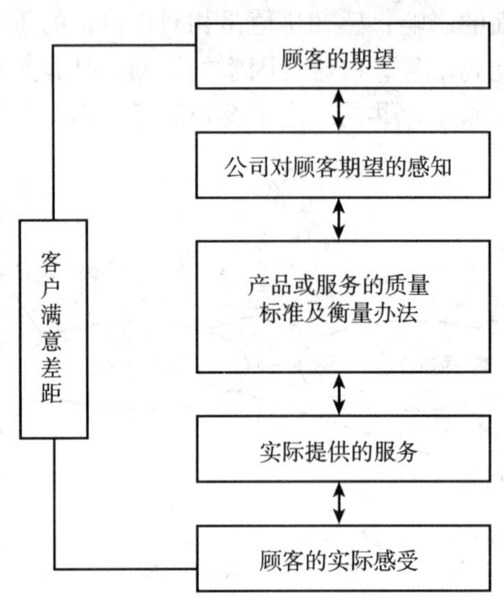

图2-5　客户满意差距

客户价值，即客户感知价值，其核心是感知利得（perceived benefits）与感知利失（perceived sacrifices）之间的权衡。感知利得包括物态因素、服务因素以及与产品使用相关的技术支持等质量要素。感知利失则包括客户在购买时所付出的所有成本，如购买价格、获取成本、交通、安装、订单处理、维修以及失灵或表现不佳的风险。如此一来，提升客户价值可以经由增加感知利得或减少感知利失来实现。例如，客户愿意付出相对较高的价格来获得时间上、地点上或是交易过程上的便利。

基于客户价值的客户满意是客户在对目标与意图、使用和服务过程结果、产品和服务的属性及其性能价值感知的基础上，将感知绩效与客户期望进行比较后形成的一种心理状态，这种心理状态根据目标与意图的价值感知形成基于目标的满意，根据使用和服务过程结果的价值感知形成基于结果的满意，根据产品和服务的属性及其性能的价值感知形成基于属性的满意。基于客户价值的客户满意可以用图2-6进行示意表述。

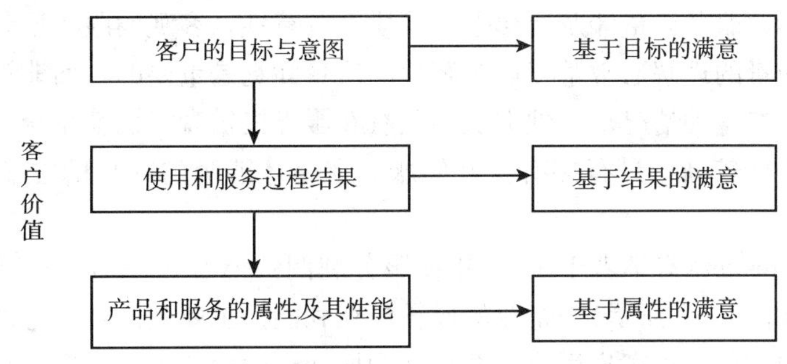

图 2-6 基于客户价值的客户满意示意图（Woodruff，1997）

从基于客户价值的客户满意示意图可以看出，客户从上到下形成客户价值，而后从下到上形成基于客户价值的客户满意。从客户价值的形成过程来看，客户会根据自己的目标和意图形成价值，以此来确定使用情境下各类使用和服务过程结果的重要性，并相应地判断和选择那些具有使用和服务过程结果价值的要素；然后，再根据使用和服务过程结果的重要性进一步细分产品和服务的属性及其性能的重要性，并形成产品和服务的属性及其性能价值要素。

从基于客户价值的客户满意形成过程来看，从最低层次开始，客户首先会考虑产品和服务的具体属性和性能，并评价他们满足客户需求的满意程度，即基于属性的满意；在综合了各个具体的产品和服务的具体属性和性能后，客户会形成对使用和服务过程结果的满意度评价，即基于结果的满意；最后，客户还会根据这些结果对客户目标的实现能力形成满意度评价，即基于目标的满意。因此，可以看出基于客户价值的满意是具有层次性的。

2.2.2 客户满意与员工满意

在现代市场营销观念广为流行的今天，企业越来越强调满足客户需求以及使客户满意成为市场竞争中经营战略与战术的要旨。然而，客户满意并非空中楼阁，它需要为客户提供产品、服务等商品的企业员工的支持，产品价值、服务价值、人员价值以及形象价值的提高以及产品价格、时间成本、体力及精力消耗等的降低，无一不与企业的员工有着紧密联系，企业员工满意程度的高低会直接影响员工的行为，进而会影响客户的满意度。正因为如此，国内外很多学者对客户满意与员工满意这两者之间的关系进行了研究，其中著名的学者有Gronroos，Heskett，Parasuraman 等。

Berry 等（1976）首先提出了内部营销的概念，即把员工看作内部客户，把工作当作满足内部客户需要的产品。他认为满意的员工产生满意的客户，要想赢得客户满意，首先让员工满意。实行内部营销可以创造员工满意，使他们在为外部客户服务时彬彬有礼，细致入微，从而获得外部客户的满意。因此，Berry 和 Parasurarnan（1991）给内部营销下了这样的定义："内部营销就是通过工作，即满足员工需要的产品，吸引、开发、激励和保留优质的员工。内部营销是一门把员工当作客户的哲学，是一种通过工作设计满足人需要的策略。"1985 年 Gronroos 则对员工的客户导向意识进行了强调，他把内部营销定义为：通过在公司内部采取类似营销的手段和开展类似营销的活动有效地影响内部员工，调动员工的积极性，使他们具备客户意识和销售意识，树立市场导向的思想。

1985 年，Parasuraman，Zeithaml 和 Berry 提出服务质量这个概念，他们认为服务的好坏可以用服务质量来认定。而服务质量是用一种长期性和整体性的态度来进行评估的。相对于产品质量的判断，服务质量涉及无形性、异质性等特性，客观的服务质量不同于消费者知觉的质量。服务质量的理解通常基于认为客户的质量知觉是重要的，而非设计者或制造者对质量好坏的感受。在这种情况下，他们认为只有在服务提供者，也就是企业员工主观满意的时候，服务质量才会较高，只有拥有良好的服务质量才能吸引客户的注意，最终达到客户满意。

哈佛商学院 Heskett 等学者于 1994 年在服务利润链模型（service-profit chain）中描述了这样的逻辑（如图 2-7 所示）：企业的成长与获利能力主要是由客户忠诚决定的，客户忠诚是由客户满意决定的，而客户满意由客户认为所获得的价值大小决定，价值的大小最终要靠富有效率的对公司忠诚的员工来创造，员工对公司的忠诚取决于其对公司是否满意，满意与否主要应视公司内部是否给予员工高质量的内部服务。

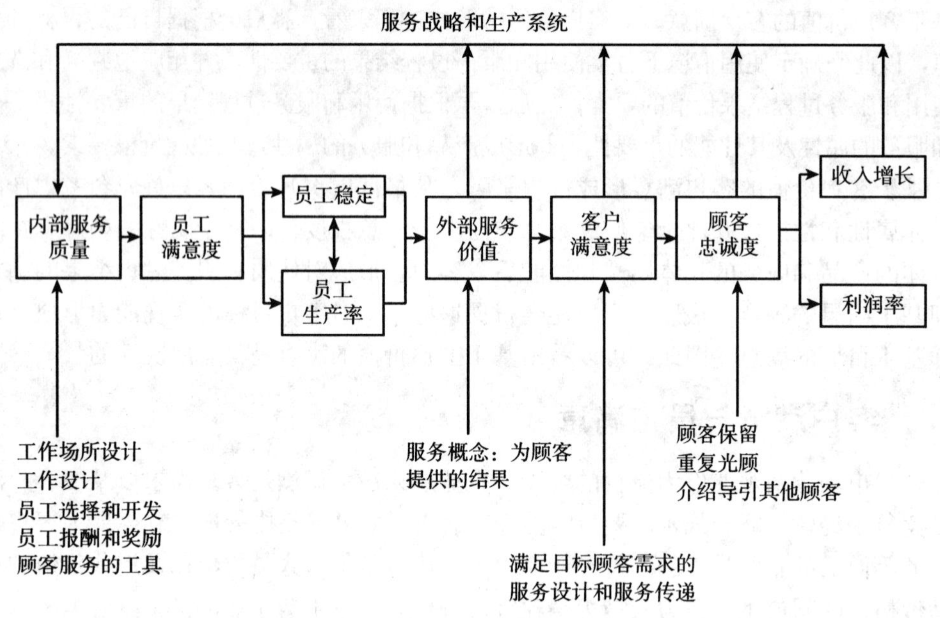

图 2-7　服务利润链模型

产品是员工制造的，服务是员工提供的，只有满意的员工才能制造更好的产品，长期向客户提供更好的服务。员工满意度高，为用户提供满意服务才有可能，在一般情况下，两个满意度是成正比的。长期的较高程度的客户满意度来自于长期较高程度的内部客户的满意。美国奥辛顿工业公司的总裁曾提出一条“黄金法则”：关爱你的客户，关爱你的员工，那么市场就会对你倍加关爱。内部客户是企业利润的创造者，如果内部客户——员工对企业满意度高，他们就会努力工作，为企业创造更多价值。所以，一个追求成功的企业应当重视如何提高企业员工——内部客户的满意度。欲提高用户满意度，需要先提高员工满意度，特别是与客户直接接触的一线员工的满意程度。正基于此，人们提出了翻转的金字塔形组织结构，如图 2-8 所示。

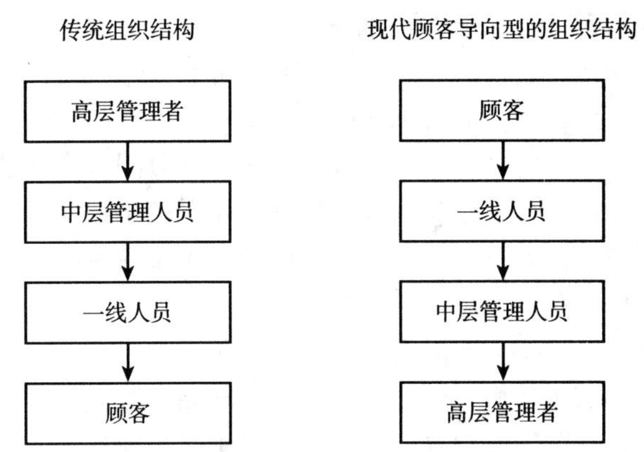

图 2－8　服务导向的组织结构

2.2.3　容忍区域与客户满意

在客户满意模型中，Berry 等人认为对于预期的假定过于简单了，由此他们提出容忍区域的概念。容忍区域概念认为，在某一特定的水平下，客户也许并不存在所谓的期望问题。相反，他们对这一个范围内的质量变动都是认可的。这就表明，客户的预期其实是可以分为两个层次：理想的水平（desired level）和可接受的水平（adequate level）。理想的水平说明的是客户心目中的产品/服务质量应当是什么样的；可接受的水平说明的则是客户认为产品/服务质量可能是什么样的，可接受水平是客户所能忍受的底线。这两个层次的预期之间便构成容忍区域。如果客户实际消费体验的产品/服务质量恰好落在这个区域，那么客户会接受这样一种消费结果，并认为产品/服务质量是良好的。

客观上，客户对企业的产品和服务存在期望。同时，这种期望本身具有不同的层次，即包括客户对产品和服务的期望水平与客户对产品和服务的可接受水平两个层次。用 A 代表客户对产品和服务的期望水平，用 B 代表客户对产品和服务的可接受水平，则可以得到客户的容忍区域，如图 2－9 所示。

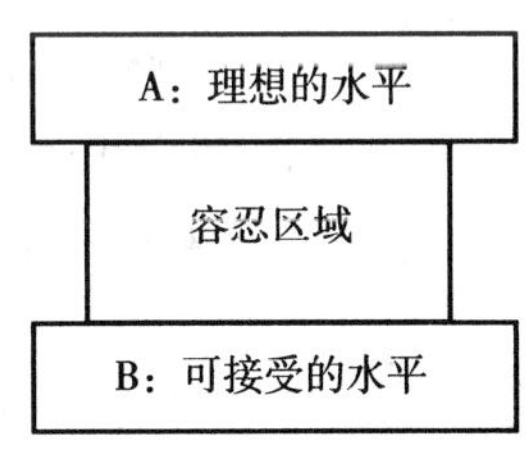

图 2－9　客户的容忍区域

如果公司提供的产品或服务低于客户心目中可接受的水平 B，客户就会失望，也会产生不满意的情绪；如果公司提供的产品或服务高于客户所期望得到的水平 A，客户就会觉得惊讶，感到非常满意，产生物超所值的感觉；如果公司提供的产品或服务落在容忍区域，客户会感到满意。例如，客户到餐厅用餐，点菜后会有一个可以接受的等待的时间范围。也许在 5 分钟到 15 分钟之间是可以接受的，那么 5 分钟内上菜是客户希望达到的水平，15 分钟是客户可以接受的水平。如果该餐厅能在 3 分钟内上菜，客户会很高兴，因为这个速度比他预期的还要快；如果由于服务人员的效率过低，20 分钟后才上菜，低于客户的可接受水平，客户就可能会不满意甚至生气了。

客户容忍区域在不同的情况下具有不同的特点。对于不同的产品和服务类型，不同的客户其容忍区域可能是不同的。即使是同一个客户，在不同时间的容忍区域也会产生差异。一般对于客户认为相对重要的因素，客户的容忍区域会相对较小；而对于客户认为相对次要的因素，客户通常会表现得更加宽容。前者的容忍区域也小于后者的容忍区域。

此外，与结果相关的消费其容忍区域会相对小些，而与过程相关的消费其容忍区域则会大一些。而且，客户在第一次接受产品和服务的时候，无论对消费结果、还是对过程的期望都相对较低，而且容忍区域也较大。但如果第一次的产品和服务不能让客户满意，客观上需要提供修复的时候，由于先前不愉快的经验，客户对于结果和过程的期望都会提高，而且容忍区域也会变小。

因此公司在提供给客户相应的产品和服务时，应当考虑到客户对产品或服务的满意度来源于事先的期望，而且这种期望通常并不仅仅是一个水平，而是一个区间。如果能够认识并把握这一区间的大小范围及其在不同情况下受到的不同影响，有针对性地设计并提供相关的产品或服务，将极大地有利于客户满意度和忠诚度的提升，起到举一反三的效果。

掌握客户对特定产品或服务的容忍区域，将有助于营销人员设计出满足客户期望水平的营销方案。企业一方面可以了解和影响客户的预期；另一方面要尽可能地使客户消费的产品或服务符合或优于先前的期望，以提高客户的满意度。产品和服务的改进通常会带来成本的上升，企业应当在合理的成本范围内提供令客户满意的产品或服务。在上述的例子中，5 分钟左右的等待是较为适当的。餐厅不但可以从对服务小姐的工作培训，增加厨师数量，改进菜肴烹制流程等方面着手改进，还可以从客户的角度考虑如何主动积极地改变客户的容忍区域。

2.2.4 客户满意与客户忠诚

学术界对客户满意与客户忠诚之间的关系进行了非常多的研究，持续几十年的客户满意研究表明，客户满意能够产生积极的营销效应，如促进客户重复购买、影响客户保留与忠诚、提升企业市场份额与获利能力等，这些积极作用成为企业竞争优势的重要来源。美国学者 Reicheld 和 Sasser 的研究表明，客户忠诚度提高 5%，行业平均利润率提高 25%～85%。因此，许多企业采取大量的措施来提高客户的满意度，希望以此提高客户的忠诚度。

但实践和研究发现，客户满意度与忠诚度二者关系并非只是绝对的正相关，许多行业存在着高满意度、低忠诚度的现象。美国贝斯公司的一项调查显示，宣称满意或很满意的客户，有 65%～85%会转向其他公司的产品。在汽车行业中，有 85%～95%的客户感到满意，可只有 30%～40%的客户会继续购买同一品牌的产品，这就是所谓的客户满意的陷阱（the satisfaction trap）。并且由于在客户满意水平上存在着所谓的“质量不敏感区域”（如图 2 - 10所示），只有当客户非常满意的情况下，客户才能再次消费，并保持忠诚。若客户满意度低于“满意水平临界点”，便会造成客户再购买行为急剧减少。

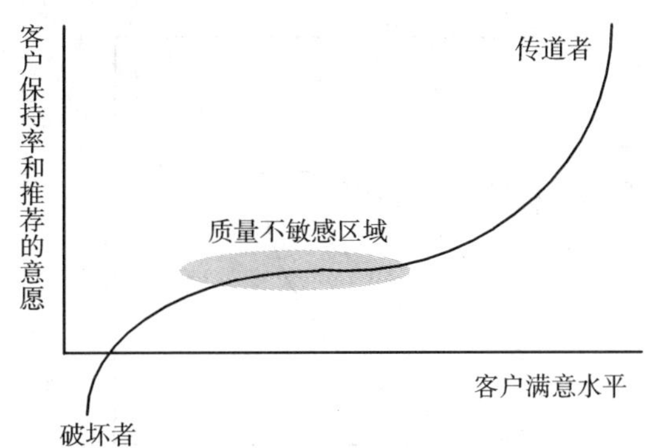

图 2-10 客户满意与客户保持率、推荐意愿的关系

从图 2-10 中可以看出，客户满意水平与客户保持率及向其他客户推荐所接受过的服务的程度之间并不总是强相关关系。在质量不敏感区域，客户满意水平尽管较高，但客户并不一定再次接受企业的服务，也没有向家人、朋友或他人推荐所接受服务的意愿。只有当客户满意水平非常高时，客户忠诚现象才会出现，良好的口碑效应也才得以产生，客户再购买行为快速增加。在质量敏感区域下部的为客户中的破坏者，而上部则是所谓的传道者。所以，为了提高客户的忠诚度，使客户成为传道者，企业必须让客户非常满意，而不是满意或比较满意。正如所说的那样：客户满意不等于客户忠诚。90%的背离客户对他们以前获得的服务表示满意。所以，满意分值提供了问题的有效预警，但是，满意客户并不总是比不满意的客户更多地购买，也不一定比不满意的客户更加忠诚。

另外，美国学者 Jones 和 Sasser 的研究结果还表明，二者的关系也受到行业竞争状况的影响。影响竞争状况的因素主要有以下 4 类。

(1) 限制竞争的法律。如法律规定，电信业务为指定公司专营。

(2) 高昂的改购代价。如患者在治疗过程中转院，或企业在广告协议未完成时更换广告公司。

(3) 专有技术。企业采用专有技术提供某些独特的利益，客户要获得这些利益，就必须购买该企业的产品和服务。

(4) 有效的常客奖励计划。如航空公司推出经常旅行者计划，给予常客奖励，刺激他们更多购买其机票。

如图 2 11 所示，虚线左上方表示低度竞争区，虚线右下方表示高度竞争区，曲线 1 和曲线 2 分别表示高度竞争的行业和低度竞争的行业中客户满意程度与客户忠诚可能性的关系。

如曲线 1 所示，在高度竞争的行业中，完全满意的客户远比满意的客户忠诚。在曲线 1 右端（客户满意程度评分为 5），只要客户满意程度稍稍下降一点，客户忠诚的可能性就会急剧下降。这表明，要培育客户忠诚感，企业必须尽力使客户完全满意。如果客户未遇到产品和服务问题，接受调查时他们会感到很难作出不好的评价，而会表示满意。但是，如果企业的产品和服务过于一般，并未让客户感到获得了较高的消费价值，就不易吸引客户再次购买。

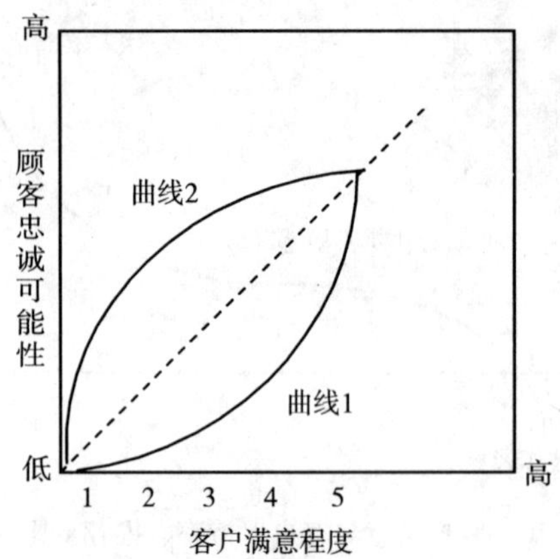

图 2-11　行业竞争状况对客户满意-客户忠诚关系的影响

在低度竞争的行业中，曲线 2 描述的情况似乎与人们传统的认识十分吻合，即客户满意程度对客户忠诚感的影响较小。但这是一种假象，限制竞争的障碍消除之后，曲线 2 很快就会变得同曲线 1 一样。因为在低度竞争情况下，不满的客户很难跳槽，他们不得不继续购买企业的产品和服务。但客户心里并不喜欢这家企业的产品和服务，他们在等待机会，一旦能有更好的选择，他们将很快跳槽。这种表面上的忠诚是虚假的忠诚，有一定的欺骗性。因此，处于低度竞争情况下的企业应居安思危，努力提高客户满意程度；否则一旦竞争加剧，客户大量跳槽，企业就会陷入困境。

客户忠诚包含一个态度成分和一个行为成分。态度成分指客户对企业的员工、产品和服务的喜欢和留恋的情感，又称客户忠诚感。行为成分受态度成分的影响，客户忠诚感以客户的多种行为方式表现出来，这些行为方式包括再次购买、大量购买、经常购买、长期购买，以及为企业的产品和服务作有利的宣传等。Jones 和 Sasser 主要采用客户再次购买意向来衡量客户忠诚感。在市场竞争激烈、客户改购容易的情况下，这种衡量方法可以较准确地反映客户忠诚感。但在低度竞争情况下，它很难揭示客户内心的真正态度。这时客户的再次购买意向主要是由外界因素决定的，一旦外界因素的影响减弱，客户不忠诚的态度就会通过客户大量跳槽表现出来，在图 2-11 中表现为曲线 2 很快向曲线 1 变化。这表明，无论竞争情况如何，客户忠诚感与客户满意程度的关系都十分密切（如曲线 1 描述那样）。只有客户完全满意，他们的忠诚感才会比较强烈。

当然，除了让客户满意外，还有其他留住客户的方法（如建立转换壁垒），但通过客户满意来保住客户是一种最积极的方法，因为转换壁垒可能因被模仿而不再起作用，也使得在说服客户进行初始购买时变得很困难。

2.2.5　客户抱怨与客户满意

“满意”的反面，是“不满意”；同样，客户满意的后面，是客户不满意。根据美国学者的调查研究，满意的客户是广告与宣传的最好途径，但不满的客户也会将其不愉快的经历四处传播，并且 90%不满的客户不会通过提出抱怨给产生服务失败的企业以纠正错误的机会，他们会用脚投票转向其他的企业。不仅如此，每个不满的客户会将其不满至少告诉 10 个人以上，而这些人又会告诉其他人。所以客户不满对企业的影响是显而易见的，其结果是失去客户、销售额降低、声誉变差、失去销售机会，甚至失去潜在的客户（有可能是整个家庭，甚至几代人）。

客户不满意，一般是指客户由于对交易结果的预期与实际情况存在较大出入而引起的行为上或情绪上的反应。一旦客户对所购的产品或服务不满，随之而来的问题就是如何表达这种不满。不同的客户以及同一客户在不同的购买问题上，对不满情绪的表达方式可能都会有所不同，如图 2 - 12 所示。

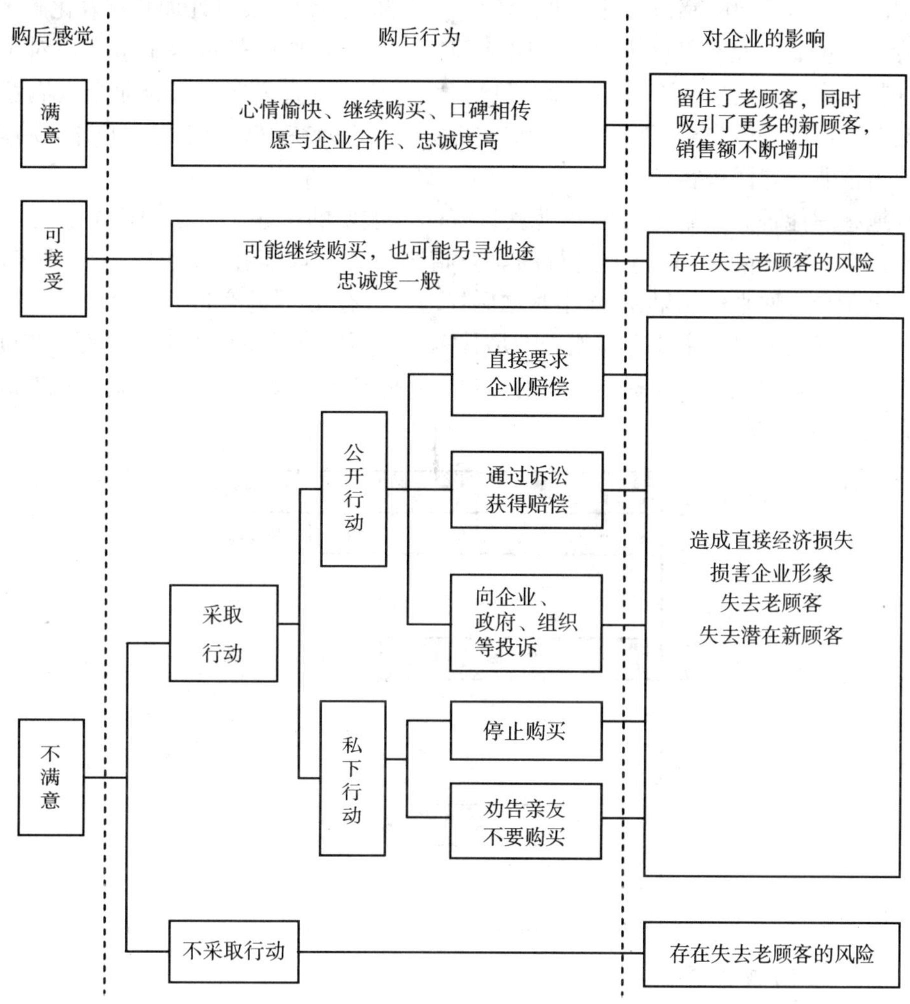

图 2 - 12　客户满意对企业的影响

在不满意的情况下，客户可能保持沉默并继续光顾，也可能直接转向竞争者，或向亲朋好友诉说他们不满的经历，以便宣泄不满的情绪，而向企业提出抱怨只是其中的一种选择。一般，5 个不满意的客户里面只有 1 个会提出抱怨。美国技术援助研究项目（TARP）的调查也显示，在整个服务行业中，27 个不满意客户中只有一个会提出投诉。这意味着对于每一家服务公司，其真正存在的抱怨数目为所收到抱怨件数的 27 倍（TARP，1999）。由此可见，客户抱怨中往往蕴藏着非常有价值的信息。如果不满意客户未采取任何行动，企业就难以了解客户不满意的原因，也就是使企业失去了进一步改进和提高产品或服务质量的机会。相反，通过客户抱怨，企业可以了解客户的真实需求，识别其存在的问题，在此基础上进行持续的改进。

客户抱怨是从客户为导向的市场上获得有用信息的资源之一，可用于协助企业制订战略，作出决策。对抱怨的适当处理可以防止客户转向其他供应商。抱怨带来的非直接收益是，当不愉快的客户提出抱怨时，企业以快速有效的方式让其不满程度降低。客户抱怨的好处之一是给不满的客户一个发泄不愉快的机会。有关研究表明，在社会相关关系中，抱怨最主要的理由是发泄负面的感情，并降低由不满引发的不协调。及时处理并有效化解客户的抱怨和申诉，对企业来说不仅仅可以挽回眼前的损失，更重要的是可以重塑客户对企业的信心，使这些客户有可能成为企业的忠诚客户。TARP 的调查表明，当企业令人满意地处理好客户抱怨时，这些客户再度购买的比例将高达 70%，即在 100 个抱怨客户中，有 70 位客户可能成为企业的“回头客”。

客户抱怨后能否有效解决对客户满意具有非常重要的影响。美国 ACM 公司（Altanta Complaint Monitoring Company）进行的调查指出，企业如能在 24 小时内处理客户抱怨，96%的客户还会再回来；如果在 24 小时之后处理，只有 10%的客户会再会来。研究中还发现，客户再选择服务时，主要考虑能否满足其需求，而价格并不作为主要因素。高度不满的客户会更强烈地提出抱怨，而提出抱怨的客户会降低其不满程度，被鼓励提出抱怨的客户更愿意与企业建立长期联系。

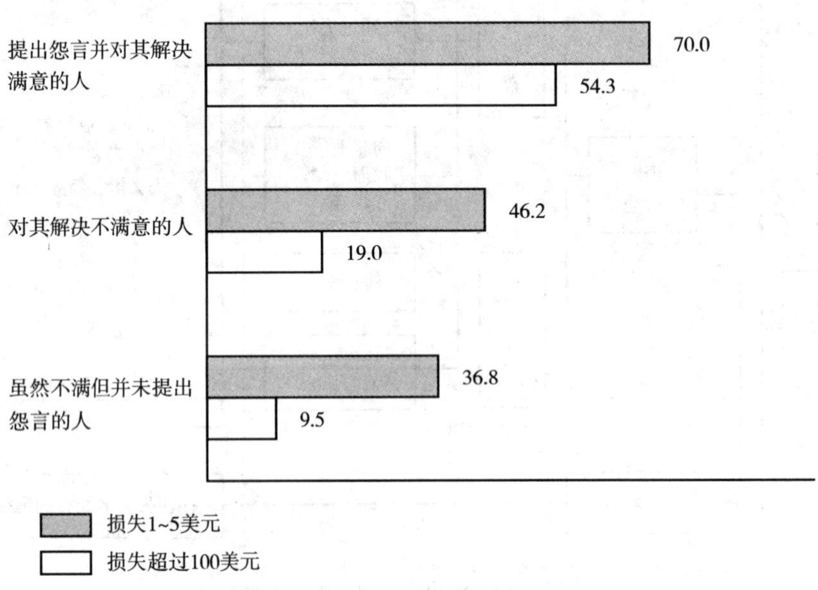

图 2-13　不满意顾客的再次购买意图

总之，客户满意是一种心理活动，是客户被满足后的愉悦感。之所以将客户满意视为企业可持续发展的有力保证，是因为它与公司利润之间存在着线性因果关系。客户是企业收入的源泉，是员工薪水的最终支付者，只有让客户满意，客户才会增强对产品的信任感和对企业售后服务的安全感，才会持续购买，成为忠实的客户，企业才能存续和发展。追求客户满意，实际上就是追求企业自身的成功。抱怨给予客户表达不满的机会，如果企业不能妥善处理抱怨，将会遭受巨大损失，而有效的抱怨处理则会带来满意的客户。

2.3 基于客户满意的营销哲学

随着市场竞争的日益激烈和消费者价值选择的变迁，企业越来越认识到争取市场、赢得并保留住客户的重要性。这使得处于竞争行业的企业不得不开始重视客户满意，由此导致客户满意在企业界和学术界成为一个日益突出的课题。同时科学技术的进步和信息的充分传递，竞争企业间的产品和硬件提供物将越来越接近。比如，对零售业来说，同类商场经营的商品品种和硬件设施已非常接近；对商业银行来说，提供的业务种类大同小异。那么，企业在区别于竞争对手的同时，要增强自身的竞争能力，已不能单纯依靠硬件设施来实现。应更多地考虑把人力、物力、财力等汇聚起来，集中创建企业优质的客户服务，培养满意且忠诚的客户，这也是竞争企业难以抄袭的。所以，当市场竞争上升到客户服务方面的竞争时，能否做到客户满意已成为企业在市场竞争中能否取胜的关键。

2.3.1 基于客户满意营销哲学的兴起

大量的研究表明，不满意的客户将带来抱怨、负面的口碑、客户和员工的背离，以及重新获得客户成本的增加等不良的营销效应，而客户满意则对客户行为和由此产生的企业盈利有着积极的影响作用。这种积极的影响最终反映在它将给企业带来的直接利益和间接利益，并为企业带来更多的客户生命周期价值上。

直接利益包括两部分：一是客户由于满意而对原购买产品的重复购买所带给企业的利润；二是客户因满意而进行的交叉购买所带给企业的利润。前者具体包括以下几个方面。

（1）客户满意将提高其重复购买的可能性，从而保证企业各期的基本利润。Anderson 和 Sullivan 的研究表明，客户满意度每提高 1 个百分点，客户的重购的概率将提高 0.005 8。

（2）客户满意可以减小客户对于未来交易价格的敏感性。满意的客户通常愿意为他们所获得的利益付出较高的价格，从而为企业带来价值溢价。

（3）客户满意可以降低未来的交易成本。客户满意不仅可以降低未来重复交易双方的搜寻成本，而且可以降低客户重复交易的服务成本。据统计，吸引一个新客户的成本是维持一个老客户成本的 5 倍。

（4）高客户满意水平可以降低服务失败的补救成本。补救成本是指企业处理客户抱怨或不满意的成本。高满意水平意味着较少的客户不满，也就意味着在处理客户不满上花费更少的资源。不仅如此，高满意水平的客户对将来的客户服务中非关键性服务的偶然失败，往往表现有一定的容忍度，相应补救成本得以降低。

另外，高满意的客户将使内部客户——员工的满意度提高，并使员工具有较高的保留率，从而减少员工的培训支出，并使员工服务的学习效应能够累积并较好地发挥出来。显然，间接利益最终是通过降低新客户的获得成本和保留成本而对企业盈利产生积极的影响。

目前，客户满意管理已被广泛地导入生产领域或服务领域，并被视为增强企业竞争力的有效手段。美国施乐（Xerox）最早倡导“完全满意保证”（total satisfaction guarantee）制度，施乐保证它的产品绝对让客户满意；否则，自购买日期起的 3 年之内可以免费更换。施乐的发言人表示：“我们让客户做主。客户是唯一的裁决者和决策者”。而首次被著名的哈佛商学院写入 MBA 成功经营案例的中国企业——海尔公司，他们的“客户完全满意”管理思想是将客户导向意识贯穿到企业行为之中——不仅客户想到的海尔都替您想到，而且客户没有想到的海尔也替您想到。更超常的是，海尔把这些都做到了。海尔实行“五个一”的服务标准：递上一张名片，穿上一双鞋套，自带一块垫布，自带一块抹布，赠送一份纪念品。通过客户满意管理，为施乐和海尔带来了辉煌的成功。

客户满意战略的提出大约在 20 世纪 80 年代末、90 年代初，最初的应用主要集中在制造型企业，如汽车制造，接着被导入家电、电脑、机械等行业，后来才逐步扩展到银行、证券、运输、旅游等服务性行业。从美国、瑞典、日本等国的一些企业的实践来看，这一战略是一种行之有效的现代企业经营战略，它可以为企业带来宝贵的无形资产，极大地增强企业的凝聚力和竞争能力。无论在理论上还是实践中，客户满意战略都开辟了企业经营战略的新视野。

客户满意战略的核心在于始终把客户作为关注的焦点，企业所有经营活动的起点都是从更好地令客户满意出发，围绕着客户满意来展开，并最终以客户满意与否作为检验的标准。客户满意战略强调以客户为中心的价值观，打破了企业传统的市场占有率推销模式，建立起一种全新的客户满意营销导向。另外，与其他一些经营战略不同的是，客户满意战略一般更具操作性和实用性。客户满意的管理哲学强调企业必须以客户的需求与期望为导向，通过收集各类反馈信息，并通过采用一些先进的信息技术、统计技术等进行定性和定量分析，找出企业每一步经营、管理的重点，并对企业的经营成效作出评价，以此调整下一步的策略。

2.3.2 基于客户满意的营销策略

现代企业实施客户满意战略的根本目标，在于提高客户对企业生产经营活动的满意度，创造忠诚客户，实现企业的长期盈利。而要真正做到这一点，则必须切实可行地制订和实施一系列的对策措施。

1. 塑造以“客户满意”为中心的企业经营理念

企业要在自己的经营方针和目标中体现出“吸引更多的客户”和“不断提高客户满意度”的思想，在对员工教育培训的基础上，使员工在遵从职业道德、行为规范、价值观念和员工素质塑造方面，都渗透“一切让客户满意”的理念。从而在企业内部创造一种“客户满意”的经营理念，即使你不直接服务客户，但是你的工作应当是为服务客户的人服务。在企业内部导入“下道工序是上道工序的客户”的客户满意理念，即在整个运作环节中，上个环节的部门把下个环节的部门当作客户，对它进行服务，一个环节服务一个环节，最终为外部客户提供最佳服务。

2. 提升客户价值

客户价值的创造途径根本上来讲有两大类：提高客户的感知收益和降低客户的感知付出。

（1）提高客户感知收益。

提高客户感知收益意味着产品或服务能够更好地满足客户的需求。通常，针对客户的需求设计产品或服务是增加客户感知收益的一种基本方法。通过对客户需求和偏好的分析，针对个性化的客户需求来设计和提供个性化的产品或服务，以实现企业提供物与客户需求之间的完全吻合，甚至实现客户可能渴求、但又未意识到的收益，最大化客户的满足感。

此外，增加客户感知收益的另一种方法是提供产品的附加价值，在核心产品上增加新的成分，而这些新成分对客户而言又是重要而且有价值的。例如，企业原本提供的核心产品拥有良好的质量，如果再附加一些产品支持活动（如送货服务、产品使用培训、质量保证、售后服务，等等），无疑会增加客户的收益，对客户感知质量产生积极影响。

（2）降低客户感知付出。

在客户感知收益不变的情况下，降低客户的感知付出也是增加客户价值的一条途径。为了降低客户的感知付出，企业必须全面了解客户的价值链及构成价值链的活动，掌握有关客户需求和偏好的情况。

降低客户的感知付出可以通过降低产品或服务的实际价格、提高购买的便利性来实现。例如，某些能够提高客户感知收益的措施（如送货上门等）同样可以降低客户的感知付出；其他一些措施如延长营业时间、增设营业网点等，可以提高产品的可获得性，使客户获得产品的方式更简单、更便捷，同样可以降低客户的感知付出。

增加客户的感知收益和降低客户的感知付出之间并不是截然分开的。某些活动不仅能够提高客户的感知收益，同时也可以降低客户的感知付出。因此，企业应当改善所有可能影响到客户感知的环节，合理安排和协调各种价值创造活动，最大化客户的感知价值。

3. 提升内部客户满意度

只有企业内部员工真正满意，他们才会为客户提供满意的产品与服务。IBM 公司早在 20 世纪 20 年代就确定了“以人为核心，向所有用户提供优质服务”的宗旨，提出了“为员工利益、为客户利益、为股东利益”的三项基本原则，认为只有满足了雇员的利益，才能满足客户的利益，在此基础上才可能满足股东利益。所以企业管理的重要内容之一就是如何令雇员满意并忠诚，使其更好地帮助企业完成经营目标。

（1）建立完善的培训体系。

要达到客户与雇员都满意的目标，建立完善的培训体系至关重要。从人力资源管理的角度来说，要提高员工素质，最有效的办法就是适时对员工进行培训，这不但能提高员工的服务能力，令外部客户满意；还能协调各部门工作配合能力，令内部客户满意。为了达到内部客户满意，员工的培训应该是持续不断的，而不单只针对新员工。在技术创新飞速发展的今天，产品的生命周期变短，企业不断地推出全新产品和服务，或丰富原有产品性能，只有不间断的、更新的培训才能使员工不断扩展他们的知识和技能，了解公司各种产品、服务和活动。此外，培训也不应仅限于产品与服务技能的培训，还应该包括经营理念、管理知识、客户管理等，甚至包括跨部门交叉培训、进修深造等方式，以提高员工的全方位技能。

（2）建立必需的支持体系。

为了使服务客户的工作更有效，服务人员需要内部各部门的支持。只有在高层管理者带领下，在技术部门、行政部门、人力资源、财务等各部门的通力配合下，一线员工才能为客户提供满意的产品与服务。没有一个基于客户满意管理的内部系统，服务人员就不可能传递高质量的服务。

传统上，由于组织内部没有支持或激励员工更好地服务客户的明确制度与体系，员工没有动力去设法为这些客户提供更好、更细致的服务。应该对企业内部工作程序与工作标准实行规范化管理，以保证各部门的配合。对于一线员工的工作，一方面通过培训及制度支持来保证其提供标准、优质的服务，另一方面也要给予员工适度的决策权。客户问题的当场解决将大大提高客户的满意程度。员工，尤其是一线员工与客户接触较多，最了解客户的需求，他们提出的往往是客户最关心、最在意的事情，更能明白什么最容易打动客户，所以他们的意见应该受到重视。对于员工提出的有关提高客户满意的措施与建议应给予奖励。这不但能促进企业的发展，还从另一个侧面表达了企业重视客户的诚意与决心，这也能促进雇员更重视客户满意。

(3) 将客户满意度指标纳入薪酬制度。

有些企业不但将客户满意指标引入员工的绩效考核机制，更将其作为员工收入的评定标准之一。薪酬制度是企业制约并激励员工努力完成企业经营目标的重要手段。任何企业的薪酬制度设计都是为了更好地激励员工努力工作，以帮助企业实现获利目标。传统的薪酬制度更注重员工的职位、资历，在提升机会有限、资历区别不大的前提下，目前已无法激励员工去努力实现企业的经营目标。目前，多数企业执行基于能力的薪酬方案，员工的薪酬取决于员工所掌握的能力，但对于能力又难以给予定义和测评。在这种情况下有些企业开始引入客户满意度薪酬方案。在这种方案中，员工的能力由客户满意度来作为衡量标准，这种标准更简单、更透明、更公平，容易得到员工的理解与认可。目前客户满意指标对员工收入的影响方式主要分两类：一是通过绩效考核的结果影响员工的工资定级，进而影响员工的基本工资；二是将客户满意指标作为衡量标准来核定员工的奖金，这种方式占大部分。

4. 以提高客户满意为中心，制定服务补救策略

服务补救是一个广义的概念，它不仅包括对抱怨客户的服务补救，还包括那些经历了服务失误的“沉默的大多数”。本着以客户满意为中心的原则，企业可以采取以下的具体措施。

(1) 帮助客户识别产品和服务缺陷，促使不满意的客户投诉。

绝大部分不满意的客户不去投诉的原因是不知道怎样投诉和向谁投诉。为此企业需要制定明确、具体的产品和服务标准，使其具有可衡量性。同时要设计方便客户投诉的程序，以鼓励和引导客户投诉。服务承诺就是一种很好的衡量标准。服务承诺不仅为员工设定了服务标准，也能够对外发出信息，让客户评判企业工作的好坏，同时鼓励了客户在不满后主动与企业联系，为企业带来机会。例如 Hampton Inn 饭店认识到了通过服务承诺而进行有效服务补救所带来的利益，将服务承诺作为客户保留战略的一部分。它由此得到每年额外的1 100万美元的收入以及在其行业中最高的客户保留率。

饭店伙伴公司（Hospitality Partners）用关键时刻的方法为客人和员工提供饭店优质服务的标准。例如，客人到达饭店门前，门前是整洁干净、使人感到很受欢迎，还是肮脏不堪、使人有不舒适的感觉？客人进入大堂，是否有方向指示牌，还是让客人不知所措？客人办理入住，手续是否烦琐枯燥，而且很花时间？客人进入房间，房间是整洁和使人感到备受欢迎，还是被卫生间没有及时清理的垃圾包影响到情绪？将关键时刻整理出来，可以提示饭店管理人员和客户从不同的角度审视服务提供过程，而且便于内部员工和外部客户的共同监督。

(2) 建立服务补救机制。

① 在补偿措施的提供上，无论失误发生原因是什么，首先应当立即给予心理补偿，以平息客户不满；同时，适当的利用心理补偿与实质补偿将客户的不满程度降到最低。如果成本允许，可以视具体情况给予超值的补偿，以进一步提升客户的满意度。

② 在补救的时机上，补救必须迅速。补救得越慢，坏口碑传播得越快。迅速的补救对于挽回失误所造成的较差的质量感知比缓慢的服务补救要有效得多。当等待不可避免而等待

时间又无法准确估计时，可以掌握先给予客户较长等待时间，后给予较短等待时间信息的原则，以有效改变客户对于等待时间的预期，降低其对等待的负面评价。企业不能因为客户处于信息不对称的弱方而提供虚假信息。充分的信息能够减轻客户的不信任和失望感，强化对等待的满意与可接受性，从而尽量避免客户的二次不满。

③ 通过充分授权提高员工服务补救能力。良好的服务补救能力要求有能够快速行动的高素质的员工。而充分的授权可以提高员工的快速反应能力和服务补救的积极性。如丽兹·卡尔顿酒店规定，每个员工都“拥有”他们最先听到的客户抱怨，直到他们确信该问题已经得到解决。而且所有的员工都随时带有一种叫做“快速行动表”的服务补救表格，这样，他们可以即时记录服务失误和相应的补救措施，为饭店提供不断改进服务的信息。丽兹·卡尔顿酒店还提供一定数目的资金用于员工解决服务出现的失误，从而激励员工行积极行使服务补救的权利，而不用担心负不起责任或受罚。另外，对员工的补救培训是非常必要的。因为客户要求服务补救在现场即时进行，一线员工需要有技巧、权力和激励来从事有效的补救。有效的补救技巧包括：倾听客户问题，采取初始行动，辨别解决方案，即兴发挥以及变通规则等。

（3）从服务补救中学习。

企业以前经历的每一次失误与补救都是最佳的学习经验。企业可以通过追踪服务补救的努力和服务补救过程，可以获得需要改进的系统问题。通过进行根本原因分析，识别出问题的来源，进行过程改进，有时能彻底消除对补救的需要。

本 章 习 题

一、单选题

1. 客户满意程度如何，取决于客户接受产品或服务的感知同客户在接受之前的（　　）相比较后的体验。

A. 体验　　B. 心情　　C. 期望　　D. 购买经历

2. 所谓（　　）是指消费者在遭遇产品/服务结果和其期望不一致时所进行的一种自发的探究原因并调适绩效感知与期望之间关系的心理状态。

A. 公平　　B. 归因　　C. 感知　　D. 期望

3. 客户预期的理想水平和可接受的水平之间构成（　　）。

A. 容忍区域　　B. 满意区域　　C. 忠诚区域　　D. 抱怨区域

4. 客户满意与客户忠诚之间的关系是（　　）。

A. 绝对的正相关　　B. 绝对的负相关　　C. 并非绝对的正相关　　D. 不相关

5. 客户价值的创造途径根本上来讲有两大类：（　　）客户的感知收益和（　　）客户的感知付出。

A. 降低　降低　　B. 降低　提高　　C. 提高　提高　　D. 提高　降低

二、多选题

1. 客户满意水平包括的三种心理状态：（　　　）。

A. 不满意　B. 抱怨　C. 满意　D. 愉悦

2. 客户满意会受到（　　）等因素的影响。

A. 价格　B. 服务质量　C. 客户期望　D. 情境

3. 基于客户价值的客户满意是具有层次性的，自下而上包括（　　）。

A. 基于属性的满意　B. 基于结果的满意

C. 基于感知的满意　D. 基于目标的满意

三、名词解释

1. 客户满意　2. ACSI 指数　3. “期望-实绩”模型　4. 客户价值

四、简答及论述题

1. 简述客户满意的层次。
2. 简述客户满意为企业带来的直接利益。
3. 简述如何实施基于客户满意的营销策略。

案例讨论

施乐公司的客户满意计划

一、把客户满意摆在首位

从 1980 年开始，施乐公司开始主动采取措施，对日趋激烈的竞争和公司正在下降的市场份额作出反应。1980 年到 1986 年期间，施乐公司开始把客户满意摆在了公司目标的首要位置。施乐公司的高级管理层深信高的客户满意度能促成高的资产收益率和市场份额。他们还认为客户满意就是要充分重视客户的意见，这样才能吸引更多客户对本公司注意。管理层决定，公司应该把客户满意摆在最重要的位置，并在 1987 年 9 月的一系列管理沟通和公司内部刊物中宣布了该项决定。正如公司总裁所说：“我们要在客户满意方面成为全行业的领袖，这是我们的目标。因为我们深信，如果我们满足了客户的愿望，就一定能提高市场份额，相应地财务业绩和股票价值都会得到提高。”

1987 年 11 月，公司的高级管理曾向各个经营单位下达了一套工作要求和指导准则，以确保客户满意成为公司的最高目标。这套准则强调了公司的各个层级必须把客户满意放在首位，并为各个经营单位制定经营战略和计划，为达到客户满意目标和业务目标提供了依据。各经营单位有权自由选择能使客户满意最优化的产品、服务和解决问题的方案。各经营单位必须把权力恰当地分配给各层级，以便对客户要求作出灵活的反应。

1988 年 3 月，公司总裁要求为分布在世界各地的经营单位建立一套统一的管理和提高客户满意的核心评估系统。在这以前，各个经营单位都采用各自的方法对客户进行调查、访问，所采用的标准也不同。例如，在巴西，对客户满意的评估采用的是两点法，而在加拿大采用的是五点法。这样，各个国家之间很难作出比较，也很难判定某个导致客户不满意的问题是仅限于一个营业处、一个地区、一个分公司，还是整个组织。

在各经营单位所用的最好方法的基础上，公司制定了一套统一的追踪和评估客户满意的指导方针。1988 年 8 月，高级管理层通过了评估体制的提案，并出台了一套经营要求和指导方针，以便各经营单位评估、管理和提高客户满意度。各营运单元必须遵从某些强制性要求，在这个基础上，可在方针限定的范围内，形成本单元自己的评估系统。1989 年 2 月 1 日，所有的营运经营单位开始执行这套共用的核心系统。

二、客户满意目标

1990 年，施乐公司设立了客户满意目标，即使客户满意达到“100%”。这包含两方面的意思：一是在消除工作中的缺陷和错误以后，客户对公司的产品和服务感到满意；二是客户对公司的已达到世界级水准的产品以及所交付的一切感到满意。

三、客户满意计划的实施

为了提高客户满意度，公司采取了几项举措。在这个过程中，管理层发挥了极其重要的领导作用。例如，管理层倡导质量意识，制订“质量领先”计划，各经营单位的高级经理带头满足客户要求、解决客户投诉的问题，为员工树立了怎样正确对待客户的榜样。另外，他们还建议并亲自参与能与客户直接接触的活动。

质量第一。施乐公司坚持以质量为核心，把客户满意建立在提高产品质量的基础上，因为领导层深信高质量能促进成本的下降，最初的完美设计能免去以后客户用于维修和产品调换的花费，也能避免不应发生的机器故障，这最终将有利于客户，让客户满意。公司对质量的定义为“满足客户现在和现在的”。公司认为客户导向和竞争导向是非常重要的，所以开始运用竞争性模式对产品、服务不断进行评估，并针对最强大的竞争对手以及那些在可靠性、成本和服务方面取得领导地位的公司采取行动，努力提高质量。公司的努力取得了一些成效，提高了整体质量水平，99.2%的部门实现了零缺陷。

员工培训。培训员工的目的是让所有的员工都要有积极向上的态度和精神，并把客户满意作为工作重点，让员工认识到与客户的每一次接触都是一个增加客户对施乐公司的体验和感受的机会。所有的员工都应为客户满意而努力，那些不与客户直接接触的员工应该支持与客户直接接触的员工的工作。公司拟订了一套所有员工都必须遵守的客户满意行动准则，员工通过培训学习质量领先的方法和过程，而所有这些课程都是以客户满意为导向的。另外，对于一线员工，还需要接受特殊的客户满意培训。

设立客户关系小组。1988 年底，公司的总部以及各地区和城市都设立了客户关系小组（CRG），每个城市 CRG 由 2 到 6 个人组成。设置 CRG 的目的是便于与客户直接联系，以跟踪不满意的客户和客户投诉，力求更快、更好地解决问题。CRG 解决各种各样的问题，这些问题产生于：客户调查、内部的销售与服务、客户的失去及合同的取消、机器更新、对产品的拒售和拒买事件。公司设立 CRG 的本意是想进一步亲近客户，形成一个跨部门的针对客户问题的小组，并建立一个能判别问题、探求问题根源、避免和消除问题的完整过程。CRG 希望自己的工作是预测型的而不是被动反应型的，希望能对问题早作防备，以避免不良后果的产生。CRG 还设想能根据客户申请服务的频率、签单记录的变化、服务合同的变化以及配套产品销售状况的恶化来判别出潜在的不满意客户。

职权下放。职权下放是提高客户满意的又一重要举措。为了使各分部和城市的第一线销售、服务和管理人员能迅速有效地答复客户和解决客户投诉的问题，公司形成了全套系统流程，并改变了权力结构。公司还要求所有的员工都担负起客户满意的责任，并在行动上严格执行。为了确保客户满意目标的实现，公司还修改了奖赏计划。

其他重要的举措。包括为办理邮购业务的部门建立辅助团队，设立客户投诉管理系统，改进技术服务和信息和电话系统。

四、客户满意的评估

施乐公司认为要想达到客户满意，关键是要不断改进评估、管理和提高客户满意度的方法。公司对客户满意的评估，是建立在两套资料的基础上的：一套是来源于客户调查和客户投诉管理系统（CCMS）的外部信息反馈；另一套是公司对作业过程、产品交付和服务的数量、质量评估。

五、成果

通过实施客户满意计划，施乐公司取得了显著的成效，所有细分市场的满意客户的百分比都有大幅度增长，有些细分市场和产品线的满意客户百分比甚至突破了计划目标。

思考讨论题

1. 施乐公司为什么实施客户满意计划？
2. 施乐公司实施的客户满意计划具体体现在哪些方面？

第 3 章

消费者行为分析

本章导读

在人的一生中，要消费众多的物质和非物质产品。对这些产品的消费，有的是基于生理本能的需要，即维持自身生存、繁衍后代所必需；有的则是基于享受、发展等社会性需要。随着社会经济的发展，无论是本能性消费，还是社会性消费，其消费对象越来越丰富多彩，由此使消费者在消费过程中得以更充分地体现自己的个性。本章主要讲述消费者行为的概念、特点、消费者行为的类型、消费者购买决策的内容与过程，以及影响消费者行为的主要因素。其中，消费营销因素为本章学习重点。

本章的知识结构图如下：

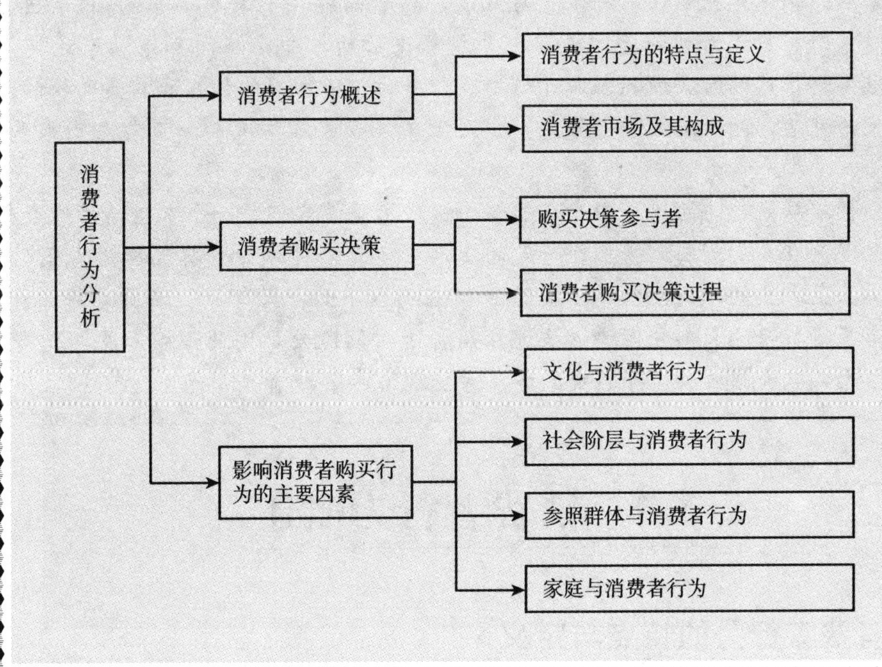

开篇案例

张先生的幸福晚宴

张先生将近而立之年，2007年毕业于国内一所著名的医学院校市场营销专业，目前是一家合资医药企业在天津的地区经理。张先生的事业可谓一帆风顺，任医药代表期间曾经创下了个人年销售6 000万元的公司全球纪录，短短4年多的时间就从一名医药代表晋升为许多任职多年的老代表都望尘莫及的经理职位。在事业获得成功的同时，张先生幸福的感情生活也让同事们羡慕不已。妻子小吴美丽大方、性情温柔，在读大学期间就有数不清的追求者。能够获得妻子小吴的爱情是张先生迄今为止最为引以为豪的事情。

临近春节，张先生和妻子提前忙完了手边所有的工作，二人开始着手准备回家的行程。张先生的老家在吉林，妻子小吴的老家在云南，夫妻俩按照事先的约定先回东北过年，再南下给小吴的父母拜年。这两天是他们难得的悠闲时间。

在天江格调小区张先生花280万元新买的婚房里，摇曳的烛光使得小屋显得温暖而又温馨。张先生平时工作很忙，很少在家陪妻子共进晚餐，今天难得有时间，张先生决定浪漫一把，给妻子办个烛光晚宴。下午3点多张先生就开着他那辆心爱的“迈腾”，驱车去了附近的家乐福超市。他先为妻子买了最爱喝的长城干红和自己喜欢的百年皖酒，然后开始寻找各种做晚餐用的食材和辅料。在购物过程中，张先生的头脑里不止一次闪现出烛光晚宴的幸福场景。张先生最终在超市里买回了草原兴发鸡、金华火腿、雨润冷鲜肉、东海野生黄花鱼、镇江米醋、阿果萨特特级初榨橄榄油和太太乐鸡精。

回到家后，张先生开始在厨房张罗着做饭，妻子则打开苹果笔记本电脑，纵情在网上冲浪，时不时将自己看到的趣闻轶事大声讲给老公听。整个房间都充满了欢声笑语。晚饭终于准备好了，两人兴致勃勃地开始用餐，并讨论着回家的行程和需要购物的清单。用完餐，收拾完后，两人决定早点休息，明天上午早点去滨江道和南市食品街采购探亲礼品。

案例分析：从张先生的故事中我们能够看出，消费是我们每一个人生活的组成部分。消费活动就发生在我们周围，我们在每天的生活中都是在不断地选择品牌。人们的行为可以比喻为海上露出的冰山一角，冰山的90%在海水下面，只有10%部分才露出在海面上。影响消费者行为的大部分因素也被埋在消费者心里深处，因此理解和把握消费者行为的难度很大，只有通过科学而客观的方法才能观察和解释消费者行为。

3.1 消费者行为概述

3.1.1 消费者行为的特点与定义

1. 消费者行为的特点

消费生活是由人们获取、使用、处置消费物品或服务的行为来构成的。人们的消费生活可分为宏观的消费生活和微观的消费生活。所以，可以从宏观的角度和微观的角度去理解消费生活。

从宏观的角度来看，消费生活直接关系到整个社会经济发展所需要的资源配置。所以，在总收入中消费支出占多大比重？为未来的生活储蓄多少？在消费总支出中对哪些产品的消费支出最多？这些都是从宏观的角度或者经济学的角度要去分析和把握的问题。

消费生活是市场经济活动的基础，也就是说，消费通过生产为企业带来利润，为人们提供就业机会和收入。所以，人们的消费方式的变化直接影响企业经营方向、社会就业水平、物价水平、利率、外汇比率等。此外，消费与生活方式也有着密切的关系。人们消费的产品是各种属性（attribute）的组合，既有与效用或解决问题相关的实用性，又有表现社会地位或归属的象征性。所以，消费生活是整个生活方式的一部分。

从微观的角度来看，消费者行为具有以下特点。

（1）消费者行为是满足需要或欲望的手段性行为。

人的需要（needs）是人们感到某些基本满足被剥夺的状态。人为了生存需要食物、衣服、房屋、安全感、尊重和其他一些东西。这些需要是存在于人本身的生理需要和自身状态之中，绝不是市场营销者所能凭空创造的。欲望（wants）是人们为了满足基本需要（needs）所渴望的“特定方式”或“特定物”。人的欲望的形成往往受他所处的生活环境的影响。南方人饥饿时希望有米饭充饥，而北方人也许希望有面条充饥。对社会地位的欲望强烈的消费者希望得到高级豪华的进口车——奔驰车或者林肯车。为满足这些需要和欲望，消费者就得使用资金、消耗时间、做出努力等，并且消费者个人的消费生活反映个人的、社会的整体感。满足消费者需要或欲望的“有形”的实物或“无形”的服务、构思（idea）就是产品（product）。

（2）消费者行为是心理活动过程的产物。

消费者一般在市场上获得满足其需要或欲望的产品，而市场上的产品并不只有一种，在市场上企业之间的竞争非常激烈，各个企业所提供的产品也非常多。但在能满足消费者需要的产品中，消费者只能选择其中的一个或几个。不过消费者对这些产品并不是任意挑选的，而是有意图地去选择的。消费者的这些选择性行为是在一定的动机驱动下形成的，就是要经过一系列的心理活动过程。心理活动过程包括思考（认知）过程和情感（感性）过程。在消费者的选择性行为过程中不仅受产品的实用性方面（客观的功能）的刺激，而且还受象征性方面（主观的象征物）的影响。另外，消费者行为还受到自然环境或社会环境的影响。也就是说，每个消费者所处的环境不同，其心理活动过程也是不同的。

阅读资料 3－1

现代人崇尚个性消费

都市女性最担心自己的装扮和别人相同。有报道说，两个使用相同品牌香水的女孩子相遇，其中一位竟会莫明其妙地感到愤怒。虽然说法有些夸张，但有人解释说：这就是个性消费的迹象。

新世纪，我们正进入一个个性消费的时代。人们当初追求阿迪达斯、耐克或许是为了显示个性，但当他们淹没在同一品牌中时，便发觉自己的个性已成了共性，于是就有人另辟蹊径。

从前，到裁缝店量体裁衣是为了省钱，如今到专卖店定做服装虽价格不菲，但人们追求的是那份独特感。此外，体现个性的油画、DVD、VCD和挂历，生意都不错。经笔者观察，在所有个性消费中，尤以“个性写真”更显突出。

有一种标榜“个性写真”的中小艺术摄影室，在都市中悄然热了起来。这些摄影室摒弃了过去摄影中千人一面的旧套路，以彰显个性和满足特定需求为目标。这些摄影室因满足了普通人想“戏剧一回”、“回归自我”的愿望，出人意料地大受欢迎。

相当多的人都有一种怀旧情结，于是，他们走进了“个性写真”，让自己置于一幅封存多年的油画中。在一个细雨蒙蒙的清晨，选一条古代建筑的小街，被摄者着锦缎旗袍，坐在旧式的人力车上；在一个狂风大作的黄昏，发髻梳得锃亮，穿一身蓝花花大襟衫，端一盏老式灯台……所有这些，像久远的故事，无声地传递着古朴和凝重。还有的个性消费则已发展到“另类”的地步：油光皮革般的唇彩，眼睑以闪光片点缀，极具创意的发型……在大街上，很难找到相似的化妆。

（资料来源：http://baike.baidu.com/view/2279077.htm.）

(3) 消费者行为是一个过程。

在消费者行为研究发展的早期，它通常指的是购买者行为，强调的是在购买时消费者和生产者之间的互相影响。现在企业已认识到消费者行为是一种持续的过程，而不单单是在一个消费者支付金钱或使用信用卡而得到一些商品或服务的那一时刻所发生的事情。

两个或两个以上的组织或个人互相提供和取得有价值的东西的交换（exchange）行为是营销活动不可或缺的一部分。虽然交换仍然是消费者行为的一个重要部分，但广义的消费者行为注重的是整个消费过程，包括在购买前、购买时、购买后（使用和处置）影响消费者的所有问题，见图3-1。

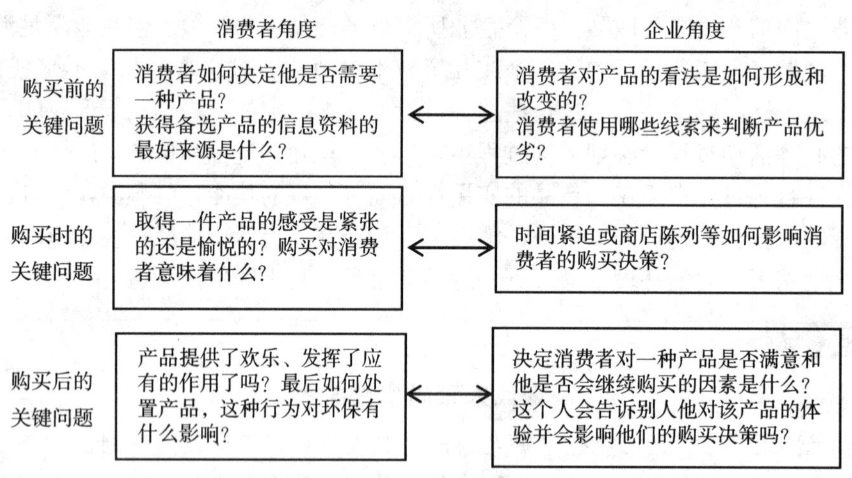

图3-1 消费过程各个阶段出现的一些关键问题

(4) 消费者的需求是通过交换过程实现的。

交换是以提供某物作为回报而与他人换取所需要的产品的行为。人们参与交换的目的在于提高自己所拥有的资源的总效用，而人们拥有不同的效用，所以能进行交换。企业所提供的产品，对企业本身来说没有多大的价值，但是一旦被消费者拥有这些产品之后，其价值就增大了。消费者通过产品满足自己的需要或欲望，从而增加总效用。企业向消费者提供生活手段，从而获得利益、增加总效用。

（5）消费者行为包括许多不同的参与者。

一般认为，消费者是在消费过程的购买前、购买时、购买后三个阶段中，确定一种需求或欲望，作出购买决策，然后处置产品的人。然而在许多情况下，这个过程会牵扯到许多不同的人。产品的购买者和使用者可能并不是一个人，例如父母为其十几岁的孩子选择服装（选择的结果可能在孩子眼里被认为是“土里土气的”）。在其他一些情况下，可能会有另一些人扮演着影响者角色，他们向消费者提供对某种产品的赞成或反对意见，而实际上自己并不去购买或使用。

（6）消费者可分为个人消费者（individual consumer）和组织消费者（organizational consumer）。

消费者一般指的是个人消费者，即为满足自己的需要或欲望而购买、使用、处置产品。消费者又是一个组织或团体，其中的一个人可以为许多人所使用的商品作出购买决策，例如，一个采购员定购公司的办公用品。在其他的组织形态中，购买决策可能由一大群人共同作出，例如公司的会计师、设计师、工程师、销售人员以及其他人员等在消费过程的各个阶段都发表意见。家庭也是一种重要的组织消费者，在家庭购买决策过程中，不同的家庭成员扮演着各自不同的重要角色。

2. 消费者行为的定义

根据消费行为的上述特点，对消费者行为作出了以下定义：所谓消费者行为是作为决策单位的消费者通过交换，为实现其一定目的而购买、使用、处置产品或服务的一系列行为。

消费者行为研究目的就是分析影响人们消费行为的各种因素之间的因果关系，从而理解、解释以及预测消费者行为。

3.1.2 消费者市场及其构成

1. 消费者市场的含义

消费者市场是指个人及家庭为满足生活消费而购买商品或服务的市场，又称消费品市场、生活资料市场以及最终产品市场。消费者市场是企业乃至整个经济活动为之服务的最终市场。

从上述定义中可以看出：首先，消费者市场由最终消费者构成，这是区别于其他市场的主要特征；其次，消费者购买商品或劳务的目的，是为了满足个人或家庭的生活消费需要，而非用于再生产或是其他经营行为。

消费者需求是人类社会的原生需求，生产者市场需求、中间商市场需求及政府需求都由此派生而来，消费者市场从根本上决定其他所有市场。

阅读资料 3－2

市场的构成

一个现实有效的市场，需要具备人口、购买力和购买欲望三个要素，这三个要素是相互联系、相互制约，又互为条件的。用简单的公式概括如下：市场＝人口＋购买力＋购买欲望。

人口是构成市场的基本因素，哪里有人，有消费者群，哪里就有市场。一个国家和地区的人口多少，是决定市场大小的基本前提。

购买力是人们购买商品和劳务的货币支付能力，是构成市场的物质基础。购买力的高低由购买者收入的多少来决定。一般来说，人们的收入多，购买力就高，市场的需求也大；反之，市场就小。

购买欲望是消费者购买商品或服务的动机、愿望和要求。它是消费者把潜在的购买能力变为现实的购买行为的重要条件。

市场这三个要素只有结合起来才能构成现实有效的市场，才能决定某一市场的规模和需求量。市场除了有购买力和购买欲望的现实购买者外，还包括暂时没有购买力或购买欲望的潜在购买者。如果有了人口、购买力而无购买欲望，或是有了人口、购买欲望而没有购买力，都形不成现实的有效市场，而只能是潜在市场。他们一旦条件有了变化，或是收入提高有了购买力，或是受宣传介绍及其他因素的影响产生了购买欲望，其潜在的需求就会变为现实的需求，潜在市场就转变为现实市场。对企业来说，明确自己现实的和潜在的市场，以及市场需求量的大小，对正确制定生产和营销决策具有重要意义。

2. 消费者市场购买对象

消费者市场的购买对象即消费品，是最终消费者用于个人或家庭消费的产品，根据消费者购买习惯可以将其划分为以下 3 类。

1）便利品

便利品，指消费者经常使用、随时购买、购买时不花什么精力去比较的产品。如家庭常用的调味品、洗涤用品、食品等等。这些产品价格低廉，消耗快，不同品种或品牌之间差别甚微，且消费者一般都比较熟悉，已经形成一定的购买习惯，购买时一般不需要做太多选择。

阅读资料 3－3

消费者的习惯心理

习惯是长期养成而一时间难以改变的行为。不同的人、不同的民族有各不相同的习惯。例如，我国北方人以面食为主食，南方人以大米为主食；北欧人喜欢喝啤酒，南欧人喜欢喝红葡萄酒；有人爱抽烟，有人爱打扮，等等。习惯常常是无法抗拒的，它甚至比价值心理对人的决定作用还要大。

消费者一般都有特定的消费习惯，这是消费者在日常生活中长期的消费行为中形成的。例如，当消费者最初使用某种名牌商品后感觉很好，形成了对该种商品质量、功效的认识，并逐渐产生了对这个品牌的喜好，就建立了对该品牌的信任，增强了使用该品牌的信心，一般情况下不会改用其他品牌的商品，而成为该品牌的忠诚顾客。又比如，有的消费者喜欢去大商场买服装、家电，去超级市场购买日常用品、食品。消费习惯一旦形成，一般不会轻易改变。品牌定位表达了一种哲理化的情感诉求，会激发消费者的消费欲望，培养消费者的消费习惯，提高消费者的品牌忠诚度。由于习惯的潜移默化的影响，人们渐渐形成了固定的生活方式。这种生活方式在历史中沉淀，使成为一种文化习俗，沉淀到一定的厚度，便是一种文化底蕴。营销专家们经过多年的摸索和探讨，早已形成了一套充分利用这种潜在的文化底蕴的经营理论——利用消费者的习惯心理来实现销售目标。

20世纪90年代初，箭牌香口胶在德国面市。在消费者心目中，它是香口胶，防龋是它的一个独特的附属功能。同时上市的还有混合洁口胶。在消费者心目中，混合洁口胶的主要功能是洁齿护齿，香口则是其附属功能。经过一段时间的市场竞争较量，混合洁口胶终于败下阵来，箭牌香口胶则以90%的市场占有率遥遥领先。原因其实很简单：是消费者的习惯在作怪，大多数消费者已习惯于首先是香口胶，然后才是防龋功能。

（资料来源：http://baike.baidu.com/view/1017519.htm.）

2）选购品

选购品，指消费者要经过挑选，并对其适用性、质量、规格、价格、式样等作比较后，才决定购买的消费品。常见的如耐用消费品、服装、家具、家电、手机和电脑灯等。选购品的价格较高，一次购买后使用时间较长，不同品种、品牌之间差异较大。因而，消费者购买时，往往会比较谨慎，一般需进行收集信息、比较分析等一系列过程之后，才作出最终购买决策。

3）特殊品

特殊品，指那些具有独特的品质、造型、工艺等特性，或品牌为消费者所偏爱的产品，如钢琴、家用轿车、高级音响设备等。特殊品由于受到消费者的偏爱，消费者习惯上愿意多花时间和精力去购买，往往不计代价，以获取为最后的目的。

经营不同商品的企业，可以针对消费者购买对象的不同，采取不同的营销策略。如经营便利品，最重要的是分销渠道要宽，货源要充足，以保证消费者能随时随地方便地买到所需商品；经营选购品，则要注重增加花色品种，让消费者有充分的选择余地，并为他们了解商品的质量、性能和特色提供方便，促使其放心地作出购买决策。

阅读资料3-4

消费者购买行为类型

消费者购买行为除了受购买动机的支配外，在实际购买过程中，还会受购买者个性特点、产品特性、购买环境等因素的影响。因而，消费者的购买行可以从不同角度划分为不同类型。

1. 根据消费者购买行为的复杂程度和购买决策风险的大小分类

(1) 复杂性购买行为。复杂性购买行为又称探究性购买。是指消费者对自己需要的商品一无所知，既不了解性能牌号特点，又不清楚选择标准和使用养护方法。一般指消费者认知度较低、价格昂贵、购买频率不高的大件耐用消费品。此类消费品购买决策风险比较大，需要收集信息比较多，所以购买行为就比较复杂。

营销对策：此时企业要突出宣传商品的特点，使消费者在普遍了解大类商品的基础上，建立起对某具体牌号商品的信心，并进行购买。

(2) 选择性购买行为。选择性购买行为的复杂程度介于复杂性和简单性购买行为之间。是针对那些同样是价格比较昂贵、有较大的购买决策风险、但消费者比较熟悉的商品，购买决策时无需再对商品的专业知识作进一步的了解，而只要对商品的价格、购买地点以及各种款式进行比较选择就可以了。

营销对策：企业应当适时地传达有关新牌号商品的信息，增加顾客对新产品的了解和信任感，促使其下决心购买，并促使其购买后感到满意。

(3) 简单性购买行为。简单性购买行为又称经常性的购买，是一种简单的、频度高的购买行为，通常指消费者购买的价格低廉、经常使用的商品。对于此类消费品，消费者不会花费很大的精力去进行研究和决策，而常常会抱着"不妨买来试一试"的心态进行购买，所以购买的决策过程相对比较简单。

营销对策：保证质量和一定的存货水平、研究消费偏好，加强诱导。

2. 根据消费者的购买态度和个性特点分类

(1) 习惯型购买行为。消费者对于某些比较熟悉而价格又比较低廉的产品，会根据购买经验和购买习惯反复购买的行为，即不加思考地购买自己惯用的品种、品牌和型号。若无新的、强有力的外部吸引力，消费者一般不会轻易改变其固有的购买方式。营销者应该以优惠的价格、强有力的宣传、良好的质量来扩大自己产品的影响力，使其成为消费者偏爱、习惯购买的对象。

(2) 理智型购买行为。消费者在经过冷静的思考、认真的比较后才决定采取购买行动的购买行为。理智型的购买者非常重视商品的质量、性能、价格和实用性等方面，购买时往往对商品反复比较，权衡利弊，很少受广告宣传或他人的影响。

(3) 经济型购买行为。消费者十分重视商品的价格，喜欢买便宜的商品，只要实用，至于式样、包装等不一定太讲究的购买行为。营销者应该生产或经营一些经济实惠的品种，满足此类消费者的需求。

(4) 冲动型购买行为。消费者在商品的外观、售货员的推荐、其他顾客的态度、广告宣传等因素的影响刺激下，临时作出购买决策的行为。这种购买行为易受外界因素的影响，对这类消费者，营销者应采取临时减价、独特包装、现场表演、商品展销会等促成顾客的冲动购买。

(5) 疑虑型购买行为。消费者具有内倾性的心理特征，善于观察细小事物，在选购商品时小心谨慎、疑虑重重、动作缓慢、费时较多的购买行为。对这类消费者需要热情服务，耐心介绍商品知识，以促使其购买行为发生。

(6) 感情性购买行为。消费者具有丰富的形象力，情感体验深刻，审美感比较灵敏，很注意商品的造型、色彩、命名，以是否符合自己的感情色彩来确定是否购买的行为。针对这类消费者，企业应尽可能注重商品外观、品质、特征等方面的宣传，以符合其感情需求。

3.2 消费者购买决策

决策 (decision-making)，从词义上讲，就是指从思维到作出决定的过程，又称决定或决断。一般将决策解释为：人们为达到某一预定目标，经过充分思考或逻辑推理来对几种可能采取的方案作出合理的选择的过程。即对几种方案作出合理的选择，以达到最佳效果的过程，或者是有目的地解决问题（problem solving）的过程。

消费者一般通过对产品的购买、使用、处置的决策来解决消费问题。消费者的购买决策过程是把焦点放在方案选择上的解决问题的过程。解决问题（problem solving）是指在充分思考和逻辑推理的基础上达到满足需要——这一预定目标的行为。满足需要的目标，包括效用性需要和快乐性需要。消费者在效用性需要的支配下解决问题时比较注重产品所提供的功能或实际利益方面，这样的解决问题的方式称为理性的购买决策过程。消费者在快乐性需要的支配下解决问题时一般维持或强化自我意识或者注重产品所提供的快乐性的利益，这样的解决问题的方式称为感性的购买决策过程。所以，消费者的购买决策过程一般包括理性的购买决策过程和感性的购买决策过程。这些解决问题是目标指向性的。也就是说，消费者作出购买决策时一般有满足需要的具体目标。消费者为达到具体的满足需要的目标就要经过心理活动过程，作出一系列的行为，并在这些过程中又思考或感觉。

3.2.1 购买决策参与者

消费者的购买决策往往并非由一人决定，对于那些购买风险高、价值大的商品，购买行为大多需要多人共同参与。根据消费者在购买过程中所起的作用的不同，大致可以将其划分为如下几个角色。

发起者：即最先建议或想到购买某种产品或服务的人。

影响者：即其看法或建议对最终购买决定有相当影响的人。

决策者：即对是否购买、怎样购买有权进行最终决定的人。

购买者：即进行实际购买的人。

使用者：即实际使用或消费所购买产品或服务的人。

认识购买决策的参与者及其可能充当的角色，对于企业开展有的放矢的营销活动具有十分重要的意义。

阅读资料3-5

5W1H分析

在分析消费者购买行为时，可借用美国陆军首创的5W1H提问法，简要介绍如下。

(1) 为什么购买（why）：即购买目的和购买动机。

消费者购买主要是由其购买动机引起的。购买动机是多种多样的，对同一种产品，不同的人会有不同的购买动机，即使同一个人也可能由于环境等变化会产生不同的购买动机。

(2) 购买什么（what）：即确定购买对象。

这是购买决策最基本的内容。满足消费者同一需求的产品是多种多样的，消费者确定购买对象不只是确定要购买的产品类别，还包括要决定购买产品的品牌、型号、价格等。

(3) 在哪儿购买（where）：即确定购买地点。

消费者购买地点的选择受很多因素的影响，如以往的购买经验、购买习惯、惠顾动机、个人偏好以及求便、求廉、求速等动机影响。消费者也会因购买不同类别的产品而选择不同的购买地点。

(4) 什么时间购买 (when)：即确定购买时间。

消费者购买时间的确定同样受很多因素的影响，如消费者的闲暇时间、促销活动等。

(5) 谁来购买 (who)：即确定购买者。

消费者购买的商品并非都是自己使用，同样，消费者使用的商品也并非都是自己亲自购买。一项已经决定了具体购买目标、时间、地点的购买决策，可能会因购买人的不同而使决策在执行过程中发生某些变化。因此，对参与购买决策的人员特别是购买者进行分析，有利于企业有针对性地制定营销策略。

(6) 如何购买 (how)：即确定购买方式。

如何购买主要是消费者购买商品时的货币支付方式和获得产品所有权的方式，如现金结算、赊销、邮购、网上定购等。消费者如何购买，受个性、职业、年龄、性别等若干因素的制约，企业必须通过市场调研，了解消费者的购买动机、消费需求及流行趋势等，制定、采用有效的营销策略。

3.2.2 消费者购买决策过程

消费者购买决策过程，就是消费者在特定心理驱动下，按照一定程序发生的心理和行为过程。这一过程在实际购买前就已经开始，一直延续到购买行为之后，是一个动态的系列过程。因此，企业不能仅仅着眼于“决定购买”阶段，而要调查研究和了解消费者购买过程的各个阶段。

消费者购买卫生纸或圆珠笔等日常消费品时所作出的决策是比较简单或单调的，但购买轿车、家电等耐用消费品的时候情况就不一样了。这时可供选择的方案 (alternatives) 比较多，而且影响这些方案选择的因素也比较复杂，所以购买决策也是比较复杂的。另外，虽然消费者可利用的有关购买方面的信息比较多，但消费者的认知容量是有限的，所以消费者不能完全把握所有的与购买相关的信息，也就是说，就很难完全有把握地作出购买决策。为有效地理解复杂而多样的消费者的购买决策过程，有必要以模型的方式来解释一下作为解决问题的行为，消费者购买决策过程的基本模型如图 3－2 所示。

图 3－2 消费者购买决策过程模型

认识问题阶段是认识某种欲望（需求）的过程，如果对问题的认识非常强烈的话，就转到搜寻信息阶段。在搜寻信息阶段为找到解决所认识到的消费问题的方法，消费者会从记忆里提取信息（内部搜寻），或者从外部搜寻相关信息（外部搜寻）。在一定程度上获得解决问题的方法以后，消费者会识别方案，评价各种不同方案，然后选择自己喜欢的并可行的方案。在购买阶段按照所选择的方案购买产品。购买产品以后消费者在使用或消费产品的过程中又评价自己的欲望或期望的满意程度。为分析这些消费者的购买决策过程，从而制定具体的市场营销战略计划，需要明确把握表 3－1 所示的问题。

表 3-1 分析消费者购买决策过程的主要问题

所处阶段	主要问题
认识问题	以产品的购买与使用来满足哪些需求或动机?(就是说,消费者追求哪些利益?) 消费者的这些需求是潜在的需求还是激活的需求? 目标市场的消费者以何种程度卷入产品?
搜寻信息	哪些产品或品牌的信息储存到潜在消费者的记忆里? 消费者是否具有搜寻外部信息的动机或意图? 消费者搜寻有关购买信息时利用哪些信息来源? 消费者所要获得的信息是产品的哪些属性方面的信息?
方案评价	消费者评价或比较购买方案的努力程度如何? 在消费者评价对象中包括哪些品牌? 消费者为评价方案利用哪些评价标准? 哪些评价标准最突出 评价的复杂程度如何?(是利用单一的标准还是利用复合的标准?) 以哪些类型的决定方法来选择最佳方案? 在评价项目中哪些项目最突出? 评价的复杂程度如何? 对各方案的结果如何? 是否相信各方案的特征或特性是事实? 对各方案的主要特性的认知程度如何? 对各方案的购买或使用持哪些态度? 购买意图如何?这些购买意图能否变成现实?
购买行为	消费者为自己所选择的方案是否付出时间或努力? 有没有与商店(购买场所)有关的追加的决策? 偏好哪些类型的商店?
购买后行为	是否满意方案,满意程度如何? 有没有满意/不满意的特殊理由? 其他消费者也是否感觉到类似的满意/不满意? 消费者如何缓和或解决不满意? 有没有再购买的意图? 如果没有,其理由是什么? 如果有,那么这些购买意图里是否反映品牌的忠诚度或习惯?

(资料来源:ENGEL J F, BLACKWELL R D, MINIANRD P W. Consumer Behavior [M]. Chicago: The Dryden Press, 1996: 473.)

3.3 影响消费者购买行为的主要因素

在实际的消费活动中,真正了解和把握消费者的行为是困难的。因为,消费者采取购买行动时,往往带有很大的盲目性。例如,从百货商场买回一件衣服,仅仅是因为在打折;在一家连锁店买回一大堆熟食,是看到别人都在买。而且,消费者因性别、年龄、职业、兴趣爱好等方面的不同,而在消费行为上存在着很大的差异。每一个人的行为也经常处在不断的变化之中,很难作出预测。

但是,消费者的消费行为还是有规律可循的,不同消费者在购买同类商品时的需求有所不同,问题在于消费者各方面的特征怎样影响他们的行为。归纳起来,消费者的购买行为主要受到文化因素、社会因素、个人因素、心理因素的影响。

3.3.1 文化与消费者行为

文化因素对消费者的需求和购买行为具有最广泛和最深远的影响，主要包括文化、亚文化两个方面。

1. 文化

文化一词有多种定义，但将文化的概念进行科学归纳的 Taylo 的解释是：文化是作为社会成员的人类所取得的知识，信念，艺术，道德，法律，惯例及习惯的复合总体（Kroeber, Alfred L. 和 Clyde Kluchon，1963）。这个定义用复合总体（complex whole）的表现来强调文化是“一个社会总体的生活方式”。另外，人类学者 Linton（1981）将文化定义为“作为学习的行为和行为结果的结合体，他们的构成要素由特定社会的成员共同拥有并流传。”因此，文化是特定社会的成员为适应周围环境而设计自己人生时所产生的独特的生活方式及一种社会性遗产。即，若社会是器皿，那么文化就是器皿里的内容。

一般认为，文化应有广义与狭义之分。广义文化是指人类创造的一切物质财富和精神财富的总和；狭义文化是指人类精神活动所创造的成果，如哲学、宗教、科学、艺术、道德等。在消费者行为研究中，由于研究者主要关心文化对消费者行为的影响，所以我们将文化定义为一定社会经过学习获得的、用以指导消费者行为的信念、价值观和习惯的总和。

一个社会的文化为社会中的成员应付各类问题提供了先前的答案和可行的手段。在外显行为上，也就规定了在特定场合情境中应以何种方式行事。所以，简单地说，消费文化就是一个社会中大多数人遵循的与消费有关的风俗习惯。

在营销实践中，不难看出，文化不同，消费者行为也不同，所以企业采取的策略也应不同。文化像一张无形的网络，笼罩着我们每一个人，但正因隐身其中，我们常常觉察不到文化对我们的塑造作用。只是随着不同文化之间的交流和冲撞，以及主文化之中各种亚文化的勃兴，我们才日益意识到文化的重要性。文化是影响消费者反应的一个非常重要的因素。特别是，在全球化进展越来越加快的今天，了解文化，尤其是了解不同文化之间的区别，可以说是成功的营销的前提了。

阅读资料 3-6

凯洛格公司的跨文化营销

按照美国的标准，巴西在早餐谷物类食品和其他早餐食品方面蕴藏着巨大商机。巴西有约 1.5 亿人口，年龄分布似乎也显示早餐麦片消费潜力巨大，因为 20 岁以下的人口占总人口的 48%，另外，巴西的人均收入也足够使人们在早餐时享用食用起来十分方便的谷物食品。在评估这个市场时，凯洛格公司（Kellogg）还注意到一个引人注目的有利因素——几乎没有任何直接的竞争。

令人沮丧的是，缺乏竞争是源于巴西人不习惯美国式的早餐。因此，凯洛格公司及其广告代理商智威汤逊公司（J. Walter Thompson）面临的最主要的营销任务是如何改变巴西人的早餐习惯。

在巴西十分流行的一个电视连续剧叫“Novelas”，凯洛格决定在这个节目里刊登广告。广告画面是一个小男孩津津有味地吃着从包装袋里倒出来的麦片。在显示产品味道极佳的同时，该广告将产品定位于一种小吃而不是早餐的一部分。这一广告片由于反应冷淡，很快被撤了下来。

对巴西文化的分析显示，巴西人家庭观念极强，而且大男子主义观念根深蒂固。所以，随后设计的广告节目，画面集中表现父亲将麦片倒入碗中并加上牛奶的家庭早餐场面。较之第一个广告片，这一广告节目更为成功，麦片销售增加了，凯洛格占有了99.5%的市场份额。然而，就销售总量而言仍不尽如人意，人均早餐麦片的食用量还不到1盎司。

凯洛格已习惯于这些挑战。它花了20年时间，才在墨西哥培育了一个规模可观的市场，在日本和法国则用了6年时间。现在它又瞄准了潜力巨大的印度市场。虽然目前在印度的年销量不过200万美元，但公司对其前景十分乐观。除了传统的早餐玉米片之外，它还根据印度人喜欢吃大米的特点，开发出了一种新的米片。

---

2. 亚文化

一个社会的文化通常可以分为两个层次：一个是全体社会成员共有的基本文化，即主文化；一个是社会中某些群体所有的独特价值观和行为模式，即亚文化（subculture），又称为副文化、次文化。所谓亚文化，就是指某一文化群体所属次级群体的成员共有的独特信念、价值观和生活习惯。每一亚文化都会坚持其所在的更大社会群体中大多数主要的文化信念、价值观和行为模式。同时，每一文化都包含着能为其成员提供更为具体的认同感和社会化的较小的亚文化。目前，国内、外营销学者普遍接受的是按民族、宗教、地理、性别、年龄等人口统计特点来划分亚文化的分类方法。

处于不同亚文化群的消费者由于受特殊的文化影响，有不同的风俗习惯，因而具有不同的消费需求和购买行为。

例如：可口可乐公司为了有力地促进其产品在中国市场的稳定和拓展，充分运用本土文化，使它的产品印象深深地扎根于中国的消费者心中。它在我国新春佳节推出的电视广告（见图3-3），可谓“中国味”十足。泥娃娃、春联、四合院、红灯笼、鞭炮等，一切充满传统节日色彩的元素以木偶片的形象表现出来，极具观赏性。片中的大塑料瓶装可口可乐自然融入其中，恰到好处，对联、红包、泥娃娃抱大鱼都是春节的吉祥物，因此泥娃娃阿福成为新春广告片的主角，而泥娃娃手中的大鱼被可口可乐所取代。

图3-3 可口可乐广告的中国文化情结

3. 文化的测定

营销者了解文化的目的在于利用文化来做好营销工作。那么如何测定文化呢？测定文化的方法主要有以下几种。

(1) 现场观察法。现场观察法是文化人类学家常用的方法。当他们要研究某个社会的时候，就深入其中，实地观察。作为训练有素的观察者，他们会有代表性地选择一些人群当样本，详细地观察这些人的言行。在观察到的材料的基础上，他们再得出有关这个社会的价值观念、信仰和习俗的结论。这种方法在消费者行为研究中也很有用处。

现场观察法的显著特点是，观察发生在自然的状态下，有时还可让观察对象意识不到有人观察他们，这样，观察对象的行为就不会因之而受到干扰，具有“高保真”性。但正因在自然状态下观察外显行为，这种方法用于消费者行为研究时，通常局限于消费者在商店里的行为，而极少能够观察到消费者是怎样准备和消费有关产品。

(2) 内容分析法。内容分析法就是通过分析有关文献的内容来透视文化取向。内容分析的第一步是抽取文献样本；第二步是确定分析单位，即内容单位，常用的分析单位是词汇或专门术语、主题、特质（character）、人物等；第三步是文献内容数量化，或者对某种信息出现的次数进行计量，或者对某种信息在载体中出现的位置、篇幅进行计量；最后得出结论。

(3) 价值量表法。价值量表法是通过预先制订的价值问卷表来测定研究对象在一些基本的个人和社会问题上的看法，最常用的是 RVS (Rokeach Value Survey)。RVS 由两部分构成，即最终价值和手段性价值，它们各自测定不同但相互补充的个人价值观念。最终价值用来测定 18 种终极存在状态的相对重要性，手段性价值用来测定个体可能达致最终价值的方式。

一些学者利用价值量表检测了 36 种价值观念同消费行为取向之间的关系。比如，研究发现，个人的价值观念影响到对价格的敏感性，从而影响到商店的选择。凡是对价格敏感的消费者，在工具价值的“恭顺”上得分最高，而在“心胸开阔”上得分很低，他们中的80%以上都到廉价商店购买商品。此外，还有人发现，个人价值观念不同，则对产品属性的知觉也不相同，显然，有关的具体信息对于新产品的市场定位，或者针对特定的目标市场开发新产品，都极有裨益。

由此可见，通过价值测定，在考虑到其他有关的变量，可以预测消费模式的变化，从而提高对产品前途的预见力。

3.3.2 社会阶层与消费者行为

1. 社会阶层的定义

社会阶层（social stratum）是由具有相同或类似社会地位的社会成员组成的相对持久的群体。每一个体都会在社会中占据一定的位置，有的人占据非常显赫的位置，有的人则占据一般的或较低的位置。这种社会地位的差别，使社会成员分成高低有序的层次或阶层。社会阶层是一种普遍存在的社会现象，不论是发达国家还是发展中国家，均存在不同的社会阶层。产生社会阶层的最直接的原因是个体获取社会资源的能力和机会的差别。

社会分层表现为人们在社会地位上存在差异。社会地位是人们在社会关系中的位置以及围绕这一位置所形成的权力义务关系。社会成员通过各种途径，如出生、继承、社会化、就业、创造性活动等等占据不同的社会地位。在奴隶社会和封建社会，社会地位主要由世袭、继承和等级制的安排所决定。在现代社会，个体的社会地位更多地取决于社会化、职业、个人对社会的贡献大小等方面，但家庭和社会制度方面的因素对个体的社会地位仍具有重要影响。

消费者行为学中讨论社会阶层，一方面是为了了解不同阶层的消费者在购买、消费、沟通、个人偏好等方面具有哪些独特性；另一方面是了解哪些行为基本上被排除在某一特定阶层的行为领域，哪些行为是各社会阶层成员所共同的。

2. 社会阶层的决定因素

决定社会阶层的因素可以分为3类：经济变量、社会互动变量和政治变量。经济变量包括职业、收入和财物；社会互动变量包括个人声望、社会联系和社会化；政治变量则包括权力、阶层意识和流动性。下面主要介绍其中与消费者行为研究特别相关的几个因素。

（1）职业。职业是划分社会阶层中普遍使用的一个变量，也是得到最为完善的研究的变量之一，在许多国家都有关于职业排行榜的资料，即关于不同职业的评分。在大多数消费者研究中，职业被视为表明一个人所处社会阶层的最重要的单一性指标。当首次与某人谋面时，我们大多会询问他在哪里高就和从事何种工作。一个人的工作会极大地影响他的生活方式，并赋予他相应的声望和荣誉，因此职业提供了个体所处社会阶层的很多线索。不同的职业，消费差异是很大的。普通工人的食物支出占收入的比重较大，而经理、医生、律师等专业人员则将收入的较大部分用于在外用餐、购置衣服和接受各种服务。目前，我国高收入职业的从事者为演艺界和体育界明星、企事业单位承包者和高级管理者、律师、会计师、医师、具有专业特长的自由职业人。

（2）收入。原来，收入几乎是社会阶层的唯一指示器，而且有关收入的数据极易获得，所以学者们凭借收入的不同，便可清楚地区分出阶层。但是随着经济的发展，人们的收入普遍提高，在许多地方收入差距日渐缩小，再加上其他因素（比如累进税制），依据收入就很难来预测消费模型，收入必须结合其他变量，方能说明社会阶层的差异。

（3）教育。学者们发现，价值观念和参照群体的不同，会使收入相近的消费者作出不同的选择。

在发达国家，职业类型和收入高低与所受教育的程度密切相关。在我国，由于历史原因存在脑体倒挂的现象，教育水平与收入水平之间相关度还不是很高。但是随着改革开放的深入和技术的发展以及职业的专门化，这种状况势必有所改变，受过高等教育的一个新精英阶层（由各类专业人才组成）定会异军突起。现在随着网络经济的发展，对知识的需求越来越高。知识阶层形成一个新的生活方式。

（4）财物。财物包括几个方面：一是住房的种类；二是住房所在的地区；三是除了不动产之外的一些具有地位象征的物品。财物是一种社会标记，它向人们传递有关其所有者处于何种社会阶层的信息。拥有财物的多寡、财物的性质决定同时也反映了一个人的社会地位。对财物应作广义的理解，它不仅指汽车、土地、住房、股票、银行存款等通常所理解的财物，它也包括受过何种教育、在何处受教育、在哪里居住等“软性”的财物。

（5）个人业绩。一个人的社会地位与他的个人成就密切相关。同是大学教授，如果你比别人干得更出色，你就会获得更多的荣誉和尊重。平时我们说“某某教授正在作一项非常重要的研究”、“某某是这个医院里最好的神经科医生”，均是对个人业绩所作的评价。虽然收入不是表明社会阶层的一项好的指标，但它在衡量个人业绩方面却是很有用的。一般来说，在同一职业内，收入居前25%的人，很可能是该领域内最受尊重和最有能力的人。

(6) 社会互动。社会互动变量包括声望 (prestige)、联系 (association) 和社会化 (socialization)。声望表明群体其他成员对某人是否尊重，尊重程度如何。联系涉及个体与其他成员的日常交往，他与哪些人在一起，与哪些人相处得好。虽然社会互动是决定一个人所处社会阶层的非常有效的变量，但在消费者研究中它们用得比较少，因为这类变量测定起来比较困难，而且费用昂贵。

(7) 价值取向。个体的价值观或个体关于应如何处事待人的信念是表明他属于哪一社会阶层的又一重要指标。由于同一阶层内的成员互动更频繁，他们会发展起类似和共同的价值观。这些共同的或阶层所属的价值观一经形成，反过来成为衡量某一个体是否属于此一阶层的一项标准。不同社会阶层的人对艺术、对抽象事物的理解，对金钱和生活的看法所存在的差异，实际折射的就是价值取向上的差异。

(8) 阶层意识。阶层意识是指某一社会阶层的人意识到自己属于一个具有共同的政治和经济利益的独特群体的程度。人们越具有阶层或群体意识，就越可能组织团体等来推进和维护其利益。从某种意义上说，一个人所处的社会阶层是由他在多大程度上认为他属于此一阶层所决定。

3. 我国社会阶层的分类

在我国，随着改革开放的深入和发展，社会阶层结构正在发生很大的变化。所以，目前对阶层有不同的表述和看法。梁晓馨把中国社会各阶层分为财富者阶层、买贩者阶层、中产层、知识分子、城市平民与贫民、农民、黑社会等 (见表 3-2)。

表 3-2 中国社会各阶层和构成

社会阶层	阶层构成人员
财富者阶层	1) 高干子女：权钱交易的太子党等 2) 暴发户：改革开放初期利用机会富起来的人 3) 乡镇企业家：农民企业家
买贩者阶层	1) 干部子女 2) 居住在海外，在本土有人际关系的华人 3) 改革开放以后在国外留学回来的人
中产层	1) 2、3 类明星 2) 歌手 3) 一般画家 4) 个人企业法人 5) 作家
知识分子	大学教授、高级技术员等教育程度高的城市平民
城市平民和贫民	工人，小知识分子 (学校教师、企业的普通技术员)，城市贫民 (家庭月收入 600 元以下的劳动者)
农民	居住在农村的约 9 亿人口
黑社会	权钱交易的无组织阶层

一些研究机构或研究者从消费者购买行为或生活方式对中国社会阶层进行划分。新生代调查公司把中国的消费者阶层分为 8 个层次，即现实的温饱型阶层、积极的小康型阶层、富裕层、保守的老百姓阶层、知识分子、专门人员和管理人员、新一代、中年女性，而每个层次的消费者阶层都有独特的消费或购买特点。

阅读资料 3－7

美国社会阶层的划分

上上层（不到1%）：上上层继承有大量遗产，出身显赫的达官贵人。他们捐巨款给慈善事业，举行初次参加社交活动的舞会，拥有一个以上的宅第，送孩子就读于最好的学校。这些人是珠宝、古玩、住宅和度假用品的主要市场。他们的采购和穿着常较保守，不喜欢炫耀自己，这一阶层人数很少，当其消费决策向下扩散时，往往作为其他阶层的参考群体，并作为他们模仿的榜样。

上下层（2%左右）：上下层的人由于他们在职业和业务方面能力非凡，因而拥有高薪和大量财产，他们常常来自中产阶级，对社会活动和公共事业颇为积极，喜欢为自己的孩子采购一些与其地位相称的产品，诸如昂贵的住宅、学校、游艇、游泳池和汽车等。他们中有些是暴发户，他们摆阔、挥霍、浪费的消费形式是为了给低于他们这个阶层的人留下印象，这一阶层的人的志向在于被接纳入上上层，但情况是，其子女达到的可能性比他们本人来得大。

中上层（占12%）：这一阶层既无高贵的家庭出身，又无多少财产，他们关心的是“职业前途”，已获得了像自由职业者、独立的企业家以及公司经理等职位，他们注重教育，希望其子女成为自由职业者或是管理技术方面的人员，以免落入比自己低的阶层。这个阶层的人善于构思和接触“高级文化”，参加各种社会组织，有高度的公德心。他们是优良住宅、衣服、家具和家用器具的最适宜的市场，同时，他们也追求家庭布置，以招待朋友和同事。

中间层（32%）：中间层是中等收入的白领和蓝领工人，他们居住在“城市中较好的一侧”，并且力图“干一些与身份相符的事”。他们通常购买“赶潮流”的产品。25%的人拥有进口汽车，其中大部分看重时尚，追求“一种良好品牌”，其理想居住条件是“在城市中较好一侧”，有个“好邻居”的“一所好住宅”，还要有“好的学校”。中间层认为有必要为他们的子女在“值得的见识”方面花较多的钱，要求他们的子女接受大学教育。

中下层，劳动阶层（38%）：劳动阶层包括中等收入的蓝领人和那些过着“劳动阶层生活方式”的人，而不论他们的收入多高、学校背景及职业怎样。劳动阶层主要依靠亲朋好友在经济上和道义上的援助，依靠他们介绍就业机会，购物听从他们的忠告，困难时期依靠他们的帮助。度假对于劳动阶层来说，指的是“待在城里”，“外出”指的是到湖边去，或常去不到两小时远的地方。劳动阶层仍然保持着明显的性别分工和陈旧习惯，他们偏好的汽车包括标准型号或较大型号的汽车，对国内外的小型汽车从不问津。

下上层（9%）：下上层的工作与财富无缘，虽然他们的生活水刚好在贫困线之上，他们无时不在追求较高的阶层，却干着那些无技能的劳动，工资低得可怜。下上层往往缺少教育，虽然他们几乎落到贫困线上，但他们千方百计“表现出一副严格自律的形象”，并“努力保持清洁”。

下下层（7%）：下下层与财富不沾边，一看就知道贫穷不堪，常常失业或干“最肮脏的工作”，他们对寻找工作不感兴趣，长期依靠公众或慈善机构救济。他们的住宅、衣着、财物是“脏的”、“不协调的”和“破的”。

4. 社会阶层与消费者行为

根据一些研究结果来看，不同社会阶层消费者行为在生活方式或购买方式上具有一定的差异。

1）产品选择和使用上的差异

像服装这类具有象征意义的产品，消费者大都根据自我意象或者根据对于自己所属阶层的知觉来选购；而像家庭的日常用具，则更多地取决于收入。一些研究表明，尽管各个阶层的妇女都对时装怀有兴趣，但上层和中层的妇女比下层的妇女在这方面卷入的程度要深，表现为更多地阅读时装杂志、参观时装表演、与朋友和丈夫讨论时装，原因可能在于上层的妇女在时装的品位上也有差别。例如，中下层的消费者更加偏好 T 恤，当然 T 恤上印有一些名牌标志或所景仰的个人或群体的名字；而上层消费者则垂青于精致而巧妙的服装，不大在意什么“支持性”的联系，即靠某种名称来衬托自己。

在住宅、服装和家具等能显示地位与身份的产品的购买上，不同阶层的消费者差别比较明显。例如，在美国，上层消费者的住宅区环境优雅，室内装修豪华，购买的家具和服装档次和品味都很高。中层消费者一般有很多存款，住宅也相当好，但他们中的很大一部分人对内部装修不是特别讲究，服装、家具不少，但高档的不多。下层消费者住宅周围环境较差，衣服与家具上投资较少。与人们的预料相反，下层消费者中的一些人员对生产食品、日常用品和某些耐用品的企业仍是颇有吸引力的。研究发现，这一阶层的很多家庭是大屏幕彩电、新款汽车、高档炊具的购买者。虽然这一阶层的收入比中等偏下阶层（劳动阶层）平均要低 1/3 左右，但他们所拥有的汽车、彩电和基本家庭器具的价值比后者平均高 20%。下层消费者的支出行为从某种意义上带有“补偿”性质。一方面，由于缺乏自信和对未来并不乐观，他们十分看重眼前的消费；另一方面，低的教育水平使他们容易产生冲动性购买。

2）休闲活动上的差异

社会阶层从很多方面影响个体的休闲活动。一个人所偏爱的休闲活动通常是同一阶层或临近阶层的其他个体所从事的某类活动，他采用新的休闲活动往往也是受到同一阶层或较高阶层成员的影响。虽然在不同阶层之间，用于休闲的支出占家庭总支出的比重相差无几，但休闲活动的类型却差别颇大。马球、壁球和欣赏歌剧是上层社会的活动；桥牌、网球、羽毛球在中层到上层社会的成员中均颇为流行；玩老虎机、拳击、职业摔跤是下层社会的活动。

上层社会成员所从事的职业，一般身体活动很少，作为补偿，多会从事要求臂、腿快速移动的运动，如慢跑、游泳、打网球，等等。同时，这类活动较下层社会成员所喜欢的活动（如钓鱼、打猎、划船等）少耗费时间，因此受到上层社会的欢迎。下层社会成员倾向从事团体或团队性体育活动，而上层社会成员多喜欢个人性或双人性活动。中层消费者是商业性休闲和诸如公共游泳池、公园、博物馆等公共设施的主要使用者，因为上层消费者一般自己拥有这一类设施，而低层消费者又没有兴趣或无经济能力来从事这类消费。

3）信息接收和处理上的差异

信息搜集的类型和数量也随社会阶层的不同而存在差异。处于最底层的消费者通常信息来源有限，对误导和欺骗性信息缺乏甄别力。出于补偿的目的，他们在购买决策过程中可能更多地依赖亲戚、朋友提供的信息。中层消费者比较多地从媒体上获得各种信息，而且会更主动地从事外部信息搜集。随着社会阶层的上升，消费者获得信息的渠道会日益增多。不仅如此，特定媒体和信息对不同阶层消费者的吸引力和影响力也有很大的不同。比如，越是高层的消费者，看电视的时间越少，因此电视媒体对他们的影响相对要小。相反，高层消费者订阅的报纸、杂志远较低层消费者多，所以，印刷媒体信息更容易到达高层消费者。

不同社会阶层的消费者所使用的语言也各具特色。Ellis 的一系列实验表明，人们实际上可以在很大程度上根据一个人的语言判断他所处的社会阶层。一般而言，越是上层消费者，使用的语言越抽象；越是下层消费者，使用的语言越具体，而且更多地伴有俚语和街头用语。西方的很多高档车广告，因为主要面向上层社会，因此使用的语句稍长，语言较抽象，画面或材料充满想象力。相反，那些面向中、下层社会的汽车广告，则更多的是宣传其功能属性，强调图画而不是文字的运用，语言上更加通俗和大众化。

4）购物方式上的差异

人们的购物行为会因社会阶层而异。一般而言，人们会形成哪些商店适合哪些阶层消费者惠顾的看法，并倾向于到与自己社会地位相一致的商店购物。研究表明，消费者所处社会阶层与他想象的某商店典型惠顾者的社会阶层相去越远，他光顾该商店的可能性就越小。同时，较高阶层的消费者较少光顾主要是较低阶层去的商店，相对而言，较低阶层的消费者则较多地去主要是较高阶层消费者惠顾的商店。另一项研究发现，“客观”对“感知”的社会阶层也会导致消费者在店铺惠顾上的差异。客观上属中层而自认为上层的消费者，较实际为上层但自认为中层的消费者更多地去专卖店和百货店购物。与一直是劳动阶层的消费者相比，从更高层次跌落到劳动阶层的消费者会更多地去百货店购物。同时，中层消费者较上层消费者去折扣店购物的次数频繁得多。

5）在媒体接触上的差异

下层消费者在看电视上花的时间要比上层消费者的多，他们喜欢一些浪漫片和生活片；而上层消费者阅读杂志和报纸的要比下层消费者的多，且它们所看的同下层消费者所看的，要大异其趣，在电视节目上，他们偏爱时事和戏剧。对于媒体中的广告，下层消费者较少持批判态度，且喜欢动态和形象化的广告；而中层消费者则更多地抱着怀疑和审慎的态度，且不易为广告中的奖赏或优惠条件所动，不过，他们对于复杂微妙和创意新颖的广告会有好感。造成这种差异的原因，可能是他们看待世界的方式不同：下层消费者通常透过直接的经验来看世界，在描述时也用一些个人的和具体的词汇；而中层消费者则对世界有着更广泛、更一般的看法，且能从各种视角来描述他们的经验。

5. 社会阶层与市场营销策略

社会阶层对于某些产品提供了一种合适的细分依据或细分标准。依据社会阶层制定市场营销策略的具体步骤有以下 4 个阶段。

第一阶段：把握企业的产品及其消费过程在哪些方面受社会地位的影响，然后将相关的地位变量与产品消费联系起来。正如前面所指出的那样，各消费者阶层在产品的使用上有差异。因此，需要调查不同阶层消费者的产品或品牌使用程度、购买动机、媒体接触习惯、产品的社会含义等方面的资料。

第二阶段：在第一阶段所收集的消费者资料的基础上，以社会阶层为标准进行市场细分。根据产品使用程度、购买动机、产品的社会含义等来分析或评价各细分市场，确定应以哪一社会阶层的消费者为目标市场。这既要考虑不同社会阶层作为市场的吸引力，也要考虑企业自身的优势和特点。

第三阶段：根据目标市场的需要与特点，为产品或品牌定位。在定位时，要考虑被确定的社会阶层目标市场的潜力，使这个社会阶层的价值和生活方式反映在产品上。

最后阶段：制定能够实施的市场营销组合策略，即指定产品、价格、流通、促销的具体实施计划，以达成定位目的。

3.3.3 参照群体与消费者行为

1. 参照群体的定义与类型

1）参照群体的定义

参照群体（reference group）是一个社会群体的类型，但有必要与一般的社会群体区别开来。参照群体实际上是个体在形成其购买或消费决策时，用以作为参照、比较的个人或群体。所以，参照群体又称寄托群体（anchorage group）。对于参照群体，有 3 种外延：在进行对比时作参照点的群体；行动者希望在其中获得或保持承认的群体；其观点为行动者所接受的群体。

参照群体不仅包括具有直接互动的群体，而且还涵盖了与个体没有直接面对面接触、但对个体行为产生影响的个人和群体。

2）参照群体的类型

参照群体具有规范和比较两大功能。前一功能在于建立一定的行为标准并使个体遵从这一标准。比如受父母的影响，子女在食品的营养标准、如何穿着打扮、到哪些地方购物等方面形成了某些观念和态度，个体在这些方面所受的影响对行为具有规范作用。后一功能，即比较功能，是指个体把参照群体作为评价自己或别人的比较标准和出发点。比如个体在布置、装修自己的住宅时，可能以邻居或仰慕的某位熟人的家居布置作为参照和仿效对象。根据参照关系上的个体的地位和对个体的参照人或群体的影响程度，可分为会员群体、热望群体、拒绝群体、回避群体（见表 3-3）。

表 3-3 参照群体的类型

(A) 参照群体的基本类型

成员的地位 / 影响力	所属	非所属
肯定的	会员群体	热望群体
否定的	拒绝群体	回避群体

(B) 会员群体的类型

组织程度 / 接触频率	正式的	非正式的
主要的	主要的正式群体（学校群体、工作群体等）	主要的非正式群体（家庭、朋友圈子等）
次要的	次要的正式群体（同学会等）	次要的非正式群体（购物群体等）

(C) 热望群体的类型

接触	预期的热望群体
非接触	象征性的热望群体

（1）会员群体。会员群体（membership group）是指个体已经享有会员资格的群体。会员群体的成员一般对群体影响持有肯定态度。根据会员群体的互动作用和接触频率，可分为

主要群体和次要性群体；根据群体的组织程度，可分为正式群体与非正式群体。一些研究表明，频繁接触的群体（主要群体）成员购买相同品牌的可能性更大，也就是说，有社会关系的人比没有相互关系的人具有更高的品牌一致度。

主要的非正式群体（primary informal group）：像家庭、朋友圈子等那样经常接触的，并且以亲切感来影响消费行为的群体。虽然这些群体是非正式的群体，但是其互动作用较强。我们在广告中经常看到家庭成员一起消费的场面，就是反映主要的非正式群体的重要性。

主要的正式群体（primary formal group）：成员之间经常接触，但他们的地位、作用和权限明确的群体。如同班同学、工作单位的同事等就属于主要的正式群体。

次要的非正式群体（secondary informal group）：虽然没有强烈的凝聚力，但是能直接影响购买行为的群体，如购物群体等。一些研究表明，一个消费者与其他消费者一起购物时，一般比预期购买更多的产品。

次要的正式群体（secondary formal group）：像同学会或一些自发组织的学会、俱乐部那样，其成员之间并不经常接触，但有一定的组织形式的群体。这一群体对消费者行为的影响相对来说较低。但是推销旅游产品、信用卡的企业可以利用这一群体来推销产品。

（2）热望群体。热望群体（aspiration group）是指热切地希望加入，并追求心理上认同（psychological identification）的群体。热望群体根据接触程度可分为预期性的热望群体（anticipatory aspiration group）和象征性的热望群体。预期性的热望群体是指个体期望加入某一群体，并且在大部分情况下经常接触的群体。例如，大部分公司的职员把公司经理层理解为热望群体。因为，在现在这样的市场经济环境下，人们把财富、名誉以及权力看做重要的社会象征。在高级服装、化妆品广告中强调社会成功感或荣誉感的理由就是利用人们向往热望群体的心理。象征性的热望群体是个体并没有隶属于某一群体的可能性，但是接受向往群体的价值、态度及行为的群体。因此在广告中常用名人模特。

（3）拒绝群体。拒绝群体（disclaimant group）是这样一个群体，人们隶属于某一群体，并经常面对面地接触，但是对其群体的态度、价值观念和行为表示不满，而倾向于采取与之相反的准则。例如，有些青少年对父母的过分的“教育”感到厌倦，因而采取与父母的“要求”相反的行为。

（4）回避群体。回避群体（avoidance group）是人们不愿意与之发生联系，并且没有面对面接触的群体。只要可能，人们会竭力避开这些人。为了做到这点，人们会在自己身上“点缀”一些能够与之划清界限的标志，比如穿戴某种服饰，驾驶某种汽车，使用某种保健或保洁产品，在某种饭店就餐，等等。又如，大部分人一般回避吸毒者、黑社会等，回避群体的嗜好、行为。大部分消费者一般在肯定的动机下更容易产生信念或态度，所以企业做广告时就更多地利用肯定的参照群体，回避群体极少单独在广告上出现。

2. 参照群体概念在营销中的运用

企业市场营销活动中，运用参照群体概念比较多。在这里介绍较常用的方法。

1）亲和力营销

在市场营销活动中运用参照群体的一种方法就是亲和力营销方法。亲和力营销（affinity marketing）是指把群体识别（identify ）联结到消费者个人生活，从而加深消费者对会员群体（如同学会）或象征性（球迷协会）群体识别感的营销方法。例如，信用卡公司为了扩大新会员，保留原有会员，就会向大学同学会发行信用卡，并且为了提高信用卡的形象，也向电视台主持人发行信用卡，这样可以使信用卡会员（消费者）更加感到群体归属感。

2）广告

企业可以根据不同的消费者群体采取不同效应的广告，如名人效应广告、专家效应广告等。

（1）名人效应广告。名人或公众人物（如影视明星、歌星、体育明星）作为参照群体，对公众尤其是对崇拜他们的受众具有巨大的影响力和感召力。对很多人来说，名人代表了一种理想化的生活模式。正因为如此，企业花巨额费用聘请名人来促销其产品。研究发现，用名人作支持的广告较不用名人的广告评价更正面和积极，这一点在青少年群体上体现得更为明显。

运用名人效应的方式多种多样。如可以用名人作为产品或公司代言人，即将名人与产品或公司联系起来，使其在媒体上频频亮相；也可以用名人作证词广告，即在广告中引述广告产品或服务的优点和长处，或介绍其使用该产品或服务的体验；还可以采用将名人的名字使用于产品或包装上等做法。

（2）专家效应广告。专家是指在某一专业领域受过专门训练，具有专门知识、经验和特长的人。医生、律师、营养学家等均是各自领域的专家。专家所具有的丰富知识和经验，使其在介绍、推荐产品与服务时较一般人更具权威性，从而产生专家所特有的公信力和影响力。当然，在运用专家效应时，一方面应注意法律的限制，如有的国家不允许医生为药品作证词广告；另一方面，应避免公众对专家的公正性、客观性产生质疑。

（3）“普通人”效应广告。运用满意顾客的证词证言来宣传企业的产品，是广告中常用的方法之一。由于出现在荧屏上或画面上的证人或代言人是同潜在顾客一样的普通消费者，这会使受众感到亲近，从而使广告诉求更容易引起共鸣。宝洁公司、北京大宝化妆品公司都曾运用过“普通人”证词广告。还有一些公司在电视广告中展示普通消费者或普通家庭如何用广告中的产品解决其遇到的问题，如何从产品的消费中获得乐趣，等等。由于这类广告贴近消费者，反映了消费者的现实生活，因此，它们可能更容易获得认可。

（4）经理型代言人广告。自20世纪70年代以来，越来越多的企业在广告中用公司总裁或总经理做代言人。例如，克莱斯勒汽车公司的老总李·艾柯卡（Lee Iacocca）在广告中对消费者极尽劝说，获得很大成功。同样，雷明顿（Remington）公司的老总Victor Kiam、Marriott连锁旅店的老总比尔·马休特均在广告中促销其产品。我国长岭集团于1999年4月和5月连续在《参考消息》、《光明日报》等中央报纸媒体连续作了“长岭冰箱，专家制造”的广告，广告代言人就是该集团的董事长兼总经理王大中等4位集团高级管理人员，也是这种经理型代言人的运用。

3.3.4 家庭与消费者行为

1. 家庭的概念与功能

家庭（family）是指两个或两个以上的个体由于婚姻、血缘或收养关系而共同生活的社会单位。构成家庭的最重要的因素是“婚姻”和“血缘关系”。婚姻是对性满意和再生产的制度上的程序，根据这个程序，男女构成家庭。血缘关系是以婚姻结合的夫妇生育子女，从而血缘上相关联的性质或状态。

与家庭相比，住户（household）是一个范围更广泛的社会群体或购买决策单位。住户是指由生活在同一“屋檐”下或同一“住宅单元”（housing unit）里的人所组成的群体。虽然家庭与住户有时被交替使用，但两者既有联系又有区别。一方面，住户包括了家庭；另一方面，住户强调的是其成员生活在同一起居空间，而不注重其中的婚姻、血缘关系。

住户可分为有血缘关系的住户（family household）和无血缘关系的住户（non-family household）。分析购买决策的时候，可以把家庭与住户混用。但是所有的家庭成员并不一定居住在一起生活，并且一个住户也可能有非血缘关系的成员。所以，在市场营销活动中运用家庭和住户的概念有所不同。例如，在电视机、洗衣机、冰箱等产品的营销活动中，住户概念的意义更大。但是，在汽车、儿童服装或者休闲、旅游的市场营销活动中，有血缘关系的家庭更为重要。

家庭作为社会的基本组织，具有很多功能。与消费者行为研究联系比较密切的功能有经济功能、情感交流功能、赡养与抚养功能、教育功能或家庭成员的社会化功能。

第一，经济功能。在小农经济社会，家庭既是一个生产单位，又是一个消费单位，它发挥着重要的经济功能。在现代社会条件下，家庭的经济功能，尤其是作为其重要内容的生产功能有所削弱，然而，为每一个家庭成员提供生活福利和保障，仍然是家庭的一项主要功能。传统上，丈夫是家庭经济来源的主要提供者，由此使他在家庭中占有支配性地位。而现在，越来越多的妇女参加工作，她们对家庭所做的经济贡献越来越大。

第二，情感交流功能。家庭成员的人际关系一般是最亲密的人际关系，家庭是思想、情感交流最充分的场所。一个人在工作、生活等方面遇到困难、挫折和问题，能够从家庭得到安慰、鼓励和帮助。家庭人员之间的亲密交往和情感，是建立在亲缘关系的基石上，具有较为牢实的基础。在现代竞争日益激烈的社会里，人们对获得家庭的关爱有更强烈的要求。

第三，赡养与抚养功能。抚养未成年家庭成员以及赡养老人和丧失劳动能力的家庭成员，这是人类繁衍的需要。当子女还没有独立生活能力的时候，父母负有抚养他们的责任，否则他们就无法生存，人类也就不能延续。同样，父母抚养了子女，当父母老了、丧失了劳动能力时，子女也负有赡养老人的义务。家庭的这类功能，将随着社会保障制度的完善部分地由社会承担，但它不可能完全外移。

第四，社会化功能。家庭成员的社会化，尤其是儿童的社会化，是家庭的主要或核心功能。人从刚出生时的一无所知，到慢慢地获得与社会文化相一致的价值观、行为模式，这一过程中的大部分是在家庭中完成的。孩子们通过接受父母的教育，或模仿大人的行为，获得待人接物、适应社会的各种观念、规范和技巧。儿童时期所形成的行为、观念，对人的整个一生都将产生至深的影响。从这个意义上，家庭所履行的社会化功能，对个人的成长是非常关键的。

2. 家庭的生活周期

一个家庭随着时间的推移其成员的作用也会发生变化，家庭生活周期（family life cycle）是指绝大多数家庭必经的历程，是描述从单身到结婚（创建基本的家庭单位），到家庭的扩展（增添孩子），再到家庭收缩（孩子长大独立生活），直到家庭解散（配偶中的一方去世）的家庭发展过程的社会学概念。

根据家庭处在生活周期中的不同阶段，可将家庭归入不同类型。因为不同阶段的经济收入状况、支出方式、决策策略都会存在差异，所以，市场营销者在制定自己的目标市场时，家庭生活周期分析是一个重要手段。

那么，怎样划分生活周期中的不同阶段呢？或者说，将整个家庭生活周期分成几个阶段呢？常用的划分标准是：婚姻状况（单身、已婚或离异），家庭成员的年龄，家庭规模（着重于在家的孩子的数目），一家之主的工作状况（工作或退休）。但在具体划分上，有五阶段、六阶段、九阶段，乃至十阶段的划分方法。传统上用得较多的是九阶段。表 3-4 按阶段所描述的家庭生活周期，叫做传统的家庭生活周期。

表 3-4　传统的家庭生活周期各阶段特点

阶　段	特　点	购买及行为方式
1. 未婚	不再在家里生活的年轻单身者	几乎没有财政负担，时装的意见领导者，娱乐志向性，购买基本的厨房用具、家具、休假用品等
2. 新婚夫妇	年轻且无孩子	在财政上有一定的节余，耐用消费品的购买率较高，购买冰箱、家具等产品，喜欢旅游
3. 满巢 I	年轻已婚夫妇，最小的孩子在 6 岁以下	家庭购买达到顶峰，对家庭财政状态感到不满，关心新产品，购买洗衣机、TV、儿童食品、玩具、感冒药、维生素等
4. 满巢 II	已婚夫妇，最小的孩子在 6 岁以上	家庭财政状态有所好转，就业主妇增加，受广告影响不大，以大包装或大容量来购买，购买各不相同的食品、钢琴，额外支出多
5. 满巢 III	年长夫妇及一起生活的孩子	家庭财政状态更加好转，就业主妇更多，有职业的子女，耐用消费品的购买多，购买新家具、健身器材等，喜欢汽车旅游
6. 空巢 I	年长夫妇，但无孩子在家生活，一家之长尚在工作	对家庭财政状态感到满意，关心旅游、健康食品或药品，不太关心新产品，喜欢旅游，购买家庭装饰品、奢侈品等
7. 空巢 II	年长夫妇，没有孩子在家生活，一家之长已退休	收入急剧下降，维持原有房子，购买与健康有关的医疗用品
8. 孤寡者 I	孤寡者尚在工作	收入状态还良好，有可能处理房子
9. 孤寡者 II	孤寡者业已退休	收入不高，对护理、爱情、身心保护有特别的要求

但是由于近几十年来的社会变迁，出现了许多新情况。一是平均结婚年龄有所推迟，再加上要攒足婚礼费用（包括购置家具等），就非初出茅庐者力所能及；二是现在抚育孩子的成本提高，再加上工作紧张，许多人不愿过早地为孩子所累，就推迟了首次生育的时间；三是人们的平均寿命延长，拉长了家庭生活周期，尤其是空巢阶段；四是离婚率上升，单亲与孩子构成的家庭日益增多；五是生育率下降，较大地改变了各个阶段的年龄分布和时间的长短。

有鉴于此，美国学者 Murphy 和 Staples 提出了一种“现代化了的家庭生活周期”模型（见图 3-4）。在这一模型中，根据家长的年龄 35 岁和 65 岁区分青年家庭、中年家庭和老年家庭，并且又根据有无孩子再细分家庭。但是，在这一模型中还没有反映孩子的就学情况，并且由于以 65 岁为标准区分中年家庭和老年家庭，所以没有反映退休情况，这就影响了对老年家庭生活方式的理解。①

① MURPHY P E, WILLIAM A S. A Modernized Family Life Cycle [J]. Journal of Consumer Research, 1979 (6): 17.

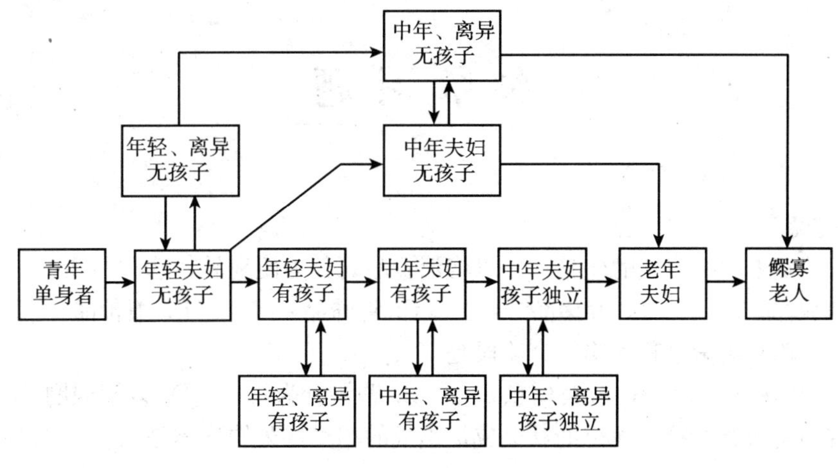

图 3-4 现代家庭生活周期

3. 家庭购买决策

1）家庭购买决策概述

家庭购买决策（family decision making）是两个及两个以上的家庭成员直接或间接作出购买决策的过程。作为一种集体决策，家庭购买决策在很多方面不同于个人决策，例如在早餐麦片的购买活动中，成年人与儿童所考虑的产品特点是不同的，因而他们共同作出的购买决策将不同于他们各自单独作出的决策。

在日常生活中，家庭每天都要作出成千上万的购买决策。在这些购买决策中，有些极为重要，如购买何种汽车，搬家到何处以及去哪里度假，等等；另一些则普通得多，如决定午餐吃什么。

家庭是其成员的活动与影响集中的购买群体或消费群体。作为购买群体，家庭购买决策是一个集体的购买决策；作为消费群体，家庭的购买决策会影响其成员的消费。在家庭购买决策过程中各家庭成员之间会有相互作用。

2）影响家庭购买决策方式的因素

哪些因素影响家庭购买决策方式？研究人员一直试图找出决定家庭人员相对影响力，从而影响家庭决策方式的因素。Qualls 的研究识别了三种因素：家庭成员对家庭的财务贡献；决策对特定家庭成员的重要性；夫妻性别角色取向。一般而言，对家庭的财务贡献越大，家庭成员在家庭购买决策中的发言权也越大。同样，某一决策对特定家庭成员越重要，他或她对该决策的影响就越大，原因是家庭内部亦存在交换过程，某位家庭成员可能愿意放弃在某一领域的影响而换取在另一领域的更大影响力。性别角色取向，是指家庭成员多大程度上会按照传统的男、女性别角色行动。研究表明，较少传统和更具现代性的家庭，在购买决策中会更多地采用共同决策的方式。

除了上述因素，通常认为，影响家庭购买决策的因素还包文化和亚文化、角色专门化、卷入程度及产品特点、个人特征等因素。

本章习题

一、单选题

1. 根据消费者购买习惯的差异，可以将消费品划分为便利品、选购品和（　　）。

A. 限购品　　B. 奢侈品　　C. 特殊品　　D. 廉价品

2. 消费者购买决策过程的第一个阶段是（　　）。

A. 方案评价　　B. 收集信息　　C. 购买行为　　D. 认识问题

3. 具有相同或类似社会地位的社会成员组成的相对持久的群体是（　　）。

A. 社会阶层　　B. 家庭　　C. 家户　　D. 参照群体

4. 市场营销学将市场按购买者购买目的的不同分为两大基本类型：（　　）和消费者市场。

A. 企业市场　　B. 中间商市场

C. 非营利组织市场　　D. 组织市场

5. 市场营销学将市场按购买者购买目的的不同分为组织市场和消费者市场，其中（　　）是产品的最终市场。

A. 企业市场　　B. 中间商市场　　C. 消费者市场　　D. 非营利组织市场

二、多选题

1. 参与购买决策的成员大体上可以分为以下哪几种角色（　　）。

A. 发起者　　B. 影响者　　C. 决策者　　D. 购买者　　E. 使用者

2. 决定社会阶层的三个变量是（　　）。

A. 经济变量　　B. 环境变量　　C. 社会互动变量　　D. 政治变量

E. 技术变量

3. 构成家庭的最重要的两个因素是（　　）。

A. 婚姻　　B. 血缘关系　　C. 地缘关系　　D. 学缘关系

E. 合作关系

三、名词解释

1. 促销　2. 广告　3. 公共关系　4. 促销组合　5. 公共关系

四、简答及论述题

1. 促销的目的和作用是什么？如何走出促销误区？
2. 简述广告媒体的使用策略。
3. 何谓人员推销？其主要特点是什么？
4. 公共关系的目的是什么？企业如何开展公共关系活动？
5. 营业推广的主要方式有哪些？如何正确使用营业推广策略？

案例讨论

奢侈品消费的“中国特色”

中国荣登全球奢侈品消费第一的宝座，让身为奢侈品生产设计大国的欧美厂商乐开了花。在奢侈品大举进入中国不足20年的时间里，高昂的价格非但不能让许多不懂得品牌内涵的国人望而却步，反而使其为之倾注一切。“扫货”一词，很形象地形容了他们购买时的疯狂。进入奢侈品店铺的一些人，虽然未必能拼全品牌的名称，却绝对可以买下店内的任何一件甚至几件商品。

当下中国奢侈品消费的主力，大多是改革开放后的新富们，他们往往将奢侈品当做身份地位的象征，所以才会近乎盲目地购买奢侈品。英国《经济学人》杂志曾报道说，“日本人曾经被认为是最盲目的消费群体，而现在中国人大有取而代之的趋势。他们接受那些并不十分了解的知名品牌，并以自己的理解去消费它们。”奢侈品消费的“中国特色”引人注目。

首先是“扎堆儿”现象。国际上奢侈品的种类一般分为6个方面：第一，昂贵的文化艺术品；第二，汽车、帆船等交通工具；第三，高级时装、服饰、香水、皮包、手表等个人用品；第四，休闲旅游类，诸如豪华游轮、高级旅馆等；第五，昂贵的居室用品等居住类；第六，奢侈的饮食、酒类等。对于中国人来说，奢侈品大部分还集中在服饰、香水、手表等个人用品上，而在欧美国家，房屋、汽车、合家旅游才是大家向往的奢侈品。

其次是“未富先奢”。世界上奢侈品消费的平均水平是用自己财富的4%左右去购买，而在中国，用40%甚至更大的比例去实现“梦想”的情况屡见不鲜。他们经常在奢侈品打折时消费，从而暗示自己也是顶级消费阶层中的一员。

再次是“年轻化”趋势。奢侈品的消费必须建立在雄厚的经济财富之上，40岁到60岁的中老年人才是奢侈品消费的主体。但73%的中国奢侈品消费者不满45岁，45%的奢侈品消费者年龄在18岁至34岁之间。这个比例，在日本和英国分别为37%和28%。

最后是“礼品化”倾向。在我国，出现了购买奢侈品的人和使用奢侈品的人相分离的奇特现象，也使得奢侈品腐败成为奢侈品消费浪潮中难以忽视的现象。

（资资料来源：中国奢侈品消费全球第一［OL］.［2012-02-03］. http://www.people.com.cn/h/2012/0203/c25408-1492679622.html.）

思考讨论题

1. 奢侈品消费的“中国特色”是什么？本案例对你有何启发？
2. 中国消费者“未富先奢”的深层次原因是什么？

第 4 章

组织市场购买行为

本章导读

在市场活动中，不仅存在着企业与个人消费者之间的交易行为，而且还广泛存在着企业与企业、企业与政府、企业与其他非营利机构之间的交易行为。与消费者市场相比，组织市场更加庞大和复杂，在交易的数额、持续时间、参与人员、决策行为、采购流程、影响因素上都具有不同的特征。研究组织市场购买行为（organizational buying behavior），能帮助卖方企业认清组织市场，理解其行为特征及逻辑，从而准确找到组织市场中的目标客户，成功进行组织市场的营销管理。

本章的知识结构图如下：

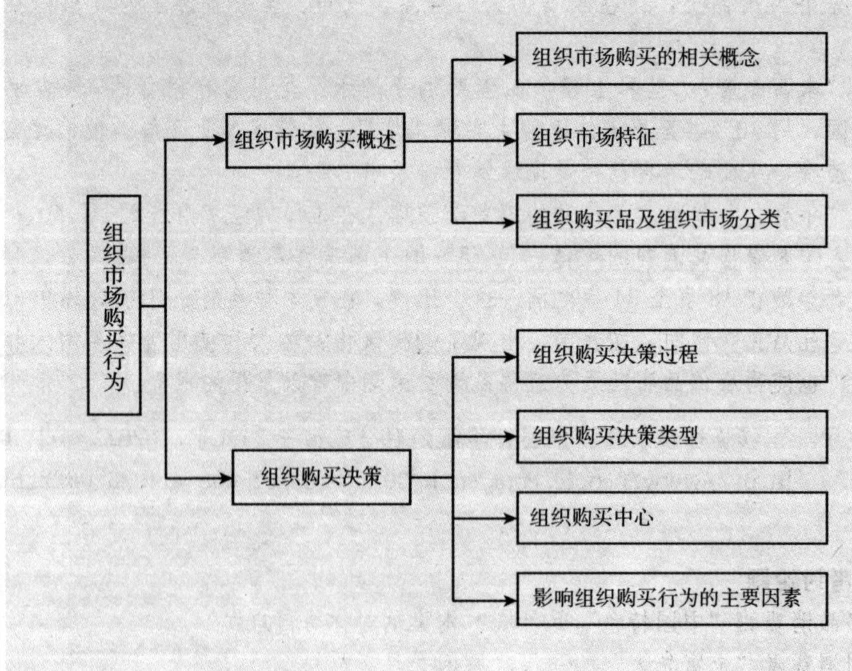

开篇案例

反应迅捷，带来客户

尼桑英国公司的一个经理团队刚参观完一家位于北约克郡的小元件制造商，当场他们就决定和这家公司签订供货合同。

“他们喜欢我们的企业文化和我们做事情的方式。”位于色思科的GSM图标公司（GSM Graphics）的创始人兼总经理巴厘·多德（Barry Dodd）说。这家公司主要为汽车和电子行业制造金属和塑料标签、控制板和集成原件，其客户包括通用汽车、福特、萨博和日本赤井电视株式会社。

GSM公司一直发展迅速，多德先生认为，尽管目前经济呈下滑趋势，公司明年仍将持续发展。通过装配更多的集成原件以及单个零部件，GSM正在越来越多地增加产品的价值。他说，“由于能节约成本，顾客现在比以往更喜欢购买装配组件。目前我们正在努力增加产品价值，增加销售额和利润，努力与终端消费者贴得更近。”

多德先生承认目前经济有下滑的趋势，客户都在减少库存，购买的产品数量比较少。但是公司仍然在获得订单并且招收新员工。“我们并不是有多聪明，我们以前也经历过萧条时期，只不过我们交货和反应都很迅速，”他说，“我们的产品也没什么特别支持。我们有众多的竞争者，不过我们的反应比其他公司快很多。”

不论顾客在什么地方询价，公司都会在“几小时内”对顾客的要求进行报价。一位德国的客户会得到以德国马克计价的报价，以便与客户与当地的供应商进行比较。一旦顾客下了订单，公司会以比当地上人还要快的速度交货。客户的付款会进入到一个德国马克账户，明年这个账户会换成欧元账户。

库存周转率也是相当快的。“仓库里从来没有可供应一周以上的原材料。原料运到这里直接就出库。我们自己的供应商必须在48小时内交货，不然我们对它们不感兴趣。”

多德先生说：“公司的人均产出和利润在这个行业都是一流的，GSM与尼桑五年前建立的关系帮助公司形成了良好的品质，GSM实施的是日本的持续改善体质，也就是要持续提升员工、产品和工艺流程。”

“实际上，我们实施一个持续提升体制已经很多年了，但自从尼桑成为我们的客户后，我们的确从他那里拿来了一些想法。”多德说。

尼桑英国汽车公司的配件与电子元件采购经理丹尼·格里菲斯（Danny Griffiths）说，它的供应商发展计划是以组织高层承担相应业务开始的。

“如果我们能够使高层管理人员干劲十足，并且通过适宜的发展策略来不断增强这种劲头，我们将发现整个管理面貌会随之发生变化，”他说，“我们为他们提供工具和技术，但他们必须为我们保证可持续性。”在GSM，有一张图片按照产出、订单、交货时间、质量控制和员工发展来表示公司每天的工作情况，公司把销售额的1%用于培训，而培训是与公司发展计划挂钩的。

采购决定由16个组的组长作出。他们负责招募员工、决定工作流程以及为他们的订单购买所需的原材料。每天早上7：50经理们和组长们要开10分钟的短会。“我们有严格的议程表，会议在8：00准时结束。如果有人跑题闲聊，人们就会退出会场。”多德先生说，“我们的沟通极佳，每个人都知道正在发生些什么。事实上我们的人员调整几乎为零。”

公司创办于20年前，在过去的10年中成长迅速。公司在3个办公地点共有200多名员工。公司的销售额从1993年的大约75万英镑增加到今年的1 000万英镑。出口占整个销售额的15%并且还在上升。上个月公司获得了一笔100万英镑的合同，为新萨博9－5制作车标。

多德先生相信即使明年市场环境变得很不利，公司也已经处于比较有利的位置。“我们的企业文化是适用的，”他说，“我们大家都在朝同一个方向努力。”

（资料来源：里卡德，杰克逊．《金融时报》营销案例［M］．文红，唐清华，戴松，译．北京：中国人民大学出版社，2004.）

4.1 组织市场购买概述

4.1.1 组织市场购买的相关概念

为更好地理解组织市场购买的含义，有必要对组织市场购买的几个相关概念进行简要的介绍，理清这些概念之间的区别和联系至关重要。

1. 组织

组织可简单定义为“为实现既定目标而组成的人的群体”。在实现组织目标的过程中，组织成员将开展不同类型的组织活动，从而会产生各种物资物料和外部服务的需求，进而产生了组织对外的采购行为。由于不同类型的组织具有不同的使命、目标、战略、资源、环境、结构等，因此也具备不同的购买需求和特征。

2. 组织市场

以卖方企业或营销者的视角来看，市场就等同于客户，组织市场是就组织类型的客户，是一个企业在销售其产品和服务时所面对的其他所有组织、机构或集团的集合体，与消费者市场的概念相对应。组织市场中的购买单位不再是个人消费者，而是每个独立正规的组织。

简单来说，如果企业向个人或家庭销售产品和服务，那么该企业面对的就是消费者市场；如果企业是与其他商业组织、政府或学校等非营利机构进行交易活动，那么该企业面对的就是组织市场。更加广义的观点是：组织市场包括企业与最终消费者进行交易的市场之外的所有市场。

3. 组织市场购买

前面已经提到，在实现不同组织目标的过程中将产生不同的组织购买行为，将所有组织的购买活动作为一个整体进行综合分析就得到了组织市场购买的行为和特征。

科特勒将组织购买（organizational buying）定义为正式组织建立购买产品及服务的需要，然后确认、评估及选择各种品牌和供应商的决策过程。因此，研究组织市场购买不仅要了解购买特征、市场类型，还要分析组织市场购买的行为决策，包括购买行为分类、购买决策过程、购买参与者、购买影响因素等方面。

4. **组织市场营销**

组织市场营销是指企业为组织客户提供产品和服务的所有活动。具体而言，企业基于搜集分析的组织市场购买行为，结合企业内部资源和外部环境特征，确立目标组织客户，并通过产品、定价、分销、促销等营销组合策略，最终满足组织客户的需求。

组织市场营销与消费者市场营销之间是存在着巨大差别的，消费品营销的理论并不能直接运用到组织市场营销中。随着供应链和采购管理的发展，部分企业作为供应商已与组织购买者之间建立了战略伙伴关系，通过提高该产业的整体竞争力，更好地服务最终消费者，从而也改变了营销管理的某些传统方法与模式。

但无论如何，就像消费者行为研究是消费者市场营销的基础，组织市场营销也离不开组织购买行为的分析。因此，组织市场的营销管理活动仍要以满足不同组织的需求为起点，结合特定的组织行为规律展开。

5. **相关概念的关系**

理解组织、组织市场、组织市场购买和组织市场营销这几个概念之间的关系需要从交易活动的买卖双方进行分析。如图 4-1 所示，首先从买方角度来看，各类型的组织（如产品与服务的生产企业、中间销售的厂商、政府等非营利机构）构成了组织市场；同时为了满足组织需求和实现组织目标，组织市场中产生了购买行为。其次以卖方角度来看，企业营销者面对着庞大的组织市场，通过分析组织市场购买行为的特征，制定出有效的组织市场营销策略。最后，当买卖双方的供求相互匹配时，企业与组织购买者相互交换资源，顺利完成交易活动。

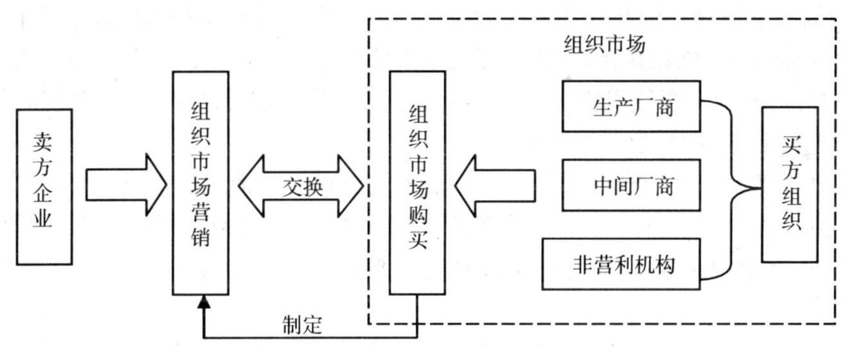

图 4-1 组织市场关系图

4.1.2 组织市场的特征

组织市场的规模和价值远远大于最终的消费市场。由于组织购买的最终目的都是服务于终端的个体顾客，而通常消费者的一次购买就需要涉及多次的组织购买活动，因此组织市场内的交易更加庞大和复杂。虽然组织机构的类型繁多（后文将详细阐述），但从整体上分析，组织市场及其购买行为还是呈现出一些共同的特征，下面将具体从市场结构、市场需求和购买决策 3 个方面进行阐述。

1. **市场结构特征**

(1) 组织数量较少。与成千上万的个人消费者相比，进行购买活动的组织显然数量上更少。对于轮胎生产商来说，其潜在的消费者市场将包括所有需要备用轮胎的汽车车主；而其在组织市场中交易订单可能只来自少数几个汽车制造公司。

（2）采购数额较大。虽然交易市场中的组织个数较少，但每个组织的采购能力却是巨大的。不仅是每个组织每单笔业务的成交量大于个人消费购买的数量，而且由于一些组织购买品（如生产原材料）往往需要重复和持续的购买，单个组织的整体采购数额是单个消费者无法相比的。因此无论是从短期还是从长期上来看，组织市场的总体交易额更为庞大，据估计其市场规模大约是消费者市场的 4 倍。

2. 市场需求特征

（1）派生需求。组织市场最终服务于消费者市场，组织需求总是间接或直接地源自于最终的个体顾客需求。因此，上一层级的需求由下一层级的购买、消费或使用情况决定，这种需求模式就被称为派生需求或衍生需求（derived demands），是组织市场购买中的一个重要特征。无论是生产厂商购买原材料进行产品制造，连锁超市采购各类商品进行零售，还是地方政府采办基础设施以改造社区环境，其购买活动都是为了满足下一层级顾客的需求。于是，生产商的原料采购量由中间商的批发数额决定，超市的货品供应取决于顾客的消费状况，而政府的设施采办业务则是为了满足公众的使用需求。

派生需求的特点是层层相扣，上一层组织的需求随下一层组织需求的变化而变化，并最终由消费者的原生需求所决定。因此这种链条式的需求反应也决定了组织市场需求的波动性。

（2）需求波动大。组织市场的需求波动幅度大于消费者市场。当消费品需求量增加时，为了生产出需求增长部分的产品，制造企业必须以数倍于需求变动的比例来投入资本，这就是经济学中的加速原理。因此，消费终端微小的需求变化就将对组织需求产生巨大的影响，而位于派生需求层级顶端的组织往往会面对最大的需求波动风险。有时，消费者的某项需求只增加了 10%，而上一层级组织对于产品和服务的派生需求可能会上涨 200%，组织市场的需求总量会持续而迅速地发生着变动。

（3）需求弹性小。虽然组织对于产品和服务的需求受到消费者需求的强烈影响，但是价格变动却几乎不能影响组织市场的总体需求。对于非营利性组织来说，其最终消费者的需求完全不受价格因素的影响，因此需求无弹性。那么在商业市场中，需求缺乏弹性的原因在于：

首先，各级组织的采购需求是受消费者需求拉动的。在消费者需求保持不变的情况下，如果生产组织仅因为生产资料价格降低就大量采购，就只会提供出多余的产品和服务，造成资源的浪费。

其次，原料采购成本占产品总成本的比例较小。对于一般的工业制成品，原料成本的下降并不能降低产品的最终售价，因而也无法刺激消费者的需求增加。

再次，价格的短期行为不能影响企业长期稳定的生产模式，决定购买量的增减。但价格的长期固有水平会逐渐调整组织的生产计划、购买类型和数量。

3. 购买决策特征

（1）专业的采购人员。组织市场的购买者一般都是具有相关产品技术知识和购买谈判技能的专业采购人员。他们能够广泛搜集和准确判断采购品的真实信息，并能熟练执行购买的流程。而个体消费者往往不具备专业的购买知识。

（2）众多的购买参与者。组织购买活动是一个组织成员集体参与的过程。除了专业的直接购买者，所购品的使用人员和组织的各层管理人员都会影响购买决策的制定，由此形成了“组织购买中心”。

(3) 购买流程正式化。个人消费品的购买一般较为随意，不会设立和依照某个购买步骤来进行，其决策、协商和购买几乎同时发生。但组织购买则会按照正式的购买流程分步骤执行，其决策过程更加理性化和复杂化。大笔的商业购买通常需要经历：确立产品需求—搜集供应商信息—确立订单条件—签署合同—购后评估的流程。

(4) 交易双方关系密切而稳定。在组织市场中，购买企业与营销企业之间经常会建立一种长期合作的关系，从而提高整条行业链的竞争力。卖方会依据买方的特殊要求供应定制化的产品和服务，并在准确的时间和地点将符合数量和质量要求的产品送达，这就是即时供应链（just in time）模式。而在消费者市场中，除了完全忠诚的顾客群之外，大多数消费者与企业之间都不具有高稳定和高频率的买卖关系。

(5) 特殊购买形式。组织市场购买中普遍存在着一些特殊的购买模式，如互惠购买和租赁使用。互惠购买是指：互为供应商的企业之间达成互相购买对方产品或服务的协议，有时这种购买关系不局限于两个组织之间，表现出三角型和多角型的交互购买模式。租赁使用大多发生在大型设备、厂房、土地这类昂贵产品上，资金有限的企业会采取租赁的方式来节约成本。此外，组织购买者一般会采取直接向供应商购买的方式，而不经过中间商环节。

4.1.3 组织购买品及组织市场的分类

前文在介绍组织市场购买的相关概念和基本特征时，主要以整体和宏观视角进行了分析，并没有明确提出对组织购买品的界定，也未对组织市场的类型进行深入阐述。实际上，组织购买品与最终消费品之间存在很大的区别，而且不同类型的组织市场也具有差异化的结构、需求、行为决策以及购买品种类。下面就以分类研究的模式来分别阐述组织购买品和组织市场。

1. 组织购买品的类型

组织购买品就是组织机构为了实现组织目标，满足组织各类活动的需求，维持组织持续和长久发展而购买的相关有型产品或无形服务。组织购买品与最终消费品相比，除了购买对象和购买目的不同，组织购买品在整体上还具有价格昂贵、技术复杂、定制化设计的特点。按组织购买品用途和性质的不同，将其分为以下两类。

1) 投产型产品

投产型产品（entering goods）经过加工最终能构成销售产品的一部分。对于制造业，包括初级原材料、二级加工材料和零部件；而对于服务性企业，投入的技术和知识应属于这类产品。组织对投产型产品的购买会规律性地长期进行，一般具有固定的购买量和购买周期。

阅读资料 4－1

制造业中典型的投产型产品

1. 初级原材料

初级原材料是指未经加工的以原始状态出售的天然资源，如煤、原油、天然气、矿石、农产品等，主要来源于农业、渔业、林业和矿业。初级原材料的供应受地理条件的限制，生产比较集中，而且许多自然资源的开发和销售都受到国家的严格控制，或由特许机构垄断经营。

2. 二级原材料

二级原材料是对初级原材料进行初步加工而形成的产品，如钢铁、玻璃、皮革等，但其在构成最终产品前还需要进行进一步的加工。同种二级原材料之间通常差异性较小，因此组织在选择购买时具有较强的议价能力，能以极低的转换成本更换供应商。

3. 零部件

零部件是能够直接或稍作加工就组装在最终产品上的部件，包括电池、芯片、汽车轮胎等。产品零部件通常具有易损耗、技术含量高和便于更换等特点。

2）基础型产品

基础型产品（foundation goods）是帮助组织进行制造生产、再销售或服务活动的基本设施和装备。该类产品的显著特征是属于资本项目，其原始成本能够通过折旧间接计入产品和服务的生产成本。

阅读资料 4-2

基础性产品的分类

（1）设施。设施（installation）通常指的是土地、厂房、大型固定设备等长期重大的投资项目。基础设施价格昂贵，组织的购买决策通常受到市场前景、组织当前经济状况以及优惠折扣等因素的影响。有时，组织还会采取租赁使用的方式降低在设施投入上的成本。

（2）附加装备。附加装备（accessory equipment）不属于固定设备，一般比基础设施的价格更低，使用年限更短。包括个人电脑、传真机、打印机等办公室设备，也包括电动工具之类的轻型设备。

（3）辅助型产品。辅助型产品（facilitating goods）是维持组织日常运营活动的产品或服务。这类产品没有构成最终的产成品，因此购买资金只能作为组织的费用项目。

（4）物资。物资是用于企业经营活动和维护工作的辅助材料，包括经营物资（如笔、复印纸、润滑油）和维修物资（如油漆、钉子、焊条）。各类物资一般易损耗、成本低廉、使用频繁，因此需要组织进行高频率的采购。

（5）服务。企业会将自己的部分业务外包，通过购买其他专业化的服务来提高组织的整体运营效率，集中优势资源扩展核心竞争力。这类支付费用的服务包括机械维修、广告促销、物流运输、管理咨询、法律诉讼等。

（6）软件系统。随着计算机、网络技术以及 B2B 电子商务模式的发展，企业的经营活动中涉及越来越多的软件系统的开发和投入。如购买、安装 ERP 系统软件，并进行相关的人员培训，就属于这类费用支出。

---

2. 组织市场的类型及特征

广义的组织市场包括了最终消费市场以外的所有市场类型，使得组织市场的整体结构呈现复杂化和多样化。准确的市场划分能够帮助营销企业更好地理解组织市场中每一板块的特征以及不同板块之间的关系，并最终认清组织市场的全貌。

对于组织市场的分类，营销学术界主要有两种模式：一是科特勒认为的组织市场购买包括商业市场（business market）、事业机构市场（institution market）和政府市场（government market）购买三种类型；二是麦卡锡在《基础营销学》中提出的全部社会集团顾客可以分为产品和服务的生产厂商（producers of goods and services）、中间商（middlemen）、政府部门（government units）和非营利组织（non-profit organizations）四类。

但借助上面两种方法划分的市场概念之间都具有相互重叠的部分，本书对此作出了部分改进，构建了如图 4-2 所示的组织市场结构图。首先将所有组织市场客户按是否以营利为目的，分为营利性组织和非营利性组织两大类。在此基础上，将营利性组织（即商业组织）进一步划分为提供产品与服务的生产性组织和进行转卖活动的中间商组织；同时基于政府购买的特殊性，将政府机构从非营利性组织中独立出来，与大学、博物馆等其他非营利性组织并列研究。

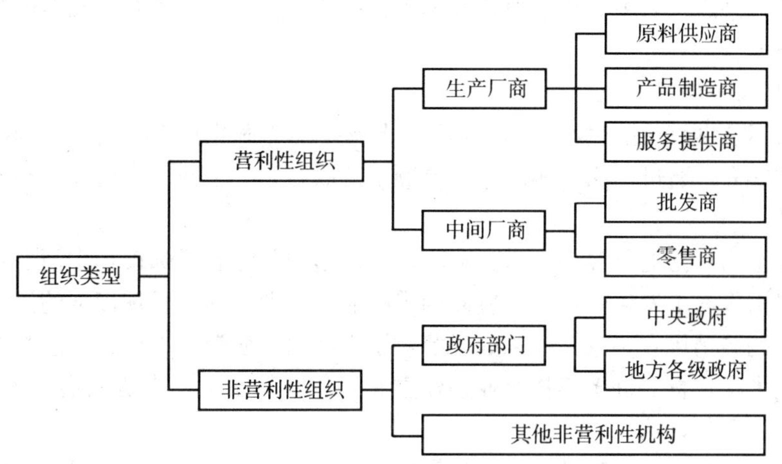

图 4-2　组织市场结构图

1）生产厂商市场

生产厂商是指直接生产有形或无形产品，并以营利为目的商业组织。根据产品类型和生产方式的不同可以将生产厂商分为原料供应商、产品制造商和服务提供商，但某些企业可能既是原料和产品的生产商，同时也提供产品服务。生产厂商通过组织购买行为以维持自身的生产经营活动，从而构成了卖方营销者所面对的生产厂商市场。

（1）原料供应商。原料供应商一般属于农业、林业、牧业、渔业、矿业等行业，通过培育、开采、开发等方式提供自然资源。原料供应具有明显的地理集中性，受到环境因素的影响或限制，如在我国山西省聚集着大量的煤矿企业，而渔业捕捞的企业则集中在海南等临海省份，由此构成了特殊的采购市场结构。

同时，原料供应商不需要（或只需要极少的）原材料（如种子、鱼苗等）投入，其生产购买主要发生在生产设备的采购上，而且往往是大型的、昂贵的、非重复性的购买。即原料供应商的组织购买品类型集中在基础型产品，而非投产型产品。

（2）产品制造商。制造企业将制造资源（物料、能源、设备、工具、资金、技术、信息和人力等）转化为可供人们使用和利用的有形产品，包括工业品和生活消费品。对于制造商而言，采购活动是一项非常重要的任务，不仅需要采购投产型产品，通过加工和组装形成最终的产成品；还需要投入大量资金购买基础型的设施设备，支持生产活动；同时，辅助型的日常消费品也是维持制造企业正常运营必不可少的购买项目。一般而言，制造商的采购需求具有大规模、稳定性、定制化等特征。(但在 JIT 生产模式下，为了快速反映消费者的即时需求，采购呈现少量和波动的相反特征。)

与原料供应商相似，制造业也具有地理集中性的特点，这是因为大多数制造厂商都选择在原料地附近建厂，以保证稳定充足、高质量的原料供应，减少运输和储存成本，从而逐渐形成了该行业的区域集中分布。

(3) 服务提供商。服务业生产和提供无形的产品。与其他原料或制造产品相比，服务产品具有非实物性、不可储存性，以及生产与消费同时性等特征。服务业涉及的范围十分广泛，如广告公司、快递公司、管理咨询公司、律师事务所、金融机构等都属于服务提供商。因此，服务企业具有数量多、规模小、较分散的特点，其采购活动也不如制造业正式。由于服务的无形性，采购产品中一般不包括实体性的投产型产品，只含有基础型的资产项目和辅助型的日常资料。

2) 中间厂商市场

中间厂商不从事直接的生产活动，其位于最终消费者和生产者之间，作为商品流通和商品信息传递的媒介，通过商品买卖之间的差额来获取利润。中间厂商市场包括零售商和批发商等组织类型。

中间厂商是为自己的顾客进行购买活动，因此密切关注着目标市场中消费者的需求和态度，一旦消费市场需求发生变化，供应商的采购需求随即波动，呈现极强的需求衍生性。由于中间商的采购与销售直接相关，采购环节对于中间商企业至关重要，一般都设有专门的采购部门由专业人员负责。许多零售企业还建立有存货补货系统，当货品需求大于存货量时，系统就自动进行重复订购。

中间厂商为销售采购的产品类似于投产型产品，因为其直接构成了最终的出售项目。同时，中间厂商为了建立和维持企业的运营，也必不可少地需要进行基础设施和日常用品的采购。

3) 政府等非营利性组织市场

除了政府部门外，非营利性组织市场还包括学校、医院、博物馆、慈善机构、行业协会、宗教团体等。一般非营利性组织都只有有限额度的采购经费，因此在采购上会着重考虑产品的价格，但同时又要保证商品的质量和性能，以维持组织的正常职能和运行。政府采购属于非营利性组织市场购买行为中一种特殊的形式，具有自身的采购特点，下面单独进行阐述。

(1) 政府采购的含义。政府采购是指国家各级政府为开展日常活动和满足公众需求，利用国家财政性资金购买货物、工程和服务的行为。政府购买的目的既不像工商企业一样为了营利，也不像最终消费者一样为了满足个人的需求，而是为了维护国家安全和社会公众的利益。

在市场经济发达的西方国家，政府采购已经有 200 多年的历史，被誉为“阳光下的交易”，其法律体系非常完善，具有明显的制度作用。政府采购制度不仅能为国家节省财政资金，降低交易成本，提高交易利用率；而且其在财政监督下遵循着公平、公开、公正的原则进行交易，减少了寻租行为，促进了廉政建设。

我国从2002年颁布《中华人民共和国政府采购法》至今已有10年，政府采购总额从2002年的1 009亿元增长到2011年的11 332亿元，总共增长了10倍，累计节约财政资金6 600多亿元。

阅读资料4－3

政府采购的特征

（1）规模大。政府采购的规模巨大，其为了加强国防军事力量，维持政府正常运营，宏观调控市场经济，进行国际援助等都需要进行大量的采购。在西方国家，政府是国内市场最大的消费者，采购规模一般占各国年度GDP的10%～15%。我国2011年的国内生产总值超过47万亿人民币，但政府采购总额只占2.4%，因此我国政府采购仍然具有很大的增长空间。

（2）公共性。政府采购的资金是具有公共性质的财政资金，是广大纳税人上缴的税费总额。因此政府采购属于公共采购，具有非私有性和非营利性，其行为必须对社会公众负责，满足社会与国家发展的整体需求，实现公共财政资金价值最大化的目标。

（3）公开性。公开透明是政府采购遵循的基本原则。由于政府采购资金的公共性，社会公众有权参与到采购的管理和监督中来。我国的政府采购法要求采购的政策、程序、结果等相关信息必须真实、准确、及时地在指定媒体上进行发布，公之于众，这样公开化和透明化的采购信息将确保公众监督权的有效实施。

（4）公平性。政府依照市场经济中公平、平等、诚信的法则进行采购活动。政府作为组织市场中的购买者，其行为同其他商业或社会群体一样具有典型的市场性。

首先，政府在采购过程中，应该对所有供应商一视同仁，将商业机会均等分配，使他们公平竞争。其次，在市场交易过程中，政府与供应商之间应保持平等的买卖关系。由于政府拥有购买合同的决定权，因此很容易凌驾供应商，采取歧视性的措施剥夺供应商应有的权利，干预采购活动的正常开展，破坏商业的公正性。另外，政府采购者应本着诚实守信的态度履行各自的权利和义务，讲究信誉，兑现承诺，不得散布虚假信息、欺骗隐瞒、规避法律法规。

（5）规范性。各国对于政府采购都颁布有相关的法律法规，对其作出严格的要求、规范和限制。政府采购者须按照一定的流程和方法规范性的执行采购步骤，不能随意违背或修改。

（6）政策性。实行政府采购是财政支出发挥宏观调控的作用重要方式之一，可以对社会目标或经济政策产生巨大的促进。如政府在购买时，通过增减采购规模来调整产业结构；通过优先购买本国产品来保护国内企业等。

（2）政府采购的方式。政府采购的方式主要包括：公开招标、邀请招标、竞争性谈判、单一来源采购以及询价等几种方式，下面分别予以简要介绍。

① 公开招标。公开招标是政府采购的主要采购方式，公开招标与其他采购方式不是并行的关系。招标人以招标公告的方式邀请所有符合条件的供应商公平地参加投标竞争，从中

择优选择中标者。公开招标的程序包括：招标—投标—开标—评标—定标—签订合同。

② 邀请招标。邀请招标也称选择性招标，由招标人根据供应商或承包商的资信和业绩，选择一定数目的法人或其他组织（不能少于三家），向其发出招标邀请书，邀请他们参加投标竞争，从中选定中标的供应商。

③ 竞争性谈判。竞争性谈判指采购人或代理机构通过与多家供应商（不少于三家）进行谈判，最后从中确定中标供应商。

④ 单一来源采购。单一来源采购也称直接采购，指在特殊的采购情况下，采购者向唯一的供应商寻求建议和报价来实施购买活动，该采购方式的最主要特点是没有竞争性。

⑤ 询价。询价是指采购人向有关供应商发出询价单让其报价，在报价基础上进行比较并确定最优供应商的一种采购方式。当采购的货物规格、标准统一，货源充足，价格变化幅度小时，可以采用询价的方式采购。

4.2 组织购买决策

与消费者市场相比，组织市场存在着客户数量少、购买金额大等特点，也正因为这些特点，组织型购买者的购买行为和个体消费者的购买行为是有差异的。因此，企业如果要想成功实现对组织型购买者的营销管理，必须明确组织型购买者的购买行为特点。下面分别从组织购买决策过程、不同购买情境下所采取的不同组织购买行为类型、参与组织购买决策的各种角色，以及影响组织购买行为的主要因素等几个方面进行介绍。

4.2.1 组织购买决策的过程

对于组织型购买者而言，通过合理的采购战略来降低运营成本是非常必要的，因此，组织型购买者往往更加注重购买行为的系统性和标准化。组织购买行为并不是一个单一的行动，而是收集并分析大量信息、进而作出各种最优决策的复杂过程。针对这样的情况，企业必须对组织购买行为过程的每一个环节有清晰的认识，从而更加全面地了解组织型购买者在不同阶段的不同需求。

总的来说，组织购买行为过程包括 8 个步骤：识别需求、对需求的概括描述、详细说明所需产品的规格要求、搜寻供应商信息、分析和评估供应商情况、选择供应商、选择并执行订购程序、交易评估和信息反馈，如图 4 - 3 所示。

1. 识别需求

需求识别是组织购买行为的开始。影响组织识别出需求的因素可以分为两大类：一类是内部因素，主要是指设备的损坏或者自身产品的老化，需要更换设备或者开发新的产品线，从而产生了对新设备的需求，或者是组织内部管理人员对组织进行变革之后带来的对生产设备的新需求；另一类是外部因素，主要是指组织外部人员的营销活动（比如人员销售、广告运动），通过证明组织购买某一特定产品或者设备能提高组织运营效率而激发组织的购买需求。

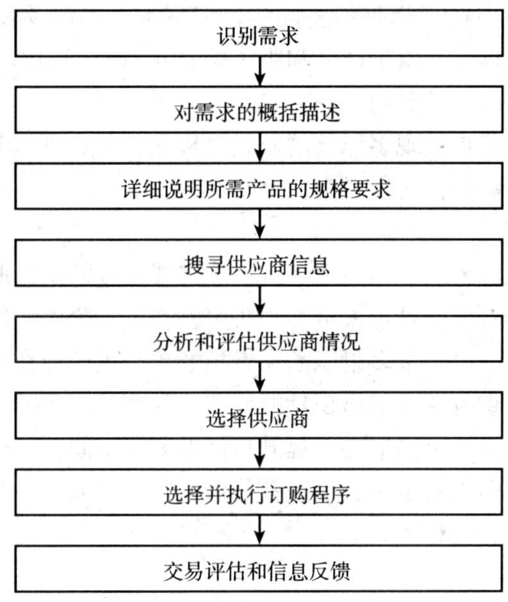

图 4-3 组织市场购买行为过程

2. 对需求的概括描述

在识别了需求之后，组织需要对所需要的产品的种类、特征和需求量从总体上加以确定。对标准品而言，确定总体需求的过程相对简单，但是对具有一定技术含量的复杂产品而言，采购人员应该与内部工程技术人员甚至外部技术顾问共同分析，确定所需产品的种类、特征和数量。

3. 详细说明所需产品的规格要求

由于组织型购买者所需的产品往往是对技术要求很高的耐用品，而且设计的数额比较庞大，所以在初步描述需求之后，组织型购买者需要细化所需产品的规格、性能、型号等技术指标。需要指出的是，这一阶段对供应商来说是非常重要的，因为一旦确定了所需产品的规格要求，就意味着供应商的选择范围将进一步缩小到完全满足条件的范围内，所以如果供应商能较早介入购买程序，并且与组织人员进行沟通和交流，可能使组织对所需产品规格的要求朝满足自身的方向发展，从而获得更多的竞争优势。

4. 搜寻供应商信息

按照确定的产品规格要求，组织采购人员需要识别重要购买因素并且进行优先权排序，设定出组织内部的一套标准，然后按照此标准搜寻具有不同潜力的供应商。搜寻供应商的方法有很多种，比如通过厂商名录、产品说明书、产品展销会，以及近年来广泛使用的利用互联网技术进行的信息搜寻。

在初步筛选之后，组织型购买者一般会派出人员接触不同的供应商来获取第一手的资料，以获得更全面、更具体的信息。在这一阶段，供应商一定要积极主动与采购人员进行沟通，为今后建立持久友好的合作关系打下基础。

5. 分析和评估供应商情况

在这一个阶段，组织采购部门需要对不同供应商提出的各种方案进行分析和评估。一般来说，在评估过程中，采购部门会在不同考核指标上进行打分，最后利用权重分析法对供应商进行分析。不同产品的考核指标是不相同的，但基本上都涉及技术能力、生产能力、渠道、交货、服务和产品价格等。由于产品和服务的总花费对于组织的生产成本有很大影响，所以在同样的情况下，价格是主要的考虑因素。

当然，评估过程的形式是呈现多样化的，它可以是组织购买者阅读供应商的纸质材料，也可以是到供应商经营场所进行实地考察。

6. 选择供应商

在评估结果的基础上，组织购买者需要进一步选择最终的供应商。任何组织对于这一决策都会格外谨慎，往往会有高层管理人员参与决策。在这个阶段，组织购买者会确定最后的供应商数量和供应商选择。由于很多组织购买者担心单一供应商在缺乏竞争压力的情况下会降低服务标准，以及单一供应商可能出现货源紧张，所以往往不会只选一家适合的供应商，以达到制衡的结果。因此，如果供应商想提升自己的利润空间，必须在评估阶段充分表现出自身的实力。当然，组织购买者也不会选择数量过多的供应商，一是这样会打击供应商的积极性，二是会加大企业的管理难度。

7. 选择并执行订购程序

一旦选择了供应商，组织购买者就进入了实际的购买阶段。首先，组织购买者会向供应商发出订货单，准确列出质和量的要求、产品技术说明书、交货时间和地点、付款方式和手续、退货政策，等等。目前，大多数企业都是利用电子商务技术来完成这一合作，不仅能够降低很多物流上产生的成本，还能实现供求双方信息传递的对称。

8. 交易评估和信息反馈

在与供应商交易过程中以及交易完毕之后，组织购买者会对供应商的执行情况进行评估和交易反馈，整个过程不仅仅由采购部门来完成，营销部门、生产部门等关键部门都会介入。供应商务必重视组织购买者的信息反馈，及时根据信息反馈改善服务流程，有利于维持与组织购买者的合作关系。在某些情况下，由于供应商交易过程中不注重根据客户要求进行调整，导致组织购买者终止合作，寻找新的供应商。

4.2.2 组织购买决策的类型

一个组织的运营情况不会是一成不变的，针对不同的运营情况，组织购买者会采取不同类型的购买决策。组织购买决策的分类方法有很多，但比较常用的分类方法是按照购买的繁简程度来进行划分，将组织购买行为分为直接再购买、修正性再购买、新任务购买 3 种类型。

1. 直接再购买

直接再购买是指组织购买者对经常需要的产品所进行的例行性购买，这是一种比较容易作出的购买决策类型。

1）购买决策环境

由于组织购买者对某种产品具有连续需求，他们已采购过多次同样的产品，所以他们会积累非常丰富的经验，从而不需要或者只需要很少的新信息。在这种情况下，组织购买者不会去评估其他新产品或者供应商，他们通常会在存货降低的时候从长期合作的供应商那里进行例行订购。

2）购买决策方法

虽然直接再购买的情境基本上不要求组织购买者搜寻和分析供应商信息，但是越来越多的组织购买者着力于精简整个购买过程。目前来看，大多数组织购买者都会利用互联网技术采用电子或在线采购系统来提高采购效率。具体而言，就是组织购买者将自己的内联网连接到供应商的商业网站，订货软件把采购要求直接传递给供应商，从而减少管理开支。

3）营销战略

在直接再购买的情境下，供应商一定要注重维持那些经常进行重购的客户，进行科学的客户关系管理。比如，供应商的营销人员需要经常与客户沟通，及时为客户提供所需服务，同时要经常留意客户是否需要额外的产品。

目前，组织购买者和供应商之间长期的战略合作关系可以视为一种跨组织型的资源，代表着一种强大的竞争优势，所以供应商必须做好随时响应客户要求的准备，维护好与客户之间的关系，从而使客户在今后继续采取直接再购买的决策，实现双方的稳固合作。

以上所提到的营销策略是针对已经在组织购买者已选供应商名单上的，可以将其称之为内部供应商，而对于目前还不在供应商名单上的厂商，将其称之为外部供应商。就外部供应商而言，当组织购买者处于直接再购买的情境下时，外部供应商会遇到很大的障碍，要改变这种现状，他们需要努力了解组织购买者的基本需求，进行广泛的信息搜索，并且利用多样化的营销技巧（例如人员销售）让组织购买者意识到自身采购需求发生变化，使组织相信他们需要打破采购常规来获得更大的收益。

2. 修正性再购买

修正性再购买是指组织购买者对产品的规格、价格、交货条件等要素进行修正，重新评估供应商的购买行为。这种购买决策相对直接性再购买而言复杂性有所增加，要求组织购买者根据修正后的需求分析各个备选供应商，以获取最大利益。

1）购买决策环境

导致组织购买者修正性再购买的原因大致可以分为3类：第一类是计划外的发展问题，比如技术的革新、整个行业质量标准的提升；第二类是自我需求的改变，比如对产品规格、服务水平有了更好的要求；第三类是供应商方面的改变，比如供应商无法满足自己的销售发展；或者供应商经营状况不佳，等等。在这样的大环境下，组织购买者会采用修正性购买，重新审定自己对产品、对供应商的要求，对备选供应商进行重新评估和考核，最终挑选出最合适的供应商。

2）购买决策方法

组织购买者在这一阶段需要从众多备选供应商中作出选择，那么自身需要积极搜集各种信息，应用成熟的分析技术对每一个方案进行评估，并且在分析过程中充分考虑自身的战略目标和长期需求。值得注意的是，这种情况往往是存在一个买家、多个卖家，所以组织购买者具有很强的谈判能力，而供应商在整个过程中自始至终都会受到压低价格的压力。

目前，许多组织购买者在采用修正性再购买这一决策时，会采用招投标的具体形式，多个供应商同时竞标一个合同，并且标书内容需要与预先规定的产品特点、产品质量和服务标准保持一致。

3）营销战略

对于内部供应商而言，组织购买者采取修正性再购买的决策反映了他们新的需求，同时也很有可能反映出组织购买者对当前合作关系的不满意。因此，内部供应商需要作出努力来了解组织购买者的各方面需求，努力思考他们期待从重新评估中获取哪些利益，并根据这些调查结果立即采取行动，帮助解决客户所遇到的问题，积极迎接新一轮的重新评估，争取使决策制定者成为直接再购买者。由于内部供应商与组织购买者已经存在合作关系，所以在获取信息方面是具有明显优势的。当然，如果内部供应商反应速度不够，也很有可能失去长期合作的机会。

对于外部供应商而言，为了要在重新评估中获得组织购买者的青睐，必须认真准备自己的提案。在准备提案的过程中，外部供应商不仅要仔细分析组织购买者的各项情况，更要调查竞争对手的准备情况，然后在此基础上提炼自己独特的竞争力。一般而言，组织购买者采取修正性购买多半是出于成本考虑，所以外部供应商可以在自己的提案中增加业绩承诺的部分，凸显自身的竞争优势。

3. 新任务购买

新任务购买是指组织购买者根据某种新出现的需求所采取的首次购买某种产品或服务的购买行为。新任务购买是 3 种购买决策中最复杂、风险最大的，因为买方在进行决策的时候没有过去的经验参考，也缺乏对新产品和供应商的比较标准。

1）购买决策环境

影响组织购买者采用新任务购买的决策环境可以分为内部环境和外部环境。内部环境主要是指企业内部业务发展提出的新要求，比如，企业扩充了新的产品线，导致企业需要新的原材料和新部件；或者企业内部启动了新的项目，需要引进新的设备，例如企业人力资源部门要求员工进行“远程学习”，那么企业就需要马上引进一批新的设备。外部环境主要是指市场需求对企业带来的刺激，例如企业发现了消费者新的需求，计划占领这一新的市场，但是目前的生产技术不足以生产相应产品，所以就需要组织购买者采取新任务购买，购买满足要求的生产设施。

2）购买决策方法

根据组织购买者作出决策之后的不确定性类型，新任务可以分为判断性新任务和战略性新任务两种。

对于判断性新任务，组织购买者所面临的最大的不确定性在于产品技术的复杂性、新供应商的不可预测性。对这种购买者而言，购买决策方法往往包括进行适量的信息查询，并且运用正确分析工具来评估购买决策的各个关键方面。

对于战略性新任务，组织购买者所面临的最大的不确定性在于购买行为对公司财务和战略带来的未知影响。对这种购买者而言，购买决策方法不仅包括技术上的分析，还需要考虑公司的长远发展，所以往往会有各部门的人员参与整个决策过程。

3）营销战略

组织购买者在作出新任务购买决策时，是不存在内部供应商和外部供应商的。面对这样的情况，供应商需要对自己的潜在客户有清晰的了解，并且跟踪潜在客户的发展，当潜在客户显现出购买需求时，供应商需要采取多元化的营销战略，迅速吸引组织购买者的注意。当然，对那些在其他领域与组织购买者有合作的供应商，他们有获取信息的便利性，这些信息包括组织购买者在经营中的问题、购买者的个性、整个组织的运营模式，等等。这就要求了这一类供应商在与客户交流时不要仅仅局限于目前的领域，还要具有前瞻性。

4.2.3 组织购买中心

对于个体消费者而言，消费者本身就是决策主体，他们根据自己的动机、兴趣、收入等内外部因素来进行购买决策；而组织购买决策并不是一个单一的动作，它涉及多个部门的合作，要求组织对各种信息进行搜寻并且分析，是一个非常复杂的过程。因此，购买决策的参与者不止一个人，而是由一个内部成立的组织来完成的。

组织购买中心就是在这样的背景下产生的，它是一个非正式的跨部门组织，通过获取、传递、分享和处理有关组织购买的信息来运作，共同承担决策带来的风险，最终作出购买决策并实施。在组织购买中心里，各个成员在企业中担任的职务是不同的，经历和任务也不会相同，所以如果供应商想对组织购买者实现成功的销售，务必鉴别和分析它的组织购买中心。

组织购买中心一般由以下几个部门的成员构成，分别是：生产部门、研究和开发部门、工程部门、营销部门、管理层和采购部门。表 4－1 简要介绍了整个组织购买决策中各个部门所参与的过程。

表 4－1 组织采购中心的组成部分

部　门	参与的具体决策过程
生产部门	识别需求、交易评估和信息反馈
研究和开发部门	对需求的概括描述、详细说明所需产品的规格要求
工程部门	详细说明所需产品的规格要求、搜寻供应商信息、分析和评估供应商情况
营销部门	识别需求、对需求的概括描述、交易评估和信息反馈
管理层	分析和评估供应商情况、选择供应商
采购部门	识别需求、搜寻供应商信息、分析和评估供应商情况、选择供应商、选择并执行订购程序

1. 生产部门

生产部门是企业中最基本的职能部门之一，企业将大量的人力、物力、财力投入到生产部门，以生产出满足市场需求、社会需要的产品或者服务。正因为生产部门具有这些特点，所以能够第一时间发现生产设备的问题，产生出新的需求。同时，在企业进行组织采购之后，生产部门也是使用所购产品或设备的部门，所以能够对整个交易进行评估，基于有效的信息反馈为下一次的购买决策积累经验。

2. 研究和开发部门

研究和开发部门是企业里专门负责新产品开发和新技术引进的部门，而新产品开发是否成功与组织采购成功与否是紧密相关的，如果组织采购的产品不能达到研究和开发部门的要求，那么将对企业造成巨大的损失。因此，研究和开发部门需要参加到整个购买决策过程中，由于他们对设备规格、原材料标准、产品最低性能标准等有非常清晰的认识和界定，所以能够帮助组织迅速将需求概括描述出来，并且详细说明对所需产品的规格要求。

3. 工程部门

企业的工程部门是企业核心的技术部门，他们给予的各种建议对于最终的购买行为有重大的影响。另外，由于工程部门在技术领域的权威性，它掌握的供应商信息也是最全面的。所以在整个决策过程中，它不仅负责详细说明产品规格要求，而且需要向采购部门提供相应的供应商信息，同时利用自己的技术优势对备选供应商进行分析和评估。

4. 营销部门

企业的营销部门是直接接触终端消费者的，他们能迅速识别消费者的最新需求，从而将最新的消费者咨询提供给企业，从而促使企业改进自己的生产条件，生产出畅销的商品。而当组织识别到新的需求时，也需要及时询问营销部门的需求，因为它最精通消费者市场，能够给出中肯的建议，并根据市场实际情况对企业需求进行概括描述。另外，通过对最终产品在市场中的销售状况，营销部门也可以为交易评估和信息反馈提供可靠的依据。

5. 管理层

管理层一般是不参与日常简单的采购流程的，但是由于组织购买决策涉及金额较大，而且很多时候都与整个组织的财务运转、发展战略紧密相关，所以在评估供应商、选择供应商两个环节上，管理层会结合整个组织发展的态势帮助采购部门作出最优的选择。

6. 采购部门

采购部门是采购中心的主体，他们不仅负责整个采购决策的核心部分，例如运用专业的分析工具对供应商的具体情况进行考核，与管理层协商作出最后的选择；而且也负责整个采购决策中非常琐碎、繁重的部分，例如利用各种渠道搜集满足初步条件的供应商信息，全权负责整个订购程序，以保证所购产品顺利投入生产。另外，由于越来越多的企业把采购部门放在了战略性的位置，所以采购部门也有识别需求的职能，比如需要经常与供货商联系，发现新的机遇，等等。总而言之，采购部门对整个采购决策的影响是巨大的。然而，要完成一次成功的组织采购，采购部门还需要与采购中心其他部门通力合作，以实现最优决策。

4.2.4 影响组织购买行为的主要因素

在组织购买的全过程中，会有各种各样的因素影响着组织购买者作出最终的决策。对于供应商而言，只有掌握了这些因素，才能更加有针对性地对组织购买者开展营销活动。总的来说，影响组织购买行为的主要因素分为4类，分别是环境因素、组织因素、团体因素和个人因素。

1. 环境因素

环境因素主要是指影响组织购买者进行购买决策的所有外部因素，包括政治因素、经济因素、技术因素和法律因素和社会文化因素。但是对于组织购买行为而言，影响最大的还是经济因素和技术因素。

（1）经济因素。经济的波动会给组织市场带来巨大的影响，它往往会具体影响到一个组织的购买能力和购买愿望。比如，利率的波动会影响房地产市场的经营状况，从而影响水泥和钢材的购买量。需要注意的是，随着世界经济日益全球化，供应商在开展营销活动时还需要注重世界经济局势对购买者的影响，例如，国际石油价格的上扬势必提升国内诸多企业的生产成本，从而影响企业的经营现状，购买行为也势必发生改变。

（2）技术因素。新技术的引入，往往会引起组织采购产品、采购方式、供应商和采购渠道等方面的变化。例如，随着互联网技术的蓬勃发展，电子商务已经成为了一种常见的商务模式。很多企业利用电子商务这一平台搜寻供应商信息、考核评价多家供应商情况，以及开展订购活动。另外，一个行业的技术变化速度会影响购买组织中决策制定部门的构成，例如，技术部门在采购过程中发挥着越来越重要的作用，由于目前技术更新太快，组织购买者需要请专业的技术人员来指导具体的购买行为。

当然，政治因素、法律因素和社会文化因素也会影响到组织购买行为。例如，目前由于商业更加国际化，不同国家的企业有着大量的跨国合作，在这样的情况下，企业与企业间沟通方式需要发生改变。

2. 组织因素

组织因素主要是指企业内部的运营机制，针对组织购买行为而言，影响因素主要包括企业战略目标和采购组织地位两方面的内容。

（1）企业战略目标。无论企业的战略目标是长期的还是短期的，是简单的还是复杂的，它都会影响企业采购团队的工作行为方式。因为在组织购买中，购买决策必须紧紧与组织的发展战略计划和整体目标相结合。供应商只有把握了组织购买者的战略重点，才能更好地对其提供服务。例如，对于连锁旅店而言，提高客户服务水平是恒久的战略目标，IBM 公司针对这种情况，积极运用自己的信息技术和配套服务来提高连锁旅店的运营效率，从而实现更牢固的合作关系。

（2）采购组织的地位。采购组织的地位主要是指采购在公司发展的战略重要性。与过去相比，大多数企业都提升了采购部门的地位，采购不再仅仅是一项流程，更成为一种节约成本的战略。

首先，在这样的环境下，许多组织购买者放弃了之前各个事业部分散采购的模式，更加倾向于集中采购，使采购行为更加专业化、规模化和规范化。其次，随着竞争的加剧，越来越多的组织倾向于建立与供应商的长期合作，以降低成本、提高效率。第三，随着采购组织地位的提升，组织对对采购人员的素质要求大幅度提高，越来越多的采购人员开始运用现代的计算机技术进行信息搜寻和供应商分析。

3. 团体因素

团体因素也称为人际因素，主要是指组织内部不同人以及他们之间的关系对购买决策的影响。由于组织购买行为是一个比较复杂的过程，加上组织在面对不同情境时会采取不同的购买行为，所以，在不同情境下不同的人对购买决策会产生不同的影响。比如，在直接再购买的情境下，作决策的一般为采购部门的工作人员，其决策一般是依据过往的经验，不需要考虑其他因素；而对于新任务购买，购买决策可能是由购买中心的不同部门共同完成的，有时涉及金额较大，组织的高级管理层也会参加，所以决策结果是群体决策的结果。

对于供应商而言，一定要掌握每次购买情境下组织购买行为的决策者是谁，掌握这类信息之后，供应商可以对不同的人进行针对性的营销活动（比如对技术人员可以邀请他们观看现场演示），以促进自己与组织购买者的合作进程。

4. 个人因素

虽然说组织购买决策往往是群体决策的结果，但是终归是人在做决定，所以每一个决策人的个人因素也会影响组织购买行为。这里的个人因素主要包括动机、感知、个性和购买风格。而这 4 个因素又受到不同因素的影响，比如，决策者的年龄、受教育水平、性格特点、职业规划决定了他们的个性和决策动机，销售人员的销售行为直接影响他们对于产品的感知，而购买风格主要与其性格特点、过往经验有关系。

面对这样的情况，首先，供应商需要通过信息搜寻了解不同决策者的行为特点和偏好，从而处理好与他们之间的关系，为今后企业间的合作打下基础。其次，供应商需要制定针对不同决策者的营销战略，不同决策者对同一个产品有不同的看法，供应商就需要未雨绸缪，提前想好针对性的解决方案和应对技巧。例如，技术部门的决策人员看重产品规格，那么针对这部分人就需要多强调自身的产品质量；而高级管理层比较重视购买决策与公司发展的切合点，针对这部分人就需要多强调产品对未来公司利益增长可以做出的贡献。

本章习题

一、单选题

1. 在营利性组织市场中，生产商组织包括原料供应商、产品制造商和（　　）。
   A. 产品批发商　B. 产品零售商　C. 服务提供商　D. 政府机构
2. 组织购买品的三种类型是（　　）、基础型产品和辅助型产品。
   A. 服务型产品　B. 投产型产品　C. 消耗型产品　D. 资产型产品
3. 消费者购买决策过程的第一个阶段是（　　）。
   A. 识别需求　B. 搜寻供应商信息
   C. 对需求的概括描述　D. 选择供应商
4. 按照购买的繁简程度，可以将购买行为分为三大类型：（　　）、直接再购买、新任务购买。
   A. 战略性新购　B. 随意性购买　C. 判断性新购　D. 修正性再购买
5. 在环境因素中，（　　）和技术因素对组织购买行为影响最大。
   A. 政治因素　B. 经济因素　C. 法律因素　D. 社会文化因素

二、多选题

1. 组织市场需求具有的三种特征是（　　）。
   A. 衍生性　B. 高弹性　C. 波动性　D. 持久性
   E. 低弹性
2. 政府采购的方式包括（　　）。
   A. 公开招标　B. 邀请招标　C. 竞争性谈判　D. 单一来源采购
   E. 询价
3. 影响组织购买行为的因素有（　　）。
   A. 环境因素　B. 组织因素　C. 人际因素　D. 产品因素
   E. 个人因素

三、名词解释

1. 组织市场　2. 组织市场营销　3. 派生需求　4. 新任务购买　5. 组织购买中心

四、简答题

1. 组织市场购买与组织市场营销之间具有怎样的关系？
2. 政府采购具有哪些特征？

3. 组织购买决策过程包括哪几个步骤？
4. 企业为什么会采取新任务购买？面对这种情况，供应商应该如何应对？
5. 组织购买中心的主体是什么部门，它参与了哪些决策？

案例讨论

北京现代，挺进政府用车及出租车市场

2002年10月16日，由北京汽车投资有限公司和韩国现代自动车株式会社共同出资设立的北京现代汽车有限公司正式成立，它是一个国务院批准的“不限投资额度、不限生产车型”的合资汽车生产企业。时至2004年，中国汽车市场在不断的降价声中前行，上海通用、广州本田等各大公司各显神通，抢占市场，但整体销量仍不尽如人意。据相关数据显示，2004年前10个月我国轿车销量同比增长为15%，与近两年中国车市超过100%的年增长幅度相比，已是不可同日而语。然而以北京现代为首的市场强者却给我们展现了亮丽的色彩。今年前十个月，北京现代销量达到11.09万辆，同比增长162%，轿车销售排名已经超过上海通用和广州本田，排在一汽大众和上海大众之后，位列第三名，进入了中国汽车企业的第一梯队。

在市场大环境不尽如人意的情况下，是什么让北京现代有如此的业绩呢？除了充分利用其新产品优势外，清晰的市场定位同样功不可没。清晰、灵活的市场策略使北京现代可以在灵活应对纷繁多变的中国车市的同时，集中兵力，在每一目标市场占据领先。

作为一种流行的汽车消费模式，汽车批量采购多年来被政府机关、出租车行业、大型企业等所采用，以前批量采购的品牌仅局限于红旗、奥迪、桑塔纳等品牌，但现在北京现代的索纳塔等中高档型轿车不但在家庭购车领域风光无限，在批量采购领域也受到政府部门和出租车行业的热捧，而且在国内市场中的竞争地位日益提升，市场份额逐步扩大。

我们知道，政府公务车虽不局限于某个品牌，但也有着一些严格的限制和具体的规定。相关部门统计表明，价格在25万元以内、排量在2.0左右的中档轿车占政府采购车辆总数的95%以上。不仅如此，政府用车在性能、外观、内饰、安全等方面的要求也十分严格。一直以来，在公务车市场中，奥迪、红旗等中高档2.0升轿车都有良好的表现。要从政府采购这一市场分一杯羹也不容易。

北京现代自其成立之初，就根据中国的市场情况，结合韩国现代“产品技术全球同步”的产品策略，推出了全球畅销的成功车型——索纳塔。这种车型是在韩国现代索纳塔第六代基础上改造而来，是目前世界流行的车型之一，这相对一些欧美品牌把本土将淘汰的车型引入中国市场的做法，北京现代可谓把韩国车的精髓奉献给了中国消费者。同时，更从消费者实际需求出发，结合中国实际路况等具体情况，对引进产品进行改进，完善工艺、提高品质、强化服务，努力创造精品和用户满意的品牌价值，而绝不是照抄照搬，或者追大求全，投放多种品牌的车型。在外观上，其独特超前的边缘设计，巧妙地融合了多种鲜明的设计元素，赋予索纳塔一种稳重、大气的感觉，体现了公务用车身份者的尊贵，同时也代表了充满创新精神、与时俱进的新时代的政府和企业形象；在内饰上，索纳塔精雕细刻每一个细节，满足显赫和华贵的渴望；在空间上，依据唯美主义和人体工程学原理，给驾乘者提供一个舒适的空间，后备箱容积 398 升的超大容量足以傲视同侪；在要求苛刻的制动技术和安全方面，索纳塔更是非同凡响，如前后部内置防撞区，加固了顶、底、门、内外侧的防撞杠等等，更侧重对驾乘者全方位的安全保护。这些极具人性化的设计，完全满足了政府公务用车的需求。

与此同时，北京现代利用在北京的优势，采用关系营销、体育营销等方式，积极同政府等工作单位联系，并积极参与中国的各项公益事业。投巨资赞助了北京国安足球俱乐部，成立了北京现代足球队，赞助“女足世界杯”、中超联赛、“迷你”足球世界杯、亚洲杯足球锦标赛，投资与相关部门联合主办了“携手北京现代，共创绿色未来——2004 北京现代-大学生绿色环保夏令营”活动等，进一步提升了北京现代的品牌知名度与美誉度。这些活动也得到了回报，早在 2002 年 12 月新车投产之际，政府采购就开始看好北京现代索纳塔。当时共接受订单 5 000 多份，其中首批交付的政府采购约 700 辆，此后有部分政府机关的采购计划因为索纳塔的缺货而一度搁浅；2003 年 1 月，河北省公安交通管理局采购索纳塔手动挡轿车 16 辆；2003 年 7 月，索纳塔仅在四川绵阳市政府采购中就一举中标 20 辆……此外，在要求严格的公安领域索纳塔也表现出色。北京现代索纳塔中标了 2003 年北京市公安局等警用车采购项目。2004 年 5 月，在北京-新疆红云杯中国（首都）警察越野追击技术演练赛活动中，北京现代的 5 部索纳塔轿车为参赛车辆担当开道和新闻采访车，与参赛近 80 部越野车辆共同经历了 13 000 多公里的考验，再次印证了这款车型作为首都警用车主力的优秀品质，也因此引起了全国公安系统的多家单位的广泛关注。据有关资料，北京市政府用车中索纳塔数量已达 2 000 多辆。今年又有河北、安徽等一些地方政府把汽车采购目标锁定在索纳塔轿车身上，汽车采购招标邀请书不断投向北京现代。经过近两年时间的考验，索纳塔轿车凭借强劲的动力、良好的加速性能以及舒适的驾乘感受，受到了公务人员和公安干警的广泛赞誉，大大营建了北京现代品牌在政府采购领域的良好形象。

在出租车行业市场上，目前运营的主力军一直是奥拓、普桑、捷达、夏利等普通车型，目前出于城市发展、树立良好的城市形象的需要，各地出租汽车的更新换代步伐已逐步加快。一般来说，出租车车型至少要符合以下要求：形象好、性能好、要舒适、要时尚，同时必须经济、环保、安全可靠。北京现代公司在发展公务车和私家车的基础上，也一直对出租车市场保持高度的关注和研究。

为了打入出租车市场，他们不断改良索塔纳车型，为出租汽车行业量身定做的液化石油气（LPG）作燃料的专用索纳塔车型，不仅维持了其外观时尚、内部空间大的特点，还突出了人文环保意识，尾气排放指标大大低于普通出租车，达到了我国地方环保要求，也降低了燃料使用成本。与此同时，在使用与维护成本方面，索纳塔也有明显的优势。索纳塔的配件价格较之同级产品低 20%以上。据调查，索纳塔出租车一般百公里耗油与其他品牌相比要节约 5 元，按每班 300 公里计算，每班可节省油费 15 元，一天可省 30 元，全年就可省一万多元。同时，配件及维修也相对比较便宜。

2004 年年初，北京现代推出了“零距离”售后服务，免费为索纳塔车提供多达 5 大项、20 小项的汽车检查和工时等方面的优惠。同时，北京现代还推出了一年 4 次的免费检测活动，于每季交替的时候进行，并且长年执行。这些优惠活动，就为车主们节省了一大笔费用。据有关媒体对市场上的帕萨特、新雅阁、君威、索纳塔、蒙迪欧以及马自达 6 六款同级别的中高档轿车使用成本的调查报告显示，对比 5 万公里内的保养、燃油、易损件和事故件成本，按从低到高的顺序索纳塔排在第二。报告认为索纳塔的确是一款性价比非常高的车。

按照行业要求和技术标准，索纳塔迅速进入了出租车市场。2003 年初北京现代索纳塔刚下线 2 个月，北汽集团就购置了 300 辆新车，首都出租汽车公司也购进 150 辆。并在全国两会期间作代表专用车和警务车使用。两会结束后，这些索纳塔被全部投放至北京出租车市场。在杭州、义乌、宁波、南京等地的出租车市场上北京现代索纳塔受到空前热烈的欢迎：杭州已经有超过 1 500 辆索纳塔出租车投入运营，而义乌市在出租车更新换代的工作中全部选定了索纳塔作为换代车型。

（资料来源：组织市场购买行为分析［OL］．［2012－10－11］．http://wiki.mbalib.com/wiki/Business_Buyer_Behavior.）

思考讨论题

北京现代为何能在 2004 年赢得组织市场的青睐？

第 5 章

市场调研与预测

本章导读

市场调研和市场预测是营销工作中不可或缺的重要环节，是企业生产经营活动取得成功的根本保障。本章首先介绍了市场调研的基本概念、特征、分类及功能；接下来探讨了市场调研的方式、方法及内容，并较为细致地介绍了市场调研表格的设计；最后主要阐述了几种常用的市场预测方法。

本章的知识结构图如下：

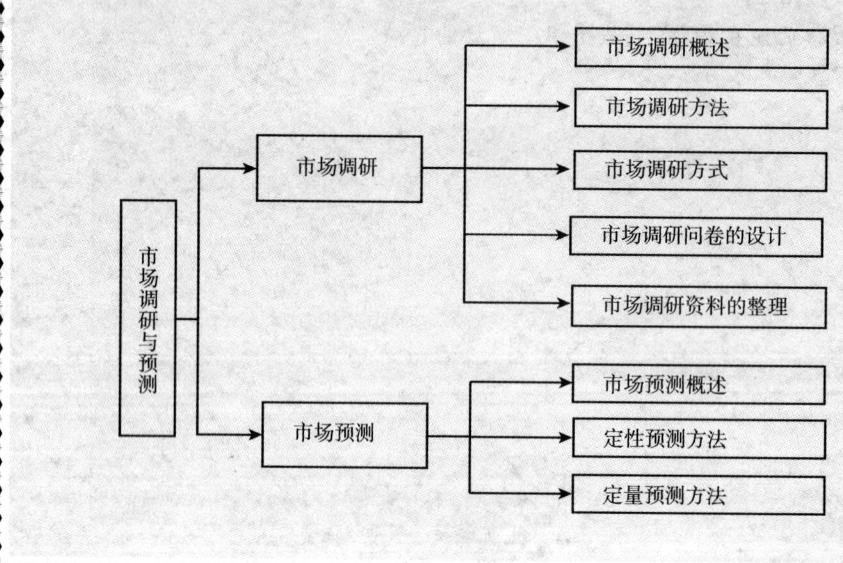

开篇案例

营销调研见奇效

某年春天刚过，一家罐头材料厂加足马力生产做易拉罐使用的特质铝皮。这一年雨季特别长，已经是七月初了，天还是连续不断地下着暴雨。厂长果断下令，将特质铝皮的生产量减少 2/3。原来，厂长根据气象预测，当年高温时短，易拉罐销量会大大减少，特制铝皮势必降价。后来，该厂果然因此降低了损失。

次年初夏，雨季仍然很长，但厂长得知，气象专家对这年夏季气候的预测是炎热异常，于是下令大量生产。当年7月中旬到8月中旬持续高温，清凉饮料销量猛增，制造易拉罐使用的铝皮成了紧缺货，价格上涨2倍，该厂获得了可观的收益。

（资料来源：江若尘．市场营销学［M］．北京：中国科学技术出版社，2003.）

5.1 市场调研

市场调研（marketing research），是市场调查与市场研究的统称，是指运用科学的方法，有目的、有计划地收集、整理、分析有关供求、资源的各种情报、信息和资料的过程。市场调研是企业开展有效营销活动的基础。

5.1.1 市场调研概述

市场调研是企业经营管理活动不可或缺的部分。通过市场调研，可以发现一些新的市场机会和需求；可以发现企业现有产品的不足及经营中的缺点，及时加以纠正，使企业在竞争中立于不败之地；可以及时掌握竞争对手的动态，掌握企业产品在市场上所占份额大小，针对竞争对手的策略对自己的工作进行调整和改进；可以了解整个经济环境对企业发展的影响，了解国家的政策法规变化，预测未来市场可能发生的变化，抓住一些新的发展机会，并对可能发生的不利情况及时地采取应变措施，减少企业的损失。

1. 市场调研的分类

企业开展市场调研的目的、获取资料的渠道和手段是多种多样的。因此，按照不同的标准可以将市场调研分成不同的类型。

（1）按市场调研的目的可以将市场调研分为探测性调研、描述性调研、因果性调研等。

探测性调研是指在企业对市场状况不甚明了，对问题的性质无法确定时所采用的一种方式。探索性调研的目的在于发现问题，明确性质，为正式调研开路。常用于调研方案设计的事前的初步研究。例如某公司的市场份额突然下降了，公司就可用探索性调研来查找原因。

描述性调研是一种常见的项目调研，是指对所面对的情形缺乏完整的知识时采用的调研方法。大多数的市场营销调研都属于描述性调研，如市场潜力、消费结构、竞争企业的状况的描述等。

因果性调研是指为了查明项目不同要素之间的关系，以及导致产生一定现象的原因所进行的调研。通过这种形式的调研，可以清楚变量之间的因果关系，以及项目决策变动与反应的灵敏性，具有一定程度的动态性。

（2）按调研的连续性，可将市场调研分为一次性调研、定期性调研和连续性调研。

一次性调研是指企业为了研究某一特定问题而进行的单次市场调研，下一次的调研时间间隔很长，通常在一年以上且时间不固定。

定期性调研是指企业对市场情况或业务经营情况，每隔一段固定的时间所进行的周期性的调研。例如某公司每季度对竞争对手的市场份额的监控。

连续性调研是指在选定调研的课题和内容之后，企业长时间、不间断地对一个（或多个）固定的样本进行定期的、反复的调研，以搜集具有时序化的信息资料。

(3) 按调研对象可以将市场调研分为消费者市场调研和生产者市场调研。

消费者市场调研是对消费者的消费行为进行的调研，是针对消费者的使用习惯和态度的调研，其目的主要是了解消费者需求数量、结构及变化。消费者调研广泛应用于快速消费品和耐用消费品等行业。

生产者市场调研是指对为了满足加工制造等生产性需要而形成的市场（也称为生产资料市场）的调研。

阅读资料 5－1

市场调研的特征

与企业生产经营的其他活动相比，市场调研的特征主要有：

系统性。影响市场调研的因素不是单一的，而是诸多因素关联构成的一个整体，是一个系统，必须要协调好各因素之间的关系，以得到真实有效的市场调研结果。同时，市场调研工作是一个系统性工作，包括编制调研计划、设计调研、抽取样本、访问、收集资料、整理资料、分析资料和撰写分析报告等一系列工作。

目的性。市场调研的目标是为企业制定战略发展规划，为决策层提供信息支持，是一项目的非常明确的工作。因此，每个市场调研活动开展之前，都要事先定好调研的范围和所要达到的目标。

全程性。市场竞争日益激烈的今天，竞争不仅表现在价格上，更涉及如开发新产品、提高产品质量与服务水平、完善销售渠道、改善促销方式等企业经营的各个环节。因此，在企业生产经营的过程中，市场调研应贯穿其中，包括事前、事中和事后的市场调研研究。

方法的多样性。市场调研获取一手资料的方法有很多，有文案调研法、实地调研法、网络调研法和抽样调研法等，每种方法都有其各自的特征，企业可以根据其获取资料的类型、目的及特征来进行选择。

科学性。在市场调研中，调研者运用科学的方法及技术手段，通过对调研资料的科学分析得出结论，通过大量观察消除偶然性，揭示研究现象的必然性。

结果的变化性。市场在变化，市场上的消费者也在变化，在不同的时间、不同的地点对被调研者的调研结果可能会出现很大的变化。

---

2. 市场调研的内容

(1) 市场基本环境调研。市场基本环境包括市场宏观环境和市场微观环境。宏观环境调研主要包括企业政治环境调研、经济环境调研、文化环境调研、气候地理环境调研、科技环境调研等。微观环境的调研主要包括市场、营销渠道、相关企业、竞争者等的调研。

(2) 市场需求调研。市场需求调研包括消费需求数量调研、消费需求结构调研等。

(3) 消费者行为调研。消费者行为是市场调研中较难把握的因素。它受多方面因素影响，如消费者心理、性格、宗教信仰、文化程度、消费习惯、个人偏好和周围环境等。这些因素都可以在一定程度上促成消费者的购买行为。消费行为调研就是要了解这些主客观因素及发展变化对消费者购买行为的影响。消费者行为调研主要包括消费者心理需要和消费者购买行为调研。

（4）产品调研。产品是营销活动的核心，产品调研是企业营销调研不可或缺的部分。产品调研主要包括产品及包装调研、产品生命周期调研及产品价格调研等内容。

（5）市场营销活动调研。市场营销活动调研要围绕营销组合展开。其内容主要包括：竞争对手状况调研、销售渠道调研、广告调研等内容。

3. 市场调研的程序

市场调研由一系列的活动组成，需要遵循一定的先后次序。概括起来，市场调研活动可分为4个阶段，见图5-1。

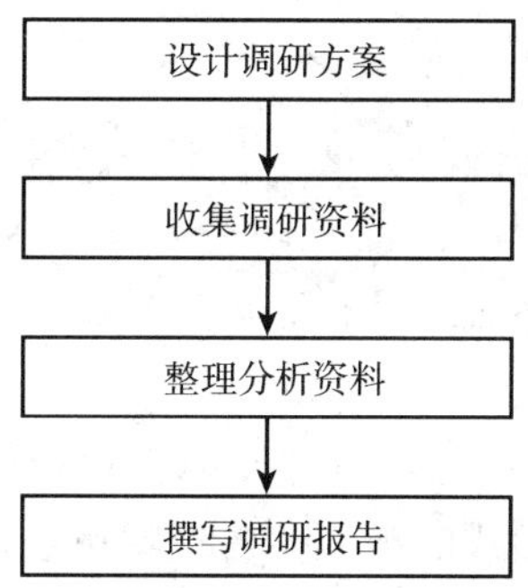

图5-1 市场调研的程序

（1）设计调研方案阶段。调研方案是指导调研活动的大纲，是以书面形式表达的对调研计划和程序的说明，是对调研过程和调研方法的详细规定。此一阶段的工作主要包括确定调研目的和内容、确定调研对象和调研单位、安排调研时间以及估算调研费用等。

（2）收集调研资料阶段。该阶段的主要任务是收集与本次调研主题相关的各种资料。包括通过文案调研法收集他人收集、记录、整理的已经存在的各种数据和资料，如普查资料、注册资料、报刊资料、商业资料等；也包括由调研人员通过现场实地调研，直接从有关调研对象处收集的一手资料。

（3）整理分析资料阶段。整理分析资料阶段包括资料整理和资料分析两个部分。资料整理是对资料的分类统计，根据市场研究任务的要求，按某种标志将所研究现象的总体划分为若干组成部分，从而反映出被研究现象的本质特征。接下来是对整理的资料进行汇总分析，这一阶段需要调研人员具有耐心细致的工作态度，善于归纳总结，去粗取精，去伪存真，还需要借助先进的统计分析工具，最终达到市场调研的目的。

（4）撰写调研报告阶段。撰写调研报告要了解调研委托人希望的报告形式、报告的阅读者、希望获得的信息以及结论等。调研报告要清晰明了、图文并茂。

市场调研报告通常在结构上包括标题、导言、主体和结论几个部分。

标题即市场调研的题目。标题必须简单明了、高度概括、题文相符，能准确揭示调研报告的主题。

导言即市场调研报告的开头部分，一般说明市场调研的目的和意义，介绍市场调研工作的基本情况，包括市场调研的时间、地点、内容和对象，以及采用的调研方式方法。

主体部分是市场调研报告的主要内容，是表现调研报告主题的重要部分。这一部分的写作直接决定调研报告质量的高低和作用的大小。主体部分要客观、全面阐述市场调研所获得的材料、数据，用它们来说明有关问题，得出有关结论；对有些问题、现象要进行深入分析、评论。

结论部分是对市场调研所做的一个小结，要形成市场调研的基本结论。有的调研报告还要提出对策措施，供有关决策者参考。

5.1.2 市场调研的方法

市场调研需要收集的资料不同，选用的调研方法也就不同。收集二手资料通常采用的方法是文案调研法，收集一手资料可以采用的方法比较多，包括访问调研法、观察调研法、实验调研法等。

1. 文案调研法

文案调研又称间接调研法，指调研人员在案头对已有信息资料进行搜集和研究的调研活动，主要用于搜集与市场调研内容相关的二手资料。它与访问调研法、观察调研法等搜集原始资料的方法是相互依存、相互补充的。

2. 访问调研法

访问调研法简称访问法，是指调研者以访谈询问的形式，或通过电话、邮寄、留置问卷、小组座谈、个别访问等询问形式向被调研者搜集市场调研资料的一种方法。访问法是市场调研资料搜集最基本、最常用的调研方法，主要用于原始资料的搜集。

1）电话访问法

电话访问法是调研者通过电话向被调研者进行访问，以搜集市场调研资料的一种方法。电话访问分为传统电话访问和计算机辅助电话访问两种形式。传统电话访问就是选取一个被调研者，然后拨通电话，询问一系列的问题，调研员有一份问卷和一张答案纸，在访问过程中用笔随时记下答案。电话访问搜集市场调研资料速度快，覆盖面广，费用低，可节省大量调研时间和调研经费；也可以免去被调研者的心理压力，易被人接受。但是，电话访问由于不能见到被调研者，无法观察到被调研者的表情和反应，也无法出示调研说明、图片等背景资料，只能凭听觉得到口头资料。因此，电话访问不能使问题深入，且对于回答问题的真实性很难作出准确的判断。电话调研主要应用于民意测验和一些较为简单的市场调研项目。要求询问的项目要少，尽量采用二项选择法提问，时间要短。

2）面谈访问法

面谈访问法是指调研者与被调研者面对面地进行交谈，以收集调研资料的方法。面谈访问包括入户访问、留置问卷访问、拦截式访问等类型。

入户访问指调研员到被调研者的家中或工作单位进行访问，直接与被调研者接触，然后利用访问式问卷逐个问题进行询问，并记录下对方的回答；或者将自填式问卷交给被调研者，讲明方法后，等待对方填写完毕或稍后再回来收取问卷的调研方式。

留置问卷访问是调研者将调研问卷当面交给被调研者，说明调研目的和要求，由被调研者自行填写回答，按约定的时间收回问卷的一种方法。留置问卷访问问卷回收率高，被调研者的意见可不受调研人员的影响；问卷留给被调研者填答，被调研者可仔细思考，认真作答，避免由于时间仓促或误解产生误差。留置问卷访问的调研区域范围受到一定限制，且时间长，费用相对较高。

拦截式访问是指在某个场所拦截在场的一些人进行面访调研。这种方法常用于商业性的消费者意向调研。拦截式访问的访问地点比较集中，时间短，可节省访问费和交通费；也可以避免入户访问的一些困难，便于对访问员进行监控；受访者有充分的时间来考虑问题，能得到比较准确的答案。拦截式访问不适合内容较复杂问题的调研，调研对象的身份难以识别，拒访率也比较高。

3）邮寄访问法

邮寄访问法是指调研者将印制好的调研问卷，寄给选定的被调研者，由被调研者按要求填写后，按约定的时间寄回的一种调研方法。有时，也可在报纸上或杂志上利用广告版面将调研问卷登出，让读者填好后寄回。

邮寄访问的调研范围较广，问卷可以有一定的深度；调研费用较低；被调研者有充分的时间作答，还可查阅有关资料，因而取得的资料可靠程度较高；被调研者不受调研者态度、情绪等因素的影响；无需对调研员进行选拔、培训和管理。但是，邮寄访问的问卷回收率低；调研周期长；问卷回答可靠性较差。

4）小组座谈法

小组座谈法又称焦点小组访谈法，就是挑选一组具有代表性的被调研者，利用小组座谈会的形式，由主持人就某个专题引导到会人员进行讨论，获得对某问题的深入了解的一种调研方法。小组座谈一般预先筛选被调研者，选择8～12个具有代表性的人员参会，调研方为被调研者营造一种非正式的、轻松的氛围，开展时间长度为1～3小时的讨论，在讨论过程中，征得被调研者的同意使用录音带和录像带对会议过程进行记录。小组座谈法的效果主要取决于主持者的能力和水平，因此对主持人的要求较高。

与其他的市场调研方法相比，小组座谈法具有资料收集快，取得的资料较为广泛和深入、协同增效、专门化、科学监视、形式灵活、速度快等优点。但是，小组座谈法也具有主持难度比较大、获得的意见性资料比较杂乱、意见的代表性较差等缺点。

5）深层访谈法

深层访问法也称个别访问法，是一种无结构的、直接的、个人的访问。即调研者按照拟定的调研提纲，对被调研者进行个别询问，来获得相关信息的市场调研方法。

由于深层访谈需要调研员与被调研者一对一的沟通，因此调研员的能力决定了深层访谈的效果。作为深层访谈的调研员应当平和谦逊，避免表现自己的优越感，要能让被调研者心情放松。调研员应超脱于调研之外，尽量客观公正，并以提供信息的方式问话，让被调研者表达内心对问题的真实看法。

3. 观察调研法

观察调研法简称观察法，是指调研者到现场利用自己的视觉、听觉或借助摄录像器材，直接或间接观察和记录正在发生的市场行为或状况，以获取有关信息的一种市场调研方法。利用观察法进行调研，调研员无需向被调研者提问，而是凭自己的直观感觉，从侧面观察、旁听、记录现场发生的事实，以获取所需要的信息。

1）直接观察法

直接观察法是调研者直接深入到调研现场，对正在发生的市场行为和状况进行观察和记录。其主要观察方式有参与性观察、非参与性观察和跟踪观察几种。

参与性观察是指观察者长期生活在被观察的群体当中，甚至“隐瞒”或改变自己的身份，成为群体中的一员，完全进入角色并被当成“自己人”。

非参与性观察，是指调研者以局外人的身份深入调研现场，从侧面观察、记录所发生的市场行为或状况，以获取所需的信息。

跟踪观察是指调研员对被调研者进行跟踪性的观察。跟踪观察获取的信息往往具有连续性和可靠性。如服装设计师为寻找新式服装设计的创意，可在大街上跟踪特定的消费者进行观察。

2）间接观察法

间接观察法是指调研者采用各种间接观察的手段，如痕迹观察、仪器观察等进行观察，以获取市场调研需要的信息。

观察法一般客观可靠、简便易行、容易发现新情况和新问题，无需语言交流，还可克服语言交流带来的干扰。但是观察法通常耗费时间长，费用高，且只能观察表象资料，不能了解内在原因，因而，观察的深度往往不够。

为了使观察结果具有代表性，应选择那些有代表性的典型对象，在最适当的时间内进行观察。在进行现场观察时，最好不要让被调研者有所察觉，以保证被调研者处于自然状态下。在实际观察和解释观察结果时，必须实事求是、客观公正，不得带有主观偏见，更不能歪曲事实真相。

4. 实验调研法

实验调研法是指在既定条件下，通过实验对比，对市场现象中某些变量之间的因果关系及其发展变化过程加以观察分析的一种调研方法。即从影响调研问题的许多可变因素中，选出一个或两个因素，将它们置于同一条件下进行小规模实验，然后对实验观察的数据进行处理和分析，确定研究结果是否值得大规模推广。

实验调研法的调研结果具有较强的客观性和实用性，在调研中调研者可以主动地对实验进行控制，因而能较为准确地反映出各市场因素之间的因果关系；实验调研还可以探索在特定的环境中不明确的市场关系或行动方案，结果具有较强的说服力，可以帮助决定行动的取舍。实验调研法耗费时间长、费用高，只能识别实验变量与有关因素之间的关系，很难解释众多因素的影响，且不能分析过去或未来的情况。

在市场研究中，实验调研法主要应用于产品测试、包装测试、价格测试、广告测试、销售测试等方面。

阅读资料 5－2

实验调研法示例

某洗衣粉公司拟测试免费样品对销售量的影响，特进行了一次免费赠送样品实验。实验随机选定 2 000 户家庭作为实验组，每户赠送 3 袋小包装洗衣粉（样品），同时发给一张可在指定商场购买大袋洗衣粉的红色折价券；另 2 000 户为控制组，不赠送免费样品，每户发给一张绿色折价券，两种折价券的折扣程度相同。1 个月后统计，共收到红色折价券 895 张，绿色折价券 663 张，表明实验组的购买量比控制组多出 232 袋。由此可以得出实验结论：免费样品可增加销售量。

5. 网络调研法

网络调研法又称网上调研法，是指企业利用互联网搜集和掌握市场信息的一种调研方法。网络调研法与传统调研法相比，能够为客户提供领域更广、周期更短、成本更低、精度更高、效能更佳、应用更灵活的市场调研服务。

网络调研法主要有网上问卷调研法、网上讨论法和网上观察法等。

5.1.3 市场调研的方式

1. 全面市场调研

全面市场调研又称市场普查，它是指调研者为了搜集一定时空范围的调研对象的较为全面、准确、系统的调研资料，对调研对象总体的全部个体单位所进行的逐一的、无遗漏的全面调研，是为了特定的调研目的而专门组织的一次性全面调研。

全面市场调研一般采用普查员直接登记或调研者自填的方式来搜集资料。在组织全面市场调研时，应做到四个统一来保证全面调研活动的顺利开展：统一规定调研项目，统一规定调研的标准时点，统一制定各种标准，统一调研的步骤和方法。

全面市场调研虽然能够全面了解总体的特征，调研资料的准确性和标准化程度也较高，但由于其涉及面广、工作量大、费用高，故应用范围较窄。主要应用于企业内部有关人力、物力、财力资源和产供销情况的调研；企业员工满意度、忠诚度测评；内部人事制度、分配制度等改革的测评；供应商的调研；经销商、代理商的调研等。

2. 典型市场调研

典型市场调研是指调研者为了特定的调研目的，利用总体的有关先决信息，从调研对象（总体）中有意识地选择一部分有代表性的单位组成样本而进行的专门调研。其目的是通过典型单位来认识总体的规律性及其本质。

与其他市场调研方式相比，典型市场调研能够获得比较真实、广泛和丰富的材料，也便于将调查和研究结合起来以揭示事物的内在规律性，并有利于节约调研的人力、物力和财力。但是，由于样本的选择存在着主观判断，难以完全避免主观随意性，故无法用科学的手段对样本总体作出准确的测定，缺乏持续性。

3. 重点市场调研

重点市场调研是指调研者为了特定的调研目的从调研对象（总体）中选择一部分重点单位组成样本而进行的一种非全面调研。重点调研较适合于调研对象集中、调研内容集中的情况。通过某类农产品重点产区的产、销调研，可以测算该农产品资源，分析其供求变化。例如某调研者需要了解今年全国棉花收购进展，只要调研湖北、江苏、河北、山东、新疆等主要产棉区的棉花收购状况即可；通过调研某大宗产品主要批发市场价格走势，可研究该商品的市场行情；可以通过原材料、能源重点企业的产、销调研研究原材料能源的供应潜力。在制造行业中，通过对重点工业企业的产销存的调研，研究主要工业产品的产销情况；在零售业中，可以通过对重点零售企业的购销存调研，研究零售市场的发展趋势等。

4. 抽样调研

抽样调研是按照一定的方式，从调研总体中抽取部分样本进行调研，并根据调研结果推断总体的一种非全面调研。

总体是指所要研究对象的全部单位。例如，要研究天津市居民户的收入水平，那么天津市所有的居民户就是此次调研的总体。样本是指从总体中抽取出来进行调研的一部分单位。总体是所要研究的对象，样本是所要观察的对象。样本的大小，即样本单位数，称为样本容量，用 n 表示。抽样框是指编制抽样单位的目录。要从 20 000 名学生中抽出 500 名组成一个样本，则 20 000 名学生的名册，就是抽样框。抽样框的范围应与被调研总体的范围一致。抽样框的类型很多，通常有名单抽样框、区域抽样框和时间标抽样框等。

抽样调研是市场调研中最常采用的方法。抽样调研的主要特点是：调研对象只是作为样本的一部分单位，而不是全部单位，也不是个别或少数单位；调研样本一般按照随机原则抽取，而不由调研者主观确定；调研目的不是说明样本本身，而是从数量上推断总体、说明总体；随机抽样的误差是可以计算的，误差范围是可以控制的。

抽样调研包括随机抽样和非随机抽样。

1）随机抽样

随机抽样包括简单随机抽样、等距随机抽样、分层随机抽样和分群随机抽样等。

（1）简单随机抽样。简单随机抽样也称为单纯随机抽样，是不对总体进行任何分类和排队，采取纯粹偶然的方式从总体中抽取调研单位，进行调研的一种调研方法。

简单随机抽样一般可采用掷硬币、掷骰子、抽签、查随机数表等办法抽取样本，但是在实际的市场调研中，如果总体单位比较多，掷硬币、掷骰子、抽签的方法使用起来很不方便，因此较少采用，主要运用查随机数表的方法。

按照样本抽选时每个单位是否允许被重复抽中，简单随机抽样可分为重复抽样和不重复抽样两种。在抽样调研中，简单随机抽样一般是指不重复抽样。简单随机抽样简单、直观、容易理解、易于操作，是其他抽样方法的基础。但在实际中如果总体相当大，那么简单随机抽样使用起来就很困难。首先，它要求有一个包含总体全部个体的完整的抽样框，这样的抽样框制作起来非常困难。其次，用这种抽样得到的样本单位也较为分散，调研活动实施困难，调研时比较浪费人、财、物力。因此，在实际调研活动中直接采用简单随机抽样的并不多，主要适用于总体单位数量不多、总体各单位之间差异较小的情况。

（2）等距随机抽样。等距随机抽样是先将总体各单位按一定标志顺序排列并编号，然后用总体单位数除以样本单位数，求得抽样间隔，并在第一个抽样间隔内随机抽取一个单位作为第一个样本单位，最后按抽样间隔进行等距抽样，直到抽取最后一个样本单位为止。即先将总体从 $1 \sim N$ 相继编号，并计算抽样距离 $K = N/n$。式中 N 为总体单位数，n 为样本容量。然后在 $1 \sim K$ 中抽一随机数 k_1，作为样本的第一个单位，接着取 $k_1 + K$，$k_1 + 2K$，…，直至抽够 n 个单位为止。

（3）分层随机抽样。分层随机抽样是先将总体各单位按照总体已有的基本特征分成层，然后根据各层单位数与总体单位数的比例，确定从各层中抽取样本单位的数量，最后，按照随机原则从各层中抽取样本。

如要了解某市 1 000 个外资企业的生产经营情况，首先按照外资企业的所属产业分层，可分为第一产业、第二产业和第三产业 3 层。其中，第一产业 100 个，占 10%；第二产业 400 个，占 40%；第三产业 500 个，占 50%。若确定抽取 100 个作为样本进行调研，则每层应抽取的样本数量为：

第一产业抽取样本数＝100×100÷1 000＝10

第二产业抽取样本数＝100×400÷1 000＝40

第三产业抽取样本数＝100×500÷1 000＝50

分层随机抽样比简单随机抽样更精确，适用于总体单位数量较多、单位之间差异较大的调研对象。当总体的不同部分（层）之间有明显差异时，通过分层可以大大提高抽样的效率。但是分层随机抽样方法要求调研者必须对总体各单位的情况有较多的了解，否则无法科学分类，致使抽样难度加大。

（4）分群随机抽样。分群随机抽样是指先将总体按某一标志划分为若干个群，然后以群为单位进行随机抽取，再对群内的各单位进行全面调研的一种调研方法。已经装箱的小件商品，单位时间内生产的小件商品，住户调研的居委会或行政村，都可分别视作总体中的群体。例如对城市居民储蓄存款进行调研时，可将城市划分为 10 个区，随机抽取 1 个区作为调研单位，这个区的居民可视作 1 个群体。

与其他的调研方法相比，分群随机抽样的最大的好处是确定一个群便可以调研许多单位，样本单位比较集中，调研活动开展比较方便，省时省力。但也正是由于抽样单位比较集中，限制了样本单位在总体中分配的均匀性，所以有时代表性较低，抽样误差较大。

分群随机抽样适用于调研总体单位分布较分散，并且无法确定分层标准的大总体。分群随机抽样中的每一个群体内有差异性，而群体之间情况基本相同。分群随机抽样对总体推断的准确性较差，因而往往与其他方法结合使用。

（5）多阶段抽样。二阶段和二阶段以上的抽样都叫做多阶段抽样。

二阶段抽样又称二级随机抽样，是指调研活动在抽取样本时分两个阶段来进行。第一阶段是从总体中用随机抽样的方法抽取若干个群体；第二阶段从第一阶段抽取的单位中又随机抽取若干个样本单位，称为基本单位。最后，根据所抽取的基本单位组成的样本进行调研，用取得的样本资料来推断总体。

如果在二阶段抽样之后，又继续在被抽中的二阶单位中进行第三次、第四次随机抽样，就形成了三阶段抽样、四阶段抽样。在小麦产量调研中，第一阶段由省抽县，第二阶段由中选的县抽乡，第三阶段由中选的乡抽村，然后对抽出的村的小麦产量进行调研，就是多阶段抽样。

多阶段抽样有利于大规模、大范围的抽样调研的组织与实施，能在一定程度上满足各级管理部门对调研资料的需求，有利于减小抽样误差，提高抽样估计的精确度。

2）非随机抽样

非随机抽样是指抽样时不是遵循随机抽样的原则，而是按照调研人员的主观判断或其他条件来抽取样本的一种抽样方法。

（1）任意非随机抽样。任意非随机抽样是根据调研者的方便程度任意抽取样本的方法。

任意非随机抽样简便易行，能及时获取信息，费用低。但调研者对调研对象缺乏了解，样本的偏差大、代表性差，调研结果不一定可靠。这种方式比较多用于探测性调研或某些对时效性要求较高的调研。

（2）判断非随机抽样。判断非随机抽样，又称主观抽样、立意抽样，是指调研人员从总体中选择那些被判断为最能代表总体的单位作样本的抽样方法。当研究者对自己的研究领域十分熟悉，对研究总体比较了解时采用这种抽样方法，可获得代表性较高的样本。判断非随机抽样的一般做法有两种：一种是由专家判断决定样本单位；另一种是根据所掌握的统计资料，按照一定的标准来选定样本。

判断非随机抽样具有简便、快速的优点，若要求较快地获取市场信息，可采用这种方式。判断非随机抽样方式要求调研者必须对总体的有关特征相当了解，一般适合对规模不大的总体的调研。

(3) 配额非随机抽样。配额非随机抽样，又称定额抽样，是指按市场调研对象总体单位的某种特征，将调研总体分为若干类，再按一定比例在各类中分配并任意抽取样本的抽样方法。消费者市场调研过程中消费者的收入、职业、文化程度等都可以作为分类的特征。但配额非随机抽样与分层抽样又有区别；分层抽样是按随机原则在层内抽选样本，而配额抽样则是由调研人员在配额内主观判断选定样本。

(4) 滚雪球非随机样。滚雪球非随机抽样是调研者先通过少数可以由自己确定的样本单位进行调研，再通过这些样本单位各自去发展其他同类单位，如此进行下去，像滚雪球一样越滚越大，直到发展到所需要的样本单位数为止。这种方法用于低发生率或少见的总体中的抽样，因为要找到这些少见的个体，代价是很大的，使得调研人员基于费用的原因不得不使用类似滚雪球这样的抽样技巧。

抽样调研与其他的调研方式相比，调研方式更科学，调研费用更节省，信息获取更及时，调研结果也更准确。但是如果抽样技术方案设计不完善，往往会导致抽样调研的失败，所以对抽样方案的设计要求比较高，一般人员难以胜任。

5.1.4 市场调研问卷的设计

调研问卷，又称调查表，是调研者根据调研目的设计的用于收集来自于被调查者信息的工具，即为了达到调研目的和收集必要数据而设计的一系列问题组成的表格。运用调研问卷开展市场调研活动的关键在于问卷设计，问卷设计的好坏将直接决定能否获得准确可靠的市场信息。

1. 调研问卷的结构

调研问卷作为问卷调研的一种测量工具，需要具备统一性、稳定性和实用性的特点。在长期的调研实践中，人们逐渐总结出一套较为固定的问卷结构。调研问卷一般包括以下几个部分：问卷的抬头部分、问卷的介绍、过滤部分、问卷的主体部分、背景资料部分及结尾部分。

(1) 问卷的抬头部分。这部分主要包括问卷名称、问卷编号等信息。问卷的名称是调研内容的概括，应简单扼要，通过问卷的名称被调查者能一目了然的知道问卷地内容。最好一类调研内容设计一份表格，避免内容过于庞杂，引发被调查者的排斥心理。

(2) 问卷的介绍。这部分要解释调研的目的、意义，让被调查者相信调研者的研究对他是无害的，并保证调研得到的信息仅供研究使用不会泄露出去，以取得被调查者的信任和合作。这部分的内容主要包括调研者的身份、调研目的、意义、主要调研内容及信息保密的保证等。自填式问卷的介绍通常要比访谈式问卷的介绍更复杂些，还需要把填表的要求、方法、寄回的时间等内容写进其中。

(3) 过滤的部分。这部分的主要功能是对被调查者进行甄别，如调研中要求被调查者为30～45岁、月收入在5 000元以上的女性，可以通过过滤部分把不符合要求的调研对象过滤掉。

(4) 问卷主体部分。这部分是调研问卷最主要的部分，包括调研者需要了解的所有内容。

（5）背景资料部分。一般包括受访者的性别、年龄、婚姻状况、家庭人数、家庭/个人收入、职业、教育程度等信息，以测量被调查者的基本情况。通常是各种问卷必不可少的一部分。设计背景资料部分的目的主要是：第一，保证问卷主体部分填写完整、正确，便于核查、填补和更正；第二，可以对研究对象的分布进行简单的描述。

（6）结尾部分。这部分一般包括调研员签名、调研日期、实际调研花费的时间。主要用于明确调研者责任，针对调研表开展逻辑检查、错误校正、缺项补充，以便事后的进一步随访等。

2. 调研问卷的问题设计

按是否提供备选答案，调查问卷的问题可分为开放式问题、封闭式问题及混合式问题。

1）开放式问题

调查问卷中的开放式问题只提问题，不设相关的备选答案，要求被调查者根据自己的经历、想法等自由回答，被调查者有自由发挥的空间。

（1）自由回答法，是指设计问题时不设计供被调查者选择的答案，而是由被调查者任意回答的方法。

（2）词语联想法，是指将按照调研目的，选择一组字词展示给被调查者，每展示一个词语，就要求其立刻回答看到该词语后想到什么，由此推断其内心想法。

（3）回忆法，是指用于调研被调查者对品牌、企业名称、广告等印象强烈程度的一种问题设计方法，多用于调研被调查者“记忆的强度”。

（4）语句完成法，是指将问题设计成不完整的句子，请被调查者补充完整的方法。

（5）故事构建法，是指由调查者向被调查者提供只有开头或只有结尾的不完整的文章，请被调查者按照自己的意愿将其补充完整，借以分析被调查者的内心想法。

2）封闭式问题

调研问卷中的封闭式问题既提问题，又给出若干备选答案，被调查者只需在备选答案中作出选择即可。

（1）两项选择法，是指提出的问题仅有性质相反的两种答案可供选择。

如您是否打算在近三年内购买家用轿车？□是 □否

（2）多项选择法，是指提出的问题有两个以上的答案，被调研者可选择其中一项或多项作为回答。

如您喜欢下列哪些品牌的洗发水？

□沙宣 □力士 □飘柔 □海飞丝 □潘婷 □伊卡璐 □百年润发 □其他

（3）顺位法，是指有若干项目，由被访者按重要性决定其先后顺序。

如下面列出的5类广告：①电视广告 ②报纸广告 ③广播广告 ④路牌广告 ⑤杂志广告。请按您信任的程度，由大到小排序。

（4）两两比较法，是指把调研对象配对，让被调查者一一比较选择答案。

如请比较下列每对品牌的洗发水，您更喜欢使用哪一个品牌？（每一对中只选一个划√）

海飞丝□ 潘婷□　　潘婷□ 飘柔□

飘柔□ 海飞丝□　　伊卡璐□ 力士□

力士 □ 海飞丝□ 伊卡璐□ 海飞丝□

力士 □ 飘柔 □

3）混合型问题

混合型问题，又称半封闭型问题，是在采用封闭型问题的同时，最后再附上一项开放式问题。

如您常使用下列哪种品牌的洗发水？

□沙宣 □力士 □飘柔 □海飞丝

□潘婷 □伊卡璐 □百年润发 □其他

3. 调研问卷中量表的使用

量表是由一组相互联系的测量指标及其经过量化的若干可供选择的答案所构成的，用来测定研究对象主观意识的表格。量表是调查表的一种，它的最大特点是测量指标或问题答案经过了量化处理，以便进行数学运算和统计分析，使调查结果精确化。量表主要用于测量人们的主观认识，故以态度量表为最常见。

1）量表的类型

依据不同的标准可以把量表划分为不同的种类。根据量表的量化层次，可分为定类量表、定序量表、定距量表和定比量表4种类型；根据量表的测量内容是单方面的还是多方面的，可分为一维量表和多维量表；根据量表的测量内容是事实情况还是主观态度，可分为事实量表和态度量表；根据量表中测量指标的肯定答案数目与否定答案数目是否相等，可分为平衡量表和非平衡量表。这里主要介绍定类量表、定序量表、定距量表和定比量表几种类型。

(1) 定类量表。如果所提的问题的答案只表示类别，不表示任何数量的顺序或大小，那么对应的变量就叫做定类变量，测量的量表就叫做定类量表。

如：请问您知道×××牌洗衣粉吗？①知道 ②不知道

例中每类答案的代表数值（①，②）只作分类之用，不能作数值计算。

(2) 定序量表。如果所提的问题的答案可以表示重要性或程度轻重等先后顺序，那么对应的变量就叫做定序变量，测量的量表就叫做定序量表。

如：请在下列数字后依次给出您最喜欢的洗发水品牌、第二喜欢的品牌、第三喜欢的品牌①__________②__________③__________

(3) 定距量表。如果所提问题的答案可以表示绝对数值的大小，那么对应的变量就叫做定距变量，测量的量表就叫做定距量表。

如：请您用10分制对××公司的满意度打分，1分表示很不满意，10分表示很满意

很不满意 1 2 3 4 5 6 7 8 9 10 很满意

(4) 定比量表。如果所提问题的答案可以表示绝对数值的大小，而且零点也是有意义的，那么对应的变量就叫做定比变量，测量的量表就叫做定比量表。所有的统计方法，都适用于定比量表。

2）常用的市场调查量表

(1) 李克特量表。李克特量表是市场调研问卷设计中运用十分广泛的一种量表。此种量表要求受访者表明对某一表述赞成或否定的态度，但是被调查者对这些问题的态度并不是简单的同意或不同意两类，而是将被调查者的态度划分为若干等级，范围从非常赞成到非常不

赞成，中间为中间等级，通过回答选项的等级的增多，人们在态度上的差别就能充分体现出来。表5－1是超市顾客惠顾的李克特量表。

表5－1　超市顾客惠顾的李克特量表

问题描述	非常同意	有些同意	无所谓	有些不同意	完全不同意
1. 超市的整体品牌形象越好，越会选择光顾					
2. 超市产品的质量很重要					
3. 我更倾向于服务态度好的超市					
4. 广告和折扣经常会影响我去哪家超市					
5. 我一般逛离住所近的超市					
6. 周年庆节假日的时候逛超市的频率更高					
7. 我更乐意去环境好的超市购物					
8. 超市的卫生设施很大程度上影响我的购物意愿					
9. 我一般去人流量大的超市					
10. 我会去安保系统好的超市购物					
11. 超市周边交通越便捷，逛该超市的频率越高					
12. 我更愿意去停车便捷的超市					
13. 产品的价格很大程度上影响我的惠顾意愿					
14. 超市的产品要多样性，范围广					
15. 超市产品要新颖，更新快					

（2）语义差别量表。语义差别量表是一种定距量表，用于测量某种事物、概念或实体在人们心目中的形象。语义差别量表主要应用于市场调研中调研者对品牌形象及企业形象的研究。表5－2是网站评价的语义差别量表。

表5－2　网站评价的语义差别量表

好	1	2	3	4	5	6	7	坏
客观	1	2	3	4	5	6	7	主观
公正	1	2	3	4	5	6	7	偏袒
诚实	1	2	3	4	5	6	7	欺骗
及时	1	2	3	4	5	6	7	过时
有价值	1	2	3	4	5	6	7	无价值
可信任	1	2	3	4	5	6	7	不信任

4. 问卷设计应注意的问题

问卷中的问题提问合理、排列科学可以提高问卷回收率和信息的质量。在问卷设计中需要注意的地方很多，这里介绍一些最常见的问题。

（1）问卷的问题排列应先易后难、先简后繁，把被调研者熟悉的、愿意回答的、容易回答的问题放在前面。问卷的招呼语要亲切、真诚，最开始的几个问题要比较容易回答，不要使对方难于启齿，给接下来的调研造成困难。

（2）文字表达准确，语句意思明确清楚。不应使填卷人有模糊认识，如调研商品消费情况，使用“您经常逛商场吗?”语义就不够准确，因为对“经常”的含义，不同的人有不同的理解，很难获取准确的信息。如改为具体的问题“您平均多长时间逛一次商场?”，这样的表达就很准确，不会产生歧义。

(3) 问题应避免诱导被调查者。如“绝大多数的消费者都认为××牌的电视机质优价廉，您是否会购买?”这样的问题就会对被调查者产生影响，诱导其选择肯定的答案，不能反映被调查者对商品的真实态度，产生的结论也缺乏客观性，结果可信度低。

(4) 问句及答案设计要注意艺术性，尽量选择被调查者容易接受的语句，避免对被调查者产生刺激而不能很好地合作。

如 A：您至今未买汽车的原因是什么? ①买不起②没有用③不会开④其他

B：您至今未购买汽车的主要原因是什么? ①价格高②用途较少③尚未考取驾驶证④其他

显然 B 组问句更有艺术性，比较容易使被调查者愉快地合作；而 A 组问句较易引起填卷人反感、不愿合作。

(5) 问卷应尽量避免被调查者不易回答的问题。其一，涉及被调查者的心理、习惯和个人生活隐私而不愿回答的问题，如有这类问题需变通问题及答案的形式。如调查个人收入，如果直接询问，不易得到准确结果，而划分出不同的档次区间供其选择，效果就比较好。其二，时间久、回忆不起来或回忆不准确的问题。

(6) 一个问题只能有一个内容。一个问题若涉及若干内容，则会使被调研者难以作答，问卷统计也会很困难。例如，“你为何不上晚自习而到网吧玩游戏?”这个问题包含了“你为何不上晚自习?”、“你为何到网吧玩游戏?”等多层意思，被调查者很难回答。

(7) 尽量避免使用专业术语或被调查者很难明确的措辞。如某保险公司调研顾客对本公司业务的印象，询问“请问您对本公司的理赔时效是否满意?”“请问您对本公司的展业方式是否满意?”许多被调研者不明白什么是“理赔时效”和“展业方式”，即便给出答案也没有意义。再如“请您估计一下，您平均一个月在音像制品上花多少元钱?”“音像制品”虽然是常用词语，但是如果不对音像制品范围进行划定，则被调查者对其所含物品种类的理解就会存在差异，有些人可能认为“音像制品”是磁带、录像带等。另外，这里的“花多少元钱”可以指购买，也可以指租借，不同人的理解显然也是不同的。

5.1.5 市场调研资料的整理

市场调研资料整理是指调研人员根据市场分析研究的需要，运用科学的方法对市场调研获得的一手资料进行审核、分组、汇总，或对二手资料进行再加工的过程。其目的在于使市场调研资料综合化、系列化、层次化，为揭示和描述调研现象的特征、问题和原因提供初步加工的信息，为进一步的分析研究准备数据。

1. 资料审查

1) 问卷有效性的确认

调研结束，问卷回收后，首先要对问卷的有效性进行确认，以下各类问卷通常被认定为无效问卷：

(1) 不完全的问卷，即有部分问题没有填写的问卷。

(2) 被调查者没有理解问卷的内容而答错，或是没有按照指导语的要求来回答的问卷。

例如跳答的问题没有按要求去做。

(3) 所有的答案都相似的问卷。例如在调研问卷中，对于所有的选择题被调研者都只选某个答案的情况，如都选 C。

(4) 缺损的问卷，即有数页丢失或无法辨认的问卷。

(5) 调研截止日期之后回收的问卷。一般的市场调研是具有时效性的，超过截止日期回收的问卷会影响调研结果的有效性。

(6) 不符合要求的被调研者填写的问卷。例如在一项化妆品调研中，调研对象是 20～30 岁的女性消费者，在这个范围之外的人所填写的问卷都应视为无效。

(7) 前后矛盾的问卷。例如问卷填写的年龄为 20 岁、职业为退休人员的问卷应为无效问卷。

无效问卷应从调研资料中剔除出来，以保证调研工作真实有效。

2) 资料审核

调研资料的审核必须着重资料的真实性、准确性、完整性。调研资料来源必须是客观、真实的，调研资料审核人员要能辨别出资料的真伪，把那些违背常理的、前后矛盾的资料剔除。对资料准确性的审核要着重检查那些含糊不清的以及互相矛盾的资料。要注重调研资料总体的完整性及每份调研资料的完整性，如对全国消费者的调研，调研资料来源为华东地区和华北地区，这样的调研资料在总体上缺乏完整性，应继续开展其他地区的调研补足缺乏的资料。

在审核中，如发现问题可以分不同的情况予以处理：对于那些在调研中已发现并经过认真核实后确认的错误，在无不良影响的条件下可由调查者代为更正；对于资料中可疑之处或有错误与出入的地方，应进行补充调研；无法进行补充调研的应剔除有错误的资料，以保证资料的真实客观。

2. 数据编码

数据编码就是给每个问题的每个可能答案分配一个代码，通常是一个数字，以方便对调研资料进行录入及分析。编码可以在设计问卷时进行，即事前编码；也可以在数据收集结束后进行，即事后编码。事前编码的问卷通常是将每个答案的对应值印在问卷上，事后编码指的是给某个没有事先编码的答案分配一个代码。半封闭式问题的“其他”项及开放式问题通常需要事后编码。

3. 资料整理的方法——统计分组

统计分组是指根据市场调研的目的，按照一定标志，将所研究的事物或现象区分为不同类型的一种整理资料的方法。通过统计分组可以找出总体内部各个部分之间的差异。

1) 分组标志的选择

分组标志指反映事物属性或特征的因素，在进行统计分组的时候应根据调查研究的目的和任务选择分组标志。例如，调研目的是了解某品牌化妆品的消费群体的购买行为，则可以按消费者性别、年龄、收入等标志对消费者进行分组。在分组时既可以选择一个标志对被调查者进行分组，也可以按照调研需要选择多个分组标志对消费者进行分组。

2) 次数分布

次数分布是指将总体中的所有单位按某个标志分组后，所形成的总体单位数在组之间的分布。分布在各组的总体单位数叫做次数或频数。各组次数与总次数之比叫做比重、比率或频率。次数分布实质上是反映统计总体中所有单位在各组的分布状态和分布特征的一个数列，也可以称作次数分配数列，简称分布数列。

如将某小学一年级的同学按照性别分组，看男生和女生各有多少及所占比重情况，见表 5-3。

表 5-3 某小学一年级同学按照性别分组情况

性别	人数/人	比重/%
男	25	32.1
女	53	67.9
合计	78	100.0

3）制表和绘图

运用图表可以使调研资料清晰明了，给人最直观的感觉。

在制表时，要注意选择表的结构、种类。一般调查资料表格的结构包括标题、横标目、纵标目、数字，既可以选择单一标志的简单分组表，也可以选择多个标志的复合分组表。在制作表格的过程中应遵循科学、实用、简练、美观的原则；标题应简明扼要，一目了然；如果表格栏数较多，应对每栏进行编号；表格中的数据应填写规范、整齐，注意标明单位，凡需说明的文字一律写入表注。

在绘图时，可以按照统计资料的特征选择统计图。统计图的种类很多，常见的有条形图、柱状图、圆形图、曲线图等类型。统计图的运用能清楚地表明事物的总体结构以及在不同条件下统计指标的对比关系，反映事物发展变化的过程及趋势，说明总体单位按某一标志的分布情况，显示现象之间的相互依存关系。

5.2 市场预测

市场预测是在市场调研的基础上，预测者利用一定的市场预测方法，测算一定时期内市场供求变化趋势，从而为企业的营销决策提供科学的依据。同时，企业要想在市场竞争中占据有利地位，必须在市场营销组合的各个因素，如产品、价格、分销渠道、促销等方面制定有效的营销策略组合，而有效的营销策略的制定取决于对市场变化趋势的准确预测，只有通过准确的市场预测，企业才能制定恰当的营销组合，把握机会，从而在竞争中取得胜利。

5.2.1 市场预测概述

1. 市场预测的定义

预测是指人们对未来事件的推断和预见，是人们根据某一客观事物的过去和现在推测其未来发展情况的活动。预测的研究范围涉及自然科学和社会科学的各个领域，如经济预测、气象预测、生态环境预测、军事预测、社会发展预测、政治预测、文化教育预测等。

经济预测是指人们对未来不确定的经济现象或经济事务的变动趋势作出合乎规律的推测和预见，并揭示经济现象错综复杂的内在联系及发展变化趋势的活动和过程。市场预测是指预测者在市场调研基础上，运用预测理论与方法，对决策者关心的变量变化趋势和未来可能水平作出估计与测算，为决策者提供依据的过程。市场预测是经济预测中最基本的内容，是经济预测的核心。

2. 市场预测的类型

市场预测按照不同的标准可以划分为不同的类型。

（1）按预测的空间范围，可以划分为宏观市场预测和微观市场预测。

宏观市场预测是对整个市场的预测分析，是把整个行业发展的总体情况作为研究对象，研究企业生产经营过程中的宏观环境因素。宏观市场预测的预测内容包括世界、地区和国家经济变化趋势，金融市场变化趋势，生产的总体变化趋势，消费需求的变化趋势以及国际间贸易的变化等内容。

微观市场预测则是从单个企业的角度出发，预测市场上影响企业生产经营的各个要素的变化趋势，微观市场预测是企业制定正确的营销组合策略的前提条件。微观市场预测以企业产品的市场需求量、销售量、市场占有率、价格变化趋势、成本等作为主要内容。

宏观市场预测是微观市场预测的综合与扩大，微观市场预测是宏观市场预测的基础和前提。

（2）按预测商品范围，可以划分为单项商品预测、同类商品预测和商品总量预测。

单项商品预测是指预测者对某一种具体商品或具体品牌的商品的市场前景所进行的预测与判断，如具体商品的品牌、质量、规格、款式等具体商品市场需求的预测。

同类商品预测是指预测者对某一类商品的市场需求变化趋势的预测，如汽车生产企业对电动汽车的发展趋势所作的预测。

商品总量预测是指预测者对消费者在未来一定时期内，对某种商品需求变动趋势进行的总量预测。

（3）按预测时间长短，可以划分为短期预测、中期预测和长期预测。

短期预测通常是指预测期在一年以内的市场预测，这类预测活动在企业经营活动中是最频繁的。通过短期预测企业能及时了解市场动态，掌握市场行情变化，提高经营决策水平。与中长期预测相比较，短期预测要求更具体、更明确，因此在短期预测中定量预测方法使用比较多。

中期预测通常是指预测期在一年以上、五年以内的市场预测，一般是对影响市场长期发展的宏观因素（如经济、技术、政治、社会等）进行预测，为企业制定年度计划和修订长期计划提供依据。

长期预测通常是指预测期在五年以上的预测，主要是对市场未来发展趋势和运行规律的综合性分析和判断，以此明确宏观经济或企业的发展方向和具体目标。

（4）按预测方法，可以划分为定性预测和定量预测。

定性预测是指预测者依靠具有熟悉的业务知识、丰富的经验和强大的综合分析能力的人员，根据已掌握的历史资料和数据，对事物的未来发展作出性质和程度上的判断，综合各方面的意见，对未来进行预测。

定量预测是通过数学模型利用历史数据或因素变量来对需求进行预测，即根据已掌握的比较完备的历史统计数据，运用一定的数学方法进行科学的加工整理，借以揭示有关变量之间的规律性联系，用于推断事物的未来发展变化情况。

3. 市场预测的内容

(1) 市场需求预测。市场需求预测是对市场需求进行质和量两方面的预测。在质的方面，主要是指对商品品种、品质、包装、款式、品牌、技术等变动趋势的预测；在量的方面，主要是指对市场需求量的预测，既包括总体市场，也包括单种产品量的预测。另外，商品的需求结构的预测也是市场需求预测的重要组成部分。

(2) 市场供给预测。市场供给预测同市场需求预测一样，也包括质和量两个方面，既包括对市场供给的商品品种、品质、包装、款式、品牌、技术等变动趋势的预测，也包括对市场供给量的预测。

(3) 商品市场寿命周期预测。无论长短，每一类商品都有其市场寿命周期，对商品的市场寿命周期变化趋势的预测是企业预测的重要内容之一。商品市场寿命周期主要是从销售量、获利能力等因素的变化来进行分析。

(4) 销售预测。销售预测是对产品销售的量、花色、品种、规格、款式等的一种单项商品预测。

(5) 科技发展趋向预测。世界科学技术发展迅猛，近 30 年来，人类所取得的科技成果比过去两千年的总和还要多，科技成果商品化的周期大大缩短，科学技术的发展也大大缩短了产品的市场寿命周期。据统计，1920 年以前，新产品从试销到成熟平均时距为 34 年，1939—1959 年缩短为 8 年，1959 年以后为 3～5 年。拿计算机技术来说，计算机技术每 5～7 年速度增加 10 倍，价格也下降为原来的十分之一左右。科学技术迅猛发展对企业的生产经营活动产生了巨大的影响，因此，作为生产企业要了解和掌握科技的发展趋势，作出适当的生产经营决策。

5.2.2 定性预测方法

定性预测方法是一种不依托数学模型，依靠预测者的业务知识、经验和综合分析的能力，主观判断预测未来的方法。这种方法只能定性地估计某一事件的发展趋势、优劣程度等。预测结果的准确性取决于预测者的知识、经验和能力。定性预测方法一方面用于定量分析之前，为定量分析做准备工作；另一方面，与定量分析方法结合使用，以提高预测的可靠程度。除此之外，定性预测还可以对定量预测的结果进行评价。

1. 综合意见法

综合意见法是综合企业经营管理人员及一线生产销售人员等相关人员的判断意见的预测方法。企业经营管理人员、一线生产销售人员处于生产经营的第一线，比较熟悉市场需求的情况及动向，他们的判断较能反映市场需求的客观实际。

常用的具体方法有如下几种。

(1) 企业经理（厂长）判断预测法。企业经理（厂长）判断预测法，一般是由专门负责市场营销的经理，召集计划、销售、生产、财务等企业生产经营的各方面的负责人和相关业务人员，先由各部门的负责人及业务人员根据自己掌握的资料及数据对市场的现状和发展发表意见，而后由参加会议的经理综合大家的意见发表预测方案的一种预测方法。

(2) 销售人员预测法。销售人员预测法是指征求并综合本企业销售人员及销售渠道成员相关工作人员的意见为本企业所作的预测。这种预测方法是依据企业销售人员及销售渠道成员相关工作人员丰富的实践经验以及他们对市场动态和顾客心理的把握，对未来市场需求作出估计。由于企业销售人员及销售渠道成员相关工作人员熟悉市场情况，因此综合他们的信息、意见所作的预测有较大的现实性。但是这种预测方法受企业销售人员及销售渠道成员相关工作人员预测能力的限制，有时会影响其预测的准确程度。

2. 专家预测法

专家预测法是指运用专家的知识和经验，考虑预测对象的社会环境，直接分析研究和寻求其特征规律，并推测未来的一种预测方法。主要包括个人判断法、集体判断法和德尔菲法。

（1）个人判断法。个人判断法是请专家个人对需要预测的内容进行预测的方法。这种预测方法是依靠专家个人的专业知识、经验和特殊才能来进行的预测。其优点是能利用专家个人的专业知识、经验和创造能力，较少受到外界的影响，简单易行，在时间与费用上也比较节省。但是所选专家个人拥有知识的广度、深度以及对预测问题的兴趣，决定了专家个人判断的客观性，预测结果难免带有一定的片面性。另外，专家的个人意见往往容易忽略或贬低相邻部门或相邻学科的研究成果。

（2）集体判断法。集体判断法是在专家个人判断的基础上，通过召开专家会议进行集体的探讨，将各个专家个人的意见有机地结合起来，寻求较为接近的结论的一种预测方法。组织专家召开会议的方法，由于参加专家人数较多，拥有的信息量远远大于个人拥有的信息量，故能较好地避免专家个人判断可能产生的预测结果的片面性。但是，集体判断的参与专家也可能受到各种外在因素的影响，不能充分或真实地表明自己的判断。

因此，组织专家会议，对会议主持人要求比较高。会议主持人要注意尊重每一位与会者，鼓励其充分表达自己的观点；主持人应注意保持中立的立场，对任何专家及其意见都不应带有倾向性；当话题分散或意见相持不下时，要能适当提醒或掌握会议的进程。

（3）德尔菲法。德尔菲法是目前在国内外都比较流行的定性预测方法，这种方法的应用始于美国兰德公司。德尔菲法需要聘请一批专家，各个专家在互相不沟通的情况下，用书面形式独立地回答预测者提出的问题，并根据组织者的反馈反复多次修改各自的意见，最后由预测者综合确定市场预测的结果。

5.2.3 定量预测方法

定量预测是通过数学模型利用历史数据或因素变量来对需求进行预测，即根据已掌握的比较完备的历史统计数据，运用一定的数学方法进行科学的加工整理，借以揭示有关变量之间的规律性联系，用于推断事物的未来发展变化情况。定量预测的方法有很多，本书着重介绍简单平均法、移动平均法、指数平滑法、季节指数法和回归分析法。

1. 简单平均法

简单平均法是指运用统计中的简单算术平均数的方法进行预测的方法。它是以历史数据为依据，进行简单平均得出的。

$$x=\frac{x_1+x_2+\cdots+x_n}{n}$$

式中：x 表示预测的平均值；x_1，x_2，x_n 表示各个历史时期的实际值；n 表示时期数。

简单平均法计算简单，可以避免某些数据在短期内的波动对预测结果的影响。但是，这种方法并不能反映预测对象的趋势变化，因而使用的比较少。

2. **移动平均法**

移动平均法是取预测对象最近一组历史数据的平均值作为预测值的方法。这种方法不是仅取最近一组的历史数据作为下一期的预测值，而是取最近一组历史数据的平均值作为下一期的预测值，这一方法使近期历史数据参与预测，使历史数据的随机成分有可能互相抵消。

其计算公式为：

$$y_{t+1}=M_t^{(1)}=\frac{\sum x_i}{n}=\frac{x_t+x_{t-1}+\cdots+x_{t-n+1}}{n}$$

式中：y_{t+1} 表示预测值，$M_t^{(1)}$ 表示第 t 期的一次移动平均值，x_i 表示观察期的实际数据，n 表示移动期数。

移动期数 n 的取值应注意：在资料期数较多时，n 值可适当取大些，而资料期数较少时，n 值只能取小些；在历史资料具有比较明显的季节性变化或循环周期性变化时，移动期数 n 应等于季节周期或循环周期；如果希望反映历史资料的长期变化趋势，则 n 应取大些，如果要求反映近期数据的变化趋势，则 n 应取小些。

3. **指数平滑法**

指数平滑法是一种特殊的加权移动平均法，是对加权移动平均法的改进，它只确定一个权数 α，即距离预测期最近的那期数据的权数，其他时期数据的权数按指数规律推算出来，并且权数由近及远逐期递减。

指数平滑法相对于移动平均法的改进，一是全部历史数据而不是一组历史数据参与平均；二是对历史数据不是采用算数平均而是采用加权平均，近期历史数据加较大权数，远期历史数据加较小权数。这与近期历史数据对预测有较大影响，远期历史数据影响较小的思想是一致的。

指数平滑法的计算公式为：

$$y_{t+1}=S_t^{(1)}=\alpha\cdot x_t+(1-\alpha)\cdot S_{t-1}^{(1)}$$

式中：y_{t+1} 是下一期的预测值；$S_t^{(1)}$ 是第 t 期的一次指数平滑值；x_t 是观察期的实际发生值；α 是平滑系数。

α 的取值范围为（0，1），α 取值的大小直接对预测值产生影响，因此 α 应按观测值的特征取值。如果时间序列具有不规则的起伏变化，但长期趋势接近一个稳定常数，应选择较小的 α 值；如果时间序列具有迅速明显的变化倾向，则 α 应取较大值；如果时间序列变化缓慢，亦应选较小的值。

4. **季节指数法**

季节变动是指某些市场现象由于受自然气候、生产条件、生活习惯等因素的影响，在一定时间内随季节的变化而呈现出周期性的变化规律。季节变动的主要特点是，每年都重复出现，各年同月（季）具有相同的变动方向，变动幅度一般相差不大。因此，研究市场现象的季节变动，收集时间序列的资料一般应以月（季）为单位，并且至少需要有 3 年或以上的市场现象各月（季）的资料，才能观察到季节变动的一般规律性。

季节指数法，是指以市场的循环周期为特征，计算反映在时间序列资料上、呈现明显规律的季节变动系数，达到预测目的的一种方法。

采用季节指数法进行市场预测，首先要收集3年以上的各月（季）的统计资料，求出各年同月（季）观察值的平均数（用 A 表示），以及历年间所有月份或季度的平均值（用 B 表示），计算各月或各季度的季节指数，即 $S=A/B$；然后根据未来年度的全年趋势预测值，求出各月或各季度的平均趋势预测值，再乘以相应的季节指数，即得出未来年度内各月和各季度包含季节变动的预测值。

5. 回归分析法

在生产和流通领域的活动中，经常遇到一些变量，这些变量是相互联系、相互制约的，它们之间客观上存在着一定的关系。为了深入了解事物的本质，需要利用适当的数学表达式来表明这些变量之间的依存关系。回归分析法就是通过对观察数据的统计分析和处理，建立回归分析模型，研究事物之间的相互关系，并据此预测市场未来的发展趋势。

回归分析法主要分为一元线性回归预测、多元线性回归预测、非线性回归预测等。一元线性回归预测是回归预测的基础。若预测对象只受一个主要因素的影响，并且它们之间存在着明显的线性相关关系，通常采用一元线性回归预测法。

（1）一元回归预测法。一元回归预测法就是运用两个变量间相互依存的关系形成数学模型，然后根据相关历史资料进行市场预测的方法。期预测模型为：

$$Y=a+bX$$

式中：a，b 为回归系数；X 为自变量；Y 为因变量。

计算公式如下：

$$b=(n\sum X_iY_i-\sum X_i\sum Y_i)/[n\sum X_i^2-(\sum X_i)^2]$$

$$a=(\sum Y_i-b\sum X_i)/n$$

式中：n 为实际数据数量值。

例：某公司2006—2010年的销售总额与资本需要量如表5-4所示，同时对该公司2011年的资本需要量作了估算，预计比2010年增长20%。要求应用回归模型预测公司2011年的销售总额。

表5-4 某公司销售总额与资本需要量

年度	资本需要量（X）/万元	销售总额（Y）/万元
2006	60	500
2007	30	350
2008	75	680
2009	82	750
2010	90	850

第一步，整理表中数据，如表5-5所示。

表 5-5 回归直线方程数据整理表

年度	资本需要量（X）/万元	销售总额（Y）/万元	XY	X^2
2006	60	500	3 0000	3 600
2007	30	350	10 500	900
2008	75	680	51 000	5 625
2009	82	750	61 500	6 724
2010	90	850	76 500	8 100
$n=5$	$\sum X=337$	$\sum Y=3\ 130$	$\sum XY=229\ 500$	$\sum X^2=24\ 949$

第二步，利用公式计算 a，b 值

$$b=(5\times 229\ 500-337\times 3\ 130)/(5\times 24\ 949-337^2)=8.29$$

$$a=(3\ 130-8.29\times 337)/5=67.254$$

第三步，将 a，b 代入一元线性回归模型：$Y=67.254+8.29X$。

第四步，应用模型求预测值：

2011 年公司资本需要量比 2010 年增长 20%，则 2011 年资本需要量为 90×(1+20%)=108(万元)。

将 2011 年的资本需要量代入已求解模型，则可计算出该公司 2011 年销售总额的预测值：$Y=67.254+8.29\times 108=962.574$（万元）。

（2）多元回归预测法。多元回归预测法是以预测目标为因变量（Y），影响预测目标的因素为自变量（X），同时探讨两个或两个以上自变量（X_1，X_2，…，X_n）与因变量的相关关系，建立回归预测模型，据此开展未来情况的预测。多元回归预测法的预测步骤与一元线性回归预测法的预测步骤基本相似，只是扩展了回归方程式的自变量数量，增加了解联立方程的过程和统计检验的复杂程度。其回归模型为：

$$Y=a+b_1X_1+b_2X_2+\cdots+b_nX_n$$

定量预测与定性预测各有优、缺点，可以相互补充，在实际工作中可以将这两种方法结合使用，以便从定性和定量两个方面了解事件的发展变化趋势，预测的结果将会更为准确。

（3）预测模型的相关性分析。相关性分析的相关性系数的计算公式为：

$$R=\frac{\sum(X_i-\overline{X})(Y_i-\overline{Y})}{\sqrt{\sum(X_i-\overline{X})^2\sum(Y_i-\overline{Y})^2}}\qquad(-1\leqslant R\leqslant 1)$$

相关性分析方法：当 $-1<R<0$ 时，两者呈负相关；当 $0<R<1$ 时，两者呈正相关；当 $|R|=1$ 时，因变量和自变量完全相关，X 与 Y 为确定性关系；当 $R=0$ 时，仅表明因变量与自变量之间不存在线性相关关系。通常认为 $0.75<R\leqslant 1$ 时，X 与 Y 高度相关。

本章习题

一、单选题

1. 假设某市有500所小学，每校约有1 000名学生。如果随机从中抽取50所，然后以这50所学校的约50 000名学生作为调研样本，对其进行调研。这种调研方法是（　　）。

   A. 单纯随机抽样　B. 分群随机抽样　C. 分层随机抽样　D. 系统抽样

2. 访问调研法中最具有直接性和灵活性特点的方法是（　　）。

   A. 面谈调研　B. 邮寄调研　C. 电话调研　D. 留置调研

3. 下面属于专家意见调研法的有（　　）。

   A. 扩散指数法　B. 指标判断法　C. 德尔菲法　D. 专家会议法

4. 市场调研是进行（　　）的基础。

   A. 市场分析　B. 市场预测　C. 市场开发　D. 市场结构安排

5. 问卷调研法的程序中，首要的工作是（　　）。

   A. 设计调研问卷　B. 统计分析文问卷

   C. 发放调研问卷　D. 回收、审查调研问卷

二、多选题

1. 按市场调研的目的可以将市场调研分为（　　）。

   A. 探测性调研　B. 描述性调研　C. 因果性调研　D. 预测性调研

2. 社会文化环境调研主要包括（　　）。

   A. 消费者文化及教育水平　B. 民族与宗教状况

   C. 社会物质文化水平　D. 社会价值观念

3. 抽样调研包括（　　）。

   A. 随机抽样　B. 问卷调研　C. 访问调研　D. 非随机抽样

三、名词解释

1. 探测性调研　2. 因果性调研　3. 德尔菲法　4. 实验调研法

5. 指数平滑法

四、简答及论述题

1. 请简述市场调研的程序。
2. 请简要分析实验调研法的优缺点。

五、计算题

某公司连续10年产品销量的时间序列资料（如表5－6所示，试用一次移动平均法对该

公司下一年的产品销量进行预测。（跨越期取 $N=3$，保留两位小数。）

表 5-6　某公司连续 10 年产品销量的时间序列资料

年	1	2	3	4	5	6	7	8	9	10
销量/万台	35	48	66	75	67	85	88	79	92	89

案例讨论

某童装厂的市场调研

某童装厂近几年沾尽了独生子女的光，生产销售连年稳定增长。谁料该厂李厂长这几天来却在为产品滞销、资金周转不畅而大伤脑筋。原来，年初该厂设计了一批童装新品种，有男童的香槟衫、迎春衫，女童的飞燕衫、如意衫，等等。借鉴成人服装的镶、拼、滚、切等工艺，在色彩和式样上体现了儿童的特点，活泼、雅致、漂亮。由于工艺比原来复杂，成本较高，价格比普通童装高出了 80%以上，比如一件香槟衫的售价在 160 元左右。为了摸清这批新产品的市场吸引力如何，在春节前夕厂里与百货商店联举办了“新颖童装迎春展销”，小批量投放市场十分成功，柜台边顾客拥挤，购买踊跃，赢得一片赞誉声。许多商家主动上门订货。连续几天亲临柜台观察消费者反应的李厂长，看在眼里，喜在心上，不由想到：“现在都只有一个孩子，为了能把孩子打扮得漂漂亮亮的，谁不舍得花些钱？只要货色好，价格高些看来没问题，决心趁热打铁，尽快组织批量生产，及时抢占市场。”

为了确定计划生产量，以便安排以后的月份生产，李厂长根据去年以来的月销售统计数，运用加权移动平均法，计算出以后月份预测数，考虑到这次展销会的热销场面，他决定将生产能力的 70%安排新品种，30%为老品种。二月份的产品很快就被订购完了。然而，现在已是四月初了，三月份的产品还没有落实销路。询问了几家老客商，他们反映有难处，原以为新品种童装十分好销，谁知二月份订购的那批货，卖了一个多月还未卖出三分之一，他们现在既没有能力，也不愿意继续订购这类童装了。对市场上出现的近一百八十度的需求变化，李厂长感到十分纳闷。他弄不明白，这些新品种都经过试销，自己亲自参加市场调查和预测，为什么会事与愿违呢？

（资料来源：市场调查与预测案例［OL］．［2012-03-11］．http://www.jlrtvu.jl.cn/wlkc/course/180001510-1/205-02.htm.）

思考讨论题

1. 该童装厂新产品为什么会出现滞销？
2. 为什么市场实际发展状况与市场预测大相径庭？

第 6 章

市场营销战略

本章导读

战略是对企业对未来所作的系统性决策，其主旨是提高企业营销资源的利用效率，使企业资源的利用效率最大化。本章强调顾客导向与竞争导向在战略层次上的融合与统一，通过细分市场、目标市场的选择和市场差异化与定位分析，重点介绍与成长历程有关的市场发展战略、与竞争态势有关的市场竞争战略，向包括顾客在内的所有参与者提供最大的利益，并开发出由产品、价格、渠道、促销组成的营销组合来实施的可赢利的营销战略。

本章的知识结构图如下：

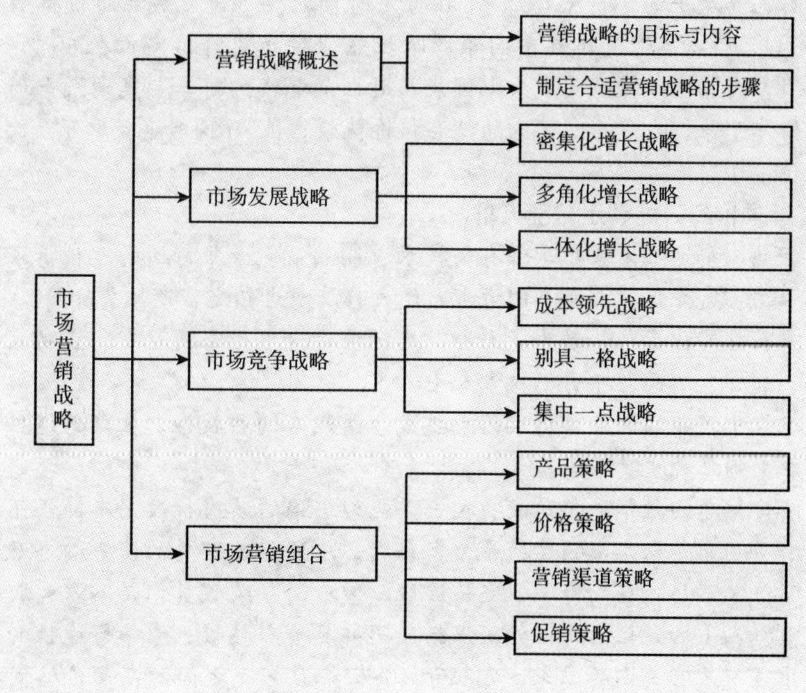

开篇案例

战略博弈的胜利：奥迪击败宝马

在全球绝大部分市场，宝马车的销量都超过奥迪，但目前在中国市场，奥迪汽车击败宝马是不争的事实。据2012年6月中国汽车销量排行榜数据显示，奥迪A6轿车2012年上半年在中国售出70 286辆，而宝马5系轿车只售出49 366辆。

总体来看，奥迪与宝马汽车在品牌战略博弈中赢得胜利，最主要得益于奥迪汽车价格策略的成功定位，使奥迪汽车的“品牌价值炫耀性”得到淋漓尽致的发挥。

1. 先入为主的“品牌价值炫耀性”

“品牌价值炫耀性”的建立必须在特定时期和距离让产品和消费者见面，使“品牌价值炫耀性”能让消费者“印证”。这是快速建立“品牌价值炫耀性”的一个前提。

当中国消费者在汽车杂志、电视剧里知晓宝马、奔驰、奥迪是豪华汽车时，当宝马、奔驰等“奢侈汽车”还十分高傲地不愿进入中国市场之时，奥迪公司极具伟大战略的前瞻眼光，让奥迪汽车已抢先一步在中国设厂投产，迅速让奥迪汽车在中国市场下线，前后不过十年时间，奥迪汽车在中国市场投放了奥迪100、奥迪200、奥迪A6、奥迪A4等车型，尤其是2000年以后上市的奥迪A6、奥迪A4等豪华车型，近距离地、也是独占性地让中国消费者感受并认可奥迪豪华汽车的“品牌价值炫耀性”。

2. 独到妙处的价格定位

由于没有同等对手的“价格比照”，在特定时期就要迅速完成品牌价格的“撇脂策略”，强势获利。所以奥迪汽车在中国市场很坦然地把销售价格定位在40万～50万之间，使奥迪汽车在相当一段时间成为中国最昂贵、最奢华的轿车。奥迪汽车通过建立了中国最昂贵轿车形象，自然形成了它的“品牌价值炫耀性”，同时也获取了最大的品牌价值和经济价值。

3. 品牌诉求恰到好处满足目标人群

奔驰、宝马、奥迪三大豪华车都有高技术、高品质、豪华舒适的理性诉求。奔驰汽车过多强调于对“富豪”、“尊贵”的诉求，使目标消费者锁定富商巨贾阶层。

宝马汽车虽然突出豪华、动力、澎湃，目标消费者也是富商巨贾、成功人士，但更多的是张扬、新锐、时尚、年青的权贵人士。

奥迪汽车在中国市场的品牌诉求的主要成分是汽车的科技性、豪华舒适性，目标消费者定位为相对内敛的成功人士。

奥迪汽车定位于内敛不张扬的成功人士，就为中国的政府行政用车提供了极好的平台。中国的公务用车是豪华车销售的最大客户群，中国行政官员的消费心态及外在形象是既追求尊贵，又不愿张扬。奔驰、宝马虽好，但中国行政官员们是不敢大胆追求“大富豪”、“新贵”人士的定位的，内敛不张扬且同样具有科技性、豪华舒适性的奥迪汽车成功满足了中国行政官员们的需求，定位于40万～50万元之间的高昂价格同样恰到好处地满足了中国行政官员对豪华汽车的“品牌价值炫耀性”的向往。所以目前奥迪汽车在中国成为副省级以上干部的用车，而没有哪一个去购买奔驰、宝马的。奥迪汽车作为“省级行政官车”的约定价格，又让很多非公务购买的个体群众跟风购买。

4. “价格狙入策略”成功狙击对手

“价格狙入策略”，在营销理论上指用有竞争力的定价，狙击竞争对手的进入。传统的“价格狙入策略”的运用者大都使用低价格，以低成本优势狙击对手，而奥迪车“价格狙入策略”则反弹琵琶，用“高定价”成功狙击宝马。

奥迪选择主力车型A6系列，将系列车型价格定在40万～50万之间，这在中国汽车市场是一个高端层面的定价了。宝马汽车由于自视品牌价值比奥迪汽车高贵，销售价格自然不可能低于奥迪，所以逼着宝马将新入市的3系汽车价格定价在50万以上。但50万以上的定价在中国已是十分招摇的价格，令中国绝大部分购车者退避三舍。另外，宝马3系轿车的车身狭小，内部缩窄，无法满足中国行政公务用车的舒适性，其性价比与奥迪A6汽车外观及内在都浑圆大气的气度相比差距太大，导致宝马3系轿车在中国行政公务用车这个目标层十分尴尬。可见，奥迪汽车成功的价格狙入策略已令对手陷入一个“两难”处境。

（资料来源：博锋．战略博弈的胜利．奥迪击败宝马［OL］．［2005-07-20］．http://www.emkt.com.cn/article/219/21933.html.）

6.1 营销战略概述

市场营销战略（marketing strategy）是指公司识别、分析、选择市场营销机会，以实现公司的任务和目标的管理过程，即公司在整体的长期战略规划的指导下，如何与不断变化的市场机会之间建立和维持最佳战略适配的过程。在绝大多数既定的内外环境条件下，受公司使命的影响，公司的营销目标、相应的策略以及资源的分配都存在多种选择。

战略从来都不是静态的，因为市场是不间歇地变化着，因此公司要制定营销战略之前必须要考虑到环境、资源、组织三个要素的相适应性。推动营销战略理论发展的主要贡献者——伊丹敬之认为，战略决定公司业务活动的框架并对协调活动提供指导，以使公司能应付并影响不断变化的环境。因此，优秀的市场营销战略需要解决以下问题。

（1）公司的长期发展目标。

（2）在变化的市场中保持住公司目标框架与业务活动指南。

（3）如何合理分配公司的资源。

（4）确定公司是属于什么类型。

6.1.1 营销战略的目标与内容

在一定的市场营销环境中，为了实现战略目标，企业通过市场细分、选择目标市场和市场定位，决定为哪个子市场服务，怎样服务，集中力量重点为这些子市场服务并满足其需求。

图6-1展示了市场营销的作用和活动，总结了管理顾客导向的市场营销战略和市场营销组合所涉及的主要活动。

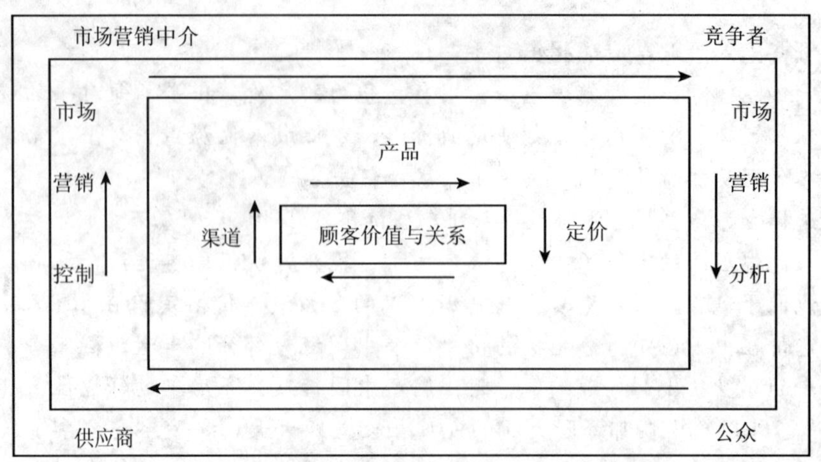

图 6-1　管理市场营销战略和市场营销组合

顾客永远居于中心地位，营销战略的目的是为顾客创造价值和建立有利可图的客户关系。如图 6-1 所示，首先通过市场细分和选择目标市场来确定目标顾客；然后通过差异化和定位为他们服务。在市场营销战略的指导下，通过设计由 4P（产品、价格、渠道和促销）构成整合的市场营销组合。公司致力于市场营销分析、计划、执行和控制，寻求最佳的市场营销战略和组合。

目前，企业最常用的营销策略主要有：目标市场营销策略（即市场细分与市场定位策略和 SPT 战略）、企业形象策略（即 CIS 战略）、市场发展策略、市场战争策略、不同竞争地位的营销策略，以及市场营销组合策略（包括产品策略、价格策略、促销策略和营销渠道策略）等。

6.1.2　制定合适营销战略的步骤

顾客、需求和购买力共同构成了市场，围绕着顾客需求的营销是指导企业发展前进的方向。在今天的市场竞争中获胜，企业需要从竞争对手中获取顾客或者是发展潜在顾客，然后通过递送更高的价值维护顾客关系。制定顾客导向的市场营销战略，首先要了解顾客的需要和欲望。需要是营销的基石，它是一种固有的缺乏的状态；而欲望则是由需要派生出来的，受社会文化和人们个性的限制。顾客有许多不同的类型，他们的需求各异，公司不可能通过为市场中所有的顾客服务来盈利，至少不可能以同样的方式服务。通过对需要和欲望的研究，把它们转化成顾客需求，则公司就有利可图。

世界著名营销专家科特勒认为：现代战略营销的中心，可定义为 STP——即市场细分（market segmentation），目标市场选择（market targeting）和市场定位（positioning）。市场细分是企业战略营销的起点，企业根据自身的资源和外部竞争情况，选择自己具有比较优势或认为更具有投资价值的子市场作为企业的目标市场。企业的一切营销战略，都必须从市场细分出发。迈克尔·哈姆林认为，集中和核心竞争力是公司竞争战略的核心，由此可知，营销在战略层面的主要任务就是定位。这个过程是：首先，公司通过市场细分来识别市场中各种类型的需求群体；下一步，从中选择企业想要的能够服务的目标市场；然后，企业必须建立一个清晰的定位，以求在顾客心里找到合适的位置。

因此大多数企业寻找自己有优势的方面进行市场开发，通过市场细分、目标市场选择、差异化与定位设计市场营销战略并盈利。

1. 市场细分

市场细分（market segmentation），是指企业根据消费者需求的不同，把整个市场划分成不同的消费者群的过程。市场细分不是根据产品品种、产品系列来进行的，而是从消费者（指最终消费者和工业生产者）的角度进行划分的，是根据市场细分的理论基础，即消费者的需求、动机、购买行为的多元性和差异性来划分的。市场细分对企业的生产、营销起着极其重要的作用。

每个市场都可以被细分，例如，宝洁公司在进入中国的洗发水行业前，首先将整个中国的洗发水市场划分为去屑、营养头发、滋润头发等细分的市场，推出“海飞丝”、“飘柔”、“潘婷”、“沙宣”等品牌。细分市场由对既定市场营销努力具有类似反应的消费者构成。

细分市场有很多依据，例如：地理细分，公司按客户的居住或办公的位置对其分类，然后针对每个地区的客户制订不同的营销组合；人口细分，按照年龄、性别、家庭人口、收入、教育程度、宗教信仰或种族等信息对客户细分；心理细分，按照社会阶层、个性或生活方式等变量对客户细分。例如，小小的消食片市场就分为成人用的和儿童专用的，以及日间用的和晚上用的。

2. 目标市场选择

公司完成市场细分后，可以进入一个或多个细分市场。目标市场选择（market targeting）是指估计每个细分市场的吸引力程度，并选择进入一个或多个细分市场。公司应该瞄准自己能够通过创造最大化顾客价值而盈利，并长期保持竞争优势的细分市场。

资源有限的公司可以只服务一个或几个专门的细分市场或“缝隙市场”。这种拾遗补缺者专门为大公司轻视或忽略的细分顾客群提供产品和服务。例如，美国的“丽”（Lee）牌牛仔裤就始终把目标市场对准占人口比例较大的那部分“婴儿高峰期”的消费者群体，从而成功地提高了该品牌的市场占有率。在20世纪六七十年代，丽牌牛仔裤以15～24岁的小青年为目标市场。因为这个年龄段的人正是那些在“婴儿高峰期”出生的，在整个人口中占有相当大的比例。可是，到80年代初，昔日“婴儿高峰期”的小青年一代已经步入中青年阶段。新一代小青年在人口数量上已大大少于昔日小青年。为了提高市场占有率，在80年代末，丽牌牛仔裤又将其目标对准25～44岁年龄段的消费者群体，即仍是“婴儿高峰期”一代。为适应这一目标市场的变化，厂商只是将原有产品略加改进，使其正好适合中青年消费者的体形。结果，90年代初，该品牌牛仔裤在中青年市场上的份额上升了20%，销售量增长了17%。正如上面例子的做法，大多数公司借助服务于某个细分市场进入新市场，取得成功之后，再扩张到更多的细分市场。采取这种措施最终谋求覆盖所有的细分市场。

3. 差异化与定位

公司选定目标市场之后，就必须进行差异化（differentiation）战略来与其他公司区别。市场差异化是指由产品的销售条件、销售环境等具体的市场操作因素而产生的差异，大体包括销售价格差异、渠道差异、服务差异。通过让顾客识别到差异性，才能使自己的产品在顾客的心里留下印象，为自己的产品树立独特的市场地位。

定位（positioning）是指企业根据竞争者现有产品在市场上所处的位置，针对顾客对该类产品某些特征或属性的重视程度，为本企业产品塑造与众不同的，给人印象深刻的形象，并将这种形象生动地传递给顾客，从而使该产品在市场上确定适当的位置。在为产品定位的过程中，公司首先要确定顾客可能看重的差异点，这些差异点就是为其定位提供依据的竞争优势。例如，以产品差异化为战略武器的康师傅，在糕饼领域中主打夹心饼干，当时市场上最畅销的中高档产品有纳贝斯克的奥利奥、达能的王子夹心，以及国内的嘉顿夹心饼干等。夹心饼干产品的主要口味是来自夹心中的馅，当时市面上的所有的夹心饼干都是两片饼干夹一层馅。针对这些竞争对手的状况，经过充分的调查研究后，康师傅饼业率先推出其主打产品“3+2”奶油苏打夹心，独创出3片饼干夹两块奶油馅的产品。这一创造型的产品，大胆突破传统饼干都是两片饼干夹一层馅的做法，使一块饼干居然达到5层，因而吃起来馅的味道更足，再配合“层层美味叠叠脆”的广告语宣传，“3+2”饼干一经推出，即大受消费者的欢迎。

6.2 市场发展战略

发展与成长既是企业保持生存的途径，也是社会对企业的天然要求。营销对公司实现有利可图的增长负有主要责任。因此公司管理层除了考虑已有的各项业务的发展以外，还要寻求公司进一步的发展机会，因而还必须制定市场发展战略。市场发展战略是对企业目标和未来一定时期内市场营销的拟定和评价。企业在社会存在的过程中，需要一直想方设法加以成长和壮大，这便需要营销人员不断地思考企业未来的成长空间来自于哪里，从中选择最优方案作为企业的发展战略。

6.2.1 密集化增长战略

在选择最优战略之前，企业管理者必须识别、评价和选择市场机会，并且为捕捉这些市场机会制定战略。确定成长机会的一种有效工具就是产品-市场扩展方格（product/market expansion grid），如图6-2所示。

	现有产品	新产品
现有市场	市场渗透	产品开发
新市场	市场开发	多角化

图6-2 通过产品-市场扩展方格识别市场机会

这里，将产品-市场扩展方格中的产品开发、市场开发、市场渗透策略合并，称之为密集化增长战略。其适用于一个特定市场的全部购买潜力未完全达到极限时，企业可以利用种市场机会在原有产品经营范围内求得发展。

1. 市场渗透（market penetration）

市场渗透是指以现有的产品面对现有的顾客，在不改变目前的产品情况下，使发展焦点转为提高销量，力求增大产品的市场占有率。企业具体可以采用以下3类措施。

（1）鼓励现有顾客更多地购买。如在佳洁士牙膏的广告中，向消费者宣传口腔护理常识，注重餐后刷牙，护齿洁齿，宣传保护牙齿的重要性。如果能增加顾客的刷牙次数，也就增加了牙膏的使用量，从而增加了顾客购买牙膏的数量。此外还提醒消费者定期检查牙齿、3个月更换一个牙刷，在销售过程中，买牙膏送牙刷，从而推广佳洁士防蛀的效果。这样既鼓励消费者购买，而且能够得到消费者的好评和认可。

（2）争取竞争者的顾客。在商品的销售促进工作中，企业必须要做到具有针对性，抓住消费者的真正需求，并将其有效传递给目标消费者，才能达到市场渗透的目的。如提供比竞争对手更为周到的服务，在市场上树立更好的企业形象和产品信誉，努力提高产品质量等，尽可能把竞争对手的顾客吸引到本企业的产品上来。

（3）设法吸引新顾客。企业通过广告、人员推销、促销等手段，提高消费者的认知度。

2. 市场开发（market development）

市场开发是指提供现有产品，开拓新市场。企业具体可以采用以下3类措施。

（1）寻找目标市场的潜在顾客。这些消费者尚未购买本企业产品的原因有很多，可能他们还不知道有这样一种产品，或者他们还没有意识到自己需要这种产品等。出现诸如此类的情况时，企业应该加大宣传力度，或者调整宣传手段，使消费者知晓该产品。

（2）寻找新的销售渠道。2012年，随着欧洲经济形势恶化及美国经济复苏乏力，家具外需市场日渐萎缩，我国的一些家具企业出现了产能局部过剩的情况，整个行业进入“洗牌期”。东北地区最大的柜体生产企业之一——雨生集团，在大连市昆明街家居大世界开设了其在省内的首家旗舰店。在增加营销网点的同时，开始投入大量精力寻求与地产开发企业的合作，希望进军房屋精装修领域，以提高销量。

（3）扩大销售区域范围。企业一般将国内市场按地理进行划分，在各个地区设立办事处，并在当地招聘销售代表开展业务。如果某产品在华东市场取得成功，取得经验之后，就可以考虑在其他有条件的地区设立销售机构，使产品的销售区域进一步扩大。

3. 产品开发（product development）

产品开发是指推出新产品给现有顾客，企业利用现有的顾客关系来借力使力，改变规格档次、花色品种等，推出新一代或是相关的产品给现有的顾客，以扩大现有产品的深度和广度，提高该厂商在市场中的占有率。目前，我国企业越来越重视产品的研究开发工作，也更加注重投入资金开发新产品，这也是提高企业实力的最根本途径。如天津中美史克制药公司在原有的市场上推出了“新康泰克”产品，使“PPA事件”得到很好的化解，巩固了自己的市场地位，给消费者留下深刻的印象。

如果借用军事术语把营销中的市场开拓称为“攻城略地”，那么有效的市场推广手段则是“实现精准打击而非狂轰滥炸”。市场开拓讲究战略，市场推广手段讲究战术，掌握好这两把利剑，则占领市场势在必得。

阅读资料6-1

农夫山泉的市场开发战略

“水”本身是有很强共性的产品，“农夫山泉”已基本确立了产品的定位——天然、健康的水，但仍然需要通过与体育运动联系起来以进一步开发市场，赞助悉尼奥运中国代表队，支持北京申办2008年奥运会无疑会促使消费者将农夫山泉和天然、健康联系起来，提升品牌形象。

"农夫山泉"原先走的是高价路线，虽然体现了高档、高质的形象，但也因此难以继续扩大市场份额。借助申奥的机会，"农夫山泉"开始采用在概念诉求上求"异化"的同时，在价格上求"同化"的策略。农夫山泉于2000年5月投资3.5亿元建成投产的淳安水厂，使得农夫山泉具备了采用这种策略的能力。

申办2008年奥运会是北京，乃至全国的一件大事，人们的热情很高，"农夫山泉"巧妙地将人们的申奥热情与产品销售联系起来，举办"为申奥捐出一分钱"活动以进一步扩大品牌的影响力和市场份额。

6.2.2 多角化增长战略

多角化增长是指公司尽量增加产品种类，跨行业生产经营多种产品和业务，扩大公司的生产范围和市场范围，使公司的特长充分发挥，使公司的人力、物力、财力等资源得到充分利用，从而提高经营效益。特别是公司在原有产品或劳务需求规模与经营规模有限，而其他行业又富有吸引力并保证多种经营安全性的前提下，多角化增长战略是公司成长的必经之路。多角化增长战略有以下几种实现形式。

(1) 同心多角化。即公司利用原有的技术、特长、经验等，以现有产品为核心，发展与现有产品相关的新产品，以增加产品种类，扩大业务经营范围，吸引新顾客，扩大市场。同心多角化策略能够充分发挥公司在原有设备、技术和市场营销上的优势，风险较小，比较容易取得成功。

(2) 横向多角化。又称水平多角化，即公司利用原有市场的其他需求，采取不同的技术和营销资源，开发新产品，增加产品种类，扩大业务经营范围，从而寻求新的发展。

(3) 综合多角化。又称集团多角化，即大公司收购、兼并其他行业的公司，或者在其他行业投资，把业务扩展到其他有发展前途的行业中去，新产品、新业务与公司的现有产品、技术、市场可以毫无关系。

阅读资料6-2

三九集团与多角化经营

企业的多角化经营既是企业资产重组的重要手段，同时也是降低单一业务风险、回避业务萎缩和获得整体规模优势的重要途径。多角化经营能否成功在很大程度上将取决于企业能否把握环境的变化，正确选择相关业务，将资源进行有效的组合。三九集团作为中国百强企业中的著名企业集团，拥有涉及药业、食品加工业、酒业、现代农业、旅游服务业、包装印刷业、房地产开发业和汽车工业等产业的200多家全资、控股、参股企业。

在三九集团多角化经营过程中，有很多成功和失败的教训值得思考。

(1) 在经营战略选择的过程中，应该有"先做实，再做大"的思想。盲目进行多角化扩张，在资金、技术和管理各方面跟不上的情况下，新业务反而会成为企业的包袱，甚至会产生多米诺骨牌似的连锁反应而危及到企业的生存。

(2) 企业有两种成长方式：规模成长和多角化成长。实施多角化经营要具备四个条件：资金、人才、技术和管理。一般而言，对于实力一般的中小企业来说，除非现有产品市场已经饱和，需求下降，或竞争对手太强而难以维持销量，否则不要盲目进行“多角化”。

(3) 在从事新的业务之前，一定要对新业务进行内外环境的分析，特别要注意到国家的产业政策、宏观经济环境、竞争态势和未来业务前景分析，决策要慎重。本案例中，正是由于在1992—1994年期间在酒店业和旅游业上的盲目扩张，导致了当经济政策调整时，酒店业经营发生困难。

(4) 进行多角化经营，尤其是进入陌生领域的，要考虑考虑现有的资源和新的业务是否匹配，是否拥有资金、人才、管理等方面的积累。不但要考虑多角化经营在协同作用、分担风险、获得规模优势、利用闲置资源等方面的优点，还要充分预计经受风险以及由于企业资源分散产生的机会成本。

(5) 选择多角化经营时应该首要考虑相关多角化，这样做有利于原有业务核心能力的传递并充分利用协同作用，由此成功的机会也大。三九集团正是在生命健康产业和印刷业取得了成功，而在房地产、汽车等领域遭遇了失败。

(6) 在新业务的整合过程中，应该充分利用现有业务的核心能力。三九集团长期以来在中药行业形成的品牌优势、销售优势和管理机制优势是整合新业务的基础。

目前，许多公司在积极地进行资产重组，走多角化经营的道路。但是多角化经营并不是解决所有企业问题的灵丹妙药，弄不好还会陷入更大的泥潭而不能自拔。企业只有在把握环境变化的基础上，充分整合现有资源，在提高企业核心竞争力的前提下实施多角化经营，才可能获得成功。

（资料来源：刘庆韬．三九集团与多角化经营［J］．中国物资流通，2001（6）．）

6.2.3 一体化增长战略

一体化增长战略（integrative growth strategy）是指企业利用自己在产品、技术和市场上的优势，向企业外部扩展的战略。分为3种形式（如图6-3所示）：水平一体化、前向一体化和后向一体化。

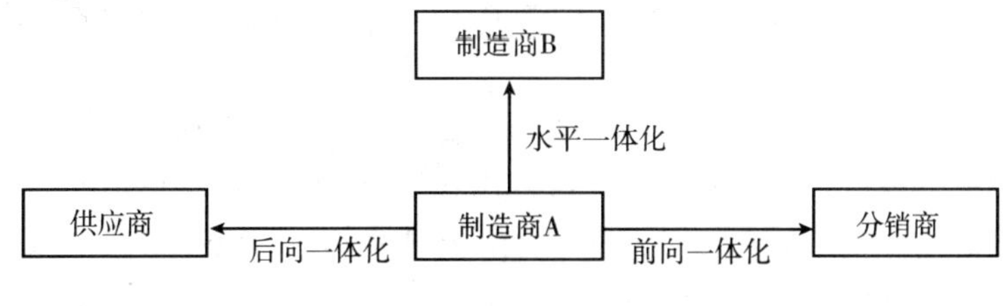

图6-3 一体化增长战略

水平一体化是指实行各种形式的联合经营，或者争取同类企业的所有权或者控制权。这样不仅可以取长补短，共同开发某些机会，更重要的是能够扩大规模和实力，发挥1+1>2的效应，例如Sony投资Ericsson后推出的Sony Ericsson手机。

前向一体化是指企业根据生产技术的可能条件和市场的需要，利用自己存在的优势，对成品进行深加工的战略，它是为获得原有成品深加工后的高附加价值。在生产过程中，它的物流是从顺方向移动。例如一汽在销售技术复杂的产品时，需要拥有自己的销售网点，以便提供标准的售后服务。

后向一体化是指企业利用自己在产品上的优势，自行生产原来属于外购的原材料或零件的战略。在生产过程中，通过获得供应商的所有权或增强对其控制来求得发展，它的物流是从反方向移动。例如葡萄酒厂拥有自己的葡萄产地。

通过识别市场机会，公司不仅要为其业务组合制定增长战略，还要制定精简战略(downsizing)。企业希望放弃某些产品或市场的原因有很多，可能是市场环境的变化使得企业的产品或市场失去盈利性；也可能是公司增长或进入了自己缺乏经验的领域。企业应立足企业自身，综合考虑多种因素，以科学决策为指导进行管理。

6.3 市场竞争战略

每个公司的外部环境和战略意图都不相同，但参与市场竞争的基本目标都是为了获得持续的利润增长和投资回报，而要做到这一点，公司必须建立可持续的竞争优势。公司的竞争优势可以有多种来源，但从顾客价值的角度看，最基本的不外乎低成本和差异化。这两种基本的战略优势与公司谋求获得优势的活动范围相结合，就得出了为在产业中取得高于平均水平的经济效益的3种通用战略：成本领先战略、别具一格战略和集中一点战略。集中一点战略又具有两种形式，即成本集中和别具一格集中。

6.3.1 成本领先战略

成本领先战略是指公司的成本状况在全行业范围内处于领先地位，即公司产品的总成本低于竞争对手产品的总成本。成本优势的来源因产业结构不同而异，它们可以包括追求规模经济、专利技术、原材料的优惠待遇和其他因素。如果一个公司能够取得并保持全面的成本领先地位，那么它只要能使价格相等或接近于该产业的平均价格水平，它的低成本地位就会转化为高收益。

成本领先战略是公司获得并保持持久竞争优势的有效战略，但同样有其局限性，具体体现在以下两点。

第一是成本领先地位难以保持。实行成本领先战略的公司面临的最大挑战是必须始终保持产业内最低的成本地位，但要做到这一点，比获得成本领先地位更加困难。一方面，处于成本领先地位的公司，通常拥有相对先进与完善的技术体系，其竞争对手深知，基于现有技术体系来开展竞争，难以取得突破性进展，因而必然会谋求新的技术体系以取代旧的技术体系。一旦某产业的技术体系发生质变或部分质变，原有领先公司在技术领域的投资与学到的经验将大大贬值，成本优势将不复存在。另一方面，公司要想维持成本领先地位，必须不断降低成本以保持对竞争对手的成本优势。但随着技术及产业的成熟，公司降低成本的空间及幅度日渐狭小，公司成本优势的维持也日渐困难。

第二是成本的优势不能弥补差别化的劣势。在市场上，成本领先公司的优势表现为价格优势，而其劣势就是产品缺乏个性。当公司产品的价格优势难以弥补其差别化劣势时，公司也会将市场优势拱手让与实施差别化战略的公司。一般而言，实施成本领先战略的公司都过度关注公司内部经营效率的提高，缺乏对顾客需求的良好把握，在顾客需求发生变化的情况下，即使公司仍然能够保持产品的价格优势，但由于已无法满足顾客需求，原有的市场也将被实施差别化战略的公司所占领。

6.3.2 别具一格战略

别具一格，即差别化战略，是指通过为产品融入顾客需要的独特个性而使产品在顾客心目中升值，赢得顾客的消费偏好，从而以较高的产品价格占领市场，赢得超过产业平均水平的收益。实施别具一格战略的公司，在客户广泛重视的某些方面力求在本产业中独树一帜。别具一格的手段因产业不同而异，可以建立在产品本身的基础上，也可以以产品销售的交货系统、营销手段以及其他种种因素为基础。一个能够取得和保持其别具一格形象的公司，如果其溢价超过了为做到别具一格而发生的额外成本，就会成为其产业中高于平均水平的佼佼者。

实施别具一格战略的公司立足市场的关键是独特价值的提供与因此而形成的顾客对本公司产品的消费偏好。具备独特性价值的产品通常需要公司进行大量的投资与长时间的努力，而这必然引起公司成本的增加。因此，别具一格战略的风险主要有以下两类。

第一是差别化优势的丧失。对于那些具有差别化优势的公司，竞争者会想方设法予以学习与模仿，以改进自己的产品或服务，达到缩小或弥补差别化劣势的目的。因此，竞争对手的模仿是差别化优势丧失的重要原因之一，获得差别化优势的公司既要注意差别化优势的保护、维持与强化，又要不断寻求新的差别化优势。差别化优势丧失的另一重要原因是顾客对独特性的不认可。产品或服务的独特性只有满足顾客所重视的需求，才能被顾客认可，从而为公司带来差别化优势。

第二是差别化优势无法弥补成本劣势。通常情况下，顾客愿意为所获得的独特性价值支付一定的溢价，但是，溢价的幅度不能超过顾客的承受能力。因此，当实施别具一格战略的公司成本过高时，将面临两难的选择：如果大幅提高产品价格以弥补成本，就会失去大量的顾客；如果价格不变或稍微提高以保住市场份额，就会流失大量利润，甚至亏损。从长远看，两种选择都会影响公司的正常发展。

6.3.3 集中一点战略

采用集中一点战略的公司，选择一个产业里的一部分或一个细分市场，通过完善适合其目标市场的战略，谋求在它并不拥有全面竞争优势的目标市场上取得竞争优势。集中一点战略有两种不同形式：公司着眼于在其目标市场上取得成本优势的叫做成本集中，而着眼于在其目标市场上取得别具一格形象的叫做别具一格集中。

集中一点战略的两种形式都是以公司在某一产业中的目标市场和其他市场的差异为基础的。目标市场上必须拥有其需求非同寻常的客户，采取集中一点战略的公司可以通过专门致力于为这部分市场服务而取得竞争优势。如果目标市场和其他部分市场并不存在任何差异，那么集中一点的战略就无法成功。

6.4 市场营销组合

确定整体市场营销战略之后，公司要开始策划市场营销组合的细节。市场营销组合(marketing mix) 是营销战略计划的核心内容，它是指公司为使目标市场产生预期反应而整合使用的一系列可控的、策略性的营销工具。美国营销学学者麦卡锡教授在20世纪60年代提出“产品 (product)、价格 (price)、渠道 (place)、促销 (promotion)”的营销组合策略(即4P)，如图6-4所示。制定有效的市场营销方案将市场营销组合的所有要素协调成一个整合营销计划，借此向目标顾客递送价值，实现公司的营销目标。现在的市场营销组合除了4P以外，还有6P、7P、10P、4C等，其实问题的关键不是在于增加几个P，最重要的是提供给使用者一个简明有效的问题分析范式。

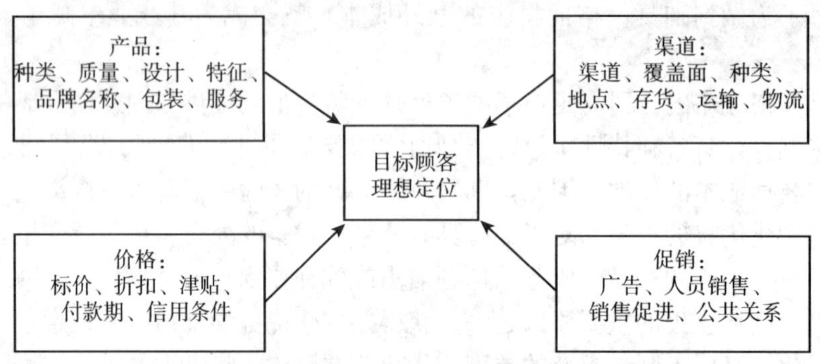

图6-4 市场营销组合的4P

6.4.1 产品策略

企业在制定本公司的产品策略时要立足“顾客导向”的基点，也就是说思维不能局限于如何使消费者接受公司的产品，而是企业将如何最大限度地满足顾客的某种需求。产品是满足顾客需求的一种手段，也是营销组合的重要因素。

在商品交换的过程中，一切可用于交换的有形或无形的东西都是产品。产品的组合是指企业提供给目标市场的货物、服务的集合，不仅包括产品基本特征，如效用、质量、外观、式样、品牌、包装和规格等，而且还包括产品的附加值，如服务和保证等因素。

菲利普·科特勒等将营销学中的产品整体概念扩展成5个层次：核心产品、基础产品、期望产品、附加产品以及潜在产品。以餐厅为例，低收入人群只想要能够吃饱的核心产品；进一步的要求是安全、卫生等条件的基础产品；中等收入的人群对口味要求比较高，还期望提供舒适的进餐环境；高收入者注重健康和品位，想得到象征身份的期望产品；更高收入的人群甚至希望提供代驾服务等潜在服务。

6.4.2 价格策略

在营销过程中，价格是一个最具敏感性的因素，同时它也是非常灵活的因素。企业要想使目标市场的产品具有吸引力或不具有阻力，必须要确定适当的价格。

定价的组合是指衡量产品的价值，一般具有企业出售产品所追求的经济回报的主观意识，还要具备符合现实情况和竞争状况的客观意识。影响产品定价的因素很多，其中基本要素有以下 5 类：产品成本、市场需求、竞争因素、政府管制和企业定价目标。企业在为产品或服务定价时，必须要对这些方面认真考虑，制定出令人满意的价格。企业为了生存和发展还需要及时考虑调整价格，以应对竞争者发来的攻击，这不是必需的措施，却是相对明显有效的做法。

6.4.3 营销渠道策略

现在的市场越做越大，分工明确。菲利普·科特勒认为，营销渠道是由在生产者和最终用户之间执行不同职能的一系列营销中介机构组成的，它们不同程度地参与其中的有关工作或承担相应的职能。有了好的产品和适合的价格，还需要一个通畅的营销渠道。

渠道的组合是指公司使自己的产品到达目标顾客的各种活动，包括途径、环节、场所、仓储和运输等。营销渠道中的成员，如代理商、批发商或零售商，为了共同利益互相依赖，组成在一起。它们承担着将所要销售的产品准确、快捷、方便、经济地送到消费者手中的职责。一家公司的成功不仅取决于其自身的表现，还取决于整个营销渠道与竞争者相比是否更为有利。为了在顾客管理中游刃有余，企业必须管理好与合作者的关系，形成具有凝聚力的价值递送网络，才能取得更大的成功。例如宝洁公司与沃尔玛紧密合作，两家公司联合制定经营目标和战略、存货水平以及广告和促销计划，为最终消费者创造了极高的价值。

6.4.4 促销策略

促销组合指企业利用各种信息载体向目标顾客沟通产品价值的传播活动，包括广告、人员推销、营业推广与公共关系等。合理、有效的促销方式是激发顾客购买欲望的非常直接的营销手段。例如，“柯达”与“富士”之争。多年来，美国和日本在经济领域里的竞争非常激烈。正当日本的资本大规模侵入美国时，美国柯达胶卷公司却悄悄地打入了日本，争夺着实力雄厚的日本富士公司的市场。柯达公司趁着“富士”和“柯尼卡”致力于海外扩张时，花了相当于它们两家 2 倍的广告费，在日本各地大做广告，仅是在各大城市竖立巨型霓虹灯广告牌一项就花费了 100 万美元。在札幌和北海道的广告牌可算是日本最高的两座。促销的另一手段即赞助，对相扑、柔道、网球等比赛都慷慨解囊。1988 年汉城奥运会时，柯达公司赞助了日本体育代表团，赢得了日本人的好感。从此，“柯达”在日本几乎家喻户晓。

有效的市场营销方案将市场营销组合的所有因素协调成一个整合的营销计划，借此向目标顾客递送价值，实现公司的营销目标。

本章习题

一、单选题

1. 企业在市场的竞争地位可以分为市场领导者、市场挑战者、（　　）和市场补缺者。

   A. 市场发现者　　B. 市场开发者　　C. 市场追随者　　D. 市场获利者

2. 企业制定营销战略的首要内容和基本出发点是（　　）。
   A. 目标市场　　B. 市场细分　　C. 市场规划　　D. 发展生产
3. 以现有的产品打入新市场称为（　　）。
   A. 产品开发　　B. 市场渗透　　C. 多角化　　D. 市场开发
4. （　　）是指实行各种形式的联合经营，或者争取同类企业的所有权或者控制权。
   A. 前向一体化　　B. 水平一体化　　C. 后向一体化　　D. 以上均是
5. 以现有的产品面对现有的顾客，在不改变目前产品的情况下，使发展焦点转为提高销量，力求增大产品的市场占有率的策略称为（　　）。
   A. 产品开发　　B. 市场渗透　　C. 多角化　　D. 市场开发

二、多选题

1. 密集化增长战略的实现形式包括（　　）。
   A. 市场开发　　B. 市场渗透　　C. 产品开发　　D. 保持现有市场
   E. 多角化
2. 市场竞争战略包括（　　）。
   A. 成本领先战略　B. 别具一格战略　C. 集中一点战略　D. 一体化增长战略
   E. 技术领先战略
3. 传统的 4P 营销组合策略是指（　　）策略。
   A. 价格　　B. 渠道　　C. 产品　　D. 促销　　E. 公共关系

三、名词解释

1. 市场营销战略　　2. 前向一体化　　3. 同心多角化　　4. 后向一体化
5. 混合多角化

四、简答及论述题

1. 请简述制定营销战略的步骤。
2. 请简述市场竞争战略的三种形式，并分析其各自的优缺点。
3. 何谓市场开发策略？它有哪几种形式？
4. 简述营销组合策略。

案例讨论

星巴克王国

只用了短短几年时间，星巴克在中国就成了一个时尚的代名词。它所标志的已经不只是一杯咖啡，而是一个品牌和一种文化。1971 年 4 月，位于美国西雅图的星巴克创始店开业。

1987 年 3 月，星巴克的主人鲍德温和波克决定卖掉星巴克咖啡公司在西雅图的店面及烘焙厂，霍华·舒兹则决定买下星巴克，同自己创立于1985年的每日咖啡公司合并改造为“星巴克企业”。

现在，星巴克已经在北美、欧洲和南太平洋等地建立了6 000多家店，近几年的增长速度每年超过500家，平均每周超过10 000万人在店内消费。预计2005年，星巴克在全球将有10 000家店。目前，星巴克是唯一一个把店面开遍四大洲的世界性咖啡品牌。星巴克认为他们的产品不单是咖啡，还包括咖啡店的体验。研究表明：三分之二成功企业的首要目标就是满足客户的需求和保持长久的客户关系。相比之下，那些业绩较差的公司，这方面做得就很不够，他们更多的精力是放在降低成本和剥离不良资产上。

星巴克一个主要的竞争战略就是在咖啡店中同客户进行交流，特别重视同客户之间的沟通。每一个服务员都要接受一系列培训，如基本销售技巧、咖啡基本知识、咖啡的制作技巧等。要求每一位服务员都能够预感客户的需求。

另外，星巴克更擅长咖啡之外的“体验”：如气氛管理、个性化的店内设计、暖色灯光、柔和音乐等。就像麦当劳一直倡导售卖欢乐一样，星巴克把美式文化逐步分解成可以体验的东西。

“以顾客为本：认真对待每一位顾客，一次只烹调顾客那一杯咖啡。”这句取材自意大利老咖啡馆工艺精神的企业理念，成为星巴克快速崛起的秘诀。注重“one at a time”(当下体验）的观念，强调在每天工作、生活及休闲娱乐中，用心经营“当下”这一次的生活体验。

星巴克还极力强调美国式的消费文化，顾客可以随意谈笑，甚至挪动桌椅，随意组合。这样的体验也是星巴克营销风格的一部分。

在一个习惯喝茶的国度里推广和普及喝咖啡，首先遇到的是消费者情绪上的抵触。星巴克为此首先着力推广“教育消费”。通过自己的店面，到一些公司去开“咖啡教室”，以及通过自己的网络，星巴克成立了一个咖啡俱乐部。

顾客在星巴克消费的时候，收银员除了品名、价格以外，还要在收银机键入顾客的性别和年龄段，否则收银机就打不开。所以公司可以很快知道消费的时间、消费了什么、金额多少、顾客的性别和年龄段等。除此之外，公司每年还会请专业公司做市场调查。

星巴克的“熟客俱乐部”，除了固定通过电子邮件发新闻信，还可以通过手机发送短信，或是在网络上下载游戏，一旦过关可以获得优惠券，很多消费者就将这样的讯息转寄给其他朋友，造成一传十、十传百的效应。

思考讨论题

1. 分析星巴克的使命。
2. 分析星巴克的市场竞争战略。

第 7 章

市场细分与市场定位

本章导读

市场营销的好坏不仅关系到企业的效益，更关系到企业的生死存亡。企业的资源是有限的，面对广袤的市场，只有进行准确的市场定位，选择企业最为擅长的细分市场领域，才能使企业在激烈的市场竞争中赢得一席之地。本章主要讲述市场细分的划分、目标市场的选择以及市场定位等内容，其中市场定位的方法为本章的学习重点。

本章的知识结构图如下：

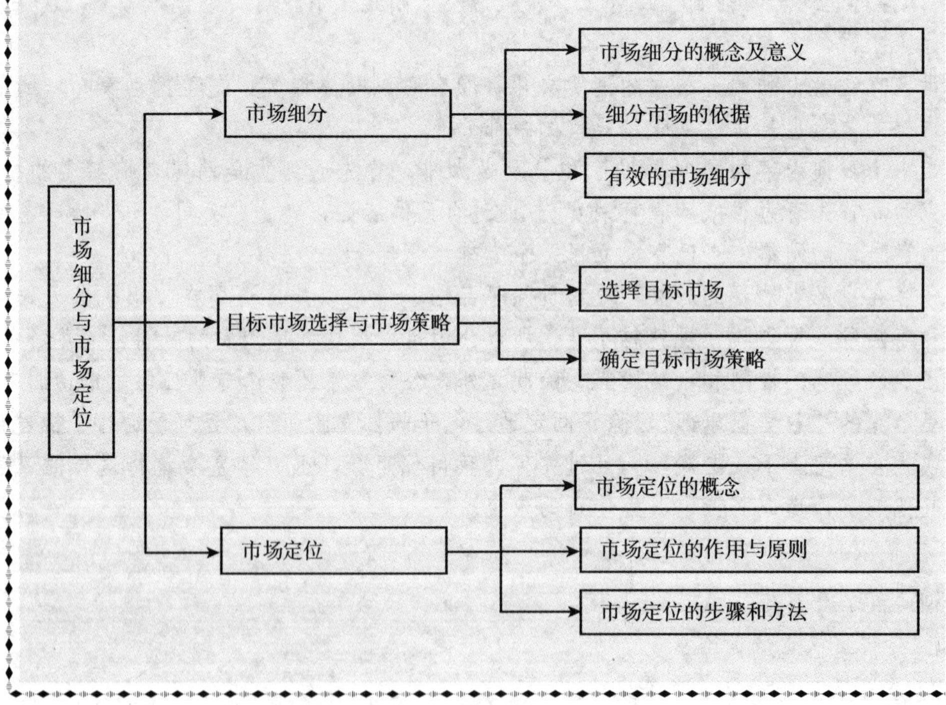

开篇案例

三得利啤酒的市场定位

三得利啤酒在上海的胜出，首先应归功于它的市场定位。

三得利上市之前，上海啤酒以浓郁型为主。随着人们生活水平的提高，浓郁型啤酒已不适合人们的口味。为此，三得利啤酒上市前，委托了著名的市场调查公司先后做了4次大型口味测试，最终确定了三得利啤酒“清醇爽口”的市场定位。

这一定位的依据是：三得利啤酒采用地下238米深处的天然矿泉水酿造，再配上加拿大的哈林顿麦芽、德国的SAZZ酒花和日本空运来的酵母，使啤酒清醇爽口，泡沫丰富，余味悠长。

这一市场定位在上海这样一个饮用水质量不高、但经济发达的大都市中，对消费者的吸引力特别强。经过连续几年的广告宣传，消费者对三得利啤酒逐渐产生了强烈的偏好，以至于后来多个竞争品牌推出清爽型啤酒，都难以达到目标市场的认同。因为消费者往往把它们与三得利啤酒作比较，在消费者心目中，三得利啤酒已经成为清爽型啤酒的标准和代名词，这一市场定位为三得利啤酒找到了一个潜力巨大的消费市场。

（资料来源：马绝尘．本土市场营销［M］．北京：企业管理出版社，2003：72.）

7.1 市场细分

由于受能力和资源所限，任何一家企业都不可能服务于所有的客户。在相对无限的市场上，企业如果盲目四处出击，不但得不到新的顾客，可能连现有的顾客都无法维系。因而企业必须要有效识别客户，将异质市场中那些需求相近的消费者进行分类，以便集中资源选择合适的目标客户。

7.1.1 市场细分的概念及意义

1. 市场细分的概念

市场细分亦称市场细分化，是美国学者温德尔·史密斯（Wendell R. Smith）在20世纪50年代中期提出的，其核心的意义是将一个整体的市场根据消费者需求的差异性，划分为若干个具有共同特征的子市场，并确定企业的目标市场的活动过程。

任何一个服务于广阔市场的公司都会意识到，因为顾客分布广泛，购买需求差异很大，例如对于手表产品，有的顾客追求走时准确，有的追求防水，有的追求机械性能，有的追求其代表的身份象征。因此，无论其产品性能和品质如何，都无法用一种产品为所有的顾客都提供完善的服务，因为竞争对手会利用这种购买需求的差异为那些具有特定需求的顾客提供服务。企业要取得竞争优势，就必须识别那个（或那些）由于自己所具有的资源优势而能够为其提供有效服务的最具有吸引力的细分市场，而不是到处参与竞争。对于一个处于竞争环境的公司来说，市场细分是一个创造性的过程，为企业的市场营销提供了新的思路，对营销工作的成功起到了关键的作用。

2. 市场细分的意义

（1）挖掘新的市场机会，形成新的有吸引力的目标市场。企业必须利用自身的能力来占领有利可图的市场。有些市场看似十分拥挤，如果使用传统的思维方式来考察市场就很难发现新的市场机会，从而丧失了商机。企业必须根据消费者的各种属性、发展趋势来对市场进行充分的分析，并了解哪些需求得到了充分的满足，哪些需求基本得到满足，而哪些需求尚未得到满足，从而发现新的市场机会，并可能成为目标市场。例如在日本的口香糖市场上曾经发生过的案例：甲企业在日本口香糖市场上一枝独秀，占领了全国绝大部分的口香糖市场。如果用普通的视角去分析，这个市场已经被满足，不会再有机会了，但是乙企业在进行了充分的市场调研后认为，甲企业产品缺乏对成人需要的、成交方便的、包装规格较大的需求的满足，从而制定了营销计划，产品投放市场后一举成功。这个案例充分说明通过市场细分，能够挖掘出新的富有吸引力的市场，从而使企业获得新的机会。

（2）有利于企业提高经济效益。每个企业都希望获得最佳的投入产出比，企业市场营销的成功首先依赖于把握住能够为企业带来足够利润的市场，而足够的利润则取决于两个方面，即单位产品的销售利润和销售量。企业可以根据这两个因素结合自身的资源条件来选择市场。任何企业的资源都是有限的，尤其是中小型企业，在人、财、物都比较紧张的情况下，如果投入到单位产品利润低、销售量大的市场中进行竞争，那么显然其资源很难支撑巨大的包括新产品开发和市场推广的先期投入，而且较大的市场会引入新的竞争者加入，从而增加竞争的激烈程度并进一步压低价格。相反，单件产品利润较高而市场相对比较集中的市场却能为企业提供相对丰厚的回报。因而销售企业并不一定要仅仅盯住大的市场，而是要根据自身企业的资源情况最大限度地满足适合于自身条件的消费者。

阅读资料 4－1

哥弟女装的市场细分

哥弟是近年来应用市场细分化策略比较成功的服装品牌之一，30 岁以上这一年龄段的女性消费者生活讲究，需要得体而漂亮的衣着，但传统着衣观念和身材的限制，将她们阻隔在流行与时尚品牌之外，而她们恰恰就是扎扎实实的实力消费群。哥弟女装成功的秘密就在于解决了上述这些人的穿衣问题。

在中国的服装市场上，哥弟女装以“儒文化”为品牌内涵，以其准确的目标市场定位而在国内女装界占据一席之地。哥弟品牌绝不二价，颜色花而不俏，价格高而不贵，剪裁贴而不紧，完完全全对准了这群消费中坚的“胃口”。执著的坚持获得了执著的支持，哥弟女装将一大批忠实的顾客招揽在其周围，固定的客源消费支撑起其市场位置，不管市场环境多恶劣，有顾客不变的支持为其遮风挡雨。

哥弟品牌成功的一个重要原因就是市场细分化策略选择得当，在其他品牌把产品大都定位在年轻人身上、激烈竞争时，哥弟瞄准中年白领这一中坚市场，从服装设计、营销网络到形象设计都做足文章，从而也获得了这一年龄段消费者的青睐，并在国内女装的销售额上一直名列前茅。

（3）适应市场的快速变化和消费者需求多元化的发展趋势。随着世界经济文化的融合速度加快，市场上消费者需求的变化节奏也日趋加快，消费行为和偏好的离散程度加大，企业很难对整体市场上消费者的行为变化都作出相应的反应。同时，随着消费者生活水平和文化程度的提高，消费者的追求趋于多元化，使市场更加趋于“微型营销”的方向。销售企业越来越难以用某种产品来覆盖整体市场。而细分市场的优势在于：一方面，销售厂商专注于某个或几个具有鲜明特征的细分市场，对于这些相对较小的市场而言，消费者行为的变化的一致性比较高，容易被销售厂商发现并作出有效的反应；另一方面，由于销售厂商专注于这些细分市场，从而会对消费者的任何变化更为留意以防止竞争对手的蚕食，因而细分市场可以充分利用企业的资源对市场的任何变化作出有效的快速反应。

7.1.2 细分市场的依据

市场细分作为企业营销的重要部分，首先要保证其细分结果的有效性，而这首先依赖于进行市场细分的变量选择。选择的必须是那些确实可以依据其来区分消费者群体，并能够使销售公司制定出相应的市场计划的变量。否则，其细分市场的划分将是徒劳的。通常，将市场划分为两类来讨论：消费者市场和产业市场。

1. 消费者市场细分的依据

消费者市场的细分变量分为两大类：一类是根据消费者的特征或属性来分类，如地理特征、人口特征和心理特征，然后考察这些细分市场是否具有不同的需求；另一类是按照消费者追求的利益、使用产品的时间或对品牌的反应来细分市场，之后再考察这些细分市场是否具有不同的消费特征。消费者市场细分的主要变量见表 7－1。

表 7－1 消费者市场的主要变量列表

变量	典型分类
1. 地理变量	
地区	亚洲地区、东亚、西欧
城市规模	10 000 人以下、100 000～199 999 人、500 000～1 000 000 人
气候	热带、亚热带、温带
2. 人口变量	
年龄	6 岁以下、6～11 岁、31～40 岁
性别	男、女
家庭规模	1～2 人、3～5 人、8 人以上
家庭类型	中等家庭、大型家庭
家庭生命周期	青年单身、青年已婚、已婚无子女、已婚有子女，子女 6 岁以上
家庭月收入	1 000 元以下、1 001～3 000 元，3 000～7 000 元、7 000 元以上
职业	专业技术人员、经理、官员、业主、失业者、学生
教育程度	小学以下、中学、大学、研究生以上
宗教	佛教、基督教、无信仰
种族	汉族、回族、蒙古族
国籍	中国、新加坡
3. 心理变量	
社会阶层	上层、中层、下层
生活方式	变化型、参与型、自由型、稳定型
个性	冲动型、进攻型、交际型、权力主义型、自负型

续表

变量	典型分类
4. 行为变量	
时机	一般时机、特殊时机
追求的利益	便利、经济、易于购买
使用者的地位	未曾使用者、曾经使用者、潜在使用者、首次使用者、正常使用者
使用率	不使用、少量、中量、大量使用
忠诚度	无、中等、强烈、绝对
准备阶段	不了解、了解、熟知、感兴趣、想买、打算购买
对产品的态度	热情、肯定、不关心、否定、敌视

资料来源：菲利普·科特勒．市场营销原理［M］．北京：清华大学出版社，2003：228.

1）地理细分

地理细分是将市场根据具体情况划分为不同的地域，如城市、省、地区、国家、地域，等等。一方面，销售公司按照地理细分市场可以获得渠道管理上的方便；另一方面，由于地理区域的不同，消费者的偏好也会有所不同，按照地理区域来细分市场，有利于销售公司针对不同区域造成的消费者偏好的不同而采取不同的营销策略。例如我国南方人的口味较轻，不喜欢过咸或酱味，比较喜欢小包装，而北方人在这几点上与南方人对比比较强烈，这些明显的特点可以通过地理细分发掘出来，作为公司营销工作的基础。

2）人口细分

人口变量是市场细分中的一个重要变量，包括年龄、性别、家庭规模、家庭类型、家庭生命周期、家庭月收入、职业、教育程度、宗教、种族、国籍等变量。由于消费者对产品的需求、偏好、使用率、购买行为以及决策过程等因素与人口变量联系比较密切，而且人口变量的数据较其他变量的可获得性要高，因此，作为选择目标市场的重要依据以及选择恰当媒体以影响目标市场的根据，人口变量也是不可或缺的。

(1) 年龄和家庭生命周期。消费者的需求随着年龄和家庭生命周期的变化而改变，不同的年龄对产品的需求显然是不同的。年轻人喜欢时尚和体现自我个性的衣着，中年人注重衣着的质地和得体，老年人注重衣着的舒适性。同时，随着家庭生命周期的变化，消费者的需求也随之改变：单身没有结婚的青年大都喜欢制成品食物；结婚没有小孩的家庭偏向于时尚且自己动手烹制的半成品食物；小孩上学后，由于家庭负担较重，则偏向于采购营养丰富但比较方便的食品，且采购的量大而次数较少。

(2) 家庭类型。家庭类型也是一个重要的人口变量，中国城市的家庭类型同农村的家庭类型有着很大的区别，城市人口中不同阶层的家庭类型也存在着较大的差异。同老年人一起居住的属于扩展家庭，中国旧式大家庭属于大型扩展家庭。由于一个家庭中不同的角色对日用品或大件消费品的购买决策起着不同的作用，因而不同的家庭类型的购买过程和结果也就不尽相同。销售公司应该针对自己产品的具体情况，结合目标市场的家庭结构所决定的购买行为来制定营销策略。

(3) 家庭月收入。作为市场细分的一个重要变量，利用收入变量来细分市场在汽车、服装等产品市场上非常普遍。例如针对35～50岁女士的化妆品市场的细分时会发现，收入同化妆品的使用、购买数量和频率有很强的正向相关性。其他产品（如房地产、汽车、服装等）的市场细分也会出现类似的情况。

（4）性别。性别变量在市场细分中发挥着重要作用，在美容、美发、化妆品等产品或行业中得到了大量的应用。在诸如汽车、香烟等产品中也在引入性别变量来对市场进行细分。中国吉利汽车公司针对国内市场情况推出的“美人豹”车型就是针对时尚女性的产品。在人们的潜意识中，很多产品或产品的外形代表着应该是“男性”或“女性”使用的产品，从而影响着人们的购买行为。

需要特别指出的是，只有在有限的条件下公司才使用单个人口变量进行市场细分，销售公司更经常使用的是“多变量人口细分”。即用两个以上的人口变量来进行市场的细分。例如，在金融产品的设计时采用收入和年龄来进行细分。因为年轻人虽然收入高，但是积蓄并不多，且花费很高，而老年人的收入虽然不高，但是积蓄多且花费不大，因而他们在金融产品的需求上差异很大。这种情况适用于绝大多数的产品市场细分。

3）心理细分

即使是地理和人口因素细分为同类特征的人群，在心理特征上也会显示出很大的差异，因而心理细分是市场细分的重要变量。经常使用的心理细分变量有：个性、购买动机、生活方式等。

（1）个性。个性是个体所具有的心理特征，成熟的个性会导致个体同环境的接触得到比较一致的反应。消费者个性的差异在他们的购买行为中也会非常强烈地反映出来，因而销售公司经常使用个性来作为市场细分的变量。例如，苹果公司在日本推出某款计算机，其新奇的外表为这款计算机获得成功起到了重要作用。

（2）购买动机。购买动机是消费者购买产品的内在原因。由于消费者本身情况、产品不同，使用的频率和方式不同，以及产品品牌含义的不同，导致了购买动机的不同。消费者比较普遍的购买动机有：求实心理、喜新心理、爱美心理、慕名心理等。销售公司根据顾客的特点，需要在产品中突出满足目标顾客的特点以获得良好的市场份额。例如，雷达手表突出的是品质和技术，在潜水、航空等方面都营造了良好的形象和口碑，从而吸引了追求产品品质的顾客。而作为同一公司产品的劳力士手表，则充分利用了爱慕心理，在产品生产中极尽奢华之能事，打造出高贵的品质，从而吸引了“贵族”消费者。

（3）生活方式。生活方式是指人们在工作、娱乐、消费、等方面的相对持久的习惯和倾向。由于生活习惯的不同，消费者喜好的产品会产生很大的差异，例如美国服装公司将女士服装分为朴素型、时髦型、男子气等细分市场。通常在使用生活方式进行市场细分的时候，引用 AIO 尺度来进行测量。其中，A 表示活动（Activities）；I 表示兴趣（Interest）；O 表示意见（Opinion）。销售公司通过对这三个指标的测量来发现不同的消费群体。

4）行为细分

消费者行为是消费者表现出来的客观行为，比心理活动更加容易观察。因而许多营销人员认为行为细分是市场细分的最佳出发点。行为细分的变量通常主要有：使用者地位、品牌忠诚度、消费数量、待购阶段、态度、产品使用率等。

（1）使用者地位。按照使用者地位可以将市场划分为未曾使用者，曾经使用者、潜在使用者、首次使用者和正常使用者。销售公司应根据消费者使用地位的划分，结合自身的市场地位制订有效的营销策略。一般来说，市场上处于领先的公司侧重于吸引未曾使用者和潜在使用者，原因是他们拥有巨大的利润用以投入广告宣传，而较弱小的公司则侧重于吸引其他公司的正常使用者。

(2) 品牌忠诚度。消费者许多产品都存在着“品牌偏好”，因此市场可以据此来细分。消费者的忠诚对象是品牌、商店或其他实体。可以将品牌忠诚度划分为如下几类。

绝对忠诚者：消费者在任何时候购买某种产品时只选择一个品牌，即对品牌的忠诚永远不变。

不坚定的忠诚者：这种消费者同时忠诚于两到三个品牌，即对两三个品牌保持同时的忠诚。目前这类顾客群体发展得很快，他们在自己认为同层次的品牌中选择购买。

转移型忠诚者：指消费者的忠诚对象由原来的对象转变为另一个对象。

易变者：指对任何品牌都不表示出忠诚的消费者。他们因而具有较大的选择空间，在购买时能够讨价还价，并对不同品牌产品的差异性作出重组的比较。

对于不同的市场结构而言，如果是前两类顾客的比重较大，那么对于新的进入者来说开拓市场将是投入巨大、风险难测的业务；而对转移型忠诚者所占的比重较大的市场来说，如果进入者能够确实分析出消费者转移的真正原因，则可以据此在产品设计、营销、服务等环节作出有针对性的设计，从而占领市场份额。

(3) 消费数量。根据消费者使用产品的频率和数量可以将较费者分为：少量使用者、中等使用者和大量使用者。在很多行业中大量使用者所占的比例比较小，但是其消费量所占的比重却比较大。由于大量使用者往往在人口特征、心理特征、媒体习惯以及购买渠道上具有一定的相似性，因而销售公司需要针对大量消费者作出比较详细准确的分析和研究。例如就啤酒而言，与少量消费者相比，大量消费者通常具有以下特征：属于劳工阶层，年龄介于25～50岁之间，每天看电视的时间大于3.5小时，尤其喜爱体育节目。这些信息有助于啤酒的制造厂商对电视广告作出正确的决策。

(4) 待购阶段。消费者在购买商品的时候处于不同的阶段，有的消费者并不知道这种产品，有的消费者仅仅是知道这种产品，有的消费者对这种商品已经发生了兴趣，有的消费者正在准备购买这种产品。根据消费者所处的市场上的不同阶段来对市场进行细分也是很有效的一种手段。例如，对于消费者并不知道的新产品，销售公司可以进行产品宣传；而在市场上的大多数消费者都知道本公司产品的情况下，销售公司应针对本公司产品的特点、性能和价值进行宣传。

2. 产业市场细分的依据

对消费者市场进行细分的很多变量都可以用于产业市场的细分，例如地理、人口等，但是由于产业市场自身所特有的特点和与消费者市场截然不同的购买行为，导致对产业市场进行细分要遵照一些自身独特的标准。波罗玛（Bonoma）和夏皮罗（Shapiro）提出了用表7-2所示的变量来细分产业市场。

表7-2 产业市场的主要细分变量

客户情况	行业：应将重点放在哪些行业上 公司规模：应将重点放在多大规模的公司上 地域：应将重点放在哪些地域上
经营特点	技术：重点放在哪些顾客关心的技术上 使用者与非使用者地位：重点是处于什么地位的使用者 顾客能力：重点放在需要什么服务的顾客上

续表

采购方式	采购职能组织：选择采购组织高度集中化的公司，还是采购组织高度分散化的公司 权利结构：重点应放在技术人员占主导地位的公司，还是财务人员占主导地位的公司 现存关系的性质：重点服务已经建立可靠关系的公司，还是寻求更理想的客户 总的采购政策：重点放在乐于采用租赁的公司，重视服务的公司，还是系统采购的公司或秘密投标的公司
形式因素	紧迫性：是否将重点放在要求迅速交货或突然要货（服务）的公司 特殊用途：是否将重点放在产品的某些用途上，而不是重视全部的用途 订货量：将重点放在大宗订货上，还是少量订货上
个性特征	买卖双方的相似性：是否将重点放在与本公司的人员组成及价值观相似的公司上 对待风险的程度：重点放在敢于冒险的公司上，还是避免风险的公司上 忠诚度：是否将重点放在对供应商忠诚的公司上

（资料来源：科特勒．市场营销原理［M］．北京：清华大学出版社，2003：236.）

下面用一个玻璃生产厂商的例子来说明销售公司是如何运用表 7－2 中的细分变量来细分产业市场的。

首先，公司要对市场进行宏观的细分。宏观细分分为 3 个步骤：第一步，公司必须确定其服务的行业。显然，玻璃的用途广泛，可以应用于住宅、装饰、汽车、钟表等。公司结合自身设备的情况，选定了住宅作为其服务的行业；同时，根据市场地理集中度的调查结果，公司认为华北市场应该作为其服务的主要地区。因而公司决定以华北的建筑市场作为服务范围。第二步，公司需要确定产品的用途以生产最具吸引力的产品。根据市场调查的结果，华北地区的冬天比较寒冷，同时由于汽车的保有量较大，街道的噪声比较大，建筑物往往需要双层真空玻璃，而且高档建筑大都使用有色的产品。因此公司决定以有色双层真空玻璃为主要产品。第三步，公司需要考虑为多大规模程度的公司提供服务。大建筑公司为了降低成本，采用集中度高的采购方式，且非常重视财务核算，经常与一家供货商签订长期供货合同，忠诚度很高；而中小建筑公司则是以一个项目为单位来寻求供货商，对于新的进入者比较容易接触。因而公司选择为中小型建筑公司提供服务。

其次，公司需要进行微观细分价格取向、服务取向和质量取向。玻璃公司认为自己的产品质量过硬，能够提供比较复杂的定制服务，但是产品的价格优势并不明显，因此决定主攻服务取向和质量取向的建筑公司，从而有效地细分了市场。

上面仅仅是举了一个应用的实例，在具体细分产业市场的时候根据具体的情况而定。表 7－2 中的细分变量十分实用，在很多时候还需要根据市场和产品的具体情况来增加其他对细分具体市场有显著作用的变量。

7.1.3　有效的市场细分

需要指出的是，前面所介绍的是单一变量的市场细分，在更多的情况下，销售公司使用综合因素的方法来进行市场细分，即使用一种以上的细分变量。同样有效的方法还有系列因素法，也就是逐一地使用单一变量对市场进行逐层的细分。这些方法在市场细分中都是十分常用的。

细分市场的方法很多，同时可选择的细分变量也令人眼花缭乱，选用哪些变量才能够对市场作出有效的细分呢？例如对冷食市场的细分，显然用肤色细分是徒劳的，而用年龄细分则是有益的。因此，就必须了解有效的细分市场特征。

1. 可区分性

通过市场细分得出的不同细分市场人群之间是存在明显区别的，并且对不同的营销组合具有不同的反应。例如箱包的生产厂商，对高级公文包和学生用书包的区分是可识别的，这两种产品所针对人群接触媒体的习惯、购买渠道、购买行为、价格都有着明显的不同，因而对不同的营销组合作出不同的反应。

2. 可测量性

可测量性即对细分市场的规模、购买潜力和大致轮廓可以测量。销售公司可以通过一些重要的消费者的属性来描述细分市场，并通过充分的市场调研来得到结果。需要注意的是，在描述消费者属性的时候要注意这些属性间的关联性。

3. 可进入性

可进入性是指销售公司能够通过一定的渠道和营销手段进入细分市场，并为之提供产品或服务。有些市场由于地理分布太广、距离过于遥远，或是缺少有效的媒体接触手段而不能够使公司进入这一细分市场。

4. 可盈利性

可盈利性是指细分市场应该足够大，并且具有足够的支付能力并能够使公司获利。如果细分市场的结果是没有一个市场能够弥补公司为之投入的研发、生产、销售的费用，那就说明市场细分是无效的。

阅读资料 7－2

资生堂细分“岁月”

日本的化妆品，首推资生堂。近年来，它连续名列日本各化妆品公司榜首。资生堂之所以长盛不衰，与其独具特色的营销策略密不可分。

与一般化妆品公司不同，资生堂对其公司品牌的管理采取所谓品牌分生策略。该公司以主要品牌为准，对每一品牌设立一个独立的子公司。这样，每个子公司可以针对这一品牌目标顾客的不同情况，制定独立的产品价格、促销策略；同时，公司内部品牌与品牌之间，子公司与子公司之间也要进行激烈竞争。例如，20 世纪 90 年代初，该公司以年龄在 20 岁左右、购买能力较低，对知名品牌敬而远之、对默默无闻的品牌能自主选择的女性为目标顾客，推出“ettusais”系列化妆品。该品牌的营销管理就比较特别。在东京银座一楼专卖“ettusais”系列品的商店中，陈列的品种达 30 多种，且价格较低，顾客可以当场试用。考虑到目标顾客的思想行为特点，在“ettusais”系列化妆品包装上一律不写资生堂的名字，让人不易觉察这是大名鼎鼎的资生堂产品。通常，一般店铺中，顾客一上门，售货员就会做一大串说明，而资生堂 ettusais 店则规定，除非顾客主动询问，售货员绝不能对其进行干扰，而应为这些年轻女性创造一种能完全独立自主挑选的购物气氛。

20 世纪 80 代以前，资生堂实行的是一种不对顾客进行细分的大众营销策略，即希望自己的每种化妆品对所有的顾客都适用。20 世纪 80 年代中期，资生堂因此遭到重大挫折，市场占有率下降。1987 年，公司经过认真反省以后，决定由原来的无差异的大众营销转向个别营销，即对不同顾客采取不同营销策略。资生堂提出的口号便是“体贴不同岁月的脸”，对不同年龄阶段的顾客提供不同品牌的化妆品。为十几岁少女提供的是RECIENTE系列，二十岁左右的是 ettusais，四五十岁的中年妇女则有长生不老ELIXIR，五十岁以上的妇女可以用防止肌肤老化的资生堂返老还童 RIVITAL 系列。

7.2 目标市场选择及市场策略

7.2.1 选择目标市场

销售公司在使用各种有效的变量来划分细分市场后，下一个任务就是选择适合于本公司情况的目标市场。在选择目标市场之前需要完成的工作就是有效地评价每个细分市场的情况。

1. 评价细分市场

在细分市场之后，研究者会发现各个细分市场都有其特点：有的市场很大，但是地理分布分散；有的市场虽然较小，但是区域相对集中；有的市场虽然很有吸引力，但是缺乏接触的渠道。所有这些都需要谨慎地进行评价。通常，细分市场的评价从以下几个方面着手。

首先，需要考虑细分市场的规模和发展前景。一方面，公司需要的细分市场是要有适度市场规模的，对于特定的公司来说，过于狭小的市场不足以使公司获利，而过于庞大的市场又会使公司的资源耗罄，同时吸引过多的竞争对手加入而使公司需要更多的投入，从而陷入恶性循环。因此市场大小的适度是十分必要的。另一方面，一个衰退的市场同一个新兴的、正在成长的市场相比，公司更愿意进入成长性良好的细分市场，因为公司都希望未来能够有良好的获利能力。

其次，需要考虑细分市场结构的吸引力。细分市场可能具备理想的规模和发展特征，然而从赢利的角度来看，它未必有吸引力。波特认为有 5 种力量决定整个市场或其中任何一个细分市场的长期的内在吸引力，分别是：同行业竞争者、潜在的新参加的竞争者、替代产品、购买者和供应商。相应地具有如下 5 种威胁性。

（1）细分市场内激烈竞争的威胁：如果某个细分市场已经有了众多的、强大的或者竞争意识强烈的竞争者，那么该细分市场就会失去吸引力。如果该细分市场处于稳定或者衰退，生产能力不断大幅度扩大，固定成本过高，撤出市场的壁垒过高，竞争者投资很大，那么情况就会更糟。

（2）新竞争者的威胁：如果某个细分市场可能吸引会增加新的生产能力和大量资源并争夺市场份额的新的竞争者，那么该细分市场就会没有吸引力。问题的关键是新的竞争者能否轻易地进入这个细分市场。某个细分市场的吸引力因其进退难易的程度而有所区别。根据行业利润的观点，最有吸引力的细分市场应该是进入的壁垒高、退出的壁垒低。

（3）替代产品的威胁：如果某个细分市场存在着替代产品或者有潜在替代产品，那么该细分市场就失去吸引力。替代产品会限制细分市场内价格和利润的增长。公司应密切注意替代产品的价格趋向。如果在这些替代产品行业中技术有所发展，或者竞争日趋激烈，那么这个细分市场的价格和利润就可能会下降。

（4）购买者讨价还价能力加强的威胁：如果某个细分市场中购买者的讨价还价能力很强或正在加强，该细分市场就没有吸引力。如果购买者比较集中或有组织，或者该产品在购买者的成本中占较大比重，或者产品无法实行差别化，或者顾客的转换成本较低，或者由于购买者的利益较低而对价格敏感，或者顾客能够向后实行联合，那么购买者的讨价还价能力就会加强。

（5）供应商讨价还价能力加强的威胁：如果公司的供应商、公用事业、银行等，能够自由控制供应的产品和服务的质量或数量，那么该公司所在的细分市场就会没有吸引力。如果供应商集中且替代产品少，或供应的产品是重要投入要素且转换成本高，或者供应商可前向联合，那么供应商的讨价还价能力就会加强。

再次，需要考虑产品特征对细分市场的可传递性。无论细分市场的规模如何，获利能力如何，一旦公司确定其为公司的目标，就必须有针对性地制订营销计划。而营销计划的一个重要的参考是公司产品的相关信息是否能够有效地传递给细分市场的顾客。对于一个规模有限的公司来说，即使是细分市场的规模够大、可获利能力很强，如果该细分市场的顾客的分散程度过大、接触媒体的习惯过于分散，那么也意味着大量的宣传费用抵消，甚至超过了产品的利润。

最后，公司的目标和资源在评价细分市产的时候，公司必须对自己的目标和资源进行严格的审视。对于一个有吸引力的细分市场，公司首先要考虑的是这一细分市场是否符合公司的目标。例如，一个致力于为儿童提供素质教育动画片的非营利组织，当它意识到为成人提供娱乐性动画片的市场很有潜力的时候，就要考虑自身的目标是什么，因而放弃这一市场。同时需要考虑的是公司自身的资源和条件，任何一个细分市场都有其成功的条件。例如，一个为中低端市场提供手表的中等规模的生产厂商，尽管意识到高档手表市场正在发展，但应该理智地放弃进入高档手表的竞争，因为公司不具备进入高档手表市场所需要的资源（如生产设备、员工技能、品牌优势等）。

阅读资料 7－3

市场细分的基础

1. 顾客需求的差异性是客观基础

顾客需求的差异性是指不同的顾客之间的需求是不一样的。在市场上，消费者总是希望根据自己的独特需求去购买产品。根据消费者需求的差异性，可以把市场分为“同质性需求”和“异质性需求”两大类。

同质性需求是指由于消费者的需求的差异性很小，甚至可以忽略不计，因此没有必要进行市场细分。而异质性需求是指由于消费者所处的地理位置、社会环境不同、自身的心理和购买动机不同，造成他们对产品的价格、质量、款式上需求的差异性。这种需求的差异性就是市场细分的基础。

2. 顾客需求的相似性是理论基础

在同一地理条件、社会环境和文化背景下，人们形成有相对类似的人生观、价值观的亚文化群，其需求特点和消费习惯大致相同。正是因为消费者需求在某些方面的相对同质，市场上绝对差异的消费者才能按一定标准聚合成不同的群体。因此消费者的需求的绝对差异造成了市场细分的必要性，消费者需求的相对同质性则使市场细分有了实现的可能性。

3. 企业有限的资源是在外在基础

现代企业由于受到自身实力的限制，不可能向市场提供能够满足一切需求的产品和服务。为了有效地进行竞争，企业必须进行市场细分，选择最有利可图的目标细分市场，集中企业的资源制订有效的竞争策略，以取得和增强竞争优势。

（资料来源：http://baike.baidu.com/view/24278.htm.）

2. 选择目标市场

细分市场的目的就是便于公司选择目标市场。目标市场是公司准备进入并为其提供产品或服务的细分市场。公司有 5 种目标市场的选择方法，如图 7-1 所示。

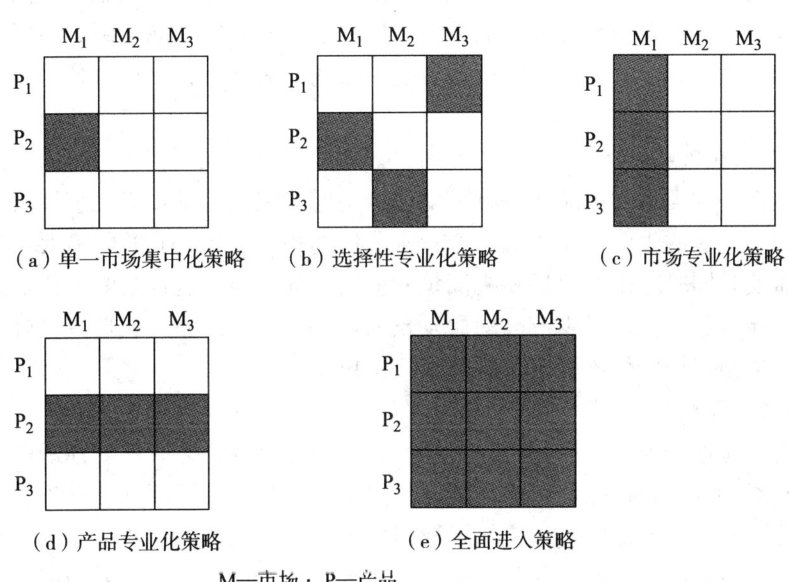

图 7-1 目标市场选择的 5 种策略

1）单一市场集中化策略

即公司面对一个目标市场，只提供一种产品，满足其一种特定的需要。例如，面对宾馆的电器设备这一细分市场，只提供彩色电视机这一单一产品的做法。较小的企业和刚进入市场的公司通常采用这种策略。这种策略有其优点：由于专注于某一细分市场，因而能够把握该细分市场的动态，对市场的变化作出准确的反应；同时，由于产品的单一化带来的规模和管理上的优势，能够最大限度地降低包括营销在内的费用，从而形成成本领先。

但是这种策略也存在着一定的风险，一旦目标市场消费者的偏好发生根本的改变，例如人们对矿泉水的需求由解决口渴转变到增加体内电解质，那就会意味着这一细分市场的萎缩和消失。因此，更多的公司会在多个细分市场上展开业务。

2）选择性专业化策略

即公司有选择地同时进入几个不同的细分市场，并有针对性地向各个不同的细分市场提供不同类型的产品，以满足其各自特定的需要。这一般是生产经营能力较强的企业在几个市场部分均有较大吸引力时所采取的决策。公司所选择的几个细分市场之间很少或者根本没有联系，公司可以运用不同的营销组合来吸引每个细分市场，并在各个市场上赢利。这种策略的优点是公司可以分散风险，即使是其中一个细分市场丧失了吸引力，其他的细分市场也可以赢利；其缺点是公司必须在几个细分市场上同竞争者作战，公司的资源在一定程度上被分散。

3）市场专业化策略

即公司面对同一细分市场，生产并提供该市场所需的多种产品以满足其需求。例如公司为宾馆电器这一细分市场同时提供电视、冰箱、电话、空调等设备的策略。通常是经营能力较强的企业试图在某一细分市场上取得较好的适应性和较大的优势地位而采取的做法。这种策略通常在公司的产品线之间能够在营销上产生协同作用，并且因为服务于同一细分市场从而降低交易成本，在顾客中竖立良好的信誉。但是由于面对的是同一细分市场，它们具有共同的属性，如果这个顾客群的需求降低或者这一市场失去吸引力，那么公司的经营就会面临很大的困难。

4）产品专业化策略

即公司生产一种类型的产品，并将其供应给不同的细分市场，满足它们对一种类型产品的需要。例如照相机的生产厂家，既生产一次成像的相机来满足旅游的需要，也生产民用相机满足家庭需要，同时还生产单反相机满足专业人士的需要。这种策略的优点是企业能够发挥各种产品的技术互补性，减少产品的研发投入，并在某一产品领域形成良好的形象，同时减小了对某一单独市场的依赖程度，降低了经营风险。

5）全面进入策略

即公司全方位地进入某一产品整体市场的各个细分市场，并有针对性地向各个不同的顾客群提供不同类型的系列产品，以满足该产品整体市场各个市场部分的各种各样的需要。这主要是大企业为在一种产品的整体市场上取得领域地位而采取的做法。

在运用上述策略时，企业一般是先进入最有吸引力且最有条件进入的市场部分，只是在机会和条件成熟时才酌情有计划地进入其他市场部分，逐步扩大目标市场范围。

7.2.2 确定目标市场策略

实行目标市场营销方式的公司，在细分市场、选择目标市场之后还要确定目标市场营销策略，即企业针对选定的目标市场确定有效地开展市场营销活动的基本方针。企业确定目标市场的方式不同，选择的目标市场范围不同，其营销策略也就不同。可供企业选择的目标市场营销策略主要有以下几种。

1. 无差异性营销策略

当企业面对的是同质市场或同质性较强的异质市场时，可以采用无差异性营销策略开展市场营销活动。在实际营销活动中这一策略对那些拥有广泛应用价值，能够大量生产、大量销售的产品基本上都是适用的。因此，不仅是同质市场，即便是异质市场（现实或潜在的），只要具备上述条件，也能够有效地实行这种策略。这种策略的基本特点是：企业不进行市场细分或者忽略各个细分市场的差异，将整体市场作为自己的一个大的目标市场；营销活动只注意市场需求的共同点，而不顾及其存在着的差异性；企业只推出一种类型的标准化产品，设计和运用一种市场营销组合方案，试图以此吸引尽可能多的购买者，为整个市场服务（如图 7 - 2 所示）。可口可乐公司就是成功地运用了这一营销策略，为整体市场推出单一产品并取得了成功。

无差异性营销策略的优点主要表现为以下几个方面。

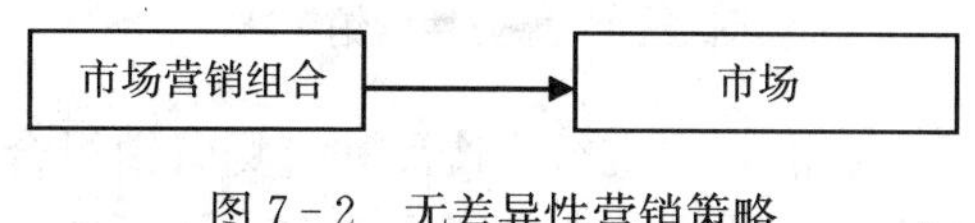

图 7 - 2　无差异性营销策略

（1）采用这种策略的企业一般可以设立大规模的单一产品生产线、广泛和大众化的销售渠道，通过大量的广告和统一的宣传等开展强有力的促销活动，因而往往能够在消费者或用户的心目中树立起“超级产品”的形象。

（2）大批量生产、储运和销售，可以降低单位产品的成本，无差异的广告宣传等促销活动可以节省促销费用，不搞市场细分也会相应地减少市场调研、产品开发、多种市场营销组合方案制订等方面所要耗费的人力、物力和财力资源，而这种经济性也正是该种策略立论的主要基础。

尽管无差异性营销策略具有很明显的优点，但是也有其局限性，具体表现为以下几个方面。

（1）由于消费者需求不断变化，一种产品长期为所有消费者或用户接受的情况越来越少，许多过去的同质市场已经转变为异质市场或正在向异质市场转化，因此在现代社会经济条件下这种策略的适用范围越来越小。

（2）当同行业中的多个企业都采用这种策略时，必然造成整体市场上的激烈竞争，而较小的细分市场的消费群体的特殊需求又得不到满足，这对生产经营者和消费者来说都是不利的。同时，也为潜在的进入者留下了进入的空间。

（3）由于许多同质市场都是潜在的异质市场，因此当一些企业在试图运用该策略吸引尽可能多的顾客时，其他一些企业则在为哪些得不到满足的顾客提供适合他们需要的产品，这些企业往往更能够满足某些细分市场消费者的需求，并蚕食了整体市场。从而使实行无差异性营销策略公司的努力受挫，处于被动的境地。

鉴于以上原因，不少过去长期实行无差异性营销策略的企业，都随着环境的变化被迫转而采用了其他的目标市场营销策略。例如，可口可乐公司根据消费者喜好的变化推出了多种饮料，并占领了多个细分市场。

2. 差异性营销策略

这是企业面对异质市场时可以选择的一种目标市场营销策略。这种策略的基本特点是：企业在对异质市场进行细分的基础上，从整体市场中选择多个乃至全部细分市场为自己的目标市场，并根据每个目标市场的需要分别制订相应的市场营销组合方案，提供特定的产品，在多个市场部分上有针对性地开展营销活动（见图 7 - 3）。

差异性营销策略的优点主要表现为以下几个方面。

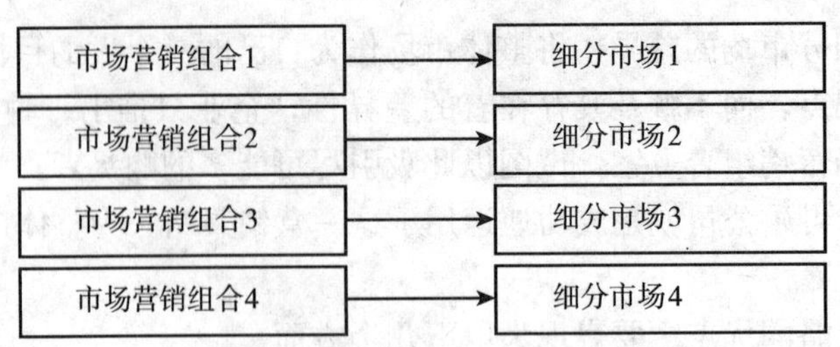

图 7-3　差异性营销策略

（1）企业针对各个细分市场的要求实行了产品和市场营销组合的多样化策略，因而可以较好地满足一种产品整体市场中各个消费者的不同需要，从而提高企业的适应能力和竞争能力，扩大产品销售。

（2）如果企业在数个细分市场上都取得了较好的营销效果，就能树立起良好的企业形象，大大提高消费者或用户对该企业及其产品的信赖程度、接受速度和购买频率，从而形成较大的优势。

鉴于以上优点，现在有相当多的企业都采用了这种目标市场营销策略，并取得了成功。

差异性营销策略的局限性主要表现为以下几个方面。

（1）运用这种策略的企业进入的细分市场较多，而且针对各个细分市场的需要实行了产品和市场营销组合的多样化策略，因此使企业的业务范围较宽、内容较为繁杂、业务量较大、生产经营费用较高、力量使用分散、管理的难度加大。因此，有些企业在采用这一策略的时候，采取了只对产品的整体市场进行粗分或少进入一些细分市场的做法，以便减少上述问题的出现，避免对企业产业不利的影响。

（2）采用这种策略受到企业资源能力的很大限制，因此实行该策略的多为资源雄厚、物质技术力量强、专业人才较多、经营管理基础好的大企业。

3. 密集性营销策略

这也是企业面对异质市场时可以选择的一种目标市场营销策略。这种策略是集中力量进入一个细分市场或是整体市场的几个细分市场，为目标市场开发一种理想的产品，实行高度专业化的生产和营销，集中力量为之服务。实行这种策略的企业，希望的不是不同的细分市场上都拥有较小的份额，而是力求在一个较小或少数几个细分市场上取得较高的甚至支配地位的竞争优势（如图 7-4 所示）。

密集性营销策略的优点主要表现为以下几个方面。

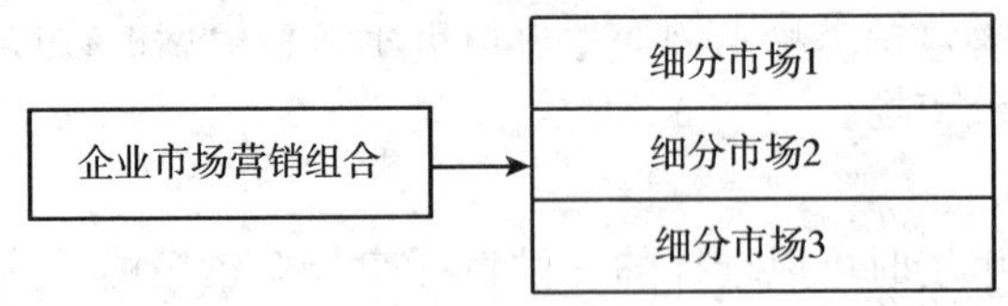

图 7-4　密集性营销策略

（1）由于企业集中力量于一个细分市场或其中几个更小的市场部分上，便于深入了解目标市场的需求情况而有针对性地开展营销工作，易于迅速占领市场并得到优势，从而提高在目标市场上的知名度。

（2）企业的目标市场范围较小，集中使用力量，实行了生产和营销等方面的专业化，可以减少投资和资金占用，降低生产成本和经营费用，加快资金周转，提高投资收益率，取得较好的经营效益。这种策略主要适用于小企业。小企业由于资源力量有限，因而无力在整体市场或多个细分市场上与大企业抗衡，但是在大企业未予注意和不愿顾及的某几个细分市场上全力以赴，则易于取得成功。寻找市场缝隙，实行密集性营销，为企业的成长打下坚实的基础，是小企业变劣势为优势的一种明智的选择。

密集性营销策略的局限性主要表现为：由于企业选定的目标市场范围窄小，业务单一，因而市场需求一旦发生较大的变化或遇到强有力的竞争对手侵入，企业往往会因回旋余地小而陷入困境。因此，采用这种策略的企业必须密切注意目标市场的需求动向以及其他营销环境因素的变化，制定适当的应急措施；自身的力量一旦有了增强，就要寻找机会，适当地扩大目标市场的范围或实行多角化经营。

以上介绍了可供企业选择的3种目标市场营销策略。一个企业在决定采取何种策略时，应全面考虑企业的资源条件、经营管理能力、产品的性质、产品所处的市场生命周期阶段、市场的性质、市场的供求状况和发展趋势、竞争对手的实力及其采取的目标市场营销策略等多方面的主客观条件和因素，权衡利弊方可作出抉择。此外，企业的目标市场营销策略应保持相对稳定，但随着上述各种条件和影响因素的变化，企业也应适时地加以必要的调整。

7.3 市场定位

定位（positioning）这一概念最早出现于艾·里斯和杰克·特劳特在1969年6月的《工业营销》（*Industrial Marketing*）杂志上发表的一篇论文当中，经过多年的发展和实践，定位观念日渐成熟与完善。定位理论是伴随着市场营销环境、营销观念对传播业的影响变化发展起来的。

7.3.1 市场定位的概念

市场定位的定义和含义有很多，其中最早提出“定位”这一名词的艾·里斯和杰克·特劳特是这样解释的：定位是以产品为出发点，如一种商品、一项服务、一家公司、一所机构甚至一个人，但定位的对象不是产品，而是针对潜在顾客的思想。

菲利浦·科特勒给出的定义是：市场定位是指公司设计出自己的产品和形象，从而在目标顾客心中确定与众不同的有价值的定位。定位要求公司能够确定向目标顾客推销的差别数目及具体差别。定位不在定位对象本身而是在消费者心中，是在消费者的大脑中占据的一个合理的位置，其具体的含义如下。

第一，市场定位不仅仅局限于产品营销，而是有着更为广阔的应用范围。市场定位的目的在于集中找到定位对象想要突出给消费者的一面，同时这个突出的一面正是消费对象想要看到的，并运用各种传播的手段把这一面进行强化，使消费对象能够清楚地注意到并长久地留在记忆当中。

第二，市场定位不是对产品本身进行实质性的改变，而是对市场的发现。定位过程中可能要求产品在名称、价格、包装等方面进行改动，但这些改动只是为了寻找潜在消费者心中有价值的位置而采取的形式上的改动。归根结底，是由于发现了市场的顾客需求，为了使产品能够更好地满足消费者的新需求所做的修饰上的变动，产品本身可能并没有发生实质性的变化。

第三，市场定位的关键是找出消费者心中所需产品的位置。定位所要占据的是消费者的心理位置，即所做的定位给消费者传达的信息要长时间地停留在消费者的记忆当中，一旦消费者接受到与该定位相关的外部信息时，第一时间就可以想到该定位所占据的位置。决定这一心理位置的因素有两个方面：一是消费者的心理活动，二是竞争对手的宣传策略。而要正确找到消费者心中所需产品的位置，就必须同时分析这两个因素，结合自身情况找到最佳的结合点以确定这个位置。

第四，好的定位一旦得到消费者的认，可能使企业形成巨大的竞争优势。而这一优势往往非产品质量和价格所带来的优势可比。但是定位不能简单地看成就是竞争优势。定位是要发现市场上存在的顾客需求，定位表现的优势并不一定就是企业自身所拥有的，只有在找到定位并充分挖掘企业自身资源，将该定位进入到消费者心中并得到了消费者认可后，定位所带来的结果才能称得上是企业的竞争优势。也就是说，不仅要找到好的定位，并且要能够很好地实现这个定位。

7.3.2 市场定位的作用与原则

1. 市场定位的作用

在市场营销活动中，市场定位主要发挥两方面的作用。

首先，市场定位有利于建立企业及产品的市场特色，是参与现代市场竞争的有力武器。在现代社会中许多市场都存在严重的供大于求的现象，众多生产同类产品的厂家争夺有限的顾客市场，竞争异常激烈。为了使自己的产品获得稳定销路，防止被其他厂家的产品所替代，企业必须从各方面树立起一定的市场形象，以期在顾客心目中形成一定的偏爱。市场定位的作用之一在于可以帮助企业更好地了解消费者需求，找到消费者的关注点及兴趣点，结合自身优势有效地向消费者传递信息，从而达到获取消费者心理偏好的目的。

其次，市场定位决策是企业制定市场营销组合策略的基础。例如，假设某企业决定生产、销售优质低价的产品，那么这样的定位就决定了产品的质量要高，价格要定得低，广告宣传的内容要突出强调企业产品质优价廉的特点，要让目标顾客相信低价也能买到好产品，分销储运效率要高，保证低价出售仍能获利。也就是说，企业的市场定位决定了企业必须设计和发展与之相适应的市场营销组合。市场定位将营销活动中的各个环节有机地结合起来，使得各个环节共同促进并发挥各自的作用，从而使得企业整个的营销活动得以顺利地展开并取得成功。

2. 市场定位的原则

不同企业经营的产品、提供的服务不同，面对的顾客就不同，所处的竞争环境也不同，因而市场定位所依据的原则也不尽相同。总的来讲，市场定位所依据的原则有以下几点。

（1）根据具体的产品特点定位。构成产品内在特色的许多因素都可以作为市场定位所依据的原则。例如所含成分、材料、质量、价格等。七喜汽水的定位是非可乐，强调它与可乐类饮料不同，是不含咖啡因的饮料。

（2）根据特定的使用场合及用途定位。为老产品寻找一种新用途，是为产品创造新的市场定位的好方法。小苏打曾一度被广泛地用作家庭的刷牙剂、除臭剂和烘焙配料，现在已有不少的新产品代替了小苏打实现上述功能。又如果珍饮料的定位，果珍饮料进入中国市场的时候恰逢改革开放之初，人们对国外产品比较欣赏，生产厂商利用这一优势，将果珍定位于礼品取得了成功。此外，我国曾有一家生产曲奇饼干的厂家最初将其产品定位为家庭休闲食品，后来又发现不少顾客购买是为了馈赠，于是将之定位为礼品并取得了成功。

(3) 根据顾客的利益定位。产品提供给顾客的利益是顾客最能切实体验到的，也可以用作定位的依据。1975 年美国米勒（Miller）啤酒公司推出了一种低热量的 Lite 牌啤酒，将其定位为喝了不会发胖的啤酒，迎合了那些经常饮用啤酒而又担心发胖的人的需要。

(4) 根据使用者类型定位。企业常常试图将其产品指向某一类特定的使用者，以便根据这些顾客的看法塑造恰当的形象。美国米勒啤酒公司曾将其原来唯一的品牌“高生”啤酒定位于啤酒中的香槟，吸引了许多不常饮用啤酒的高收入妇女。后来发现占 30%的狂饮者大约消费了啤酒销量的 80%，于是该公司在广告中展示石油工人钻井成功后狂欢的镜头，还有年轻人在沙滩上冲刺后开怀畅饮的镜头，塑造了一个个精力充沛的形象，在广告中提出“有空就喝米勒”，从而成功占领啤酒狂饮者市场达 10 年之久。

阅读资料 7－4

市场定位存在的误区

市场定位对企业营销活动的成功起着决定性的作用，但市场定位本身也存在着风险。通常来说企业市场定位中主要存在的问题分为以下几个方面。

1. 定位近视

企业往往从自身角度而不是从消费者角度出发，依然沿用传统的产品观念进行市场定位，只看到自己的产品质量好，而看不到市场需求已经发生了变化。由于社会的发展市场环境的变化，消费者的需求可能已经发生了变化，如果企业不能及时发现并掌握了解消费者心理的变化，而一味地认为自己的产品好，那就很容易造成原有的客户流失，并最终丧失原有定位带来的优势。

2. 不充分定位

由于定位概念模糊，消费者对定位的产品和品牌认识不到其独特之处，没有在心中树立明确的形象。因为人的大脑很难记住复杂的东西，如果企业的定位过于模糊或者复杂，没有特别突出的重点或单一的特点传递给消费者，那么消费者对于该定位就很难留下深刻的印象，在出现了其他能够给消费者以更强的刺激的定位后就会把原来这个模糊不清的定位忘掉。简单明了的东西往往会更容易给人以深刻的印象并长久地留在记忆中。

3. 过分定位

没有认清消费者的心理偏好，或者价格定得不合理或者服务定得不恰当，没有满足消费者真正的需要，而过分强调了产品的某些特性，就会给消费者带来不信任感。消费者由于自身对产品及市场的了解，已经形成了某种消费心理及对产品的认知，形成了自己心中的某种概念。如果企业没有充分了解到消费者心中的这种概念，没有意识到消费者的切实需求而过分强调产品的特性，往往会造成消费者的抵触情绪。一方面消费者可能会觉得企业的定位超出自己需求，自己将为超出部分额外付出代价；另一方面消费者会认为企业的定位不是真实的定位，含有虚假的成分而产生不信任感及疑虑。

4. 混淆定位

品牌特征太多或品牌定位变换过于频繁，使消费者对产品品牌形象感到困惑。在定位当中没有分清产品特征的轻重而是全部予以传播，最终导致没有特点或者是对于已有的定位信心不足。在短时间内没有明显的效果就盲目地改变定位方向，从而给消费者带来无所适从之感。从根本上说，以上做法都是对消费者心理了解不够造成的，没有对消费者的需求进行认真的调查分析而盲目地进行定位。

7.3.3 市场定位的步骤与方法

如何进行市场定位不仅是技巧而且涉及营销观念的改变和更新。在当今信息爆炸的市场上，那种以吹嘘夸大树立产品形象的做法已经落伍，取而代之的是实事求是地认定并强化自己在消费者及用户心目中所占有的位置。市场定位一般包括以下步骤。

1. 明确潜在的竞争优势

作为销售企业的首要工作就是要调查研究影响定位的因素，了解竞争者的定位状况（竞争者向目标市场提供了何种产品及服务，在顾客心目中的形象如何）对其成本及经营情况做出评估，并了解目标顾客对产品的评价标准。企业应努力搞清楚顾客最关心的问题，以作为决策的依据。同时，要确认目标市场的潜在竞争优势，是同样条件下能比竞争者定价低，还是能提供更多的特色满足顾客的特定需要，企业通过与竞争者在产品、促销、成本、服务等方面对比分析，了解自己的长处和不足，从而认定自己的竞争优势。

2. 选择相对的竞争优势

相对的竞争优势也就是一个企业能够胜过竞争者的能力。这种能力可以是企业本身具备的或是具备发展潜力的，也可以是通过努力创造的。总之，相对的竞争优势是本企业能够比竞争者做得更好的工作。企业还可以根据自己的资源配置（资金、技术、设备、土地资源、铁路专用线、优越的地理位置等）通过营销方案差异化突出自己的经营特色，如产品差异（突出产品的某种属性、特色、性能等），服务差异（送货、储运、装卸、配送等）以及形象差异（品牌、标志等），使顾客感觉自己从中得到了价值最大的产品及服务。

3. 显示独特的竞争优势

显示独特的竞争优势也就是准确地向目标市场传播企业的定位以期获得消费者心理共鸣。企业作出市场定位决策后，要与选定的目标市场进行有效的沟通，包括建立与市场定位相一致的形象，让目标顾客知道、了解并熟悉企业的市场定位。如果是一家“优质高档”定位的企业，就必须推出优质产品，制定较高售价，提供高水平的相关服务，选择高档次中间商分销以及通过高档次报刊做广告，才能树立持久而令人信服的优质形象。

市场上原有产品通常已经在顾客心目中形成一定形象，占有一定地位。例如：人们认为可口可乐是世界上最大的软饮料公司，奔驰、凯迪拉克是豪华型汽车等。这些品牌拥有自己的地位，竞争对手很难取代他们。在这些产品市场上，参与竞争的企业要想争得立足之地难度很大，因此，企业必须有适当的定位方式并选准一个切入点。一般有以下几种定位方法。

（1）避强定位（另辟蹊径式）。当企业意识到自己无力与强大的竞争者抗衡时，则远离竞争者，根据自己条件及相对优势，突出宣传自己与众不同的特色，满足市场上尚未被竞争对手发掘的潜在需求。由于避开强手，这种方式风险小、成功率高，如能正确运用此方式准确定位，即使是实力较弱的小企业仍能取得成功。例如河北华龙集团，最初是由几位农民合办的股份制企业，在创业初期就在找准定位上下工夫。他们避开大企业竞争激烈的城市市场而定位于为农民服务，其产品定位是“物美价廉”——生产中低档方便面。由于定位准确且营销策略得当，目前已成为我国第三大方便面生产企业。

(2) 迎头定位（针锋相对式）。这是一种以强对强的市场定位方法。即将本企业形象或产品形象定在与竞争者相似的位置上，与竞争者争夺同一目标市场。实行这种定位的企业应具备的条件是：市场容量大，能比竞争者生产出质量更好或成本更低的产品；能够容纳两个或两个以上竞争者产品；比竞争者有更多资源和实力。这种定位存在一定风险，但能够激励企业以较高目标要求自己奋发向上。

(3) 创新定位（填空补缺式）。寻找新的尚未被占领但有潜在市场需求的位置，填补上市场的空缺，生产市场上没有的、具备某种特色产品。例如，“金利来”进入中国市场时就填补了男士高档衣物的空缺。高能集团也是采用这种定位方式并获得极大的成功，该企业创业时仅 200 元资产，却能够在激烈的市场竞争中生存并迅速发展，12 年间资产达 4 亿元，规模扩大了 2 000 倍。其成功得益于正确的定位方式及准确的切入点。该企业属于通信行业，但没有选择生产竞争者云集的传统的通信产品，而是选择了做通信与计算机的结合部——传输和管理。因为传统计算机及传统通信有许多企业在做，竞争激烈，他们不具备优势，而在两者结合部却形成真空，他们具有相对优势，有足够大的市场。由于其产品技术难度大，国内同行很难进入，而且这是个具有中国特色的市场，国外大公司也难以进入。因此，高能集团如鱼得水，迅速发展，目前已成为江苏省最大的民营企业。采用这种方式时，企业应明确创新定位所需的产品在技术上、经济上是否可行，有无足够的市场容量。

(4) 重新定位。企业在选定了市场定位目标后，如定位不准确或虽然开始定位得当，但市场情况发生变化后（如遇到竞争者定位于本企业附近，侵占了本企业部分市场，或由于某种原因使消费者或用户的偏好发生变化，转移到竞争者方面等），就应考虑重新定位。重新定位是以退为进的策略，目的是实施更有效的定位。

阅读资料 7-5

万宝路的重新定位

20 世纪 20 年代的美国，被称为迷惘的时代。经过第一次世界大战的冲击，许多青年都自认为受到了战争的创伤，并且认为只有拼命享乐才能将这种创伤冲淡。他们或在爵士乐的包围中尖声大叫，或沉浸在香烟的烟雾缭绕当中。无论男女，他（她）们嘴上都会异常悠闲雅致地衔着一支香烟。妇女们愈加注意起自己的红唇，她们精心地化妆，与一个男人又一个男人“伤心欲绝”地谈恋爱；她们挑剔衣饰颜色，感慨红颜易老，时光匆匆。妇女是爱美的天使、社会的宠儿，她们抱怨白色的香烟嘴常沾染了她们的唇膏。于是“万宝路”问世了。“万宝路”这个名字也是针对当时的社会风气而定的。MARLBORO 其实是 Man Always Remember Lovely Because Of Romantic Only 的缩写，意为男人们总是忘不了女人的爱。其广告口号是“像五月的天气一样温和”。用意在于争当女性烟民的“红颜知己”。

为了表示对女烟民的关怀，莫里斯公司把“Marlboro”香烟的烟嘴染成红色，以期广大爱靓女士为这种无微不至的关怀所感动，从而打开销路。然而几个星期过去了，几个月过去了，几年过去了，莫里斯心中期待的销售热潮始终没有出现。热烈的期待不得不面对现实中尴尬的冷场。

“万宝路”从1924年问世，一直至20世纪50年代，始终默默无闻。它的温柔气质的广告形象似乎也未给广大淑女们留下多少利益的考虑，因为它缺乏以长远的经营、销售目标为引导的带有主动性的广告意识。莫里斯的广告口号“像五月的天气一样温和”显得过于文雅，而且是对妇女身上原有的脂粉气的附和，致使广大男性烟民对其望而却步。这样的一种广告定位虽然突出了自己的品牌个性，也提出了对某一类消费者（这里是妇女）特殊的偏爱，但却为其未来的发展设置了障碍，导致它的消费者范围难以扩大。女性对烟的嗜好远不及对服装的热情，而且一旦她们变成贤妻良母，她们并不鼓励自己的女儿抽烟！香烟是一种特殊商品，它必须形成坚固的消费群，重复消费的次数越多，消费群给制造商带来的销售收入就越大。而女性往往由于其爱美之心，担心过度抽烟会使牙变黄，面色受到影响，在抽烟时较男性烟民要节制得多。“万宝路”的命运在上述原因的作用下，也日趋黯淡。

在20世纪30年代，“万宝路”同其他消费品一起，度过了由于经济危机带来的“大萧条岁月”。这时它的名字鲜为人知。第二次世界大战爆发以后，烟民数量上升，而且随着香烟过滤嘴出现，可以承诺消费者，过滤嘴可以使有害的尼古丁进入不了身体，烟民们可以放心大胆地抽自己喜欢的香烟。菲利普·莫里斯公司也忙着给“万宝路”配上过滤嘴，希望以此获得转机。然而令人失望的是，烟民对“万宝路”的反应始终很冷淡。

怀着心存不甘的心情，菲利普·莫里斯公司开始考虑重塑形象。公司派专人请利奥-伯内特广告公司为“万宝路”做广告策划，以期打开“万宝路”的销路。“让我们忘掉那个脂粉香艳的女子香烟，重新创造一个富有男子汉气概的举世闻名的‘万宝路’香烟！”利奥-伯内特广告公司的创始人对一筹莫展的求援者说。一个崭新大胆的改造“万宝路”香烟形象的计划产生了。产品品质不变，包装采用当时首创的平开式盒盖技术，并将名称的标准字（MARLBORO）尖角化，使之更富有男性的刚强，并以红色作为外盒主要色彩。

广告的重大变化是：“万宝路”的广告不再以妇女为主要对象，而是用硬铮铮的男子汉。在广告中强调“万宝路”的男子气概，以吸引所有爱好追求这种气概的顾客。莫里斯公司开始用马车夫、潜水员、农夫等作为具有男子汉气概的广告男主角。但这个理想中的男子汉最后还是集中到美国牛仔这个形象上：一个目光深沉、皮肤粗糙，浑身散发着粗犷、豪气的英雄男子汉，在广告中袖管高高卷起，露出多毛的手臂，手指总是夹着一支冉冉冒烟的“万宝路”香烟。这种洗尽女人脂粉味的广告于1954年问世，它给“万宝路”带来巨大的财富。仅1954—1955年间，“万宝路”销售量提高了3倍，一跃成为全美第10大香烟品牌，1968年其市场占有率上升到全美同行第2位。

现在，“万宝路”每年在世界上销售香烟3 000亿支，用5 000架波音707飞机才能装完。世界上每抽掉4支烟，其中就有一支是“万宝路”。是什么使名不见经传的“万宝路”变得如此令人青睐了呢？美国金融权威杂志《富比世》专栏作家布洛尼克1987年与助手们调查了1546个“万宝路”爱好者。调查表明：许多被调查者明白无误地说他喜欢这个牌子是因为它的味道好，烟味浓烈，使他们感到身心非常愉快。可是布洛尼克却怀疑真正使人着迷的不是“万宝路”与其他香烟之间微乎其微的味道上的差异，而是“万宝路”广告给香烟所带来的感觉上的优越感。布洛尼克做了个试验，他向每个自称热爱“万宝路”味道品质的“万宝路”瘾君子以半价提供“万宝路”香烟，这些香烟虽然外表看不出牌号，但厂方可以证明这些香烟确为真货，并保证质量同商店出售的“万宝路”香烟一样，结果只有21%的人愿意购买。布洛尼克解释这种现象说：“烟民们真正需要的是‘万宝路’包装带给他们的满足感，简装的‘万宝路’口味质量同正规包装的‘万宝路’一样，但不能给烟民带来这种满足感”。调查中，布洛尼克还注意到这些“万宝路”爱好者每天要将所抽的“万宝路”烟拿出口袋20～25次。“万宝路”的包装广告所赋予“万宝路”的形象已经像服装、首饰等各种装饰物一样成为人际交往的一个相关标志。而“万宝路”的真正口味在很大程度上是依附于这种产品所创造的美国牛仔形象之上的一种附加因素。这正是人们购买“万宝路”的真正动机。

从“万宝路”两种风格的广告戏剧性的效果转变中，我们可以看到广告的魔力。正是广告塑造产品形象，增添了产品的价值。采用“集中”的策略，定位目标市场，使“万宝路”成长为当今世界第一品牌。

综上所述，市场定位是设计企业产品和形象的行为，以便使目标市场知道企业相对于竞争对手的地位。市场定位正确，能给企业带来巨大的经济效益和广阔的发展空间；反之，则会使企业蒙受巨大的经济损失。因此，企业在进行市场定位时，应慎之又慎，通过反复比较和调查研究，找出最合理的突破口。一旦建立了理想的定位，企业必须通过一致的表现与沟通来维持此定位，并应经常加以监测，以随时适应目标顾客和竞争者策略的改变。

本章习题

一、单选题

1. 企业将少数几个细分子市场视为其目标市场，试图生产不同的产品，分别满足不同细分子市场的顾客的需求的目标市场模式是（　　）。

   A. 选择性专业化　B. 产品专业化　C. 市场专业化　D. 全面覆盖

2. 企业只推出单一产品，运用单一的市场营销组合，力求在一定程度上适合尽可能多的顾客的需求，这种战略是（　　）。

   A. 无差异性营销战略　B. 密集性营销战略

   C. 差异性营销战略　D. 集中市场营销战略

3. 消费者市场的4个主要细分变量是（　　）。

   A. 行为、利益、人口、心理　B. 行为、心理、人口、地理

   C. 时机、态度、人口、利益　D. 气候、收入、态度、个性

4. 富士胶卷与柯达胶卷均采用优质高价的市场定位，其定位战略属于（　　）。

A. 对抗定位战略　B. 回避定位战略　C. 侧翼定位战略　D. 补缺定位战略

5. 1998年夏，海尔根据用户提供的信息及进一步的市场调研，推出冰温（-5℃～10℃）台式冷柜，抢先占领仍处于空白状态的零售鲜肉保鲜冷柜市场。这种定位战略属于（　　）。

A. 迎头定位战略　B. 避强定位战略　C. 重新定位战略　D. 创新定位战略

二、多选题

1. 有效市场细分的特征是（　　）。

A. 可区分性　B. 可测量性　C. 可进入性　D. 可盈利性

E. 可定位性

2. 下列属于消费者市场细分中心理变量的是（　　）。

A. 个性　B. 种族　C. 社会阶层　D. 生活方式

E. 家庭生命周期

3. 企业为显示独特的竞争优势，常采用的市场定位方法是（　　）。

A. 避强定位　B. 迎头定位　C. 创新定位　D. 重新定位

E. 全面定位

三、名词解释

1. 市场细分　2. 目标市场　3. 密集性营销策略　4. 市场定位　5. 避强定位

四、简答及论述题

1. 市场细分的标准有哪些？为何要进行市场细分？
2. 消费者市场细分的依据有哪些？
3. 试论述无差异性营销策略。
4. 简述市场定位与营销战略的关系。
5. 试分析你所熟悉的某一汽车品牌的市场定位。

案例讨论

可口可乐细分新市场

风行全球110多年的可口可乐公司是全世界最大的饮料公司，也是软饮料销售市场的领袖和先锋。其产品包括世界最畅销五大名牌中的4个（可口可乐、健怡可口可乐、芬达和雪碧）。产品透过全球最大的分销系统，畅销世界超过200个国家及地区，每日饮用量达10亿杯，占全世界软饮料市场的48%。

在中国，可口可乐公司的历史可追溯到1927年在上海成立第一家装瓶厂，此后在天津、青岛及广州等地亦相继设厂，并迅速成为美国本土以外第一家年产超过100万箱的装瓶厂。

多少年来，可口可乐公司稳坐世界软饮料市场的头把交椅。除了可口可乐产品本身独特的配方外，可口可乐公司良好的市场营销策略也起到了至关重要的作用。本案例详细描述了可口可乐公司如何通过开辟新的细分市场而获得成功，很值得大家学习和借鉴。

可口可乐的诞生

被誉为“清凉饮料之王”的可口可乐，在全世界最为流行，每年的销售量约3亿瓶，可口可乐堪称当今世界上最大的饮料公司。然而，它的诞生完全是一种意外的机遇。1886年美国亚特兰大市的一位名叫约翰·潘巴顿的药剂师，配制了一种用于强身壮体的饮料——法国古柯酒，放在自己经营的药房里出售。这是一种用微量的古柯与咖啡因、食油、香料等原料调和的浓糖浆，用水冲淡即可饮用。一天，有一位客人进店来要买“法国古柯酒”，店员到调剂室想把浓糖浆冲淡时，却一时找不到蒸馏水。于是，这位懒散的店员就拿了调剂台上的一瓶苏打水来代用。不久，客人又回来想要再买，并且说：“今天喝的法国古柯酒味道太棒了!”这就是最原始的可口可乐。约翰·潘巴顿利用这一偶然发现，经过检验，认定它是一种有益于人体健康的饮料。于是，专门投资生产这种饮料，并且由于可乐倒入杯中会发出“喀啦喀啦”的声音，所以命名为“COCA-COLA”(可口可乐)。

一个新的细分市场

早在20世纪70年代初，可口可乐公司就开始尝试在办公室设置机售系统，但终因系统占用场地太多和需要巨大的二氧化碳容器来产生碳酸而告吹。其他公司进入办公市场的尝试也屡屡受挫，因为他们要求工作人员自己来调和糖浆与水。在面临着市场份额日益缩减的紧迫形势下，可口可乐公司加快了开发的步伐，并开发出一个新产品——“休息伴”。“休息伴”是使用方便、占地不大、可放于任何地方的机售喷射系统装置。为完成这项计划，可口可乐公司特邀德国博世-西门子公司加盟制造这种机售喷射系统装置，同时为“休息伴”申请了专利。研制出的“休息伴”同微波炉大小相似，装满时重量为78磅。顾客可以把自我冷却的“休息伴”连接在水源上或是储水箱上。机器上装有三个糖浆罐与“休息伴”是匹配的，同时还配有一个可调制的250份饮料，水流就从冷却区流入混合管，同时二氧化碳注入就形成了碳酸饮料。由于每一次触键选定的糖浆量需要配以合适数量的苏打，西门子公司在机器上安装了一个指示灯，在二氧化碳瓶用空时亮灯显示。机器上还装有投币器，在买可乐时，可以投入五分、一角或二角五分的硬币。由于机器输出的饮料只有华氏32度，因此也无需另加冰块。

1992年7月，可口可乐公司宣布：该公司在全国范围内的小型办公场所已安装了35 000个“休息伴（Breakmate)”。这种“休息伴”的安装标志着可口可乐公司实现了多年的梦想：办公室工作人员足不出户就可以享用可口可乐饮料。梦想的实现是由于可口可乐公司成功地开发了这种新型可乐分售机，该机的开发经历了20多年的研制过程，并在30多个国家推广试用，耗资巨大，被产业观察家称为软饮料史上史无前例的一项开发。

可口可乐“休息伴”的出现，标志着市场细分的新趋势和大规模的未开垦的办公市场争夺战的开始。由于咖啡饮用量的减少和人们逐渐喜欢上碳酸软饮料，办公市场对饮料公司来说变得越来越重要了。就像一位产业分析家说的那样：“小商标是导致软饮料衰落的部分原因。主要的分销渠道已经饱和，要想增加很少几个销售百分点就得耗用大量资金，而工作场地将是可乐销售的未开垦的巨大市场。”

这种新型的“休息伴”除了对可口可乐公司80亿销售额的潜在影响外，它显然还会给整个产业界带来某些变化。1986年，每位市民软饮料的年消费量约为45加仑，已经超过了他们的饮水量。然而，在过去的10年里，主要的软饮料市场可供进一步开发的细分市场已所剩无几，新型的替代产品发展迅速，市场上充满了新的商标和商标系列。由于软饮料的价格不是整位数，零售商常常以各种理由用自己货架上的其他商品代替找零。结果，软饮料商们发现它们主要产品的市场份额在日益缩减，而其销售成本却在急剧上升。

不断改进的市场细分策略

可口可乐公司继续发展着“休息伴”的细分市场。公司一般将糖浆和二氧化碳气瓶用UPS（联合邮寄服务）运到顾客身边。然而，公司仍希望发展一种能直接与顾客接触的分送系统。欧洲的瓶递服务为“休息伴”提供了服务。然而，在美国许多瓶递员未能满足公司的要求。因此，咖啡分送员、瓶装水公司和一些小型独立的瓶递组织就提供了最初的服务。

美国的这些服务公司先从可口可乐公司购买机器，将其安装到顾客的工作地点，然后以咖啡和自动售货机类似的方法补充糖浆罐。分销售可选择售价为800～1 000美元的机器。可口可乐公司向咖啡分销商推销“休息伴”，使这些分销商提供一种全天的“完全提神系统”，同时软饮料的销售额也弥补了减少的咖啡销量。

“休息伴”3年的市场试销，使可口可乐公司在分销渠道的设计、市场的细分等方面积累了大量的经验。在试销过程中，可口可乐公司为寻找“休息伴”的最终目标市场，不断改进其细分策略。最初的一项调查表明，将“休息伴”置于20人或20人以上的办公场地可以获得相当的利润，因此公司欲以20～45人的办公室作为目标市场。然而，这就意味着可口可乐公司将丧失掉100多万个不足20人的办公室这一巨大市场，显然这一目标市场不合情理。可口可乐公司通过进一步调研、分析，发现小型办公室的数量大有增长之势，并证明对于那些经常有人员流动的办公室，“休息伴”只需5人使用就可赢利。加上分销商还可以将机器安装在大型办公室里，使得雇员们随时可以得到可口可乐的饮料。

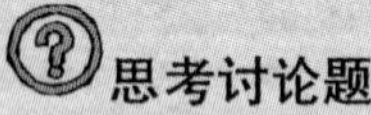

可口可乐为何要细分新市场？其未来成功的关键是什么？

第 8 章

产品策略

本章导读

产品是市场营销活动的基础，产品策略是市场营销组合策略中最重要的策略。企业在营销活动中，通过向市场提供某些产品或服务来满足客户的需求，并以此为基础综合运用多种营销策略来开展与竞争对手的激烈竞争。本章主要介绍整体产品的概念、产品组合策略、产品延伸、产品生命周期、新产品的开发与风险等内容，最后重点探讨了品牌策略。

本章的知识结构图如下：

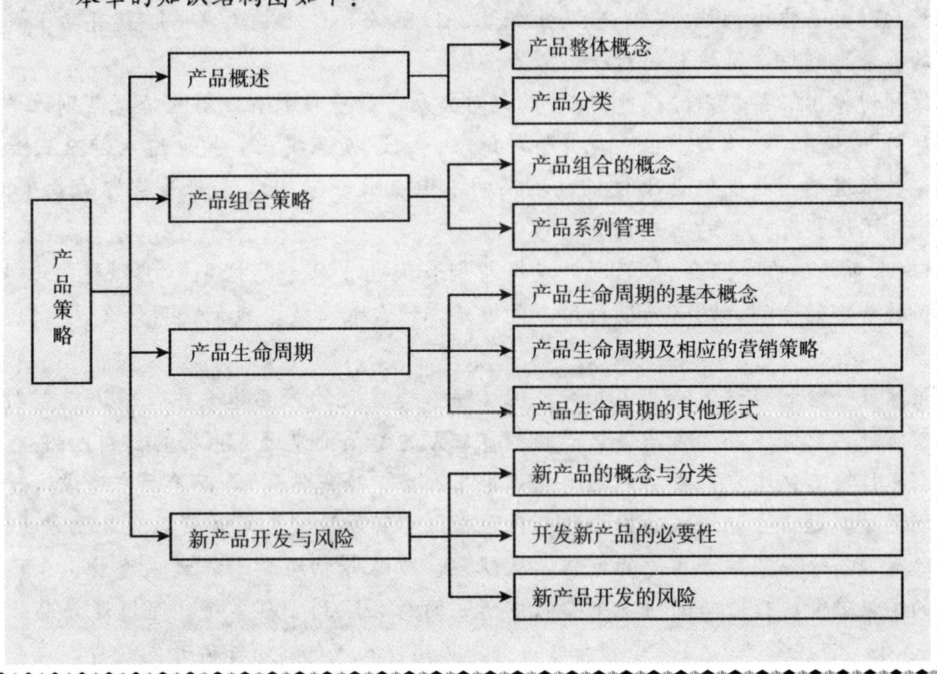

开篇案例

娃哈哈集团的产品营销策略

2007年，娃哈哈集团生产销售乳饮料、瓶装水、碳酸饮料、茶饮料、果汁饮料、果汁饮料、罐头食品、医药保健品、休闲食品等八大类、近300个品种的产品，销售额达200多亿元，占据中国饮料业产量的六分之一，是中国饮料业当之无愧的老大。娃哈哈每年的新产品销售贡献率平均达到20%～30%，涌现出营养快线等多款经典产品。某种程度上说，娃哈哈的成功是产品策略的成功。总结娃哈哈的产品策略，适当的跟进、适当的创新、上市速度和节奏的把握，都值得我们借鉴。但是，娃哈哈虎头蛇尾的产品管理与组织，值得我们反思。

创新、速度、模仿跟进，是娃哈哈产品策略中的核心词汇。娃哈哈八宝粥、非常可乐、娃哈哈果汁饮料、瓜子、激活等产品属于典型的跟进型产品。但仅仅跟进策略，很难解释娃哈哈的许多产品能够后来居上。跟进中创新，既减少市场风险，同时又差异化创新发展，这才是娃哈哈产品跟进策略的真正核心。

1991年，娃哈哈跟进广东果奶儿童饮料，对手只有两种口味，娃哈哈一下子推出菠萝、荔枝、哈密瓜、草莓、苹果、葡萄六种口味，六种口味为一组打包销售，增加顾客购买的便利性和选择性，再加上大手笔的电视广告轰炸，销量很快后来居上。

随后，对手推出钙奶，娃哈哈马上推出AD钙奶，“维生素A+D更有助于钙的吸收”的诉求更到位，迅速赶超对手。

康师傅推出绿茶，以“绿色好心情”，对公众进行普及教育。娃哈哈绿茶则以“水源地和原料”区隔，以“天堂水，龙井茶”诉求，USP卖点突出，快速进入行业三强。

这种跟进的创新仅仅是小伎俩，不高明，但有效，不一定能塑造长期的竞争优势，但一定能迅速提升产品的短期销量。

“有人说，娃哈哈只会‘跟进’，没有想到我们也会来个‘抢先’，‘跟进’、‘抢先’都不是娃哈哈的专利，两者并不排斥。关键是，什么最有效，我们就用什么。”宗庆后如是说。

虽然娃哈哈的跟进策略业内知名，但在娃哈哈庞大的产品体系中，跟进中创新的产品销售贡献占比并不高。占高销售额的、贡献大的都是抢先进入市场的创新产品。

当年娃哈哈纯净水的成功，主要靠“抢先入市、抢先传播”，而产品本身没有什么创新。近两年，娃哈哈相继成功推出的“爽歪歪”、“营养快线”则是产品成分配方的创新。

随着娃哈哈企业综合实力的增强，从包装、口味等初级创新，到内容物、生产技术工艺的高级创新，娃哈哈的研发中心同步研究的新品达到100多个，可迅速产品化的也有10多个。在经费投入上，娃哈哈每年至少将销售收入的3%作为开发经费，每年技术开发费达数亿元。强大的研发体系、技术力量成为娃哈哈产品不断推陈出新、继续发展的原动力。

（资料来源：王瑜，张晓峰．现代市场营销学［M］．南京：江苏人民出版社，2009.）

8.1 产品概述

产品是企业市场营销组合中的重要因素，是实现商品价值交换的基础。通常产品有广义和狭义之分。狭义的产品一般是指生产者生产出来的，用于满足消费者物质需要的有形实体，主要由产品的物质属性和实体部分构成；而广义的产品概念不仅包括产品的物质属性，也包括产品的非物质属性。

8.1.1 产品整体概念

1. 产品整体概念

从现代市场营销的角度看，产品整体概念包括5个层次，即核心产品、形式产品、期望产品、附加产品和潜在产品，如图8-1所示。

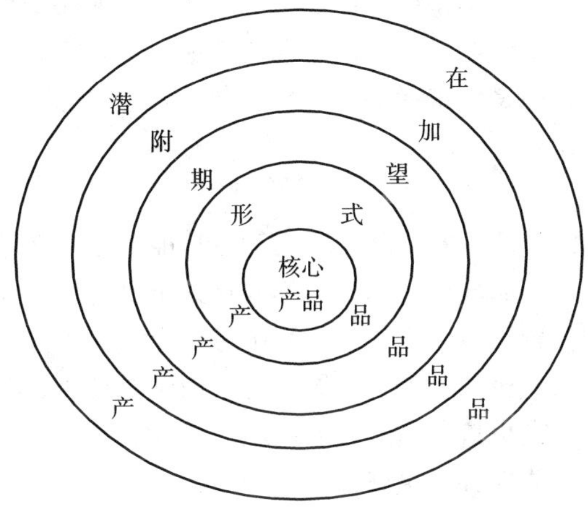

图8-1 产品整体概念图

1）*核心产品*

产品的第一层为核心产品，它是产品最基本的层次。它是指消费者购买某种产品时所追求的利益和效用，是产品整体概念中最基本、最主要的部分。消费者购买某种产品，并不是为了占有产品本身，而是要获得满足某种特定需要的效用和利益。如人们购买电脑并不是为了买到一个电子、塑料和金属元器件的组合物，而是为了通过电脑的信息处理功能，满足消费者“办公、学习、获取信息和娱乐”的需要。所以营销者在形式上是出售产品，但在本质上出售的是顾客的核心利益或服务。核心产品在形式上是无形的，它不能独立于产品的实体或服务的活动方式之外而存在，只有当人们使用或消费某种产品时，才能够体现出来。因此，合格的营销人员应当具有善于发现购买者购买产品时所追求的真正的实际利益的本领，这方面做得好，将会由此产生出无数的对企业新产品的“创意”，挖掘有利的市场机会。

2）*形式产品*

形式产品是核心产品借以实现的形式，即向市场提供的产品实体和服务的形象。营销者要将利益出售给顾客，就必须借助一定的承载体将其输送到顾客那里，而形式产品起到的就是传输核心产品的作用。形式产品对于有实物形体的产品来说，就是有形产品，它包括的主要内容有产品样式、特点、质量、品牌、包装等；而就没有实物形体的服务产品来讲，形式产品就是进行这项服务所采用的活动方式，包括服务设施、服务内容和服务环境与气氛。

购买形式产品并不是购买者的真正目的。通过购买形式产品来得到所需要的“核心产品”才是真正目的所在，也就是说形式产品作为核心产品的载体，只有通过某些具体的形式，产品的基本效用才得以实现。

认识形式产品，对于很多企业现行的营销活动有重要指导意义。许多企业讲究货真价实，很注意产品的内在质量，但不太重视诸如商标、品名、包装、外观设计等外部质量，以至于在国际市场的竞争中失败。

3）*期望产品*

期望产品是购买者购买产品时希望和默认的一组产品、属性或条件。例如，一般来讲，顾客选购一台电视机是认为它具有接收信号的功能，这就是产品的默认属性。默认属性对于顾客来讲，没有偏好，应该作为基本功能提供给顾客。除了默认属性外，或许还有顾客希望电视机能够作为其他电子媒体处理系统的显示终端来使用，如接到个人计算机上用来玩电子游戏等。而顾客希望在产品提供的默认属性之外的其他属性则需要营销者去了解，以满足顾客的这种预期。期望产品往往是营销者提供的、有利于竞争的那部分属性或功能，造就出营销者独有的特色。

4）*附加产品*

附加产品是购买者在购买产品时，除产品的基本功能和基本属性外，所得到的附加的服务和利益。通常，对于实体产品来讲，这些附加利益并不包含在产品实体里，而是以一种外加方式或活动来提供，如免费安装、运送、售后服务、质量保证等；对于服务产品来说，则直接表现为增加的其他产品或服务，如在旅馆客房中增设电视机、洗漱用具，为客人免费洗衣等。一般情况下，营销者在出售产品时，如果不提供附加利益，顾客也可以享用到核心产品。附加产品的意义就在于能使顾客更好地享受到核心产品或增加顾客购买产品时所得到的利益。因此，附加产品虽然不是得到核心产品所必须具备的条件，即顾客不一定要通过附加产品才能得到核心产品，但顾客如果得到附加产品、就能够更好地享用核心产品。

5）*潜在产品*

潜在产品是指产品最终可能实现的全部附加部分和新转换部分。如果附加产品包含着产品的今天，则潜在产品指出了它可能的演变。

由于市场竞争的加剧与科学技术的发展，当一个产品以现有形式出现后会不断地进行附加功能的扩展，例如目前的电视机与以前相比具有了更多的功能，已经成为许多家用影视产品的终端装置。这种对现有产品进行的附加与扩展就是其潜在产品。但是，对于一个采用特定技术生产的产品来说，这种附加与扩展是有权限的。如目前电视机采用的模拟技术，是不能实现数字化的。

许多企业通过不断地提供潜在产品，满足了顾客的需求，不仅让顾客满意，而且令顾客感到愉悦；与此同时，也使顾客对产品的期望越来越高。这就要求企业注重产品的研究与功能的扩展，不断将潜在产品变成现实产品，以满足顾客多方面的需求。

2. 产品整体概念对企业市场营销的意义

产品整体概念的提出，不仅对营销理论是一个发展，而且对实际工作也有重要的指导作用。具体体现在以下几个方面。

（1）产品整体概念是企业贯彻市场营销观念的基础。产品整体概念是以顾客基本利益为核心，指导整个市场营销活动。企业市场营销的根本目的就是要保持顾客的基本利益。概括起来，顾客所追求的基本利益包括功能和非功能两方面，对前者的要求是出于实际使用的需要，而对后者的要求则往往是出于社会心理动机。这两方面的需要往往交织在一起，并且非功能需求所占的比重越来越大，已成为企业竞争的重要手段。而产品整体概念则明确地向产品经营者指出，要竭尽全力地通过提供整体产品去满足顾客的一切功能和非功能的需求。因此只有懂得和把握产品整体概念的企业，才能真正贯彻市场营销观念。

（2）建立完整的产品概念，有利于提高企业的营销水平。通过对产品整体概念的把握，使企业认识到顾客接受产品过程中的满足程度，既取决于5个层次中每一层次的状况，也取决于产品整体组合效果。产品整体概念的各个层次以及各个层次中的组成要素对企业策略有不同程度的影响。企业在考虑整体效果的前提下，对不同层次、不同因素侧重程度的确定要与企业的营销策略相符合。

（3）指出产品的特征，拓宽发展新产品的领域。改变产品整体概念中5个层次中的任何部分，都会在顾客心目中形成不同产品的印象，企业既可以利用这一特征进行产品局部的改变以增加新产品，又要注意避免轻举妄动损害名牌产品在顾客心目中的形象，误认为是另一种产品。

8.1.2 产品分类

根据使用产品和服务的用户的类型，可以将产品和服务分成两大类：消费品和产业用品。广义上讲，产品还包括其他可出售的实体和思想，比如经历、组织、人员、地点和观念等。

消费品和产业用品之间的最显著区别就在于它们被购买的目的。消费品是最终消费者购买用于个人消费的产品；产业用品是购买后用来进一步加工或用于企业经营的产品。如果一个人购买一台割草机在自家草坪上使用，那么这台割草机就是消费品。如果购买这台割草机用于做美化环境的生意，那么这台割草机就成了产业用品。

1. 消费品的分类

根据消费者购买的方式不同，消费品可以进一步分为便利品、选购品、特殊品和非渴求品，下面就分别加以介绍。

（1）便利品。便利品是指消费者经常购买和即刻购买的消费品和服务，消费者在购买该类商品的时候几乎不做什么比较，也不费什么精力，很快就会决策。例如报纸、香烟、肥皂、糖果等。便利品通常价格低廉，企业应该采用多种营销终端销售商品，以确保消费者随时随地购买。

（2）选购品。选购品是消费者在购买过程中，对产品的适用性、质量、价格和款式等方面会进行有针对性的比较和选择，且购买频率比较低的商品，如家具、服装、大家电等。在购买选购品时，消费者往往会花费比较多的时间和精力用来收集信息以便作出购买选择。企业通常使用较少的销售终端分销选购品，但是会提供深入的销售支持来帮助消费者进行选购。

（3）特殊品。特殊品是指具有独一无二的特性或品牌标识的产品。一般来说，绝大多数消费者习惯上愿意为购买这类产品付出大量的时间和精力。比如特定品牌和款式的汽车、高价格的摄影器材、名牌的男装、供收藏的特殊邮票和钱币等。购买者一般不会去比较特殊品，他们只把时间用于找到经营他们想要的商品的经销商。

(4) 非渴求品。非渴求品是指消费者未曾听说或者即使知道但一般不考虑购买的消费品。大多数新发明在消费者通过广告了解它们之前都是非渴求品。典型的实例就是人寿保险和红十字会的献血活动。非渴求品的特性决定了企业必须加强广告和推销工作，使消费者对这些产品有所了解并产生兴趣，千方百计吸引潜在消费者，扩大销售。

2. 产业用品的分类

产业用品和服务包括3类：材料和部件、资本品、辅助品和服务。

(1) 材料和部件。材料和部件材料包括原材料以及加工过的材料和部件。原材料包括农产品（小麦、棉花、牲畜、水果和蔬菜）和天然产品（鱼、木材、原油、铁矿石）。加工过的材料和部件包括构料（钢、沙、水泥、金属丝）和构件（轮胎、铸件）。

(2) 资本品。资本品包括辅助购买者生产和运营的产业用品，包括装备和附属设备。装备包括建筑物（工厂、办公室）和固定设备（发电机、电梯、大型计算机系统）。附属设备包括易于搬动的设备和工具（手工工具、自卸卡车）和办公设备（传真机、办公桌）。其使用寿命较之装备要短，在生产过程中简单地发挥作用。

(3) 辅助品和服务。最后一组产业用品是辅助品和服务。辅助品包括作业辅助品（润滑剂、煤、纸、铅笔）和维修维护品（油漆、钉子、扫帚）。辅助品是产业领域的便利品，因为在购买过程中很少花费精力和时间进行比较。商务服务包括维护和维修服务（清洁窗户、计算机维修）以及商务咨询服务（法律、管理咨询、广告），这些服务通常根据协议提供。

8.2 产品组合策略

8.2.1 产品组合的概念

产品组合指企业制造或经营的全部商品的有机构成方式。或者说就是企业生产和经营的全部产品的结构。在科学技术飞速发展的今天，一方面，企业随着生产专业化程度的提高，要以分工细、大批量生产、提高劳动生产率来满足社会需要，以取得较好的经济效益；另一方面，又要发展多品种的产品以适应消费需求方面的多样化。如何在专业化的同时达到多样化，经营什么品种及怎样搭配成为企业经营决策面临的难题。而解决这个问题的前提是学会认识、分析和选择企业的产品组合。

分析产品组合首先要明确与之相联系的基本概念。产品组合是一个企业生产和销售的全部产品线和产品项目的组合。产品线是指一组密切相关的同类产品，又称产品大类或产品系列。所谓密切相关是指或者功能相似，或者卖给同类顾客，或者通过同样的渠道销售，或者价格在同一范围内。产品项目是指在同一产品线或产品大类中各种不同型号、规格、质量、档次和价格的产品。

企业的产品组合包括四个维度：宽度、长度、深度和关联度。

产品组合的宽度，是指企业产品组合中包含的产品线的数目。产品线越多，产品组合越宽。一般来说，增加产品组合的宽度，可以满足消费者多层次的需要，提高市场占有率，充分挖掘企业现有资源的潜力。多产品线组合通常是企业实施多元化经营战略在产品组合上的体现。产品线越多，说明企业经营范围越广。

产品组合的长度，是指企业产品组合中所包含的产品项目的总数。产品项目的总数除以产品线的数目，可得出产品组合的平均长度。产品组合长度能够反映企业产品在整个市场上的覆盖面大小。一般来说，增加产品组合的长度，可以使产品组合更加丰满，吸引更多的消费者选购本企业的产品。

产品组合的深度，是指企业产品组合中某一产品线内的产品项目数。即每一产品线所包含的不同花色、规格、尺码、型号及功能等产品数目的多少。一般来说，增加产品组合的深度，可以占领同类产品更多的细分市场，满足更多消费者的需求。产品组合深度一般表现为企业某个产品线的专业化程度，同时对于满足目标市场消费者的多样化需求、降低成本具有重要意义。

产品组合的关联度，是指企业产品组合中各条产品线在最终用途、生产条件、分销渠道或其他方面的相关程度。产品组合的相近程度越大，其关联度也越高；反之，则越低。例如宝洁公司的产品都是通过相同的渠道分销，其产品组合的关联度就较高。增加企业产品组合的关联度，有利于实现企业资源的共享，充分发挥协同作用，提高企业竞争力，从而降低成本，节约费用，取得相对好的、稳定的效果。

产品组合的长度、深度、宽度和关联度不同，就构成不同的产品组合。企业在进行产品组合决策时，应考虑以下因素。

(1) 企业资源。企业资源是指企业的人、财、物和生产经营能力。产品的生产受这些资源制约，企业无论生产什么产品，都要根据自身的资源状况进行科学的决策。

(2) 市场需求。以市场为导向是企业经营的基本原则。市场需求是在不断发生变化的，企业必须根据市场需求的发展，在充分利用企业资源的基础上，发展具有良好市场前景的产品线和产品组合。

(3) 竞争状况。竞争状况也是产品组合决策中应当考虑的一个重要因素之一。如果新增加的产品线竞争激烈，则经营的风险性会很大，这时增加产品组合的长度或产品组合的深度可能更为有利。

8.2.2 产品系列管理

1. 产品组合分析

分析产品组合，既包括分析企业每一项产品所处的市场地位及其在企业经营中的重要程度，也包括对各个不同产品项目的相互关系和组合方式的分析，其最主要的目的在于弄清在不断变化的市场营销环境中企业现有的产品组合与企业的总体战略、营销策略的要求是否一致，并根据内、外部环境的要求对现有的企业产品组合进行调整。

分析产品组合，一般需要考虑以下几方面因素。

(1) 对产品处境的分析。要对企业的每一项产品逐一分析，可利用杜拉克的“六层次”产品处境分析法来进行分析。这 6 个层次分别如下。

① 企业未来的主要产品是什么，有哪些，即指新产品，这种产品也可能是由目前的主要产品改进的？

② 企业目前的主要商品有哪些？

③ 在竞争条件下，企业主要盈利的产品有哪些？

④ 企业过去的主要产品中，产销量大，但销路日渐萎缩的产品有哪些？

⑤ 仍可继续经营，尚未完全失去销路的产品有哪些？

⑥ 完全失去销路或未打开销路的产品有哪些？

企业对产品组合中全部产品项目的“处境”进行判定后，再决定每一个项目的剔除、保留和发展。对产品处境的分析，要结合对产品的生命周期的研究。

(2) 产品定位分析。分析本企业产品定位的优劣，提出产品再定位的设想。

(3) 产品项目关系及对企业的贡献分析。主要考察产品的总体组合方式，每项产品对企业经营的影响，以明确经营产品项目中的主次关系，做到有主有次，主次扶持，以充分发挥企业的优势和潜力。

2. 产品组合的调整策略

产品组合的调整策略是指企业根据企业资源、市场需求和竞争状况对产品组合进行适时调整，以达到最佳的产品组合。

合理调整产品组合的宽度，可以充分发挥企业的资源技术等优势，提高经济效益，同时实行多元化经营还可以减少风险；调整产品组合的长度，可以改变企业在整体市场或局部市场的服务范围，优化其目标市场结构；调整产品组合的深度，能够更好地适应同一消费群体或不同消费群体需求与偏好的改变，巩固企业的市场地位；调整产品组合的关联度，可以更有效地利用企业资源，加强企业在竞争市场的相对优势地位，提高企业在某一地区和行业的声誉。

从长远来看，最佳产品组合是动态的优化过程，只有不断开发新产品和剔除衰退产品才能实现。企业要求产品组合最佳化，必须使每条产品线都取得较好效益。因而，企业决策者、产品线主管和营销人员必须经常了解、分析和评价每一个项目的营销和利润情况；此外，还需要了解、分析本企业的产品线与竞争对手产品线的对比情况，以此作为决策的依据。企业可以根据实际情况，采取不同的产品组合调整策略，主要包括产品项目的增加、调整或剔除，产品线的增加、延伸以及产品线之间关联度的加强和简化。可供企业选择的产品组合调整策略有以下几种。

1) 扩大产品组合策略

扩大产品组合策略包括拓宽产品组合的宽度、增加产品组合的长度和加强产品组合的深度。也就是说，增加产品线或项目，扩大经营范围，生产经营更多的产品以满足市场的需要。扩大产品组合，可以使企业充分利用人力、物力和财力资源，有助于企业避免风险，增强企业的竞争力。就生产企业而言，扩大产品组合策略的方式主要有 3 种：

第一，平行式扩展。平行式扩展是指生产企业在设备和技术力量允许的条件下，充分发挥生产潜能，向专业化和综合性方向扩展。这种扩展方式的特点是在产品线层次上进行平行延伸，增加产品线，扩大经营范围。

第二，系列式扩展。系列式扩展是指企业产品向多规格、多型号、多款式方向发展。这种扩展方式通过增加产品项目，使产品组合在产品项目层次上向纵深扩展。这样能为更多的细分市场提供产品，满足更广泛的市场需求。

第三，综合利用式扩展。综合利用式扩展是指企业生产与原有产品系列不相关的产品，通常与综合利用原材料、处理废物、防治环境污染结合进行。这种扩展方式的主要目的是充分利用企业资源，获得综合的经济效益。

2）缩减产品组合策略

当市场萧条不景气，特别是原料和能源供应紧张时，许多企业趋向于采取缩减产品组合策略，即从产品组合中剔除那些获利甚微或已经没有获利希望的产品线和产品项目。以便集中资源经营那些获利较大或经营前景看好的产品线或产品项目。具体做法有以下两个方面。

第一，削减产品线。根据市场的变化，集中企业的优势资源，减少产品生产的类别，只生产和经营少数几条产品线。

第二，减少产品项目。减少产品线中不同品种、规格和花色产品的生产，淘汰亏损或低利润的产品，尽量生产利润高的产品。

3）产品线延伸策略

产品线延伸策略是指将现有产品线加长，增加企业的经营档次和范围，部分或全部地改变企业原有产品线的市场地位。产品线延伸的主要目的是满足不同层次的顾客需求和开拓新的市场。产品线延伸可以分为3种形式：

第一，向下延伸。向下延伸是指企业原来生产经营高档产品，后来增加一些中低档产品。企业采取向下延伸策略的主要原因是：一是企业发现其高档产品增长缓慢，不得不将产品线向下延伸开拓新的市场；二是企业的高档产品遇到了激烈的竞争，进入低档市场能缓解企业的竞争压力；三是企业当初进入高档市场是为了树立质量形象，在目的达到的情况下，向下延伸可以扩大产品的范围；四是为了填补空隙，否则低档产品会成为竞争者的机会。

但是企业采取向下延伸策略有一定的风险：一是可能会刺激原生产低档产品的企业进入高档产品市场，使竞争加剧；二是可能会损害企业的品牌形象，建议新的低档产品最好采用新的品牌；三是低档产品的利润较少，经销商可能不太愿意经营，企业不得不采用新的销售政策，以至于增加企业营销费用开支。

第二，向上延伸。向上延伸是指企业原来生产低档产品，现决定在原有产品线内增加高档产品项目，使企业进入高档产品市场。采用这一策略的主要原因是：高档产品的市场潜力大，有较大的利润空间，而竞争者实力较弱，且企业在技术和市场营销能力方面已具备进入高档市场的条件；或者是企业想发展各个档次的产品，使自己成为生产种类全面的企业，形成完整的产品线。

但采用向上延伸策略也要冒一定的风险：首先，低档产品在消费者心目中的地位难以改变，消费者不太容易接受原低档产品生产企业生产的高档产品，因而在市场营销方面的投入较大；其次，原生产高档产品的企业会向下延伸进行反击，进入低档产品市场，从而导致竞争的加剧；再次原有的销售系统缺乏销售高档产品应具备的技能和经验。

第三，双向延伸。双向延伸是指原生产中档产品的企业在取得市场优势后，决定同时向产品线的上下两个方向延伸，一方面增加高档产品，另一方面增加低档产品，力争全方位占领市场。延伸成功后，能大幅度提高市场占有率，形成市场上的领导地位。采用这一策略最大的风险是：随着产品项目的增加，市场风险加大，经营难度增大。因此，采用该策略的企业应具有较高的经营管理水平，否则可能会招致失败。

通过对以上3种延伸方式的剖析，不难看出，产品线延伸对企业而言具有以下几个方面的益处。

第一，满足了更多的消费者需求。伴随着市场经济的发展，市场调研技术日益完善，使得营销人员能够细分出更小的子市场，进而把复杂的市场细分过程变成立竿见影的促销活动。在这种情况下，往往是产品线延伸得越长，机会越多，利润就越大。不少公司的某些重大失误，就是由于没有及时填补其产品线上的空档而造成的。如通用汽车公司拒不生产小型汽车，施乐公司不愿意生产小型复印机，由于产品组合的长度有限，使其失去了很大的一部分市场。而日本公司却发现了这些市场，并迅速打入，取得了成功。

第二，迎合了顾客求异求变的心理。随着市场竞争的加剧，企业越来越难要求消费者对某一品牌绝对忠诚，越来越多的消费者在不断转换品牌，尝试他们未曾使用过的产品。产品线延伸就是通过提供同一个品牌下的一系列不同商品或同一系列下不同品牌的商品来尽量满足顾客的这种求异心理。企业希望这种延伸成为一条既满足消费者愿望，又保持他们对本企业的品牌忠诚的两全之策。

研究表明，消费者对日用品、保健品、美容品的购买 2/3 是属于冲动型的。零售商给某个企业的货架空间越大，该企业的产品就越能吸引消费者的注意，其市场占有率就越大。在当今市场竞争日趋激烈的情况下，越来越多的企业希望通过产品线延伸来占领更多的货架空间，从而扩大产品销售。

第三，降低了开发新产品的风险。产品线延伸所需要的时间和成本比创造新产品更加容易控制。在美国，大约需要 3 000 万美元才能推出一个成功的新产品，而产品线延伸只需 500 万美元。

在市场营销中还有这样一个现象：知名的品牌具有持久的效力。美国目前被消费者认知的品牌中的前 20 位，在 20 年前差不多也处于同样的位置。开发成功的新产品上市后，只有 25%市场寿命超过一年。由于大部分消费品的生产技术已经成熟与普及，产品线延伸可以以最低的风险、最迅速地获得利润。

第四，适应了不同价格层次的需求。无论产品线上原有产品的质量如何，企业往往宣传其延伸产品质量如何好，并据此为延伸产品制定高于原有产品的价格。在销售量增长缓慢的市场上，营销者可以通过提高价格来增加单位产品的利润。当然，也有一些延伸产品的价格低于原有产品。

正是由于产品线延伸具有上述优越性，许多企业对此很感兴趣。然而，产品线延伸也会给企业带来如下副作用。

第一，品牌忠诚度降低。品牌忠诚是对某种品牌的产品重复购买的行为。过去很长一段时间里，许多知名老牌子拥有两三代的顾客。当企业增加产品品种时，就会有打破顾客原来的购买方式和使用习惯的风险，这种风险往往会降低顾客品牌忠诚度，并使消费者重新考虑购买决定。

第二，产品项目的角色难以区分。产品线延伸可能会导致过度细分。同一产品线上各产品项目的角色混乱，每个产品项目所针对的子市场过小以致难以区分，或各子市场之间的特征交叉太多。企业应该能够用一句话说明某一项目在产品线上的角色。同样，消费者应该能够迅速反应出哪个产品项目适合自己的需要。如果做不到这一点，消费者和零售商就会感觉混乱。零售商只能凭借自己收集的信息来决定进什么货。只有极少数的零售商才会进产品线上所有的产品。因此，如果产品线上各项目的角色难以区分，零售商就更有理由只进一部分产品。这样，产品线延伸的目的之一——满足顾客求异求变的心理，就失去了意义。

第三，产品线延伸引起成本增加。产品线延伸会引起一系列的成本增加。由此而产生的市场调研、产品包装、投产的费用是比较明显的，也便于掌握。但下列因素可能被忽略：频繁的产品线变动使生产的复杂程度提高；研究和开发人员不能集中精力于真正的新产品的开发；产品品种越多，营销投入就越大。

综上所述，产品线延伸有利有弊，所以把握延伸的度至关重要。管理人员应当审核利润率情况，并集中生产利润较高的品种，削减那些利润低甚至亏损的品种。当需求紧缩时，缩短产品线和减少产品项目；当需求旺盛时，延伸产品线并且增加产品项目。

8.3 产品生命周期

8.3.1 产品生命周期的基本概念

1. 典型的产品生命周期

市场营销学认为产品是有生命的。任何一种产品在市场上的销售地位和获利能力都是处于变化之中的，即随着时间的推移而变化。这种变化的规律正像人和其他生物的生命一样：新产品的构想和开发就是产品生命的孕育；新产品投入市场以后，经过一定时间的成长，逐渐成熟；然后慢慢衰退，直至最后退出市场，呈现一个从产生到消亡的过程。

所谓的产品生命周期是指产品从进入市场到被市场所淘汰的整个时间过程，一般经历介绍期、成长期、成熟期和衰退期四个阶段。在产品生命周期的各个阶段，产品的销售量和利润都会发生一定规律性的变化。因此，企业需要制定不同的营销策略。

产品的介绍期是新产品投入市场的初级阶段，销售量和利润的增长都比较缓慢，利润一般为负；产品进入成长期后，市场销售量迅速增长，公司开始盈利；市场销售量在成熟期达到顶峰，但此时的增长率较低，利润在后期开始下降；之后，产品的销售量和利润显著下降，产品将退出市场，这时产品也就处于最后的衰退期。

2. 理解产品生命周期应注意的问题

（1）产品生命周期和产品定义的范围有直接关系。在讨论产品生命周期时，应该注意区分不同产品水平的生命周期。根据产品定义的范围不同，可分为产品种类、产品形式、具体产品和产品品牌四种不同水平层次的产品。

产品种类是指具有相同功能及用途的所有产品，它同人类的需求联系在一起，具有最长的生命周期。例如，交通工具这类产品是满足人们移动的需要，古已有之，现在及将来仍将需要。

产品形式是指同一类产品中，辅助功能、用途或实体销售有差别的不同产品，它同行业联系在一起，生命周期现象明显，其生命曲线也最标准。例如，现在黑白电视机已经进入衰退，一般的彩电正处于成熟期，而等离子彩电大约处在介绍期同时即将进入成长期。

具体产品一般同某个公司或技术水平联系在一起，其生命周期比产品形式的生命周期短，生命周期性形状也较规则。

产品品牌是指企业生产与销售的特定产品，它的生命周期受市场环境、企业的营销策略及品牌知名度的影响，一般没有规则的生命周期曲线。如果企业能针对品牌不断地创新，产品品牌的生命周期就会很长，否则，产品品牌会很快衰落。由此看来产品品牌的知名度越高，其生命周期也就会越长，反之亦然。

在这四个不同层次水平的产品中，产品形式和产品品牌的生命周期现象最为明显，分析其生命周期对企业的营销实践具有重要的指导意义。

（2）产品生命周期理论主要是指产品的市场寿命。产品生命周期是指某一产品从完成试制、投放到市场开始，直到最后被淘汰推出市场为止所经历的时间过程。也就是说产品只有经过开发、试销，然后才能投放市场，那时它的生命周期才开始，产品退出市场，则标志着其寿命期的结束。

（3）产品生命周期各阶段的划分是典型的分析，而不是绝对的。产品生命周期分为介绍期、成长期、成熟期和衰退期四个阶段，这四个阶段分界是以产品的销售量和利润的变化情况为根据的，如图 8-2 所示。实际上，各种产品生命周期的曲线形状是有差异的。有的产品一进入市场就快速成长，而迅速跳过介绍期；有的产品则可能越过成长期而直接进入成熟期。因此，产品生命周期各个阶段的划分是相对的。

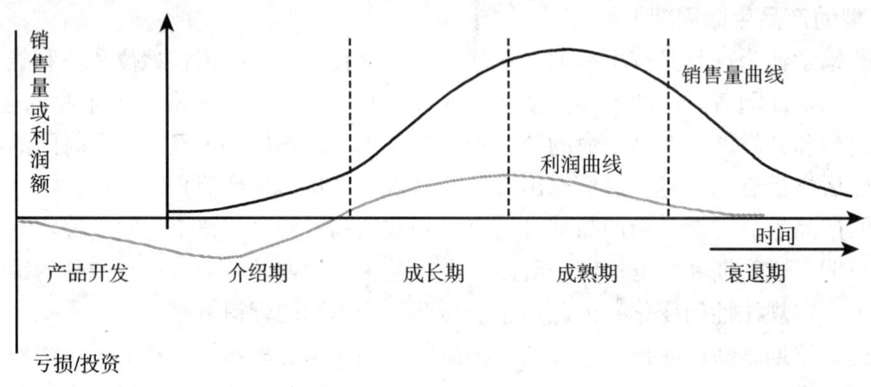

图 8-2　产品生命周期图

8.3.2　产品生命周期各阶段的特点及相应的营销策略

产品生命周期理论说明，任何一种产品都不会经久不衰，永远获利；在产品生命周期的不同阶段，产品的销售量、利润等都具有不同的特点。因此，企业应对产品的生命周期进行准确的划分，在产品生命周期的不同阶段采取不同的营销竞争策略，以实现产品在整个生命周期中的利润最大化。

1. 介绍期的特点及营销策略

介绍期是产品首次投入市场的最初销售阶段，也称投入期或诞生期。介绍期的主要特点是：消费者对产品不大了解；销量低、单位生产成本较高、利润少，甚至亏损；产品的质量不大稳定；还没有建立起稳定的分销渠道，分销和促销费用高；一般竞争者很少。

在产品的介绍期，企业一方面应尽量完善产品技术性能，尽快形成批量生产能力。另一方面应采取有效的市场营销组合，以缩短产品介绍期。企业可以按主要营销变量，如价格、促销、分销渠道和产品质量等分别设计不同水平的营销组合，促使产品迅速进入成长期。如果以价格和促销活动作为主要策略，则介绍期的营销策略有以下 4 种组合方式，如图 8-3 所示。

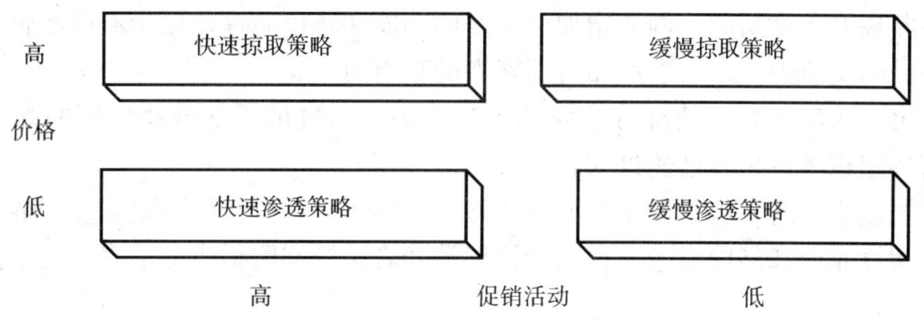

图8-3 介绍期的营销策略

（1）快速掠取策略。快速掠取策略是指以高价格和高促销水平的方式推出新产品，以求迅速扩大产品的销售量，并获得较高的市场占有率。企业制订一个高的价格，获取高额的利润；同时，通过大量的促销来吸引目标顾客购买，以加快市场推广。采用该策略应具备下列市场环境：大多数潜在的消费者还不了解这种产品；已经了解该产品的消费者急于求购，并愿意按照高价购买；企业面临着潜在的竞争威胁，需要尽快建立顾客的品牌偏好。这一策略一旦成功，企业可以较快地收回产品投资，获取较高的市场回报。

（2）缓慢掠取策略。采取缓慢掠取策略的企业以高价格和低促销水平的方式推出新产品。这一策略的促销费用低，而产品制订的价格高，因此企业可以获得较高的利润。采用该策略应具备下列市场环境：产品总体市场规模有限，市场上大多数消费者已经了解这种产品并愿意支付高价；竞争者的加入有一定的困难，潜在的竞争威胁不大。

（3）快速渗透策略。快速渗透策略是指企业以低价格和高促销水平的方式推出新产品，以求达到最快速的市场渗透和最高的市场份额的策略。采用该策略应具备下列市场环境：市场容量足够大；消费者不了解这种新产品；大多数消费者对价格反应敏感；潜在竞争十分激烈；产品成本随生产规模的扩大和学习经验的积累而下降，从而支持该策略的实施。

（4）缓慢渗透策略。采取缓慢渗透策略的企业以低价格和低促销水平的方式推出新产品。低价格可以使市场较快地接受该产品；而低促销费用又可以降低营销成本，使企业获取更多的早期利润。采用该策略的应具备下列市场环境：市场容量大；市场上该产品的知名度较高或者消费者熟悉这种产品；产品的价格弹性大而促销弹性很小；存在某些潜在竞争。

在选用上述策略时，企业应把产品生命周期作为一个整体来加以选择和调整，而不应该就某一阶段来选择营销策略；并且，应努力保持产品生命周期各个阶段营销策略的连续性和一致性。

2. 成长期的特点及营销策略

产品在介绍期的销售取得成功后，销售量开始实现较快的增长，产品进入成长期。成长期的主要特点是：产品性能趋于稳定，产品的质量、功能、优点已逐渐为人们所接受，领先者会重复购买，新的消费者则纷纷涌现，市场逐步扩大；消费者已了解该产品，销售量迅速增长；生产规模扩大，随着销售量的上升，单位产品生产成本和促销费用下降，利润迅速增长；产品分销渠道业已建立；大批竞争者加入，市场上同类产品增多，竞争开始加剧，使同类产品供给量增加，价格随之下降。

针对成长期的特点，大力组织生产，扩大市场份额和利润是这一阶段营销的重点。可以采取以下几种策略。

（1）不断提升产品品质。例如增加产品新的功能和花色品种，逐步形成本企业的产品特色，提高产品的竞争力，以增强产品对消费者的吸引力。

（2）努力寻求和开拓新的细分市场和分销渠道。通过市场细分找到新的尚未满足的市场，根据需要组织生产，并迅速进入新的市场。

（3）适当改变广告目标。企业的广告目标，应从介绍和传达产品信息、建立产品知名度，转移到树立企业和品牌形象、说服和诱导消费者接受和购买产品上来，使消费者建立品牌偏好。

（4）在适当的时机降低价格。企业应当在适当的时机降低价格，以激发那些对价格敏感的潜在购买者产生购买动机并采取购买行动，从而扩大产品市场份额，增加产品的销售量。

3. 成熟期的特点及营销策略

产品经过成长期的迅速增长，销售增长的速度开始下降，产品进入成熟期。成熟期的主要特点是：销售量增长缓慢，逐步达到最高峰，然后开始缓慢下降；市场竞争十分激烈，各种品牌的同类产品和仿制品不断出现；企业利润开始下降；绝大多数属于顾客的重复购买，只有少数迟缓购买者进入市场；本阶段一般是产品生命周期中最长的一个阶段。

企业在这个阶段不应满足于保持既得利益和地位，而是要积极进取，其营销重点是延长产品的生命周期，巩固市场占有率。这就需要采取以下策略。

（1）市场改良策略。市场改良策略不是要改变产品本身，而是要发现产品的新用途或改变推销方式，以使产品的销售量得以扩大。产品销售量主要受品牌的使用人数和每个使用者的使用量的影响。因此要扩大产品的销售量，具体可以从两个方面入手：扩大品牌的使用人数和寻求刺激消费者增加产品使用率的方法。

（2）市场营销组合改良策略。市场营销组合改良策略是通过改变市场营销组合因素来延长产品的成熟期。营销组合的改进，是成熟期刺激销售的有效方法，一般可从以下几个方面入手：产品改良，一方面努力改进产品质量，另一方面可以扩大产品的使用功能，提高产品使用的安全性、方便性，以吸引那些追求安全、方便的顾客；采用价格竞争手段，企业可以通过直接降低价格、加大价格的数量折扣、提供多种免费服务的项目等方法，保持老顾客或吸引新顾客；企业可以通过向更多的分销网渗透，或建立一些新的分销网，以扩大产品的市场覆盖面，争取一些新顾客或保持原有的市场份额；采取更加灵活的促销方式，积极开展促销活动，有效地利用广告等宣传工具，以保持既有的产品销售量，甚至掀起新一轮的消费热潮。

4. 衰退期的特点及营销策略

尽管企业努力延长产品的成熟期，但大多数产品最终还是要进入衰退期。衰退期的主要特点是：产品销量急剧下降；价格已经难以维持原有水平，利润也迅速下降直至为零，甚至出现亏损；消费者的消费习惯发生改变或持币待购；市场竞争转入激烈的价格竞争，很多竞争者退出市场。

产品进入衰退期以后，企业应视其经营实力以及产品是否具有市场潜力，对老化的产品及时、谨慎地作出放弃或保留的决策，简单的放弃或不顾实际的保留都会使企业付出昂贵的代价。在衰退期，企业可以选择以下营销策略。

（1）放弃策略。放弃策略即放弃那些迅速衰落的产品，将企业的资源投入到其他有发展前途的产品上。企业既可以选择完全放弃，也可以选择部分放弃。使用该策略时应妥善处理现有顾客售后服务问题，否则企业停止生产经营该产品，原来用户需要的服务得不到满足，会影响他们对企业的忠诚。

（2）维持策略。在衰退期，由于有些竞争者退出市场，市场留下一些空缺，这时留在市场上的企业仍然有盈利的机会。具体的策略包括：继续沿用过去的营销策略；将企业资源集中于最有利的细分市场，维持老产品的集中营销。

（3）重新定位。通过产品的重新定位，为产品寻找到新的目标市场和新的用途，可以使衰退期的产品再次焕发青春，从而延长产品的生命周期，甚至使它成为一个新的产品。这种策略成功的关键在于正确地找到产品的新用途。

8.3.3 产品生命周期的其他形式

前面讨论了典型的S形产品生命周期曲线及其各阶段相应的营销策略，但并不是所有的产品生命周期曲线都是S形的，还有其他变形的多种形式，如图8-4所示。

1. 循环—再循环型

产品在市场经过一个周期衰退以后，过一段时期又重新兴起，开始第二个周期。这种现象产生的原因是由于企业采取各种不同的市场营销策略，使产品生命周期出现再循环的现象。如医药产品的生命周期曲线中最具有表性的就是循环—再循环型。

2. 扇形

扇形是指产品进入成熟期以后，在产品销量还没有下降以前，由于发现了新的产品特性，或者找到了新的用途，或者找到了新的细分市场，使得产品的需求呈阶梯式向上发展。如尼龙开始是用来制造降落伞，后来袜子、衣服和地毯等都用它作为原料，从而使其需求不断大幅增长。

3. 时尚产品

时尚产品是指某一方面的特性已经被消费者普遍接受的产品。其生命周期与正常生命周期类似，都要经历产品生命周期的几个阶段。消费者购买这类产品的动机是追求一致性，一旦消费者的购买兴趣发生转移，其生命周期马上就结束。

4. 新潮产品

新潮产品是一种存在时间极短的流行时尚产品，生命周期曲线形状与一般的时尚产品不同。这类产品在某一段时间内非常流行，产品迅速进入市场并很快达到销售顶峰，然后又迅速衰退，生命周期相当短。如呼啦圈，从流行到衰退不到半年的时间。这类产品的发展状况难以预测，经营风险较大。

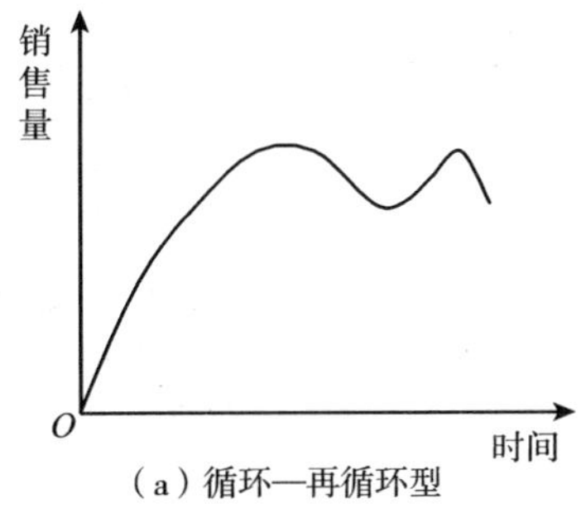

(a) 循环—再循环型

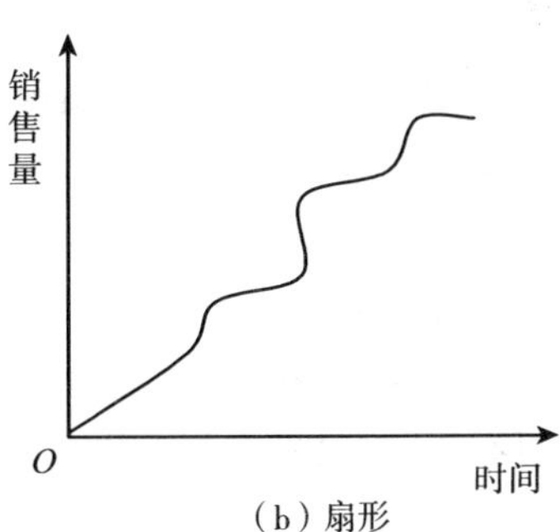

(b) 扇形

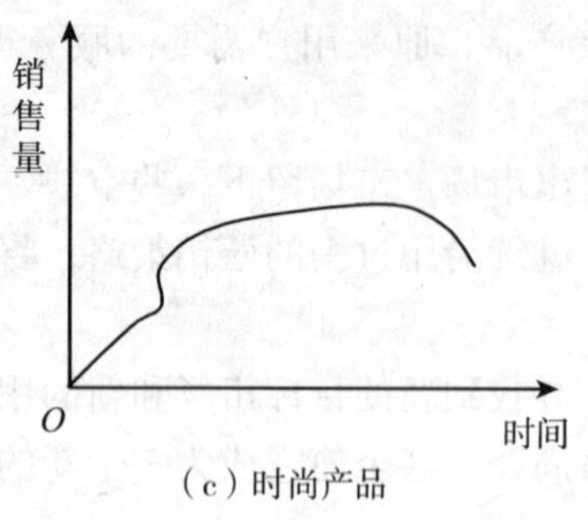

(c) 时尚产品

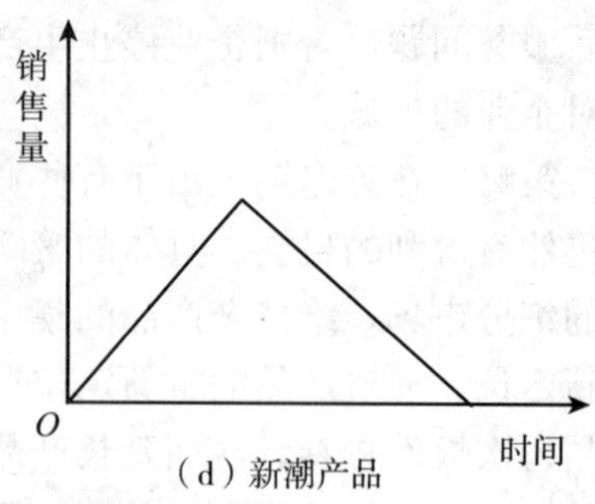

(d) 新潮产品

图 8-4 产品生命周期的其他形式

8.4 新产品的开发与风险

通过产品生命周期的学习，我们知道产品最终是要进入衰退期的。因此企业必须采取适当措施，进行新产品开发，以替代不再具有生命力的产品。

据统计，在现代企业中，新产品的销售收入已占其销售额的 40%～50%。新产品开发已经成为企业经营中一项重要的工作，这项工作直接关系到企业的生存与发展。因此，企业必须重视新产品的开发工作，有组织地开展新产品的开发活动。

8.4.1 新产品的概念与分类

1. 新产品的概念

本书所说的新产品，是就企业而言的新产品，是指企业向市场提供的较原有产品具有一定差别的产品，这些新产品应该具有以下几个特点：新产品应该在技术或某些关键属性方面具有突破性的改进和发展；新产品是提供给市场，能够满足消费者需求的产品，它与一般的发明创造有所不同。新产品具有能为消费者获得和使用的实际价值，而发明创造必须经由企业或其他专业性开发机构，经过商业性转化后，才能实际用来满足消费者需求。

要正确地理解新产品的含义，首先要从产品整体的概念上来理解，也就是说要结合 8.1 节的内容来理解。可以说，新产品并不一定是新发明的产品。固然，市场上出现的前所未有的崭新的产品是新产品，例如汽车、电话的出现等。但是这种新产品并不是经常出现的，有些产品在形态或功能方面略有改变，人们也习惯于把它们看作新产品，例如新型号的汽车、无绳电话等。由此可见，新产品的“新”具有相对的意义。

阅读资料 8-1

新产品创新的巨匠 3M 公司

明尼苏达矿业和制造业公司（The Minnesota Mininh and Manufacturing Company）即 3M 公司，在开始时就犯了个错误。1902 年，当五个明尼苏达人在大湖区沿岸买地的时候，他们打算开采金刚砂，但是矿井只含有等级较低的矿石，没有什么用处。公司面临着两种选择：提出新建议，或者退出这行。后来 3M 成功地推出了处理金属表面的砂布，而且直到今天，3M 仍然被认为是新产品创新的巨匠。

创新行为在3M一直是受到鼓励的，失败也从来不会受到打击。1922年，弗朗西斯·G·俄克提出了一项新产品建议，即生产可以代替刀片的砂纸。虽然产品失败了，但是俄克仍然继续他的工作，最后开发出了威特瑞砂纸——一种更好的处理汽车表面的防水砂纸。威特瑞成了3M的第一个巨大的成功。

今天，3M经营着6万多种产品，其中包括曾经十分流行的即时贴、苏格兰磁带、“私高防卫”防污染剂，甚至心肺保护设备。1990年，公司销售额为1 300万美元，利润为130万美元，利润率为10%，这没有几个与3M同等规模的公司能比得上。在股市价格下降的那段时间里，3M的股票价格继续上升；在20世纪90年代，3M的股票价格已经涨了3倍了。

3M成功的一个秘诀是通过寻找创新产品不断地延伸现有的产品线。例如，即时贴的发明者阿特·福来仍然继续寻求产品线的延伸，如新的可以弹起的即时贴，就像一盒纸巾。同时，3M还开发了干式银盐显影彩色技术，它可以使哈尼威尔推出能够生产彩色摄像质量纸的计算机打印机。

3M鼓励雇员开发新产品，允许科学家用15的时间从事于他们自己选择的项目。公司的部门都很小，40多个部门中，每一个部门都被看作是一个独立的企业。这种体制使员工们意识到他们所做的一切都很重要。每个部门被要求在过去五年里推出的产品要产生销售收入的25%的利润，这种办法刺激了新产品的开发。

3M一直被一些人称为世界上最具创新能力的企业。或许在3M没有哪个因素能够能单独使创新奏效，也许从一开始，公司为了生存不得不创新的事实才使得公司这样，或者是因为为了最后的成功而允许科学家失败。不论原因是什么，3M怀着生产出比竞争对手更好的产品的希望，仍在继续不断地探索新产品的创新。

---

2. 新产品的分类

从营销的角度来考察，新产品是一个广义的概念，既指绝对的新产品，又指相对的新产品；生产者变动整体产品任何一个部分所推出的产品，都可以理解为一种新产品。为了明确新产品的范围，可以从市场营销的角度，将新产品作如下的划分。

(1) 全新产品。全新产品是指采用新原理、新技术和新材料研制出来的市场上从未有过的产品。这是绝对的新产品，它的创新程度最高，具有其他类型新产品所不具备的经济、技术上的优势：可取得发明专利权，享有独占权利；能通过其明显的新特征与新用途改变传统的生产、生活方式，取得全新的市场机会，创造需求。为此，实力较大的企业为了实现战略目标，不失时机地开发全新产品。全新产品的研制是一件相当困难的事情，需要技术、资金、时间的保证，还要承担巨大的投资风险。因此，重视开发全新产品是必要的，但为了应付眼前的市场竞争，也应重视开发相对的新产品，即在原有产品的基础上进行更新换代、改进与仿制。

(2) 换代新产品。换代新产品是指采用新材料、新元件、新技术，使原有的产品的性能有飞跃性提高的产品。换代新产品的技术含量比较高，是在原有产品基础上的新发展，因此它是企业进行新产品开发、提高竞争能力的重要创新方式。现代科学技术的进步，消费者日益多变的需求，为企业对产品进行更新换代创造了良好的条件和环境。

（3）改进新产品。改进新产品是指从不同侧面对原有产品进行改进创新而创造的产品。下列情况同属这种类型：采用新设计、新材料改变原有产品的品质，降低成本，但产品用途不变；采用新式样、新包装、新商标改变原有产品的外观而不改变其用途；把原有产品与其他产品或原材料加以组合，使其增加新功能；采用新设计、新结构、新零件增加其新用途。改进新产品的技术含量低或不需要使用新技术，是较容易设计的新产品形式。它可以增强竞争能力、延长产品生命周期、减少研制费用和风险、提高经济效益。

（4）仿制新产品。仿制新产品是指企业未有，但市场已有而模仿制造的产品。仿制是开发新产品最快捷的途径，风险也较小，只要有市场需求，又有生产能力，就可以借鉴现成的样品和技术来开发本企业的新产品。日本汽车、家电产品扬威世界，它们的第一步都是从仿制开始，但仿制不能违反“专利法”等法律法规，还需对原有产品进行适应性的修正。

8.4.2 新产品开发的必要性

1. 从产品属性的角度来考察

产品最重要的属性之一——产品的使用价值往往是多方面的。它是由人们在同自然作斗争的过程中，随着自己生产经验的积累，生产技术的提高以及科学知识的增进而逐步被发现的。这种使用价值的新发现要求进行新产品的开发和产品创新。

2. 从消费需求的角度来考察

随着社会经济的发展，货币收入的逐步提高和科学技术的不断进步，人们对商品的需求也越来越复杂，更迫切要求生产部门扩大产品的花色品种，加快更新换代速度，开发出更多的新产品，以适应人们不断发展的新生活方式的需要。

3. 从长远利益的角度来考察

新产品的成功率很低，短期内会给企业带来较大的损失，但可以得到长远利益。据一项调查表明，成功的新产品可给企业带来65%的盈利。换言之，成功的新产品除可收回包括失败新产品在内的全部研制费用外，还能取得可观的利润，即推出新产品与利润是成正比的。正是由于这一结果，促使企业不怕失败，失败了还要拼命地开发新产品。

4. 从市场竞争的角度来考察

企业的竞争力在很大程度上取决于能否向市场提供适销对路的新产品，因为新的市场环境、消费需求必然要求以新产品与之相适应。更重要的是，激烈的市场竞争和日新月异的科学技术正在加速产品的更新换代，以产品创新取胜，成为企业参与竞争的锐利武器。为此，有远见的企业家都把研制新产品看成是企业竞争力旺盛的重要标志，不惜花费巨大的人、财、物力来开发新产品。例如：从1997年以来，海尔冰箱公司平均1.5天便研制出一个新产品，平均1天就有1.8个专利产生，使海尔的科技创新进入世界最先进家电企业行列，使海尔冰箱在严重供过于求的国内冰箱市场上异常火爆。

5. 从企业发展的角度来考察

企业可通过增加原有产品产量和发展新产品这两条途径来谋求生存与发展。前者在短期内是可以奏效的，但从长期来看，产量越多则风险越大。因为产品具有自己的生命周期，在成熟期后期及衰退期里，增加产量会导致产品积压；同时，当原有产品进入衰退期时，企业也会随之走向衰退。这从反面告诫人们：企业若不发展新产品，则无法生存，不断创新才是企业生存与发展的唯一途径。这样，当第一代产品处于衰退期时，就有第二代产品进入成长期；当第二代产品进入成熟期时，又有第三代产品推出市场……此起彼伏，连续不断，始终保持企业的稳定或向上的势头，避免衰退或大起大落。

6. 从资源利用的角度来考察

开发新产品可解决“大材小用”的问题，以低成本的原材料替代高成本的原材料，提高经济效益；可充分利用被废弃的物质资源，变废为宝并减少环境污染；可在不增加人、财、物力的条件下增加生产新产品，通过充分利用厂房、设备和劳动力来降低单位产品成本，这对一些生产季节性产品的企业更有实际意义。

8.4.3 新产品开发的风险

新产品开发是现代企业面对的最重要的挑战之一。企业的持续发展越来越多地依赖于新产品的开发。面对日益激烈的市场竞争，企业必须预先为已经进入衰退阶段的产品寻找替代品。根据对大量企业调查的资料显示，在未来的发展中，一些企业利润的31%来源于新产品。但新产品开发难度大、失败率高，为此，企业必须针对新产品开发存在的风险，设法提高新产品开发的成功率。

阅读资料8－2

新产品开发应遵循的原则

不少学者对大量的新产品开发成功和失败的案例进行研究，总结出一些新产品开发中应遵循的原则。

1. 坚持以市场为导向

企业开发新产品的目的就是满足消费者尚未得到满足的需求，为此，企业开发的产品是否适应市场的需要是新产品开发成功与否的关键。为此，企业在进行新产品开发时，必须深入进行市场研究，了解消费者对产品的品质、性能、价格和款式等方面的要求，开发满足市场需求的新产品。但市场是卖方、买方、竞争者的集合，在新产品开发中，仅仅以消费者为导向还不够，必须关注竞争者的情况，从而了解新产品未来的市场空间。因此，树立以市场为导向的新产品开发观念，并将这一观念贯穿于新产品开发的全过程，是新产品开发中应首先遵循的原则。

2. 选择有特色的产品

有特色的产品是指能为消费者带来独特的利益和超值享受的产品。特色可以表现在功能、造型等方面，这些有助于满足消费者的特殊偏好，激发购买欲望。但应注意的是，产品是否有特色是由消费者而不是由企业的研究人员、工程师和营销部门进行评价的。企业只有在对消费者和竞争者有充分了解的基础上，才能开发出有特色的新产品。

3. 以企业的资源为依托，获取经济效益

企业在进行新产品开发时，要以企业自身的资源为依托，开发与企业技术水平和市场营销能力相适应的新产品。有些新产品，尽管市场前景相当诱人，但若企业尚不具备开发能力，企业也不能盲目进行开发。企业开发的新产品，最好能利用企业的各种资源，实现企业经营的协同效应。这种协同可以是共用企业原有的销售力量和销售渠道的营销协同，也可以是利用企业原有技术和生产资源的技术协同。

企业开发的新产品必须具有良好的经济效益。也就是说，新产品进入的市场应有市场吸引力。这些市场的特征包括高增长、高需求、高利润以及缺乏强有力的竞争对手。因此，企业对拟开发的产品要进行可行性分析，以保证开发的新产品获得预期的利润。可以说，取得经济效益是新产品开发的基本目的和原则。

4. 建立并实施有效的组织支持

新产品开发并不是企业一个部门的工作，需要多个部门的共同参与。因此，设计科学的组织机构，组成跨职能的项目团队，是新产品开发成功的组织保障。另外，在新产品开发中，高层管理者的支持也是必不可少的。高层管理者可以集中企业的优势资源和减少组织中的官僚主义，进而加快新产品开发的进程。

5. 选择恰当的产品开发方式

企业的新产品开发可分为内部开发、外部获得和契约式开发三种形式。内部开发是企业通过自己的研究开发部门开发新产品。外部获得的形式有：公司获得，即通过对拥有符合企业战略要求的产品线的较小公司的收购，取得新产品的制造设备、技术工艺以及分销渠道和市场的主要部分或全部；专利获得，即通过购买新产品发明专利，获得其制造技术以及部分或全部工艺、设备和市场前景的信息资料或设备实物；许可证获得，即通过许可证协议，获得制造销售新产品的权利。外部获得方式的共同特点是，企业并没有开发任何新产品，而只是简单地通过付费获得了新产品的制造销售权。契约式开发是由企业提出特定的新产品开发项目或条件，通过委托社会上独立的研究人员或新产品开发机构，来开发本企业的新产品，契约式开发属于企业内部和外部联合开发的方式。企业可以根据自身的研究与开发能力以及经济上的合理性，决定采取获取方式、开发方式、契约方式或几种并用的方式开发新产品。许多企业往往是几种方式兼用来进行新产品的开发。

6. 遵循新产品开发程序

新产品开发由一系列多样化的、平行进行的活动组成，是一项巨大的系统工程。新产品开发程序描述了从新产品设想到实施的操作过程。制定一套新产品开发程序并严格遵循新产品开发的程序，能确保新产品开发的按期完成，并实现企业开发新产品的目标。

新产品开发的风险性是相当大的。有资料显示：新产品中消费品的失败率为40%，工业品占20%，服务业为18%。导致新产品失败率较高的原因主要有以下几个方面。

(1) 产品本身的缺陷。可能是产品技术判断失误，或是产品无特色或性能质量不佳。

(2) 忽视市场需求。主要从企业的技术优势出发，过分强调产品技术，忽视市场需求或者是需求预测失误。

(3) 成本估计出现严重偏差。新产品的价格制定是关键问题，价格过高或过低，对新产品的推广都会产生影响。

(4) 竞争对手的抗衡。企业低估了竞争对手的力量，不了解竞争对手的营销策略，在竞争中处于劣势。

(5) 营销组合策略运用和选择不当。比如说渠道不适宜，促销不利等。

(6) 目标市场不明确。未对潜在顾客进行深入调查，对影响顾客购买的因素分析不足。

本章习题

一、单选题

1. 产品的第一层为（　　），它是产品最基本的层次。

   A. 核心产品　　B. 层次产品　　C. 期望产品　　D. 附加产品

2. 人们购买制冷用空调主要是为了在夏天获得凉爽空气，这属于空调产品整体概念中的（　　）。

   A. 核心产品　　B. 有形产品　　C. 附加产品　　D. 直接产品

3. 产品改良、市场改良和营销组合改良等决策适用于产品生命周期的（　　）。

   A. 介绍期　　B. 成长期　　C. 成熟期　　D. 衰退期

4. 在产品生命周期的（　　），企业应积极主动地扩大分销渠道，为日后产品的销售奠定良好网络基础。

   A. 介绍期　　B. 成熟期　　C. 衰退期　　D. 成长期

5. 营销学中换代新产品是指（　　）。

   A. 应用新技术、新材料而研制成的新产品

   B. 满足新的需要而仿制的产品

   C. 对现有产品品质、款式、包装等进行改造的产品

   D. 采用新技术、新材料对原有产品进行革新的产品

二、多选题

1. 产品整体概念包括（　　）。

   A. 核心产品　　B. 形式产品　　C. 期望产品　　D. 附加产品

   E. 潜在产品

2. 产品组合包括的四个维度是（　　）。

   A. 宽度　　B. 长度　　C. 深度　　D. 关联度

   E. 跨度

3. 产品生命周期包括（　　）。

   A. 开发期　　B. 投入期　　C. 成长期　　D. 成熟期

   E. 衰退期

三、名词解释

1. 核心产品　2. 产品组合的深度　3. 产品线延伸　4. 新产品　5. 改进新产品

四、简答题

1. 产品整体概念的提出对现代企业营销的意义是什么？
2. 什么是产品组合？评价产品组合的关键因素是什么？

3. 产品组合调整的策略有哪些？如何调整？

4. 产品线延伸策略的三种形式是什么？在延伸过程中应注意哪些问题？

5. 简述研究产品生命周期的意义。

案例讨论

吉列公司的产品策略

美国吉列公司生产的蓝吉列剃须刀片已享誉世界几十年之久，它的成功离不开吉列公司出色的产品决策。

1891 年，有人向吉列公司创始人吉列先生建议：集中精力去开发顾客必须反复购买的产品是一条成功的捷径。

这一观点虽然激起了吉列的兴趣和好奇心，但却一直缺少具体设想，直到 1895 年一个夏日之晨，他要剃须时发现其剃须刀很钝不能使用，只有等磨刀师磨锋利后才能再用，为此他很生气。突然，开发另一种新剃须刀的设想浮现在眼前。他想到了一系列的零件和若干组装方式。总之，得有一个很薄的非常锋利的刀片…… 他觉得非常兴奋，因为这种产品可以实现顾客的反复购买，这正是他几年来梦寐以求的新产品。

在吉列先生把设想变成设计并付诸行动的过程中，他信心十足，努力工作，期望其新产品能够更加完美，但结果却经常成为朋友取笑的话柄。然而，最使他不安和气馁的是，当他去请教那些机械工具的专家和学者时，他们都认为他的新产品设想是不切实际的幻想，应当立即放弃。1901 年，他的好友将吉列剃须刀的设想告诉了麻省理工学院毕业的机械工程师尼克逊，尼克逊同意研究吉列的设想。数周后，尼克逊成为吉列的合伙人。为了筹措所必需的 5 000 美元生产设备费用，1902 年，公司的名称改为美国安全剃须刀公司。

公司在芝加哥物色了一家代销机构，并规定其安全剃须刀套件（一支刀架和 20 片刀片）的售价为每套 5 美元，刀片每 20 片为一包，每包 1 美元。当年 10 月，首次广告在《系统》杂志上登刊，提供 30 天退款保证。至 1903 年底的两年期间，公司共售出 51 万套安全刀架和 168 万片刀片。

公司在 1906 年首次发放股票。在以后的十年中继续以每年 30 至 40 万套的销量出售安全剃须刀，刀片的销售从 45 万包增加到 7 亿包。至 1911 年，公司的南波士顿厂雇用了 1 500 个员工。三年后，由于尼克逊发明了全自动刃磨机，使其生产能力迅速增加。这些新设备比尼克逊以前发明的机器大大地降低了生产成本，又提高了刀片的质量。

原型的安全剃须刀的专利权于 1921 年 10 月满期，吉列公司管理当局早就为此做了准备。在当年五月，使其竞争对手吃惊的是，吉列推出了两种新产品：一种是按原价出售的新型改进吉列安全剃须刀，另一种是售价 1 美元的 Sliver Brownie 安全剃须刀。1923 年，公司再推出镀金剃须刀，售价仍为 1 美元。当妇女盛行留短发的时候，吉列又推出名为 Debutante 的女用安全刀片，而且售价仅为 79 美分。

到了 20 世纪 30 年代初期，安全刀片的竞争变得非常激烈，数百家公司以低价刀片充斥着整个市场并广泛受到公众的欢迎，但却严重地侵蚀了质量和价格都较高的吉列刀片的市场占有率。因此，从1931年初起，公司采用了多种市场营销策略。在其所谓“社会意识型”广告中，吉列强调“刮干净与成功的关系”。其他的广告则直接针对竞争产品，提醒消费者劣质刀片的经常刺激将导致严重的皮肤病。公司也进行了降价以争取更多的消费者。比如，那时推出的Probak和Valet两种刀片都减价至5片25美分与10片49美分。尽管如此，1933年的利润仍比1932年减少了两亿美元。

1934年，公司又推出第一种单面安全剃须刀和Probak Junior刀片，售价为4片10美分或10片25美分。至1936年，公司推出了安全刀系列以外的产品——吉列无刷剃须膏，售价为98美分。

1938年秋，公司又推出吉列薄刀片，吉列电动剃须刀也于当年圣诞节问世。电动剃须刀是在数年前发明的，但直至30年代后期才被接受。对公司来说，这一年最重要的发展是史攀（Joseph Spang）出任公司的总经理。在他的领导下，公司开始了许多新的管理政策。公司仍然保持低价策略，但十分强调产品质量，以保持产品的信誉。公司采用了本企业研究人员发展的新制造工艺，以便在制造过程中严格检查刀片的质量。在1939至1945年期间，公司没有推出新产品，这是由于战争的缘故。尽管如此，公司的研究开发人员仍研制成了第一台双刃刀片分配机，从而改进了过去的包装工作。1946年，公司的经营状况很好，当年的销售额约为52 000万美元。这时，吉列的名字已享誉全世界。

第二次世界大战后，吉列公司开始实行对外兼并和内部创新，以便成为世界性的多样化经营企业。经过认真分析之后，公司于1948年决定扩大市场。同年，吉列公司购进托尼家用烫发器制造公司，并于1955年兼并在加利福尼亚生产原珠笔和剃须膏的梅特公司。

1960年，公司又推出超级蓝吉列刀片，即全世界第一种涂层刀片。1964年，公司重新调整了产品组合，形成两大类产品并由两个事业部分管：吉列产品组合——负责剃须刀产品和男用品；多样化产品组合——负责其他所有产品。吉列产品组负责人吉格勒（Vincent Ziegler）升任公司总经理后的十年是公司销售和产品发展最迅速的年代。在他领导下的前几年，公司连续推出盒式剃须刀组、多笔尖原珠笔、Hot-One剃须膏、可调盒式剃须刀、超级不锈钢刀片、增塑刀片、微孔笔和几种止汗剂，这些产品的市场投放都取得了成功。

虽然公司的多样化经营主要是靠内部产品开发来实现，但是在1967年也购进了制造电动剃须刀、家用电器和照相器材的西德公司。1971年，公司重新调整了产品组合和管理机构。

这样，公司在70年代初期开发和营销了许多新产品。1974年以前公司一半以上的销售额来自近五年内的新产品。安全剃须刀部在推出TracⅡ型剃须刀系列之后，迅速成为市场上的最畅销品，继而又推出女用Daisy削发刀及男用Good News剃须刀。保健用品部也营销了多种新产品，如柠檬洗发精、无碱洗发精。公司于1972年进入个人用具市场，如开发和营销Max手提式烘发机。

自1971年吉列公司购进一家服务行业公司后，便正式开始了服务的社会营销。公司的兼并虽然涉及了范围广泛的行业，但强调高质量和具有好的消费形象却是其共同点。

至此吉列已成为名符其实的多样化跨国公司。

（资料来源：http：//marketing. jpkc. gdcc. edu. cn/show. aspx？ id=139&cid=18.）

思考讨论题

1. 新产品上市要面临哪些风险？
2. 吉列剃须刀上市后采用了什么产品策略？

第 9 章

价格策略

本章导读

价格是市场营销组合中一个极其重要的因素，它直接关系到市场对产品的接受程度。影响企业产品定价的因素多且复杂，制订价格策略是市场营销活动重要的组成部分。本章主要包括价格的重要性、影响定价的因素、制定价格的基本过程、产品基本价格的修订和相关产品的定价、不同竞争市场条件下企业的定价行为、产品生命周期与价格策略、企业的降价和提价策略等。

本章的知识结构图如下：

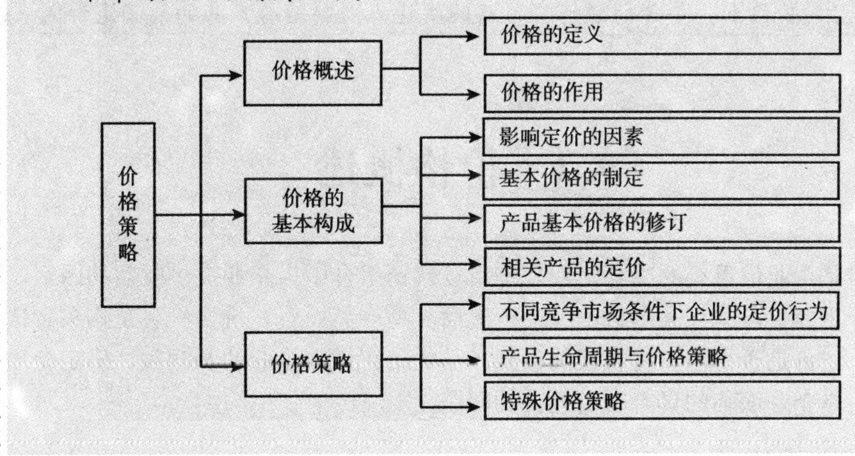

开篇案例

帕萨特的定价策略

上海大众是德国大众在我国与上海汽车工业集团总公司成立的合资企业，在品牌营销方向基本上继承发扬了德国大众的策略。而德国大众是世界知名的跨国公司，其制订出的定价策略，是保证公司目标实现的重要条件。

以上海大众上市销售的帕萨特最高档车帕萨特 2.8 V6 为例。2003 年 1 月 21 日，上海大众正式向媒体展示刚刚推出的帕萨特 2.8 V6。其打出的品牌定义为“一个真正有内涵的人”。

上海大众为了制定出有竞争优势的市场价格，上海大众首先从以下几个方面分析了自己的优劣势：①就生产成本而言，由于该车系上海大众已在2000年就开始生产了，而且产销量每年递增，所以生产成本自然会随着规模的增加而降低；②竞争品牌技术差异；③售后服务是汽车厂商们重点宣传的部分，而维修站的数量则是个硬指标。上海大众建厂最早，售后服务维修站的数量自然也会居于首位。在市场营销方案中，上海大众依然用图表的方式充分展示了自己在这方面的优势。

在对经销商的培训及消费者的宣传中，上海大众用了这样的语言：上海大众便捷的售后服务、价平质优的纯正配件，使帕萨特的维护费用在国产中高级轿车中最低，用户耽搁时间最短，真正实现“高兴而来，满意而归”。很明显，上海大众抓住了消费者的需求心理：高质量、低价位、短时间。

整个营销方案的最后，打出了帕萨特2.8 V6的定价：35.9万元人民币。

除此之外，上海大众利用广告宣传贯穿一条线索——修身、齐家、治业、行天下，这个深入人心的“儒家”思想，概括了中国人的人生态度和抱负，使得“成功”的境界登峰造极。经过了修、齐、治、行四个递进阶段后，帕萨特智慧、尊贵、大气、进取的品牌个性也就毫不张扬地得到了印证。

启示：产品定价策略需要从产品生产成本、竞争性产品的价格和消费者的理解价值及购买能力三个方面全面考虑，并加以平衡，产品的生产成本决定了产品的最低定价，而竞争性产品的价格和消费者的理解价值及购买能力则制约着产品的最高定价。

9.1 价格概述

价格策略是企业最重要的决策之一，是市场营销组合中为企业提供收益的因素，是市场竞争中的一种重要手段。在大多数情况下，就商品型产品而言，价格一直是购买者选择的主要决定因素。定价是否得当，将直接关系到产品的销售量和企业的利润额。确定合理的定价和价格政策，是企业面临的具有现实意义的问题。

9.1.1 价格的定义

经济学认为，价格是商品价值的货币表现，或者说，以货币来表示的产品或服务的价值就是该产品或服务的价格。因此，在经济学中，价格是严肃的、不能够随意变动的，所以经济学中的定价是一门科学。而市场营销学则认为，价格是顾客购买商品所支付的经济成本，或者说，顾客购买产品或服务所愿意支付的经济成本就是该产品或服务的价格。因此，在营销学中，价格是活泼的和可以变动的，它应对市场变化作出灵活的反应，企业定价要以目标顾客愿意接受和能够接受为基本原则，因此营销学中的定价在很大程度上是一门艺术。价格是市场营销组合因素中一个十分敏感而又难以控制的因素。价格的这种特点，既与价格的多方面影响有关，又与影响定价的因素较为复杂有关。

9.1.2 价格的作用

美国著名营销学家托马斯·克尼尔（Thomas C. Kinnear）指出：“近年来迅速变化的市场营销环境的特性，不断增强了市场营销中价格决策的重要性。研究表明，20年前经理们把定价策略放在市场营销决策中的第三因素，居于产品策略和推广策略之后。然而现在呢？许多人都觉得定价策略应居于市场营销决策的最重要位置。”价格的重要性主要表现在以下几个方面。

1. 价格影响着顾客的购买行为

企业销售商品与顾客购买商品都是在一定的交易条件下进行的。交易条件是由企业提供、由购买者进行选择的，主要包括六个方面的内容，即商品的功能、商品的质量、商品的类型、交货期限、销售服务以及商品价格。在实际生活中，上述六个方面的交易条件往往很难同时满足顾客的要求，不过只要能够较好地满足顾客侧重于关心的方面，交易就能够实现。在不同的时间、地点和购买对象上，顾客对交易条件中各个因素的取舍很不一致，有些因素可能被排除在外，但其中的价格因素通常是不会被忽略的。实际情况表明，同其他因素相比价格对顾客购买行为的影响最为直接，并且总是作用于顾客作出购买决定的关键时刻。因此，价格影响着顾客的购买行为，关系着市场对产品的接受的程度和需求的数量。价廉物美，消费者购买后能够获得较大利益，就会愿意购买；质次价高，消费者购买后难以获利，就会拒绝购买。

2. 价格影响着竞争者的营销行为

在现代市场经济条件下，任何企业都不可能长期保持对某一产品的市场独占，任何产品都有很多企业同时生产和经营，因此，竞争无处不在。但当前企业基本的竞争手段仍是只有两种，即价格竞争和非价格竞争。也就是说，价格水平的高低在很大程度上影响和决定着企业的竞争实力。除了纯粹垄断市场之外，在其他几种类型的行业市场上一个企业的定价和调价都会对竞争者的行为发生影响，使他们作出一定的反应，从而改变竞争的态势，使该企业的市场地位发生有利或不利的变化。

3. 价格影响着企业及其产品的市场形象

市场定位的一个重要目的就是要树立企业及其产品特定的市场形象，市场定位的战略目的是依靠制订有效的营销组合方案来加以实现的。因此，价格作为市场营销组合中的一个重要因素，必然会对企业及其产品的市场形象发生重要影响。

4. 价格制约着市场营销组合中其他因素的安排

价格水平的不同会改变顾客对交易条件中其他几个方面因素的评价、取舍和接受情况。价格水平较高，顾客就会对其他几个方面的交易条件提出较高的要求；价格水平较低，顾客就会降低对其他几个方面交易条件的要求。以上讲到的六个方面的交易条件是与企业市场营组合中的各个因素相对应的，交易条件的各个因素之间应保持一种协调性，实际上也就是说市场营销组合中的各个因素要保持一种协调性。因此，价格水平的不同会改变顾客对交易条件中其他几个方面因素的评价、取舍和接受情况，实际上指的就是价格因素对市场营销组合中其他因素制约和影响的情况。

5. 价格制约着企业的生存与发展

价格通过对以上一些方面的影响，决定着企业产品的销售量、市场占有率、价值补偿、利润水平和企业目标的实现，制约着企业的生存和发展。以上情况表明，正确地制定价格是企业面对的一个非常重要的问题。

9.2 价格的基本构成

9.2.1 影响定价的因素

许多内部和外部因素影响着企业的定价决策。

1. 影响定价的内部因素

影响定价的内部因素包括企业的营销目标、营销组合战略、成本以及定价机构。

定价战略很大程度上取决于企业的目标市场和市场定位目标。普通的定价目标包括生存、现期利润最大化、市场份额领导和产品质量领导。价格只是企业用来实现目标的营销组合工具中的一种，定价决策影响和受影响于产品设计、销售和促销决策。成本是企业价格的底价，价格必须抵补所有生产和销售产品的成本，再加上一个合理的收益率。管理部门必须决定由组织中的哪个机构来负责定价。

2. 影响定价的外部因素

影响定价的外部因素包括：生产和需求的性质，竞争者的价格和供应，以及经济、中间商需要和政府行动等因素。销售商的定价自由程度随不同的生产类型而不同，在垄断竞争生产和寡头市场中，定价特别具有挑战性。但是，最后由消费者决定企业是否设定了正确的价格。消费者根据使用产品的理解价值来判断价格的好坏。如果价格超过价值的数量，消费者就不会购买该产品。

阅读资料 9－1

药品定价：不只是销售量和利润

左旋四咪唑（Levamisole）是强生公司开发研制给羊除虫的药品，用此药的农民发现除虫后的羊还很少发斑疹伤寒。由国家癌症协会和强生公司联合实验，将左旋四咪唑与另外一种药片联合做实验，用来治疗癌症，降低了 40%结肠癌重发率以及 1/3 的死亡率。

1990 年强生公司的贾森分公司用厄格米索品牌向市场推出该药。一切进展很顺利，直到伊利诺伊州的一位农妇发现她服用的癌症药片和她用来给羊除虫药片成分一模一样。人和羊同吃一种药片并没有使她感到不安。真正使她感到痛恨的是：羊用药片每片只有几美分，而人用药每片高达 5 至 6 美元。一年中人服用厄格米索要花 1 250 至 3 000 美元；而羊只需要 14.95 美元。

这一价格缺陷引起轩然大波。贾森公司反驳说，与其他药品相比，厄格米索是合理的，其他类似药要花 6 000 至 8 000 美元，还称公司为证明该药可用于人体而进行了几十年的研究和实验。但参加该项研究的莫特尔博士称，是癌症协会主办该项研究，贾森公司的研究付出很小。贾森公司在把药卖给人们之前，有 25 年时间来收回投资。

药品正受到来自政府、保险公司、消费者的巨大压力。许多公司开始认识到，他们的短期销售量、市场份额和利润目标必须较广地考虑社会的需要，从长远角度来看，社会责任定价对消费者和公司都有利。

9.2.2 基本价格的制定

企业在为产品制定价格时，必须考虑影响定价的一些主要因素。这些因素包括：产品成本，产品需求和供给的价格弹性，市场竞争，中间商，政府干预和调控等。企业要通过对这些因素与产品价格之间相互作用的关系的分析和研究，为产品确定恰当的定价方法，制定出产品的价格。

企业定价的步骤主要包括：选择定价目标；确定需求；估计成本；分析竞争者的产品和价格；选择定价方法；选定最终价格。

1. 选择定价目标

定价目标是指企业要达到的定价目的。企业的定价目标从属于企业经营目标。企业的定价目标是以满足市场需要和实现企业盈利为基础的，它既是实现企业经营总目标的保证和手段，又是企业定价策略和定价方法的依据。企业面临的市场环境和竞争条件不同，企业的目标也会有差别。不同的企业有不同的目标，就是同一企业在不同的发展时期也有不同的定价目标。

(1) 利润目标。利润目标通常用投资报酬率表示。投资报酬率可以追求高利润率或“满意”利润率，可以追求短期或长期收回投资利润目标。

(2) 市场目标。市场目标包括增加销售量、提高市场占有率、强化市场渗透等目标。

(3) 竞争目标。竞争目标根据市场竞争状况，可以选择市场竞争“领袖价格”、“稳定价格”、“适应性竞争价格”等。

企业的定价目标受到企业的市场定位决策的制约。当企业选择了目标市场和进行了市场定位之后，价格策略也就明确了。如京广线上加挂的豪华软卧包厢，其目标顾客是高收入、高消费阶层，因此票价甚至超过飞机票价，但平均乘坐率仍高达80%以上。

2. 确定需求

市场需求是影响企业定价的重要因素。当产品高于某一水平时，将无人购买，因此市场需求决定了产品价格的上限。一般地，市场需求随着产品价格的上升而减少，随着价格的下降而增加。但是也有一些产品的需求和价格之间呈同方向变化的关系，如能代表一定社会地位和身份的装饰品以及有价值的收藏品等。

1) 需求的价格弹性

价格会影响市场需求。在正常情况下，市场需求会按照与价格相反的方向变动：价格上升，需求减少；价格下降，需求增加。因此，需求曲线是向下倾斜的。

对声望高的商品来说，需求曲线有时呈正斜率。例如：香水提价后，其销售量却有可能增加。当然，如果提得太高，需求将会减少。

企业定价时必须依据需求的价格弹性，即了解市场需求对价格变动的反应。价格变动对需求影响小，称为需求无弹性；价格变动对需求影响大，则称为需求有弹性。

在以下条件下，需求可能缺乏弹性：代用品很少或没有，没有竞争者；买者对价格不敏感；买者改变购买习惯较慢和寻找较低价格时表现迟缓；买者认为产品质量有所提高，或认为存在通货膨胀等，价格较高是应该的。

如果某产品不具备上述条件，那么产品的需求有弹性。在这种情况下，企业应采取适当降价，以刺激需求，促进销售，增加销售收入。

2）影响需求价格弹性的因素

当需求价格弹性大于1时，称为需求富有弹性；当需求价格弹性小于1时，称为需求缺乏弹性。影响需求价格弹性的因素主要有以下几个方面。

① 消费者对产品的需要程度。消费者对生活必需品的需要强度大且比较稳定，因而生活必需品的需求弹性小；消费者对高档消费品和奢侈品的需求强度小且不稳定，因而高档消费品、奢侈品的需求弹性大。

② 产品的重要性。某种产品的支出在消费者的总支出中所占比例较小，那么该产品的价格变动对消费者的影响较小，其需求的价格弹性也较小；反之，需求的价格弹性较大。

③ 产品替代品数目和可替代程度。一种产品的替代品越多，可替代的程度越高，其需求弹性就越大；反之，需求弹性就越小。

④ 产品用途的广泛性。一般地，产品的用途越多，其需求弹性就越大。

⑤ 产品的耐用程度。一般情况下，耐用品的需求弹性大，而非耐用品的需求弹性小。

⑥ 消费者的收入水平。同一产品对不同收入水平的人来说，需求弹性是不同的。这是因为一种产品对高收入水平的人来说可能是必需品，需求弹性小，但对低收入水平的人来说可能是奢侈品，需求弹性大。

3）价格弹性与产品定价

由于不同产品的需求弹性不同，同一产品在不同价格水平上的需求弹性也可能不同，因此，企业为产品定价时应该考虑需求的价格弹性。当需求富有弹性时，应该降低价格以刺激需求，扩大销售，增加收益。这时虽然价格下降，单位产品的销售收入减少，但由于需求增加的幅度大于价格下降的幅度，因此由于需求增加、销售扩大而增加的收益在弥补由于价格降低而减少的收益后还有剩余，企业的总收益会增加。对于需求富有弹性的产品，如果提高价格，反而会造成总收益的减少。当需求缺乏弹性时，企业可以适当提高产品价格，由于提价的幅度大于需求减少的幅度，因此会增加企业的总收益。对于需求缺乏弹性的产品，降价会减少企业的总收益。

3. 估计成本

需求在很大程度上为企业确定了一个最高价格限度，而成本则决定着价格的下限。从长期来看，任何产品的价格都应高于所发生的成本费用，在生产经营过程中的耗费才能从销售收入中得到补偿，企业才能获得利润，生产经营活动才能继续进行。价格应包括所有生产、分销和推销该产品的成本，以及对公司的努力和承担风险的一个公允的报酬。

1）成本类型

固定成本是指在短期内不随企业产量和销售收入的变化而变化的生产费用，如厂房设备的折旧费、租金、利息、行政人员薪金等。固定成本与企业的生产水平无关。

可变成本是指随生产水平的变化而直接变化的成本，如原材料费、工资等。企业不开工生产，可变成本等于零。

成本是企业收益的减项，降低成本是提高企业经济效益的有效途径之一。

2）长短期成本变化的规律

在短期内，企业的生产规模既定，为实现利润最大，企业应该在产量既定的条件下选择最低的生产要素的最佳投入组合，在成本既定的条件下选择使产出最大的生产要素的最佳投入组合。

在长期的情况下，企业的生产规模可以调整。同样的产出数量可以由不同的生产规模生产出来，但由于存在规模经济效益，不同的生产规模所发生的平均成本是不一样的。这时企业应选择能以最低的平均成本生产既定产量的生产规模。

4. 分析竞争者的产品和价格

企业为产品定价时必须考虑竞争者的产品和价格。企业可以派出人员去市场上了解竞争者产品的价格（例如沃尔玛的“市场行情调查员”和我国广州等一些城市出现的“抄价员”），也可搜集竞争者的产品价目表或买回竞争者的产品进行分析研究。企业可以将竞争者的产品及其价格作为企业产品定价的参考。如果企业的产品和竞争者的同种产品质量差不多，那么两者的价格也应大体一样；如果企业的产品质量不如竞争者的同种产品，那么产品价格就应定低些；如果企业的产品质量优于竞争者的同种产品，那么价格就可以定高些。P&G公司在1988年打入中国洗涤用品市场、成立合资企业广州宝洁有限公司时，分析了市场中竞争者产品的情况：中国国产产品质量差，包装简陋，缺乏个性，但价格低廉；进口产品质量虽好，但价格昂贵，很少有人问津。因此，P&G公司将合资品牌定在高价位上，价格是国内品牌的3～5倍，但比进口品牌便宜1～2元。这种竞争的价格定位使广州宝洁的合资品牌在中国洗涤用品市场上占有很大份额，取得了很好的经济效益。

阅读资料9－2

本田飞度——低价，一步到位

在国内经济型轿车市场上，像广州本田的飞度一样几乎是全球同步推出的车型还有上海大众的POLO。但与飞度相比，POLO的价格要高得多。飞度1.3L五速手动挡的全国统一销售价格为9.98万元，1.3L无级变速自动挡销售价格为10.98万元；而三厢POLO上市时的价格为13.09万～16.19万元。飞度上市后，POLO及时进行了价格调整，到12月中旬，在北京亚运村汽车交易市场上，三厢POLO基本型的最低报价是11.11万。即使这样，其价格还是高于飞度。虽然飞度9.98万元的价格超过了部分消费者的心理预期，但在行家眼里，这是对其竞争对手致命的定价。

飞度定价上也体现了广州本田的营销技巧。对于一般汽车企业来说，往往从利润最大化的角度考虑定价，想办法最大限度地获得第一桶金。这体现在新车上市时，总是高走高开，等到市场环境发生变化时才考虑降价。但这种方式存在一定的问题，即在降价时，因为没办法传递明确的信号，消费者往往更加犹豫，因为他们不知道企业是否已经将价格降到谷底。

广州本田的做法则不同，飞度虽然是一个技术领先的产品，但采取的是一步到位的定价。虽然这种做法会使消费者往往要向经销商交一定费用才能够快速取得汽车，增加了消费者的负担。但供不应求的现象会让更多的消费者产生悬念。如果产量屏障被打破以后，消费者能够在不加价的情况下就可以买到车，满意度会有很大的提高，因为它给予了消费者荣誉上的附加值。

对于飞度为什么能够实现如此低的定价这个问题，广州本田方面的解释是，飞度起步时国产化就已经超过80%。而国产化比例是决定国内轿车成本的两大因素之一。

整体来看，飞度良好的市场表现最重要的原因之一是广州本田采用了一步到位的低价策略，汽车性能和价格在短期内都难以被对手突破。这就使得长期徘徊观望的经济型轿车潜在消费者打消了顾虑，放弃了持币待购的心理，纷纷选择了飞度。

5. 选择定价方法

影响企业定价的因素很多，其中最基本的因素是：成本，确定价格的下限；市场需求或顾客对企业产品特点的评价，规定价格的上限；竞争者产品的价格和替代品的价格，确定企业产品的标价点在最高价格和最低价格之间；另外，消费者心理因素也会给定价造成影响。企业在为产品定价时，主要是考虑这四种因素中的一个或几个来选择定价方法。因此，企业为产品确定具体的价格时可以采取的定价方法也可分为4类：成本导向定价法、竞争导向定价法、需求导向定价法和心理导向定价法。

1）成本导向定价法

成本导向定价法是以产品成本为基础，加上预期利润，结合销售量等有关情况，确定价格水平。它是企业最基本、最普遍的定价方法。在企业确定定价策略时，因成本导向的应用不同，有以下具体方法。

（1）加成定价法。

加成定价法是企业根据所确定的加成率和单位产品总成本来制定产品的价格。由于毛利率确定的方法不同，加成定价法可分为成本加成定价法和售价加成定价法两种。

成本加成定价法是指按照单位成本加上一定百分比的加成率来制定价格。成本加成定价法中的加成率的计算公式是：

加成率＝毛利/销售成本

产品单价计算公式为：

产品单价＝单位产品总成本×(1＋加成率)

例如：某皮鞋公司的单位产品总成本为15元，加成率为20%，则皮鞋的销售价格为18元。

这种方法的优点是计算简便，同行业的企业都采用这种定价方法时，因为各企业的成本和目标利润率相差不大，制定出的价格也相差不大，能够避免出现过度的价格竞争，企业都能够获取稳定的利润。但是，这种定价方法是从企业的角度出发来考虑定价的问题的，忽视了市场需求、竞争情况和消费者的心理因素，因而制定出来的价格与顾客的评价相关性不大，不利于产品的销售。

售价加成定价法中的加成率的计算公式是：

加成率＝毛利/销售收入

产品价格的计算公式为：

产品单价＝单位产品总成本/(1－加成率)

售价加成定价法的优缺点与成本加成定价法类似。但在售价相同的情况下，用售价加成定价法计算出的加成率低于成本加成定价法的加成率，能给人以合理的感觉，更容易被接受。零售部门较多地采用售价加成定价法。

（2）目标利润定价法（收益率定价法）。

目标利润定价法是指根据估计的总销售收入（销售额）和估计的产量（销售量）来制定价格。

产品价格=（总成本+目标利润）/预计销售量

假设企业的生产能力为100万个产品，估计未来时期80%的生产能力能开工生产，则可生产、出售80万个产品。生产80万个产品的总成本估计为1 000万元；若公司想得到20%的目标利润率，则目标利润为200万元；总收入为1 200万元，目标价格为15元。

目标利润定价法计算简便，如果企业能按制定的价格实现预计的销售量，就能达到预定的目标利润。在产品销售情况比较稳定的条件下，可以采用这种方法。但这种方法没有考虑顾客的需求弹性和竞争者产品价格等因素对企业产品的影响。

（3）边际贡献定价法。

边际贡献定价法是指产品销售收入与产品变动成本的差额，单位产品边际贡献是指产品单价与单位产品变动成本的差额。边际贡献弥补固定成本后如有剩余，就形成企业的纯收入；如果边际贡献不足以弥补固定成本，那么企业将发生亏损。若企业经营不景气、销售困难、生存比获取利润更重要，或企业生产能力过剩、只有降低售价才能扩大销售，可以采用边际贡献定价法。边际贡献定价法的原则是，只要产品单价高于单位产品变动成本，就可以考虑接受。因为不管企业是否生产、生产多少，在一定时期内固定成本都是要发生的，而产品单价高于单位产品变动成本时，产品销售收入弥补变动成本后的剩余可以弥补固定成本，以减少企业的亏损（在企业维持生存时）或增加企业的盈利（在企业扩大销售时）。

如某企业某产品的生产能力为年产70万件，年固定成本50万元，单位产品变动成本为1.80元，产品单价为3元，现在企业只接到订单40万件。按此计划生产，边际贡献弥补部分固定成本后企业仍亏损2万元。如果有客户追加订货20万，每件报价为2.40元，根据边际贡献定价法原则，这一报价是可以接受的。接受此订单后，企业将实现盈利10万元。

阅读资料9-3

变动成本加成定价

据报道，某年春运前热点航线的票价比火车票还便宜。其中北京至上海普通的单程机票最低价格为260元，北京至广州最低430元；而北京至上海T103次的硬卧下铺价格为327元，北京至广州的T29次硬卧下铺价格为458元。

航空公司为什么要制定如此低的价格？可以从变动成本加成定价来考虑。

如果不考虑每一航班飞行的固定成本（如燃油、机组人员工资、机场服务费等），只考虑其变动成本，即只包括为每位乘客提供服务的直接成本，实际上它不会超过50元。显然，只要机票价格高于这一变动成本，超出部分就能够对航班飞行的高昂固定成本作出贡献。而如此定价皆因服务的不可储存性所决定的。

2）竞争导向定价法

竞争导向定价法的目的在于开拓、巩固和改善企业在市场上的地位，保持市场竞争的优势。其具体做法灵活多样：

① 随行就市定价法。企业按照行业的平均现行价格水平来定价。这种方法常用于下列情形：难以估算成本；企业打算与同行和平共处；如果另行定价，难以估计购买者和竞争者的反应。

② 密封投标定价法。买方在报刊上登广告或发出函件，说明采购的商品的品种、数量、规格等要求，邀请卖方在规定的期限内投标。买方在规定的时间开标，选择报价最低、最有利的卖方成交，签订采购合同。

③ 薄利多销定价法。即以减少单位产品销售利润作为代价，争取薄利多销，扩大销售量，获得规模效益，在市场竞争中巩固自己的地位。

3）需求导向定价法

需求导向定价法是指以市场对产品的需求强度作为定价基础，结合成本、收入变动关系确定产品价格。具体包括以下方法：

① 需求弹性定价法。需求弹性定价法是指根据需求的价格弹性的原理，在不同的需求价格弹性状态下，采取提价或降价的定价策略，以刺激需求的变化，保证企业定价目标的实现。

② 认知价值定价法。认识价值定价法又称理解价值定价法，是指企业按照消费者在主观上对该产品所理解的价值，而不是产品的成本费用水平来定价。企业利用市场营销组合中的非价格变数来影响购买者，在他们的头脑中形成认知价值，然后据此来定价。企业在运用此法时，需要正确估计购买者所承认的价值。

6. 选定最终价格

企业最终拟定的价格必须考虑以下因素。

（1）最终价格必须与企业定价政策相符合。企业的定价政策是指明确企业需要的定价形象、对价格折扣的态度以及对竞争者的价格的指导思想。

（2）最终价格必须符合政府有关部门的政策和法令的规定。在我国，规范企业定价行为的法律和相关法规有《价格法》、《反不正当竞争法》、《明码标价法》、《制止牟取暴利的暂行规定》、《价格违反行为行政处罚规定》、《关于制止低价倾销行为的规定》等等。如1996年，北京百货大楼等8家商场和小天鹅洗衣机厂等9个厂家签订协议，联手统一北京洗衣机市场上9种洗衣机的零售价格的行为，被北京市工商行政管理部门和物价管理部门认定是一种价格违法行为而被制止。

（3）选定最终价格还须考虑企业内部有关人员（如推销人员、广告人员等）对所定价格的意见，经销商、供应商等对所定价格的意见，以及竞争对手对所定价格的反应。

9.2.3 产品基本价格的修订

价格是企业竞争的主要手段之一，企业除了根据不同的定价目标选择不同的定价方法外，还要根据复杂的市场情况，采用灵活多变的方式修订产品的价格。

1. 地区性定价

许多企业生产的产品不仅销售给当地的顾客，而且也销售给外地的顾客。在将产品销往外地的情况下，会发生运输、仓储、装卸、保险等费用。这时，企业就面临着地区性定价问题，即企业在将产品卖给不同地区的顾客时，是执行同样的价格还是执行不同的价格。

1）FOB（Free on Board）产地定价

FOB（Free on Board）产地定价即企业负责将产品装运到产地某种运输工具上交货，并承担交货前的一切风险和费用，交货后的风险和费用则由买方承担。这样定价，每个顾客都是按照企业的厂价来购买产品，并分别负担从产地到目的地的风险和运费，是比较合理的。这种定价方法对企业的不利之处在于，远方的顾客可能因为要承担较高的运费而不购买企业的产品，转而选购距其较近的企业的产品。

2）统一交货定价

统一交货定价与FOB产地定价刚好相反。企业对不同地区的顾客都实行同样的价格，即按出厂价加上平均运费定价。这种定价方式计算简便，也便于顾客事先知道所购产品的总成本的确切数字。它比较适合于运费在总价格中所占比重较小的产品，否则虽然对远方的顾客有吸引力，但却会使近处的顾客感到不合算。如新飞电器集团从1998年起，对新飞冰箱在全国实行统一到岸价，由新飞电器集团统一配送货物并承担其所需费用。据新飞电器集团称，这不仅有效地理顺销售渠道、稳定产品价格、维护商家正常利益，而且有助于增强企业竞争力、降低损耗、巩固成熟市场和开拓边远市场。

3）分区定价

分区定价即将产品的销售市场划分为若干个区域，为每个区域制定不同的价格，在同一区域内执行相同的价格。离企业较远的区域，价格定得较高。这种定价方法也有不足之处：在同一价格区域内，顾客与企业距离远近不一，离企业较近的顾客会觉得不太合算；处在相邻的两个价格区域边界两侧的顾客，相距不远，但要按不同的价格来购买产品，要支付较高价格的顾客会觉得不合算。

4）基点定价

基点定价即企业选定某些城市作为基点，然后按一切的厂价加上从基点城市到顾客所在地的运费来定价，而不管产品实际上是从哪个城市起运的。有些企业为了加大灵活性，选取许多基点城市，按离顾客最近的基点来计算运费。基点定价的产品价格结构缺乏弹性，竞争者不易进入，有利于避免价格竞争。顾客可在任何基点购买，企业也可将产品推向较远的市场，有利于市场扩展。

基点定价方式比较适合下列情况：产品运费成本所占比重较大；企业产品市场范围大，在许多地方有生产点进行产品的生产；产品的价格弹性较小。

5）免收运费定价

当定价急需和某个顾客达成交易或进入某个市场时，企业为购买产品的顾客负担部分或全部运费。企业认为，这些交易实现增加了销售额，由此而引起的平均成本的降低能够弥补这部分运费支出，同时企业也加深了市场渗透，增强了竞争能力。

2. 价格折扣和折让

大多数企业通常都酌情调整其基本价格，以鼓励顾客及早付清货款、大量购买或增加淡季购买。这种价格调整叫做价格折扣和折让。折扣（discount）是指在指定的时间内购买时直接对价格的一种减让。折让（allowance）是指从目录价格降价的另外一种形式。

3. 促销定价

促销定价是指在某些情况下，企业临时调低产品的价格，以促进销售。常见的促销定价的方式如下。

1）招徕定价

一些超市和百货商店将某几种产品的价格定得特别低，以招徕顾客前来购买正常价格的产品。采取招徕定价方式时，要注意两个方面：一是特廉价格产品的确定，这种产品既要对顾客有一定的吸引力，又不能价值过高，以致大量低价格销售给企业造成较大的损失；二是数量要充足，保证供应，否则没购买到特价产品的顾客会有一种被愚弄的感觉，会严重损害企业形象。

阅读资料 9－4

“一元拍卖活动”

北京地铁有家每日商场，每逢节假日都要举办“一元拍卖活动”，所有拍卖商品均以1元起价，报价每次增加5元，直至最后定夺。但这种由每日商场举办的拍卖活动由于基价定得过低，最后的成交价就比市场价低得多，因此会给人们产生一种“卖得越多，赔得越多”的感觉。岂不知，该商场用的是招徕定价术，它以低廉的拍卖品活跃商场气氛，增大客流量，带动了整个商场的销售额上升。这里需要说明的是，应用此术所选的降价商品，必须是顾客都需要、而且市场价为人们所熟知的才行。

2）特别事件定价

企业利用开业庆典、开业纪念日或节假日等时机，降低某产品的价格，以吸引顾客的购买。如一些商店利用寒暑假开学前的时机，降低学习用品的价格，吸引学生购买。

3）现金回扣

制造商向在特定的时间内购买企业产品的顾客给予现金回扣，以清理存货。美国的汽车生产厂商曾多次使用现金回扣来促进汽车销售，在最初阶段比较有效，后来便失效了。因为它只可能给那些准备买的顾客以优惠，但并不能刺激其他人来买车。

4）心理折扣

企业开始时给产品制定很高的价格，然后大幅度降价出售，如标出“原价 5 000 元，现价 4 500 元”。采取这种方式，不得违反有关法规，不得虚增原价，如所标原价无根据、所标原价非本次降价前的售价等。日本三越百货公司针对顾客“便宜没好货”的心理，实行“100 元买 110 元商品”的错觉折价术。表面上看，这和打九折似乎都是10%的差价，但消费者的心理对两者的反应却有显著差别。“九折法”给消费者的直觉反应是削价促销，质量可能有问题；“100 元买 110 元商品”则易使顾客产生货币价值提高的心理，达到刺激购买欲望的目的。

4. 差别定价

差别定价是指企业用两种或多种价格销售一个产品或一项服务。企业考虑到顾客、产品、地点等差异经常调整基本价格。

差别定价有以下几种形式：顾客细分定价，是指同一种产品或服务以不同价格销售给不同的顾客群，例如博物馆对学生和老人的入场券收费较低；产品形式定价，是指不同的产品型号有不同的定价；地点定价，是指企业对不同的位置有不同的价格，尽管对每个地点的供货成本是相同的；时间定价，是指企业根据季节、月、日甚至小时不同来设定不同的价格，例如公共设施对商业客户收取的能源费在白天、周末和平时定价都不同。

阅读资料 9－5

“无积压商品”的蒙玛公司

蒙玛公司在意大利以“无积压商品”而闻名，其秘诀之一就是对时装分多段定价。它规定新时装上市，以 3 天为一轮，凡一套时装以定价卖出，每隔一轮按原价削减 10%。以此类推，到 10 轮（一个月）之后，蒙玛公司的时装价格就削减到只剩 35%左右的成本价了。这时的时装，蒙玛公司就以成本价售出。时装上市仅一个月，价格已跌到 1/3，谁还不来买？所以一卖即空。蒙玛公司最后结算，不仅赚钱比其他时装公司多，而且还没有积货的损失。

5. 心理定价

心理定价是企业为迎合消费者的消费心理需要，采取的定价策略和方法。

1）尾数或整数定价

许多商品的价格，宁可定为 0.98 元或 0.99 元，而不定为 1 元，是适应消费者购买心理的一种取舍，尾数定价使消费者产生一种“价廉”的错觉，比定为 1 元反应积极，促进销售。相反，有的商品不定价为 9.8 元，而定为 10 元，同样使消费者产生一种错觉，迎合消费者“便宜无好货，好货不便宜”的心理。

阅读资料 9－6

尾 数 定 价

尾数定价又称“奇数定价”、“非整数定价”，指企业利用消费者求廉的心理，制定非整数价格，而且常常以奇数作尾数，尽可能在价格上不进位。比如，把一种毛巾的价格定为 2.97 元，而不定为 3 元；将台灯价格定为 19.90 元，而不定为 20 元。这样做可以在直观上给消费者一种便宜的感觉，从而激起消费者的购买欲望，促进产品销售量的增加。

使用尾数定价，可以使价格在消费者心中产生 4 种特殊的效应：(1) 便宜。标价 99.97 元的商品和 100.07 元的商品，虽仅相差 0.1 元，但前者给购买者的感觉是还不到“100 元”，后者却使人认为“100 多元”，因此前者可以给消费者一种价格偏低、商品便宜的感觉，使之易于接受。(2) 精确。带有尾数的定价可以使消费者认为商品定价是非常认真、精确的，连几角几分都算得清清楚楚，进而会产生一种信任感。(3) 中意。由于民族习惯、社会风俗、文化传统和价值观念的影响，某些数字常常会被赋予一些独特的含义，企业在定价时如能加以巧用，则其产品将因此而得到消费者的偏爱。例如，我国南方某市一个号码为“9050168”的电话号码，拍卖价竟达到十几万元，就是因为其谐音为“90 年代我一定一路发”。当然，某些为消费者所忌讳的数字，如西方国家的“13”、日本国的“4”，企业在定价时则应有意识地避开，以免引起消费者的厌恶和反感。

在实践中，无论是整数定价还是尾数定价，都必须根据不同的地域而加以仔细斟酌。比如，美国、加拿大等国的消费者普遍认为单数比双数少，奇数比偶数显得便宜，所以，在北美地区，零售价为 49 美分的商品，其销量远远大于价格为 50 美分的商品，甚至比 48 美分的商品也要多一些。但是，日本企业却多以偶数，特别是“零”作结尾，这是因为偶数在日本体现着对称、和谐、吉祥、平衡和圆满。

当然，企业要想真正地打开销路，占有市场，还是得以优质的产品作为后盾，过分看重数字的心理功能，或流于一种纯粹的数字游戏，只能哗众取宠于一时，从长远来看却于事无补 。

2）声望定价

声望定价法有两个目的：一是提高产品的形象，以价格说明其名贵、名优；二是满足购买者的地位欲望，适应购买者的消费心理。有些商品由于企业多年的苦心经营，在顾客中有了一定声誉，顾客对它们也产生了信任感，所以即使价格定得比一般商品高一些，顾客还是能够接受的。这种定价策略特别适合于药品、饮食、化妆品及医疗等质量不易鉴别的行业产品。如美国宝洁（P&G）公司生产的系列产品，尽管比同类产品价格高许多，但仍备受众多消费者的青睐。

阅读资料 9－7

声望定价

声望定价是根据产品在消费者心中的声望、信任度和社会地位来确定价格的一种定价策略。声望定价不仅可以满足某些消费者的特殊欲望，如地位、身份、财富、名望和自我形象等，还可以通过高价格显示名贵优质。因此，这一策略适用于一些传统的名优产品、具有历史地位的民族特色产品，以及知名度高、有较大的市场影响、深受市场欢迎的驰名商标。比如，台湾宝丽来太阳镜价格高达 240～980 元，我国的景泰蓝瓷器在国际市场价格为 2 000 多法郎，都是成功地运用声望定价策略的典范。为了使声望价格得以维持，需要适当控制市场拥有量。英国名车劳斯莱斯的价格在所有汽车中雄踞榜首，除了其优越的性能、精细的做工外，严格控制产量也是一个很重要的因素。在过去的 50 年中，该公司只生产了 15 000 辆轿车，美国艾森豪威尔总统因未能拥有一辆金黄色的劳斯莱斯汽车而终生遗憾。

但是，声望定价必须非常谨慎。20 世纪 70 年代末，我国某企业将出口到欧美的假发提价两至三倍，使销路迅速下降，大部分市场被日本、韩国的企业抢去。

3）习惯性定价

某种产品，由于同类产品多，在市场上形成了一种习惯价格，个别生产者难于改变。降价易引起消费者对品质的怀疑，涨价则可能受到消费者的抵制。

针对这种情况，可以利用顾客趋利心理，人为地在短时间内以特价优惠顾客。日本横滨的龟田商店，曾贴出告示：“定于今日下午 1 时 45 分至 2 时，作 15 分钟最低价优惠大酬宾，敬请光临。”事后的统计数字表明，15 分钟销售额是平时一天的 2 倍，取得了薄利多销的效果。

4）梯子价格

美国一名叫爱德华·华宁的商人，在波士顿市中心开了一家商店，广为宣传播采用“梯子价格”降价销售商品的信息，而具体商品只标出价格、上架时间和售完为止。其做法是：前12天按全价销售，从第13天到第24天降价25%；第25天到第30天降价75%；第31天到第36天，如仍未售出，则送慈善机构。之所以敢采用此法，原因是他掌握了消费者的心理：“我今天不买，明天就会被他人买走，还是先下手为强。”事实上，许多商品往往未经降价就被顾客买走了。

5）有意制定差价

法国一家专营玩具的商店购进了两种“小鹿”，造型和价格一样，只是颜色不同，该玩具被摆上柜台后很少有人问津。店老板想出个主意制造差价，他把其中一种小鹿的售价由3元提高到5元，另一种标价不变。把这两种价差鲜明的玩具置于同一柜台上，结果提了价的小鹿很快销售一空。

阅读资料9－8

商品定价的十三种技巧

一、同价销售术

英国有一家小店，起初生意萧条、很不景气。一天，店主灵机一动，想出一招：只要顾客出1个英镑，便可在店内任选一件商品（店内商品都是同一价格的）。这可谓抓住了人们的好奇心理。尽管一些商品的价格略高于市价，但仍招来了大批顾客，销售额比附近几家百货公司都高。在国外，比较流行的同价销售术还有分柜同价销售，比如，有的小商店开设1分钱商品专柜、1元钱商品专柜，而一些大商店则开设了10元、50元、100元商品专柜。

二、分割法

没有什么东西能比顾客对价格更敏感的了，因为价格即代表他兜里的金钱，要让顾客感受到你只从他兜里掏了很少很少一部分，而非一大把。

价格分割是一种心理策略。卖方定价时，采用这种技巧，能造成买方心理上的价格便宜感。

价格分割包括下面两种形式。

① 用较小的单位报价。例如，茶叶每千克10元报成每50克0.5元，大米每吨1 000元报成每千克1元，等等。巴黎地铁的广告是：“只需付30法郎，就有200万旅客能看到您的广告”。

② 用较小单位商品的价格进行比较。例如，“每天少抽一支烟，每日就可订一份报纸”，“使用这种电冰箱平均每天0.2元电费，只够吃一根冰棍”等。

三、特高价法

独一无二的产品才能卖出独一无二的价格。特高价法即在新商品开始投放市场时，把价格定得大大高于成本，使企业在短期内能获得大量盈利，以后再根据市场形势的变化来调整价格。

某地有一商店进了少量中高档女外套，进价580元一件。该商店的经营者见这种外套用料、做工都很好，色彩、款式也很新颖，在本地市场上还没有出现过，于是定出1 280元一件的高价，居然很快就销完了。

四、低价法

“便宜无好货，好货不便宜”，这是千百年的经验之谈，你要做的事就是消除这种成见。

这种策略先将产品的价格定得尽可能低一些，使新产品迅速被消费者所接受，优先在市场取得领先地位。由于利润过低，能有效地排斥竞争对手，使自己长期占领市场。这是一种长久的战略，适合于一些资金雄厚的大企业。

对于一个生产企业来说，将产品的价格定得很低，先打开销路，把市场占下来，然后再扩大生产，降低生产成本。对于商业企业来说，尽可能压低商品的销售价格，虽然单个商品的销售利润比较少，但销售额增大了，总的商业利润会更多。

五、安全法

价值10元的东西，以20元卖出，表面上是赚了，却可能赔掉了一个顾客。

对于一般商品来说，价格定得过高，不利于打开市场；价格定得太低，则可能出现亏损。因此，最稳妥可靠的是将商品的价格定得比较适中，消费者有能力购买，推销商也便于推销。

安全定价通常是由成本加正常利润购成的。例如，一条牛仔裤的成本是80元，根据服装行业的一般利润水平，期待每条牛仔裤能获20元的利润，那么，这条牛仔裤的安全价格为100元。安全定价，价格适合。

六、非整数法

非整数法把商品零售价格定成带有零头结尾的非整数，销售专家们称之为“非整数价格”。这是一种极能激发消费者购买欲望的价格。这种策略的出发点是认为消费者在心理上总是存在零头价格比整数价格低的感觉。

有一年夏天，一家日用杂品店进了一批货，以每件1元的价格销售，可购买者并不踊跃。无奈商店只好决定降价，但考虑到进货成本，只降了2分钱，价格变成9角8分。想不到就是这2分钱之差竟使局面陡变，买者络绎不绝，货物很快销售一空。售货员欣喜之余，慨叹一声，只差2分钱呀。

七、整数法

美国的一位汽车制造商曾公开宣称，要为世界上最富有的人制造一种大型高级豪华轿车。这种车有6个轮子，长度相当于两辆凯迪拉克高级轿车，车内有酒吧间和洗澡间，价格定为100万美元。为什么一定要定个100万美元的整数价呢？这是因为，高档豪华的超级商品的购买者，一般都有显示其身份、地位、富有、大度的心理欲求，100万美元的豪华轿车，正迎合了购买者的这种心理。

八、弧形数字法

“8”与“发”虽毫不相干，但宁可信其有不可信其无，满足消费者的心理需求总是对的。

据国外市场调查发现，在生意兴隆的商场、超级市场中商品定价时所用的数字，按其使用的频率排序，先后依次是5、8、0、3、6、9、2、4、7、1。这种现象不是偶然出现的，究其根源是顾客消费心理的作用。带有弧形线条的数字，如5、8、0、3、6等似乎不带有刺激感，易为顾客接受；而不带有弧形线条的数字，如1、7、4等比较而言就不大受欢迎。所以，在商场、超级市场商品销售价格中，8、5等带有弧形线条的数字最常出现，而1、4、7则出现次数少得多。

九、分级法

法籍华裔企业家林昌横生财有道，在制定产品销售价格时，总是考虑顾客的购买能力。例如，他生产的皮带，就是根据法国人的高、中、低收入定价的。低档货适合低收入者的需要，定在50法郎左右，用料是普通牛羊皮，这部分人较多，就多生产些。高档货适合高收入者的需要，定在500～800法郎，用料贵重，有蟒皮、鳄皮，这部分人较少，就少生产些。有些独家经营的贵重商品，定价不封顶，因为对有些人来说，只要是他喜欢的，价格再高他也会购买的。中档货就定在200～300法郎上下。

十、调整法

好的调整犹如润滑油，能使畅销、平销、滞销商品都畅通无阻。

德国韦德蒙德城的奥斯登零售公司，经销任何商品都很成功。例如，奥斯登刚推出1万套内衣外穿的时装时，定价超过普通内衣价格的4.5～6.2倍，但照样销售很旺。这是因为这种时装一反过去内外有别的穿着特色，顾客感到新鲜，有极强的吸引力。可是到1988年5月，当德国各大城市相继大批推出这种内衣外穿时装时，奥斯登却将价格一下骤降到只略高于普通内衣的价格，同样一销而光。这样，又过了8个月，当内衣外穿时装已经不那么吸引人时，奥斯登又以“成本价”出售，每套时装的价格还不到普通内衣的60%，这种过时衣服在奥斯登还是十分畅销。

十一、习惯法

许多商品在市场上流通已经形成了一个人所共知的基本价格，这一类商品一般不应轻易涨价。

在我国，火柴每盒2分，这个习惯价一直稳定了20多年。1984年湖南省的火柴涨至每盒3分，一段时间，当地消费者宁愿买2分一盒的小盒旅行火柴，也不愿买本省的火柴。但是，如果商品的生产成本过高，又不能涨价该怎么办呢？其实可以采取一些灵活变通的办法。如可以用廉价原材料替代原来较贵的原材料；也可以减少用料，减轻分量，如将冰棒做得小一点，将火柴少装几根。

十二、明码法

某一天，地处延平北路的新华皮鞋公司门口，挂出了“不二价”的特大招牌。这在当时的延平北路可谓风险冒得太大。因为当时人们到延平北路买东西时，厂商们都把售价提高两倍左右，以便还价时给折扣。新华皮鞋公司实施“不二价”不久，很多顾客对它的皮鞋非常中意，可总觉得照价付钱亏了，使许多眼见成交的生意吹了。该公司老板认为顾客会货比数家、再来新华的，便决定再挺一阵子。果然不出所料，时隔不久，新华公司门庭若市。许多顾客到可以还价的商店购买，打折后，皮鞋价格往往仍比新华皮鞋公司的要高，因此顾客们纷纷回头光顾。

十三、顾客定价法

例如，餐馆的饭菜价格，从来都是由店主决定的，顾客只能按菜谱点菜，按价计款。

但在美国的匹兹堡市却有一家“米利奥家庭餐馆”，在餐馆的菜单上，只有菜名，没有菜价。顾客根据自己对饭菜的满足程度付款，无论多少，餐馆都无异议，如顾客不满意，可以分文不付。但事实上，绝大多数顾客都能合理付款，甚至多付款。当然，也有付款少的，甚至在狼吞虎咽一顿之后，分文不给、扬长而去的，但那毕竟只是极少数。

（资料来源：商品定价十三种技巧［OL］.［2013－06－05］. http：//www.linkshop.com.cn/CLUB/uploadFiles/2006－9/2006922115228917.doc.）

9.2.4 相关产品的定价

1. 产品线定价

企业产品线中一般不只一个产品，企业应该适当地确定产品线中相关产品的价格差异。在确定价格差异时，要考虑各相关产品之间的成本差异、顾客对相关产品的不同特点的评价以及竞争者产品的价格。如果产品线中前后系列的产品的价格差异较小，顾客通常会购买更先进的产品，这时若两种产品的价格差异大于成本差异，企业的盈利会增加；如果产品线中前后系列的产品的价格差异较大，则顾客往往会购买较低级的产品。

2. 选购品的定价

许多企业在提供主要产品的同时，还提供与主要产品密切相关的一些产品，如自行车的车篮、舞厅里提供的口香糖及饮料、汽车的防盗报警器等。企业首先要确定是将这些产品与主要产品一起出售，产品的总价格中包括这些产品的价格，还是将这些产品作为选购品，由顾客自主决定是否购买。对于单独计价的选购品，企业还必须考虑如何为它们制定价格。企业可以将选购品的价格定得很低以吸引顾客，也可以定得很高来获得更多的利润。

3. 附带产品的定价

附带产品是指必须和主要产品一起使用的产品，如照相机的胶卷、计算机软件、主机的辅助设备和零部件等。企业往往将主要产品的价格定得很低，将附带产品的价格定得较高，通过低价促进主要产品的销售来带动附带产品的销售，附带产品的高额利润不仅足以弥补主要产品降价的损失，还能增加企业的盈利。

4. 副产品的定价

肉类加工和石油化工等行业的企业在生产过程中，往往会有副产品。如果企业不能加以利用，那么就要花钱来处理这些副产品，这会影响企业主要产品的定价。因此，企业必须为这些副产品寻找买主。只要买主愿意支付的价格大于企业储存和处理这些副产品的费用，就是可以接受的。这样，既能够减少企业的支出，又可以为主要产品制定更低的价格，以增强竞争力。

5. 组合产品的定价

企业可以将相关产品组合在一起，为它们制定一个比分别购买更低的价格，进行一揽子销售，如世界杯足球赛出售的套票、配套的茶具及餐具等。采用这种方式时，提供的价格优惠应该足以吸引原本只准备购买部分产品的顾客转而购买全套产品，同时也要注意不能搞硬性搭配，那样不但不利于产品的销售，而且会损害企业形象。

9.3 价格策略

9.3.1 不同竞争市场条件下企业的定价行为

经济学通常按照这样四个特征来区分不同的市场结构：交易者数量；交易商品的单一性，即交易商品的质量是否相同；进入市场有无障碍；交易者所得到的信息是否完全。

在假定买方处于完全竞争的条件下，根据以上四个特征，按照卖方在市场上竞争程度的不同，市场结构可分为完全竞争市场、完全垄断市场、垄断竞争市场和寡头垄断市场4种类型。

1. 完全竞争市场条件下的企业定价行为

完全竞争市场是一种没有任何人为干扰或垄断因素存在的市场情形，其特点如下。

（1）市场上存在着众多的买者和卖者，但其中任何单个买者和卖者的购买量和销售量都不足以影响整个行业的供求状况，从而不能够影响整个行业的价格水平。

（2）产品是完全同质的，对消费者或用户具有完全的替代性，从而不同企业之间可以完全平等竞争。

（3）厂商可以自由地进入或者退出某个行业，即行业进入或退出的壁垒不存在，资源可以完全自由流动。

（4）生产者和消费者都具有充分和对称的商品知识和市场信息，从而不存在信息不灵对市场竞争的阻碍。

在完全竞争市场条件下，价格是在竞争中由整个行业的供求关系自发决定的，每一个企业都是既定价格的接受者，而不是价格的决定者，因而卖主既不可能按高于现行市场价格的价格出售商品，也没有必要降低价格出售。同时，由于产品完全同质，卖主也无需在营销上花费过多精力。

完全竞争市场所要求的条件过于苛刻，因此，它只是一种理论假设，在现实生活中几乎不存在，只有部分农产品市场比较接近完全竞争市场。

2. 完全垄断市场条件下的企业定价行为

完全垄断市场是由一家厂商完全控制某一部门或行业全部产品的生产和销售的市场情形，其特点如下。

（1）市场上只存在唯一的厂商，该厂商的产销量就是全行业的产销量。

（2）垄断者提供的产品是独一无二的，市场上没有任何相同或相近的替代品。

（3）市场进入壁垒极高，新厂商无法进入该行业。

（4）卖主掌握较多的市场信息，而买主对市场信息了解较少。

在完全垄断市场条件下，卖方完全控制了市场，因此，它可以在法律允许的范围内随意定价，即企业有充分的定价权。但事实上，垄断者出于不同的定价目标和对市场占有的长期考虑，往往都不会肆意制定过高的价格，以避免失去广大消费者。由于在现实生活中几乎找不到完全没有替代品的产品，因此，完全垄断市场基本上也是一种理论假设，只有一些公用事业产品和服务比较接近完全垄断市场。

3. 垄断竞争市场条件下的企业定价行为

垄断竞争市场是一种既有垄断、又有竞争的市场情形，其特点如下。

（1）市场上存在较多的厂商，厂商和厂商之间存在着激烈的竞争。

（2）厂商之间生产和供应的产品既有一定的差别，又有较大的替代性。

（3）厂商进入或退出行业较容易，但并非完全自由。

（4）交易双方所掌握的信息基本上是充分的。

在垄断竞争市场条件下，由于卖者提供的产品在质量、品牌等方面都存在着一定程度的差异，因此，每一个生产者对自己的产品都有一定的垄断权，从而每一个生产经营者都是其产品价格的制定者，即都有一定程度的定价自由。

在现实生活中，垄断性竞争广泛地存在于日用工业品、食品、服装、家电等行业，这些行业的制造商在定价时往往都强调本企业产品与竞争对手产品的差别，以使顾客接受其价格和制定对自己较为有利的价格。

4. 寡头垄断市场条件下的企业定价行为

寡头垄断市场是由少数几家大的厂商共同控制某一部门或行业产品生产和销售的市场情形，其特点如下。

（1）行业内部存在少数几家规模最大的厂商，每一家厂商的产销量都占全行业的极大部分，他们都有足够的能力来影响全行业的供求状况和价格水平。

（2）产品同质和异质的情况都有，如钢铁、制铜、制铝、水泥等行业基本上是同质性产品，产品的替代程度很高，而汽车、飞机、计算机等行业基本上是异质性产品，产品的替代程度相对较低。

（3）厂商进出市场都有相当大的障碍，或者是自然障碍，或者是人为障碍。

（4）交易双方所掌握的信息既不完全，也不对称。

在寡头垄断市场条件下，价格往往不是由供求关系直接决定的，而是由少数寡头垄断者协商操纵的。任何一家企业作决策时都必须把竞争对手的反应考虑在内，因此，企业既不是价格的制定者，也不是价格的接受者，而是价格的探索者。一般来说，在寡头垄断市场中，价格竞争趋于缓和，而非价格竞争较为强烈。

寡头垄断市场在现实生活中大量存在，大部分工业制成品，如钢铁、石油、化工、汽车、计算机等，基本上都是由寡头垄断行业提供的。

9.3.2 产品生命周期与价格策略

产品生命周期是指产品从进入市场到退出市场所经历的市场生命循环过程。产品只有经过研究开发、试销，然后进入市场，其市场生命周期才算开始。产品退出市场，标志着生命周期的结束。典型的产品生命周期一般可分为四个阶段：导入期、成长期、成熟期和衰退期。在生命周期的不同阶段，应采取不同的价格和营销策略。

当产品在在导入期的销售取得成功以后，便进入成长期，这时顾客对产品已经熟悉，大量的新顾客开始购买，市场逐步扩大。产品已具备大批量生产条件，生产成本相对降低，企业的销售额迅速上升，利润也迅速增长。在这一阶段，竞争者看到有利可图，将纷纷进入市场参与竞争，使同类产品供给量增加，价格随之下降，企业利润增长速度逐步减慢，最后达到生命周期利润的最高点。经过成长期以后，市场需求趋向饱和，潜在的顾客已经很少，销售额增长缓慢直至转而下降。在这一阶段，竞争逐渐加剧，产品售价降低，促销费用增加，企业利润下降。随着科学技术的发展，新产品或新的代用品出现，将使顾客的消费习惯发生改变，转向其他产品，从而使原来产品的销售额和利润额迅速下降。

1. 产品导入期的价格策略

导入期开始于新产品首次在市场上销售之时。新产品进入导入期以前，需要经历开发、研制、试销等过程。当新产品投入市场，进入导入期，顾客对产品还不了解，只有少数追求新奇的顾客可能购买，销售量很低。为了拓展销路，需要大量的促销费用，对产品进行宣传。在这一阶段，由于技术方面的原因，产品不能大批量生产，因而成本高，销售额增长缓慢，企业不但得不到利润，而且可能亏损。导入期产品的市场特点是：产品销量少，促销费用高，制造成本高，销售利润常常很低甚至为负值。

1）撇脂定价法

新产品上市之初，将价格定得较高，在短期内获取厚利，尽快收回投资。就像从牛奶中撇取所含的奶油一样，取其精华，故称之为“撇脂定价法”。这种方法特别适用于有专利保护的新产品的定价。

（1）快速撇脂策略。快速撇脂策略采用高价格、高促销费用，以求迅速扩大销售量，取得较高的市场占有率。采取这种策略必须有一定的市场环境，如大多数潜在消费者还不了解这种新产品，已经了解这种新产品的人急于求购，并且愿意按价购买；企业面临潜在竞争者的威胁，需要迅速使消费者建立对自己产品的偏好。

（2）缓慢撇脂策略。缓慢撇脂策略以高价格、低促消费用的形式进行经营，以求获得更多的利润。这种策略可以在市场面比较小，市场上大多数的消费者已熟悉该新产品，购买者愿意出高价，潜在竞争威胁不大的市场环境下使用。

撇脂定价方法适合需求弹性较小的细分市场，其优点如下。

① 新产品上市，顾客对其无理性认识，利用较高价格可以提高身价，适应顾客求新心理，有助于开拓市场。

② 主动性强，产品进入成熟期后，价格可分阶段逐步下降，有利于吸引新的购买者。

③ 价格高，限制需求量过于迅速增加，使其与生产能力相适应。

撇脂定价方法的缺点是：获利大，不利于扩大市场，并且答易招来竞争者，会迫使价格下降，好景不长。

阅读资料 9－9

英特尔公司的定价策略—— 撇脂定价

一个分析师曾这样形容英特尔公司的定价政策：“这个集成电路巨人每 12 个月就要推出一种新的、具有更高盈利的微处理器，并把旧的微处理器的价格定在更低的价位上以满足需求。”当英特尔公司推出一种新的计算机芯片时，它的定价是 1 000 美元，这个价格使它刚好能占有市场的一定份额。这些新的芯片能够增强高能级个人计算机和服务器的性能。如果顾客等不及，他们就会在价格较高的时候去购买。当销售额的下降及竞争对手推出相似的芯片对其构成威胁时，英特尔公司就会降低其商品的价格来吸引下一层次对价格敏感的顾客。最终价格跌落到最低水平，每个芯片仅售 200 美元多一点，使该芯片成为一个热门大众市场的处理器。通过这种方式，英特尔公司从各个不同的市场中获取了最高额的收入。

2）渗透定价法

渗透定价法是指在新产品投放市场时，价格定得尽可能低一些，其目的是获得最大销售量和最高市场占有率。这种方法适用于没有显著特色的产品。

（1）快速渗透策略。快速渗透策略实行低价格、高促销费用，力求迅速打入市场，取得尽可能高的市场占有率。在市场容量很大，消费者对这种产品不熟悉、但对价格非常敏感；潜在竞争激烈，企业随着生产规模的扩大可以降低单位生产成本的情况下适合采用这种策略。

（2）缓慢渗透策略。缓慢渗透策略是以低价格、低促销费用来推出新产品。这种策略适用于市场容量很大、消费者熟悉这种产品但对价格反应敏感，并且存在潜在竞争者的市场环境。

对于企业来说，采取撇脂定价法还是渗透定价法，需要综合考虑市场需求、竞争、供给、市场潜力、价格弹性、产品特性，企业发展战略等因素。

2. 产品成长期的价格策略

新产品经过市场介绍期以后，消费者对该产品已经熟悉，消费习惯业已形成，销售量迅速增长，这种新产品就进入了成长期。进入成长期以后，老顾客重复购买，并且带来了新的顾客，销售量激增，企业利润迅速增长，在这一阶段利润达到最大。随着销售量的增大，企业生产规模也逐步扩大，产品成本逐步降低，新的竞争者会投入竞争。随着竞争的加剧，新的产品特性开始出现，产品市场开始细分，分销渠道增加。企业为维持市场继续成长，需要保持或稍微增加促销费用，但由于销量增加，平均促销费用有所下降。在产品的成长阶段，价格制定应视导入期采用的是撇脂定价法还是渗透定价法而定。在适当的时机，可以采取降价策略，以激发那些对价格比较敏感的消费者产生购买动机和采取购买行动。

3. 产品成熟期的价格策略

产品经过成长期以后，销售量的增长缓慢下来，利润开始缓慢下降，这表明产品已开始走向成熟期。进入成熟期以后，产品的销售量增长缓慢，逐步达到最高峰，然后缓慢下降；该产品的销售利润也从成长期的最高点开始下降；市场竞争非常激烈，各种品牌、各种款式的同类产品不断出现。对于成熟的产品，只能采取主动出击的策略，使成熟期延长，或使产品生命周期出现再循环。此时，竞争异常激烈，企业的首要工作是降低价格。大量小型企业将在竞争中被淘汰，从而形成以大型企业为主的垄断局面。

4. 产品衰退期的价格策略

在成熟期阶段，产品的销售量从缓慢增加直到缓慢下降，如果销售量的下降速度开始加剧，利润水平很低，在一般情况下，就可以认为这种产品已进入市场生命周期的衰退期。衰退期的主要特点是：产品的销售量急剧下降；企业从这种产品中获得的利润很低甚至为零；大量的竞争者退出市场；消费者的消费习惯已发生转变等。面对处于衰退期的产品，企业需要进行认真的研究分析，决定采取什么策略、在什么时间退出市场。通常有以下几种策略可供选择。

（1）继续策略。继续策略是指继续沿用过去的策略，仍按原来的细分市场，使用相同的分销渠道、定价及促销方式，直到这种产品完全退出市场为止。

（2）集中策略。集中策略是指把企业能力和资源集中在最有利的细分市场和销售渠道上，从中获取利润。这样有利于缩短产品退出市场的时间，同时又能为企业创造更多的利润。

（3）收缩策略。收缩策略是指大幅度降低促销水平，尽量减少销售和推销费用，以增加目前的利润。这样可能导致产品在市场上的衰退加速，但又能从忠实于这种产品的顾客中得到利润。

(4) 放弃策略。放弃策略是指对于衰落比较迅速的产品，应该当机立断，放弃经营。可以采取完全放弃的形式，如把产品完全转移出去或立即停止生产；也可以采取逐步放弃的方式，使其所占用的资源逐步转向其他的产品。

9.3.3 特殊价格策略

1. 降价策略

企业通常在以下几种情况下发动降价：第一种情况是生产能力过剩，企业采用攻击性降价的方法来提高销售量；第二种情况是企业面临激烈的价格竞争，市场份额下降，例如通用汽车公司在与日本竞争最激烈的西海岸，将其超小型汽车的价格降低10%；第三种情况是企业为了控制市场通过降低成本来降价。

阅读资料9－10

空调巨头的低价策略

距离“五一”黄金周尚有半个月时间，空调巨头们已纷纷吹响降价“集结号”。

从苏宁提供的2009年空调市场指导定价表来看，今年主流空调产品的价格定位是，1HP挂机价格在1 000元左右，比2008年均价1 600元下降31%；1.5HP挂机将达到1 600元，比2008年均价2 400元下降30%以上；2HP柜机将跌破3 000元，比2008年均价4 500元下降33%；4级、5级能效空调最高降幅则将超过40%。

近期广州市卖场不少3级能效以上的定频空调也开始大幅降价，一些品牌的变频空调打出7～8折的广告，空调价格战的战火大有从低端烧向高端之势。

“价格战是变频空调普及的唯一出路。2009年，价格战也将是美的成就变频空调市场份额第一目标的基本营销策略。”美的空调技术副总裁吴文新表示。

（资料来源：信息时报，2009年4月21日）

2. 提价策略

虽然提价常常会遭到客户、经销商、甚至本企业销售人员的反对。但是，成功的提价会极大地促进利润的增长。例如，如果企业的边际利润是销售额的3%，提价1%不至于影响销售额的话，利润就增长33%。

价格上涨的一个主要原因是成本增加。企业可以用许多方法来提高价格，与增长的成本保持一致。提价可以通过取消折扣和在产品线中增加高价产品来实现。这种方法比较隐蔽，企业也可以公开涨价。

如果企业认为能够和应该采取有效的行动，那么可以采取以下方法。

第一，企业可以降价，以便和竞争者的价格相匹敌。企业可能认为市场对价格很敏感，在降价竞争中，如果不降价就会失去过多市场份额，而若要以后重新夺回失去的市场份额太艰难。降价会减少企业的短期利润，因而一些企业可能会降低产品质量，减少服务和市场营销交流活动来维持原利润差，但是这样做最终会伤害企业的长期市场占有率。企业在降价的同时应努力维持产品的质量。

第二，企业可以维持原价，但是提高顾客感知到的质量。企业可以改善与顾客的交流活动，强调优于低价竞争者的产品质量。企业会发现，维持原价和改善顾客理解的质量，比降价和低利润经营要划算一些。

第三，企业可以改善质量和提高价格，对企业品牌进行高价格定位。较高的质量可以用来证明较高的价格，较高的价格反过来能使企业保持较高的利润。企业也可以维持现有产品的价格，同时引进一种价格定位较高的新品种。

最后，企业可以设立一种低价格的"战斗品牌"。最好的做法是在产品线中增加较低价格的产品，或者单独创建一种较低价格的品牌。当正在丢失的细分市场对价格很敏感并且不会对较高质量感兴趣时，这样做就十分必要了。例如，在价格上遭到富士胶卷的进攻时，柯达开发了一种低价格的胶卷——欢乐时光。

阅读资料 9－11

奢侈品的定价策略

在国际市场上，大多数中国企业或是充当代工厂，以高污染和极低的工资的代价来生产产品，最后却和品牌企业以一种极度不平衡的方式分配利润；或是不断地压低微薄的获利空间来进入外国市场，却往往面临一系列反补贴反倾销的调查，以致几乎没有任何国际认同的品牌。

技术差异是一个原因，管理水平也是一个原因，但是其实还有一个同样重要却被每每忽视的问题——如何定价？惯性思维之下的薄利多销不适用于自身具有高价值的品牌的营销。本文以成功的奢侈品牌的定价策略为基础，研究在中国企业定价策略中所缺失的部分，对企业的高附加值品牌的建立提供借鉴意义。

中国以廉价劳动力为基础压缩成本空间的廉价制造品在国际市场上的生存空间逐渐被压缩，各种针对中国制造品的反倾销反补贴调查层出不穷，因而跳出价格竞争这片红海，在理论上寻求有更大发展空间的蓝海，成为企业发展的一种迫切需求。

这种困境的产生，究其原因是产品间无替代性，在市场份额的争夺中就只能采取降价的营销方式。要打破这个僵局，除了技术上的突破以外，品牌的建立，特别是建立具有高附加值的品牌，是一种更具有广泛应用性的营销方式。

研究表明，价格对产品的质量具有反向反馈的作用，因而要建立具有高品质的品牌，从定价的方面来突破中国高端品牌的困境的重要性，与铺天盖地的"创新性知识产权"开发的重要性相比，是同等甚至是有过之而无不及的。本文通过对最典型的用定价来反映品牌定位的奢侈品的定价进行相关研究，对国内相关企业的发展提供一些借鉴。

《商业周刊》的调查显示，只有12%的企业认真研究过定价，其中只有2/3的企业能较好地利用有关的研究结果。事实上，定价经理思考的问题往往局限于：我们应该制定怎样的价格来回收成本并实现利润目标。

但是这种定价方式只考虑了成本对价格的影响，忽略了定价对成本的反向作用，也就是"成本—价格—销量—成本"的闭环。在战略性的定价中，不仅仅涵盖制定价格，还包括挖掘能盈利的市场、交流合理化定价的信息、管理定价过程和系统，而其中对于我国高附加值品牌最重要的就是让价格与传递给消费者的价值相符。

事实上，消费者购买产品时，价格因素占据着极其重要的地位。一般来说，消费者通过对产品质量的感知来确定自己的心理价格，这种心理价格不是一个确定的值，而是一个范围，即价格阈限。

价格阈限就是心理价格的界限，即能够接受的价格范围。绝对价格阈限上限是指能被顾客接受的最高价格，绝对价格阈限的下限是指能被顾客接受的最低价格。某商品的价格超出消费者可能接受的上限时，消费者就会认为不值得购买；而价格低于消费者心理价格的下限时，价格质量效应就会发生作用，消费者便认为商品可能有问题，不能购买。

后一个观点似乎与我们的常识相背离，看似矛盾，其实不然。虽然价格本身并不是豪华产品的销售依据，但却是定位因素。如果以低廉的价格提供同种高值的豪华产品，其中的价值会突然感受不到了，即没有合适的价位，人们会看低一个产品。

因此，定价的目的在于激发顾客以更符合真实价值或企业所希望传达的真实价值的价格购买商品的意愿。而其关键就在于市场的细分和不同市场的定位，并以此制定相应的价格。

（资料来源：奢侈品定价策略带来的启示［OL］.［2012-10-23］. http：//www.chinasspp.com/news/Detail/2012-10-23/124067.htm.）

本章习题

一、单选题

1. 某服装店售货员把相同的服装以800元卖给顾客A，以600元卖给顾客B，该服装店的定价属于（　　）。

   A. 顾客差别定价　　B. 产品形式差别定价

   C. 产品部位差别定价　　D. 销售时间差别定价

2. 企业利用消费者具有仰慕名牌商品或名店声望的某种心理，对质量不易鉴别的商品的定价最适宜用（　　）法。

   A. 尾数定价　　B. 招徕定价　　C. 声望定价　　D. 反向定价

3. 当产品市场需求富有弹性，且生产成本和经营费用随着生产经营经验的增加而下降时，企业便具备了（　　）的可能性。

   A. 渗透定价　　B. 撇脂定价　　C. 尾数定价　　D. 招徕定价

4. 按照单位成本加上一定百分比的加成来制定产品销售价格的定价方法称为（　　）定价法。

   A. 成本加成　　B. 目标　　C. 认知价值　　D. 诊断

5. 投标过程中，投标商对其价格的确定主要是依据（　　）制定的。

   A. 市场需求　　B. 企业自身的成本费用

   C. 对竞争者的报价估计　　D. 边际成本

二、多选题

1. 影响企业定价的主要因素有（　　）等。
   A. 定价目标　B. 产品成本　C. 市场需求　D. 经营者意志
   E. 竞争者的产品和价格
2. 心理定价的策略主要有（　　）。
   A. 声望定价　B. 分区定价　C. 尾数定价　D. 基点定价
   E. 招徕定价
3. 市场领导者在遭到其他企业的进攻后，有（　　）策略可供选择。
   A. 提高产品质量　B. 提价　C. 维持价格不变　D. 降价
   E. 降低服务水平

三、名词解释

1. 需求弹性　2. 成本加成定价　3. 认知价值定价　4. 渗透定价　5. 习惯性定价

四、简答及论述题

1. 你认为哪一种定价目标最重要？企业在确定定价目标时应考虑哪些因素？
2. 产品定价有哪些方法？如何运用这些方法？
3. 目前我国的图书定价属何种定价？
4. 消费者为何欢迎产品组合定价法？
5. 为使差别定价策略奏效，必须具备哪些条件？

案例讨论

两厢 POLO：神奇“高价”上市

上海大众汽车有限公司（以下简称“上海大众”）是中德合资的轿车生产企业，成立于1985年3月，中德双方的投资比例各占50%，合同期限为25年。2002年4月12日，中德投资双方修订和延长了上海大众合营合同，合营期延长至2030年。上海大众曾连续八年荣获“中国十佳合资企业”称号，八年蝉联全国最大500家外商投资企业榜首，并连续九年被评为全国质量效益型企业。凭借质量、经济效益等方面的显著绩效，上海大众成为了中国汽车行业中首家获得全国质量管理奖的企业，连续三次被评为《财富》杂志组织评选的“中国最受赞赏的外商投资企业”，其中两次荣登榜首。上海大众现在的产品主要包括：SANTANA、、PASSAT、POLO及Gol四大系列几十款车型。

POLO作为德国大众旗下最负盛誉的品牌之一，于1975年面世，被称为德国大众的“神奇小子”。2001年9月，德国大众推出第四代POLO轿车，首次在有“车坛奥运会”之称的法兰克福车展上亮相，其造型完美、技术领先、装备齐全、性能可靠，成为车展上的明星。该车同年11月在欧洲上市。在2001年12月开幕的“2001年中国上海国际汽车展览会”上，第四代POLO轿车首次向中国消费者揭开神秘面纱。2002年初第四代

POLO被上海大众引入中国市场，是德国大众投资中国10多年来首次投放的第一款与世界同步推出的紧凑型轿车，此前它在全球已经创造700万辆的销售佳绩。2002年3月25日，上海大众汽车销售有限公司正式接受用户预订POLO，随后POLO于4月8日正式投放市场。

2001年岁末至2002年年初，随着中国入世后进口轿车降价的开始，国产轿车的价格优势逐渐削弱，消费者持币待购的现象日渐严重，中国轿车生产厂商承受着有史以来最大的压力。通常每年的第四季度是轿车销售旺季，但2001年却一反常态，第四季度国产轿车销量为17.45万辆，较第三季度的20.13万辆下降13.1%，汽车销售市场一片严冬的萧条景象。

在POLO上市前，国内市场已经拥有众多经济型轿车，与POLO目标顾客相同的车型有赛欧、派力奥、夏利2000等。在POLO上市前，业内人士就将它们称为“四大名旦”。赛欧最早提出10万元紧凑型轿车概念，并成为家用经济型轿车的一匹黑马，上市以来一直是经济型轿车的销售冠军。2002年1月29日，派力奥下线的前一天，上海通用大幅调整了赛欧的市场价格，最低为9.28万元，赛欧再次成为媒体的焦点。与赛欧一直相持不下的夏利2000，也在之前的1月11日将其价格调到了9.7万元，此后出现了天津汽车历史上绝无仅有的局面——全国各大城市，夏利车的销售断档。在POLO接受正式预订前的3月22日，南京菲亚特在北京长城居庸关为派力奥举办了隆重的上市仪式，将售价9.59万元、1.5升排量标准配置型和售价10.99万元、1.5升豪华款的车先投放到了市场上，但没有同时投放售价8.49万的1.3升派力奥。三款车中派力奥最低销售价格是8万多元，赛欧、夏利2000都在10万左右，POLO与这三款车在车型、排量上非常接近，加上先前风行的“10万元紧凑型轿车概念”，于是人们对于POLO的价位就有了更多的期盼。

基于赛欧、派里奥和夏利2000的价格，上海大众不希望消费者将POLO和它们作比较。上海大众汽车有限公司总经理南阳在接受记者采访时表示：“POLO是一款缩小的帕萨特，它的功能、配置、驾乘感觉都与帕萨特一脉相承，是国内其他紧凑型轿车无可比拟的。我们的目标竞争对手是WTO后大批量进入中国的标致206、丰田Yaris、欧宝可赛这样的车型。”上海大众极力宣传POLO是中国第一款真正与世界同步推出的轿车，是一款融合高新技术与潮流魅力的产品，并不是人们所说的经济型轿车，而是紧凑型轿车。与菲亚特派力奥、上海通用赛欧等比较，上海大众POLO的技术含量比它们高得多，并且有双安全气囊、ABS等中高档轿车才有的装备。同时，为了使POLO能适应中国的路况，上海大众拿出82辆样车，经过了200万公里的试验。

1月29日，上海上汽大众汽车销售有限公司推行新的经销商商务政策，并重新核定上海大众各产品的市场最低限价。此项举措出台后，上海大众各品种的实际市场价格均有不同程度的降低，其中普桑在6 000元左右，桑塔纳2000为10 000元左右，帕萨特部分产品在16 000元左右。调价后，桑塔纳最低价已接近10万元，价格区间在10.73万～12.24万元。

POLO上市前，上海大众进行了大量的宣传活动。2001年12月9日，POLO轿车在“2001年中国上海国际汽车展览会”上首次向中国消费者揭开神秘面纱，引起媒体关注。“ru POLO?”这句时尚的广告语，拉开POLO广告宣传的序幕。一时间，“是你吗？

POLO”这句广告语比比皆是。铺天盖地的广告冲击和媒体宣传，让人们不得不对这款“与全球同步”、“科技与时尚的完美结合”的轿车反复关注。3月20日至25日，“天涯海角任我行——POLO首次全国记者试车”活动开始，POLO获得好评如潮。9月，上汽大众以POLO冠名赞助了当年的上海国际女子网球公开赛。广泛的宣传活动让消费者对POLO充满了期待。

3月25日，POLO轿车总经销商——上汽大众汽车销售有限公司正式宣布，即日起POLO轿车正式接受预订，4月8日正式投放市场。一时间，向各经销商咨询的电话此起彼伏，订购的人络绎不绝。到3月28日，上汽大众172家特许经销商4天的时间里累计接受订单超过5 000辆，创造了中国轿车销售史上的新纪录。4月8日，1.4升POLO上市，价位在为12.75万元至14.8万元之间，主要有手动挡舒适型12.75万元、12.81万元及豪华型14万元；自动挡舒适型13.55万元、13.41万元及豪华型14.8万元。此前，先期上市的德国产1.4升手动挡POLO轿车在德国售价约为1.3万至1.4万欧元，折合人民币10万元左右（不含消费税，中国的车价已含消费税）。与4月8日上市的POLO轿车的价格相比，欧洲车价比中国便宜约25%左右，差不多是2006年后中国最低汽车进口关税。尽管如此，公布的价格明显超出了人们先前的估计。但POLO面市当月销量达到3 041辆。2002年9月12日，1.6升POLO上市，售价13.55～14.8万，此时POLO销量突破15 000辆，平均达到每天销售100辆。截至2003年9月底，POLO的总销量为59 800辆。2003年9月12日，POLO开始降价，价格降幅为8 100～11 100元，高价撇脂结束。

POLO的面世，填补了上海大众整条价格链中13万～15万元的空缺。从普桑到POLO，再到桑塔纳2000，最后还有帕萨特，上海大众拥有了中国汽车企业最完整的一条价格链条。POLO轿车13万～15万元的定价，其战略意义已可见端倪。2003年2月28日，上海大众两门GOL轿车正式上市，上市的GOL是两门导入型、两门基本型和两门舒适型三款，定价从7.5万元到9.83万元。如此，便将上海大众的产品线价格链延伸至10万元以下。

思考讨论题

1. 两厢POLO上市时采取了何种定价策略？
2. 试分析两厢POLO的定价主要考虑了哪些影响因素？
3. 两厢POLO上市时的价格为什么会“大大超出消费者的预期”呢？

第 10 章

渠道策略

本章导读

渠道是企业实现销售的通路，是营销组合中的重要组成部分。随着营销理论研究的不断深入和营销实践的进一步发展，渠道策略已越来越为企业界所重视。本章在阐述营销渠道的概念、特征、功能、类型等基本问题和介绍当前营销渠道发展趋势的基础上，着重探讨制造商如何选择最佳营销渠道的营销渠道设计决策，以及针对营销渠道中的合作、竞争和冲突的管理决策。

本章的知识结构图如下：

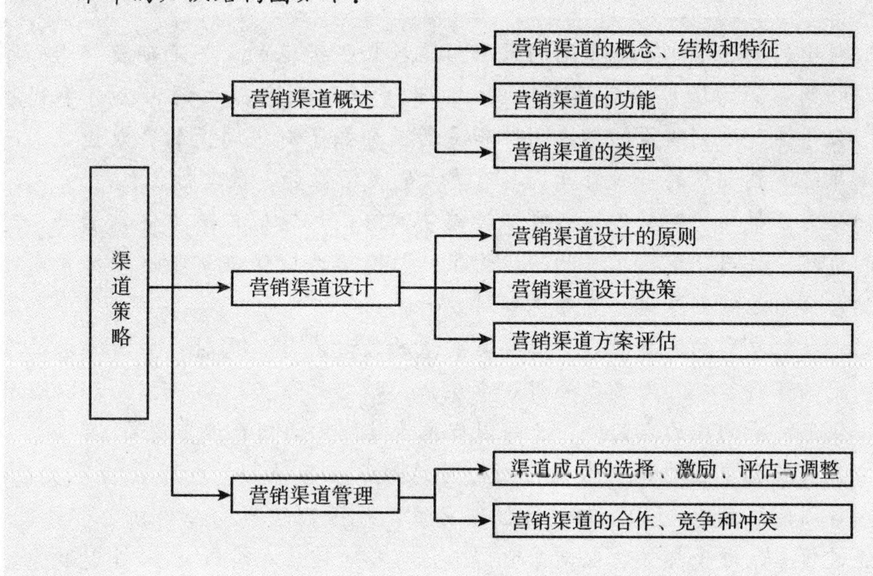

开篇案例

娃哈哈的分销渠道设计与管理

娃哈哈公司创立之初，产品基本在市场上没有什么影响力。公司的决策层在分析了产品和消费者的特性之后，决定通过国营糖烟酒、副食品、医药的一批大型批发企业为其分销产品。原因是国有商业企业多年来形成了较多的销售网点，有比较正规的管理制度，20世纪80年代末期的消费者对国营商业企业有较高的信赖。在销售政策上，公司决定采用代销方式，售后结账。这些做法使得娃哈哈在实力较弱的情况下，产品迅速打开了市场。

随着时间的推移和情况的变化，娃哈哈开始调整和完善分销渠道。首先是重新选择批发商。在原有的批发商中挑选出销售业绩、信誉较好的企业，继续与他们合作，同时终止与那些业绩差、信誉不好的批发商的业务往来。其次，吸收了一批集体、个体、民营的批发商。为了迅速形成销售规模，公司在新批发商的选择上，主要考虑他们的销售意愿，只要愿意销售公司的产品，公司就会考虑与他们的合作关系。

经过一段时间的调整，公司逐步形成了以下两种渠道模式。

(1) 公司→一级批发商→零售商→消费者。

(2) 公司→一级批发商→二级批发商→零售商→消费者。

为了防止中间商拖欠贷款，娃哈哈采用了保证金制度。所谓保证金制度就是要求批发商在开始承销公司产品时，必须缴纳一定金额的保证金，保证金的数额通常大于或等于货款，娃哈哈公司支付高于银行存款的利息。到货款结算时，若批发商未能及时支付货款，公司则直接从保证金中扣除；而批发商只有及时补交保证金至原有水平，才能二次进货。

娃哈哈对中间商还采取了一系列的激励措施，如年终返利、不定期奖励等。年终返利以批发商的销售额为依据确定返利比例，公司平均返利金额大约占公司年利润额的4%～5%。公司通过返利政策的不透明性和灵活性加强了对中间商的有效控制，而不定期奖励则是年终返利制度的一种补充，具有更大的灵活性和不确定性。

此外，公司还帮助一级批发商建立二级销售网络，协助他们举办促销活动。为了减轻中间商的负担，公司还承揽了货物的运输工作：铁路运输保证货物送到批发商所在城市的火车站，公路运输则是保证货物送到对方仓库。

公司对于各批发商的发货量，一般按其要求的数量发货。同时，公司要求批发商在淡季保证一定的库存，一方面减少公司淡季生产、销售的落差，另一方面可以缓解旺季资源不足、供不应求的压力。为此，公司以优惠价鼓励中间商在淡季进货。

娃哈哈公司配有自己的销售人员，由公司总部派往各地，一般不在当地直接招募。各地销售人员以地区划分，直接向片区经理负责，片区经理再向公司销售部经理负责。公司总部通过传真、电子邮件、电话等通信工具与各地销售人员保持24小时联系，以掌握最新市场动态，及时作出反应。

销售人员的固定工资只占薪酬总额的一小部分，甚至不能满足必要的生活需求。但与销售人员业绩挂钩的浮动工资则相当丰厚，且立竿见影。公司用这种办法激励士气，使有能力的销售人员都能从销售业绩中获得最大回报。

（资料来源：马绝尘．本土市场营销［M］．北京：企业管理出版社，2003：155－156.）

10.1 营销渠道概述

营销渠道是营销组合中的一个重要要素。近年来，由于产品策略、价格策略和促销策略非常容易被竞争对手模仿，许多专家、学者和营销管理人员开始致力于营销渠道管理决策的研究和探索，以期谋求不易被竞争对手模仿的竞争优势。

10.1.1 营销渠道的概念、流程和特征

1. 营销渠道的概念

目前，关于营销渠道（marketing channel）概念的定义有很多种描述，其中最具代表性的有以下几种。

（1）美国市场营销协会对营销渠道的定义是：企业内部和外部的代理商和经销商的组织机构，通过他们的运作，商品才能得以上市销售。

（2）著名营销学家斯特恩和艾尔·安塞利对营销渠道的定义是：促使产品或服务顺利流通到消费者手中被消费或使用的一整套相互依存的组织。

（3）营销学者肯迪夫和斯蒂尔对营销渠道的定义是：当产品从生产者向最后消费者或产业用户移动时，直接或间接转移所有权所经过的途径。

（4）营销科学之父菲利普·科特勒对营销渠道的定义是：某种货物或劳务从生产者（制造商）向消费者（用户）转移时取得这种货物或劳务的所有权的所有组织和/或个人。

在市场营销理论中，还有几个与渠道有关的概念，例如分销渠道、贸易渠道、销售渠道、销售通路等。这些概念经常被混淆使用，特别是营销渠道和分销渠道这两个概念，更是不加区别。菲利普·科特勒在其《市场营销管理》一书中论述了营销渠道和分销渠道的区别。营销渠道是指配合生产、分销和消费某些生产者的商品和服务的所有企业和个人，包括产品供产销过程中所有的有关企业和个人，如供应商、生产商、中间商、代理商、辅助商以及最终消费者或者用户等；而分销渠道是指某种商品和服务从生产者向消费者转移过程中，取得这些商品和服务的所有权，或者帮助所有权转移的所有企业和个人，包括生产者、中间商、代理商、最终消费者或者用户。与营销渠道的概念不同的是，分销渠道不包括供应商和辅助商。但为了分析问题的方便，本书仍然将二者统一起来。

2. 营销渠道的流程

营销渠道由5种流程构成，即实体流程、所有权流程、付款流程、信息流程及促销流程。

（1）实体流程，如图10-1所示。实体流程也称物流，是指产品从生产领域向消费领域转移过程中的一系列产品实体的运动，既包括产品实体的储存，以及由一个机构向另一个机构进行运输的过程，也包括与之相关的产品包装、装卸、流通加工等活动（见图10-1）。企业产品由生产领域向消费领域的转移，是通过物流活动予以实现的。

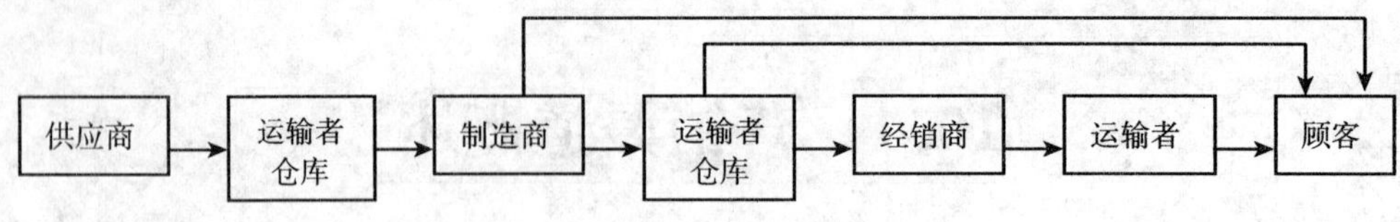

图 10-1　营销渠道中的实体流程

(2) 所有权流程，如图 10-2 所示。所有权流程也称商流程，是指产品从生产领域向消费领域转移过程中的一系列买卖交易活动（见图 10-2）。在这个交易活动过程中，实现的是产品所有权的转移。

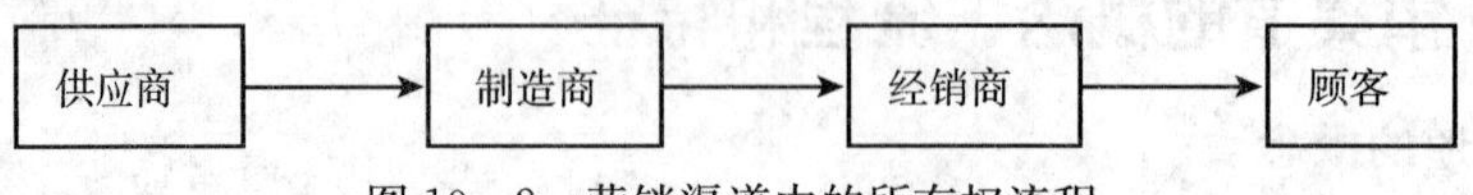

图 10-2　营销渠道中的所有权流程

(3) 付款流程，如图 10-3 所示。付款流程也称货币流程，是指产品从生产领域向消费领域转移的交易活动中所发生的货币运动（见图 10-3）。一般来说，付款流程与所有权流程正好呈反方向运动。一般是顾客通过银行或其他金融机构将货款付给中间商，再由中间商扣除佣金或差价后支付给制造商。

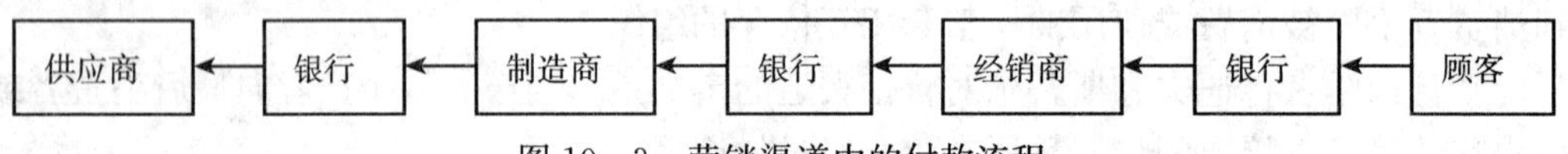

图 10-3　营销渠道中的付款流程

(4) 信息流程，如图 10-4 所示。信息流程是指产品从生产领域向消费领域转移过程中所发生的一切信息收集、传递、加工和处理活动，既包括制造商向中间商及其顾客传递产品、价格、销售方式等方面的信息，也包括中间商及其顾客向制造商传递购买力、购买偏好、对产品及其销售状况的意见等信息（见图 10-4）。与其他流程不同，信息流程的运动是双向的。

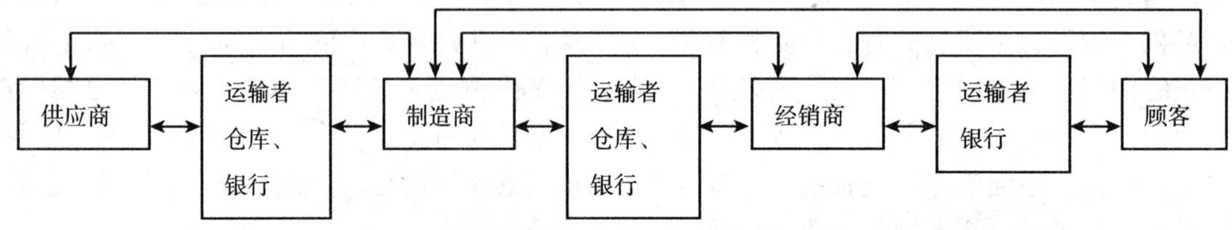

图 10-4　营销渠道中的信息流程

(5) 促销流程，如图 10-5 所示。促销流程是指企业为了产品销售，通过广告、宣传报道、人员推销、营业推广、公共关系等促销活动，对顾客施加影响的过程（见图 10-5）。

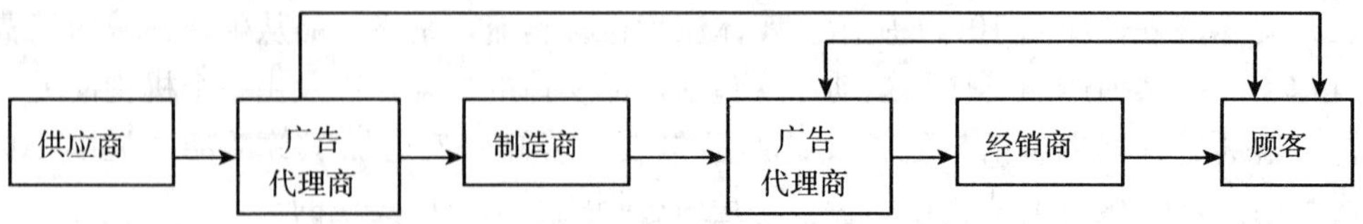

图 10-5　营销渠道中的促销流程

3. 营销渠道的特征

从上述各个关于营销渠道的定义，不难发现营销渠道具备的以下几个基本特点：

首先，营销渠道是一组路线。这组路线是由参与产品交易过程的各种类型的机构或人员组成的，而且参与交易过程的各种类型的机构或人员都参与了这组路线的活动。

其次，商品或服务只有通过这些机构的活动，才能脱离生产领域，最后进入消费领域。

再次，每一条营销渠道的起点是生产者（或服务提供者），终点是个人消费者或用户。

最后，商品从生产领域向消费领域转移时，至少要转移商品所有权一次，也只有通过这种转移，企业的营销目标才能得以实现。

10.1.2 营销渠道的功能

营销渠道把产品从生产领域转移到消费者手中，解决了产品或劳务与使用者之间存在的数量、品种、时间、地点等方面的矛盾。在产品的这个转移过程中，营销渠道的成员执行了一系列重要功能，具体包括以下几个方面。

（1）信息（information）功能。收集和传播营销环境中有关潜在和现行的顾客、竞争对手和其他参与者的营销信息。

（2）促销（promotion）功能。发送和传播有关供应物的、富有说服力的、用来吸引顾客的沟通材料，联系潜在的购买者。

（3）接触（contact）功能。寻找潜在购买者，并与之进行沟通。

（4）交易谈判（negotiation）功能。尽力达成有关产品的价格和其他条件的最终协议，以实现所有权或者持有权的转移。

（5）订货（ordering）功能。营销渠道成员向制造商（供应商）进行有购买意图的沟通行为。

（6）配合（matching）功能。使所提供的产品能符合购买者需要，包括制造、分级、装配、包装等活动。

（7）融资（financing）功能。获得和分配资金以负担渠道各个层次存货所需的费用。

（8）承担风险（risk taking）功能。在执行渠道任务的过程中承担有关风险（库存风险、呆账风险等）。

（9）物流（physical possession）功能。产品实体从原料到最终顾客的连续的运输和储存工作。

（10）付款（payment）功能。买方通过银行和其他金融机构向销售者支付账款。

（11）所有权转移（title）功能。所有权从一个组织或个人转移到其他组织或个人的实际转移。

（12）服务（service）功能。服务支持是渠道提供的附加的服务（信用、交货、安装、修理）

在上述功能中，前6项功能主要在于协助促成交易，后6项功能主要在于帮助履行交易。可见，营销渠道的功能是非常必要的，但关键是由谁来执行这些功能，这关乎企业的效率和效益。

10.1.3 营销渠道的类型

1. 按照企业的营销活动是否有中间商参与划分

营销渠道可以分为直接营销渠道和间接营销渠道。

直接营销渠道（direct marketing channel）是指制造商不通过任何中间商，直接将产品销售给消费者或者用户，即零层渠道。产业市场的产品销售主要采用直接渠道。

间接营销渠道是指产品从制造商向消费者或用户的转移过程中，需要经过一个或者一个以上的中间商。生活消费品主要采用间接渠道进行销售。

2. 按照产品流通环节或层次的多少划分

营销渠道可以分为长渠道和短渠道。产品从制造商向消费者或用户的转移过程中，只通过一个中间环节的渠道，一般称为短渠道，而将通过一个以上中间环节的渠道称为长渠道。

（1）零级渠道（zero-level channel），就是以上提到的直接渠道，是由生产者直接销售给目标客户及消费者（M-C）。主要方式有上门推销、通过订货会或展销会与客户直接签约供货；此外，网络直销、电视直销、制造商自设商店、自营自动售货机等也是十分有效的方式。

（2）一级渠道（one-level channel）包括一个销售中间机构。在消费品市场中，这个中间机构通常是零售商（M-R-C）；在产业市场中，这个中间商一般是批发商、代理商或者制造商的销售机构。

（3）二级渠道（two-level channel）包括两个销售中间机构。在消费品市场中，通常由批发商和零售商构成（M-W-R-C）；在产业市场中，通常由代理商和批发商构成。

（4）三级渠道（three-level channel）包括三个销售中间机构。与二级渠道不同的是，三级渠道在批发商和零售商之外增加了一个环节，这个环节可能处于批发商和零售商之间（M-W-J-R-C），也可能处于制造商和批发商之间（M-J-W-R-C）。

以此类推，销售的级数越多，营销渠道就越长。不过，就消费品而言，间接渠道主要以三级渠道以内为主，因为渠道的级数越多，控制的成本和难度就越大。

消费市场和产业市场的营销渠道示意图分别如图 10－6 和图 10－7 所示。

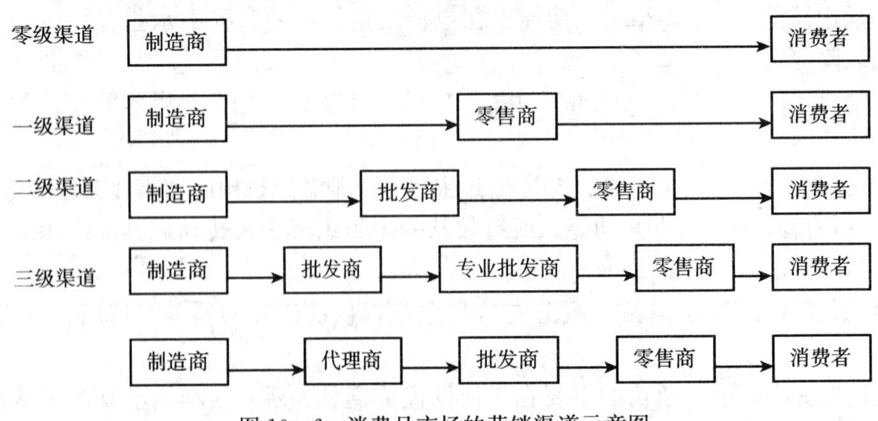

图 10－6 消费品市场的营销渠道示意图

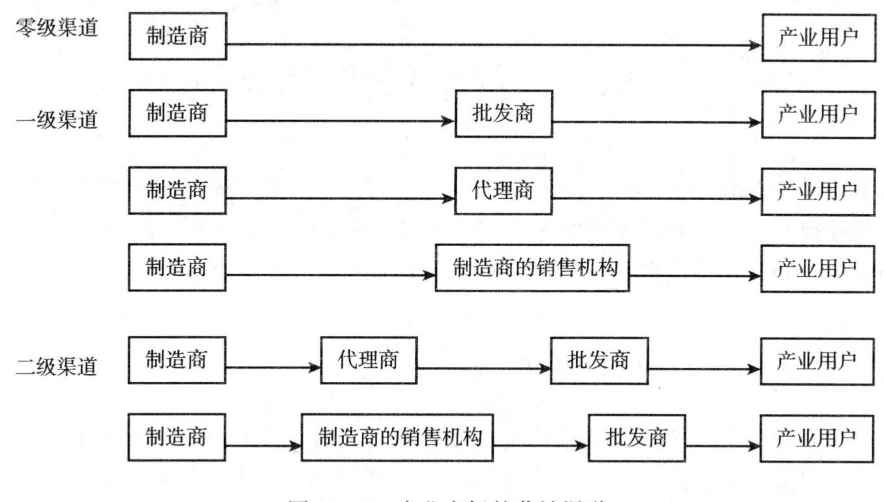

图 10－7 产业市场的营销渠道

阅读资料 10－1

戴尔模式

所谓戴尔模式，就是由戴尔公司建立的一套与客户联系的渠道，由客户直接向戴尔发订单，订单中可以详细列出所需的配置，然后由戴尔按照客户要求制造电脑并直接发货。戴尔的直销十分简单：通过直销人员或电话、传真、互联网的订购来组装电脑。戴尔就是凭借着这样简单易行的直销方式使自己的产品走向大洋彼岸，并被PC行业的同行们所认可、认同，大家都在学习戴尔，研究戴尔，但是还没有哪一家公司像戴尔这样把“直销”演绎得如此简单。戴尔的“直销”在全球市场都非常奏效，当它最初进入中国市场的时候，很多人对戴尔公司能否成功持怀疑态度，因为中国的情况比较特殊：信用状况差、支付手段陈旧，计算机应用水平不高，运输状况不理想等。但是，戴尔依然成功了。

3. 按照渠道中每个层次的同类中间商数目的多少划分

营销渠道可以分为宽渠道和窄渠道。

宽渠道是指制造商同时选择两个以上的同类中间商销售其产品，窄渠道是指制造商在某一地区或某一产品分类中只选择一个中间商销售其产品。宽渠道和窄渠道各有优缺点，制造商一般根据其产品特点进行选择。一般而言，生产资料和一部分专业性较强或较贵重的消费品适合采用窄渠道进行销售。

4. 按照制造商所采用的渠道类型的多少划分

营销渠道可以分为单渠道和多渠道。

单渠道是指制造商采用同一类型渠道销售企业的产品，渠道较单一。多渠道是指制造商根据不同层次或地区消费者的情况，选用不同类型的营销渠道销售其产品。

企业对营销渠道进行分析，目的在于选择有利于企业产品销售的营销渠道策略。

10.2 营销渠道设计

营销渠道设计（marketing channel design）是指为实现营销目标，对各种备选渠道结构进行评估和选择，从而开发新型的营销渠道或改进现有营销渠道的过程。营销渠道设计是企业营销渠道决策的重要组成部分，目的是使企业产品从生产领域到消费领域这一过程的效益最大化。

10.2.1 营销渠道设计的原则

同企业的其他决策一样，营销渠道的设计既要使风险最小，又要做到效益最大化。至于如何设计营销渠道，企业必须结合内外部环境，同时遵循以下原则①。

1. 畅通高效原则

营销渠道既是产品从生产领域向消费领域实现实体转移的通路，也是制造商与最终消费者之间信息沟通的渠道。作为产品的通路，消费者在哪里，营销渠道的触须就必须伸到哪里，远离消费者的营销渠道不切实际，是不可能给企业带来效益的。麦当劳、肯德基、可口可乐等的营销渠道设计就体现了这一点。作为信息的通路，营销渠道设计必须能在广泛收集客户信息的基础上，充分展示和传播企业及其产品的信息，以提高企业的知名度和产品对消费者的吸引力。

2. 适度覆盖原则

营销渠道是制造商和消费者的接触媒介。一方面，要通过增加渠道的长度和宽度以扩大产品对市场的覆盖范围，力争让消费者随处可见，随处可买，这一点对日常消费品、快速消费品异常重要。三株、红桃 K 当初的成功就是与密集布点、覆盖市场的营销渠道设计分不开的；可口可乐的营销渠道设计也充分体现了这一点。另一方面，企业必须明确界定产品的目标市场，对营销渠道的长度和宽度加以限制。如果盲目扩张，将导致企业高额的销售费用以及市场秩序的混乱。

3. 稳定可控原则

首先，消费者的购买习惯一般保持相对的稳定性，这就要求企业的营销渠道保持一定的稳定性，以满足消费者的购买预期，从而巩固消费者对企业和产品的忠诚度。其次，营销渠道成员往往是制造商在市场上的代表，对产品的缺陷及其可能给消费者带来的损失和危害承担着相应的市场责任，保持营销渠道的稳定性，有利于强化消费者对企业和产品的消费信心。第三，一般情况下，实力不济的制造商要求渠道成员仅仅经营本企业的产品往往是不切实际的，但必须对渠道成员保持相对的控制程度，特别是要避免渠道产品的同质性、增加渠道产品的互补性，对企业实现长期的营销目标是关键所在。

4. 协调平衡原则

首先，营销渠道的覆盖程度和可控性之间是对立统一的矛盾体。覆盖程度小，可控性固然增强，但覆盖的不足无法提高市场占有率；覆盖程度过大，既会增加渠道的费用，也容易

① 刘宝成．现代营销学［M］．北京：对外经济贸易大学出版社，2004：341－342.

导致企业对渠道失控。其次，作为企业产品的经销商，在产品培训、技术及服务支持、产品推广等各方面都有一定程度的依赖性。第三，在营销渠道层级之间、不同成员之间，在主流渠道和辅助渠道之间，利益的分配问题往往不容忽视。因此，企业必须根据营销目标，不断地在各种因素之间进行协调和平衡，从而强化渠道成员的忠诚度，避免渠道成员间的纠葛，并最终维护本企业的利益。

5. 扬长避短原则

企业在设计营销渠道时，必须对企业本身的优势和劣势有充分的认识，注意发挥自己各个方面的优势，特别是企业的独特优势，以增强营销组合的整体优势。同时，企业应对优、劣势不断进行评估，适当调整渠道设计决策。

6. 不断创新原则

在不同的企业发展阶段和不同的品牌发展阶段，营销渠道的设计应该有所不同。因此，营销渠道的设计也应该注重求新、求变。企业应根据竞争和市场的发展，以及消费者的变化和个性化需求，不断调整营销渠道，让营销渠道与企业、产品、品牌共同进步和发展。

10.2.2 营销渠道设计的决策

营销渠道设计的决策是指选择最佳的营销渠道。而所谓最佳的营销渠道，就是销售费用低、效率高，使企业的产品能尽快实现销售，并取得最佳经济效益的渠道。一般而言，营销渠道设计决策应从 3 个方面入手，即确定营销渠道模式、确定中间商的数目、规定渠道成员的权利和义务。

1. 确定营销渠道模式

确定营销渠道模式，也就是确定渠道的长度问题，这是营销渠道决策的一个重要内容，对企业营销成败关系重大。制造商在进行营销渠道长度的设计前，应对产品、市场及企业本身各种因素进行综合分析，以便做出正确的选择。

1） 产品因素

（1） 产品单位价值。产品单位价值较低时，往往通过中间商来进行销售，让中间商承担部分营销成本，增加市场的覆盖面，其营销路径长，环节多，且每一个环节层次多。反之，高单位价值产品的营销渠道则应该短一些。

（2） 产品的体积和重量。体积大、分量重的产品，往往意味着高的装运成本，一般应尽量选择最短的营销渠道。如机械设备一般只通过一个中间环节，甚至由生产者直接供应给用户。

（3） 产品的耐腐性。产品是否会迅速腐烂、容易损坏，是在实体运输和储存中非常关键的问题。易腐、易毁的产品，应尽量缩短营销渠道，迅速把产品出售给消费者。鲜活产品的营销渠道一般都较短，就是这个道理。

（4） 产品的技术性和服务性。技术需求比较复杂、对售后服务要求较高的产品，一般要求较高的技术性，生产企业要派专门的人员去指导用户安装、操作和维修。这些产品一般由生产企业直接销售给用户，其营销渠道一般是既短又窄。如大型机电设备等，由于中间商可能对产品的各项性能不是很了解，很可能对顾客产生误导。

（5） 产品的款式。时尚程度较高的产品，即式样或款式较容易发生变迁的产品，如新奇玩具、时装等，营销渠道应尽量缩短，以免流转环节太多、周转时间过长。而过时或时尚性不强、款式不易发生变化的产品，营销渠道可以适当延长，以便广泛销售。

(6) 产品的标准化程度。一般而言，营销渠道的长度（也包括宽度）与产品的标准化程度成正比，产品的标准化程度越高，渠道的长度越长（宽度也越宽）。

(7) 产品的生命周期。为了尽快把处于介绍期的新产品、新品牌投入市场，通常应采取强有力的推销手段去占领市场，生产企业往往不惜付出大量的资金组成推销队伍，直接向消费者推销，渠道很短。而对于成熟产品，企业一般经过中间商销售，渠道相应较长。

(8) 特殊商品。某些具有传统特色的产品，一般采用直接渠道进行销售。如各地特殊风味的食品等，适合采用前店后厂、自产自销的方式经营。

2) 市场因素

(1) 市场范围的大小。一般情况下，产品的销售范围越大，则营销渠道就越长。如果产品在全国范围内销售，或者要进入国际市场，则应该广泛利用中间商，即选择宽渠道；如果产品的销售范围很小，或者仅在生产地销售，则生产者可以直接销售，也可以部分通过零售商进行销售。

(2) 潜在顾客的地理分布情况。如果某种产品的潜在顾客分散在全国广大地区，制造商就要通过若干不同的中间商转卖给潜在顾客，使用较长的营销渠道。如果某种产品的潜在顾客仅集中在少数地区，制造商就可以直接进行销售而不使用中间商，使用最短的营销渠道。

(3) 消费者的购买习惯。一些日用生活必需品，其价格低，消费者数量大，购买频率高，顾客不必进行仔细的挑选，需要随时随地都能买到，制造商应尽量多使用中间商扩大销售网点，其营销渠道应该长而宽。而对于一些耐用消费品，制造商就可以只通过少数几个精心挑选的零售商进行销售，甚至在一个地区只通过一家零售商推销其产品，其营销渠道可以短而窄。

(4) 市场上的竞争者使用营销渠道的情况。一般来说，制造商要尽量避免与竞争者使用相同的营销渠道。如果竞争者使用和控制着传统的营销渠道，本企业就应该使用其他不同的营销渠道销售产品。但是，也不乏同类产品采用与竞争者相同的营销渠道，以便让顾客进行产品质量、价格等方面的比较。

(5) 市场的其他特点。企业在进行营销渠道设计时，还应该考虑季节商品、节日商品等市场的其他特点。

3) 制造商自身的因素

(1) 制造商的声誉与资金。制造商的声誉越卓著，资金越雄厚，就越可以自由选择其营销渠道，甚至还可以建立自己的销售网点，采取产销合一的方式经营，而不经过任何中间商。当然，如果制造商财力微薄，或者声誉不高，则对中间商的依赖性就较大。

(2) 制造商自身的销售力量和销售经验。如果制造商自身有足够的销售力量，或者有丰富的销售经验，就可以不用或少用中间商。否则，就只能依靠中间商来完成其产品销售工作。

(3) 制造商对营销渠道的控制需求。如果制造商的市场营销策略要求严格控制产品的价格和新鲜程度，或生产的是时尚产品，则要选择尽可能短且尽可能窄的营销渠道。因为短而窄的营销渠道，企业比较容易控制。

(4) 制造商提供服务的态度和能力。如果制造商出于自身利益的要求，愿意为最终消费者或用户提供更多的服务，就可以采用短的营销渠道；如果制造商愿意而且有能力为中间商提供更多的服务，就会吸引更多的中间商来经营企业的产品。

4）环境因素

影响营销渠道设计的环境因素较多，可以概括为社会文化环境、经济环境、竞争环境，等等。社会文化环境包括一个国家或地区的社会风气、社会习俗、生活方式、民族特性、思想意识形态、道德规范等许多因素。经济环境是指一个国家或地区的经济制度和经济活动水平，它包括经济制度的效率和生产率，如经济周期、通货膨胀、科技发展水平、人口分布、资源分布等。竞争环境是指竞争者对某营销渠道及其成员施加的经济压力。

2. 确定中间商的数目

确定中间商的数目，也就是确定渠道的宽度，这主要取决于产品本身的特点、市场容量的大小和需求面的宽窄等方面。通常，可以选择3种形式。

（1）密集型。也称广泛分销（extensive distribution），即企业在某一渠道层次上，运用尽可能多的批发商、零售商，使渠道尽可能加宽，主要目标是扩大市场覆盖率。便利的日用消费品、工业用品的标准件、通用的中小型工具等，适合采用这种营销渠道形式，强调产品销售的地点效应，使消费者和用户随时随地能买到商品。

（2）独家型。也称独家分销（exclusive distribution），指在一定的区域内，只选择一家中间商经销或代理销售，并通过双方协商实行独家经营。独家经销是一种极端的形式，是最窄的营销渠道，一般更适用于一些技术性强的耐用消费品、名牌产品和专利产品。独家经销的好处是有利于控制中间商，提高中间商的经营水平，也有利于强化产品的市场形象，并获得较高的利润率。但这种形式也具有一定的风险，如果这一独家经销商经营管理不善或发生意外情况，厂商也将蒙受巨大的经济损失。

采用独家型经销，产销双方通常约定，销方不得同时经营其他竞争性商品，产方也不得在同一区域内选择另一中间商，销方享有产方产品经销的特权，其经营具有排他性。这种独家经销妨碍竞争，因而在某些国家为法律所禁止。

（3）选择型。也称选择性分销（selective distribution），这是介于上述两种形式之间的销售形式，指制造商在一定的销售区域内，精选几家具有一定销售实力的中间商销售公司的产品，一般适用于需要选购的消费品，如时装、家用电器等，也特别适用于试销阶段的新产品。采用这种经销形式的好处有四点：第一，比独家型经销面宽，有利于开拓市场、扩大销路、展开竞争；第二，比密集型经销面窄，有利于对中间商的控制和管理，并有效地节省营销费用；第三，有条件地选择中间商，有利于被选中的中间商之间加强了解和联系、相互竞争，并努力提高经营管理水平；第四，有利于稳固制造商的市场竞争地位，也便于维护品牌声誉。

3. 规定渠道成员的权利和义务

制造商在确定了营销渠道的长度和宽度之后，还要通过协议进一步规定渠道成员之间的权利和义务，协议主要涉及4个方面。

（1）价格政策。价格政策要求制造商制订价格表，对不同地区、不同类型的中间商及其不同的购买数量，给予不同的价格折扣率和回扣。为鼓励中间商进货，制造商一般乐于采用相应的价格政策，但中间商对价格以及各种折扣、回扣都十分敏感。因此，制造商在制订价格政策时，一定要十分慎重，其主要内容一定要得到中间商的理解和认可。

（2）买卖条件。买卖条件是中间商的付款条件和制造商对中间商的价格担保。一方面，对于及时或提早付清全部货款的中间商，制造商应给予一定比例的现金折扣，刺激中间商的付款积极性，有利于加速企业的资金周转。另一方面，制造商应对中间商提供产品质量保证和跌价保证，解除中间商的后顾之忧，保障和鼓励中间商大量进货。

(3) 中间商的地区权利。制造商在不同地区可能有不同的特许专营中间商，所以要明确不同中间商的地区权利，特别是同一地区或临近地区中间商的权利，这在很大程度上会影响中间商的销路，进而影响中间商的销售积极性。

(4) 特定服务内容。双方应提供的特定服务内容包括广告宣传、资金帮助、人员培训、交货时间、销售数据统计等。对于双方特定的服务内容必须慎重对待，在一个销售周期内一般可以用条约的形式固定下来，侧重于制造商对中间商的特定服务内容。一方面，条约规定的特定服务内容要让中间商满意，觉得有利可图，愿意花大力气推销制造商的产品；另一方面，条约规定的特定服务内容必须以制造商的承受能力为限。

10.2.3 营销渠道方案的评估

每一个营销渠道选择方案都是企业的产品送达目标顾客的可能路线，为了从已经拟订的方案中选择出能够满足企业长期目标的最好方案，企业就必须对各种可供选择的方案进行评估。营销渠道方案的评估标准有以下 3 个方面。

(1) 经济性标准。经济性标准是评估营销渠道方案的最重要标准，判别一个营销渠道方案的好坏，不应单纯地看其能否带来较高的销售额或较低的成本，而应看其能否取得最大利润。也就是说，对每一个渠道方案要在经济上进行成本收益分析，这个经济分析分 3 个步骤进行。

① 估计每个渠道方案的销售水平，因为有些成本会随着销售水平的变化而变化。

② 估计各个方案实现某一销售额所需花费的成本。

③ 分析各个方案可能得到的利润额。

对制造商特别重要的是，无论采用哪种营销渠道方案，长期利益的最大化永远是企业经营的最终目的。渠道的经济性标准并不是单一的成本或收入的计算，决策者在进行经济分析时必须全面考虑，选择出回报率最高、又能最大可能发挥渠道功能的方案，以实现企业长期利益的最大化。在不能预料两种渠道方案是否能达到相同销售水平的时候，企业一般用投资收益率指标进行渠道方案评估。

(2) 控制性标准。制造商对营销渠道进行控制的目的是降低渠道可能产生的风险。产品的流通过程是企业营销过程的延续，从生产企业出发建立的营销渠道，如果生产企业不能对其运行有一定的主导性和控制性，营销渠道中的物流程、所有权流程、付款流程、信息流程、促销流程就不能顺畅有效地进行。为了使营销渠道向预定的目标运行，制造商必须控制整个营销渠道，但控制过紧，渠道成员则会失去积极性。因此，制造商可以与中间商构筑利益共同体，通过利益机制和权益约定，以较小的投入争取到营销渠道的控制权。

(3) 适应性标准。营销渠道系统具有相对的稳定性，但市场环境却在不断变化。在市场发生变化的时候，营销渠道是否能够相应地调整，即渠道是否具备适应性，是评价一个营销渠道是否完备的重要指标。制造商是否具有适应环境变化的能力，与其建立的营销渠道是否具有弹性密切相关。但是，每个渠道方案都会因生产企业某些固定期间的承诺而失去弹性。例如，当某一制造商决定利用销售代理商推销产品时可能要签订 5 年的合同，这段时间内即使采用其他销售方式更有效，但制造商也不得任意取消销售代理商。因此，生产者在选择和设计营销渠道时必须考虑营销渠道的环境适应性和可调整性问题。

总之，一个营销渠道方案只有在经济性、控制性和适应性等方面都较为优越，才称得上是成功的营销渠道，也才能够选择使用。

10.3 营销渠道管理

营销渠道管理（marketing channel management）是指针对营销渠道中渠道成员之间存在的不同程度的合作、冲突和竞争，对渠道成员进行选择、激励、评估与调整的过程。营销渠道管理是营销渠道决策的另一重要组成部分，目的是使营销渠道更好地发挥营销职能。

10.3.1 渠道成员的选择、激励、评估与调整

企业在进行渠道设计之后就需要对中间商进行选择，在营销渠道投入运行后还涉及对中间商的激励、评估，以及对渠道系统进行调整等问题。

1. 渠道成员的选择

生产者在招募中间商时经常出现两种情况：一是毫不费力地找到愿意加入渠道系统的中间商；二是必须费尽心思才能找到期望数量的中间商。不论遇到哪一种情况，生产者都必须在明确有关中间商的优劣特性的基础上，根据营销渠道的设计要求对中间商作出选择。一般来讲，生产者在选择渠道成员的过程中，要了解中间商经营时间的长短、成长记录、人员的素质与数量、目前的销售能力、财务实力、清偿能力、合作态度、经销的其他产品大类的数量与性质、对顾客的服务水平、商店的地理位置、运输和储存条件、经常光顾的顾客类型、市场形象与声望、经营管理能力、未来发展潜力等情况。

要了解中间商的上述情况，企业必须搜集大量的相关信息。如果必要的话，企业还要对被选中的中间商进行实地调查。

阅读资料 10－2

莲花味精的渠道选择

莲花味精是我国最大的味精生产基地，1999年实现净利润16 856万元，比去年同期增加67.9%。莲花味精是我国食品市场中的名牌产品，在市场中具有较高的品牌认知度和市场占有率。然而作为调味品，其市场需求是消费者对食品需求的派生和延伸。尽管每家每户都需要，但是消费者的购买频率低，每次购买的数量也相对较小。基于这样的产品特性，企业没有必要采用直接建立销售网络体系这样的高成本销售方式，因此企业必须寻找和开辟更适合产品销售特点的销售渠道。

在实践中，莲花味精选择各地有较强分销能力的食品批发企业作为销售代理，通过代理公司将产品摆放在包括便利店、超市、仓储式商店及各类食品商店在内的货架上，并由此将莲花味精送上了千家万户的餐桌。其决策的依据如下。

（1）作为一种派生需求，消费者一般是在出售食品特别是副食品的商店中购买味精这种商品。因此，企业必须选择出售包括副食品在内的各类食品商店作为销售场所。

（2）作为购买频率较低和数量较小、但又是消费者经常需要的商品，消费者对购买味精等调味品的便利性要求较高，即希望在需要时可以方便地购买。这就要求企业应该具有较高密度的销售网点，能够最大限度地接近消费者并为其提供便利。

（3）从整体上来看，除少数大型百货企业和连锁企业具有一定规模外，大多数零售企业，特别是经营副食品的各类零售商店，其销售规模和经营实力都比较小，没有能力和渠道从生产企业获得稳定的货源，进货渠道主要是依赖当地的各种食品批发公司。因此，企业在进入和占领市场时，需要借助于具有较强分销能力的食品批发公司，通过食品批发公司及其分销系统，来达到企业的市场目标。

在实际操作中，莲花味精制订了"借船出海"的销售渠道策略，即在各个区域市场中选择一些具有较强分销能力的食品批发公司，并与之建立起地区销售总代理关系，利用批发公司的既有销售渠道迅速进入和占领市场。例如在北京及华北地区市场，莲花味精的总代理是北京朝阳副食品批发公司，它是北京及周边地区最大的食品批发企业，其年销售额近20亿元，在北京及周边地区市场有较高市场信誉和销售网络体系，使莲花味精迅速在北京及华北地区市场站稳了阵脚，取得了十分突出的销售业绩。

（资料来源：汤定娜，万后芬．中国企业营销案例［M］．北京：高等教育出版社，2001：291－292.）

2. 渠道成员的激励

尽管促使中间商加入渠道的因素和条件已构成部分激励因素，但在营销渠道的运行过程中，生产者仍需通过不断地监督、指导与鼓励以使中间商尽职尽责。由于进入营销渠道的中间商类型多种多样、运营方式各异、与生产者之间的经销关系不完全相同，因而监督、指导与激励中间商的工作非常复杂。

在生产企业激励渠道成员以及试图与经销商建立长期、稳定、协调的合作关系时，应注意以下问题。

（1）了解各个中间商的心理状态与行为特征是激励中间商的基础。

中间商是独立的经营者，有其自身特定的目标、利益和策略。他们一般不重视某些特定品牌的销售，缺乏有关产品的知识，不能认真使用供应商的广告资料，时常忽略制造商认为重要的顾客，不能准确地保存销售记录。从中间商的角度看，这些问题是很容易理解的。

① 中间商并不专属于某一个制造商，而是一个独立的市场营销机构，逐渐形成了以实现自己目标为最高职能的一套行之有效的方法，能自己制定政策而不受他人干涉。

② 中间商主要执行顾客购买代理商的职能，其次才是执行供应商销售代理的职能。他们感兴趣的产品是顾客愿意购买的产品，而不一定是生产者委托其卖的产品。

③ 中间商总是努力将他所经营的所有产品进行货色搭配，然后卖给顾客。其销售努力主要用于取得一整套货色搭配的订单，而不是单一货色的订单。

④ 生产者若不给中间商特别奖励，中间商绝不会保存所销售的各种品牌的记录。那些有关产品开发、定价、包装和激励规划的有用信息，常常保留在中间商很不系统、很不标准、很不准确的记录中，有时中间商甚至故意对供应商隐瞒不报。

所以，生产企业激励渠道成员的首要问题是站在对方的角度了解现状，设身处地为对方着想，而不应仅从自己的观点出发看待问题，这样无助于问题的解决。

(2) 生产者应尽量避免激励过分与激励不足两种情况。

当生产者给予中间商的优惠条件超过取得合作与努力水平所需条件时，就会出现激励过分的情况，其结果是销售量提高而利润下降。当生产者给予中间商的条件过于苛刻以致不能激励中间商努力工作时，则会出现激励不足的情况，其结果是销售量和利润下降。因此，生产者必须确定采用何种方式以及花费多少力量来鼓励中间商。

一般来讲，生产者对中间商的基本激励水平应以现有交易关系组合为基础。如果对中间商仍激励不足，则可以考虑采取相应的措施：一是提高中间商可得的毛利率，放宽条件或改变交易关系组合使之更有利于中间商；二是采取人为的方法来刺激中间商使之付出更大努力，如挑剔中间商迫使他们创造更有效的销售机制，举办中间商销售竞赛以提高其销售积极性，单独或与经销商联手开展广告及宣传活动以调动中间商的积极性等。

不论上述做法与交易关系组合存在着怎样的关系，生产者都必须小心观察中间商如何从自身利益出发来看待，拥有控制权的制造商很容易无意识地伤害到中间商。

(3) 生产者也可以依靠某些权力来赢得中间商的合作。

这里所说的权力涉及以下几个方面。

① 胁迫权。胁迫权是指生产者在中间商没有很好地合作时威胁撤回某种资源或中止关系。如果中间商对生产者的依赖程度较高，那么这种权力的影响是相当大的。但使用这种权力将导致中间商的不满并要求赔偿。从短期来看胁迫权可能十分有用，但从长期来看胁迫权的影响力是最弱的。

② 付酬权。付酬权是指生产者在中间商遵照其要求执行特殊任务而给以额外报酬的权力。虽然使用付酬权比使用胁迫权的效果好，但其本身也存在着潜在的副作用。中间商遵照生产者的希望做事，并不是出于固有的信念，而是为了得到额外的报酬。因而，每当生产者再次要求中间商执行某项任务时，中间商往往提出更高的报酬要求，如果报酬被撤销或报酬不能满足中间商的要求，便会产生消极后果。

③ 法定权。法定权是指生产者凭借上下级关系或合同条款要求中间商执行某项任务。只有中间商把生产者看作法定的领导者，或者中间商认为生产者有权要求自己承担某项义务，法定权才会产生。

④ 专家权。只有中间商认为生产者具有自己不具备的某种专业知识，专家权才会产生。专家权是一种有效的权力，因为中间商如果不能从生产者那里得到这方面的帮助，他们的经营就很难成功。

⑤ 声誉权。如果中间商对生产者有很高的敬意，并希望成为其中的一员，声誉权就生产了。一般情况下，生产者应注意使用声誉权、专家权、法定权以及付酬权，避免使用胁迫权，这样会收到较好的效果。

(4) 生产者可以通过分销规划与经销商建立长期、稳定、协调的使用关系。

所谓分销规划，指的就是建立一个有计划的、实行专业化管理的垂直渠道系统，以使生产者的需要与经销商的需要更为紧密地结合起来。在建立管理型垂直渠道系统的过程中，制造商应在市场营销部门下专设一个分销关系规划处，负责确认经销商的需要，制订交易计划以及有关方案，帮助经销商以最佳方式经营。该部门应与经销商合作确定交易目标、存货水平、商品陈列计划、销售人员训练要求、广告与销售促进计划等。建立管理型垂直渠道系统，将大大提高分销系统的运行效率，生产者、经销商以及消费者都可以从中受益。

3. 渠道成员的评估

生产者除了选择和激励渠道成员外，还必须核定一定的标准评估其渠道成员的绩效或优劣。

1）评估的内容

对渠道成员进行的评估主要包括以下内容：中间商经营时间长短、增长记录、偿还能力、意愿及声望、销售密度及涵盖程度、平均存货水平、顾客商品送达时间、损坏的处理、对企业促销及训练方案的合作、中间商应为顾客服务的范围等。如果某一渠道成员的绩效低于既定标准就要找出原因并考虑可能的补救方法。

2）测量中间商绩效的方法

测量中间商绩效的方法主要有以下两种。

（1）将每一中间商的本期销售绩效与上期销售绩效进行比较，同时将每一中间商的本期销售绩效与整个群体的平均销售绩效进行比较。

（2）将各中间商的绩效与根据对该地区销售潜量分析而设立的销售定额相比较，然后将各中间商按先后名次进行排列。

中间商的销售绩效低于群体平均水平或未达既定比率而排名偏后，可能是主观原因所致，也可能是一些客观原因造成的，如当地经济衰退、某些顾客不可避免地流失、主力推销员的丧失或退休等。因此，制造商应根据具体情况采取有针对性的措施来加以扭转。

4. 渠道成员的调整

生产者在设计了一个良好的营销渠道系统后，不能放任其自由运行而不采取任何纠正措施。事实上，为了适应市场需要的变化，整个渠道系统或部分渠道成员必须随时加以调整。

营销渠道的调整可以从三个层次上来考虑：从经营的具体层次看，可能涉及增减某些渠道成员；从特定市场规划的层次看，可能涉及增减某些特定分销渠道；在企业系统计划阶段，可能涉及整个分销系统构建的新思路。

1）调整的条件

对营销渠道成员的调整一般是在以下情况下进行的。

（1）合同到期。合同到期是一个重要的时刻，是否续签、是否变更合同、是否中断合作等都是应该认真权衡的问题。一般来说，没有找到合适的替代者时，生产者不应该草率终止合作，而是要更加尽力地保留该中间商。

（2）合同变更和解除。合同的变更指合同没有履行或没有完全履行前，按照法定条件和程序，由当事人双方协商或由享有变更权的一方当事人对原合同条款进行修改或补充。合同的解除是指在合同没有履行或没有完全履行前，按照法定条件和程序，由当事人双方协商或由享有解除权的一方当事人提前终止合同效力。

（3）营销环境发生变化。生产者在市场环境发生变化时，可能会发现自己原来所建立起的分销渠道网络有缺陷，这时必须对成员进行调整。

2）调整的内容

为了适应多变的市场需求，确保渠道的畅通和高效率，进行渠道必要的调整是必需的。

（1）增减某些渠道成员。在营销渠道的管理与改进活动中，最常见的就是增减某些中间商的问题。企业在进行这方面决策时，应注意渠道成员之间业务上的相互关系与交互影响，要着重弄清增减某些渠道成员后企业的销售量、成本与利润将如何变化。只有这些方面都朝着有利的方向变化，调整才是可行的。

（2）增减某些营销渠道。随着市场需求、环境条件以及自身生产经营活动的不断变化，企业的某些营销渠道可能会失去作用，同时又需要新的营销渠道进入新的市场部分。因而，企业在营销渠道的管理活动中应注意营销渠道的增减调整。

（3）调整整个营销渠道系统。对生产企业来说，最困难的渠道变化决策就是调整整个营销渠道系统，因为这种决策不仅涉及渠道系统本身，而且涉及营销组合等一系列市场营销政策的相应调整，因此必须慎重对待。

10.3.2 营销渠道的合作、竞争和冲突

营销渠道成员之间经常会出现不同程度的合作、竞争和冲突，企业必须充分认识这些情况，才能对渠道进行有效的管理。

1. 营销渠道的合作

营销渠道的合作是指为了了解目标市场的需求、谋取共同利益，渠道成员相互之间的结合和依赖。事实证明，渠道成员之间相互合作而获得的利益要比各自单独从事销售工作所获得的利益要大得多，渠道的合作是市场营销观念的必然产物，已经是一种通常的行为。

例如，在消费品的传统渠道模式中，制造商、批发商、零售商为了赢得消费者的信任，扩大市场占有率，增加销售量而共同努力、相互合作，这往往比制造商自己承担渠道的全部工作更加有利。不同渠道成员之间的通力合作，对合作的各方都是有利的，制造商应尽力创造合作的条件，促使各成员间的相互协调。

2. 营销渠道的竞争

营销渠道的竞争是指为同一目标市场服务的同一系统的不同企业之间或不同系统之间展开的竞争。其包括两个层次：一是本企业的营销渠道中同一级别渠道成员之间的竞争，如百货公司、专营商店、超市同为某产品的零售商，它们为从同一目标市场抢占更高的市场份额、从而获得更多的利润收入而展开激烈的竞争；二是本企业与竞争企业同一级别的渠道对象，在相同目标市场销售同类产品的竞争。

渠道竞争对消费者来说是有利的，为消费者提供了更多的选择产品、价格、质量和服务的机会。

3. 营销渠道的冲突①

营销渠道的冲突是指渠道成员发现其他渠道成员从事的活动阻碍或者不利于本企业实现自身的目标。在营销渠道系统中，渠道冲突更为常见，下面将对渠道冲突的根本原因、类型、影响和应对措施重点予以分析。

1）渠道冲突的根本原因

渠道冲突的最根本原因是制造商与中间商的目标不同。制造商希望抢占更多的市场，以获得更多的销售增长和利润，而大多数零售商，尤其是中小型零售商，当销售额及利润达到满意的水平时，更希望在当地市场上维持一种相对舒适的地位；制造商希望中间商只销售自己的产品而不销售竞争产品，而中间商只关心其获得的利润，并不关心销售的是谁的产品；制造商希望中间商为促销做一些广告宣传，而中间商则要求制造商自己做广告或者承担全部

① 王方华，奚俊芳．营销渠道［M］．上海：上海交通大学出版社，2005：144－158.

广告费用；制造商希望中间商将折扣给予消费者，而中间商只想将折扣留给自己，等等。

当然，渠道成员对制造商的依赖性过强、渠道成员的权利和义务不明确、渠道成员市场知觉的差异等也是渠道冲突的根本原因。

2）渠道冲突的类型

渠道冲突通常有3种表现形式，即横向渠道冲突、纵向渠道冲突和渠道系统间冲突。

（1）横向渠道冲突。横向渠道冲突是指处于同一渠道模式、同一层级的渠道成员之间的冲突。产生横向渠道冲突的原因大多数是制造商未能对目标市场的中间商数量及各自的区域权限作出合理的规划，使得每个中间商为获取更多的利益而抢占其他渠道成员的市场份额。对此，制造商一方面应采取有效措施，以消除或缓和可能影响渠道合作、声誉和产品销售的这些冲突；另一方面应采取得力的政策和措施，防止这些情况的出现。

（2）纵向渠道冲突。纵向渠道冲突是指处于同一渠道模式、不同层级的渠道成员之间的冲突，也称上下游冲突，它比横向渠道冲突更为常见。一方面，制造商或上游中间商为获取更多的利润，采取分销和直销相结合的方式销售商品时，不可避免要与下游中间商争夺客户，从而挫伤下游中间商的积极性；另一方面，下游中间商的实力增强后，不满足目前的地位，希望在渠道系统中有更多的权利，势必向上游渠道成员发起挑战。对于制造商来说，有一些纵向渠道冲突并不是一件坏事，有时反有益处。因此，要求制造商处理问题时不能单纯予以压制，而要因势利导，使大家受益。

（3）渠道系统间冲突。渠道系统间冲突是指当制造商建立多渠道营销系统后，不同渠道服务于同一目标市场时所产生的冲突。在渠道系统降低价格或降低毛利时，渠道系统间冲突表现得最为强烈。要避免出现渠道系统间冲突，制造商必须对渠道之间的竞争加以引导，并予以协调，防止过度竞争。

3）渠道冲突的影响

一般来讲，适当的渠道冲突对制造商是有好处的。但是如果渠道冲突扩大到难以驾驭的程度，不仅会影响整个渠道的效率，还会导致窜货、扰乱市场秩序等严重负面影响，最终导致商品滞销，影响渠道中各成员的利润。

（1）影响渠道效率。渠道效率是指实现营销目标所需资本投入的最优回报率，渠道效率的概念为渠道管理者评估渠道冲突影响提供了一个依据。随着渠道冲突水平的上升，渠道效率在下降，说明它们之间成反比关系，这是渠道冲突影响渠道效率的普遍观点。

（2）出现窜货行为。渠道的冲突还有可能产生一个市场营销中没有的概念，却在销售实践中让销售人员头痛的问题——窜货。窜货行为是现阶段中国绝大多数企业在渠道管理中遇到的问题。窜货，又称冲货，即产品越界销售，是渠道管理的瓶颈问题，也是目前许多企业甚至一些知名企业销售工作中遇到的顽疾之一。

窜货通常会加剧渠道冲突，导致市场价格混乱、分销效率下降、业绩下降、销售网络萎缩甚至崩溃等种种问题。因此，确保市场健康、稳定地发展是每个企业销售管理工作的主要目标，而如何防止窜货则成为达成这一目标的重中之重。针对上述产生窜货的根源，可以考虑从以下几个方面来解决窜货问题。

第一，稳定价格体系。建立合理、规范的级差价格体系，同时对那些自己有零售终端的总经销商进行严格的出货管理。最好使各地总经销商都能在同一价格水平上进货，应确定制造商出货的总经销价格为到岸价，运输费应由厂方负担，以此保证各地总经销商具备相同的价格基准。

第二，制订合理销售目标。制造商要结合自身产品以及经销商的市场实际情况，来制订合理的年终销售目标，这样才能避免因目标制订过高而导致经销商的越区销售。

第三，科学地运用现金激励及促销措施。从激励经销商的角度讲，销售奖励可以提高销售商的产品销售积极性，但现金返利的措施容易引发砸价销售。因此，销售奖励应该采取多项指标进行综合考评，除了销售量外，还要考虑其他一些因素，比如价格控制、销售增长率、销售盈利率等，甚至也可以把是否窜货作为奖励的考核依据，以此来避免窜货现象。

第四，以现款或短期承兑结算。通过结算手段控制商家因利润提前实现或短期内缺少必要的成本压力而构成的窜货风险。建立严格有效的资金占用预警及调控机制，根据每一经销商的商业信誉、市场组织能力、支付习惯、分销周期以及目标市场的现实容量、价格弹性制度、本品牌市场份额等各项指标，设立商品资金占用评价体系，以使铺货的控制完全量化，将发出产品的资金占用维持在一个合理的水平，避免因商家占用较大而形成窜货的恶性“势能”。

第五，规范经销商的市场行为。用签订合同的方式来约束经销商的市场行径。首先，在合同中应明确加入“禁止跨区销售”的条款，以此将经销商的销售活动严格限定在自己的市场区域之内；其次，在合同中载明级差价格体系，在全国执行基本统一的价格表，并严格禁止超限定范围波动；最后，将给各地总经销商的返利与是否发生跨区销售行为结合起来。

第六，加强市场监管。设立市场总监，建立市场巡视员工作制度。对于发生越区销售行为的经销商，视其窜货行为的严重程度分别予以处罚。市场总监的职责就是带领市场巡视员经常性地检查巡视各地市场，及时发现问题并予以解决。很多企业还对销往不同地区的产品实行差异化的外包装，比如在产品的外包装上印上“专供××地区销售”的字样，这样为监督和查处窜货现象提供了方便。同时，对越区销售行为一定要严惩不贷，一旦发现，要根据情节严重程度进行处罚。情节严重者，甚至要中断合同关系。

总之，对于越区窜货现象，首先要识别其产生的真正原因，通过提高企业渠道管理水平，对其做到“防患于未然”。同时，对于市场上出现的越区窜货行为，一定要及时处理，决不可听之任之。

阅读资料 10－3

渠道冲突的避免

虽然适当的渠道冲突对制造商可能有益，但渠道管理者还是应该尽量避免渠道冲突的发生，以免渠道冲突激化，影响整个渠道体系的正常运转。一般来讲，可以从以下几个方面出发，避免渠道冲突的产生。

1. 渠道扁平化

在目前供过于求、竞争激烈的市场环境下，传统渠道存在着不可克服的缺点。对制造商来讲，多层次的渠道格局不仅使制造商难以有效地控制销售渠道，而且多层次渠道中各层次价差更是垂直冲突的主要诱因。

多层次的网络销售不仅进一步瓜分了渠道利润，而且经销商不规范的操作手段（如竞相杀价、跨区销售等）常常造成严重的网络冲突。

许多企业正将销售渠道改为扁平化的结构，即销售渠道越来越短，销售网点则越来越多。销售渠道短，增加了企业对渠道的控制力；销售网点多，则增加了产品的辐射面和销售量。例如，戴尔越过以二级分销商为代表的渠道中间层实施直销方式，缩短了供应链，从而降低了渠道成本，使其产品销售额和利润稳步上升。

2. 包装差别化

包装差别化是指制造商对相同的产品，采取不同地区不同外包装的方式，可以在一定程度上控制窜货。主要措施有：

一是通过文字表示，在每种产品的外包装上，印刷“专供××地区销售”。可以在茶品的外包装箱上印刷，也可以在产品商标上加印。这种方法要求这种产品在该地区的销量达到一定程度，并且外包装无法回收利用，才有效果。但问题是，如果在该地区产品达到较大销量，就为制假窜货者提供了规模条件。

二是商标颜色差异化，即在不同地区，将同种产品的商标，在保持其他标识不变的情况下，采用不同色彩加以区分。在某地区的销量达到足够大时，厂方才有必要采取该措施。但同样，只要达到一定的销售量，成为该地区畅销的主导商品，窜货行为也有可能随着制作假商标（某些商品除外，例如啤酒等）而发生。

三是外包装印有条形码，不同地区印刷不同的条形码。这样一来，厂方必须给不同地区配备条形码识别器。采用代码制，可使制造商在处理窜货问题上掌握主动权。首先，由于产品实行代码制，能对产品的去向进行准确无误的监控，避免经销商有恃无恐，使其不敢贸然采取窜货行动；其次，即使发生了窜货现象，也可以明白产品的来龙去脉，有真凭实据，处理起来相对容易。但有的经销商会将条码撕掉。

以上措施只能在一定程度上解决不同地区之间的窜货乱价问题，而无法解决本地区内不同经销商之间的价格竞争问题。

3. 约束合同化

该协议是一种合同，一旦签订，就等于双方达成契约，如有违犯，就可以追究责任。关于处罚方式，对本公司业务员，厂方加大内部办事处的相互监督和处罚力度，一经查出恶意窜货，就地免职，厂内下岗。

实际上，只有个别情况导致偶然窜货，如某经销商不经销甲厂产品，但该经销商在经过某个地区时顺路带甲方产品回到自己地区。因为该经销商没有销售甲厂产品的网络，所以最简捷的方法是低价向该地区的甲厂经销商销售。厂方销售人员对自己所负责的客户是否具有窜货行为，是非常清楚的。但是，由于相当多的企业对销售人员的奖励政策是按量提成，从而导致本公司销售人员时常庇护经销商，因为只要他所负责地区的经销商的销量增加，自己的也就增加。因此，这种制度安排，决定了厂方销售人员对自己负责地区客户的窜货行为，不可能去认真监督防治。但是，可以通过签订不窜货协议，为加大处罚力度提供法律依据。在众合同中，尤以总经销合同最为重要，它是用来约束总经销商的市场行为的工具。

首先，在合同中明确加入禁止跨区销售的条款，将总经销的销售活动严格限定在自己的市场区域之内。

其次，为使各地总经销商都能在同一价格水平上进货，应确定制造商出货的总经销价格为到岸价，所有在途运费由厂方承担，以此来保证各地总经销商具备相同的价格基准。

再次，在合同中载明级差价格体系，在全国执行基本统一的价格表，并严格禁止超限定范围浮动。

最后，将年终给各地总经销商的返利与是否发生跨区销售行为相结合，使返利不仅成为一种奖励手段，而且成为一种警示工具。同时，对所窜货地区的业务员和客户已完成的销售额中，作为奖励基数，并从窜货地区的业务员和客户已完成的销售额中，扣减等值销售额。

4. 货运监管制度化

在运货单上，标明发货时间、到达地点、接受客户、行走路线、签发负责人、公司负责销售人员等，并及时将该车的信息通知沿途不同地区销售人员或经销商，以便进行监督。

5. 管理区域化

首先，要划分经销商业务地区，依据所在地区的行政地图，根据道路、人口、经济水平、业务人员数量，将所在地区划分成若干分区。依据城市地图，按照街道分区，将终端零售店全部标记出来。根据两张地图，将自己所负责的业务地区细化为若干个分区。然后，通过与竞争对手的比较分析，发挥自己的竞争优势，以此找准突破点，以点带面。

其次，对价格进行管理。所在分区，作为内部业务管理制度，必须实行价格统一。实际上，对客户来讲，保证或增加盈利的最重要的措施，并不是价格高低，而是保持地区价格稳定。为了保持地区价格稳定，要在销售网络内部实行严格的级差价格体系。

制定级差价格体系，即在确保销售网络内部各个层次、各个环节的经销商都能获得相应利润的前提下，根据经销商的出货对象规定在严格的价格，以防止经销商跨越其中的某些环节，进行窜货活动。

最后，还要在人员管理方面下工夫。加强销售人员管理，对销售人员建立奖惩制度，控制窜货发生。

4）渠道冲突的应对措施

制造商对于渠道成员通过敌对行为表现出来的冲突要能及时加以处理。解决冲突的方法很多，主要有以下几种。

（1）加强交流。对于那些渠道的垂直性冲突，有一种较为有效的处理方法，可以让两个获两个以上的渠道层次上的人员实行互换。如让制造商的销售主管到经销商处去工作一段时间，让经销商的经理到制造商处工作一段时间。经过双方的人员的对流，可以提供一个设身处地为对方考虑问题的机会。以化解双方存在的误解，便于重新去订共同的目标。同时双方还可以开一些信息交流会，以让双方有更多的了解，促进双方更好的沟通，以便以后较少冲突，实现有效的合作。

（2）谈判。在展开谈判时我们的目的是停止成员间的冲突。其中妥协也许回暂时避免发生冲突，可是解决不了冲突的根本原因。谈判为双方的讨价还价还提供了一个机会，在谈判过程中还要渠道成员间很好地沟通，各自说明自己的观点，但要想使谈判有一个双方都满意的结果，就要渠道成员都作出让步，以达到一个双赢的结果。

（3）仲裁。在渠道成员的冲突僵持不下，但双方都有停战的愿望时，需要第三方加入利用仲裁来解决问题，也许仲裁方会在一个公正的立场提出解决方案。这种方法的使用较为普遍。

（4）法律的手段。冲突有时需要通过政府的参与解决，诉诸于法律。这种方法意味着渠道的领导力已不起作用，劝说、谈判都没有办法。

（5）退出。这是解决渠道冲突的最后一种方法。若双方的冲突已到无法沟通的地步，双方已没有共同的利益和目标，则只能单方退出该渠道。

本章习题

一、单选题

1. 直销的渠道长度为（　　）。

A. 零层　　B. 一层　　C. 二层　　D. 多层

2. 在渠道结构中，按同一级别的中间商参与的多少，把渠道分为（　　）。

A. 长渠道和短渠道　　B. 单渠道和多渠道

C. 直接渠道和间接渠道　　D. 宽渠道和窄渠道

3. 在渠道决策的影响因素中，市场因素有（　　）。

A. 环境因素　　B. 消费者因素　　C. 生产者因素　　D. 市场规模

4. 企业在市场上选用同级别的两个或两个以上的中间商为其推销商品，则该企业采取了（　　）。

A. 宽渠道策略　　B. 窄渠道策略　　C. 长渠道策略　　D. 短渠道策略

5. 间接渠道主要以（　　）渠道为主，因为渠道层次越多，控制的成本和难度就越大。

A. 一层　　B. 二层　　C. 三层　　D. 四层

二、多选题

1. 营销渠道的功能有（　　）。

A. 信息功能　　B. 服务功能　　C. 订货功能　　D. 促销功能

E. 融资功能

2. 渠道设计的原则有（　　）。

A. 通畅高效原则　　B. 适度覆盖原则　　C. 稳定可控原则　　D. 协调平衡原则

E. 扬长避短原则

3. 渠道冲突的常见表现形式为（　　）。

A. 横向渠道冲突　　B. 纵向渠道冲突　　C. 渠道系统间冲突　　D. 建设性冲突

E. 破坏性冲突

三、名词解释

1. 营销渠道　2. 宽渠道　3. 营销渠道设计　4. 营销渠道管理　5. 渠道冲突

四、简答及论述题

1. 营销渠道有哪些功能?
2. 企业在采用多渠道营销系统时必须注意哪些问题?
3. 与其他行销方式相比，直销有哪些优缺点?
4. 影响企业营销渠道模式的因素主要有哪些?
5. 试论述渠道冲突的解决策略。

案例讨论

宝洁中国市场谋求渠道变革

一直以来，在中国市场上，宝洁采用的是市场拉动战略，即通过大规模密集型的广告轰炸，从市场的终端来拉动宝洁产品的销售，而宝洁的渠道一直默默无闻，很少受到关注。事实上，宝洁的渠道力量也一直未能显山露水，为宝洁产品的销售提供额外的推动力。与宝洁的品牌影响力相比较，宝洁的渠道显得非常不匹配。

宝洁有两种渠道模式：一种是直供的方式，另一种是通过代理商供货。在直供方式上，宝洁采取"条条代理"的方式，直接通过向大型零售企业统一供货的方式，借助大型零售企业自有的物流配送体系来实现铺货。通过这种方式，宝洁逐步实现了在一线和二线城市的铺货。对于三、四线的城乡市场和郊县市场，宝洁则依然采用代理经销方式。以往，宝洁借助的是传统的分销渠道，通过向一些地方经销商再转二批、三批的方式，覆盖这类市场。宝洁公司需要为这些区域经销商配备人员，并且每年向这些经销商提供一笔不菲的"分销服务费"。此外，宝洁公司还提供了一笔分销覆盖服务费，即从中小商店的覆盖销量中拿出3%提供给分销商，作为服务费。

由宝洁一手培育起来的区域分销渠道，经过几年的市场运作，已经逐步具备了一定的市场能力，并建立了自己的渠道网络。借助渠道网络的优势，宝洁的区域分销商纷纷开展多品牌经营。因为宝洁产品的利润率很低，要维持整个企业的运作，仅代理宝洁的产品显然非常艰难。这就使得宝洁的经销商纷纷代理其他品牌，借此来增加盈利途径，缓解自身的生存压力。

正因为如此，大部分区域经销商同时经营包括联合利华、花王、高露洁等宝洁竞争对手在内的多个品牌。这种行为大大地分散了分销商运作宝洁产品所需的资金、人力、仓储运输等资源。在宝洁看来，这无疑是在用宝洁的钱替竞争对手办事，这种做法是宝洁所不能容忍的。此外，更令宝洁恼怒的是，近几年来，国内市场上的诸如联合利华以及国内二线品牌，已经开始对宝洁品牌形成夹攻趋势。由于宝洁的产品线拉得非常长，在单个细分市场上，一线、二线品牌也使宝洁背腹受敌。

宝洁预期，通过终端拉动，建立强大品牌力，实现消费者的高度认同，如果再配以渠道的协助，提升销量几乎没有问题。但经销商的行为没有使宝洁满意，这使得宝洁感到不满。经销商抱怨宝洁利润低，而宝洁抱怨经销商在用自己的钱替对手办事。

在宝洁看来，再不调整渠道，约束分销商的行为，势必对宝洁产生更大的负面影响。

宝洁大中华区销售总经理聂凯文说过，虽然目前有些经销商做得不错，但仍达不到宝洁长远发展的要求。因此，在2004年年底，宝洁提出了“专营专注”的渠道思路，提出经销商必须独立经营宝洁的产品、独立设置账户、独立资金运作、业务员独立办公、宝洁产品拥有独立仓库等硬性规定。宝洁希望据此确保财力、人力、物力等不能随意地被组合和占用，以及不能经营与宝洁有竞争性的品牌。

（资料来源：作者根据中国品牌网相关文章改编。）

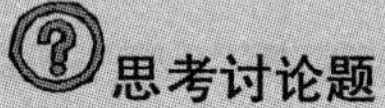

思考讨论题

试分析宝洁的传统渠道模式存在的弊端以及新模式实施的前景。

第 11 章

中间商

本章导读

中间商是生产者向消费者或用户销售产品时的中介环节。按照销售对象的不同，中间商分为批发商和零售商；按照是否拥有商品所有权可将其划分为经销商和代理商。目前，在企业营销实践中，纯粹意义上的代理商已经非常少见，因此主要以批发商和零售商作为分析对象。本章首先对中间商的功能与分类进行简要分析，然后阐述批发商和零售商的分类、性质、职能以及各自的经营活动特点，最后重点分析批发商和零售商的营销策略，并对“商圈”的概念、分类、分析目的以及确定方法进行了较为深入的探讨。

本章的知识结构图如下：

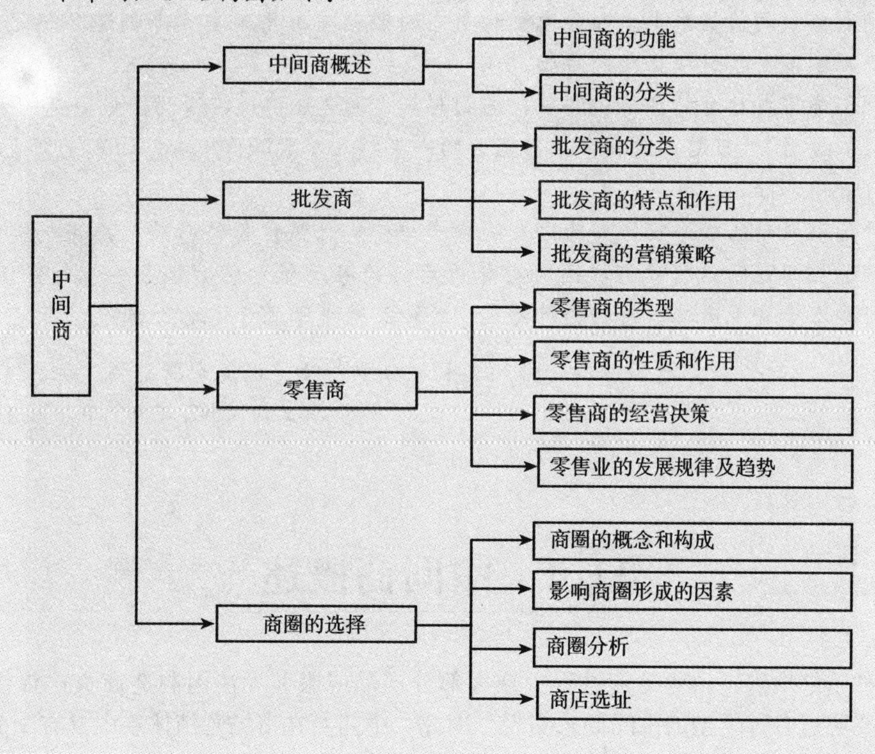

开篇案例

中间商挑战制造商：郑州通利逼奥克斯空调“跳水”

2002年4月中旬，郑州两家最具实力的家电零售商打响了空调价格战，并愈演愈烈。但最引人关注的是，这次降价是由家电零售商单方决定的，事前生产厂家根本不知道。

2002年3月29日，河南通利联合电器有限公司先斩后奏，擅自将奥克斯空调的主流机型降价30%，降价幅度高达700元。4月1日下午，奥克斯驻郑州办事处工作人员将通利南阳路卖场的降价条幅强行撕掉。奥克斯方面认为，通利的这种行为严重扰乱了奥克斯郑州市场。他们声称将对通利罚款19万元，并责令通利恢复市场价格。

但通利方面一直固执己见，声称将联合全省320家奥克斯空调经销商逼迫奥克斯屈服。据了解，像通利这种商家逼厂家降价的行为，在行业内不是什么新鲜事，但厂家处罚自己的经销商却在全国很罕见。

“通利事件”顿时在全国引起轰动，全国各地的奥克斯空调经销商得知后，纷纷停止销售，等待降价。

宁波三星奥克斯公司急了，立即派人飞抵郑州，对通利的做法表示强烈不满，要求恢复原价。但通利毫不退让，坚持认为价格是根据河南的实际需求量和消费水平确定的，产品价格的高低不能完全由厂家说了算。

面对通利的叫板，奥克斯权衡利弊，最终答应了通利的要求并把在全国的销售价格都降到通利销售的价格水平。因为通利和全省的经销商每年为奥克斯创造2亿元的销售额，奥克斯不能丢掉这块巨大的市场。

在河南省家电协会的主持调解下，通利与奥克斯达成协议：通利接受奥克斯19万元的处罚；从3月29日起，通利拿出代理费的一半打入本次降价中去，由奥克斯直接从年终的代理费中扣除。

由于通利降价已成事实，并为广大消费者接受，若恢复价格必将造成市场萎缩，奥克斯按照通利目前的价格执行，同时对降价后的产品质量和售后服务不能打任何折扣。据厂方负责人李晓龙透露：通利的行为至少给厂家造成了3.6亿元的损失。

（资料来源：郑州通利联合电气公司逼奥克斯空调“跳水”[N].中华工商时报，2002年4月16日.）

11.1 中间商概述

因多种条件所限，企业经营过程中绝大部分产品或服务无法由制造商直接提供给消费者，而需要通过各种类型的中间商来实现。因此，中间商在市场营销体系中具有十分重要的地位，中间商的选择在很大程度上决定了企业的营销命运。

11.1.1 中间商的功能

中间商是指在生产者和消费者之间，参与商品交易业务，促使买卖行为发生和实现的、具有法人资格的经济组织和个人，是生产者向消费者或用户销售产品时的中介环节。

中间商是社会分工和商品经济发展的产物。生产和消费之间在数量、品种、时间、地点等方面存在矛盾，为解决这些矛盾并节约社会劳动，就需要经过中间环节。因此，中间商的存在不仅是社会上部分人追逐利润的结果，而且还有其存在的客观必要性。

(1) 减少交易次数，节省时间和人力，降低交易成本。

图 11－1 表明了使用中间商的经济效益。图 11－1 (a) 表示 4 个生产商采取直接营销渠道方式为 4 个顾客服务，需要进行 16 次交易；图 11－1 (b) 假定 4 个生产商共同通过一个中间商为 4 个顾客服务，仅仅只需要进行 8 次交易。当然，现实生活中生产者和消费者之间的交易，比上述假定要复杂得多。

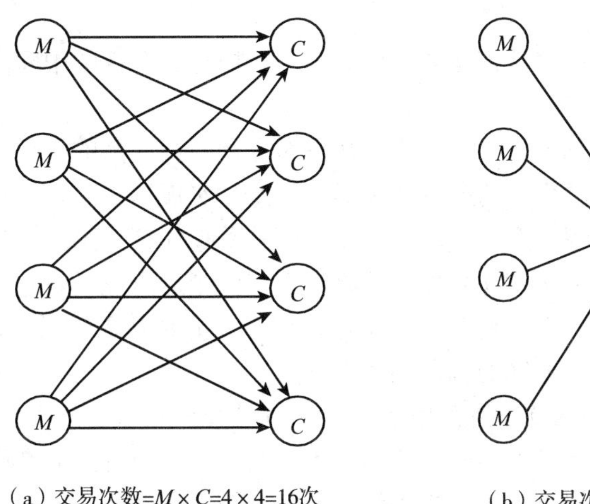

(a) 交易次数=$M \times C=4 \times 4=16$次　　(b) 交易次数=$M+C=4+4=8$次

图 11－1 使用中间商的经济效益图

(2) 中间商在执行某些市场营销职能上具有制造商不具备的独特优势。

一般情况下，中间商信息灵通，联系范围广，熟悉专业化市场。在执行市场调查、广告策划、雇佣销售人员、实体分配、提供服务等市场营销职能时，较制造商具有许多优势，并为制造商提供许多便利。同时，借助中间商的市场营销经验和规模化经营，制造商的产品营销工作将更有成效。

(3) 解决制造商直接从事销售活动财力不足、身份不合、利益不多和效率不高的问题。

一方面，大部分企业由于没有足够的财力资源直接从事销售活动，不可能把本企业的产品直接送达最终消费者；另一方面，那些有足够财力建立营销网络的制造商，发现这种投资所取得的收益往往很低，而中间商的存在有利于制造商节省资金占用，提高营销效率和投资收益率。另外，“部分特殊商品必须经过中间商才能进入市场”的国家法律法规规定，也为部分中间商的存在提供了基础。

11.1.2 中间商的分类

中间商为数众多，一般可按照不同的标准进行分类。

1. 按照是否拥有商品所有权划分

中间商可以分为经销商和代理商。

1）经销商

经销商是指参加商品流通业务，并对商品拥有所有权的批发商和零售商，其收益来源于批零差价。其主要特点如下。

（1）拥有商品所有权和经营权，独立地开展商品购销活动，独立核算，自负盈亏。

（2）一般都有一定的营业场所和相应的经营措施。

（3）有足够的流动资金购买商品。

（4）自行承担商品经营的全部风险。

2）代理商

代理商是指接受委托从事商品销售业务，但对商品不拥有所有权的中间商，其收益来源于佣金或手续费。代理商主要有以下几种形式。

（1）企业代理商（corporation agent）。企业代理商是指受制造商的委托，根据双方的协议在一定区域内负责代销制造商生产的产品的中间商。产品实现销售后，制造商按照销售额的一定比例付给其佣金作为报酬。企业代理商与制造商是委托代销关系，代理商负责推销产品，履行销售业务手续，本身不必设立仓库，由顾客直接向制造商提货，它实际上类似于制造商的推销人员。制造商可以同时委托若干个企业代理商，分别在不同的区域代销其产品，制造商本身也可以同时参与某一地区的直接销售活动。

（2）销售代理商（sales agent）。销售代理商是一种独立的中间商，受制造商委托负责代销其全部产品，不受地区限制，并拥有一定的售价决定权。一个制造商在同一时期只能委托一家销售代理商，本身也不能直接进行销售活动，可见销售代理商实际上是制造商产品销售的全权独家代理商。因此，销售代理商要对制造商承担较多的义务，如一定时期内的销售数量要求、不得同时代理其他企业的竞争产品、向制造商提供市场信息、负责商品的促销活动等。销售代理商也实行佣金制，但其比例一般低于企业代理商。

（3）寄售商（consignment）。寄售商受制造商的委托，进行现货的代销业务。根据协议，制造商向寄售商交付产品，实现销售后所得货款扣除佣金及有关费用后再交付制造商。寄售商一般要自设仓库和营业场所，便于顾客及时购买到现货。

（4）经纪商（broker）。经纪商既无商品所有权，又无现货，只为买卖双方提供产品、价格及一般市场信息，为买卖双方洽谈业务起媒介作用。经纪商与买卖双方都不签订任何合同，不承担任何义务，与买卖双方也没有固定的联系，但在买卖过程中又可以代表任何一方，商品成交后，它从中提取一部分佣金，但其比例一般较低。

2. 按照在商品流通中的不同作用划分

中间商可分为批发商和零售商。

1）批发商

批发商（wholesaler）是指向制造商或经销单位购进商品，供给零售商或其他单位进行转卖，或供给其他制造商进行加工制造产品的中间商。在商品流转过程中，批发商不直接服务于最终消费者，只是实现商品在空间上、时间上的转移，达到再销售的目的。

2）零售商

零售商（retailers）是指把商品直接销售给最终消费者，以供应消费者个人或家庭消费的中间商。在市场上，由零售商服务于最终消费者，而且为最终消费者提供的商品几乎都是由零售商承担销售任务的。

3）批发商和零售商的区别

批发商和零售商既相互依存，但又有所区别，主要表现为以下几个方面。

(1) 从出售商品的经济用途看，批发商出售的商品是供零售商转卖或供给企业作为生产加工之用；零售商出售的商品，一般是供个人直接消费的商品。

(2) 从交易对象看，批发商的买卖活动一般是在企业之间进行的；而零售商一般从批发商或制造商那里购进货物，再卖给个人消费者。批发交易结束后，产品仍然处于流通领域；而零售交易结束后，产品即脱离流通过程，进入消费领域，零售是商品流通过程的终点。

(3) 从交易数量看，批发商交易的数量一般比较大，而零售商每次销售产品的数量比较少。

(4) 从交易的频率看，批发商交易的频率一般较低，而零售商销售产品的频率较高。因此，批发商设立的销售点较少，而零售网点较多。

11.2 批发商

批发商是营销渠道中的重要成员，是商品从生产领域向消费领域流通的中间环节，为最终销售做准备，在开发市场方面具有重要作用。但随着市场发展以及营销渠道扩张和扁平化的趋势，批发商的经营面临着巨大的挑战，认识批发商是实现企业营销战略目标的基础工作之一。

11.2.1 批发商的分类

菲利普·科特勒在其《市场营销管理》一书中将批发定义为：批发包含一切将货物或服务销售给为了转卖或者商业用途而进行购买的人的活动。从事批发业务的人或部门称为批发商，是批发这一行为的执行者，按照不同的标准可以将批发商分为不同的类型。

1. 按照营销商品种类的多少划分

批发商可以分为一般批发商和专业批发商。

一般批发商的特点是经营商品种类繁多，如百货批发站；专业批发商则是经营某一类或某几类商品，如五金电器批发公司等。

2. 按照服务地区范围大小划分

批发商可以分为全国批发商、区域批发商和地方批发商。

担负全国性的商品批发业务的称为全国批发商，我国商业部门的一级采购供应站就起着这种作用。区域批发商是指承担一个省、区范围的批发业务和供应相邻省、区某些业务的批发商，我国商业部门的二级供应站就属于这种类型。只担负某一市、县或某一贸易区批发业务的称为地方批发商，如我国商业部门的三级采购供应站（即一般市、县公司下属的批发部或批发商店)，它是批发商业的基层单位。

3. 按照是否拥有商品所有权划分

批发商可以分为经销批发商和代理批发商。

经销批发商是指拥有商品所有权的批发商，它们从制造商购进商品，再转卖给工业用户、中小批发商或零售商；代理批发商是指不拥有商品所有权的批发商，很少为买方提供信贷支付、运输等方面的条件，如制造商代理商、销售代理商、采购代理商、佣金商（或称商行）等。经销批发商是独立的经营者，其利润来自商品的购销差价；代理批发商的利润则来源于佣金。

4. 按照服务的内容划分

批发商可以分为综合服务批发商和专业服务批发商。

综合服务批发商的特点是对生产者、零售商或用户提供市场经营的各种服务。专业服务批发商又可分为3种：①承运批发商，其特点是根据零售商或用户的订单，从生产企业取得货物后直接运送给购买者，它设有营业所，但不设仓库；②货车贩运批发商，把生产企业批发来的商品尽快承包运送给零售商或用户；③现货自运批发商，其特点是用低价现金售货，但商品由购买者自行运输。

在我国，批发商存在的形式多种多样，主要有以下几类：商业批发企业、工业自设批发机构、工业品贸易中心、农工商联合企业、集体商业的固定联购分销机构、小产品批发市场、信托公司、贸易货栈、专业市场、农副产品批发市场、农副产品贸易中心等。

11.2.2 批发商的特点和作用

1. 批发商的特点

批发商通常具有如下特点。

(1) 批发商处于流通领域的中间环节，供应对象是为了转卖或加工而购买商品的人。适应这一特点，批发商的选址一般在租金较经济的地段，店堂的装饰费用较低。

(2) 批发商的服务对象是零售商，政府部门对批发商和零售商具有不同的相关政策。

(3) 批发商从事的是大宗购买卖活动，批发交易额一般大于零售交易额，并且市场覆盖面宽。因此，批发从业人员除了熟悉交易业务外，还应具有有关储存、编配、运输等方面的业务知识。

2. 批发商的作用

批发商的作用主要体现在以下几个方面。

(1) 有利于一些规模较小的制造商在资金有限、无力发展直接销售组织的情况下进行销售活动。

(2) 有利于制造商将资金投入到可以带来更高的投资回报的生产领域。

(3) 批发商具有专门的技术，与零售商具有广泛的接触，经营规模大，可以实现较高的商业效益。

(4) 零售商可以从批发商处一次性购进多种商品，有利于提高零售商的采购效益。

(5) 可以缩短产品再生产过程流通的时间，随着流通时间的缩短，流通过程中必须占用的产品或资金者会相对地减少，同时有利于节省流通费用。

11.2.3 批发商的营销策略

一方面，随着制造商实力增加，其控制渠道的愿望上升，大制造商越过批发商自设分销机构或直接面对最终消费者；另一方面，随着零售商连锁店、仓储俱乐部、折扣店等替代性渠道的出现和发展，大零售商开始直接与供应商打交道。因此，批发商正面临着前所未有的严重冲击，而且渐成没落之势，他们不得不制定合适的战略决策。

1. 批发商的营销战略

批发商的面对日益激烈的竞争，其地位在一定程度上有所削弱。最近，随着世界经济一体化和知识经济的来临，世界批发业正在不断革新，许多批发商已经为自己的业务注入新的活力，成为更加富有竞争力的渠道成员。其采取的主要策略有专业化和一体化，并采用先进技术，增加服务项目。

(1) 专业化，即实施聚焦战略。一些批发商重新评估自己的战略目标，放弃一些边缘项目，而将经营重心集中于某一个细分市场，或在一个公司内从事集中专业化的批发业务，其中每一种业务都面向自身具备一定竞争优势的市场。

(2) 一体化，包括前向一体化和后向一体化。许多批发商开始自设零售商店，有的还向上发展进入生产领域，可以得到受其控制或为其经营的买方或卖方。通过把一部分市场交易内部化来提高经营利润。

(3) 采用先进技术，加强技术装备。现代高科技的发展同样吸引着批发商，被他们视为发展的重要动力。条形码、扫描仪、EDI 等现代信息处理技术以及现代交通运输工具的运用，等等，降低了其经营成本，提高生产力，改善其客户服务和营销。

(4) 增加服务项目。特别值得一提的是，批发商意识到自己的主要目标是帮助供应商和客户制定有效的营销方案，开始支持供应商或客户的活动，以使整个营销渠道更富效率和效益。

2. 目标市场决策

批发商的目标市场决策主要集中在两个方面：一是在选择经营商品基础上确定目标顾客群；二是确定服务的地域范围。

(1) 确定目标顾客群。批发商经营商品的产品线的多少、商品的性质等，在很大程度上决定了其目标顾客群的范围。一般来说，经营多条产品线的综合批发商需要选择较宽的市场范围，而专业批发商的目标顾客则比较集中。批发商可根据服务对象的组织规模、客户类型、服务需求特征等标准，选择适合自己的目标顾客群。

(2) 确定服务的地域范围。批发商一般要依据自身实力、网点布局情况、市场潜力等因素进行综合分析，确定批发服务的市场覆盖面。

3. 批发商的营销组合

在批发商的营销组合策略中，必须在产品与服务组合、地点、价格、促销等方面予以改进。

(1) 产品与服务组合。一方面，批发商要根据自己的实力来选择适合自己的产品和服务组合，过宽的产品线和服务项目往往是导致经营失败的一个重要原因；另一方面，批发商对产品的决策既要保证向客户提供的产品或服务品种的完整，又要考虑每种产品或服务的赢利性，以及特定顾客对特定产品或服务的要求。实际上，产品组合的宽窄和服务项目的多少，一定要适应目标市场的要求。

(2) 地点。包括批发商所设定的业务地区及其特定地点。一方面，一些批发商通常选址在地价较低的社区，以降低经营成本；另一方面，为便于客户到达和采购的要求，一些批发商将办公地点、业务网点、货仓等都设在人口高度密集的地区，如美国几乎有一半的批发商集中在 15 个最大的标准大城市统计区。另外，还有一些批发商借助一些专业批发市场的知名度和美誉度，把批发网点设在大的批发市场中，这也是很好的选择。

(3) 价格。过去，批发商的价格一般是在制造商或供应商的售价上加一定数量的批发费用和利润而得的。随着批发市场竞争的加剧，批发商正在尝试一些新的价格策略，如进一步强化差别定价，拉大不同批量、合作深度之间的价格差异。削减批发毛利率，以求销售总额的增长，从而赢得更多利润，即"薄利多销"，也是一些批发商常用的价格策略。

(4) 促销。除了以上三个方面，促销也是重要的决策内容。许多批发商已开始意识到过去依靠推销员促销的方法已经不够了，进而制订整体促销组合策略，使人员推销、营业推广、公共关系、广告等促销手段有机结合，以求促销策略达到最佳效果。

11.3 零售商

零售商是营销渠道中的另一类重要成员，是商品从生产领域向消费领域流通的最终环节。零售商功能的有效发挥，对提高营销渠道的服务产出水平具有重要的意义。因此，必须掌握零售商的相关业务知识。

11.3.1 零售商的类型

零售是指将商品或服务直接销售给最终消费者，以供个人或家庭的非商业性用途的活动。零售商是指以零售活动为其主营业务的机构和个人，是相对于制造商和批发商而言的，其类型更为繁多。

1. 按照经营商品类别的不同划分

零售商可以分为以下 6 类。

1) 专业商店

专业商店是专门经营某一类商品的零售店，经营产品的花色、品种、规格、款式各不相同，分别以经营的主要商品类别和服务对象命名。按商品类别命名的，如家具店、灯具店、书店、建材商店等；按服务对象命名的，如儿童商店、妇女用品商店等。专业商店还包括各种特制品商店，其经营的绝大部分商品是高档商品，面向较高收入层次的消费者群。比如服装行业的特制品商店，大多出售质地优良、款式流行、做工精良的流行时装，受到市场的青睐。特制品商店还经营某些特殊牌号规格的商品。

专业商店在 20 世纪 60 年代迅速发展，适应了当时经济发展、人均收入提高、消费者追求个性化及差别化的市场需求。

2) 百货商店

百货商店是经营多种商品的零售店，通常规模较大，经营范围较宽，包括服装、鞋帽、家用电器等若干产品线。每条产品线或相关的几条产品线作为一个部门，相对独立经营，为顾客提供优质产品和优良服务。

百货商店起源于1852年在巴黎开设的“好市场”（The BonMarket），它被认为是世界上第一家百货商店。当时，这家商店开创性地提出了若干颇具创新性的原则，包括商品明码标价、薄利多销、在不给予消费者任何压力和没有购买义务的情况下鼓励顾客观看商品等。世界各国纷纷效仿，百货商店层出不穷，成为占主导地位的商业零售形式。20世纪30年代，百货商店发展到顶峰。但是，第二次世界大战以后，百货商店的规模和销售额虽还在增长，但在社会商品零售总额中所占的比重和赢利率却有所下降。主要原因是百货商店之间的竞争日益加剧，经营管理费用不断提高，达到销售额的35%左右，加之来自折扣商店、连锁商店和仓储商店等新型零售方式的激烈竞争，使百货商店的吸引力有所下降。

针对以上情况，百货商店为了在竞争中求得生存与发展，采取了许多新的竞争手段。比如，在新住宅区开设分店，建造良好的停车场，灵活地采用电话购物、电视购物、邮购和增设廉价商品销售门市部等经营措施，有效地提高了百货商店的竞争能力，在一定程度上继续保持稳定增长的势头。

阅读资料 11－1

日本三越百货的成功创立

日本三重县有一个叫三井高利的人，他立志要做一位布商。他赤手空拳前往东京闯天下，可是很长的时间一直没有起色。正当他想关起店门回到故乡的时候，一天在洗澡堂里听到几个手艺人在高声谈论准备穿一条新丁字裤（兜裆布）去参加庙会，可是却凑不齐人数合伙去买，为此烦恼不已。“凑齐人数合伙去买新的丁字裤，这是怎么回事?”三井高利一边冲洗着一边在想，“啊，对了，原来是这样!”他拍了一下大腿。原来在当时的商业习惯上凑集几个伙伴去买一匹漂白布，可是人数却不易凑齐，用现在的话来说当时布料只以匹为单位出售是“不符合顾客需求的”。于是，第二天三井高利便在店门口贴上了这样一张纸条：“布匹不论多少都可以剪下来卖。”昨天在澡堂里遇到的手艺人看了这张纸条飞奔进来：“买够做一条丁字裤的漂白布。”三井高利看准了在接近庙会的这段日子里有相同需求的人一定非常多，于是店里所有的漂白布在那一天统统销售一空。许许多多的女孩子和附近的太太们都涌到店里来买零头布，三井高利的店门口连日来热闹非凡。

三井高利领悟到做生意倾听顾客心声的好处，简直乐不可支，他把吃饭的时间都节省下来站在店门口接待顾客，由此又获得很多的启示。布店主要的顾客是女性，但女性买东西买得最多的时候是女儿将出嫁的时间，可是出嫁时所需要的东西不仅是衣服，还要备齐放衣服的衣橱、包绸缎及和服、梳子、簪子、鞋箱、餐具等种种东西。由此新娘和她的母亲必须东一家西一家地去选购。但是如果那些东西可以在一个地方一次买齐，对顾客来说该是多方便呀。于是，三井高利马上将其付诸实施，这就是日本的第一家百货公司——“三越”。

3）超级市场

超级市场是采用自动售货、自助服务的销售方式，实行薄利多销的大型零售组织。超级市场销售的商品实行定量包装，明码标价，顾客自选自取，在出口结算货款。超级市场的最大优点是自助服务，大大减少了营业人员，降低了成本与售价。超级市场最初是以出售食品为主，之后经营范围不断扩大到一些大众化的日用消费品。

1912年，超级市场首创于美国。但真正流行发展起来是在20世纪30年代资本主义经济萧条时期。1930年8月，美国零售商库仑（Kullen）在纽约开设了第一家超级市场，实行薄利多销获得了成功。以后超级市场在美国得到了迅速发展。1930—1935年，短短几年内，建立起数百家超级市场。20世纪30年代中期，超级市场进入欧洲和日本，普遍获得成功。但近些年来，随着零售业竞争的加剧，超级市场的经营费用呈上升趋势，使超级市场的价格竞争力有所下降，特别是折扣商店、廉价商店及仓储商店的兴起与发展，对超级市场形成了一定的威胁和挑战。

4）超大型商店、综合商店和巨型超级市场

这是在超级市场基础上发展起来的三种新型、大规模的零售组织。超级大型商店比一般的超级市场规模大得多，营业面积在3 000～5 000 m^2，满足消费者日常购买食品、饮料、洗涤、储蓄等生活方面的全部需要。巨型超级市场比大型商店还要大，营业面积一般在8 000～22 000 m^2，融合超级市场、折扣商店和储蓄销售的零售原则，经营品种已超过一般的家庭常用物品，包括家具、照相设备、服装、鞋帽、家用电器等。巨型超级市场于20世纪60年代初期在巴黎首先推出，而后扩展到前西德、美国、加拿大等国家。

以上三种商业零售组织，都是在超级市场的基础上发展起来的，主要特点是：将折扣商店、货仓销售及超级市场等零售特点融为一体，成为更具竞争力的商业组织。

阅读资料11－2

零售巨头沃尔玛的成功之道

早在1985年，沃尔玛公司的创始人和董事长山姆·沃顿就被《福布斯》杂志称为“全美第一富豪”。2001年，沃尔玛公司现任总裁罗布森·沃顿一度超过比尔·盖茨，身价453亿英镑，成为世界首富。而沃尔玛公司领导核心沃顿家族五人包揽了《福布斯》全球富翁榜的第7至11位。五人的资产总额达到931亿美元，成为世界上最富有的家族。2002年度，沃尔玛公司在《财富》杂志500强企业排行第一。

人们不禁会问，这家成为首富公司和产生了首富总裁的沃尔玛公司是怎样的一家企业？它的总裁经营魅力何在？特别是，当人们知道沃尔玛40年前还是美国阿肯色州一个小镇上名不见经传的杂货店时，就更为它今天的成就而惊叹不已。

沃尔玛是国际著名的大型零售企业。这家企业的历史并不久远，但发展迅速。公司成立20年后，就成为美国最大的折扣百货店；30年后，成为世界最大的零售企业；40年后，成为全球按销售额排行第一的公司。

沃尔玛的成功首先要归功于它的创始人山姆·沃顿多年的苦心经营。1945年，山姆在美国小镇本顿维尔初涉零售业。经过四十余年锲而不舍的奋斗，终于建立了世界最大的零售业王国。因为他卓越的企业家精神和对零售行业的特殊贡献，美国总统布什于1991年向山姆颁发了“总统自由勋章”，这是美国公民的最高荣誉。

一家企业能够获得如此巨大的成功，必然有其先进的管理手段、准确的市场定位、强大的技术力量和和睦的企业文化。沃尔玛正具备这四大成功要素。

以往的零售业都是由分店向各制造商订货，再由各个制造商将货发到各个分店。沃尔玛创造了零售供货的新模式，直接从工厂进货，使流通环节大为减少。为此，沃尔玛在全美建立了三十多个分销中心，设计并完善了与之配套的物流管理系统。这一高效的管理系统可以确保产品由分销中心运到各分店的时间不会超过一天；而沃尔玛的零售分店从在计算机上开出订单到货物上架的平均时间只有两天，其他竞争者大约需要五天的时间。高效的分销管理大大降低了沃尔玛的运输成本，也确保了沃尔玛的低价优势。

在沃尔玛创业初期，大型公司多在大中城市从事零售业，而对小城镇置之不理。山姆·沃顿却盯住这一市场空白，选定美国小镇为其服务的细分市场，采取了"农村包围城市"的战略，逐渐做大。沃尔玛的具体策略是以州为单位，一个县一个县的设店，直到整个州市场饱和，再向另一个州扩展。由一个县到一个州，由一个州到一个地区，再由一个地区到全美国，再从美国扩展到全世界，沃尔玛稳扎稳打，逐渐做大。这家企业定位准确，成功地利用了小城镇这个被他人所遗忘的细分市场。待其他零售商发觉时，沃尔玛的连锁店已经占据了一大块市场份额，在美国零售业站稳了脚跟。

沃尔玛公司将战后几十年的信息技术运用于分销系统和存货管理。可以说，没有发达的信息技术，就不可能有今天这个零售业的庞然大物。为了迅速传输大量数据，沃尔玛投入七亿美元巨资建立了一个卫星交互式通信系统。借助该系统，公司总部得以同数千家连锁店和几十家分销中心进行即时联络。总部的会议情况和决策都可以通过卫星传送到各分店，也可以进行新产品演示。沃尔玛拥有世界上最大的民用数据库，比美国电话电报公司的还要大。高科技的硬件系统是沃尔玛得以维持控制和发展壮大的必要条件，强大的技术力量造就了沃尔玛。

在沃尔玛，员工并不被当作"雇员"看待，而称作"合伙人"。公司要求经理对下属一律称"同事"而不称"雇员"。山姆·沃顿认为"关心自己的同事，他们就会关心你"。公司对员工的利益的关心落实在一套详细而具体的实施方案中，包括利润分享计划等薪酬福利方案。在企业决策上，沃尔玛也发扬民主参与的精神，广泛吸取一线员工的意见。星期六晨会是这种企业文化的具体体现。星期六晨会的基本目的是交流信息，减轻每个人的思想负担，团结队伍。在会议上经理和员工们可以畅所欲言，提出创见，指陈弊端。此外，公司经常举行员工联谊活动，喊口号、做游戏，以此减轻员工们的负担，使员工身心愉悦，同时也增强了凝聚力。团结活泼的企业文化与沃尔玛紧张高效的管理体制相适应，共同营建了一支优秀的零售团队。

（资料来源：田方萌．说不尽的沃尔玛——首富公司与首富总裁的成功之道［OL］．［2003－02－28］．http：//news. xinhuanet. com/employment/2003—02/28/content _ 750340. htm.）

5）便利店

便利店是指靠近居民区的小型商店。多设在居民区附近，营业时间长，有的24小时营业；商品范围有限，一般出售家庭常用的商品，如香烟、小百货等。便利店多以连锁店形式出现，产品线可多可少，多为日用易耗品，主要为了方便消费者作"补充"式采购，周转率高，满足消费者"方便"的需求。便利店一般规模较小，价格偏高；往往是夫妻店，靠家族劳动，有的也雇佣极少量职工，服务水平较低，但与顾客的关系较密切。这种零售商形式，以日本最为普遍。在我国，主要是个体零售商。

有些便利店不出售商品，只提供劳务，服务范围很广，如旅行社、航空公司、电影院、茶馆、饭店、各种俱乐部、修理行业、理发店、美容店、干洗等。

6）购物中心

购物中心是二次大战以后流行和发展起来的，它的出现适应了人口增加、新的城郊住宅区不断出现的趋势。购物中心按规模大小不同分为地区、街区、邻里 3 种。

地区购物中心多位于城郊，规模很大，它将地理位置、经营规模和商店类型上相互关联的零售企业组建成一个商业中心，并进行统筹规划，中心拥有统一的管理服务组织，配备与商店的规模和类型相适应的停车场。通常，购物中心的规模大小不一，一个地区购物中心就像一个小城市的商业中心，一般包括 40～100 家商店，地区购物中心与 10 万～100 万人口规模相适应。早期的地区购物中心主要是分设在林荫道两旁的一组实力较强的百货商店和专业商店，这种商店布局有利于刺激顾客进行比较性购买和消费。近年来，购物中心增加了购物与服务兼容的一些新型商业形式。目前，国外地区购物中心一般拥有 200～300 家商店，商业区内交通便利，所有的商店都可以一览无余。

街区购物中心一般包括 15～50 家商店，为 2 万～10 万居民服务，其中 90%的人居住在中心区四周 1～3 公里范围内。街区购物中心一般包括一个超级市场、几家方便商店和银行等。

邻里购物中心包括 5～10 家商店，服务对象一般为 2 万人左右，顾客步行或驾车到中心购物非常方便。邻里购物中心通常未经事先规划，是自然形成的商业区。

2. 按照价格形象或价格竞争方式的不同划分

零售商可以分为以下 3 类。

1）折扣商店

折扣商店是二次世界大战以后发展起来的新型零售业态。这类商店以家具、家用电器等产品为主，同时经营食品、医药等。总之，折扣商店选择的商品大多为中低档商品，是一种大众化的商业零售形式。折扣商店一般具有以下五个特征：一是以低于市场通行的价格出售商品；二是强调统一的品牌效应，低价并不意味着低质量；三是自助服务，尽可能减少设备的使用，以降低成本；四是店铺设在租金较低的地段；五是店铺装饰简单，以实用为主。

近年来，折扣商店之间、折扣商店与百货商店之间竞争激烈。为了应对竞争，许多折扣商店也经营一些高档商品，搞一些店铺装饰，并加强了退换货等服务保证。这一方面提高了折扣商店的竞争能力，另一方面则导致营业成本上升，在某种程度上使折扣商店已经失去了原来的优势。加之百货商店也经常降价与其竞争，因此，这两种零售形式愈来愈模糊，以致双方都不同程度地失去了自身的竞争优势。

当然，也有一些折扣商店非常成功。这些商店关键就在于坚持了以往折扣商店的市场定位，为顾客提供了质优价廉的产品。

2）仓储商店

仓储商店是一种不重形式、价格低廉且服务有限的零售形式。它出售的商品，大多是顾客需要选择的大型笨重的家用设备，如家具、冰箱等。商店设在房租比较低廉的地段，一部分存货，另一部分供展销商品之用。顾客选中货物，付清货款，即可在仓库后部门前取货，自行运走。这种商店也是旨在降低营业费用，因此价格比一般商店便宜。

3）样品售货商店

样品售货商店主要出售毛利高、周转快的品牌商品。商店印有彩色样本，除实物照片外，还标有货号、价格及折扣数，顾客可凭样本打电话订货，由商店送货上门，收取货款及运费。这种售货方式最早是美国在20世纪60年代开始实施的。

3. 按照营业场所不同划分

零售商可以分为以下4类不设立店铺的零售商。

1）邮购和电话订货零售（mail and telephone order）

邮购商店在20世纪30年代最流行，后来逐渐衰退，近年来又有了新的发展。邮购商店以商品目录从事业务经营，不设门市部，但却备有大量的库存和配货场地。从事邮购业务的商店定期向顾客发放商品目录，并标明商品规格、型号、价格及编号，顾客将选中的商品编号填写在订货单上，即可收到商店邮寄的商品。具体形式有样本邮购、广告邮购、电话邮购等。譬如，美国最大的零售商西尔斯公司，每年发放100多万册样本。近年来，广告邮购发展很快，零售商也可通过电视、广播等媒体，说明商品的规格、款式、价格，供顾客来函订货。

邮购商店之所以得到新的发展，有以下原因：一是顾客可以节省购物时间；二是邮购商店一般十分重视产品质量；三是为顾客提供优质服务，并且送货上门，如果发生差错，电话随叫随到；四是支付货款灵活性较强，可以在订货时邮寄支票，也可以在收到商品时付款，还可以分期付款。

2）自动售货机（automatic vending）

自动售货机在第二次世界大战后兴起，且发展很快。自动售货机出售的商品已由香烟、软饮料、熟食、糖果、报纸等，扩大到袜子、化妆品、唱片、摄影胶卷、圆领衫等。自动售货机的优点是灵活方便；缺陷是费用高，商品价格稍贵，且商品品种很有限。

3）购物服务（buying service）

购物服务是一种专门受某些顾客委托而进行的零售业务。一些大型单位，如学校、医院或政府部门等，可让一名采购人员参加一个购物服务组织，这个组织与许多零售商订有契约，凡该组织人员向这些零售商购物，均可享受一定的价格折扣。

4）流动售货（door-to-door retailing）

串街走巷，本是古老的推销形式。近年来流动售货又有了新的内容：如推销员登门拜访推销商品；接受顾客电话，再派推销员走访顾客，当面介绍商品；使用大型汽车流动售货等。流动售货在欧美国家比较流行，我国亦有推销员登门推销商品和各种型号的机动车辆售货。

4. 按照组织形态和管理系统的不同划分

零售商可分为以下6类。

1）独立店

独立店是一种独立零售商，是由个人或合伙人所拥有，本身不隶属于任何大的零售机构。它独立经营，自负盈亏。如地区性的花店、鞋店、食品店等。

2）连锁商店

连锁商店是20世纪80年代前后发展起来的最重要的零售形式之一。连锁商店是两个或两个以上的商店同属一个所有者所有和管理，经营相同类别的产品，遵循相同的经营原则，店堂的装潢与设计也完全采用统一的基调与风格，以树立统一的企业形象，加强竞争。连锁商店在食品、药品、服装、鞋帽、妇女儿童用品等领域获得了巨大成功。

公司连锁的巨大成功在于这种商业零售形式。通常来说，这种形式具有绝对的成本优势，可以通过大量购买和较低的毛利，获得一般商店所无法实现的成本优势。具体来说，连锁组织可以通过以下途径提高经济效益：一是通过大规模的采购，获得最大的数量折扣，并降低运输成本；二是连锁组织可以聘用优秀的管理人才，在市场预测、存货控制、促销等领域实现科学管理；三是连锁组织可以兼备批发和零售的功能；四是连锁组织的广告可以塑造统一的形象，使所有的下属商店得到好处，并使成本分摊到销售量中；五是连锁组织给予其成员一定的自主权，以满足当地市场上消费者的不同偏好和竞争条件。

3）零售商合作组织

零售商合作组织是由若干家零售商自愿组织起来，成立一个做批发业务的仓储公司，为成员商店提供批量进货和仓储服务，组织成员们保持自己的经营管理制度。

4）特许专营组织

特许专营组织是一种与连锁商店类似的零售组织，是近 30 年兴起的与连锁商店竞争最剧烈的一种零售商店。它是由一个特许人（一家制造商、批发商或服务组织）为一方，若干家特许专营（若干批发商和零售商）为另一方，以契约形式固定下来，独立经营，自负盈亏。基本上有三种形式：第一种形式是制造商筹组的零售商特许专营组织；第二种形式是制造商筹组的批发商特许专营组织；第三种形式是服务性行业筹组的零售商特许专营组织。

特许专营组织的主要好处是，大型生产或服务性企业不用自己开设许多零售店就可以大量销售自己的产品和劳务，特许专营的特许专营人也可以用小本钱做大生意，因而这种组织形式广泛地流行于美国、西欧、日本和东南亚各地。

5）消费合作社

消费合作社是由广大消费者投股创办的自助组织，其目的是不受商人剥削，保护消费者利益。虽然消费合作社也经营零售业务，但从性质上看，它并不是以盈利为目的。

6）零售商业联合集团

零售商业联合集团是一种商业垄断组织，通常是多角化经营，在一个控股公司专控下包括各行业的若干商店。

5. 其他类型的零售组织

除了上述各种零售组织外，还有委托商店、旧百货店、小商小贩、独立的流动售货商等零售组织。

自 20 世纪 80 年代以来，一些工业发达国家中，随着消费者生活方式、购买习惯的不断变化，消费者利益运动日益兴起，以及电脑记账、自动化售货等新技术日益普及，营销渠道也发生了一些变革，出现了纵向联合和横向联合销售的趋势。在我国，为适应商品经济的发展，少数组织也发生了很大的变化，各种形式的横向经济联合组织（如工商联营、商商联营、农工商联营以及各种企业群体、企业团体的销售组织）对我国商品经济的发展起了很大的推动作用，对日益完善经济体制和满足人们不断提高的消费需要也起到了积极的作用。同时，随着我国流通体制的改革，逐渐打破了国营商业独家经营的沉闷局面，多种经济成分、多种经营方式的商业体系已经形成。集体的、个人的各种零售形式对于搞活经济、方便人们生活起了很大的作用；与外资合营、合资的各种商店形式、酒楼等也相继出现，对繁荣我国经济也产生了积极的影响。

11.3.2 零售商的性质和作用

1. 零售商的特点

(1) 零售商提供的是终端服务，顾客每次购买数量少，而且要求花色品种齐全、价廉物美。因此，零售商必须控制进货批量、加快销售过程、提高资金周转率。这就形成了零售商小批量进货、低库存和重视现场促销的经营特点。

(2) 为缓解扩大销售与品种齐全、购买量小、控制库存之间的矛盾，适应不同消费者群体的需求，零售商的经营方式呈现多元化的特点，零售商类型繁多。

(3) 与批发商不同，零售商服务的地域范围较小，顾客主要是附近的居民和流动人口。因此，零售商经营地点的选择就成为决定经营成败的一个关键。

(4) 与其他行业相比，零售商之间的竞争显得更为激烈。如为了适应顾客的随意性购买及零售市场竞争，零售商店必须利用销售场所及外部周边环境进行有吸引力的整体商店设置，进行形象宣传；为了吸引并留住顾客，零售商店必须考虑有关商店位置、交通设备、营业时间、花色品种、停车场所、广告宣传、促销手段等各种因素，进行策划。

2. 零售商的渠道职能

零售商将产品和服务出售给消费者，进而使产品和服务的价值得以实现，其渠道功能可概括为以下 5 个方面。

(1) 直接为最终消费者服务，销售商品。零售商的销售活动主要是通过营业员与消费者直接接触，在单独分散的状态下完成的。零售商不是商品的制造者，它购进的商品也不是为自己使用，而是为了再卖出。零售商只有顺畅地卖出商品，才能实现经营的良性循环。

(2) 最终实现产品的价值。通过零售交易，产品最终从流通领域进入消费领域，从而实现其价值，制造商的劳动消耗才能在真正意义上得到补偿，社会再生产过程才能顺利进行。

(3) 分装、整理、仓储、保管商品。一方面，制造商在向零售商发运所采购的商品时，为降低运输成本，总是以整箱、整包或整盒的形式交付，零售商一般要予以拆开、分装、整理或安装后出售给消费者；另一方面，零售商一般向制造商或批发商批量采购商品，而销售时则是零散的，为了保证消费者随时能买到商品，零售商一般要存储一定数量的商品。

(4) 充当制造商和消费者沟通的重要纽带。由于零售商直接接触最终消费者，对消费者的需求及消费倾向最为了解，反应也最为迅速。制造商通过零售商，一方面可以不断地向消费者传递产品信息；另一方面，也可以及时反馈消费者的相关信息，以便制造商更好地组织生产经营活动，适应市场需要。

(5) 提供综合服务。一方面，零售现场营业员的周到服务、温馨舒适的购物环境等能给顾客以享受；另一方面，零售商也在努力增加服务项目、提高服务质量，以迎合消费者的需求，如主动导购、送货上门、用户回访、售后服务等，有的零售场所还设有公用电话、中介、家政、餐饮、娱乐等设施和项目。

11.3.3 零售商的经营决策

1. 目标市场及市场定位决策

零售商最重要的是确定目标市场。许多零售商没有明确的目标市场，或者想要满足的市场太多，结果一个也没能满足。零售商还应该定期进行市场营销调研，以检查其是否满足目标顾客。

（1）了解消费者。要对消费者的社会阶层、购买能力、需求特点及变化情况等予以研究，并根据顾客的偏好、对品种的编配深度和购买方便等要求选择目标市场。

（2）市场定位。了解了消费者，才能给自己的零售店定位，才能决定商品是高档、中档还是低档，服务水平是高还是一般，以及是经营方便店、专业店还是百货商店等。

确定目标市场，除了要了解消费者外，还要考虑面临的市场竞争状况和自己的实力，一定要量力而行，且要留有余地。只有在确定了恰当的市场目标与科学的市场定位的前提下，零售商才能对商品的编配、服务、定价、广告制作、店面装潢、企业形象、组织机构和其他一些支持商店地位的问题作出正确的决策。

2. 零售商的营销组合

1）产品品种和服务决策

在产品品种的配置上，零售商所经营的产品品种必须与目标顾客可能购买的商品相一致，以满足目标顾客的购物期望。具体而言，就是零售商要决定经营产品的范围和档次、产品质量及产品品种组合的宽度和深度。

在服务组合上，零售商应根据其主要消费群进行构建。许多消费者除购买商品本身外，还希望得到较好的服务，有的消费者甚至把服务看得比商品本身还重要，零售商直接面对最终消费者，除应具备良好的服务态度外，在店堂咨询、送货上门、售后服务、用户回访等方面也应予以重视。目前，零售商所提供的服务组合已经是零售商之间非价格竞争的主要武器。

此外，商店气氛也是零售商提供的一种服务或产品，包括店面装饰、店堂陈设、卫生与人文气氛。现代商店已越来越注重商店气氛，特别是人文气氛的营造。

2）价格决策

价格是零售交易不可或缺的因素，也是零售商之间的竞争武器。采取何种价格策略更为有利，一般要从消费者、竞争状况和成本情况三个方面分析研究。根据研究结果，可以选择采用需求导向定价法、竞争定价法或成本定价法来定价。在竞争激烈的市场环境中，零售商倾向于薄利多销，一般采取低价格策略，通过降低某些商品的价格以吸引顾客。

过去，定价技巧和价格调整策略也是零售商定价策略的重要组成部分。目前，明码标价、价格真实正成为市场管理的主要内容，零售商利用价格欺诈损害消费者利益的现象引起社会各界的重视。

3）促销决策

零售商促销是一种主动出击、拓展市场的有效方法。促销决策主要涉及促销对象、促销范围、促销强度以及促销方法等问题。

目前，零售商常用的促销方法主要有广告促销、销售促进、公共关系和个人推销。广告促销包括广告设计、广告媒介选择、店内 POP 广告等；销售促进主要通过举办展览、抽彩、奖品、赠券、优惠券、品尝、送礼、竞赛等活动达成促销目的；公共关系包括组织新闻发布会、赈灾义卖、讲演、公益活动、开张及庆典仪式、特殊纪念日活动，刊发业务通信、杂志、传单及公众服务活动等；个人推销包括售货员、导购员和上门推销员对顾客直接促销。随着信息技术的发展和应用，零售商会进一步加强与顾客的信息沟通，进行更直接、更有力的促销。

4）销售地点和场所决策

地点决策即零售商店的店址选择，是零售商的战略性决策，一般以接近目标市场、方便目标顾客购物为原则，在11.4节中将予以详细的阐述。

场所决策包括焦点广告设计、橱窗设计、商品陈列展示、店面布局等内容。大量研究表明，音乐、颜色、光线和气味会影响顾客的感觉和店内行为，所以视觉、听觉、嗅觉、触觉如今都被用来营造营业场所的适宜氛围。

阅读资料11－3

家乐福在中国的经营策略

作为具有中国特色的社会主义市场经济的重要组成部分，中国的零售市场当然也具有着鲜明的中国特色。特别是目前仍属于发展的初级阶段，相关的政策、渠道的构成、消费者心理等因素相比于发达国家成熟的市场而言，何止是有特色，简直是奇特。在这样一个奇特的市场里，没有一点奇门异术是无法超越对手、赢得胜利的。而家乐福正是掌握了这门技艺，才能在中国市场大获全胜。

1. 拜师学艺，沙场练兵

中国作为全球人口最多的国家，巨大的市场早在20世纪80年代就足以令世界各大零售业者垂涎三尺。但由于铁桶般的政策壁垒，令众人不得其门而入，只能等待开放的时机。然而家乐福没有消极地等待，她预感到中国市场的奇特性，足以令人无所适从，所以有必要在等待的时候做点什么，那就是学习。而这学习不是市场调查，不是专家研究，而是沙场练兵。作为中国特色之一的两岸三地，中国有港、澳、台三个地方可以作为练兵之地，而家乐福更明智地选择了台湾市场作为学习与练兵之所，不只是因为台湾市场更大些，而是台湾的社会环境、渠道的构成、消费者心理等因素更为接近大陆市场，在那里学习和练兵将更为有效。

2. 激流勇进，硬拼硬闯

在中国政府开放零售市场之初，对外资零售企业的审批是很慎重的。直至2000年底，经国家正式批准的中外合资零售业企业才不过28家。但实际进入的却不下300家。而这其中的佼佼者非家乐福莫属。

当时，中国商业领域的开放局面可以概括为“大门紧闭、后门洞开”，表面上审批严厉，实际壁垒松散。但是也不意味着放任自流，毫无监管。从1997年8月到1998年6月，几个主管部委全面清查了277家外资商业企业，认可42家、注销36家、其余199家限期（1998年底）整顿完毕。整顿方式主要是：补办审批手续，调整股权结构（独资改合资、外方控股改中方控股），合资期限缩短到30年以内等。在这种环境下，沃尔玛选择了等待观望，而家乐福却是积极地激流勇进。

家乐福不是没有被相关部门处理过。早期它在北京的几家分店都有问题，以前工商部门就处理过了。主要是这几家没有一家是以家乐福名义注册的，都是其他名称。然而她能在激流中坚持下来，靠硬拼硬闯，并充分利用空子，打下了一个又一个的根据地，并作为已经成为“既定”的事实让家乐福在市场上占有了先机。

3. 炮制曲线战略，极具中国特色

家乐福在其前期攻城略地的阶段，也并非是蛮干。要不然早就“触到了政策的雷区”，被炸得人仰马翻，更谈不上发展。家乐福可谓对中国国情了解透彻，更学会了“上有政策下有对策”的“中国特色”的商业手法。在开拓新店的过程中，她采取了曲线挺进的战略，快乐地打着中国政策的擦边球。

第一步组建多个子公司。家乐福在当时与中资的中创商业公司合资注册了家创商业管理公司，而后，中创商业公司又注册了一家名为创益佳商城的商业公司。作为中创商业公司的全资子公司，创益佳商城此时又把一切业务全部托管给了合资的家创商业管理公司，作为家创商业管理公司大股东的家乐福，就自然而然地介入到创益佳商城在国展中心旁的超市连锁店的业务中去了，并且打出了家乐福的招牌。第二步输出管理绕过规定。在当时，合资的商业管理公司是允许的，按照有关规定，商业管理公司只能做咨询管理，而不能投资。也就是说，家乐福只能做商业管理的输出，而不能真正注资连锁企业的经营业务，创益佳商城则可不受任何政策限制地进行商业经营活动。通过商城业务的托管，家乐福顺理成章地介入到企业的经营中，进入了广阔无边的中国零售业市场。

4. 超乎彻底的本土化

2005年5月，家乐福原来的“中国区总部—7个区域—门店”的三级管理架构调整为“中国区总部—4个大区—10个区域—门店”的四级管理架构。新增的4个大区——东区、中西区、南区、北区的管理机构分别设在上海、成都、广州、北京，这4个大区相比以前的7个区域拥有较大的独立性和自主权，80%的事情都由上述大区主管自行决定。家乐福中国区总裁施荣乐对此深有体会：“中国各地气候、文化、生活方式、消费习惯差别很大，设立4个管理大区更加方便管理。”

这次管理构架的调整，实际上就是家乐福本土化策略的进一步彻底化，延伸到了区域性本土化的层面。比如考虑到中国内地物流运输方面的局限性，非集中采购可以节省费用和成本。家乐福的生鲜产品都在当地采购，60%的日杂货物也靠当地供应商或者全国供应商在当地的分支机构提供。在产品采购上不仅是关注中国制造，更是细化到了城市制造，城市区域性产品会受到家乐福格外的关注和支持。

5. 以门店为中心的管理导向

与其他零售企业把门店简单看成一个销售中心相比，将家乐福门店视作利润中心。她赋予了门店很大的权力。家乐福的采购与运营等主要经营权限很大程度上由各个门店和区域自行掌握，充分地调动各地门店的积极性，使区域性本土管理能力得以加强，从而成为提升销售业绩的重要途径。相应地，家乐福门店经理们的权力也很大，主要体现在两个方面：一是商品管理权力，包括商品选择、定价、促销谈判、订货、商品陈列等；二是人事行政权，包括人员配置、资产统筹等。商品管理权力可以使门店经理快速响应当地市场和顾客需求，适应本土的零售市场。

6. 细节制胜的管理规范

零售业是个很讲求细节的行业，从商品陈列、POP广告、收银台设置直到停车位的设计等环节，都需要以顾客为导向。而家乐福在运营管理中的细致不仅体现于日常工作细节，而且在门店的营运流程设计、工作内容设计、组织结构设计、工作模式等各方面都有所体现。比如，一般零售企业最多是月底大盘，但家乐福细化到了每天盘点，通过对每个小分类进行分析，做好分品类的周期盘点计划。追求细节会在管理上增加难度，因为零售业从业人员的普遍素质都不高，所以需要很强的执行力。家乐福的门店管理则是提倡快速执行，而不要过多讨论和提建议，先去做，如果错了，再去调整。

7. 不遗余力的市场调查

家乐福对全球的每家门店每年会做三个固定的顾客调查，由专门服务于家乐福的一家法国咨询公司承担。调查包括三个内容：门店市场占有率及顾客购买行为调查、门店形象调查和商品形象调查。形成三个分析报告并提交给各门店经理，门店经理们可以清晰了解在上一个年度门店经营中出现的问题，并制订相应的对策。另外，家乐福有快速反应的竞争调查系统，家乐福内部采用的价格政策，实际上是一个系统的竞争反应流程。针对不同城市的竞争程度和消费习惯，家乐福制定了不同的价格弹性指数，以及敏感商品分类标准，并根据不同的商品敏感分类制订不同的竞争调查频率，进而保证了门店在商圈内超低的价格形象。

（资料来源：艾育荣．家乐福为何能在中国市场领先沃尔玛［OL］．［2005-11-29］．http：//finance.sina.com.cn.）

11.3.4 零售业的发展规律及趋势

目前，西方有许多有关零售业发展的理论框架可解释零售业发展的历史和未来趋势。尽管没有一个单独的理论能够解释所有规律，但也能揭示零售业发展的某一方面的规律。下面简单介绍其中的3种，即车轮理论、生命周期理论、综合化与专业化循环理论。

1. 车轮理论

零售业态发展的车轮理论是由哈佛商学院的零售学权威麦克内尔教授首先提出来的。这一理论认为：创新型零售商在开始进入市场时总是以低价格、低毛利和低定位为特点和优势，从而在与业内原有零售商的竞争中取得优势。而随着这一业态的进一步发展，他们会不断购进新的昂贵设备，不断增加新的服务，从而不断提高其经营成本，逐步转化为高成本、高价格和高毛利的传统零售商，并最终发展为衰退型的零售商；同时，又为新的零售业态留下了生存和发展的空间，而新的业态也以同样的模式发展。

对于这一模式最常见的例子就是百货业的发展。百货公司刚出现时，由于它的低价格和高度便利性而备受消费者欢迎，从而在与小型零售商的竞争中占得先机，成为几十年来占统治地位的业态。而时至今日，百货商店却在与超级市场和折扣商店的较量中处于下风。

2. 生命周期理论

生命周期理论认为，零售业态具有同人一样的生命现象，即存在一个从产生到消亡的过程，而在每一不同阶段，零售业态表现出不同的特征。生命周期理论将零售业态的发展分为4个阶段：

（1）创新阶段。出现新型的零售业态，由于新型的零售业态的许多特点都与传统的零售业态不同，因此新型业态具有差别优势，企业的投资回报率、销售增长率和市场占有率都迅速提高。

（2）加速发展阶段。由于新型的零售商在竞争中获得优势，因此有大批模仿者开始效法，而最早进入市场的新型零售商也开始进行地区扩张。市场竞争异常激烈，市场占有率和收益率达到最高水平。

(3) 成熟阶段。更新型的零售业态进入市场，原有业态失去朝气和生命力，市场占有率和收益率降低。成熟期可能持续很长时间，处于此阶段的业态可以进行创新以维持中等赢利水平，从而避免被市场淘汰。

(4) 衰退阶段。市场范围明显萎缩，反应迟钝，最终退出市场。

3. 综合化与专业化循环理论

综合化与专业化循环理论认为，在零售业态的发展过程中，存在着商品种类由综合化到专业化，再到综合化的循环往复的过程。也就是零售商经营商品的系列从注重深度，到注重宽度的循环往复的过程。每一次循环不是简单地对过去的重复，而是被赋予了新的内涵，从而出现了不同的零售业态。按照这一理论，可以将美国的零售业发展分为5个阶段：①杂货店时期——综合化；②专业店时期——专业化；③百货店时期——综合化；④方便店时期——专业化；⑤商业街、购物中心时期——综合化。从世界零售业总的发展趋势来看，20世纪60年代，零售业界采取综合型营运，因此，百货公司、大型综合零售势力高涨；70年代，零售业则进入专门化的发展阶段，专门店、连锁店、超市、便利店、自助家庭用品中心、DIY等业态相继发展；进入80年代，大型购物中心等在世界范围内兴起；而90年代，则朝着细分化发展，单品店、生活题材馆、无店铺销售、郊外大型专门店、产地直销及家庭购物等纷纷兴起。因此，世界范围内零售业的发展轨迹也表明了这种综合化与专业化的循环趋势。

11.4 商圈的选择

在零售商的营销组合策略中，地点决策是战略性决策。选址决策过程虽然复杂，但其中最重要的是商圈的选择。

11.4.1 商圈的概念和构成

1. 商圈的概念

任何一家零售商店的销售活动都受一定地理条件的制约，这一地理限制就是以商店所在地点为中心，沿着一定方向朝四周扩展而形成的辐射范围，即"商圈"。换句话说，商圈是指一定零售店的顾客分布的地区范围，它是维持一定销售额的顾客存在的地域范围。由于受消费习惯、市场传统、交通条件、城市规划等因素的影响，特定区域的市场往往形成特定的商圈。零售商必须对商圈的构成、特点、范围以及影响商圈规模变化的情况进行实地调查和分析，为选择店址和调整经营策略提供依据。

2. 商圈的构成

商圈一般由核心商圈、次级商圈和边缘商圈3个部分构成。

(1) 核心商圈，也称主要商圈。核心商圈的辐射半径在1公里左右，是最接近商店并拥有高度密集顾客群的区域。通常，商店55%～70%的顾客来自核心商圈，该商圈的顾客在人口中占的密度最高，而且与其他商店的商圈很少发生重叠。

(2) 次级商圈。是指位于核心商圈之外，顾客密集度较稀的区域，约包含了商店顾客总数的 15%～25%。其辐射的半径为 3～4 公里，对一般的日用消费品来讲，很少能辐射到该商圈的人口，关键是取决于经营业态。

（3）边缘商圈，又称辐射商圈。是指位于次级商圈之外的区域，辐射的半径为 7 公里。在此商圈内，顾客的分布最稀少，商店吸引力较弱。一般情况下只有大型百货商场、专业店具备这样的辐射能力，规模较小的商店在此区域内几乎没有顾客。

真正的商圈不是绝对的同心圆模式，其规模和形状是由各种各样的因素决定的，并且常常随着经营业态、商店规模、竞争者的位置、交通条件等商店内外部环境因素的变化而变化。事实上，商圈表现为各种不规则的多角型，但为便于分析研究，一般将商圈视为同心圆型。

11.4.2 影响商圈形成的因素

（1）商店规模。商店规模越大，其市场吸引力越强，从而有利于扩大其销售商圈。这是因为商店规模大，可以为顾客提供品种更齐全的选择性商品，服务项目也随之增多，吸引顾客的范围也就越大。

（2）经营商品的种类。对于日用品一般顾客要求方便，所以一般商圈较小，而对于贵重、大宗商品，顾客有时候会不惜花费更多精力，所以商圈范围也相应较大。

（3）商店经营水平及信誉。一个经营水平高、信誉好的商店，由于具有颇高的知名度和信誉度，能够吸引许多慕名而来的顾客，因而可以扩大自己的商圈。

（4）促销策略。商圈规模可通过广告宣传、推销方法、服务方式、公共关系等各种促销手段赢得顾客，如优惠酬宾、有奖销售、礼品券、各种顾客俱乐部等方式都可能扩大商圈的边际范围。

（5）家庭与人口因素。商店所处外部环境的人口密度、收入水平、职业构成、性别、年龄结构、家庭构成、生活习惯、消费水平，以及流动人口数量及构成等，对于商圈的形成具有决定的意义。

（6）竞争对手的位置。竞争对手的位置对商圈的大小也有影响。如果两家竞争的商店相距有一段路程，而潜在顾客又居于其间，则两家商店的商圈都会缩小；相反，如果同业商店相邻而设，由于“销售的群体效应”，顾客会因有更多的选择机会而被吸引前来，则商圈可能因竞争而扩大。

（7）交通状况。交通地理条件也影响着商圈的大小。交通条件便利，会扩大商圈的范围；反之，则会缩小商圈的范围。

11.4.3 商圈分析

商圈分析，是指对网点商圈的构成情况、特点、范围以及引起商圈规模变化的因素，进行实地调查研究、分析划定，为网点选址提供科学依据。

1. 商圈分析的意义

进行商圈分析的目的有三：一是明确该商业区或商店的商圈范围；二是了解商圈的人口分布状况及生活结构；三是在此基础上进行经济效益的预测。如计划开超市，根据周边居民的人口规模、收入水平和竞争对手情况等指标，就可以基本计算出该店可能达到的营业额。

2. 商圈分析的内容

商圈分析包括以下具体内容。

(1) 人口规划及特征分析：包括人口数量和密度、年龄分布、平均教育水平、居住条件、总的可支配收入、人均可支配收入、职业分布、人口变化趋势、消费习惯等。人口数量是衡量商圈内需求大小的重要参数。网点的顾客可分为居住人口、工作人口、路过人口，这三部分人口的消费特点各有不同。了解商圈内不同顾客的年龄分布特点、教育水平、收入支配情况、职业分布，可使连锁企业掌握消费者的惠顾倾向，安排设立适应这些惠顾倾向的连锁分店，以得到最好的布局效益。另外，根据商圈内居民的消费倾向和生活习惯，可以预测特定商业行为对现有市场引力的大小。

(2) 经济状况分析：包括主导产业、产业多角化程度、消除季节性经济波动的自由度等。企业需要掌握商圈内是否存在主导产业、是什么产业以及会给商圈带来什么影响。若商圈内居民多从事与主导产业相关的工作，那么该主导产业的前景就会直接影响商圈内居民的收入和消费水平，进而影响商圈的市场容量；如果商圈内产业多角化，则消费市场一般不会因某产业市场需求的变化而发生大的波动；如果商圈内居民从事的工作行业分散，则居民购买力总体水平的波动就不明显，对连锁店营业额影响相对也就较小。

(3) 竞争状况分析：包括现有竞争者的数目与规模、不同竞争者的优势与劣势、竞争的短期和长期变动趋势、市场饱和程度等。除要注意竞争者外，还要掌握商圈内商店群的构成，衡量商业相对集中区里的各个网点的相容性。其评价工具是商店间顾客交换率。

(4) 网点地址的可获性分析：包括地域类型与数目、交通网络状况、区位规划限制等。开设连锁分店时，一般首先需要分析商圈内有哪些商务区。通常商务区可分已规划商务区和未规划商务区，已规划的商务区一般有区域规划限制，而未经规划的商务区通常有三种。商圈内交通的顺畅程度，公交车的路线安排、站位设置、道路过往限制等，均会影响客流量大小。此外，税收、执照、营业限制、劳动力保障等，也是影响网点生存的重要条件。

根据以上分析内容，连锁企业可决定是否在商圈内设置分销网点。

3. 商圈分析的方法

商圈分析的方法有许多种，如零售吸引力法则（又称里利法则）、商业饱和理论、康维斯“新零售引力法则”和哈夫的“概率模型”等。

(1) 零售吸引力法则。零售吸引力法则是从确定商圈人口和距离两个变量进行分析，商圈规模的大小是由于人口的多少和距离商店的远近决定的，商店的吸引力是由最临近商圈的人口和里程距离共同发挥作用。

(2) 商业饱和理论。商业饱和理论是通过计算零售商业市场饱和系数，测定特定商圈内某类商品销售的饱和系数程度，通过其计算该区域内同行业是过多还是不足。

(3) 康维斯“新零售引力法则”。康维斯“新零售引力法则”与里利法则的不同之处在于，前者表示在一个城市中间地带的两个商业区或商店的竞争关系，后者表示在有明确竞争关系的两个城市间其商业经营的比率关系。

(4) 哈夫的“概率模型”。哈夫的“概率模型”完全从消费者的立场出发，认为消费者利用某一商业设施的概率，取决于表现商品丰富性的营业面积，以及为购物所消耗的时间及商业设施的规模实力。

以上各种分析方法其研究的角度不同，所用的市场变量不同，达到的分析目的也不同，在具体商圈分析过程中要结合具体实际情况有选择地运用。就我国目前实际情况而言，市场变量采集困难，很难单纯用一种方法解决某一个分析问题，所以一般采取的办法是将定性和定量研究方法相结合综合运用。就如同商业的前期调查和研究，以上只是必需的调查内容，仍有许多数据需要针对具体的项目进行调查，如人流量、车流量，等等。关键是要弄清楚市场调查是为市场定位服务或者验证市场定位，市场调查只是手段，而不是最终的目的。

11.4.4 商店选址

1. 商店选址的原则

（1）方便消费者购买。商店地址一般应选择在交通便利的地点，尤其是以食品和日用品为经营内容的普通超级市场应选择在居民区设店，应以附近稳定的居民或上下班的职工为目标顾客，满足消费者就近购买的要求，且地理位置要方便消费者的进出。

（2）方便货品运送。连锁商店经营要达到规模效应的关键是统一配送，在进行网点设置时要考虑是否有利于合理运送货品和降低运输成本，既要保证及时组织所缺货物的供给，又要能与连锁店相互调剂、平衡。

（3）有利于竞争。连锁商店的网点选择有利于发挥企业的特色和优势，形成综合服务功能，获取最大的经济效益。大型百货商店可以设在区域性的商业中心，提高市场覆盖率；而小型便利店则越接近居民点越佳，避免与大中型超市进行正面竞争。

（4）有利于网点扩充。连锁商店要取得成功，必须不断地在新地区域开拓新地网点，在网点布置时要尽量避免商圈重叠，在同一区域重复建设。否则势必造成自己内部的相互竞争，影响各自的营业额，最终影响总店的发展。

2. 商店选址应考虑的事项

1）客流规律

（1）客流性质。客流是商店经营成败的关键因素，一家商店若要获得成功，必须有足够的顾客来源。一般来说，任何一家商店的客流均可分为3种类型：分享客流、派生客流、本身客流。分享客流，是指从邻近其他商店形成的客流中获得的，而不是本身产生的客流，这种客流往往在大型商店与小商店之间，或同类商店之间产生。派生客流，是指顾客到某地并不是专程购买商品，而是因其他目的顺路进店所形成的客流。如设在火车站旁边的商店，顾客来此的目的主要是为了乘车，在候车时间顺便到商店看看。本身客流，是指专程到此商店购买而形成的客流，大中型商店的客流大部分均属于这种客流，本身客流的形成和发展是零售企业获得经营成功的重要因素。

（2）潜在固定顾客。所有的人都是消费者，很自然的也是商店的潜在顾客。要了解商店的客流规律，必须分析当地的人口总数、人口密度、人口分布及年龄构成等。人口最多的区域产生最多的潜在顾客，未来人口成长趋势决定着商店的发展规模，商圈内人口的增长情况、新婚家庭的增加、人口年龄结构等都是开设新商店必须事先了解的。

（3）过往行人特点。过往行人也是商店客流来源的一个重要组成部分，其流动规律同样不能忽视。首先，要了解行人的年龄结构，因为有些过路者未必是顾客。其次，要了解行人来往的尖峰时间和稀薄时间。再次，要了解行人来往的目的以及停留时间。在商业集中的繁华街道，行人的目的一般以购买商品为主，或是与购买商品有联系的浏览，为以后购买作准备，这些人多表现为速度缓慢、停留时间长，希望获得比较各种商品的价格、品质和式样的最大满足。这种行人目的对商店最为有利，这也是许多商店愿意设在商业中心的原因。另外，有些地点虽然拥有相当多的过往行人，但行人的目的并不是购物。如车站、码头等交通枢纽，机关、工厂、学校、公园附近、车辆通行干道等，行人目的不在购物，只是顺便或临时冲动购买一些商品。这类客流一般停留时间短，流动速度快，是商店的派生顾客，只有进行一些特殊宣传，才能吸引他们的目光。

2）交通地理条件

（1）分析交通便利性。方便的交通要道，如接近公共汽车的停车站、地铁出站口等地，由于来往行人较多，具有设店的价值。交叉路口的街角，由于公路四通八达，能见度高，也是设店的好位置。但是，若其道路中间隔了一条很长的中央分向带或栏杆，限制行人、车辆穿越，则会影响设店的价值。

（2）分析街道特点。由于交通条件、公共场所设施、行人方向习惯、居住区范围及照明条件等影响，一条街道的两侧客流往往并不均衡，即使同一条街道也可能因地段不同而客流量不同。因此，在选择店址时要分析街道客流的特点，选在客流较多的街道一侧或地段。

（3）分析地形特点。新商店通常应设在能见度高的地方，如两面或三面临街的路口，公共场所的迎面处等。其能见度较高，还可通过尽量扩充橱窗面积、增开出入口等方法提高可见度。此外，还应研究该地点过去的情况：是否曾有商店？其经营状况如何？有无失败记录，失败原因如何？虽然过去商店的成败并不能意味着新设商店的失败，但研究这些资料可为新设商店选择地址提供参考的依据。

3）其他因素

（1）城市规划。城市规划也会对商店经营产生重大影响，有些地点从近期来看，可能是店址的最佳选择，但是可能随着城市的改造和发展将会出现新的变化而不适宜设店；相反，有些地点从近期看可能并不理想，但是从规划前景看可能很有前途。

（2）周围环境。店址周围的环境如何将对零售经营的成功与否产生巨大影响，任何一家新建商店，即使规模大得足以支配其环境，也必须对店址周围环境（如建筑、治安、卫生等）进行仔细分析。如地点附近有许多空建筑、烂尾楼，会令人感到颓废衰落而不愿涉足；某些地区被传闻治安状况欠佳，无论是否属实，都会妨碍顾客前来；有不良气味、噪声大、灰尘多、破旧及走道不良的环境，都会影响设店的价值。此外，当地居民的教育、宗教、经济状况、年龄等都对人们的购买习惯有影响，在选择店址时必须予以注意。

（3）物业成本。商店的租赁和购买成本，对零售商具有决定意义。如果物业成本与销售潜力不相上下，就不值得去开发。物业面积和形状也要与零售商的设计思路吻合。

3. 影响商业区优劣的一些因素

（1）商业区所属的城市状况。主要包括城市规模的大小、人口的众寡、城市的特征、城市商业状况、城市的影响力、城市对附近区域的辐射状况等。这些因素是在决定店铺规模以及卖哪种类型和档次的商品时要重要考虑的，一定要适合大众需要，且要与此城市的特征相符。

（2）商业区所处城市的位置。主要包括商业区的交通、通信状况、其他服务业的设置情况、人流的集中状态和购买圈人们的消费水平等情况。

（3）商业区的内部状况。一方面是指考查竞争对手的情况，主要有该商业区的店铺数量、形状特点、道路性质、从业种类、市场规模及市场占有率，这一点尤其重要。另一方面，该商业区的商业精神状态，是否同心协力，是否唯利是图，是否有长远的战略发展眼光都是极为重要的。

本章习题

一、单选题

1. 受生产者或卖方委托代销产品的各中间商是（　　）。
   A. 经纪商　　B. 销售代理商　　C. 厂商代理商　　D. 寄售代理商
2. 中间商在企业的营销活动中起着十分重要的作用，它帮助企业寻找顾客并直接与顾客进行交易，从而完成产品由（　　）的转移。
   A. 供应商向企业　　B. 企业向营销中介
   C. 营销中介向顾客　　D. 生产者向顾客
3. 按营销商品种类的多少，批发商可以分为（　　）。
   A. 一般批发商和专业批发商　　B. 经销批发商和代理批发商
   C. 综合服务批发商和专业服务批发商　　D. 全国批发商和地方批发商
4. 世界上第一家百货商店诞生于（　　）。
   A. 美国纽约　　B. 法国巴黎　　C. 德国慕尼黑　　D. 英国伦敦
5. （　　）是采用自动售货、自助服务的销售方式和实行薄利多销的大型零售组织。
   A. 专业商店　　B. 百货商店　　C. 超级市场　　D. 综合商店
6. 巨星超级市场的营业面积一般在（　　）万平方英尺。
   A. 3～5　　B. 5～8　　C. 25～35　　D. 8～22

二、多选题

1. 代理商的分类包括（　　）。
   A. 企业代理商　　B. 销售代理商　　C. 寄售商　　D. 经纪商
   E. 零售商
2. 零售商的类型包括（　　）。
   A. 专业商店　　B. 百货商店　　C. 超级市场　　D. 综合商店
   E. 超大型商店
3. 无店铺销售包括（　　）。
   A. 样本邮购　　B. 自动售货机　　C. 电话邮购　　D. 流动售货
   E. 电话订货销售

三、名词解释

1. 中间商　2. 批发商　3. 零售商　4. 车轮理论　5. 商圈

四、简答题及论述题

1. 零售商的渠道职能主要有哪些?
2. 面对日益激烈的市场竞争，批发商应制订什么样的营销战略?
3. 影响商圈形成的因素有哪些?
4. 请简要阐述商圈分析的具体内容和基本方法。
5. 简述影响商业区优劣的因素。

案例讨论

苏宁与国美：在竞争中同行

苏宁和国美这两大中国家电连锁巨头，突然之间都对自己的门店数量敏感起来。在国美第三季报公布门店数达到1 255家之后，苏宁电器马上作出了回应，称自己的总店数已达1 283家，年内门店总数将达1 350家。在国内家电连锁市场，苏宁和国美的“对手戏”，一直就没有停止过。

实体门店

在2006年10月国美、永乐完成合并时，特别是2007年底收购大中电器后，苏宁电器的市场情况一度非常被动，在北京、上海等主要市场其门店数量甚至没有对手的一半，其整体销售规模也比对手低30%左右。

2009年国美电器净关店数量达到300家，其门店数量总数从1 450家减少到不足1 170家，而同时苏宁电器的门店数量却从740家增长到965家左右，到今年年底更是将突破1 350家，即便国美电器恢复了战略进攻，但是其以往的优势已经在苏宁电器的攻势下消失殆尽。

2010年，苏宁电器在前三季度新开门店265家，而第四季度的开店总数将超过120家，这意味着全年有望净增长门店数量为385家。与苏宁电器相比，国美电器前三季度净开门店数量只有61家，即便9月提出的年底前新增门店160家的计划能够完成，其门店总数也依然有被苏宁电器超越的可能。

经营模式

除了在门店数量上的争夺，苏宁和国美也在通过扩展经营模式来增强自身的竞争能力。苏宁准备在中国境内门店开设LAOX生活杂货、乐器店中店，国美集团下的国美锐动也准备做体育用品，积极进行产品线和细分市场的拓展。另外，苏宁的精品店ELITE、国美的生活馆，也都表明国美和苏宁正在积极尝试进行业态创新或门店的改革。

苏宁和国美均在探索新的发展模式。一方面是由于家电零售业在内外夹击的情况下，竞争越来越激烈，要想巩固行业的领导地位，就必须积极拓展市场，进行相应的结构调整，打开新的局面。另一方面，这也是家电零售企业自身转型升级的需要。

目前，中国家电连锁业逐渐进入了一个新的发展阶段，从以往的以地域覆盖为主，转变为以市场细分为主，寻求进一步发展。今后随着竞争的加剧，家电连锁企业会更加注重门店的差异化经营。苏宁的精品店和国美的生活馆都是家电连锁业发展成熟后向细分市场领域拓展和过渡的市场化选择，也是家电连锁企业由最初的粗放式经营逐步转型的结果。

定制产品

一年前，苏宁电器与日本先锋日前达成合作，先锋输出技术，苏宁提供渠道和服务，双方共同选择合作制造商定制平板电视，在中国以先锋品牌销售。国美也在今年先后推出第一代和第二代定制的平板电脑。

业内人士分析称，这种专业分工合作方式下，双方都有较丰厚的利润空间，且风险相对较小，因此有利于双方提高盈利能力。渠道将推出自有品牌产品的消息早已传出，但一直未能实现，与企业的定制模式也许就是连锁卖场推出自有品牌产品的过渡环节。

网上商城

近期，在国美刚刚收购了网上商城库巴网之后，苏宁的易购商城也拉开了年底促销的序幕。苏宁明确表示其易购折扣力度将创年内网购商场最高。两大家电连锁巨头将战线从网下蔓延至网上。

在外界看来，收购库巴是国美在B2C行业抄的一条捷径。通过库巴网的现有平台体系可以让国美缩短传统零售企业“触网”的时间。库巴网明确承诺“所购买促销产品价格高于正规售货渠道，无条件退还产品差价”。非常巧合的是，苏宁易购的折扣高潮正是库巴网促销活动结束日。两大家电连锁实体门店的博弈蔓延到新兴的网上商城，与网购家电的庞大潜在市场密不可分。

虽然从表面上看，苏宁和国美存在着许多差异，但同为中国家电零售巨头，他们却也有很多“神”似的地方，而他们之间众多的竞争关系也证明了这点。目前，国内家电流通企业数量超过3.2万家，但市场份额相对分散，对国美和苏宁等家电连锁企业来说，未来还有相当长的一段路要走。他们之间的竞争，也许正是他们不断进步的动力。

（资料来源：http：//news.28.com/redian/texudongtai/n-534392.html.）

思考讨论题

试对家电连锁两巨头苏宁和国美的未来竞争趋势进行展望和分析。

第 12 章

促销策略

本章导读

促销（promotion）是营销组合中的重要组成部分，主要包括人员推销、广告、公共关系及营业推广四大组成部分。虽然各种促销方式的最终目的都相同，但促销的策略和手段却不尽相同。本章主要学习促销的基本概念、作用和促销组合策略，重点分析了四大促销手段的策略和运用。

本章的知识结构图如下：

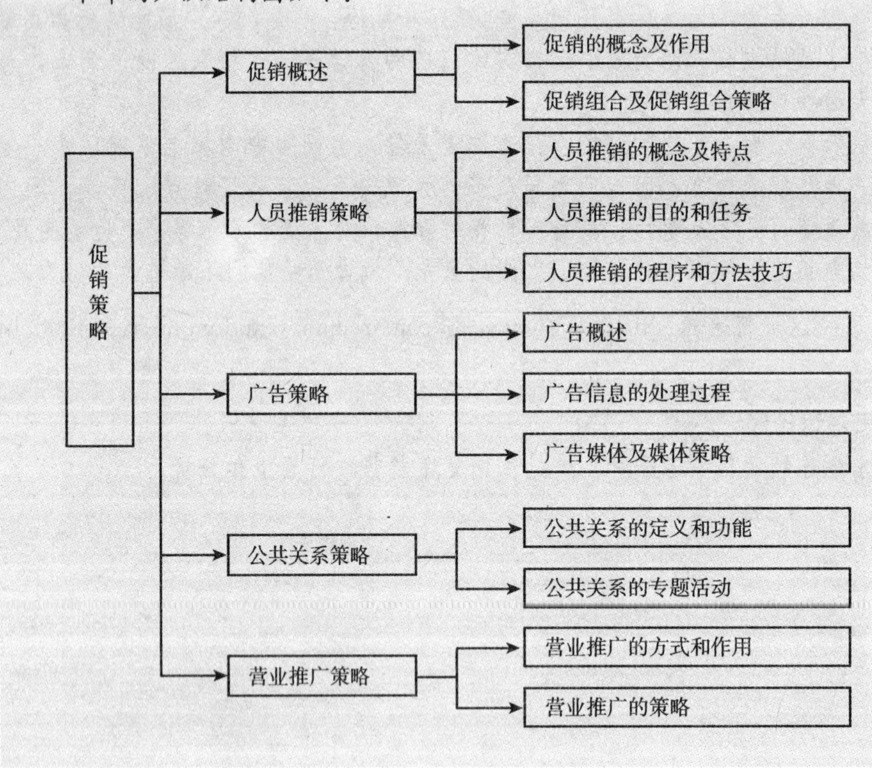

开篇案例

8毛钱烧鸡促销事件

2002年11月8日爆发的天河北超市“价格战火”烧到了11月10日，已进入白热化阶段。“战况”之惨烈竟至于此：烤鸡0.8元/只，鸡蛋0.1元/斤，白鲫鱼0.6元/条……低价引来抢购狂潮。据粗略统计，2002年11月8日—10日3天时间，市民共在“两佳”超市（万佳、百佳）掷金逾千万元抢购低价货品！

双佳火并持续3天

2002年11月8日上午，万佳在华标广场的开业典礼一结束，激烈的价格火并拉开帷幕。首先是万佳的自制烤鸡打出了5.9元/只的“开业特价”；很快，百佳将同类烤鸡价格由6.8元/只降到5.8元。临近当日中午，万佳将烤鸡价格猛降到4.9元/只，百佳则于当日下午4点，把烤鸡价降至4.8元/只……至9日、10日双休日，双方愈战愈勇，“战火”从烤鸡蔓延开来，生鲜、副食品、日化、家电等大批商品齐齐上演多回合你来我往的“拉锯战”。到记者发稿时止，鸡蛋价格已降至0.1元/斤，而“始作俑者”——烤鸡价格，已降至0.8元/只！

热卖“累趴”四台烤炉

价格战的不断升级，引来购者如潮。据悉，万佳超市的收银机连续3天工作到晚上12时；而百佳的烤炉已“累趴”了4台，还有4台满负荷运转，为里三层外三层的消费者烤出真正“超低价”的烤鸡。记者在两家超市看到，得到消息的市民蜂拥而至，许多人满载而归，乐得眉开眼笑，一位姓徐的阿姨说：“这么便宜，质量也有保证，当然要多买些回家，还要帮亲戚朋友都捎带一些！”也有的消费者满肚子的不高兴，家住穗园小区的王小姐说：“人太多了，购物环境差了许多，我宁愿不凑这个热闹。”

别样滋味在心头

“捡了便宜”的消费者当然眉开眼笑，与此同时，参战商家尽管“斗志旺盛”，却是“别有一番滋味在心头”。华润万佳广州店负责人在接受记者采访时称，万佳在天河北刚开业3天，每天都有10万客流进场，除价格因素外，万佳在购物环境、服务质量方面也有吸引力。这位负责人强调，这种低价格只是开业期间的短期促销手段，最终目的是让广大的消费者受益。百佳超市有关负责人则表示，百佳历来苦心经营“平价”形象，这几天之所以“被迫参战”，最终目的也是向广州消费者传递一个信息，就是百佳始终不渝地走“平价”路线。有意思的是，参战双方均表示，不希望看到同行之间有恶性竞争的现象发生。

价格战难以持久

广东省连锁经营协会会长孙洪认为，“两佳之战”现象十分不正常。因为，作为连锁企业最终的核心竞争力是品牌和服务，而非价格。“超低价格策略”在短时期内制造一下气氛是可以的，但长期下去对谁都没有好处；商家应该多在品牌和服务上下工夫，真正地为广大的消费者服务，才能真正赢得市场。广州市物价检查分局局长吴林波认为，像这样低于成本价出售商品的现象是市场激烈竞争的奇特产物，是阶段性的，势必不能持久，物价部门一般不会进行干预。

（资料来源：谭亦芳．一只烧鸡8毛钱似时光倒流［N］．南方日报，2002-11-11.）

12.1 促销概述

促销是企业营销活动的重要组成部分，它一般包括广告、人员推销、营业推广和公共关系等具体活动。促销的本质是通过传播实现企业同其目标市场之间的信息沟通，以最终达到促进销售的目的。

12.1.1 促销的概念及作用

促销是指企业将有关产品或服务的信息通过各种方式传递给目标消费者，从而促进目标受众了解、信赖并采取行动购买本企业的产品，以达到增加销售的目的。促销实质上是一种沟通活动，即企业（信息提供者或发送者）发出作为刺激消费的各种信息，以影响目标受众（即信息接受者，如听众、观众、读者、消费者或用户等）的态度和行为。常用的促销手段有广告、人员推销、营业推广和公共关系。当然，企业也以可根据实际情况及市场、产品等因素选择一种或多种促销手段的组合。

促销的最终目的是扩大销售，其重要作用主要体现在以下几个方面。

第一，促销可以缩短产品入市的进程，激励消费者初次购买。使用促销手段可以在快速调动消费者的购买热情，培养顾客的兴趣和使用爱好，使顾客尽快地了解产品。出于对购买风险的顾虑，消费者大都会对新产品有一些抗拒心理。促销可以让消费者降低这种风险意识，降低初次消费成本，从而接受新产品。

第二，促销可以激励消费者重复购买，建立消费习惯。消费者在习惯使用某品牌商品后，除非不满意，一般是不会轻易改变品牌，这主要是为了避免转换风险。企业通过持续的促销活动，促使消费者重复购买，进而形成习惯性消费。

第三，促销能够帮助企业提高销售业绩。促销可以改变一些消费者的使用习惯及品牌忠诚。因受利益驱动，经销商和消费者都可能大量进货与购买。因此，在促销阶段，常常会增加消费，提高销售量。

第四，促销可以帮助企业树立竞争优势。毫无疑问，所有企业都希望能分得更多的市场蛋糕，但市场毕竟是有限的，一家企业的获得也就意味着其他商家的失去。企业运用促销手段可以强化市场渗透，加速市场占有，从而在市场竞争中获得优势地位。

第五，促销可以带动相关产品的销售。许多产品必须配合使用，如汽车与汽油、VCD与光盘、手电筒与电池等。很显然对茶叶的促销，可以推动茶具的销售；当卖出更多汽车的时候，轮胎的销售就会增加。在 20 世纪 30 年代的上海，美国石油公司向消费者免费赠送煤油灯，使得其煤油的销量大增。

第六，促销可以提升企业形象，提高产品的知名度与美誉度。通过广告、人员推销、营业推广以及公共关系等活动，可以帮助企业树立形象，为企业营造有利的经营环境，并与消费者建立良好的关系。

12.1.2 促销组合及促销组合策略

1. 促销组合

促销组合是指企业运用广告、人员推销、公关宣传和营业推广这四种基本促销方式组合成一个策略系统，使企业的所有促销活动互相配合、协调一致，最大限度地发挥整体效果，从而顺利实现企业目标。

促销组合体现了现代市场营销理论的核心思想——整体营销。促销组合是一种系统化的整体策略，广告、人员推销、公关宣传和营业推广则构成了这一整体策略的四个子系统。每个子系统都包含了一些可变因素，即具体的促销手段或工具，某一因素的改变意味着组合关系的变化，也就意味着一种新的促销策略。

2. 促销组合策略①

促销组合策略是根据产品特点和经营目标的要求，有计划地综合运用各种有效的促销手段所形成的一种整体的促销措施。企业的促销组合，实际上就是对上述促销方式的具体运用。在选择采取哪一种或几种促销方式时，要确定合理的促销策略，实现促销手段的最佳结合，必须注意把握影响促销策略的各种因素。

在实践中，促销方式有很多种，大体可分为两类：人员促销和非人员促销。具体来说又可以分为四种方式：人员推销、广告、公共关系、营业推广。

企业在实际促销活动中，是采用一种促销方式，还是采用两种或两种以上的促销方式？这就需要选择。如果选择两种或两种以上的方式，就要涉及以哪种方式为主、以哪几种方式为辅的问题。把各种促销方式有机搭配和统筹运用的过程就称为促销组合。

经过促销组合所形成的某种企业可实施的对策叫做促销策略，又称促销组合策略。也就是说，促销组合策略是促销组合的某种结果或具体表现形式。

在实践中，如果促销组合所形成的促销组合策略是以人员推销为主，配合攻关等其他促销方式，这样形成的促销组合策略叫做推式策略。推式策略主要适合于生产资料的促销，即生产者市场的促销活动。

另外一种在促销组合的过程中所形成的促销组合策略是以广告为主，配合其他的促销方式，这样形成的促销组合策略叫做拉式策略。也就是说，用广告拉动最终用户和激发消费者的购买欲望。

实践中通常是推拉结合，有推有拉：一方面，要用广告来拉动最终用户，刺激最终用户产生购买欲望；另一方面，要用人员推销的方式向中间商推荐，以使中间商乐于经销或代理自己的商品，形成有效的分销链。当然，在进行促销组合的过程中，还要考虑产品的性质，并参照促销预算等有关因素进行组合。

12.2 人员推销策略

很多消费者对推销人员都没有什么好感，甚至可以说是有些厌恶，唯恐避之不及。但事实上，推销人员的存在不仅仅是商家的需要，同时对于买方来说也至关重要。人员推销是促销活动的重要组成部分，对于某些商品而言，人员推销这种销售方式无可替代。

① 张欣瑞，尚会英，刘莉，等．市场营销管理［M］．北京：北京交通大学出版社，2005.

12.2.1 人员推销的概念及特点

1. 人员推销的概念

人员推销，是指企业推销人员与潜在客户直接接触，帮助和说服顾客购买某种商品或劳务的过程。人员推销是一种独特的促销手段，它具备许多区别于其他促销手段的特点，可完成许多其他促销手段所无法实现的目标。对于某些商品和服务来说，人员推销的效果是极其显著的，如工业品、原材料、保险产品等的销售，主要是使用人员推销的方式。

2. 人员推销的特点

与其他促销方式相比，推销具有如下显著的特点。

(1) 针对性强。人员推销可满足推销员和潜在顾客的特定需要，针对不同类型的顾客，推销人员可以根据客户的不同反应，即时调整策略，从而避免许多无效劳动。

(2) 亲和力强。推销人员通过与客户面对面的直接沟通，易于联络与客户的感情，建立良好的人际关系。而且推销人员与客户的直接交往，也有利于买卖双方的沟通、信任和理解，为最终销售的达成和今后的进一步合作奠定坚实的基础。

(3) 信息反馈及时。推销人员可直接从目标客户那里获得反馈信息，诸如客户对推销人员的态度、对推销品和企业的看法及要求等。推销人员可以将获得的相关信息迅速反馈给企业，以指导企业经营，使产品和服务更符合消费者的需要。同时，人员推销还易于提供售后服务，可以及时发现并解决产品在售后和客户使用时出现的问题。

(4) 易于指导消费。人员推销可以给客户提供直接的消费指导，这是其他所有促销方式所没有的特点。在推销过程中，推销人员能够直接面对客户提供咨询和技术服务，向客户展示产品特点，演示产品使用方法，随时解答客户的疑问，从而打消客户的购买顾虑。对于那些价值较高、使用复杂、购买风险较高以及需要完善的售后服务的产品，人员推销最能发挥这一优势。

(5) 成本较高。与其他销售方式相比，人员推销成本较高，企业需要投入较高的人力、物力和财力资源。同时，优秀的推销人员也是一种稀缺资源，不易获得。

(6) 适用范围有限。对于那些价值较低、消费者习惯购买的商品，使用人员推销的方式效果不佳，且由于成本所限而不适于采用人员推销。还有，在某些特殊条件和环境下人员推销不宜使用，如许多医院都明令禁止医药代表进入推销药品。另外，许多消费者对推销人员的印象不佳，往往会本能地拒绝推销人员的销售行为，这也限制了企业推销业务的开展。

12.2.2 人员推销的目的及任务

1. 人员推销的目的

将产品销售出去是人员推销的最终目的，但不是唯一目的。企业开展人员推销活动可以进一步分解为以下几个方面。

(1) 了解顾客对本企业产品信息的接收情况以及市场需求情况，确定可成为产品购买者的顾客类型。了解目标市场和顾客对企业及其产品的反应及态度，准确选择和确定潜在顾客。

(2) 收集、整理、分析信息，并尽可能消除潜在顾客对产品和推销员的疑虑，说服他们采取购买行动，成为产品真正的购买者。

(3) 促使潜在顾客成为现实购买者，维持和提高顾客对企业、产品及推销员的满意程度。因此，为了进行成功的重复推销，推销员必须努力维持和不断提高顾客对企业、产品及推销员本人的满意程度。

2. 人员推销的任务

人员推销的主要任务是销售商品，但若认为人员推销的任务仅仅就是销售则未免过于片面。作为企业和客户之间相互联系的桥梁，人员推销肩负着多方面的任务，主要包括以下内容。

(1) 销售产品，提高市场占有率，传播公司美誉。人员推销的主要任务是销售商品和开拓市场。推销人员需要在复杂的市场中寻找新的、尚未满足的消费者需求。他们不仅要说服顾客购买产品，沟通与老顾客的关系，而且还要善于培养和挖掘新顾客，并根据顾客的不同需求实施不同的推销策略，以便不断扩大市场领域，促进公司生产的发展，同时在推销过程中传播公司的美誉。

(2) 获取市场信息，为公司制定经营决策提供依据。推销人员在销售过程中不仅向目标客户传递企业经营状况、经营目标、产品性能、用途、特点、使用、维修、价格等诸方面信息，而且还能获悉客户的需求特点和变化趋势，竞争对手的经营情况以及顾客的购后感觉、意见和看法，等等，从而为企业制订相关经营决策提供客观的依据。

(3) 推销商品，满足顾客需求，实现商品价值转移。推销人员在向顾客推销产品时，必须明确推销的不是产品本身，而是对客户的一种服务，即告诉顾客，通过购买产品，他能得到某些方面的满足。同时，要掌握顾客心理，善于应用推销技巧，对不同顾客使用不同的策略。

(4) 提供高品质的服务。销售产品不是人员推销的终点，推销人员在推销过程中，应积极向顾客提供多种服务，如业务咨询、技术咨询、信息咨询以及使用方法和维修等多种售前、售中、售后服务，帮助客户解决问题，从而获得客户对企业及其产品的好感和信赖。

阅读资料 12-1

推销人员的素质要求

首先，推销员必须对所代表的公司有一个全面的了解，熟悉公司发展史，对公司历年财务、人员状况、领导状况及技术设备都了如指掌，因为这些知识都有助于增强顾客对推销员的信任感。推销员还必须掌握公司经营目标和营销策略，并能够灵活运用和解释它们。同时，还应该学会巧妙运用统计资料来说明公司的地位，力争在顾客心目中树立起良好的公司形象。

其次，推销员应该是产品专家，应全面了解从产品设计到生产的全过程，熟悉产品性能、特点、使用、维修，熟知产品成本、费用、出厂价格。还应全面掌握产品种类、设备状况、服务项目、定价原则、交货方式、付款方式、库存、运输条件等。另外，还必须了解竞争产品情况。

第三，推销员一方面需要了解顾客购买的可能性及希望从中得到的利益，另一方面还需要了解顾客购买决策依据，顾客购买决策权在谁手中，谁是购买者，谁是使用者和消费者。了解顾客的购买条件、方式和时间，深入分析不同顾客的心理、习惯、爱好和要求。

第四，推销员还要掌握的相关知识主要包括营销策略、市场供求情况、潜在顾客数量、分布、购买动机、购买能力、有关法规等。

第五，优秀的推销员还应具备良好的文化素质。对推销员来说，同行竞争的焦点往往是文化素质的差异。在文化素质方面，要求推销员具有一定的专业知识，如经济学、市场学、心理学、经济法、社会学等。除此之外，还应在文学、艺术、地理、历史、哲学、自然科学、国际时事、外语等方面充实自己。博学多才是推销员成功的重要因素。

第六，推销员也应具备相应的法律素质，工作中要有强烈的法律意识和丰富的法律知识。推销工作是一种复杂的社会活动，受到一定的法律法规制约。推销过程中，推销员应注意衡量自己的言行是否合法，以及会给社会带来什么后果。

最后，人员推销实际上是一种交际活动。推销员是公司的“外交官”，要求他们讲究必要的推销礼仪。

（资料来源：http：//baike. baidu. com/view/177976. htm.）

12.2.3 人员推销的程序及方法技巧

1. 人员推销的程序

人员推销有多种形式，如上门推销、柜台推销和会议推销等。其中，上门推销被认为是最典型的人员推销方式，其具体程序如下。

第一步，寻找目标客户。这一阶段的任务是要寻找那些需要本企业产品、又有支付能力和购买决策权的潜在购买者。寻找顾客的方法很多，如推销人员自行观察、访问、查阅资料，或通过他人介绍、广告吸引、会议招引等。推销员可根据产品和推销环境的特点灵活选用。

第二步，拜访前准备。在正式约见客户之前，推销人员必须做好推销准备工作：首先是掌握信息，尽可能充分了解清楚拜访对象、自身产品以及竞争对手产品的情况，做到知己知彼。其次是做好计划，确定好拜访的主题和程序，选择好恰当的推销方式和策略，设计好自身的形象并做好心理上的准备。

第三步，正式拜访客户。与推销对象开始正式接触时，推销人员要注意自己的态度表情和言谈举止，首先给顾客留下一个好的印象，使其对自己和推销的产品产生兴趣，为顺利进行推销洽谈创造良好条件。在正式拜访客户的过程中，推销人员要运用提示和演示的方法，如利用语言艺术来传递推销信息、出示文字或图片、播放声音和图像、展示产品、操作产品等，有的放矢地向顾客介绍企业及企业的产品，使顾客能较好地认识产品。

第四步，处理异议。在推销过程中，客户难免会对推销人员所作的推销说明提出不同的看法。推销人员必须认真分析和恰当处理这些意见，力争消除成交的障碍。

第五步，促成交易。在推销说服过程中，各个阶段都可能达成交易。推销人员要善于识别和捕捉顾客发出的成交信号，当机立断地采取适当方法，促成顾客立即采取购买行动。成交越早，推销成功的可能性越大，效率也就越高。

最后一步，事后跟踪。产品成功销售出去并不意味着推销工作的终结。推销人员还应认真履行订单中所保证的条款，如交货期、安装、维修等各项承诺。推销人员需要进行持续的事后跟踪，以便了解客户是否对自己的选择感到满意，发掘可能产生的各种问题，表示推销员的诚意和关心，以确保顾客满意并能够在今后重复购买。

2. 人员推销的方法与技巧[①]

推销人员面对的是个性、心理、需求状态各异的推销对象，只有充分注意个体的特殊性，灵活选用推销方法，善于运用推销技巧，才能赢得顾客，促成交易。但富有个性的推销功夫并不仅在于临场时的一闪念，它总是以一些带有共性的基本认识为基础的。

（1）顺应顾客的需要。推销人员要推销自己的产品，首先应立足于满足顾客的需要，要想顾客之所想，为顾客当好参谋，倾情说明产品功能与顾客需要的一致性，促使顾客购买其“最需要的东西”。

（2）重视形象的推销。面对顾客，推销人员要展现自身良好的形象。在当今卖方市场条件下，富有亲和力是顾客接受产品、乐于购买某种产品的重要因素。要让顾客信赖你，方能接受你所推销的产品。

（3）熟悉自己的产品。推销人员对自己所推销的产品必须了如指掌，熟知其特性和优点、用户的反馈及目前的产销情况，这样才能在洽谈中有针对性地进行推销说明，有效地处理异议，促使顾客采取购买行动。

（4）突出推介的重点。推销说服时，首先要重点把产品的功能及其优异特色、价格及其折扣等介绍清楚，使顾客对主要情况有深入的了解。要重点介绍顾客最感兴趣的东西，以刺激顾客的购买欲望。

（5）促进顾客的体验。可以让顾客动手操作和试用产品，使其获得比听口头介绍深刻得多的亲身体验，从而大大增强推销的说服力。在推销时应尽可能让顾客亲自动手操作或试用产品，让其摸一摸，尝一尝，用一用。

（6）把握顾客的心理。推销活动中的面谈是一个“刺激—观察—再刺激—再观察”的过程，推销人员在面谈中要注意把握顾客心理，运用能引起顾客兴趣、刺激顾客购买欲望的推销语言，进行因势利导的宣传介绍。

（7）倾听顾客的意见。认真倾听顾客的意见，可以使顾客感受到你对他的尊重，并可以从顾客的谈话中获得有价值的行动提示。倾听顾客谈话时要聚精会神，注意把握顾客谈话的要领。

（8）捕捉成交的时机。在推销人员的诱导下，顾客的意向一般是朝着“认识—欲望—行动”的方向发展的，但中途因其他因素使顾客转念的事例也屡见不鲜。善于捕捉时机，不失时机，及时成交，这是推销成功的关键所在。

12.3 广告策略

广告是企业营销活动的重要组成部分，也是一门带有浓郁商业性质的综合艺术。在现代商业社会里，广告扮演着越来越重要的角色。很难想象一家没有广告投入的企业可以拥有家喻户晓的知名品牌。正因为如此，才有“企业如果不做广告，就如同在黑夜中向情人暗送秋波”的形象比喻。

① 资料来源：http：//bnxf1907.cn/jpkc/jwc/2010jpkc/mldzjs/file/kechengjianggao/9.doc.

12.3.1 广告概述

1. 广告的概念

广告的概念可以简单地概括为，可确认的广告主为促进交换，主要以付费的方式，通过各种媒体所进行的单向或双向的营销传播活动。

上述定义虽然简洁明了，但却蕴含如下几点内容。

第一，广告的目的是促进交换。交换（exchange）是交换双方之间的一切行为。交换不仅包括交易（transaction）行为，而且还包括向社会捐赠从而得到荣誉感等非盈利性行为。如果广告不促进交换，就不能说广告完全发挥了作用。也就是说，广告主体无论是营利机构还是非营利机构，广告主和广告受众之间最终必须形成交换行为。当然，广告传递信息，具有传播的功能，但广告的最终目的还是促进交换。

第二，广告是可确认广告主的活动。在广告里广告主不能用歪曲的方式表示自己的身份，广告主的身份必须是确定的。

第三，广告一般是以付费的方式进行的。但并不是所有的广告都要以付费的方式进行。例如，企业在自己的网站上发布广告并不需要支付媒体的使用费。

第四，广告是通过各种媒体以单向或双向的方式进行的。大部分广告定义所指的广告媒体是大众媒体，广告主利用大众媒体单向地传递信息。但现在多媒体等新媒体也成为广告的重要媒介手段。特别是，多媒体具有双向传播的特点，不仅广告主传递信息，而且广告受众也搜寻自己所需要的广告信息。所以出现双向传播的广告现象。

第五，广告是营销传播活动。广告作为营销传播活动，与社会学、文化人类学、心理学、统计学、传播学等学科密切相关。广告是营销的科学性和适用各种艺术表现方法的艺术性融为一体的一种有意义的活动。

2. 广告的分类

广告的分类方法很多，可以按照广告媒体、广告内容、广告主、广告受众等进行划分。掌握不同类型的广告划分方法，有利于更好地了解和把握广告的特点，从而有利于正确地选择和使用广告媒介。由于篇幅所限，在此只介绍最常见的根据媒体所进行的广告分类。

根据媒体对广告进行分类是最一般的广告分类方法，不同的媒体采用不同形式的广告。

（1）电波广告。电波广告是指通过电波手段来表现广告信息的广告形式。主要包括电视广告和广播广告，它们均属于传统的四大广告媒体。电视广告是以电视为媒介传播的广告，具有形象、直观、传播范围大、传播迅速等特点，近年来一直是广告发布的第一大媒体。广播广告是运用无线或有线广播传播的广告，它是一种大众化的广告。此外，电影和幻灯播放的广告亦属于电波广告。

（2）印刷品广告。印刷品广告是指通过印刷品传递广告信息的广告形式。包括报纸、杂志、招贴、函件、册子、时历、产品目录、传单等广告，其中的报纸和杂志都属于四大广告媒体。

（3）户外广告。户外广告是指通过存放于开放空间的媒体而发布的广告。户外媒体主要有交通类和建筑类两种。其发布媒体具体包括户外的电子显示屏、悬挂在建筑物上的大型广告牌、霓虹灯、专门设置在公路旁及重要交通路口的路牌、流动广告车，以及车体、船体内外等。

（4）新媒体广告。新媒体广告是指利用因特网、PC 通信（个人电脑）、手机等新媒体来传播广告信息的广告形式。由于新媒体广告自身具有传统媒体所不具备的诸多优势，目前正在以令人吃惊的速度发展，新媒体广告已经对传统的广告媒体产生了巨大的冲击。

（5）直接邮递广告。直接邮递广告是指直接将印刷品广告、录像带、影碟甚至实物等寄送给广告对象的广告。在国外，直接邮寄广告是一种非常常见的广告形式，但在我国这种广告形式还不为大多数商家所采用。

（6）售点广告。售点广告（国外称为 POP）是指在销售现场所做的广告，它是购物场所内外一切悬挂、设置的广告的总称。从建筑物外悬挂的巨幅旗帜，到商店内外的橱窗广告、商品陈列、商品的价目表以及展销会等，都属于售点广告的范畴。

（7）其他广告。除上述广告形式外，还有许多利用其他媒体发布广告信息的广告形式。如利用飞机等飞行物的悬浮标语，喷洒烟雾组成特定图案的空中广告，以及利用包装物和手提袋传播广告信息的包装广告等。这些媒体丰富了广告媒体的形式，也发挥出较好的广告效果。

3. 广告的目标

广告是实现企业经营策略的工具之一。成功的广告策略必须有明确的目标：是短时期内推销产品，还是树立良好的企业形象；是扩大市场区域，还是要提高市场占有率；是极力保护巩固现有市场，还是向竞争对手发动进攻，进一步抢夺对手的市场。这些问题在广告策划中必须首先明确，只有这样，制定的广告策略才能有的放矢。一般来讲，广告目标就是广告主希望广告活动所能达到的预期目的。

广告目标的确定不是随机的，而应当是建立在对当前市场营销情况透彻分析的基础上，以企业的目标市场、市场定位、市场营销组合等重要决策为依据而确立的。

广告目标与促销目标都是为了扩大商品销售，但与促销目标相比，广告目标又有以下特点。

（1）促销数额的不确定性。促销目标可以用销售额或利润额的完成情况来确定，而广告目标很难准确确定它到底完成了多少销售额或利润。例如，一个企业的促销目标可以确定为一年内将销售额增长 20%，但广告目标却很难如此确定，因为影响企业销售额的因素除了广告之外，还受很多其他因素的影响，如企业产品的价格、包装、流通、营业推广以及消费者偏好的变化等（见图 12-1）。

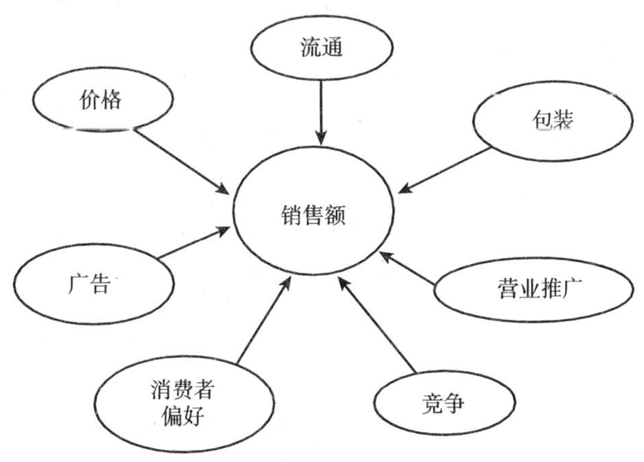

图 12-1　影响企业销售额的诸多因素

（2）期间的不确定性。促销目标一般以一定的期间为衡量标准，而广告的促销目标很难以一定的期间为标准准确衡量，广告效果具有迟效性，其效果要在广告刊播以后持续一段时间才能表现出来。例如，某一家化妆品公司在电视上作了化妆品广告，但消费者并不一定看了广告以后马上去购买，通常要经过一系列的心理活动过程或认知过程以后再作出购买决策。

（3）广告目标的多元性。促销目标一般是单一的，就是为了扩大销售额，而广告目标除了扩大销售额之外，还有提高产品及企业的知名度、改变消费者态度等目标。

12.3.2 广告信息的处理过程

消费者接触广告时会在心理上引起各种不同的反应，对于同一则广告诉求，消费者或是接受认同，或是否认拒绝，也可能是毫无反应。对传递广告信息的广告主或广告代理公司来说，有必要详细地了解消费者究竟通过哪些心理过程来处理广告信息，以便在有限的资源投入下获得最大的广告收益。

阅读资料 12－2

王先生与街头小广告

王先生在上班途中，有许多电线杆广告，“祖传秘方”、“TOFEL 冲刺”、“房屋招租”等琳琅满目。尽管“爱委会”（爱国卫生委员会）三令五申，但仍然是长江后浪推前浪。在这些广告中，尤其是搬家、房屋出租和清洗厨房等家政服务广告最多。

王先生每天早上经过这些电线杆广告时，只是有意无意地扫上两眼，从没有特别留心这些广告。虽然如此，在他的印象中，对这些广告总有些隐隐约约、模模糊糊的印象。一天，王先生家的抽水马桶开始漏水，王先生突然想起电线杆上曾有修厕具的广告，就打电话给那家修理店，解决了抽水马桶的问题。

通过王先生的行为，我们不难发现，电线杆广告透过潜意识的媒介，引导他去寻找厕具修理店的服务，这就是潜意识的作用。

生活中，这样的例子不胜枚举。当我们随便翻开一本杂志，看见其中一个广告；打开电视机看见一个广告片段，我们潜意识中已接受了广告的刺激，并留存一定的记忆。如果我们将来某一天有这种欲求时，潜意识就会支配我们的行动。

并非所有的广告刺激都能给人以明确的意识，但却把“根”深深地扎于潜意识中，“立竿见影”式的广告效果并不多见，厂家希望今天播广告、明天见效果的梦想是不现实的天方夜谭。

从广告对潜意识的影响来看，广告即使未见效益（短时间内），广告费也没有浪费，植于消费者心里的“根”，总有一天会发芽、开花、结果。

（资料来源：陶应虎．广告理论与策划［M］．
北京：清华大学出版社，2007：169.）

广告信息处理过程是消费者从接触广告以后开始处理广告信息的所有过程。接触广告的消费者首先注意广告这一刺激物，并通过自己的感觉器官来接受或解释其刺激，这一过程是知觉过程（Perception）。消费者在知觉广告信息的基础上，认知品牌（Cognition of Brand，CB），获得有关品牌的知识；并通过情感反应产生对广告的态度（Attitude toward Advertising，AA）。通过这两个过程（对品牌的认知过程和对广告的态度过程）产生对品牌的态度（Attitude toward Brand，AB）。如果对品牌的态度是友好的、肯定的，消费者就会产生购买意向（Purchase Intention，PI），并在适当的时候购买（Purchase，P）其品牌。这一过程就是消费者的广告信息处理过程（见图 12－2）。

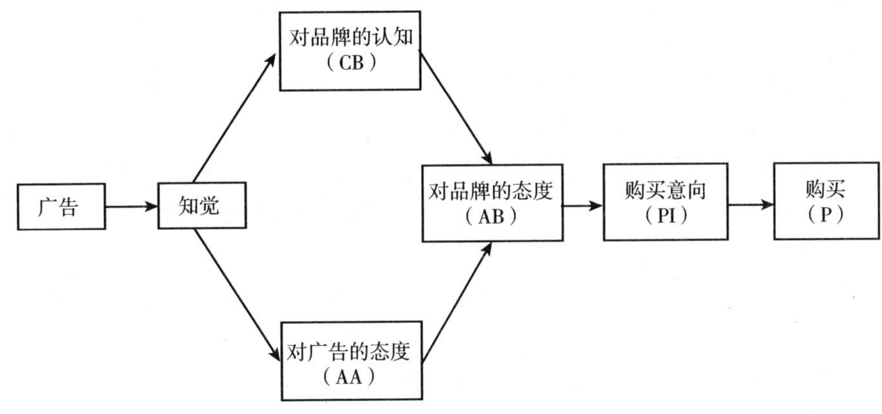

图 12－2　广告信息处理模型

例如，消费者在报纸上看到化妆品广告时，先经过“有关化妆品的广告”这样的知觉过程，然后以被知觉的广告信息为基础认知性地评价广告所传递的有关此化妆品的属性，得到有关化妆品的知识，并对该品牌化妆品产生好感等情感反应，通过这些情感反应形成对这幅广告的态度。

“广告→品牌的认知→态度的形成→购买行为”是广告信息处理的传统模型。根据此模型，消费者首先处理广告所提示的有关品牌属性方面的信息，然后产生对品牌的态度，而这一态度会引起购买行为。这是从认知的角度说明消费者信息处理过程的模型。认知是消费者获得有关品牌知识的过程，所以，这时的信息主要以理性来处理。

与这种传统模型不同的观点，就是从情感角度解释消费者的广告信息处理过程。情感信息处理过程是指消费者不经过认知过程，而经过对广告的情感迁移过程来形成对品牌的友好态度。这种观点就是针对传统的信息处理观点忽视消费者情绪或情感而提出来的。

后来，研究者又发现对广告的态度与对品牌的态度之间有正（＋）的关系。这样理解消费者广告信息处理过程就有了新的体系。在广告态度影响品牌态度的观点的基础上，有些研究者进一步提出，广告态度能强化品牌信息的认知反应，从而间接影响品牌态度的二重中介假设（dual mediation hypothesis）。

以化妆品广告为例利用这一假设进行说明。如果化妆品广告使用外国女性模特并且消费者对广告中的外国模特产生好感，那么通过这些情感反应，广告受众对广告的肯定态度（AA）会发展为对品牌的肯定态度（AB）。这些广告态度（AA）促使消费者接受广告中的主张或有关产品属性，从而使消费者肯定地认知该品牌化妆品的属性（CB），这又间接影响对品牌的态度（AB）。

12.3.3 广告媒体及媒体策略

媒体，又称媒介（media），就是指将信息传递给社会大众的工具。广告媒体是指借以实现广告主与广告对象之间联系的物质或工具。凡是能刊载、播映、播放广告作品，在广告宣传中起传播广告信息作用的物质都可称为广告媒体。例如，大众传播媒体（包括电视、广播、报纸、杂志），路牌，交通工具，互联网，霓虹灯，商品陈列，橱窗，包装物，以及产品说明书、企业名录等。

1. 广告媒体的基本功能

广告和媒体相互依存，在大众传媒经营活动中，大众传媒提供各种信息服务，需要一定的资金支持，而广告收入则是其主要的收入来源。作为一种信息服务，广告传播需要依存于节目、版面中，凭借公众对大众传媒的信任和好感而达到一定的效果。这种相互依存的关系促进双方的共同发展。具体而言，广告媒体在广告活动中具有以下基本功能。

1）传递功能

美国著名传播学家施拉姆在“传播学概论”中写道：“媒体就是在传播过程中，用以扩大并延伸信息的传播工具”。可见，广告媒体具有筛选、加工、扩散信息的功能。由于广告媒体不受时空的限制，它所传播的范围和对象具有广泛性和渗透性，无论受众在什么地方，广告媒体都会发生作用。

由于广告媒体具有传播信息的功能，本身具有实用性，可以为广告主或媒体受众带来一定的经济效益和社会效益，因此，无论对广告主还是对广大受众，广告媒体都具有一定的吸引力。

2）服务功能

广告媒体可以根据自身的特点，为广告主、广告经营机构、媒体受众提供有用的、真实的信息，满足不同层次的需要。对广告主来说，可以将企业的经营特色、产品等方面的供给信息提供给目标市场；广告经营机构可以通过广告媒体发布供求双方面的信息；广大受众可以通过广告媒体了解各种品牌产品方面的信息，为他们的购买决策提供依据。

由于广告媒体具有上述功能，使其成为现代企业开展市场营销活动的重要手段或工具。广告策划者应当根据广告主的实际需求以及各种广告媒体的特点，选择适当的媒体形式，发布广告信息，取得理想的广告效果。

2. 主要广告媒体的优缺点

广告媒体可以分为很多类。根据受众规模的不同，传统媒体分为大众传播媒体和小众传播媒体两大类。随着科学技术的进步，新媒体崛起后成为传播广告信息的一支生力军。下面就几种主要广告媒体的优缺点分别进行介绍。

1）电视媒体

电视是运用电波把声音、图像（包括文字符号）同时传送和接收的视、听结合的先进的传播工具，是一种具有多种功能的大众传播媒体。自20世纪30年代问世以来，电视不断以新的面貌面向广大观众，已经深入千家万户，在传播领域中产生了越来越大的影响，也是传播广告信息的主要媒体之一。

电视广告不但可以向媒体受众介绍广告产品的性能和特征，而且可以形象地、直观地将广告产品的款式、色泽、包装等特点展现在媒体受众面前，从而最大限度地诱使媒体受众产生购买欲望。

与其他媒体广告相比较，电视广告具有以下优缺点。

(1) 电视广告的优点。

① 直观性强，具有视听效果的综合性。电视节目既能看，又能听，可以让媒体受众看到表情、动作变化的动态画面，生动活泼，因而对观众有广泛的吸引力。特别是电视可以突出广告产品的品牌个性，如外观、工艺水平、文化附加值等。电视集声音、图像、色彩、活动四种功能于一体，可以直观地、真实地、生动地反映商品的特性，不必更多说明也能使消费者了解商品，并使观众留下深刻印象。

② 传播范围广，信息传播迅速。电视具有极高的普及率，收视对象层次广泛，能在节目覆盖的地域范围内迅速传递信息，易于配合广告商家新产品上市、销售等促销活动。

③ 有较强的冲击力和感染力。电视是唯一能够进行动态演示的感性型媒体。电视媒介是用忠实地记录的手段再现讯息的形态，即用声波和光波信号直接刺激人们的感官和心理，以取得受众感知经验上的认同，使受众感觉特别真实，因此电视广告对受众的冲击力和感染力很强，容易引起受众的关注。

④ 利于说服广告受众，增强消费者购买的信心和决心。由于电视广告形象逼真，一位上门推销员，把商品展示在每个家庭成员面前，使人们耳闻目睹，对广告的商品容易产生好感，引发购买兴趣和欲望。同时，观众在欣赏电视广告中，有意或无意地对广告商品进行比较和评论，通过引起注意、激发兴趣、统一购买思想，增强了购买信心，促进作出购买决定。特别是选择性强的日用消费品、流行的生活用品、新投入市场的商品，运用电视广告，容易引起受众注意并激发对商品的购买兴趣与欲望。

⑤ 注意率高、影响面广。在日常生活中多数人们在看电视的时候相对比较专心，所以电视广告的被注意率较高。对多数人来说，电视是一种娱乐形式、教育途径，是重要的信息来源，是生活中的重要组成部分。

(2) 电视广告的缺点。

① 针对性不强、诉求对象不准确。电视媒体传播信息的广泛性是相对的。从世界范围来看，电视传播所到之处，就是广告所到之处。但就某一个具体的电视台或某一则具体的电视广告而言，其传播范围又是相对狭窄的。电视媒体传播信息范围的广泛性同时也就衍生出传播受众构成的复杂性。不论年龄、性别、职业、民族、受教育程度等，只要看电视就成为电视媒体的诉求对象，但不可能全部成为广告产品的购买者。因此，电视媒体具有针对性不强、诉求对象不准确的缺点。

② 受众被动接受，缺乏选择性。绝大多数观众看电视节目的目的是为了娱乐、接受教育和获取新闻资讯，而不是为了接受电视广告传播的信息。受众在看电视时往往会被动地接受信息，缺乏选择性，不像报纸、杂志那样有较大的选择性。

③ 一次性传播，无法保存。电视媒体在传播信息时，一次传播，过而不返。不论看清、听清与否，在单位时间内都无法让其重返。因此，电视媒体的广告宣传具有一次性，稍纵即逝，不可逆转。正因为如此，大多数电视广告都是重复播出的，以弥补一次性不易记忆的不足，起到加强印象的作用。

④ 费用高昂，一般企业无法承受。广告片的设计涉及面甚广，模特、道具、场景安排等都得花费一大笔投资，摄制费用也不低，尤其是媒体的投放费用更是高昂。因此，大多数

中小型企业无力负担。

⑤ 受时间所限，不利于深入传递广告信息。电视广告制作费用高昂，黄金播放时间收费最贵。电视广告时间长度多在 5 至 45 秒之间。要在很短的时间内，连续播出各种画面，闪动很快，不能作过多的解说，影响人们对广告商品的深入理解。

⑥ 电视台播放广告过多，观众容易产生抗拒情绪。为了追求高多的经济利益，大多数电视台极尽所能来插播广告，正常的电视节目因此常常被广告所打断，容易引起观众的不满和抵触。

2）广播媒体

广播媒体包括有线电台和无线广播网。广播媒体运用语言、音像、音乐来表达广告产品或企业的信息。广播媒体的特点可以概括为：采用电声音频技术，按时传播声音节目，专门诉诸于媒体受众的听觉。

广播广告具有以下优缺点。

(1) 广播广告的优点。

① 覆盖面广，受众多。目前广播基本上不受时间和空间的限制。从电波所及的范围看，可以覆盖整个国土，不论城市、乡村都可以听到广播节目。广播媒体的受众也非常广泛，只要有一定的听力，就是广播广告的需求对象。

② 以声带响，亲切动听。广播媒体是声音的艺术。广播广告最突出的特点就是用语言解释来弥补无视觉性形象的不足。运用人的语言，通过绘声绘色的描述，可以造成由听到视的联想，从而达到创造视觉形象的目的。

③ 制作容易，传播迅速。广播广告是通过播音员的叙述，有时加上音像效果、背景音乐来播放的，有时则以文艺节目的形式出现。因此，制作起来简便灵活。与电视媒体、报刊媒体相比较，广播广告的制作工序比较简单。广播广告是通过电声传播信息的，而电声传播的速度非常快。只要写好广告词，就可以马上播出去，听众就能立即听到。

④ 重复广播，不觉其烦。重复广播是广播媒体的一条规律。广播是通过声音来传播节目，而声音又具有转瞬即逝的特点，听众听了一遍之后，留下的音像往往不深。为了加深印象，广告节目可以多次重复播放。

⑤ 经济实惠，收听方便。广播媒体与其他媒体相比较，节目制作成本费用低廉。广播更是如此，一般广告主能承担。

(2) 广播广告的缺点。

① 缺乏视觉感受。与其他媒体相比，广播广告缺少形象支持。有声无形，只能用声音诉诸听众，缺少视觉形象，看不到商品的外观，受众印象比较浅薄。有些必须展示和观赏的产品不适合做广播广告。

② 时效短，易被疏忽。广播广告是听觉媒体，听觉信息转瞬而逝，无法存查。广播广告的信息传递具有不可重复性、时效较短，广告的遗忘度大，难以吸引听众，更难以让广告受众留下深刻的印象。

③ 受新兴媒体的冲击巨大，广播媒体的影响力在逐渐下降。广播广告的受众越来越少，并且收听效果难以准确把握和测定。

④ 听众被动接受，选择性不强。广播广告很少被听众主动接受，听众一听到广告往往很快换台，转而收听其他节目。

3）报纸媒体

报纸是传统的四大播媒体之一。报纸运用文字、图像等印刷符号，定期、连续地向公众传递新闻、时事评论等主要信息，同时传播知识、提供娱乐或生活服务。报纸一般以散页的形式发行，版数具有一定的伸缩性，刊载信息容量较大。报纸是较早面向公众（消费者）传播广告信息的载体，现在依然是最重要的广告媒体之一。

报纸广告具有以下优缺点。

（1）报纸广告的优点。

① 覆盖面广，发行量大。除一些专业性很强的报纸以外，一般公开发行的报纸，都可以不同程度地渗透到社会各个领域。尤其是全国发行的报纸，可以覆盖全国的各个层次、各个地方。

② 广告信息传播迅速。报纸大多是当日发行，出版频率高，读者通常可以阅读到当天的报纸，对于时效性要求高的产品宣传，不会发生延误的情况。

③ 选择性强，读者阅读时比较主动。广告主可以根据各种报纸的覆盖范围、发行量、知名度、读者群等情况，灵活地选择某种或几种报纸进行广告宣传。由于报纸的可读性强，读者阅读时可以自由选择喜爱的栏目。

④ 读者广泛而稳定。报纸能满足各阶层媒体受众的共同需要，因此具有极广泛的读者群。不同的读者群，其兴趣、偏好各不相同，在一定时期，兴趣、偏好是不易改变的。这就使得报纸的目标市场具有相对的稳定性。

⑤ 表现方式灵活多样。报纸传播信息的方式多种多样，或图文并茂，或单纯文字，或诉诸理性，或诉诸情感。

⑥ 信息易于保存，便于查找。报纸媒体不同于电视和广播媒体，读者不受时间限制，可随时阅读或重复阅读。即使时间长了，读者还可以查找所需要的信息资料。

⑦ 可以凭借报纸的信誉加深广告效果。由于报纸是以报道新闻为主的，所传递的信息容易使读者产生信赖和关心，并影响到对报纸所刊载广告的感觉。

⑧ 广告费用相对较低。这是报纸媒体与电视媒体的主要区别之一。对大多数中小型广告主来说，是有能力承担的，并且广告投资风险也相对较小。

（2）报纸广告的缺点。

① 有效时间短。报纸出版率高，每天一份。绝大多数媒体受众只读当天的报纸，很少有人读隔日的报纸，因此报纸的有效期较短。它的有效期也只是报纸出版后读者阅读的那一段时间。对于广告策划者来说，应特别重视广告定位以及广告诉求点的准确把握，即精心思考“说什么”与“怎么说”，尽可能在有限的时间内给媒体受众明确清楚和印象深刻的重点信息。

② 广告注目率低。通常报纸广告不会占据最优版面，读者阅读报纸时往往倾向于新闻报道和感兴趣的栏目，如无预定目标，或者广告本身表现形式不佳，读者往往忽略广告，即便看了几眼，也会视而不见。

③ 印刷不够精美。由于纸张材料和技术的局限，更重要的是发行者出于对报纸成本的控制，不少报纸广告的印刷常常显得粗制滥造。特别是图片摄影，其粗糙和模糊的印刷使媒体受众在潜意识中产生一种不信任感，往往产生副作用。因此，对图片的印制要尽可能精致些。

④ 报纸广告表现形式单一，无听觉与动态视觉刺激，广告吸引力不强。

⑤ 广告相互干扰，降低受众对单个广告的关注度。报纸的售价一般很低，大都是靠广告收入来维持的，所以，很多报纸以多条信息在同一版面并置的形式排列广告版面。如果管理不当、专业不精，显得杂乱不堪，过量的信息削弱了单个广告的作用。

4）杂志媒体

杂志是一种具有一定间隔周期、定期发行的具有小册子形式的出版物，属于印刷的平面广告。一般分为周刊、半月刊、月刊、双月刊和季刊等。杂志比报纸相比具有更强的专业性，往往是针对特定的受众群体。在大众化的广告媒体中，杂志媒体不像报纸、电视和广播那样具有很强的新闻性。杂志媒体具有延伸性、持续性和知晓性等特点。与其他媒体的广告相比，杂志广告具有以下优缺点。

(1) 杂志广告的优点。

① 针对性强，目标受众明确，具有明显的读者选择性。与报纸的地区选择性不同，杂志的读者有很强的选择性。杂志媒体的这一特点可以通过读者的类型、年龄、收入情况表现出来。这有助于广告策划者根据广告主的自身情况和产品的特点，选择最适合刊载的广告信息，以及最能将广告信息传递给目标受众的杂志类型。

② 信息的生命周期较长，传阅率高。杂志由于装订成册、便于携带和收藏，杂志的读者多为固定订户，阅读时比较专心，实际阅读率高。由于杂志被保存的时间长，反复阅读率高，而且传阅性好，所以能扩大和延续广告的传播效果。杂志是所有广告媒体中生命周期最长的媒体。

③ 印刷质量较高，广告表现力较强。杂志的纸张质量较好，印刷设备性能优良，因而广告制作与印刷质量远远高于报纸，其中最具优势的是彩色广告。印刷精美的杂志广告能够产生较强的视觉刺激，使媒体受众感到真实，并留下深刻的印象。

④ 编排整洁，灵活性强。杂志媒体版面小，每页编排较为整洁，不像报纸那样内容繁杂，因此每则广告都显得醒目；同时，杂志广告可承载的信息较多，可以比较自由地运用文字、图片、色彩等手段表现广告内容。此外，杂志还可以做连页或折页来延展版面空间，运用一些特殊形式来表现广告商品，造成画面的震撼效果。

⑤ 面向特定的人群，杂志广告的效果较一般媒体容易测定。

(2) 杂志广告的缺点。

① 时效性差。由于杂志出版周期长，出版频率低，因而不像报纸媒体那样能够迅速、及时地反映市场变化，不适合于做时间性要求强的产品广告，也不适合于营造声势较大的大规模营销活动。杂志广告的功效是延缓而非及时的，不易很快使媒体受众产生购买欲望。

② 影响面窄。由于杂志媒体的读者相对较少，专业性强，因而接触对象不够广泛，影响面相对比狭小。

③ 广告费用较高。杂志上刊登广告需要较高的广告制作费和刊物费用，而杂志的专业性强，影响面窄，因此一般广告主会认为付出大量的广告费用得不偿失。

5）网络媒体

被誉为“第四媒体”的互联网的兴起与迅猛发展，为广告业提供了一种全新的媒介和一次全新的机遇。它所创造的信息平台为广告市场提供了一个巨大的潜在传播渠道，它的发展带来了传媒生态的新变化。互联网通过一系列互相连接的计算机在全球范围内实现信息交换和和传播，不仅具有广播、电视、报纸、杂志等传统媒体的一般功能，而且具有传统媒体无可比拟的独特的优势。当然，正在发展中的网络媒体也有不尽完善的地方，对于网络广告的评价也是众说纷纭。

6）电影媒体

电影虽然属于大众传播媒体之一，但相对其他媒体而言，其影响力要小得多。但电影广告有自己的优势，主要表现在：电影银幕面积大，声音效果好，真实感强，不受时间限制，诉诸观众的信息密集，诉求重点明确。电影广告一般在正片之前放映，观众接受广告信息时环境较舒适，身心较松弛，对广告的排斥心理较少，注意力较集中，因而能收到比较好的广告效果。随着我国广告业的发展，电影广告逐渐受到重视，已被不断开发和利用。

电影广告的缺点也很突出，表现在电影广告受放映时间和场地的限制，传播范围有限，且电影广告片拍摄费用也比较高，因而广告界对电影广告的重视程度不及其他媒体高。

3. 广告媒体的选择

广告媒体的选择是指根据广告目标的要求，以最少的成本选择合适的传播媒体，把广告信息传达给预定的目标消费者，并保障接触者的数量和接触的次数。其中心任务就是比较广告目标与媒体之间的差距，并根据广告目标的要求选择广告媒体。在确定广告媒体时应主要考虑如下因素。

（1）目标消费者的媒体接触情况。不同的广告受众通常会接触特定的媒体。有针对性地选择为目标受众所易于接收的媒体，是增强广告促销效果的有效方法。例如，一则针对 IT 人士的广告，在专业杂志上发布无疑要比在大众娱乐类报纸上发布效果要好。

（2）广告商品的特性。选择广告媒体，应当依据广告商品的特性而定。因为不同媒体在展示、解释、可信度、注意力与吸引力等各方面具有不同的特点。工业品与消费品，技术性能较高的复杂产品与较普通的产品，应采用不同的媒体进行广告宣传。

（3）市场竞争的状况。企业在选用广告媒体时，要结合市场竞争情况选择适当媒体。

（4）广告内容。广告媒体选择要受到广告信息内容的制约。如果广告内容是宣布即将进行的大型促销活动，一般会选择时效性强的报纸、电视、广播等媒体进行广告发布；如果广告信息中有大量的技术资料，则专业杂志是一种理想的媒体选择。

（5）广告传播区域。选择广告媒体，必须将媒体所能触及的影响区域与企业所要求的信息传播范围相适应。如果企业的目标市场为全国市场，则宜在全国性报纸或电视台、广播电台发布广告。

（6）相关法律、法规。选择广告媒体时应遵守国家或地方的相关法律、法规。例如，我国《广告法》中明确规定，禁止利用广播、电影、电视、报纸、期刊发布烟草广告，禁止在各类等候室、影剧院、会议厅堂、体育比赛场馆等公共场所设置烟草广告，烟草广告中必须标明“吸烟危害健康”等。因此，烟草广告的发布必须遵守上述相关规定，否则将涉嫌违法，有可能招致相应的惩罚。

（7）媒体成本。媒体使用成本是选择广告媒体的重要考虑因素。依据成本选择广告媒体时，最重要的不是看绝对成本的数字差异，而是媒体成本与广告接收者之间的相对关系，即每千人成本（CPM）。在比较 CPM 的基础上，再考虑媒体的传播速度、传播范围、记忆率等因素，之后择优确定广告媒体，可以收到较好的效果。

（8）广告预算。企业发布广告必须量力而行，应在广告预算的限定下依据自身的财力来合理地选择广告媒体。

4. 广告媒体的策略

1）广告媒体策略的含义

广告媒体策略是指广告策划者根据广告对象（企业或产品）的特点制订广告媒体目标，并确定实现这些目标的途径。它是广告策划者运用各种媒体进行广告宣传活动的指导方针。

根据上述定义可知，广告媒体策略的主要内容包括：①确定广告媒体目的；②确定实现该目的的具体途径，如确定广告发布媒体、确定不同媒体的发布次数、制订媒体的广告发布预算，以及确定广告刊发的时间表等。

广告策划者在制定媒体策略时，需要对媒体特性有着深入的了解，必须清楚如何使用媒体才能产生理想的广告效果。

2）广告媒体使用的策略

广告媒体使用的策略是实现媒体目的的途径，用以说明媒体目的是如何实现的。广告媒体使用策略主要包括广告媒体地区分配策略和时间安排策略。

（1）地区分配策略。广告媒体使用的地区分配策略主要有三种类型：广告预算完全投入到全国性媒体上；全国性媒体与地方性媒体结合使用；只使用地方性媒体，或者在国内相当大的部分使用地方性媒体。为了正确地选择媒体地区分配策略，广告策划者要对品牌销售和产品类别销售的情况进行分析。

（2）时间安排策略。广告媒体使用的时间安排策略可以划分为长期安排策略和短期安排策略。

① 长期安排策略。长期安排策略是指广告策划者基于对市场的判断及产品的季节性特征而作出的时间周期为1年的广告安排。假如某产品销量的70%集中于5—10月的温暖月份，则广告策划者可有3种选择：随着季节的变化调整广告支出；按产品季节变化的相反方向来安排广告支出；全年平均使用广告预算。

与上述3种选择相适应，常用的确定广告媒体使用进度的方法有先多后少法、滚雪球式渐次加强法和水平支出法3种。

先多后少法（big-early，little late method）是指先投入较多的广告媒体费用，在一个时期内展开强烈的广告攻势。当产品（或服务）在市场有一定知名度后，再逐渐缩减广告媒体开支。

滚雪球式渐次加强法（snow balling method）是指在广告投入伊始，采用探测性的方法，先在某一特定市场范围内运用几种易于接近目标市场的媒体，将产品的特点逐一、渐次地进行广告诉求，以加强消费者对某品牌产品市场竞争能力及其与同类产品中差异性有所了解。在深入了解目标消费者的需求之后，逐渐扩大广告媒体的发布范围，并且使用媒体的次数逐渐增多，使广告信息的影响范围越来越大，声势越来越大，直至产品随着需求量与日俱增，产品从单一品种生产发展到系列化产品生产，市场由国内市场扩展到国际市场。

采用水平支出法（level-expenditure method）选择广告媒体，每次广告活动所投入的广告费用都基本相同。例如，日常生活用品广告，除节假日可能增加一些费用，采用多种媒体展开广泛的广告活动外，一般在一定年度、季节内，每月用于某种媒体的广告费用都基本不变，其广告传播信息的特点是起到“提醒”注意的作用。

② 短期安排策略。短期安排策略是指将一组广告展露分配在一段时间内，以达到最大效果。短期安排必须考虑以下因素：购买者频率，指新的购买者在市场上出现的频率，该频率越高，则广告接触这些新顾客的次数就应更加连续；购买频率，指在一定时间内一般购买

者购买某产品的次数，购买频率越高，则广告也应更加连续；遗忘率，指购买者忘记此品牌的速度，遗忘率越高，则广告就应更加连续。

12.4 公共关系策略

“公共关系”一词来源于英文 public relations，其本意是指一个组织与公众之间的关系，在现代企业营销实践中，公共关系业已成为一种重要的促销工具，它是企业自身为塑造组织形象而通过某种手段与企业的利益相关者，如股东、顾客、供应商、政府、雇员、社会团体等建立良好的合作关系，从而谋求为企业经营管理营造良好的内、外部环境的一种有效的途径。随着企业与外界的联系越来越密切，企业良好的自身形象、对社会的责任感以及强大的沟通能力，已经成为消费者选择企业商品的重要参考因素之一。

12.4.1 公共关系的定义和功能

1. 公共关系的定义

公共关系是促销组合的另一个重要组成部分，与其他促销方式相比，其最大的不同在于促进销售并非公共关系的直接职能。关于公共关系的定义众说纷纭，学术界尚未有统一认识。从市场营销的角度，笔者倾向于接受美国西北大学教授菲利普·科特勒所下的定义：公共关系是指通过赢得有利宣传与有关公众建立良好的关系，树立良好的公司形象，处理不利的谣言、传闻和事件。

由此可见，公共关系是企业化解危机、改善组织或公众关系而采取的一种手段，是在不同的公众中树立或维持积极、肯定形象的活动。

2. 公共关系的功能

随着市场竞争的不断加剧，企业公共关系活动的重要性也日益突现。在处理与新闻界关系、树立企业形象、建立和维持社区关系以及宣传企业产品等诸多方面，公共关系活动都扮演着重要的角色。可以从以下几个方面进一步了解公共关系的功能。

(1) 公共关系可以帮助企业塑造有效的企业形象，树立良好的企业信誉并帮助企业化解形象危机。在企业公共关系的各种功能中，这是最为重要的一项。在当今激烈的市场竞争环境下，企业与企业之间不仅仅是人、财、物的竞争，而且还表现在企业信誉和形象方面的竞争。在今天媒介极度发达的时代，消息传播极为迅速，一篇关于企业形象及信誉的负面宣传报道，就会使企业遭受难以估量的损失。2005 年的肯德基苏丹红事件以及雀巢奶粉事件，使我们进一步见证了企业公共关系活动的重要性。

阅读资料 12－3

给“巩俐”阿姨的信

在 2000 年哈药集团众多的电视广告中，有这样一则：一名希望小学的学生在念一封给巩俐阿姨的感谢信，起因是巩俐阿姨得知孩子们由于生活困难、营养不良而严重缺钙，于是，从哈尔滨制药六厂购得“盖中盖”口服液捐给他们，并细心嘱咐说要按时服食。孩子们感激不尽，通过广告的旁白说：“巩俐阿姨，您寄给我们的希望小学的盖中盖口服液，现在同学们都在喝……”巩俐阿姨读完感谢信后激动地说：“盖中盖口服液，真的不错。”

广告播出后不久，就有人揭露广告内容是虚假的。一时间媒体做了大量的报道，其中不少是对影星巩俐的斥责。中国青少年发展基金会认为，这则广告侵害了希望工程的名誉，对中国青少年发展基金会造成了不良影响，随即对哈尔滨制药六厂进行投诉，一时之间，“巩俐阿姨广告事件”在社会上引起了强烈的反响。

面对这一突发事件，哈尔滨制药六厂紧急作出反应，与其广告代理商——海润国际广告公司立即展开公关斡旋，迅速处理这一危机事件。在海润国际广告公司和哈尔滨制药六厂的努力之下，事发8天后，中国青少年基金会秘书长徐永光与哈尔滨制药六厂厂长握手宣布：经过友好协商，双方之间的纠纷得以迅速化解。基金会秘书长还高度评价哈尔滨制药六厂对该广告纠纷所采取的积极态度。

“巩俐阿姨广告事件”得以迅速了结，与企业和广告公司超强的危机公关能力是分不开的。事发后，倘若不迅速处理或处理不当，将对哈尔滨制药六厂“盖中盖”的品牌形象产生负面的影响，后果不堪设想。应该说，哈尔滨制药六厂超强的危机公关处理能力是值得我们研究和学习的。

（资料来源：寇非．广告·中国［M］．北京：中国工商出版社，2003：222－223.）

（2）开展公共关系活动可以帮助企业监察环境、收集信息，为企业的管理决策提供依据。企业公共关系是现代管理的重要组成部分，企业公关人员通过公共关系调查，随时注意企业所处的宏观环境和微观环境的变化，了解社会公众对企业的态度，收集有关信息，从而及时发现企业经营管理中存在的各种问题，进而通过一定的反馈机制及时汇报给企业相应管理人员或管理部门，为企业制订和调整管理决策提供依据。

（3）良好的公共关系活动有助于建立和维持与立法者及政府官员的良好关系，为企业营造有利的生存、发展空间。

历史上不乏这样运用出色的公共关系使企业起死回生的案例，最著名的当属艾柯卡领导的克莱斯勒公司的公关活动。1978年12月，李·艾柯卡走马上任，成为了濒临破产的克莱斯勒汽车公司的总裁。当时，克莱斯勒虽为美国的第三大汽车公司，但在外国汽车强有力的挑战下一败涂地。为了挽救克莱斯勒，艾柯卡开始与一些著名的厂商和外国资本家协商，希望能够达成合作意向，但对方都被公司的严重困境吓倒，没有人愿意拣一个包袱背上。后来，艾柯卡又去游说银行家，希望凭借自己在汽车业的声望获得贷款，仍然没有成功。最后，艾柯卡想到了美国政府。艾柯卡向美国政府求助，要求美国政府提供12亿美元的紧急贷款，帮助公司渡过难关。艾柯卡的做法在当时引起了很大的争议，因为美国政府一向标榜自由平等竞争，盈利和亏损、发展和破产都被视为正常的市场行为，政府帮助某个企业，必然会有违市场经济的公平原则。但是，面对种种困难，艾柯卡没有退缩。他使出浑身解数，在政府部门和议员之间周旋。艾柯卡指出，如果克莱斯勒垮台倒闭，政府为此付出的失业救济金将远远高于政府提供的贷款数额；另外，如果听任克莱斯勒破产，那无疑会帮助日本汽车扩大市场，削弱美国汽车业的实力。在艾柯卡出色的公关努力下，美国国会参众两院终于投票通过了借款提案。圣诞节前夜，美国政府作出决定，有条件贷款给克莱斯勒公司，克莱斯勒公司也因此获得了新生的机会。

12.4.2 公共关系的专题活动

公共关系专题活动是一种常见的公关活动，它是组织以公共关系为主题，有计划、有步骤地开展的各种有特定目的和内容的社会活动。组织在建立、发展和壮大过程中，如果条件允许，一般都要定期或不定期地举办一些专题活动来宣传自己、协调关系、塑造形象、争取公众。富有新鲜感和纪念意义的专题活动，能使参与者在融洽和谐的气氛中感受到活动组织者的各种意图，接受各种信息，增强对组织者的亲善感，达到提高组织知名度和美誉度的目的。

1. 专题活动概述

社会组织在自身的运行、发展中所开展的公共关系专题活动，每次都有一个明确的目标，并围绕这一目标策划和安排出一系列特定的活动。这些活动或者加强组织与某一部分公众的联系，或者促进公众对组织某一部分和某一个侧面的了解，从而使专题活动的参加者在特定的气氛中更真切地感受到组织的特点，感受到组织的作用。

公共关系专题活动的种类很多，较常见的有新闻发布会、展览会、赞助活动、庆典活动、联谊活动、参观活动等。社会组织在开展这些公共关系专题活动时，必须根据公共关系专题活动的基本特点和要求，采取恰当的工作方法，确保公共关系专题活动取得良好的效果。

公共关系专题活动涉及面广、工作量大，所以，社会组织在开展专题活动时需要周密筹备。

2. 专题活动的主要种类

1）新闻发布会

新闻发布会又称记者招待会，是指特定的社会组织或个人把有关新闻单位的记者邀请在一起，宣布有关消息或介绍情况，让记者就此提问，由专人回答问题的一种特殊会议形式。新闻发布会是传播信息、谋求新闻界对企业关注并积极报道的行之有效的手段，也是企业搞好与新闻界关系的最重要方式之一。

举行新闻发布会必须具有吸引媒体记者前来予以报道的新闻价值，并选择好举行新闻发布会的最佳时机。如国家领导人来企业视察、新产品试制成功、新的重大发展规划、新生产基地建成投产、成功开拓国际市场、企业兼并重组、合并转产、出现先进典型人物、重大庆祝日或纪念日等，都可能是促成新闻记者进行报道的恰当理由。举办新闻发布会的目的是迅速、及时地把企业重要信息传播给社会公众，提升企业的知名度。

2）展览会

展览会是企业通过实物的展示和文字、图表等的示范表演来配合宣传企业形象和推广产品的专题活动。展览会所运用的实物、图表、动人的解说、优美的音乐和造型艺术相结合的方式，比一般的文字和口头宣传更有效，更引人入胜，更能产生吸引力，不仅能加深公众的印象，而且能提高企业和产品在公众心目中的可信度。

阅读资料 12－4

欢迎试坐：奥迪厂家有魄力

1996 年夏天，国内外近千家厂商参展的第四届北京国际汽车展览会，气氛火爆异常。展厅里，一辆辆靓车光彩夺目，引得满场人潮涌动。更为精彩的是，各参展厂商公关高招迭出：法拉利跑车旁有“法拉利小姐”的狂歌劲舞和歌星签名；绅宝车前有异国淑女迷人的微笑；福特公司则让金发碧眼的姑娘，与活泼可爱的中国儿童同台演出……

所有这些，俱令观众耳目一新。

强中更有强中手，奥迪厂家破天荒地使出了绝招——所有奥迪展车，欢迎观众试坐。只见一个个试坐的观众喜形于色，乐不可支。打方向，踩刹车，点油门，揉离合，俨然就是车主，实实在在地过了一把车瘾。更多的围观者则看得眼热心跳，跃跃欲试。一时间，观众对奥迪厂家的做法赞美有加，纷纷前去试坐，奥迪车展台前成了展览的新闻热点，各路记者纷至沓来，奥迪车随之声誉鹊起。

3）庆典活动

庆典活动，是社会组织围绕重要节日或自身重大事件举行庆祝的一种公共关系专题活动。组织庆典活动总的要求是气氛喜庆、场面隆重、情绪热烈、形式灵活，需要有较高的规范性和礼宾要求。喜庆的气氛，是由庆典活动的性质决定的，庆典活动体现着吉祥、和美、欢乐之意，要求组织者应突出欢喜吉庆的基调。隆重的场面要求活动的组织者在开展活动的环境和规格上需要下大工夫，通过邀请重量级嘉宾和营造隆重的场面，以增加媒体及社会公众的注意，扩大企业的社会影响。如深圳赛格集团开业典礼由深圳市市长主持剪彩，修正药业请国务院领导人出席并主持剪彩，均由本地区的新闻消息升格到国家级新闻媒介争相报道的消息，扩大了受众面，增强了宣传效应。

3. 社会公益赞助

社会公益赞助是指企业通过资助一定的实物或者承担全部或部分费用，赞助灾区建设，兴办文化、体育、社会福利事业和市政建设等向社会表示其承担的责任和义务，以扩大企业影响，提高知名度和美誉度的公共关系活动形式。

公益赞助的类型包括赞助灾区重建、赞助体育运动、赞助文化生活、赞助教育事业、赞助社会福利事业、赞助社会公益事业、赞助学术理论活动、赞助公共节日庆典活动、赞助建立职业性奖励基金等。此外，还有公共宣传用品的制作、社会竞赛活动的开展等，公关人员都应认真研究，不断开发，以增强赞助活动的效果。

12.5 营业推广策略

营业推广又称销售促进（sales promotion），是企业在某一段时期内采用特殊的手段对消费者实行强烈的刺激，以促进企业销售迅速增长的一种策略。营业推广与其他促销方式的不同之处在于：除了以强烈的呈现和特殊的优惠为特征，给消费者以不同寻常的刺激，从而激发起他们的购买欲望之外，还对中间商和销售人员进行激励，促使他们更加努力。

因受资源所限，营业推广不能作为企业一种经常的促销手段来加以使用，但在某一个特定时期内，对于促进销售的迅速增长则是十分有效的。

12.5.1 营业推广的方式和作用

1. 营业推广的方式

营业推广的方式按激励的对象不同，可以分为 3 种主要类型：面向消费者的营业推广，面向中间商的营业推广和面向企业内部销售人员的营业推广。

1）面向消费者的营业推广方式

（1）赠送促销。企业向消费者赠送样品或试用品，使其试尝、试用、试穿等。赠送样品是介绍新产品最有效的方法，但是费用较高。赠品可以选择在商店或闹市区散发，或在其他产品中附送，也可以公开广告赠送，或入户派送。

（2）优惠券。企业向目标消费者发放优惠券，消费者在购买某种商品时，持券可以折价购买到促销商品。优惠券可以通过广告、直接发放或邮寄的方式发送。

（3）现场演示。企业派促销员在销售现场演示本企业的产品，向消费者介绍产品的特点、用途和使用方法等。

（4）合作推广。企业与零售商联合促销，将一些能显示企业优势和特征的产品在商场集中陈列，边展销边销售。

（5）参与促销。通过消费者参与各种促销活动，如技能竞赛、产品知识比赛等活动，以获取企业的奖励。

（6）会议促销。企业在各类展销会、博览会、业务洽谈会期间进行各种现场产品介绍、推广和销售活动。

（7）包装促销。以较优惠的价格提供组合包装和搭配包装的产品。

（8）抽奖促销。消费者在购买一定的产品之后可获得抽奖券，凭券进行抽奖获得奖品或奖金。

2）面向中间商的营业推广方式

（1）商业补贴。生产商使用商业补贴来鼓励零售商和批发商支持其产品销售。该补贴也称为商业优惠。商业补贴的目的是借促使中间商尽可能多地购进厂商的产品。商业补贴的形式主要有商业折扣、回款补贴和市场开拓补贴三种形式。

（2）销售竞赛。厂商根据中间商销售本企业产品的实绩，分别给优胜者以不同的奖励，如现金奖、实物奖、免费旅游、度假奖等，以起到激励的作用。

（3）扶持零售商。生产商对零售商专柜的装修予以资助，提供 POP 广告，以强化零售网络，促使销售额增加；可派遣厂方信息员或代培销售人员。生产商这样做的目的是提高中间商推销本企业产品的积极性和能力。

（4）商品订货会。厂商通过开展商品订货会吸引中间商参会，并在订货会上推出一些优惠政策促使经销商作出订货决策。

（5）合作广告。厂商对中间商提供广告经费支持，中间商发布的广告由厂商来承担部分广告费用，以帮助中间商开展销售工作。

3）面向企业内部销售人员的营业推广方式

企业主要针对内部销售人员推出激励措施，鼓励他们努力销售产品或处理某些老产品，或促使他们积极开拓新市场。常用的方法主要有销售竞赛、免费提供人员培训、技术指导等形式。

2. 营业推广的作用

（1）企业可利用各种营业推广手段来吸引新顾客和新用户。因为营业推广对消费者的刺激比较强烈，很有可能吸引一部分新顾客的注意，使他们因追求某些利益方面的优惠而转向购买和使用本企业的产品。

（2）企业可利用各种营业推广手段来报答那些忠诚于本企业品牌产品的顾客。因为如“赠券”、“奖售”等手段所体现的利益让渡，受惠者大多是企业的品牌忠诚者，这就有可能增加这部分顾客的“回头率”，稳定企业的市场份额。

（3）企业可利用各种营业推广手段来补充和配合广告等其他促销策略，实现企业的营销目标。广告等手段的促销效应是长期的，从消费者接受广告信息到采取购买行为往往有一段时间，在这期间广告的促销效果可能减弱，也可能增强；而营业推广的促销效果则是即时的，反应较快。营业推广和广告同时使用，就有可能强化广告的促销效果，促使消费者尽早采取购买行为。

12.5.2 营业推广的策略①

如果说广告主要是为了建立消费者的品牌忠诚性，促使消费者指名购买企业产品，营业推广则在很大程度上是为了打破消费者对于其他企业产品的品牌忠诚性，以特殊的手段来扩大企业产品的消费市场。在大多数情况下，品牌声誉不高的产品采用营业推广的手段比较多。而名牌产品若过多地采用营业推广的手段，则有可能降低其品牌声誉，所以企业在运用营业推广策略时必须慎重。由于营业推广一般都表现为企业对购买者在利益上的让渡，所以对于价格弹性较大的产品来讲比较适用；而价格弹性小，品质要求高的产品则不宜过多采用。

近年来，我国某些企业利用营业推广的手段来推销一些质量很次的伪劣产品，给营业推广蒙上了不良的阴影，但这并不影响营业推广应成为我国发展商品经济中搞活企业经营的重要手段。应在加强市场管理的同时，积极利用各种营业推广的手段，搞活企业经营。

企业利用营业推广手段时，首先应根据企业的营销目标来确定营业推广的目标。或是争取新顾客，扩大市场份额；或是鼓励消费者多购，扩大产品销量；或是推销落令产品，延长产品生命周期。营业推广目标一旦确定，企业就应选择适当的营业推广手段来实现既定目标。营业推广手段选定后，企业应进一步制定具体的实施方案，如刺激的规模、刺激的对象、实施的途径、实施的时间、实施的时机和实施的总体预算，等等。若有需要，在实施营业推广方案之前还应对营业推广的做法在小范围内进行预试；在实施过程中也应随时掌握情况，不断调整对营业推广的全过程的控制；在一项营业推广活动结束后，还应及时总结，对实施的效果进行评估，并注意同其他促销策略之间的配合情况。

企业对于各种营业推广策略的选择应当根据其营销目标，根据其产品的特性，根据目标市场的顾客类型以及当时当地的有利时机灵活地加以选用。但任何营业推广的前提是产品必须能够达到规定的质量标准或具有明显的优势，而绝不能利用营业推广来推销损害消费者利益的假冒伪劣产品。

本章习题

一、单选题

1. 广告的最终目的是（　　）。

A. 提高知名度　　B. 扩大影响　　C. 促进交换　　D. 提高美誉度

① 晁钢令．市场营销学［M］．3版．上海：上海财经大学出版社，2008：321-322.

2. 最典型的人员推销方式是（　　）。

A. 上门推销　　B. 电视推销　　C. 柜台推销　　D. 会议推销

3. 促销组合主要包括公共关系、广告、人员推销和（　　）四种基本促销方式。

A. 产品包装　　B. 营业推广　　C. 信息加工　　D. 渠道管理

4. 人员推销的工作步骤是寻找顾客、接近准备、接近顾客、（　　）、处理异议、达成交易和跟踪服务。

A. 订购单获取　　B. 推销面谈　　C. 推销技巧　　D. 销售人员培训

5. 售点广告（POP 广告）和邮政或函件广告（DM 广告）属于（　　）。

A. 大众媒体　　B. 小众媒体　　C. 新媒体　　D. 网络媒体

二、多选题

1. 人员推销的主要任务包括（　　）。

A. 销售商品　　B. 收集信息　　C. 提供服务　　D. 实现个人价值

E. 教育消费者

2. 传统的四大广告媒体是指（　　）。

A. 网络　　B. 电视　　C. 广播　　D. 报纸

E. 杂志

3. 营业推广的三种主要类型是（　　）。

A. 面向消费者的营业推广　　B. 面向中间商的营业推广

C. 面向企业内部销售人员的营业推广　　D. 面向企业经理层的营业推广

E. 面向忠诚客户的营业推广

三、名词解释

1. 促销　　2. 广告　　3. 公共关系　　4. 促销组合　　5. 公共关系

四、简答及论述题

1. 消费者购买决策过程有哪些阶段？如何理解消费者购买决策过程？
2. 中国文化有哪些主要特征？举例说明中国文化特征对中国消费者行为的影响。
3. 简述影响消费者购买行为的因素。
4. 如何测定社会阶层？如何划分我国社会阶层？
5. 什么是生活周期？企业如何利用家庭生活周期采取相关的营销策略？

案例讨论

王老吉：一个亿捐款背后的逻辑

公益营销背后确实隐藏了很多机会。但这么多的机会里有大有小，有难有易，投身公益营销回报大不大，不在于出的钱多不多，而在于是不是能够抓住最关键的核心机会。

只有这个机会，才能催化公益营销的效应，产生四两拨千斤的效果。

“王老吉，你够狠！捐一个亿！为了整治这个嚣张的企业，买光超市的王老吉！上一罐买一罐！”。这段话来自一篇题为《让王老吉从中国的货架上消失！封杀它!》的帖子。虽然只有短短40多个字，但其中的巨大“杀伤力”，可抵十万雄兵。

这就是王老吉。在不同人眼中，王老吉有很多面，有人说王老吉粗俗得可以，把中国人民当白痴，雇佣网络营销团队到处注册新址，自编、自导、自演了一出“独角戏”。无论是发帖还是跟帖，据说80%都来自于一家号称月收费38万的网络推广公司；也有人说，王老吉有爱心，大灾当前充当了一个大爱的角色，是中国人身上那股子向上的力量；还有人说，虽然王老吉炒作痕迹明显，但1个亿是不折不扣的真金白银，瑕不掩瑜，就算有炒作的成分，但作为中国食品业界的“第一捐”，王老吉仍然值得敬重。

尽管在汶川地震中，捐赠超过1个亿，或者和王老吉一样多的企业为数不少，譬如央视赈灾晚会当天，王老吉旁边的“日照钢铁”也捐了1个亿，但是很明显，几天之后几乎没几个人记住了这家日照钢铁公司，而王老吉却成了中国人民特别是中国网民心目中的“品牌英雄”。之所以出现如此之大的天壤之别，背后的故事发人深省。

这是一个营销的时代，每个品牌、每家企业都在不遗余力地与消费者进行沟通，一遍又一遍地诉说着自己如何如何的好，希望能够有效地扒开消费者的钱包；这也是一个不幸的时代，每天发生在地球上的天灾人祸层出不穷，大到国家、企业，小到个人，都必须经历一个又一个的突发事件。当企业面对汶川地震这样的突发事件时，企业可以做些什么，又应该做些什么，企业要怎么做才能既符合商业利益，又兼顾社会责任，这是一个大课题，所有企业都希望能够参透这个课题。王老吉虽然捐赠了1个亿，超常规地履行了一家企业的社会责任，但王老吉同时也收获了社会给予的丰厚回馈——王老吉第二天开始全国市场全线飘红，点燃了一波巨大的营销旋风。原本一直在北方市场徘徊不前的状态一朝之间风云变幻，开始为北方所尝试接受。还有那些原本王老吉进入不了的渠道，也成功地借助这次公益营销得以入驻，所有这些都是王老吉此番义捐的现实收益；而那些改编的广告语“要捐就捐一个亿，要喝就喝王老吉”、“今年过节不收礼，收礼只收王老吉”，还有几亿中国网友的相互传播，可以说是王老吉的品牌潜在收益了。

王老吉捐赠1个亿所引起的种种讨论和争议，重新让食品行业思考一个老问题——公益营销，如何才能做到“赢”销。

（资料来源：草根站长．王老吉：一个亿捐款背后的逻辑［OL］．［2010-09-10］．http：//chuangye.236z.com/69/2010/09/10/117708.html.）

思考讨论题

为何王老吉能够成为汶川地震公益捐款众多商家中最大的赢家？

第 13 章

市场营销管理

本章导读

市场营销管理过程涉及营销活动的方方面面，是企业根据外部环境变化，结合自身特点，对营销活动进行计划、组织、执行与控制的一系列管理过程。本章重点探讨的市场营销管理工作，包含 4 个方面的内容：市场营销计划的含义、内容及编制原则；市场营销组织结构的特点、形式；市场营销的执行过程及存在的问题；市场营销控制的方法，包括年度计划控制、盈利能力控制、效率控制和战略控制等。

本章的知识结构图如下：

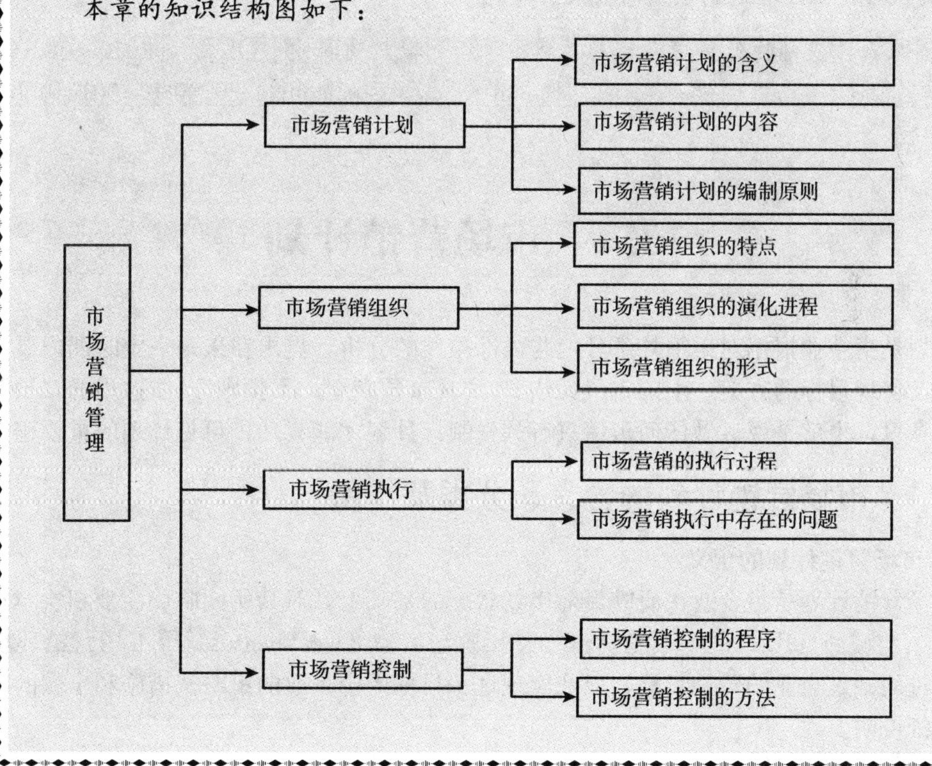

开篇案例

中奖容易兑奖难

2010年夏天，饮料厂商为招揽生意展开了竞争的“暗战”。其中康师傅“再来一瓶”有奖赠饮的营销策划使其成为今年夏天的主角。康师傅计划在2010年9月底活动结束时送出15亿瓶，其中，茶系列饮品的综合中奖概率约为20%，果汁系列饮品以及传世新饮系列饮品的综合中奖率约为15%。根据活动规则，中奖者凭中奖瓶盖可在指定零售地点兑换相同规格的康师傅系列饮品一份。然而，哪些是指定零售地点却没有说明，当消费者拿着中奖瓶盖去兑换饮料时，遇到了很大的困难。

苏州某消费者在市民政局西侧的可的超市，购买了两瓶康师傅绿茶，打开瓶盖，其中一只瓶盖上印有“再来一瓶”。消费者随即向售货员提出兑奖要求，却遭到售货员的拒绝：“我们这里不能兑，你到别的地方去兑吧！”售货员表示，这是他们公司的规定，就是不能兑。带着中奖瓶盖，消费者随后来到了十梓街上另一家销售饮料的小店，当其拿出瓶盖询问是否可以兑奖时，店老板摇了摇头。消费者又跑到凤凰街和十全街的另外四家超市和小便利店，无一例外地被拒绝了。他们几乎给出统一的说法，只负责卖，不负责兑，想兑奖，可以去别的店，也可以拨打瓶子上的电话找厂家。于是，消费者手里的中奖瓶盖成了鸡肋，扔掉太可惜，留着却无法兑奖。本来很好的营销策划，却因为没有有效的执行，而没有达到预期的效果。

（资料来源：康师傅饮料中奖容易兑奖难　经销商厂商扯皮［OL］.［2010-08-05］. http：//hb.qq.com/a/20100805/001610.htm.）

13.1　市场营销计划

计划是指企业根据对组织外部环境与内部条件的分析，提出在未来一定时期内要达到的目标以及实现目标的方案。中国古代兵法曰：“凡事预则立，不预则废。”这里的“预”就是计划的意思，也就是说，做任何事情只有预先制订计划才能成功，可见计划的重要程度。

13.1.1　市场营销计划的含义、分类及作用

1. 市场营销计划的含义

市场营销计划是指企业在研究目前市场状况的基础上，对其所面临的主要机会（opportunities）与威胁（threats）、优势（strengths）与劣势（weaknesses）等市场营销环境进行分析，进而制定企业的营销目标，以及实现这一目标所应采取的策略、措施和步骤的明确规定和详细说明。

2. 市场营销计划的分类

1）按照计划的时间长短划分

市场营销计划可以分为长期计划、中期计划和短期计划。

（1）长期计划的期限一般为5年以上，为企业的营销工作进行远期部署，主要是确定企

业未来发展方向的纲领性计划。

(2) 中期计划的期限是1～5年，为企业的营销工作提供具体的方法指导。

(3) 短期计划的期限通常为1年，如年度计划，是企业年度市场营销全部工作的组织计划文件。

2) 按照计划的内容不同划分

市场营销计划可以分为品牌计划、渠道计划、促销计划、定价计划等。

(1) 品牌计划 (brand plans)，即单个品牌的营销计划，它是一种使客户对企业特定品牌形成认知的措施和步骤。品牌现在逐渐受到企业重视，成为营销的重心，品牌营销计划由品牌经理负责制定。

(2) 渠道计划 (distribution plans)，是指企业为实现分销目标，对各种备选渠道进行评估和选择，从而开发新型的营销渠道或改进现有营销渠道的措施和步骤。渠道计划包括销售渠道的建立、销售渠道的选择等内容。

(3) 促销计划 (promotional plans)，是指企业为了能在短期内达到提升业绩、增加收益的目的，而进行的促进某种商品或服务销售的措施和步骤。促销计划具体包括人员推销计划、广告宣传计划、公共关系计划、营业推广计划以及各种促销方式的组合计划等内容。

(4) 定价计划 (pricing plans)，是对企业产品价格的高低变化、折扣比例采用等的具体安排。

3) 按照计划涉及的程度不同划分

市场营销计划可以分为战略计划、战术计划和执行计划。

(1) 战略计划 (strategic plans)，是关于企业发展方向的整体计划，企业通常根据自身的经营目标，综合分析内、外部环境情况，对全部营销业务活动进行系统安排，为企业营销提供明确的指导方向。战略计划有效期限较长，通常5年以上，供企业高层决策者使用。

(2) 战术计划 (tactical plans)，是企业编制的某一方面经营活动使用的具体方法和原则。战术计划带有局部性质，供各部门中层管理者使用，为营销活动提供依据和控制。包含采购计划、产品研发计划、生产计划、服务计划和销售计划等具体实施内容。

(3) 执行计划 (executive plans)，是企业营销的实际操作性计划，供基层工作人员作为落实具体工作的依据。如某一次具体的促销活动计划，对活动的内容、时间、地点、活动方式、参加人员等进行详细的规定和说明。

4) 按照建立的营销计划的职能机构不同划分

市场营销计划可以分为主要以利润为中心的各种形式的计划，如“产品经理制”营销计划、“市场经理制”营销计划、“事业部制”营销计划等。

3. 市场营销计划的作用

市场营销计划是组织协调的前提，是活动执行的准则，是管理控制的依据，它决定了企业营销活动的方向与细节，在营销管理工作中起着关键性的作用。

(1) 营销计划详细阐述了企业预期的经济效益，使企业有明确的发展目标，减少心动的盲目性和风险性。企业可以在整个计划的执行过程中，根据预期的目标调整行动方案，采取相应的措施，力争达到预期目标。

(2) 营销计划确定了实现计划活动所需的资源，使企业在执行过程中能够控制成本，避免浪费。企业预先掌握计划活动的资源需要量及相应的花费，便于在活动中精打细算，节约开支。

(3) 营销计划描述了计划活动的任务和方案，使企业各部门和人员明确工作方向和自己的职责。企业部门和人员只有在充分了解任务的基础上才能在行动中协调一致，并争取超额完成任务。

(4) 营销计划有助于对活动的有效监控，使企业各部门和人员按照活动内容实施行动。通过监测企业市场营销活动的行动和效果，顺利完成企业的各项任务和目标，从而使企业获得进一步的发展。

13.1.2 市场营销计划的内容

市场营销计划的类型多种多样，不同的计划一般设计的内容、详略程度各不相同。但是，从整体上看，市场营销计划大致相同的内容包括：计划摘要、市场营销状况、环境分析、拟定营销目标、营销策略、实施方案、损益情况预测和营销控制 8 个部分（如图 13－1 所示）。

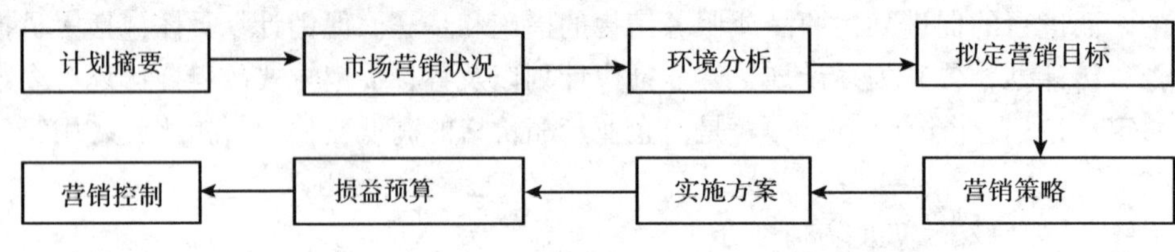

图 13－1 市场营销计划

1. 计划摘要

计划摘要出现在每一份营销计划的开头，类似内容提要的性质，是关于本计划主要目标和措施的简短介绍，要用高度概括和准确清晰的语句阐明计划要点，目的是使相关人员能迅速了解整个计划的核心内容。

某企业的营销计划摘要是："本企业计划年销售额 1 500 万元，利润目标为 100 万元，比上年增加 10%。该目标可以通过加强服务、提高技术、节约成本、加强广告和促销力度实现，为此要求营销预算比上年提高 5%，达到 20 万元。"

通常情况下，为方便查阅计划书中的有关部分，在计划摘要的后面，需要附列有关内容的相应页码。

2. 市场营销状况

制订市场营销计划之前，必须首先了解目前的市场营销状况；否则，制订的营销计划难免盲目，脱离实际。市场营销状况主要包括市场状况、产品状况、竞争状况、分销状况、宏观环境状况等。

(1) 市场状况，描述市场的基本情况，包括市场规模与增长情况、市场细分情况，提供顾客需求、观念及购买行为方面的状况。大部分市场状况的结果是通过市场调研得出的，部分结果以数据和图表显示。

(2) 产品状况，列出企业产品的成分、功能、价格、成本、利润（利润率）、销售额、市场占有率等方面的资料。

(3) 竞争形势，指出主要竞争者与市场跟随者有哪些，各竞争者的规模、目标、市场占有率、产品质量、采用的市场营销战略及其变化等任何有助于判断其意图、行为的资料。该部分资料越充分越好。

（4）分销情况，指出各分销渠道近期的销售情况，各渠道的类型、相对重要性的大小及其变化情况、发展趋势等。不仅要说明其经营能力等各方面的差异，还要分析应当进行怎样的投入、产生怎样的激励效果，以及各自所需要的交易条件、交易方式。

（5）宏观环境状况，对影响该产品市场营销宏观环境的有关因素的状况及其主要发展趋势作出简要的介绍，包括政治环境、经济环境、法律环境、科技环境、自然环境、人口环境、社会文化环境等的现状及未来变化的趋势，并分析其对产品的影响情况。

3. 环境分析

在充分掌握市场现状资料的基础上，企业围绕产品进行机会与威胁、优势与劣势的环境分析，确定计划中存在的主要问题，帮助企业形成有关市场营销的目标、战略和战术。

4. 拟定营销目标

拟定营销目标是根据市场分析做出的，是市场营销活动所要达到的最终结果，一般包括财务目标和营销目标两部分内容。财务目标主要指每一个战略业务单位的报酬目标，如利润额、利润率、投资回报率等指标；营销目标则主要指实现财务目标必须达到的销售目标，如单价、销售收入、销售量、产品知名度、销售网点覆盖、市场份额、竞争力等内容。

计划书中营销目标的制定必须注意以下几个方面。

① 各个目标不能简单停留在概念阶段，必须明确、具体。

② 各目标应保持内在的关联性以及前后的一致性。

③ 这些目标应当具有可操作性，是能够达到的，又具有一定的难度，能够激发员工的最大努力。

④ 营销目标的描述尽量以定量形式说明要达到的程度，避免使用“较多”、“广泛”、“大幅度提高”等含糊的词语。

⑤ 应当考虑时间因素，有一个可以完成的起止期限。

例如：2010年企业希望增加利润，由原来的300万元提高到现在的420万元，每件产品单价50元不变，市场占有率由原来的20%提高到28%，销售网点扩大10%，等等。

5. 营销策略

营销目标给整个企业的行动提供了指导和发展方向，营销策略则是达到营销目标的途径和手段。营销目标可以通过多种途径来实现，例如，企业年度目标是增加5%的销售额，可以通过增加销售量、提高产品单价、降低成本、增加销售品种来获得，因而必须通过深入的分析和权衡，才能作出最合理的选择。营销策略主要由3个部分组成。

（1）目标市场，包括目标市场选择和目标市场定位。目标市场选择即企业及产品准备进入哪个或哪几个细分市场。不同的细分市场中顾客偏好、需求、盈利能力、对营销的反应是不同的，企业需要精心地区分目标市场，针对不同市场的特点分配营销资源，使用不同的营销手段。目标市场定位则需要通过创造鲜明的企业或商品特色和个性塑造出独特的企业或商品形象，建立竞争优势，进而确立自己的市场位置。

（2）营销因素组合。选定细分市场后，分别制定包括产品策略、价格策略、渠道策略和促销策略等因素在内的一体化策略。这4个基本因素是相互依存、相互影响的。在开展市场营销活动时，不能孤立地考虑某一因素，应当综合考虑4个因素的组合情况，才能创造最佳的效果。

（3）营销费用预估。是指执行有关营销策略所需费用支出的水平、用途和理由，包括研发费用、促销费用、分销渠道费用等花费的预算。

在制定战略的过程中，营销部门的一项重要工作是与其他有关部门的关键人员合作，对战略制定的具体细节进行讨论、协商，争取他们的支持。比如与采购部门、研究和开发部门以及生产部门、财务部门沟通，了解他们执行计划中有什么问题与困难，能否解决以及打算如何解决，哪些方面可以做得更好。如果不经过沟通，营销战略完全由营销部门制定，然后由其他部门执行，那么战略的制定难免盲目、与事实不符，会造成计划难以落实或干脆被忽视的情况发生。

6. 实施方案

实施方案是营销策略发挥效用的具体行动方案，它详细、明确地阐述了营销活动做什么、谁来做，何时做、花费多少成本以及达到什么要求等多个方面的问题，全盘考虑营销策略实施过程中的各个因素、环节，形成整套的战术方案，按时间顺序列成表，使管理者与执行者对整个实施方案一目了然，便于执行和控制。例如，市场营销管理人员如果想通过广告宣传推广新产品，确立市场知名度，那么就要制定相应的广告宣传计划及一系列具体行动方案，包括选择广告公司、评价广告方案、选择广告宣传手段，以及决定广告宣传的时间、宣传区域、发生费用等。

7. 损益预算

决定目标、战略和实施方案以后，需要编制一份类似盈亏报告的损益预算书。在预算书中首先列出预计的单位销售数量及平均单价，计算预计的总体收入；然后列出营销活动涉及的全部花费，例如生产成本、运输费用、劳务费用以及各种宣传费用，计算预计的总体支出；最后，计算收入与支出的差额，就是预计的利润。预算经上级主管审查、批准之后，将作为营销活动安排和管理的依据。

8. 营销控制

营销控制是营销计划的最后一部分，主要说明如何针对计划的执行过程、进度进行管理。常用的做法是把目标、预算按月或季度分开，便于上级主管部门及时对各个阶段的销售执行情况进行监督、检查，掌握未能完成任务的部门、环节，分析原因，要求作出解释并提出改进措施，保证计划的有效执行。

市场营销计划就是由以上 8 个部分构成的。企业的市场营销计划制订并经审批后，就成为企业营销部门一定时期内的行动纲领，成为各项营销活动的主要依据。

13.1.3 市场营销计划的编制原则

为了使企业的营销计划切实可行且具有先进性和科学性，要求编制营销计划时，必须遵循下列原则。

首先，市场营销计划的编制要以满足市场需求、满足企业目标为原则。协调各部门、各环节的关系，促使企业营销目标的实现。

其次，要充分考虑到企业的外部环境和内部条件，贯彻量力而行的原则。根据自身条件，合理地制订营销计划，切不可脱离实际；同时，又不能消极保守、坐失良机。因此，销售计划的编制一定要依据客观条件，制订出经过努力可以实现的具有科学性和先进性的经营目标。

最后，要在国家的方针、政策的指导下，贯彻依法经营的原则。

13.2 市场营销组织

为了实施计划、互相协作，需要形成一个有效率的集团或团体，这就是组织。市场营销组织是由企业内部直接从事市场营销活动的各个部门及其人员所构成的有机体系。它是保证企业市场营销计划有效执行的手段，是实现企业经营目标的核心职能部门。

13.2.1 市场营销组织的特点

市场营销组织是指企业内部涉及市场营销活动的各个职能部门及其形成的结构模式。市场营销组织区别于其他组织的独特之处是其具有系统性和灵活性的特点。

系统性是指营销计划的实施涉及企业内部的各个职能部门，如市场营销部门、市场调研与预测部门、生产部门、财务及人事部门等，应当是以市场营销部门为主导，其他职能部门相互配合，相互协调，形成一个完整的系统，共同为实现企业目标、计划而努力。

灵活性是指企业的营销组织机构构成及运行方式必须符合市场营销观念的要求，即企业组织能够根据营销环境和企业资源、目标、策略的变化，迅速地作出反应，突破传统组织的僵化性，调整自己，使营销组织适应需要、富有弹性，使企业在市场经营活动中掌握主动权。

阅读资料 13－1

联想集团组织结构的调整

1987 年以前，联想的规模还比较小，当时的联想采用的是自称为“平底快船”的管理模式，强调快速反应，快速决策。这种管理模式的实质是在公司人员少、部门少的情况下，人员和部门一专多能，什么事都要干的高度集权的管理模式。

1987 年，联想的销售收入 7014 万元，实力有了大幅度的增强。于是 1988 年联想集团管理层决定组织结构进行调整，提出和实施海外发展战略，组织新的组织结构——“大船结构”管理模式，建立一支组织严密、战斗力强的经营队伍。这种管理模式的特点是“集中指挥、分工协作”。公司设置一个决策系统、一套服务系统、一个供货渠道、一个财务部门。

进入 20 世纪 90 年代，中国计算机产业被迫参加到世界计算机工业在中国市场的激烈竞争中。1993 年，是联想人比较“黯然”的一年，联想历史上第一次没有完成自己的计划指标。由此引发了一场关于联想内部管理思想的大讨论：“大船结构”是否适应联想日益发展的要求，是否适应电脑行业产品更新换代快和市场竞争激烈的特点。在此背景下，联想历史上第三代模式——“舰队结构”模式应运而生。“舰队模式”即事业部制，强调集权与分权相结合，事业部对产供销各环节统一管理，享有经营决策权、财务支配权和人事管理权。公司通过设立销售总监、时务总监，健全人事、时务和审计方面的制度，对事业部实现“目标管理”、“过程监控”。1994 年 3 月 19 日，联想召开微机事业部成立大会，将公司内部与微机相关的十几个部门合并在一起，形成了供应、生产、销售、技术服务为“龙头”，统一指挥，消除内耗，全方位降低成本。从此以后，联想集团取得了长足的发展。

（资料来源：徐鼎亚．市场营销学［M］．3 版．上海：复旦大学出版社，2007：349.）

13.2.2 市场营销组织的演化进程

市场营销组织是执行营销计划的职能部门，它的建立受到了内外部环境因素的制约，例如宏观环境、国家经济体制、企业营销的指导思想、企业自身所处的发展阶段、经营范围、业务特点等因素。在内外部环境因素变化的影响下，市场营销组织必然有一个不断演变、进化的过程。至今，市场营销组织的演变经历了简单的销售部门、兼有附属职能的销售部门、独立的市场营销部门、现代市场营销部门，以及现代市场营销企业5个阶段。

1. 简单的销售部门

20世纪30年代以前，西方企业以生产观念作为指导思想，所有企业都是从财务、生产、销售和会计这四个基本职能部门开展活动的。财务部门负责资金的筹措；生产部门负责产品制造；销售部门通常由一位副总经理负责，管理销售人员，并兼管若干市场营销研究和广告宣传工作（见图13－2）。在这个阶段，销售部门的职能仅仅是推销生产部门生产出来的产品，生产什么、销售什么；生产多少，销售多少。产品生产、库存管理等完全由生产部门决定，销售部门对产品的种类、规格、数量等问题，几乎没有任何发言权。

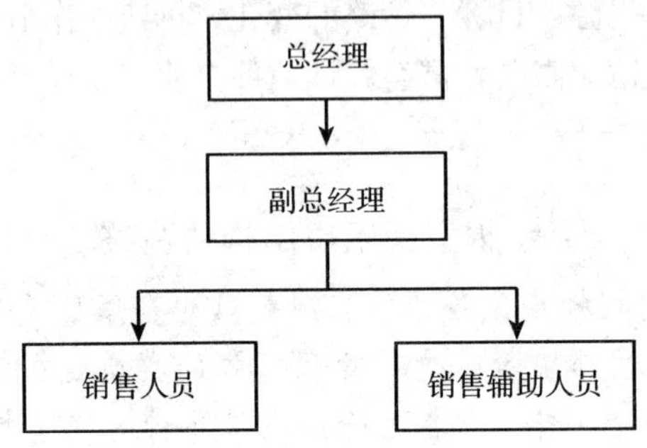

图13－2　简单的销售部门

2. 兼有附属职能的销售部门

20世纪30年代经济大萧条以后，生产水平普遍提高，市场竞争日趋激烈，企业不得不开始重视销售工作，重视销售对企业发展前景的影响，销售组织也随之扩大。职能范围除了推销产品以外，还要完成许多辅助职能的工作，如市场调研、广告宣传、为顾客提供咨询等。当工作量达到一定程度时，便会设立一名市场营销主任负责这方面的工作（见图13－3）。

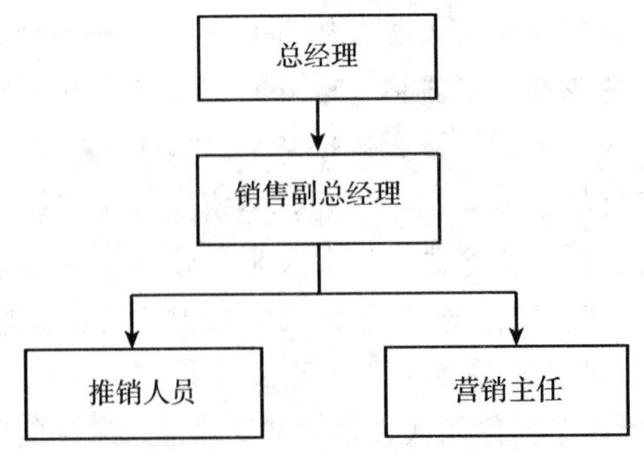

图13－3　兼有附属职能的销售部门

3. 独立的市场营销部门

随着企业规模和业务范围的进一步扩大，市场调研、新产品开发、广告促销和客户服务等市场营销职能的重要性日益增强。企业认识到，大多数销售副总经理单纯地从提高短期销售量的角度提出看法，而不是从市场和顾客的角度看问题。于是设立一个相对独立于主管销售副总经理的营销部门，从各角度分析企业面临的机遇与挑战。例如，产品的销售量出现大幅度下滑，总经理问销售经理解决办法，销售经理常常从雇用更多业务员开展工作，或者减少成本以降低价格、提高销量的角度提出建议。而营销部经理往往是从消费者角度出发分析问题，诸如产品的市场定位是否正确？与竞争者相比产品的特点、风格、包装、服务、配送及促销手段等方面是不是有特色？这些特色是否更为消费者所接受？显然这样分析对解决问题更为有效。

因此，本阶段市场营销部门不再受销售副总经理兼管，成为了一个相对独立的职能部门。这样，在企业的结构中出现了两个既相互独立、又紧密合作的平行的职能部门：销售部和营销部。营销副总经理同销售副总经理一样直接受总经理的领导（见图 13－4）。

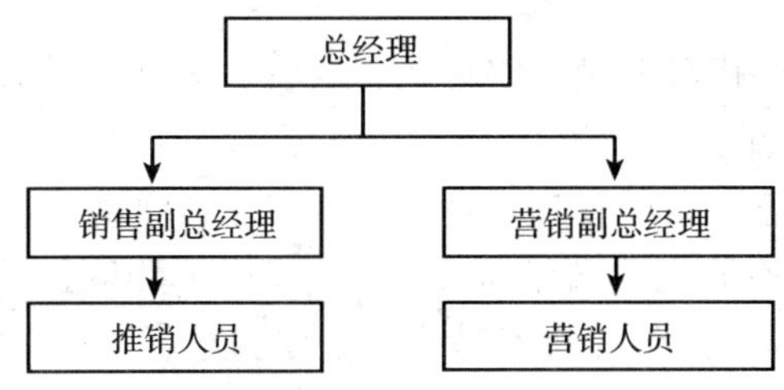

图 13－4　独立的市场营销部门

4. 现代市场营销部门

现代市场经济条件下由于企业竞争的日益激烈，消费者的重要地位突显，只有从顾客角度出发，真正认清消费者的需求，刺激和满足顾客的欲望才能够在现代市场竞争中保持优势，企业经营的推销观念逐渐演变为市场营销观念。但是，企业内部销售部门与市场营销部门本应是配合默契、互相协调的地位平等的两个部门，却产生了一种彼此敌对、互相矛盾的关系。销售经理趋向于短期行为，侧重于取得眼前的销售量和销售额；而市场营销经理则多着眼于长期效果，侧重于制定满足消费者需求的长期产品计划和市场营销战略。为了减少销售活动和营销活动之间的冲突，企业通常的做法有两种：其一是将营销活动置于销售经理的管理之下；其二是由营销经理全权处理这类事务，包括负责销售队伍的管理。显然，在现代市场营销观念的指导下，许多企业最终采纳了后一种解决办法，并形成了现代营销部门的基础，即由市场营销副总经理全面负责，直接管辖所有市场营销职能部门和销售部门（见图 13－5）。

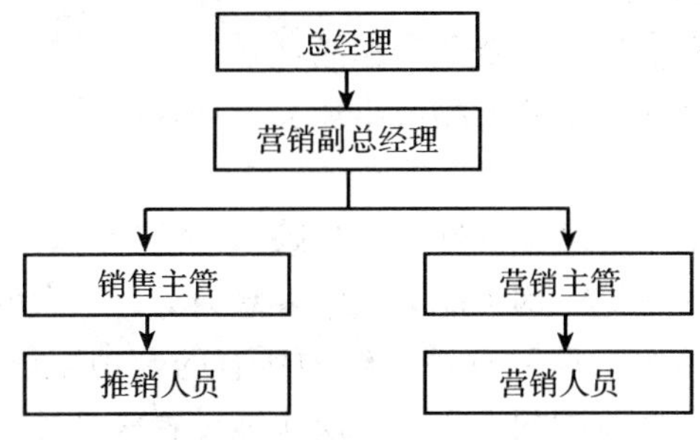

图 13－5　现代市场营销部门

5. 现代市场营销企业

一个企业仅仅具备了现代市场营销部门，还不等于是现代市场营销企业。现代市场营销企业必须是按现代营销观念经营的企业，企业内部各管理人员甚至全体员工都能够认识到，企业一切工作都是围绕“为顾客服务”展开的。只有“市场营销”不仅是一个营销部门的工作，而是整个企业的经营理念时，这个企业才能算是一个“以顾客为中心”的现代市场营销企业。

13.2.3 市场营销组织的形式

所有的营销组织必须与营销职能、地理区域、产品和消费者市场相适应，由此形成5种基本的营销组织形式，即职能型组织、地区型组织、产品型组织、市场型组织和产品－市场型组织。企业只有充分考虑不同的市场环境和不同的企业实际情况，选择合适的市场营销组织，才能实现企业的经营目标。

1. 职能型组织形式

这是最常见、最普通的市场营销组织形式。企业根据市场营销活动的需要，在营销部门内部下设各种职能部门，如营销管理、广告宣传与促销、新产品开发、市场调研、销售业务等。这种组织里有5种专家：营销管理经理、广告宣传与促销经理、新产品开发经理、市场调研经理和销售经理，他们分别受营销副总经理管辖，营销副总经理负责协调他们的工作（见图13－6）。此外，职能部门的数量不是一成不变的，可以根据需要随时增减，如增加顾客服务经理、营销规划经理、产品储运经理等。

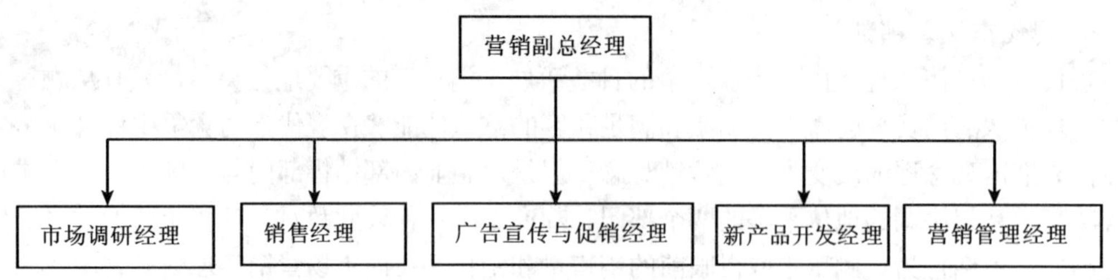

图13－6 职能型组织形式

职能型营销组织比较适合于产品品种少或销售地区集中、经营方式变化不大的企业。主要优点是机构简单，责任分工明确，职能部门增减方便，集中管理、统一指挥。其不足之处在于，该组织内部各职能部门之间分工差异大，都想为自己争取更多的预算和更重要的地位，作为协调者的营销副总经理很难做到使各方都满意。同时，由于该组织形式中没有人对产品或市场从头至尾负完全责任，当企业产品品种增多、市场扩大时，产品或市场计划的某些环节就会容易出现漏洞，甚至某些产品或市场会被直接忽视，从而影响企业的工作效率。

2. 地区型组织形式

一个企业的营销范围如果是跨地区性的，如跨地市的、跨省的、跨国的，由于各地区的地理气候、经济环境、生活习惯、购买能力、顾客意向等有很大的差异，通常可以按照地理区域安排自己的市场营销组织。这种营销组织中所有的营销职能仍由营销副总经理统一领导，在此基础上按照地理区域范围的大小，分层次地设置区域性经理，全权负责该地区的各项营销计划的制订及实施，构成一个分布全国的销售网络（见图13－7）。例如，许多公司把中国大陆分成华东、华南、华北、西南四大区域，每个区域各设一个区域销售经理。区域经理根据所管辖省市的销售情况下设若干地区销售经理，地区销售经理下设若干地方销售经理，每个地方经理再领导几位销售人员开展工作。

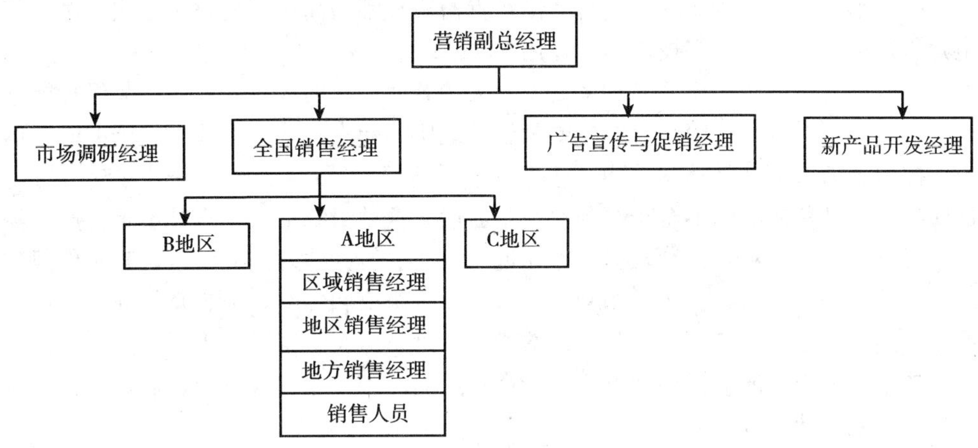

图 13－7　地区型组织形式

地区型组织形式适合于业务分布广泛、经营品种单一的大型企业单位。它的优点是部门设置灵活，避免了职能的重复；层层管理提高销售效率；发挥每个地区部门熟悉该地区情况的优势，有利于大范围开展销售活动。其缺点是当企业经营品种较多时，很难按不同产品的使用对象来综合考虑；各地区的活动难以协调；管理费用高。

3. 产品型组织形式

美国宝洁公司经营种类较多，横跨了清洁用品、食品、纸制品、药品等多种行业，而且许多产品都拥有多个品牌。面对这种复杂的局面，1927 年美国宝洁公司一位名叫纳尔·麦克埃尔罗伊的年轻人负责统筹开发，并推出了产品型组织形式。这种营销组织在企业内部建立产品经理组织制度，以协调职能型组织中存在的问题，即所有营销职能仍然由营销副总经理统一领导，下设一名总产品经理，总产品经理领导下按每类产品分别设若干产品线经理，产品线之下再按每个产品分别设一名产品经理，实行分层管理（见图 13－8）。

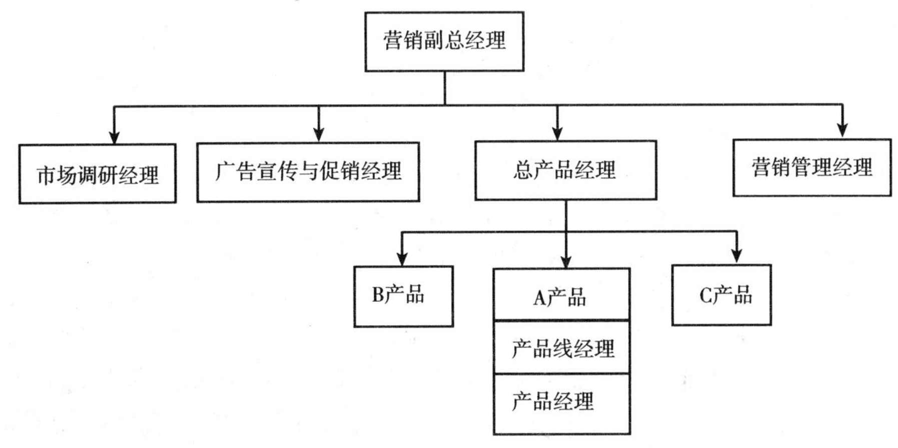

图 13－8　产品型组织形式

产品经理的主要任务是制定发展产品的长期经营和竞争战略，编制产品的年度营销计划，监督计划的实施，检查计划执行的结果并纠正实施中的偏差，提出产品改进意见，以迎合经常变化的市场需求等。例如，乐凯企业就为它的普通胶卷产品、工业用胶卷和医用胶卷配备了不同的销售队伍。普通胶卷销售队伍负责密集分销的简单产品，工业用和医用胶卷销售队伍则负责那些需掌握一定技术的产业用品。

产品型组织形式适用于产品品种多、差异大的企业。它的优点是：各产品经理能够对产品进行集中管理，将产品营销组合的各要素较好地协调起来；能对市场上出现的问题迅速作出反应，按市场需求不断地改进和开发新产品，有利于产品的销售；由于有专门的经理负责，那些较小的品种或品牌不至于遭到忽视。当然，这种组织形式也有其不足：产品经理没有有效履行自己职责的足够权利，只有靠劝说的方法取得其他部门的配合，其工作很难顺利开展；各产品经理为保持各自产品的利益经常会发生摩擦和冲突，缺乏整体观念；这种管理形式由于产品部重复设置相同职能部门，造成人员过于庞大、费用开支增加的情况；由于权责划分不清楚，下级可能会得到多方面的指令；产品经理任职期限较短，制订的市场营销计划往往缺乏长期连续性。

阅读资料 13－2

改善产品经理制的运行机制

（1）明确规定产品经理对产品管理所承担的职责范围。在大多数的公司中他们主要是建设者而非决策者。

（2）建立一个战略发展和评估考核程序，使产品经理在战略计划制订方面有明确的职责范围。

（3）在规定产品经理和职能专家职责时，仔细考虑可能发生矛盾和冲突的方面，明确哪些由产品经理负责，哪些由职能专家负责，哪些应共同负责。

（4）建立一定的程序，使产品经理和职能部门之间发生的冲突都能提交总经理，使冲突能得到妥善解决。

（5）建立一个衡量与考核产品经理责任和绩效的制度。如果产品经理能够证明为公司获得更多利润，公司应赋予他们对盈利性有影响的因素以更大的支配权。

（资料来源：http：//wenku. baidu. com/view/daa80d53ad02de80d4d840e3. html.）

4. 市场型组织形式

企业的产品会在不同的市场上销售，例如一家木材公司可以将木材出售给建筑、家具、公用事业等多种行业的消费者，由于消费者需求的差异性、购买行为与特点是不同的，而产品是相同的，这时产品型组织已经不能发挥其优势，市场型组织形式应运而生。这种营销组织对每一个细分市场安排一名市场经理，所有的市场经理由市场主管经理监督管理，而市场主管经理与其他营销职能由营销副总经理统一协调（见图 13－9）。市场经理要经常分析市场趋势及需求变化，判断企业应该为市场提供什么新产品，制订所辖市场的长期计划和年度计划，并向市场主管经理提交市场分析报告，以供领导决策参考等，其最终目标是扩大市场占有率。

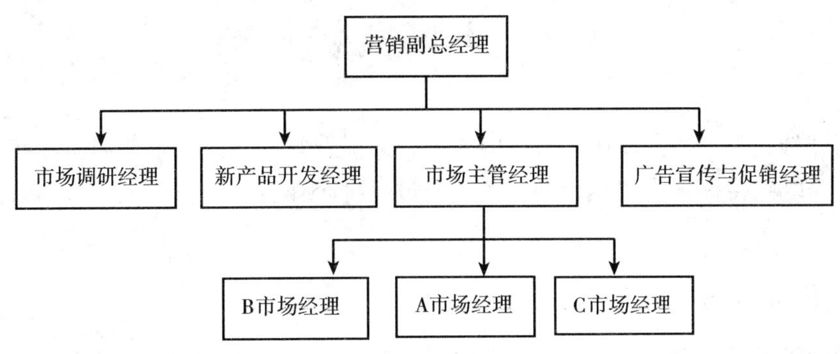

图 13－9　市场型组织形式

当企业具有单一的产品大类，面对各种不同喜好的消费群体，使用不同的分销渠道时，建立市场型组织是可行的。它的优点在于可以充分运用市场细分的观念和方法，针对各市场的特点进行分析，有侧重地制订有效的营销计划，根据各自的顾客群的需要开展营销活动并灵活地进行调整，有利于企业加强销售和开拓市场。市场型组织结构使市场成为企业各部门为之服务的中心，符合现代市场营销观念的要求，在以市场经济为主的国家中，越来越多的企业的市场营销组织是按市场管理型建立的。但该组织形式也存在职能部门重复、权责不清和多头领导的缺陷，特别是当企业的产品项目较多、销售队伍庞大时，很容易出现多重销售人员向同一个顾客销售产品的情况，形成不必要的重复和浪费。

5. 产品-市场型组织形式

当企业生产多种产品并向多个市场销售产品时，采用产品型组织形式或市场型组织形式都不恰当，最合适的选择是产品-市场型组织形式。产品-市场型组织形式是把产品型和市场型两种组织形式结合起来，在企业内部同时设置产品经理和市场经理，形成一种二维矩阵的组织形式（见图 13－10）。在按矩阵组织形式组成的营销部门里，产品经理负责各自产品的设计、生产和销售计划，致力于增加其分管产品的销售业绩和开发分管产品的新用途；市场经理则负责各自主管市场的占有率的提高，着眼于企业的长期需要。产品经理和市场经理之间应当经常交流，密切配合，共同参与企业营销计划的制订与实施。

	A市场经理	B市场经理	C市场经理
甲产品经理			
乙产品经理			
丙产品经理			

图 13－10　产品-市场型组织形式

这种方式适合于生产不同类型产品，又面向不同类型市场销售的多角化经营的企业。该组织形式的优点在于，能加强企业内部之间的协作，集中各专业人员的知识、技能，又不增加人员的编制，组建方便，适应性强，有利于提高工作效率。其缺点主要表现在双重领导易于产生矛盾，过于分权化导致稳定性差和管理费用较高。

进入 20 世纪 90 年代以来，随着电子通信技术的不断进步，全球性竞争的日趋激烈，使企业市场营销环境发生了巨大的变化，这就要求企业更加重视营销组织的完善与创新。

13.3 市场营销执行

再好的计划也需要通过具体、有效的实施，才能获得成功。市场营销执行就是以实现市场营销计划为既定目标，为完成计划任务，通过各种企业资源的投入，将市场营销计划转化为行动方案的过程。

13.3.1 市场营销的执行过程

市场营销管理是一个系统的过程，可以通过分析市场营销环境、制订市场营销计划来解决企业市场营销活动应该“做什么”和“为什么要这样做”的问题；而市场营销执行则是要解决“由谁去做”、“什么时候做”和“怎样做”的问题。

企业制订市场营销计划、构建市场营销组织后，进入市场营销活动的具体执行阶段，该阶段包括相互关联的 5 项内容：制订行动方案、建立和调整组织结构、设计决策和报酬制度、开发人力资源、树立企业文化与管理风格。

1. 制订行动方案

要想使市场营销计划得到有效的实施，必须首先制订详细的行动方案。这个方案应该明确市场营销战略实施的关键性决策和任务，根据本企业的实力，决定如何完成这些任务以及采用什么样的措施，并将执行这些决策和任务的责任落实到个人或小组。另外，还应包含具体的执行时间表，制订行动的确切时间。

2. 建立和调整组织结构

企业组织在市场营销执行过程中起着决定性的作用，其职能是将战略实施的任务分配给具体的部门和人员，规定明确的职权界限和信息沟通渠道，协调企业内部的各项决策和行动。企业必须根据企业战略和营销计划的需要建立相应的组织结构。同时，组织结构应当具有一定灵活性，能够随需要的变化进行适当的调整和完善。也就是说，组织结构必须与企业整体战略保持一致，同企业本身的特点与环境相适应。

阅读资料 13-3

有效实施企业战略的组织机构

美国学者托马斯·彼得斯（Thomas J. Peters）及小罗伯特·沃特曼（Robert H. Waterman，Jr.）在他们合作写成的《成功之路》（*In Search of Excellence*）一书中，研究总结了美国 43 家出色企业共同的成功经验，指出了有效实施企业战略的组织机构的特点。

（1）高度的非正式沟通。出色企业本身就是一个巨大的、不拘形式的、开放型的信息沟通和交流系统，它允许并鼓励员工进行各种非正式的沟通与交流。

（2）组织的分权化管理。为鼓励创新，出色企业往往由许多小型的具有自主权的分支机构组成，必要时还可成立专题工作组和项目中心等临时性组织。

（3）精兵简政。大部分成功的美国公司不采用复杂的“矩阵式”组织结构，而采用简单的按产品、地理分布或职能等一维变量设立的组织机构。这种简单的、分权式的组织机构具有高度的灵活性，能更好地适应不断变化的环境。例如，美国一家具有 50 亿美元的大公司，分成150个相对独立的分部，成为分部化和自治化的杰出典型。

此外，领导班子（尤其是最高管理层）精干，也是成功企业的共同特点。行政人员少了，业务人员多了，工作效率就会提高。

（资料来源：哈佛经理的营销管理［OL］．［2009－03－08］．http：//www.zhlzw.com/cy/jy/87001_3.html.）

3. 设计决策和报酬制度

为有效地实施市场营销战略，必须设计相应的决策和报酬制度，根据人员的岗位责任真正做到奖勤罚懒、奖优罚劣，责、权、利相结合，以激励市场营销人员积极执行市场营销计划。在设计决策和报酬制度时要注意对营销人员及部门工作绩效的评估，避免以短期盈利情况为评估标准，这样可能引导营销人员及部门的行为趋于短期化，而缺少实现长期战略目标的主动性。

4. 开发人力资源

市场营销计划最终是由企业内部的人员来完成的，所以人力资源是关系到计划成功与否的重要因素，在营销计划执行过程中发挥着无可替代的重要作用。人力资源管理涉及人员的考核、选拔、安置、培训和激励等诸多方面的问题。企业在考核、选拔、安置人员时，要注意他的技能、知识和经验是否适合执行计划工作，做到人尽其才。例如，市场开拓计划要求具有创业与冒险精神的、有魄力的人员去完成；市场维持计划要求具备组织和管理能力的人员去完成；市场紧缩计划则需要寻找善于精打细算的人员来执行。培训时则要根据计划工作的需要和工作人员的缺陷有针对性的实施。还要通过制定强有力的激励机制充分激发企业员工的工作热情，因此必须建立完善的工资、福利和奖惩制度。此外，企业必须注意行政管理人员、业务管理人员和一线人员之间的比例，为了减少管理费用、提高工作效率，尽可能地削减行政管理人员的数量。

阅读资料 13－4

人力资源

人力资源（Human Resource，HR），又称劳动力资源或劳动力，是指能够推动整个经济和社会发展、具有劳动能力的人口总和。人力资源也指一定时期内组织中的人所拥有的能够被企业所用，且对价值创造起贡献作用的教育、能力、技能、经验、体力等的总称。

通常来说，人力资源的数量为具有劳动能力的人口数量，其质量指经济活动人口具有的体质、文化知识和劳动技能水平。一定数量的人力资源是社会生产的必要的先决条件。一般来说，充足的人力资源有利于生产的发展，但其数量要与物质资料的生产相适应，若超过物质资料的生产，不仅消耗了大量新增的产品，且多余的人力也无法就业，对社会经济的发展反而产生不利影响。在现代科学技术飞跃发展的情况下，经济发展主要靠经济活动人口素质的提高，随着生产中广泛应用现代科学技术，人力资源的质量在经济发展中将起着愈来愈重要的作用。

基本方面包括体力和智力。如果从现实的应用形态来看，则包括体质、智力、知识和技能四个方面。具有劳动能力的人，不是泛指一切具有一定的脑力和体力的人，而是指能独立参加社会劳动、推动整个经济和社会发展的人。所以，人力资源既包括劳动年龄内具有劳动能力的人口，也包括劳动年龄外参加社会劳动的人口。

关于劳动年龄，由于各国的社会经济条件不同，劳动年龄的规定不尽相同。一般国家把劳动年龄的下限规定为 15 岁，上限规定为 64 岁。我国招收员工规定一般要年满 16 周岁，员工退休年龄规定男性为 60 周岁（到 60 岁退休，不包括 60 岁），女性为 55 周岁（不包括 55 岁），所以我国劳动年龄区间应该为男性 16～59 岁，女性 16～54 岁。

（资料来源：http：//baike. baidu. com/view/2537. htm. ）

5. 树立企业文化与管理风格

企业文化是指企业在其生产经营实践活动的过程中所形成的经营理念、行为，以及参与企业活动的人的行为规范和价值观念的总和。企业文化是一个企业的精神所在，是企业长远发展的必备要素之一。它不但有助于企业内部的统一与团结，而且对企业经营思想和领导风格，以及职工的工作态度和作风，均起着决定性的作用。企业文化包括企业环境、价值观念、模范人物、仪式、文化网 5 个要素。企业环境是形成企业文化的外界条件，它包括一个国家、民族的传统文化，也包括政府的经济政策以及资源、运输、竞争等环境因素。价值观念是指企业职工共同的行为准则和基本信念，是企业文化的核心和灵魂。模范人物是职工行为的楷模。仪式是指为树立和强化企业价值观，有计划进行的各种例行活动，如周年纪念、庆祝活动等。文化网则是传播企业价值观、宣传企业形象和介绍模范人物的各种非正式的渠道。

与企业文化并重的，是企业领导者的管理风格，一个企业领导的管理风格对企业计划的执行效果和员工的稳定有直接的关系。有些领导的管理风格属于集权专制型，他们发号施令，独揽大权，从不考虑别人的意见，所有的决策由领导自己作出，下属没有参与决策的机会，而只能察言观色、奉命行事，这种管理风格容易造成人员的流失和团队精神的涣散。还有一些领导的管理风格属于分权民主型，他们授权给下属，与下属共同讨论问题，集思广益，然后再进行决策。这种管理风格可以感染员工的参与精神和工作积极性，提高协作的效率。

企业文化和管理风格具有相对稳定性和连续性，一旦形成不易改变。因此，企业计划通常是依据现有的企业文化和管理风格的要求来制定的。

为了有效地实施市场营销计划，企业制订行动方案、建立和调整组织结构、设计决策和报酬制度、开发人力资源、确立企业文化与管理风格这五大要素必须协调一致，相互配合。

13. 3. 2　市场营销执行中存在的问题

在计划执行过程中，企业可能遭遇各种问题的困扰，最终导致市场营销计划的失败。在研究中表明，大部分计划人员认为他们制定的战略、战术之所以没有成功，是因为没有得到有效的执行。而执行人员认为，正是由于战略、战术本身存在问题才会使得执行无法取得理想业绩。因此，必须通过认真分析找到问题，然后针对不同问题寻求解决方法，以期实现理想目标。

1. 计划脱离实际

企业的市场营销计划通常是由上层的专业计划人员制订的，但执行则要依靠基层的市场营销管理人员和销售人员完成，由于这两类人员之间缺乏了解，导致一系列矛盾的出现。具体包括：专业计划人员更加注重企业总体战略和原则上的要求，容易忽视执行中的细节，结果使计划过于笼统而流于形式；由于专业计划人员与具体计划的执行人员沟通较少，导致专业计划人员不熟悉计划执行过程中的具体问题，因而制订的计划脱离实际，执行人员不能充分理解需要他们去执行的计划，盲目执行，困难重重；最后，脱离实际的计划和执行的不利使得专业计划人员与市场营销人员相互对立和不信任。

由此得出结论，市场营销人员比专业计划人员更了解实际情况，不能仅靠专业计划人员为市场营销人员制订计划。解决该问题的方法是由计划人员协助市场营销人员共同制订计划，将会更有利于市场营销计划的执行。

2. 长期目标和短期绩效存在矛盾

市场营销战略通常着眼于企业的长期目标，涉及今后三至五年的经营活动。但对具体执行这些战略的市场营销人员的评估和奖励通常是根据他们的短期工作绩效，如销售量、市场占有率或利润率等指标进行的。因此，市场营销人员常选择短期行为，追求眼前效益和个人奖金而置企业长期目标于不顾，造成企业被迫放弃长期健康发展，最终失去重新焕发活力的机会，而在企业经营过程中这种情况非常普遍。解决这种问题的方法是消除长期目标和短期绩效之间的矛盾，改进对营销人员的评估和奖励办法，设法求得两者的协调。

3. 受固有思维习惯的限制

企业受传统和习惯影响较大，很难接受新的计划和行动方案。企业新的计划是根据当前的环境和目标制定的，与旧计划之间差异越大，越容易遭受抵制。解决方法要求我们树立新观念，打破老传统，端正认识，清除固有的组织结构和运行流程中不合理的部分，必要时甚至需要创建一个新的推销机构来改变传统的组织机构和供销关系，以确保新计划的实施效果。

4. 缺乏具体明确的执行方案

实际操作中，很多营销计划因为计划人员没有制订明确、具体的执行方案，最终导致营销战略的失败。解决方法要求企业的高层决策和管理人员必须将计划中的内容用尽可能清楚、准确的语言加以描述，对实践中要求落实的具体工作编制详细周密的时间表并对应作出细节安排，明确各部门经理应负的责任，同时对要求各部门配合执行的工作注意予以提示。总之，只有制订详尽的实施方案，规定和协调各部门的活动，才能使企业内部有关部门、环节协调一致、共同努力，执行效果才有保障。

13.4 市场营销控制

市场营销控制是市场营销管理的重要步骤，在营销计划的实施过程中，常常会出现许多意外情况，所以为了确保实际效果与计划目标相一致，在计划实施的过程中必须进行严格的把控。

13.4.1 市场营销控制的程序

市场营销控制是指为了实现企业营销目标、避免执行过程可能出现的偏差，对各营销计划的实施过程进行监督与检察、审计与评价，指出计划实施过程中的缺点和错误，采取纠正措施，以确保营销目标的实现。

营销目标是否能实现关键在于市场营销的执行状况，因此，对市场营销计划的执行进行必要的监控与及时的纠正极为重要。市场营销控制必须有科学、严格的程序（见图13-11)，才能保证计划的执行向理想的目标发展。

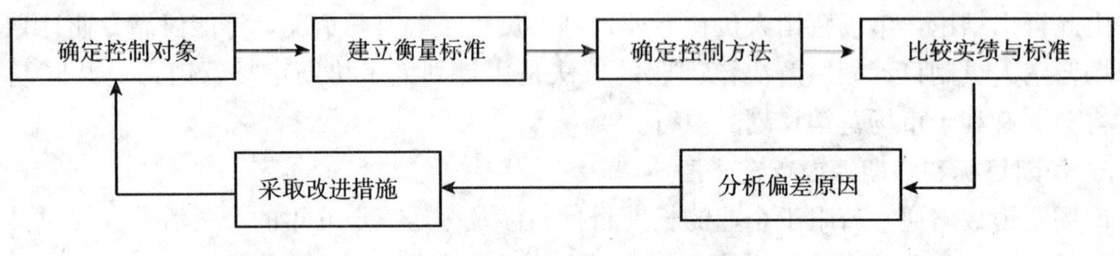

图 13-11 市场营销控制程序图

(1) 确定控制对象。即控制包含的范围，该范围涉及营销活动的各个方面，如市场调查、推销人员的工作、消费者服务、新产品开发、广告等。

(2) 建立衡量标准。即确立营销活动应当达到的尺度，作为最终进行对比的指标，如利润、市场占有率、销售收入、销售增长率、顾客满意程度等。需要注意的是：衡量标准是不统一的，不同企业有不同的评价标准；评价标准不是固定的，同一企业不同时期的评价标准可能不一样；该标准应当切实可行。

(3) 确定控制方法。即确定使用何种方法对营销活动的实际情况进行检查。要想得到真实的测量结果，检查的方法必须客观、科学。检查的方法很多，既可根据企业的市场营销信息系统所提供的资料来进行，也可根据各种营销业务活动的原始记录、凭证来进行，甚至可以通过直接观察的方式来完成。例如，通过月度销售资料、报表、原始账单等。

(4) 比较实绩与标准。即将营销实绩与控制标准进行对比，了解差距的大小。

(5) 分析偏差原因。即分析营销实绩偏离控制标准的原因。

(6) 采取改进措施。根据分析结果，如果是执行的问题，迅速制订补救措施；如果是制订的标准脱离了实际，就应当对控制标准加以修订，以反映市场活动的真实状况。

13.4.2 市场营销控制的方法

为了保证控制的有效性，正确、恰当的控制方法非常重要。市场营销控制有 4 种主要的类型，即年度计划控制、盈利能力控制、效率控制和战略控制。

1. 年度计划控制

年度计划控制是指年度内为了确保计划中所确定的销售、利润和其他目标的实现，企业管理者随时检查营业绩效与年度计划的差异，并采取必要的修正措施。年度计划内容常见的检查方法有 5 种。

1) 销售分析

销售分析主要用于衡量和评估所制订的计划销售目标与实际销售之间的差距。评估的方法主要有两种。

(1) 销售差异分析。指分析造成销售绩效差距的各种因素影响程度的大小。例如，A企业年度计划要求产品第一季度销售 5 000 件产品，每件 60 元，即销售额为 30 万元。在该季度结束时，只销售了 3 000 件，每件 50 元，即实际销售额为 15 万元。那么，这个销售绩效差异为 15 万元，是预期销售额的 50%。显然，销售差异的产生与销售量和售价两个因素均有关，那么，谁的影响程度更高呢?

售价下降的差距：(60－50)×3 000＝30 000 (元)

售价下降的影响：30 000÷150 000＝20%

销售量减少的差距：(5 000－3 000) ×50＝120 000 (元)

销售量减少的影响：120 000÷150 000＝80%

由此可见，没有完成计划销售量是造成差距的主要原因。因此，应该进一步分析销售量减少的原因：是营销人员努力程度不够，还是有较强竞争对手进入同一市场，或是消费者需求发生变化。

(2) 深度销售分析。从产品、销售地区等其他有关方面考察没有完成计划销售额或销售量的原因。沿用上例，假设企业在 3 个地区销售，其预期销售量分别为 1 000 件、2 500 件和 1 500 件，总量为 5 000 件。而实际销售量分别为 1 500 件、1 300 件和 200 件，总量为 3 000件。就预期销售量而言，第一个地区有 50%的超出量，第二个地区有 48%的未完成量，第三个地区有 87%的未完成量，主要问题显然在第三个地区。因此，应进一步查明未完成的原因，加强对该地区营销工作的管理。

2) 市场占有率分析

市场占有率是指一个企业的销售量（或销售额）在市场同类产品中所占的比重，表明企业在市场上所处的地位及经营状况。一般来说，有 4 种不同的度量方法。

① 全部市场份额，以企业的销售额占全行业销售额的百分比来表示。

② 可达市场份额，以企业的销售额占所服务市场的百分比来表示。

③ 相对市场份额，以企业的销售额占最大三个竞争者销售额总和的百分比来表示。

④ 超额市场份额，以企业的销售额占市场最大竞争者的销售额的百分比来表示。

3) 市场营销费用率分析

销售费用也是年度计划控制的重点，应当经常检查与销售有关的市场营销费用，使企业的费用支出不超过规定的数额，避免不必要的浪费。市场营销费用率可以用营销费用对销售额之比来表示，营销费用可以是促销费用、调研费用、管理费用等。营销管理人员的工作，就是密切注意这些费用率：如果费用率变化不大，在安全范围内，可以不采取任何措施；如果变化幅度过大，可能失去控制，必须认真查找问题的原因，采取有效措施。

4) 财务分析

市场营销管理人员应就不同的费用对销售额的比率和其他的比率进行全面的财务分析，以决定企业如何以及在何处展开活动，才可获得更高的赢利水平。主要使用的指标有销售费用率和资本净值收益率。

5) 顾客态度追踪

顾客态度跟踪是一种定性的分析和描述。为此，企业需要建立一套系统来追踪其顾客的态度，以便管理人员能从顾客的态度中尽早察觉市场销售可能发生的变化，采取适当的措施。常用的追踪方法有以下3种。

(1) 顾客投诉和建议系统。对顾客口头或书面的投诉、建议的分析。

(2) 典型的顾客样本。定期对固定客户采取电话或邮寄问卷，进行调查、分析。

(3) 随机的顾客调查。定期对顾客进行随机问卷调查，进行分析。

2. 盈利能力控制

盈利能力控制是对企业赚取利润能力的评价。盈利能力控制是企业控制的重要组成部分，是企业管理者高度重视的指标。常用的盈利能力控制指标包括以下几个方面。

(1) 销售利润率。销售利润率是企业净利润与销售额之间的比率，表示每取得一百元的销售收入可以获得的净利润是多少。

(2) 资产收益率。资产收益率是企业净利润与资产之间的比率，表示企业每一百元的资产可以获得的净利润是多少。

(3) 净资产收益率。净资产收益率是企业净利润与净资产之间的比率，表示企业每一百元的净资产可以获得的净利润是多少。

(4) 资产管理效率。评价企业资产的周转情况，反映企业的营业状况及经营管理水平。

① 资产周转率。资产周转率是企业销售收入与资产平均总额的比率，表示企业利用其资产进行经营的效率高低。

② 存货周转率。存货周转率是企业一定时期内销售成本与平均存货的比率，反映了企业销售效率和存货使用效率。

资产管理效率与获利能力密切相关。这可以从资产收益率与资产周转率及销售利润率的关系中表现出来。

$$资产收益率=资产周转率\times销售利润率$$

3. 效率控制

效率控制是对企业在销售人员、广告、促销、分销等环节工作效率的评价。

(1) 销售人员效率。是指企业各地区的销售经理需要通过几项主要指标来衡量销售人员的工作效率。这些指标包括：每个销售人员每天平均的销售访问次数；每次会晤的平均访问时间；每次销售访问的平均收益；每次销售访问的平均成本；每次访问的订购量；每期间新增的顾客数；每期间丧失的顾客数；销售成本对总销售额的百分比。

(2) 广告效率。是指企业管理者需要通过几项主要指标来评价广告的效果。这些指标包括：每一媒体和媒体工具接触每千名消费者所花费的广告成本；消费者对每一媒体工具观看、阅读的百分比；消费者对广告内容和效果的意见和建议；广告前后消费者对产品的态度；受广告激发而引起的询问次数。

(3) 促销效率。是指企业管理者需要通过几项主要指标来评价促销活动的效果。这些指标包括：因优惠而产生销售的百分比；每一销售额的陈列成本；赠券收回的百分比；因示范而引起询问的次数。

(4) 分销效率。当产销量大幅度增长时，存货水准、仓库位置及运输方式是否恰当与及时则显得异常重要。分销效率是指通过对以上情况的分析找出分销的问题，加以改进，力求达到最佳配置及运输途径。

4. 战略控制

战略控制是指企业会根据市场营销环境的变化，采取一系列行动对战略进行评价、反馈和修订，使营销工作尽可能与原计划一致。目前，越来越多的企业使用市场营销审计来进行战略控制。

市场营销审计是对企业营销环境、目标、战略和活动所进行的全面的、系统的、独立的和定期的检查，以便确定存在的问题和机会，提出行动计划，提高营销业绩。营销审计活动的内容概括起来包括以下 6 个方面。

（1）营销环境审计。营销战略要根据环境进行修正，因此环境审查非常重要，主要包括宏观环境（如人口统计、经济、生态、技术、政治、文化等）和微观环境（如市场、顾客、竞争者、流通渠道、供应商、公众等）。

（2）营销战略审计。企业依据市场情况制定的营销策略，包括企业任务、营销目标和战略等。

（3）营销组织审计。评价市场营销组织在执行营销战略方面的组织保证程度和对市场营销环境的应变能力，包括组织结构、功能效率、部门间联系状况等。

（4）营销系统审计。对市场营销各系统执行能力的评价，包括营销信息系统、营销计划系统、营销控制系统、新产品开发系统。

（5）营销盈利能力审计。对市场营销获取利润的评价，包括利润分析、成本费用分析等。

（6）营销职能审计。对企业的市场营销各个因素功能的检查和评价，包括产品、定价、渠道和促销等。

本 章 习 题

一、单选题

1. 根据涉及范围的不同，计划可分为（　　）。
   A. 长期计划、中期计划、短期计划
   B. 战略计划、战术计划、执行计划
   C. 品牌计划、渠道计划、促销计划、定价计划
   D. 产品经理制计划、市场经理制计划、事业部制计划
2. 在市场营销组织的几种基本形式中，最常见的市场营销组织形式是（　　）。
   A. 职能型组织形式　　B. 地区型组织形式
   C. 市场型组织形式　　D. 产品型组织形式
3. 宝洁公司根据不同产品（如食品、肥皂、化妆品、洗发精等）设立的组织形式是（　　）。
   A. 职能型组织形式　　B. 地区型组织形式
   C. 产品型组织形式　　D. 市场型组织形式
4. 下列选项中，不属于市场营销执行中存在问题的是（　　）。
   A. 计划脱离实际　　B. 营销成本远高于收益
   C. 固有思维习惯的限制　　D. 缺乏具体明确的执行方案

5. 营销环境审计是指（　　）。

A. 对经济、技术、政治、文化等宏观环境以及直接影响企业营销的微观环境的审查

B. 考察企业营销目标、战略以及当前与预期营销环境适应的程度

C. 审查营销组织在预期环境中实施组织战略的能力

D. 对企业营销信息系统、计划系统、控制系统及新产品开发系统的审查

二、多选题

1. 市场营销计划编制过程中要分析营销现状，主要包括（　　）。

A. 市场现状　B. 产品现状　C. 竞争现状　D. 分销现状

E. 宏观环境现状

2. 市场营销组织的特点是（　　）。

A. 目的性　B. 全面性　C. 完整性　D. 系统性

E. 灵活性

3. 营销组织的演变经历了（　　）过程。

A. 简单销售部门　B. 兼有附属职能的销售部门

C. 独立的市场营销部门　D. 现代市场营销部门

E. 现代市场营销企业

4. 检查年度计划目标是否实现，一般可用（　　）进行检查。

A. 销售分析　B. 市场占有率分析

C. 顾客态度追踪　D. 市场营销费用率分析

E. 财务分析

5. 效率控制是市场营销控制的主要工具，其主要内容包括（　　）。

A. 销售人员效率　B. 促销效率　C. 广告效率　D. 组织效率

E. 分销效率

三、简答及论述题

1. 什么是市场营销计划？
2. 简述市场营销计划的作用。
3. 简述产品型营销组织有哪些优点与不足。
4. 论述市场营销的执行过程。
5. 论述市场营销的控制方法。

案例讨论

科利华与《学习的革命》

1998年12月8日，中央电视台在《焦点访谈》之前的一则广告，引起了不少人的兴趣。这则在最昂贵的黄金时段播出的广告，是一本定价28元的书，叫《学习的革命》。知

情人介绍，在中央台一套19点38分播出这则15秒的广告，需要付出的是每天25万元。

12月9日，在北京的梅地亚宾馆，科利华宣布了《学习的革命》的推广计划，那就是要在100天斥资1个亿，卖掉1 000万册。近年来，书业不振已是人所共知。著名播音员赵忠祥的《岁月随想》卖出104万册，已是近年最高峰。北京一家书店的董事长认为，这是“疯狂的举动”，就像当年秦池酒厂买下中央电视台的“标王”一样。他说：“书没有这样做的，一本书也不值得这样做。因为国家经济形势和书市处于低潮，盗版活动很快就会冲击正版。这本书不一定有1 000万册的市场容量。”广域图书公司董事长刘苏里觉得，发行1 000万册太夸张。如果真能实现，销售总额则为2.8亿元。可是1997年全国图书销售码洋，包括书籍、招贴画才25亿元，品种一共12万。一本书的销量要达到全国所有图书发行量的1%，如果不是跟更大的目的有关，那就是疯子的行为。

事实表明，科利华自己也没有对1 000万册的销售量抱多大希望。科利华老总宋朝弟曾对属下说过：“卖500万册我们就庆功”。在接受记者采访时，宋朝弟解释了此次策划的思路：

第一步，就是先树立一个梦，提出销售1 000万册的目标。既然是梦，就无须用科学逻辑的道理去批驳、推翻它。

第二步，弄清楚梦想的意义。为了总结1 000万册销售成功的意义，科利华开了好多次会，从开始的十几人到后来的上百人参加，总结了200多条意见。这些都是今后落实工作的动力，是信心。

第三步，确定让梦想变成现实的具体手段。要想成功推广1 000万册，一定要让这本书家喻户晓，于是就有了个央台一套黄金段的广告。据说，尽管有谢晋无偿“支援”，科利华为了电视广告仍然筹备了3个月，花费200万制作费。从一份科利华电视广告播出安排上可以看到，科利华已在中央台一套、三套节目、中国教育台、凤凰卫视中文台以及各地日报、晚报上投放了广告。这则广告甚至出现在北京放映正火的大片《拯救大兵瑞思》的片前。

第四步，则是分析如果梦想失败，原因是什么。宋朝弟分析困难会有许多，最致命的可能就是盗版。科利华已经申请了有关法律保护，书的封面有防伪标记，每本书有唯一编号，同时把活动定在100天内完成，不给盗版者可乘之机。

为了推广，科利华制作了100本高76厘米、宽52厘米、重14.8千克的“书王”，制作了12米高、9米宽的中国最大的图书模型，并成为国内第一家为一本书开设一个网站、开通专项寻呼的单位。

从12月12日开始，名为“学习的革命”的展览在全国30个城市举行；同时，《学习的革命》一书也在几十个城市的办事处开始批发。据悉，该书头两天的销量即达到38万册。这在图书市场低迷的大环境下，也确实算得上一个小“奇迹”。

此番科利华不惜血本地投入宣传，目的当然不仅仅是卖书而已。宋朝弟曾经表示：“科利华是滚动投入。毕竟卖一本书科利华还有起码10元的毛利，投入1亿元发行1 000万本书，科利华最多是赚不到现金而已。但39个城市的展览将会有300万人左右参加，收到门票和海报等宣传品的将有3 000万人，间接波及的人口更会有3个亿，照此计算，科利华的无形资产会增长5倍到10倍。”

（资料来源：吴健安．市场营销学［M］．北京：高等教育出版社，2000：317－318.）

思考讨论题

1. 根据案例中的有关资料，为《学习的革命》制订一份可行的市场营销计划和具体的行动方案。

2. 根据市场营销计划的具体要求，科利华应当建立什么形式的市场营销组织？

3. 你认为在计划实施过程中，科利华需要注意什么问题？

第14章

国际市场营销

本章导读

随着全球经济一体化的快速发展，世界各大企业纷纷把目光投向国际市场，国际市场营销理论逐步成熟起来。本章首先整体介绍了国际市场营销的主要内容，包括国际市场营销的概念、发展阶段、特点，以及开展国际市场营销的原因；接着分析了国际市场营销涉及的主要环境，包括经济、文化、政治和法律环境；然后介绍了进入国际市场的主要方式，以及选择进入方式时所考虑的主要因素；最后讲述了国际市场营销组织的管理，包括组织结构的类型、影响企业构建组织结构的因素和组织设计程序。

本章的知识结构图如下：

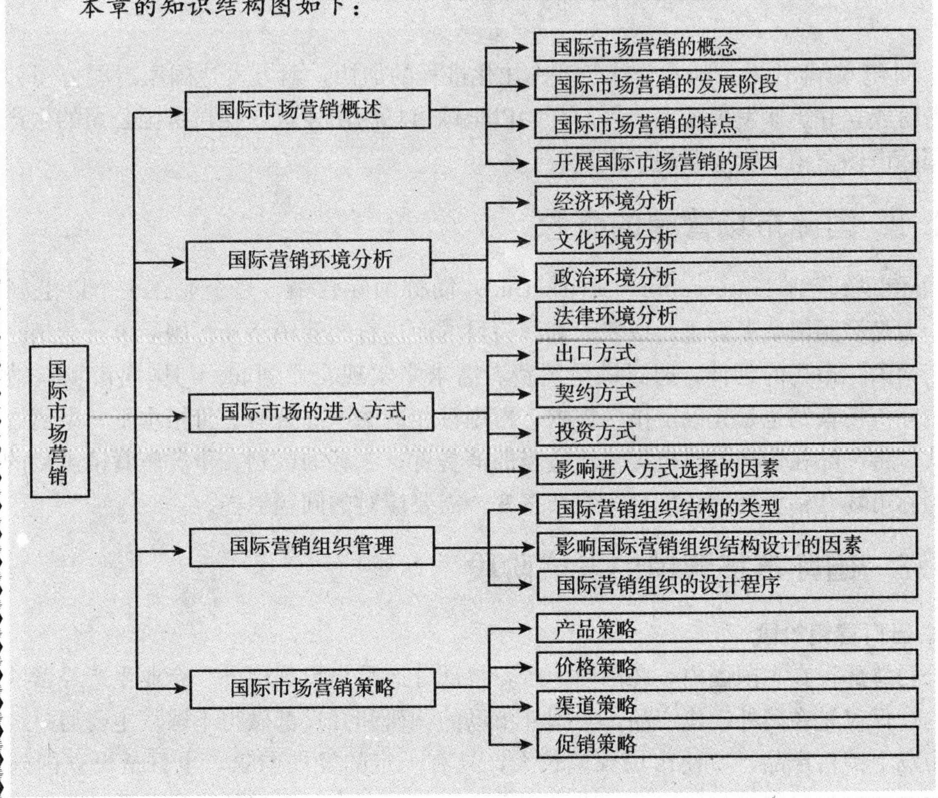

开篇案例

宝洁公司在中国市场遭遇文化窘境

建设“民族品牌”提法，已经成为许多中国企业崇高的目标。民族品牌可以使本国人民产生一种自豪感。因此，有损于民族品牌的行为，在中国市场上就会被视为一种不道德的行为，这成为一种潜在文化。

宝洁公司在进入中国市场时，曾因忽视了文化的作用，而采取了不合适的进入策略，导致公司遭遇形象受到损害的窘境。由于受到本地品牌，如丝宝、纳爱斯的猛烈冲击，宝洁原来占领的大片市场被逐步瓜分了。于是，宝洁实施了收购策略，将一些老字号的本土品牌购至旗下，以实施本土化战略应对这种本土竞争。但是，宝洁并没有关注这些品牌的民族品牌角色，没有意识到它们属于中国文化的一部分，因此忽视了发展这些品牌，导致收购活动不但对宝洁的帮助微乎其微，反而使宝洁在形象上扮演了破坏民族品牌的角色，一定程度上影响了宝洁公司极具亲和力的企业形象。

（资料来源：陈婵．跨国公司的文化窘境[J]．今日科技，2004（8）：18－19.）

14.1 国际市场营销概述

20世纪60年代末，随着全球经济一体化进程的加快，西方发达国家跨国公司如雨后春笋般纷纷成立并迅速发展壮大，人们开始以全球市场为出发点，探讨跨国公司的生产经营问题，国际市场营销理论不断趋于成熟。

14.1.1 国际市场营销的概念

国际市场营销（international marketing）简称国际营销，是企业在一个以上国家进行的，为满足多国消费者需求，以获取利润为目的而进行的营销活动。国际市场营销是国内市场营销向国际市场的延伸，通过满足消费者需求来实现企业利润。与国内市场营销相同的是，国际市场营销也是先确定市场需求，再制订相应的产品策略、价格水平、渠道管理、促销方式，将产品在恰当的时机提供给适当的消费者。二者的区别在于实施营销策略的环境不同，国际市场营销所处的环境更为复杂多变，需要应对的问题更多。

14.1.2 国际市场营销的发展阶段

1. 出口营销阶段

公司总部设在本国国内，在国内生产，将部分产品出口到国外。企业生产经营的重心仍在国内，仅仅是在国外销售产品，对国外市场的调研和开发都做得不够。主要通过经销商在国际市场上销售产品，即使市场规模较大，具有一定的发展前景，也只是设立国外销售机构，基本立足点还是在国内，国际市场利润所占份额不大。出口营销容易启动且风险小，是企业最初获得国际经验的好办法。

2. **国际营销阶段**

公司在世界范围内寻找市场，针对不同国家或地区的市场特征，制订不同的营销策略。采用海外委托制造、独立制造、合资制造等方式，还可在国外进行产品生产活动。公司决策机构认为不同国家或地区有各自的特点，不同国家的市场具有差异性，因此对每个国家市场制订单独的经营策略，相互之间是独立的，没有考虑国家市场之间的协调问题。

3. **全球营销阶段**

公司从全球市场角度出发，以实现全球整体利益最大化为目标，将各个目标国家和地区看作一个整体市场，制订一套适用于各个目标市场的营销组合策略。这些国家和地区在经济发展水平、消费者需求、政治法律体系等方面具有较大的相似性，才可制订并实施全球的标准化经营。但即使这样，不同国家和地区还是拥有不同的民族文化，需要在产品设计、企业形象等方面作出相应的调整。因此，国际营销理论发展不再强调营销策略的统一性，而是认为应根据不同国家地区的特点，制订相应的营销方案，重点以全球利润最大化为目标，增强各个不同国家市场之间的协作。

14.1.3 国际市场营销的特点

1. **影响因素众多且难以控制**

国际市场营销活动是在多个国家展开的，因此受到多种因素的影响，面临比国内市场营销更加复杂多变的环境。这些因素分为可控因素和不可控因素。

可控因素是企业可以施加控制的营销组合因素，包括产品、定价、分销渠道、促销等。但即使是企业可以施加控制的因素，与国内营销相比，控制力量也弱化了许多。例如，产品策略的制定要考虑当地文化的差异；价格策略、促销信息和促销手段要考虑当地消费者的购买力和消费习惯；分销渠道往往由中间商负责，不容易完全控制。

不可控因素是企业难以施加控制的营销组合因素，包括文化差异，如语言、价值观、生活习惯、审美观念等；政治差异，如政治制度、法律体系等；地理位置差异，如气候条件、自然资源等；经济水平差异，如生产力水平、社会分工程度、消费需求等。除此之外，还有其他一些因素，如该国宏观经济政策，来自该国企业或其他先进入的跨国企业的抗拒等。这些不可控因素在不同国家和地区的表现不同，国际营销活动因此具有更大的复杂性和风险性。

阅读资料 14－1

注意你的语言

全球公司经常遇到语言障碍，不谨慎的翻译会让国外消费者认为商家非常愚蠢。

1928 年，可口可乐进入中国，中文名译成“蝌蚪啃蜡”。后来年轻的中国留英学生蒋彝提出了“可口可乐”的译名，不但与英语发音相近，还具有好喝又喜庆的汉语意义。考斯啤酒的广告语是：“喝瓶考斯啤酒来放松”，在西班牙语里的意思是“喝考斯啤酒会拉痢疾”。一家美国公司的派特（pet）牛奶在法语地区营销遇到了麻烦，因为法语里 pet 的意思是“放屁”。跨国服务业也经常出现语言表达上的问题。一家瑞士餐馆的菜单上骄傲地标注着：“我们的酒让你彻底绝望。”

（资料来源：科特勒．市场营销原理［M］北京：清华大学出版社，2003：675－676.）

2. 市场需求复杂多变

各国和地区的情况不同，消费者需求也不同。例如一国经济发达，市场化程度高，消费者购买力比较强，但市场竞争激烈，市场基本处于饱和状态。另一国是发展中国家，经济增长强劲，消费者购买力增长迅速，市场机制不完善，市场潜力大。这两国的市场需求表现出较大的差异性。除经济因素外，各国各地区之间不同的文化传统和消费习惯也会影响消费者需求，使市场需求呈现较大的复杂性。公司策略制定者必须针对不同国家消费者的需求情况，制订相应的营销组合方案，才能满足复杂的市场需求。

各国各地区市场需求不仅有较大的差异，而且受多种因素的影响，容易发生变化。例如一国经济下滑导致该国消费者对非生活必需品的需求减少，对价格变得格外敏感。企业此时需要调整营销策略，通过降价、提供赠品等方式刺激消费者需求，阻止销售量的大幅下滑。如果该国市场萎缩状态没有明显改变，那么公司就需要考虑暂时的营销重心转移或较长时间的营销战略调整。

阅读资料 14－2

低价策略失灵，沃尔玛在英国受挫

全球零售业老大——美国沃尔玛在2006年相继被迫退出韩、德两国市场，后来又在英国遇到麻烦，这让沃尔玛公司的高管们不得不反思，过去大张旗鼓推行的国际化战略是否应当调整一下。

据报道，英国一直是沃尔玛寄予厚望的海外市场。在1999年以108亿美元收购当地超市连锁集团阿斯达（Asda）后，英国已成为沃尔玛海外收入的最大来源地，所占份额约为50%。英国与美国的文化背景差异相对较小，沃尔玛因此避免了盲目复制本土模式而在韩、德两国遭遇失败的不愉快经历。在韩国，沃尔玛的卖场像仓库一样，货品一直堆到天棚，货柜高达五六米，很难讨好身材娇小的韩国家庭主妇。而德国人也不像美国人那样喜欢一站式购物，他们更习惯于到当地的阿尔迪等小型折扣店买东西。幸好沃尔玛在英国圈对了目标客户群，而且阿斯达的许多营销策略和沃尔玛一致，如推崇低价策略等。

沃尔玛在进入英国市场后曾辉煌一时，截至2003年，阿斯达在英国的市场份额已超过塞恩斯伯里，成为继特斯科之后的第二大零售集团。

然而，在经历了近10年的增长期之后，阿斯达的市场份额出现下滑，销售增长速度也落后于特斯科和塞恩斯伯里。虽然沃尔玛从不单独公布各子公司的利润情况，但据内部人士透露，阿斯达2005年的利润和销售额均未达到预定目标。

英国《经济学家》杂志的一篇分析文章指出，阿斯达今不如昔，主要是因为沃尔玛忽略了英国人购物习惯的变化。随着英国人收入水平的提高，阿斯达的制胜法宝——“天天有低价”已经失去了昔日巨大的魅力。

（资料来源：肖莹莹．低价策略失灵 沃尔玛在英国受挫［N］．经济参考报，2006－10－16.）

3. 需要多国协调和控制

与国内市场营销不同的是，国际市场营销是在多国开展营销活动。各个目标市场的规

模、市场潜力、竞争优势不同，各分公司的情况也不一样，需要对各国的营销业务进行统一规划、控制、协调、整合，确定最佳工作方式，提高工作效率，使总公司和分散各国的子公司的营销活动成为一个整体，全面贯彻全球营销战略，实现企业利益最大化和长期化。国内市场营销与国际市场营销的区别如表 14-1 所示。

表 14-1 国内市场营销与国际市场营销的区别

国内市场营销	国际市场营销
研究数据用本国语言写成，通常容易得到	研究数据是外语，可能不易得到且不好翻译
进行交易时只需使用一国货币	多个国家参与交易，存在汇率风险
总部人员通常熟知本国的市场情况	总部人员对国外市场情况可能只有大概了解
发布促销信息时只需考虑一国文化	必须考虑多种文化间的差异
只需在国内进行市场细分	可能要对不同国家的同一类消费者进行细分
沟通和控制是迅速的，直接的	沟通和控制可能会很困难
各种法规清晰明确	可能会不太明确国外的法规
开展业务时只需使用一种语言	需要使用多国语言进行业务沟通
通常可以预测并找出商业风险	环境可能会不稳定，很难预测并找出商业风险
规划、组织、控制系统简单直接	复杂精细的规划、组织、控制系统十分必要
在营销部门实行专业化分工，各司其职	管理者需要具备较为全面的营销技能
分销和信用控制很直接	分销和信用控制可能十分复杂
文件模式化且通俗易懂	不同国家文件通常各式各样且很复杂
分销渠道很容易被监控	分销通常由中间商负责，很难控制
很容易预测竞争对手的举动	很难察觉竞争对手的举动，因此很难预测其行动
可以根据本国市场的需要进行新产品开发	在进行新产品开发时必须考虑所有市场

（资料来源：刘苍劲，蔡继荣．国际市场营销：理论、实务、案例、实训［M］．北京：高等教育出版社，2010：3.）

14.1.4 开展国际市场营销的原因

1. 企业内部原因

（1）延长产品生命周期。产品生命周期分为四个阶段：导入期、成长期、成熟期、衰退期。由于各国和地区经济发展水平不一致，在发达国家已处于成熟阶段晚期或衰退期的产品，在发展中国家可能还处于导入期或成长期。这种产品在发达国家国内销售量下滑，正被新的产品替代，逐渐失去市场竞争力，但在发展中国家需求旺盛，且呈上升势头。为了延长产品生命，企业会将营销重点转移到国外，以创造更多的利润。例如 20 世纪 70 年代末，在日本，黑白电视机已进入衰退期，但在我国还是新产品，处于成长期，加上我国开始改革开放，逐步放松了进口限制，日本将黑白电视机大量出口到我国，延长了产品的生命周期。

（2）规模经济的需要。企业扩大生产规模，向全球市场扩张，增加销售数量，可以降低平均生产成本，实现规模经济。第二次世界大战期间，可口可乐公司在世界各地建成 64 个可口可乐装瓶厂，5 年内实现了正常情况下 25 年才能达到的海外经营规模，大幅度削减了单位产品成本，投资回报率达到 56.7%。对于固定资产投入大、研发费用高的产品，向海外扩张，占据较大的市场份额更是企业生存发展的迫切需要。耐克公司花费将近一年的时间开发、测试、制造新产品，但新产品在美国市场只销售六个月就下架了，销售收入难以弥补产品开发成本。只有将新产品在全球同步销售，才能获取较大的利润。对于通信、制药等前期研发费用巨大的高新技术公司尤其如此，需要广阔的、长期的国外市场作为收回研发成本、促进企业发展的支柱。

2. 企业外部原因

（1）国内市场萎缩。各国经济都呈周期性波动，当一个国家出现经济衰退时，国内收入下降，市场萎缩，开展国际业务的企业将减少的销售量转移到其他处于经济增长的国家。例如，1991年美国经济不景气时，跨国公司把核心市场转移到正处于经济繁荣期的亚洲国家。除了经济因素外，还有一些非经济因素对本国需求造成影响。例如发达国家出生率不断下降，导致婴儿奶粉、纸尿裤、果泥等婴儿用品需求减少，厂商将目标投向经济不断增长、人口基数较大的东南亚各国。

阅读资料 14－3

康胜酿酒公司进军韩国

康胜酿酒公司是美国第三大酿造商，美国国内啤酒销售量年增长率仅为2%，而韩国啤酒销售量年增长率为15%。为了进入需求增长强劲的韩国，康胜公司与韩国最大的酒精饮料生产商真露公司合资，在首尔建造了一个年产180万桶的康胜酿造厂，这是康胜在美国本土之外建设的第一家工厂，希望在不久的将来能占有韩国20%的市场份额。

（资料来源：贾殷．国际市场营销［M］．北京：中国人民大学出版社，2004：8.）

（2）国际地区经济增长。近些年来，中国、韩国、印度、巴西、东南亚等国家和地区经济增长迅速，国民收入水平不断提高，中产阶级队伍日益壮大，形成了强劲的购买力，为国际市场营销创造了大量的发展潜力。发展中国家经济增长的同时，促进了经济体制的改变，原来封闭或对跨国公司实行限制的市场，逐步对外开放，市场竞争自由化程度加强，为国际营销活动的开展提供了外部需要和市场支持。

（3）消费者需求趋同。产品和服务的国际化营销，在提供消费品的同时，也带来了人们生活方式的改变和品牌忠诚度的提高。在拥有相似经济水平和传统文化的工业化国家中，消费者的需求变得越来越相近。对于发展中国家而言，西方产品在报刊、电视、网络、户外广告等媒体上的宣传推广，展示了一种新的文明和生活方式。例如麦当劳、星巴克、必胜客，体现了阳光、微笑、轻松的生活态度。这些无形的影响，加之本国经济增长带来的消费水平的提高，使得消费者需求表现出趋同的倾向，跨国公司使用相似的营销策略就可以打开这些市场。

（4）贸易壁垒减少。各国政府尤其是发展中国家政府，经常采用关税、进口许可制等手段对外国企业进入本国市场采取严格的管制。但随着世界范围内政治经济一体化进程的加快，很多国家加入了世界贸易组织或其他区域性贸易组织，降低了关税，取消了进口配额、外汇管制等贸易壁垒，为跨国公司开展国际营销提供了便利条件。最明显的例子是欧盟，欧盟中任何一个国家的企业跨越成员国国界时，无须交纳关税，统一用欧元结算，不存在贸易壁垒和汇率风险。

（5）交通通信技术进步。随着交通技术的飞速发展，国际交通运输方式变得多种多样，飞机和高速火车是跨国公司员工出差经常乘坐的交通工具，快速、便捷且成本低。集装箱运输方式和更大载重量轮船的运用，大幅降低了产品运输成本，推动了企业在世界范围内开展营销活动。从20世纪80年代起，网络技术有了广泛的应用，信息传递快且成本极低。而在此之前，世界各国企业之间的联系主要采用电报、电话、传真等方式，中间经过许多中转，耽搁时间长，信息传递容易失真。

14.2 国际营销环境分析

与国内市场营销不同的是，国际市场营销面对的环境更为复杂，不仅包括差异较大的目标国，还要考虑本国环境、国际环境与目标国环境之间的关系及其变化。一般来说，即使是一家规模庞大的跨国公司也很难在短期内改变国际市场营销环境，只能在经营过程中去认识、分析、选择和适应。

14.2.1 经济环境分析

经济环境包括本国市场、目标国市场、全球市场三个范围内的经济形势，涉及经济水平、发展速度、贫富差距、基础设施、货币供给量、汇率、国际收支、消费水平、消费结构等多个因素。国际市场营销经济环境分析的主要任务是从多个因素角度入手，分析一个目标国家或地区的经济特征。

1. 经济水平

国内生产总值（Gross Domestic Product，GDP）指一个国家或地区在一定时期内用其地理范围内的生产要素所生产出来的最终产品和服务的市场价值。GDP是衡量一个国家经济发展实力和购买力的重要指标，是市场需求在一定程度上的真实反映。一般来说，GDP较高的国家经济水平高，人们具备较强的购买力，市场需求比较大。从产品需求结构来看，工业品需求与GDP的相关性比较强，即GDP高的国家工业品需求也比较大，但消费品尤其是高档消费品的市场需求与GDP的相关性相对要弱一些。

2. 人口规模

人口规模是市场当前消费能力的体现，人口增长率导致未来人口规模发生变化。一般来说，经济发达国家和地区人口增长率低，消费需求增长也受到限制。虽然人口增长导致商品需求增加，但人口增长过快也会影响经济发展，从而减少潜在需求。产品需求结构与人口年龄构成相关性非常强，一个老龄化社会对医药和保健品的需求较多，而年轻人占主导的国家则对时尚流行产品的需求较多。跨国公司往往喜欢在人口密度大的地区开展国际营销业务，因为这些地区购买力集中，促销和渠道控制效果好，但这样的地区市场竞争也很激烈。

3. 人均收入

人均收入常用来衡量一个国家居民的购买力，一般来说，高收入国家消费者的购买力比低收入国家要大。人均收入直接影响市场规模，但不一定准确反映实际购买力。例如，一国本币估值偏高或偏低，都会影响人均收入的估算，从而产生偏差。食品、日用品等生活必需品需求弹性比较小，受人口规模影响较大，而与人均收入没有太大的相关性。

4. 贫富差距

一国居民收入分配状况用基尼系数表示，指不平均分配的收入占总收入的百分比，基尼系数越大，贫富差距越大。在贫富差距大的国家里，少数人占有大量财产，大多数人收入很低，这时人均收入就不能真实反映实际市场需求。例如法国人均 GDP 比印度高，正常消费品需求比印度多，但印度贫富差距比法国大，拥有大量财富的人口数比法国多，因此奢侈品需求更多一些。多数情况下，较贫穷的国家可能有很小但很富有的高收入消费者细分市场。因此，并不是收入水平低的国家对高档产品需求就少，收入高的国家对低档产品需求就不多，不仅看人均收入，还要看收入均衡情况。

5. 储蓄率

居民收入大体上分为两部分：一部分用于当前消费；一部分用于储蓄，即未来的消费。储蓄越少，现在的市场购买力越大，为企业提供的市场机会就越多；储蓄越多，未来购买力越强，企业面对的市场潜力越大。影响储蓄的因素有很多，如失业率、社会保障水平、传统文化习惯等。与西方国家相比，中国、日本、韩国、新加坡等亚洲国家储蓄率比较高。

6. 消费结构

不同收入水平的国家消费结构往往不一样，大多数发达国家资本品支出远远高于发展中国家，而发展中国家消费者购买生活消费品占收入的比重较大。有些经济水平低的国家为了加快技术和经济发展，将较多的国民收入用于购买生产资料，这样的国家往往重生产，轻消费，较高档的消费品甚至普通消费品都会被视为奢侈品。即使是发达国家，消费结构也不完全相同，例如日本家庭平均居住面积和轿车拥有量都远远低于美国和主要的欧洲国家。

7. 基础设施

基础设施主要包括交通运输、能源供应、通信设施、商业基础设施等，直接影响着国际市场营销的效率与效益。交通运输涉及公路、铁路、河道的长度、等级及分布，港口、飞机场的数量和等级，交通指挥系统的健全程度等，对企业原材料和产品的运输效率及运输成本有很大的影响。能源包括电力、石油、天然气、煤炭等，对投资项目能否按期完成，投产后生产能力能否充分利用都有影响。而某些产品的销售与能源供应情况有直接关联，例如家用电器与电力供应，汽车与石油价格等。通信设施主要指电话、互联网、报纸杂志、电视、广播等大众传播媒体，通信状况一方面影响母公司与子公司、经销商之间的信息传递，另一方面影响消费者对产品信息的充分接收，直接决定促销活动的效果。商业基础设施指广告公司、保险公司、咨询公司、会计师事务所等相关服务机构，企业在开展国际市场营销时对这些服务机构十分依赖，商业基础设施越完善，国际营销业务开展得就越顺利，效率越高。

8. 宏观经济政策

目标国家或地区的宏观经济形势对国际营销活动有直接的影响。例如，一国经济不断下滑，失业率上升，消费者会产生悲观情绪，减少消费支出，市场需求下降，这种局面对企业而言是不利的。面对这样的经济形势，该国政府会采取相应的宏观经济政策加以干预和调整，包括增加财政支出、削减税收、降低贷款利率等，以刺激经济增长，这些宏观经济政策对于企业投资来说是非常有吸引力的。由于各国经济均呈周期性波动，因此开展国际营销活动时，不仅要考虑该国目前的经济环境，还需要注意其宏观经济政策的作用，分析预测未来的经济走势。在一系列宏观经济政策中，国际贸易政策对国际市场营销的影响是全面和持久的，如贸易壁垒、汇率、外汇管制等。以汇率为例，如果一国货币价值偏低，从他国进口生产原料和设备需付出较大的成本；如果币值偏高，则在该国生产的产品出口价格较高，不易在国际市场上销售；如果币值经常波动，未来不确定因素多，投资风险较大。

9. 竞争对手分析

对于计划进行国际营销的企业来说，竞争对手包括目标国当地的企业、本国企业和他国企业。目标市场目前是否存在众多的竞争者，主要竞争对手实力如何，将会产生怎样的影响，应采取何种应对策略是决策者必须仔细分析的因素。即使是在国外开拓一个新市场，也会有竞争者紧随其后，蜂拥而至。因此，分析现有及潜在的竞争对手及其优势、劣势、发展战略、发展战略变化等是十分必要的。主要分析内容如表 14－2 所示。

表 14－2　竞争对手分析

竞争对手分析	竞争对手实力评价
目前有哪些竞争对手	是否占市场主导地位
未来可能会有哪些竞争对手	产品设计或加工方面是否具有优势
竞争对手的主要战略是什么	生产成本及生产效率
竞争对手的长期目标是什么	产品革新能力
竞争对手的短期目标是什么	是否拥有或控制低成本稀有资源
竞争对手是否重视这个市场	设施效率及成本
竞争对手是否有能力扩大投资	融资能力和变现能力
竞争对手有什么特别的优势	是否控制分销渠道或机构
竞争对手有什么致命的劣势	运输或物流效率
竞争对手在市场实施什么战略	促销手段是否有效
竞争对手在行业实施什么战略	品牌知名度和声誉
竞争对手在公司内部实施什么战略	是否与客户保持紧密的关系
竞争对手未来的战略会有什么变化	营销队伍素质

（资料来源：贾殷．国际市场营销［M］．北京：中国人民大学出版社，2004：202－203.）

除了目标国市场外，企业在进行国际营销决策时，还应密切关注本国市场、海外市场和全球经济环境的变化。如果本国经济衰退，可以将战略重点转移到其他国家，视其发展前景再作战略调整。需要注意的是，如果决定要在某个国家或地区实行长期的国际营销，就不能仅将其作为国内市场的暂时替代品，等国内市场形势转好时再放弃。因此，管理人员需要扫描多个经济环境，判断其走势，分析对企业的影响，决定理想的目标市场，这是决策者面临的重大挑战。

14.2.2　文化环境分析

每个国家都有自己独特的文化，包括价值观念、风俗习惯、宗教文化等，不同文化背景下消费者的生活方式和消费习惯不相同，因此企业在制订国际营销策略之前，必须了解国外消费者对产品的想法和使用情况，才可以避免令人尴尬的错误。

1. 价值观念

价值观念是指人们对各种事物的评价标准，如是非观念、处世态度等。价值观决定着人们的行为和动机，不同国家、不同文化背景下，人们的价值观念往往差别很大。例如，美国人把财富与奋斗联系起来，拥有大量物质财富的人被看作成功者；而在伊斯兰国家，一味重视物质的人会被人轻视。一国企业管理人员与他国企业管理人员交流时，由于价值观念不同有时会产生理解偏差。例如，美国人认为做人应该坦率真诚，在商务会谈中也是如此，即使伤害了对方的感情也没有关系；而拉丁文化中，人们尽量避免过分直接的语言和行为，以免让对方感到不愉快。一位拉丁商人即使对某项生意不感兴趣，也会表现得非常热心，到最后才退出，这往往让美国人很吃惊，甚至有被欺骗的感觉。价值观也会影响消费者的购买习惯和购买动机，例如瑞士妇女认为她们的本职工作是做家务，讨厌现代化的家用电子产品或机械产品，因此要打开瑞士市场困难就比较大。

2. 语言

语言作为文化的一部分，并不仅仅指讲话，还包括文字和非语言交流。一种语言准确无误地翻译成另一种语言是非常困难的，要理解不同文化背景下的含意就更难了。

在其他国家和地区开展业务，语言不通是最显著的障碍。雇佣掌握当地语言的管理人员，与本土经销商或代理商进行合作，是比较直接的解决办法。对于产品名称、广告、产品说明书等书面文字，翻译时就要考虑在当地语言中是否有特别的含义，准确传递信息、不产生歧义是最基本的要求。有的国家存在多个语种，例如印度有300多个小语种和3 000多种方言，广泛使用的语言有15种，行政和商业上主要用的是英语。与这样的市场进行沟通，选择哪种语言是十分重要的。

除了语言文字外，还有非语言沟通，包括肢体语言、表情、眼神、个人空间、外表、味道甚至沉默。国际通行的见面礼节是握手，美国人握手有力，同时直视对方的眼睛表示尊敬，而亚洲人握手轻柔，回避对方的眼神才礼貌。欧洲和北美人喜欢与别人保持一定距离，而中东地区的人们喜欢与别人站得很近交流，如果有人远离对方，会招来极大的反感。在商务会谈中，美国人希望快速交流，不喜欢回应缓慢和沉默，日本人却总是在会谈中不时沉默一会，沉思评估。

3. 风俗习惯

“十里不同风，百里不同俗”，世界各国各地区人们的风俗习惯往往并不相同。在印度，一个人的社会地位是由其姓氏决定的，这是一种社会习俗力量，无论当今社会如何痛斥依旧盛行。国际营销活动中，了解目标市场的风俗习惯，尤其是人们的偏好和禁忌是十分重要的。有些国家重视送礼，礼数不到是看不起对方。例如在日本，送礼是生意中重要的一部分，送礼者也希望得到回礼。而在另一些国家，送礼反而是侮辱别人。例如德国人就很少交换礼物，他们通常认为送礼有不正当的暗示，昂贵的礼物就更不合适了。广告宣传等市场推广行为，尤其要注意当地的风俗。美国兰伯特公司最初在泰国宣传李施德林（Listerine）口腔护理产品时，美式风格广告中一对恋人含情脉脉。但泰国是一个保守社会，公开展现男女关系是令人反感的，后来改为两个女孩谈论产品，效果就好多了。

4. 宗教文化

宗教对人们的影响是全面而深刻的，包括工作时间、节日风俗、价值观念等。例如，世界上大多数国家是周一至周五工作，而伊斯兰教国家周五休息，因为周五是伊斯兰教的朝圣日，在斋月期间穆斯林也是不工作的。有的宗教传统还禁用某种商品和服务，例如伊斯兰教禁食猪肉，印度教要求素食。企业在开展国际营销业务时，必须关注顾客的宗教信仰问题，与宗教信徒的生活习俗和兴趣爱好相适应。麦当劳和可口可乐曾把沙特阿拉伯的国旗印在产品外包装上，从而惹恼了整个伊斯兰世界。因为沙特的国旗图案里包含了《古兰经》里的一篇文章，穆斯林强烈要求他们的圣书永远也不能用来装东西，或被扔到垃圾桶里。利用宗教节日进行产品促销是一个好办法，在基督教盛行的国家，圣尼古拉斯节、圣诞节、复活节都是重要的节日，东正教国家还要庆祝圣徒纪念日，印度教的重要节日是排灯节，犹太教的光明节长达8天，这些节日里人们都会互赠礼物，是促销的好时机。

5. 教育水平

世界各国教育水平千差万别，一般来说，经济发达国家教育水平较高，文盲率较低。教育程度高的国家，人们的文化素养较好，对时尚科技产品、艺术品、文化产品需求比较大。在公众受教育程度较低的国家，产品说明书等文字要写得浅显易懂，促销时尽量回避报纸杂志等文字性媒介，选取广播、电视、现场讲解等方式。除了消费者外，企业聘用当地员工也会受到教育水平的影响，有时不得不从本国调用员工派驻海外，但这样不仅成本费用高，而且还面临着与当地文化沟通的障碍。

各国和各地区的文化也在慢慢地发生变化。随着我国改革开放和经济发展，受西方文化的影响越来越大，年轻人的价值观念、生活态度、消费习惯都发生了很大的变化。与父母不同的是，现在的年轻人更重视个性、自由、创新、尝试，消费水平有了大幅的提高。就全球范围来说，人们的环保意识不断增强，各国文化交流融合，表现出消费的趋同性。

当人们面对不熟悉的环境时，往往会用自己的价值观去认识环境，并以此作出反应。自我参照标准（self-reference criterion）是指国际市场营销人员在决策时，无意识地参照自己的文化价值观和成功经验，把自己的文化价值观作为判断和决策的依据。例如，德国人习惯严格守时，但阿拉伯生意伙伴却总是迟到，德国人因此不悦甚至生气。阿拉伯人传统上来讲，时间观念不强，没有准确的约会时间，只有一个大致的时间段概念。德国人是按照自我参考标准进行的，没有考虑对方的文化习惯。在国际营销活动中，对于不同的文化要客观地分析，冷静地接受，诚恳地尊重，因地制宜开展业务，才能取得成功。

14.2.3 政治环境分析

企业开展国际营销之前，要对目标国家和地区的政治环境进行分析，包括政治体制、重大政治事件、政府工作效率、政治干预等，分析该国政府政治主张和政策对国际营销的影响，估计可能出现的政治风险，最大限度地减少经济损失。

1. 政治稳定性

政治稳定性如何，首先表现为政权是否频繁交替及政权交替方式。如果一国政权交替频繁，并经常以骚动、内战、叛乱等形式实现政权交替，那么这个国家的政治风险就比较大。在这样一个不稳定的国家从事营销活动可能有利可图，但也可能血本无归。其次表现为是否频发政治冲突，如宗教冲突、示威、罢工等。政治冲突的直接后果是暴力行为，如破坏设施、抢劫财物等，但这个影响是暂时的，损失不会太大，间接后果是政府可能制定新的政策，这个影响将是持久的。最后是现行政策的稳定性和持久性。西方国家主要采取的是两党制或三党制，不同政党执政后，采取的政策可能不同甚至相反，因此有必要了解主要政党的政策观点，分析对国际营销业务的影响。例如英国有保守党和工党，保守党执政时采取的是宽松的政策，而工党上台后实施严格控制。

2. 政府工作效率

政府机构的办事程序和工作效率对当地营销业务的开展有较大的影响。在一些非洲国家和拉丁美洲国家，办公电话没人接，文件丢失，多次找不到工作人员等都不是偶然现象。烦琐的办公程序和效率低下的政府服务，使跨国公司在当地开展业务增添无尽的烦恼，延长计划时间、尽可能找当地中间商和代理商代办手续是无奈之举。

3. 对外国投资的态度

各国对国际贸易和国际投资的态度差别比较大，一些国家非常欢迎外国公司，一些国家持限制的态度。例如，新加坡、泰国、马来西亚等亚洲国家鼓励、吸引外国投资者，并提供有利的经营条件，对某些行业重点扶持。印度采取的是一系列限制措施，如进口配额、货币限制、本国管理人员的比例限制等，使包括 IBM 和可口可乐在内的很多外国公司离开了印度。另外一种在大多数国家普遍存在的排外情绪是民族主义，对本国历史和成就非常骄傲，推崇和偏爱本国产品，使得跨国公司业务受到排斥和影响。

4. 母国政府与东道国政府的关系

人们的传统观念认为，一家公司在哪个国家创建就是哪个国家的公司，例如雀巢，尽管只有 4%的收入来自母国瑞士，企业主要收入和利润都来自海外，但人们仍然认定它是一家瑞士公司。因此，东道国和母国公司政府间的关系会无形地影响跨国公司的营销活动，这要追溯两国的历史，还要分析两国关系的现状和发展前景。

5. 政治干预

政治干预是一国政府采取行政手段，通过强制性的命令、条例、政策等对外国公司经营活动实行干预，包括国有化、本土化、进口限制、外汇管制、税收限制、价格控制等。国有化是政府出于国家安全、经济发展、财政需要等目的将外国投资收归国有，给予或不给予补偿。本土化指政府要求提升本国高级管理人员的比例，零部件多由本地生产而不许进口等。进口限制是通过关税、进口配额、进口许可证、技术要求等贸易和非贸易壁垒，限制他国产品进口。外汇管制是政府要求外汇收入必须按官方价格与中央银行结售，对国际通行货币转移进行限制，外国公司利润和资本不能自由汇回母公司，只能在当地购买商品、自用或销售到他国以换取所需货币，这样面临很大的汇率风险。政府还可通过税收限制甚至直接的价格控制来抑制外资企业的发展和产品进口，保护本国企业。针对这种情况，跨国公司可增加对其他国家的产品出口，但往往会受到对方政府的倾销调查。

14.2.4 法律环境分析

世界各国的法律体系和具体条款复杂程度各不相同，跨国公司在东道国开展业务，必须仔细分析所有当地法律和惯例，可能有些东道国法律禁止的事情在母国是允许的。企业还应理解和掌握全球环境下影响国际营销决策的一些国际法律和惯例，以及可以借助的法律手段。

1. 法律制度的类型

法律制度主要有英美法系和大陆法系两种。英美法系又称习惯法系、案例法系、不成文法系，建立在法院以前的判决、习惯和以往解释的基础上。英美法系诞生于英国，美国、澳大利亚、印度等许多前英联邦成员国家都使用这个法系。大陆法系又称成文法系，是各种法律条文的综合体，详细规定了所有可能出现的结果哪些是合法的，哪些是不合法的。法、德等欧洲主要国家、南美各国、日本、中国等国使用此法。

对于国际营销人员来说，熟悉东道国的法律制度是非常重要的，因为它会对各种营销决策产生根本性影响。例如，在英美法系国家，获得所有权（比如商标权）是以实际使用历史为基础，谁先用就是谁的；而成文法系则以商标注册为依据，谁先注册谁拥有这个商标。英美法系与大陆法系的划分在实际执行中区别不是非常明显，即使同一个法系的不同国家在特殊情况下对某些条款的解释也有所不同，往往以各国的经验为依据。例如，某公司出口的货物因为存储仓库空调突然坏了而损坏，大陆法系视为自然灾害，出口商不必承担责任，而英美法系认为空调故障是可以预料的，不属于自然灾害。但在肯尼亚，虽然也是英美法系国家，由于当地空调很少，且大部分时间气候湿热，空调故障可以被认定为自然灾害。

2. 对国际营销的影响

各国法律规定涵盖了国际营销活动的方方面面，包括产品、价格、促销、广告等。产品方面，东道国可能对某些产品成分、商标、包装、服务等有特殊要求，例如日本对化妆品的成分要求非常高，甚至以“不适合日本人的皮肤”为由禁止外国产品进口。大多数国家对促销的规定较多，例如英国禁止电视台播放烟酒广告，奥地利不允许有奖销售等。除此之外，还有反垄断、知识产权保护、关税、反倾销、进出口许可证等法律规定，都对国际营销有直接深刻的影响，需要国际营销人员学习。

阅读资料 14-4

保护商标名称、商标和企业标记：法律因国而异

日本森永牛奶工业公司在日本注册了“cafe latte”（拿铁咖啡）商标，同时作为一种冷浓咖啡饮料的名称。“cafe latte”（拿铁咖啡）是美国星巴克公司在美国畅销的一种加了泡沫牛奶的浓咖啡，森永公司在日本的抢注迫使星巴克不得不重新命名它在日本的产品。

日本贸易法专家说，这一争端提醒美国公司必须保护它的畅销产品，免遭日本仰慕者的侵犯。美国公司没有考虑过这一点，一旦醒悟为时已晚，只能悲叹抱怨。如果美国公司想在日本经商，就必须积极地在日本注册商标，因为日本法律与美国不同，且传统上允许用商标作为产品名称。森永公司说它在两年前分别用日语和英语注册了“cafe latte”商标，在2万家便利店和超市销售密封包装冷咖啡牛奶。广告牌上，朱迪·福斯特对着一杯贴有非常眼熟的绿色标记的“cafe latte”微笑着。

星巴克说那真是太熟悉了。公司国际营销部主任说：“那看起来就像我们的杯子，就像我们的标记。我认为森永公司的商标站不住脚。从道义上讲，你必须问一问，一个公司盗用另一公司的创意是否正当。我认为不正当。”

这个例子是在国外经商的公司可能会碰到的无数法律纠纷中的一个。从法律上讲，森永公司和星巴克公司在它们各自的国家里都有权使用“cafe latte”商标。如果星巴克公司想要向森永公司提出挑战，就必须在日本进行，而日本的法律和传统与美国不同，并不存在星巴克公司可提出申诉的国际商法法庭。

（资料来源：凯特奥拉，格雷厄姆．国际市场营销学［M］．北京：机械工业出版社，2000：108.）

3. 争端的解决

跨国企业要遵守所属国和东道国双重法律，如果在世界很多国家都有分支机构，则会面临所有这些国家的法律问题。当不同国家的法律之间有冲突时，每个当事人都希望按照对自己有利的法律体系来解决。因此，争端解决第一个要注意的问题就是司法管辖权，即在哪个国家，用哪类法律体系解决。为了避免争执，最好在合同中详细注明，否则一般选择合同签订地或执行地的法律体系。

解决国际商务争端的主要手段依次为调解、仲裁、诉讼。调解是当事各方同意由第三方从中调解分歧，最终达成一致。如果调解失败，则由当事方选择一方或几方作为仲裁人进行仲裁。当事方首先向投资争议处理国际中心（ICSID）、国际商会（ICC）等仲裁中心提出仲裁申请，仲裁中心进行调解，调解无效再进行仲裁。以国际商会为例，由当事方从著名律师、法官、法学家组成的名单中选择一人，国际商会指定一人，组成仲裁委员会，听取各方的意见，作出裁决结果。最后一个解决办法是法律诉讼。当事方向有管辖权的一国的法院起诉，由法院按照所在国法律作出判决。调解是最直接、最经济的解决方式；仲裁程序简单，费用低，有效维护双方商誉；诉讼费用高，时间长，可能影响企业形象。因此，大多数商业争端都很少选择诉讼，而采用调解或仲裁的解决方式。

14.3 国际市场的进入方式

企业决定进入国际市场时，采用何种进入方式是十分重要的，进入模式的选择关系到企业国际营销策略的成败。

14.3.1 出口方式

1. **间接出口**

间接出口是指公司在国内生产产品，通过本国的中间商将产品销售到国外。间接出口根据中间商责任的不同可分为3种形式：一是出口经销，企业先将产品销售给中间商，再由中间商在国际市场上自主销售，赚取买卖差价；二是出口代理，企业委托中间商在国外代销产品，收取佣金；三是合作出口，企业通过另一家企业的海外渠道出口产品，对方可以提高自己的销售渠道利用率，同时可获得出口产品折扣价格补偿。

采用间接出口方式进入国际市场的企业并不直接与国外市场联系，而是通过国内专业从事国际贸易的中间商将产品销售到国际市场。对于初次进入国际市场，或者国际营销活动不频繁的企业来说，这是最好的选择。中间商一般在国际上有健全的销售渠道和广泛的客户关系，信息获得及时有效，企业可以利用中间商的有利条件进入国际市场，快捷方便，节省营销费用，效率高，风险较小，尤其适合缺乏出口能力、没有国际营销经验的中小型企业。但企业如果长期采用间接出口方式，过分依赖中间商，就无法直接掌握国际市场信息，缺乏控制国际市场的能力，无法建立自己的国际市场营销渠道，不利于企业国际营销业务的长期发展。

2. **直接出口**

直接出口是指企业不通过国内中间商，直接通过国外中间商或自己的国际销售机构在国际市场上销售产品。国外中间商熟悉东道国的环境，没有语言、价值观念、生活习惯等方面的障碍，可以为企业产品顺利进入东道国提供有效的帮助。企业的国际销售机构包括国内的出口部门、海外分支机构和海外营销子公司。在海外设立营销机构，能及时掌握当地信息，使买方有身临其境的感觉，还可以成为产品展示中心和顾客服务中心，有利于打开东道国市场。企业甚至可以不经过任何中间机构，直接与客户联系，实现产品对外销售。这种方式在国际营销活动中用得比较少，一般用于大型机械设备、大型飞机制造、远洋轮船制造、高新技术产品等。

采用直接出口方式，企业可以与国外中间商和国外客户直接接触，及时了解国际市场信息，通过建立稳定的海外销售渠道，不断加强对海外市场的控制，逐渐提升企业及产品的知名度。但企业需要成立专门的业务部门，建设国外销售渠道，不仅需要大量的资金，还需要专业的国际营销人才，与间接出口相比，投入成本多，难度较高，风险较大。

14.3.2 契约方式

1. 许可经营

许可经营（licensing）又称许可证经营，指企业与国外企业签订许可协议，国外企业（被许可方）可以在合同期限内使用企业（许可方）的专利、商标、产品配方、制造工艺等无形资产，生产销售相关产品，许可方可获得无形资产使用费。根据双方的权利、义务不同，许可经营分为独占许可、排他许可、普通许可、交叉许可。独占许可指在合同规定的期限和地域范围内，只有被许可方有权行使合同规定的相关权利，即使许可方也不允许使用。排他许可指合同双方可以行使相关权利，其他厂商被排除在外。普通许可又称非独占许可，指许可方可以同时将相同权利授予多个被许可方。交叉许可又称互惠许可，指双方互相取得对方的无形资产使用权，如果双方专利或商标价值相差较多，一方可以向另一方给予一定的经济补偿。

采用许可经营方式进入国外市场，可以有效规避投资和贸易壁垒，企业不需要大量人力和资金投入，就可以实现向海外市场渗透的目的，风险和成本都比较小。但许可经营对被许可方的产品质量、经营管理水平等缺乏控制力，企业声誉没有保障。如果被许可方在东道国发展得十分顺利，则有可能成为潜在的竞争对手。

2. 特许经营

特许经营（franchising）是指企业（特许方）将整个经营体系，包括商标、专利、包装、产品配方、公司名称、关键技术、管理服务等方面的使用权授予国外企业（被特许方），同时给予广告和促销方面的支持。被特许方必须按照特许方的要求经营，并支付初始费用和销售提成。特许经营与许可经营非常相似，区别在于特许方不仅向被特许方提供一系列使用权，而且还要提供生产和管理方面的帮助，如提供设备、帮助培训、融通资金等。特许经营是服务行业常用的一种主要进入模式，可口可乐、百事可乐、麦当劳、肯德基等都是用这种方式进入世界各国市场的。

特许经营的资金和人员投入比较少，因此风险和成本都不大，且企业对被特许方有一定的经营控制权，如果被特许方未达到要求，特许方有权终止特许协议，因此是一种实现对外快速扩张的有效途径。但与直接投资相比，企业收益和控制力要小，并且有一些国家限制这种进入方式。对于东道国顾客来说，特许经营店往往代表着原产国，例如麦当劳和美国，因此在国外市场存在一定的政治风险。

3. 合同制造

合同制造又称贴牌生产，指企业与国外市场的制造商签订订货合同，由企业提供技术援助和机器设备等条件，东道国制造商按合同要求生产产品，再交由企业用自己的品牌进行销售。合同制造可以充分利用当地生产能力，迅速扩大生产规模并占领国际市场，摩托罗拉公司大部分产品零件都是用这种方式生产的。

合同制造模式可以使企业将国际生产和国际销售更好地结合起来，充分利用各国各地区的劳动力资源优势，企业在资金、时间、管理等方面的投入比较少，避免了一定的财务风险。但企业同时要向对方提供技术和管理支持，容易将对方培养成自己的竞争对手。

4. 工程承包

工程承包是指企业与国外企业签订工程项目承包合同，由企业完成工程项目建设，按期将完工项目交付给对方。企业采用工程承包方式进入国外市场，包括了劳动力、技术、资金、管理等生产要素的进入，有时还会涉及项目工程所需原材料和设备的进出口贸易。工程承包合同往往是大型长期项目，利润丰厚，但项目实施时间长，不确定性因素也因此增加，有较大的风险。

14.3.3 投资方式

1. 合资经营

合资经营指企业与东道国的企业联合投资，共同经营，共同拥有资金、技术、设备、销售组织等各种资源，共同分享股权和管理权，共同承担风险。合资企业是在新兴市场受到普遍欢迎的一种国际进入模式，对发展中国家来说，合资经营可以缓解本国就业压力，带动技术进步，促进市场健康发展。典型的合资经营是跨国企业提供技术、资金、品牌、管理，东道国企业提供劳动力、基础设施、市场信息、与相关机构的关系等。

对跨国企业来说，在东道国选择合作伙伴，政治壁垒比较小，易被东道国接受，可享受东道国对本国企业的优惠政策，产业选择限制少，有利于与当地政府保持良好关系，创造有利的国际市场营销环境。但企业之间利润分配容易产生矛盾，跨国企业对合资企业缺乏完全的控制权，不利于商业秘密的保护。

2. 海外独资经营

海外独资经营是指跨国企业直接到目标国家和地区投资建厂或并购当地企业。企业与当地政府、客户、供应商等建立直接联系，使产品更适应当地市场需求。企业完全控制投资、管理、销售，全面掌控收益和利润分配，可按企业长期目标制定海外企业经营策略。与其他进入方式相比，独资经营资金投入、政治风险和经济风险最大，即使是收购当地一家公司，也面临着母公司与当地公司在组织文化、产品技术、销售管理等方面的适应和融合。

14.3.4 影响进入方式选择的因素

1. 目标国家因素

跨国企业选择国外市场进入方式时，目标国家的经济、市场等情况是重要的参考因素。企业选择投资方式进入的目标国往往具有以下特征：政局稳定，法制健全，政府鼓励外来投资，当地市场规模比较大，具备企业生产所必需的基础结构、生产要素和协作条件，该国社会文化与企业母国的社会文化相似。在这样的国家，企业有较大的发展空间，可以以较低的成本获得良好的生产经营条件，更容易融入当地社会，所以海外独资经营或合资经营是企业最好的选择。

如果目标国家市场规模不大，市场竞争比较激烈，目标国政府对外来投资持谨慎态度，企业所需生产条件不足或成本较高，则企业更倾向于选择出口方式或契约方式，以规避政治风险和经济风险。

2. 企业自身因素

企业自身因素对进入方式选择的影响主要表现在产品特点和企业实力两个方面。如果企业产品属于劳动密集型或资源密集型，企业可以采取投资方式进入，利用东道国劳动或资源方面的优势进行生产。如果企业产品具有需要保密的核心技术，或售后服务要求高，也应采用投资方式，甚至独资方式。从企业实力角度来看，如果企业处于发展初期，资金、技术、经验都有所欠缺，那么采用出口模式更合理。随着企业发展壮大，国际营销经验不断积累，再考虑采用契约方式或投资方式。

14.4 国际营销组织管理

市场营销组织是企业内部涉及市场营销活动的各个职位及结构。国际市场营销组织是企业营销组织中的一部分，是按照一定的宗旨和系统建立起来的从事国际市场营销活动的集合体，包括组织形式、组织内部关系、组织的运行机制等。建立适合本企业的国际营销组织，是实现企业战略目标的重要保证之一。按照国际业务发展的需要，大多数公司是先组织一个出口部，然后创建一个国际事业部，最终形成全球性组织结构。

14.4.1 国际营销组织结构的类型

1. 出口部

企业在刚刚开展国际业务或国际业务不频繁时，往往通过出口方式进入海外市场，即企业在国内生产产品，通过中间商或企业的国际销售机构在国际市场上销售产品。企业相应地在原有组织结构基础上设立隶属于营销部的国际销售分部，负责处理产品出口的相关事宜。出口部形式的国际营销组织结构见图 14-1。

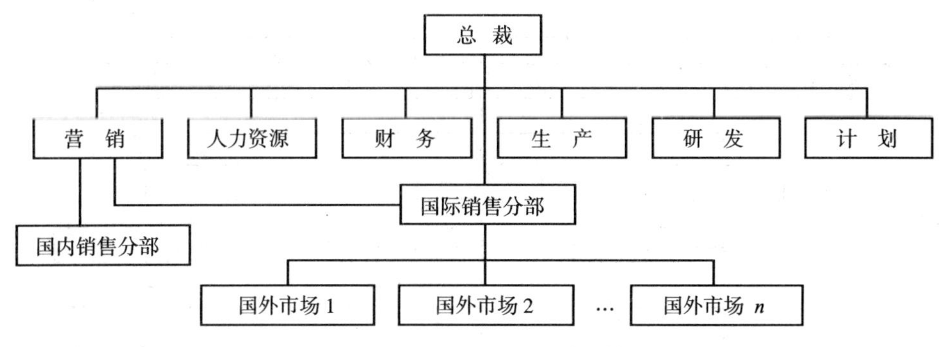

图 14-1 出口部形式组织结构

2. 国际事业部

随着企业国际业务的发展，进入国际市场的方式由简单的出口方式向契约方式和投资方式转变。进入国际市场方式的多样化，使得出口部很难协调国外市场活动与本国市场活动的关系。企业将营销部下属的国际销售分部改为国际事业部，包括营销、生产、财务、人力资源等职能部门，国际事业部与国内业务部和其他职能部门平级。这种组织结构形式由美国通用汽车公司的斯隆创立，又称“斯隆模型”。其突出特点是“集中决策，分散经营”，即公司集中决策，包括制定战略、重要人事任免等重大问题，事业部独立经营，包括生产、营销、产品开发等方面。具体组织结构如图 14－2 所示。

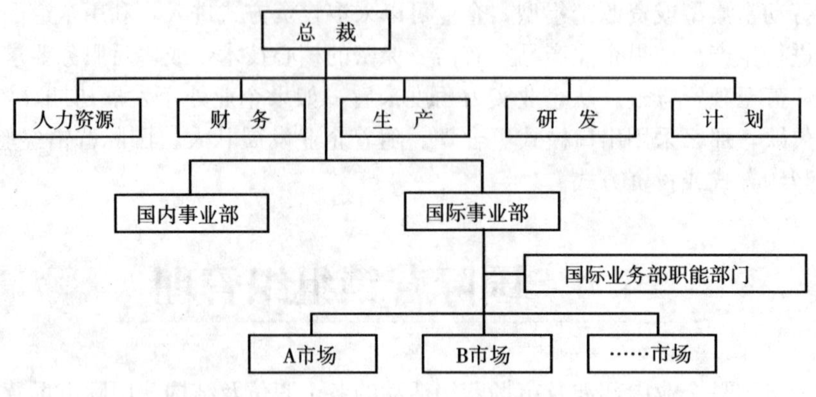

图 14－2　事业部制组织结构

3. 全球性组织结构

随着国际业务的不断发展，企业不再仅仅是某个国家的公司，只是向国外销售产品，而成为一个全球组织。企业从全球角度出发，规划生产、营销、资金流动、后勤支持等，形成了全球性的组织结构。公司高层制定企业经营目标和战略，在各部门之间进行资源配置，在全球范围内组织管理业务。

1）地区型

企业根据全球地理位置将世界市场划分为若干个地区，建立地区部，由区域经理负责该地区的所有活动，包括生产、营销、研发、财务等。公司总部负责全球范围的计划和控制，国内的经营活动也是隶属于其中的一个地区部门。具体组织结构如图 14－3 所示。

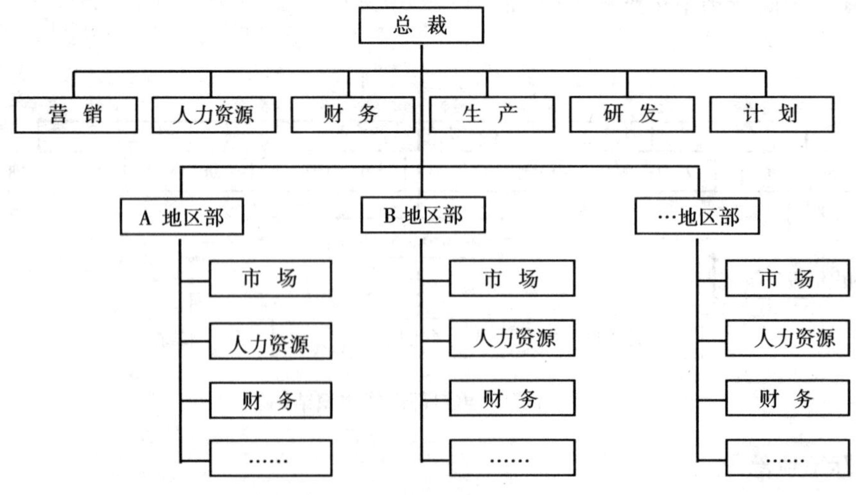

图 14－3　地区型组织结构

采用地区型组织结构的企业往往产品类型不太多，地区市场差别比较大，企业内部交易少。各区域经理执行本地区的主要管理职能，可以很好地协调区域内生产、销售、财务等各方面的工作，有利于提高本部门的管理效率。总公司也可以根据某个地区经营环境的变化，有针对性地进行改进。但各地区部是并列关系，不可避免地关注本部门利益，不利于生产要素在各地区之间的流动，影响企业整体目标的实现。每个地区部都有各自的市场、人力资源、财务等职能部门，形成了人员的重叠，增加了企业的管理成本。

2）产品型

企业按产品线划分部门，每种产品一个部门，各个产品部经理负责一种产品在全球的经营活动，包括市场、人力资源、财务等。具体组织结构如图 14－4 所示。

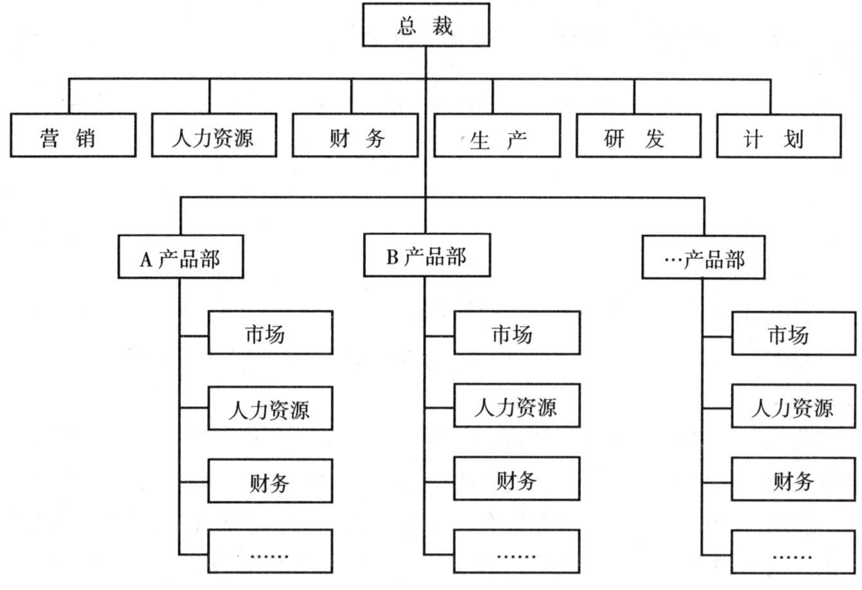

图 14－4 产品型组织结构

采用产品型组织结构的企业通常产品种类多，产品技术含量高，客户数量多且市场比较分散。这种组织结构的优点是将经营权下放给产品部经理，有助于调动经理的积极性，将注意力放在产品技术和产品市场上，从而促进新产品的研发和国际市场的开拓。产品型组织结构具有较大的灵活性，当企业开发新产品时，只要在现有组织结构上增加一个新的产品部就可以了。但是这种组织结构也有明显的缺点，各产品部为保持各自产品的利益会经常发生摩擦。另外，一个地区如果有多种产品销售，就会建立多个机构，导致机构设置重叠，人员浪费，成本比较高。

3）矩阵型

20 世纪 60 年代起，许多大型跨国公司开始采用矩阵型组织结构。这种组织结构具有两条命令链，包括地区管理和产品管理两个方面，地区部对该地区的所有产品负责，产品部负责某种产品在全球范围的活动。地区部和产品部均由总经理直接领导，某一地区的经营活动受该地区部和有关产品部的双重管理。具体组织结构如图 14－5 所示。

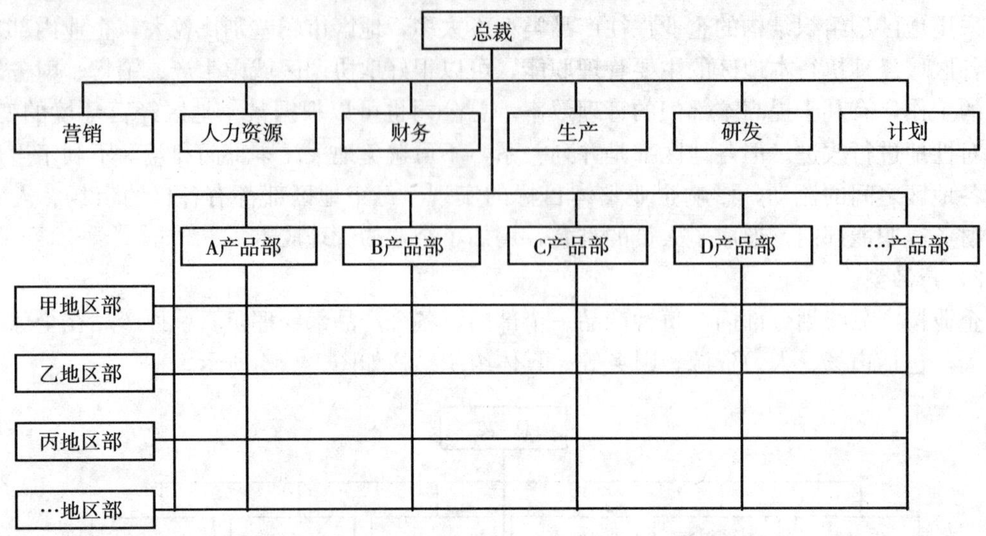

图 14－5　矩阵型组织结构

矩阵型组织结构适合产品线众多且经营范围大的大型跨国公司，有助于更好地分析和应对复杂多变的经营环境，加强了企业内部的分工协作，摆脱了部门利益的纷争。但由于存在两条命令链，基层部门同时受地区部和产品部的双重领导，容易造成混乱和冲突，出现争权夺利的倾向。这种组织结构各级机构交错庞大，人员众多，成本比较高。

4）网络型

随着跨国公司的不断扩张，产品技术变得越来越重要，公司要对先进技术保持快速灵活的反应，并努力成为技术创新领导者。网络型组织结构应运而生，打破了传统组织结构的限制和束缚。在网络型组织结构中，企业内部没有严格的等级划分，各单位之间可以直接联系，形成了内部非正式的沟通网络和与外部的广泛协作关系。具体组织结构如图 14－6 所示。

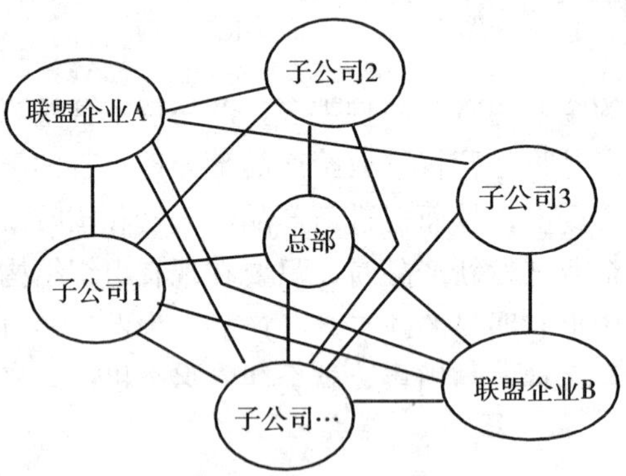

图 14－6　网络型组织结构

网络型组织结构中，各部门通过电子邮件、电话、传真等现代通信技术保持紧密联系，研发、制造、营销、财务等部门的经理一起讨论某个问题，并达成共识，而不一定要通过总部。这些支线关系促进了产品创新开发和质量控制，能够更好地适应环境的变化。

另外，还有一种组织结构是全球职能型组织结构，指企业按市场、财务、生产、研发等职能划分部门，各部门由一位副总经理负责该职能在全球范围内的活动，例如营销部负责所有产品在全球的营销。这种组织结构权力过分集中，且各部门之间协调比较困难，因此很少有企业采用。

14.4.2 影响国际营销组织结构设计的因素

（1）海外业务规模。如果企业刚进入国际市场，海外业务较少，营销重点仍在国内市场，那么组织结构不需要太复杂，只需在原有基础上设置出口部就可以了。随着企业海外业务规模扩大，业务活动频繁，营销重心向国际市场偏移，组织结构也会相应变得复杂。

（2）海外业务的地理位置。如果企业开展海外业务的主要地区在政治、文化、经济环境等方面差异较大，则按地区划分组织结构比较好，将权力充分下放给地区部经理，以适应不同地区的实际情况需要。

（3）企业产品性质。如果企业经营产品种类多，产品之间的关联性不强，需要较多的技术支持，产品不具有通用性和普及性，则企业应采用产品型组织结构，按产品线划分成若干并列的部门。

（4）海外市场性质。如果企业开展海外业务的市场是同质的，那么这些市场需求的产品同质化程度比较高，不需要太复杂的组织结构。如果企业目标市场是异质的，那么需求差异比较大，海外业务复杂，需要各部门之间相互协调配合。这样在多个地区经营多种产品的公司往往采用矩阵型组织结构。

14.4.3 国际营销组织的设计程序

首先要确定企业战略目标。企业对企业内部和外部环境进行分析研究，找出优势和劣势，制定国际市场营销的战略目标。组织结构的设计是直接为这个目标服务的。然后将国际市场营销战略目标分解为若干项任务，进行分类和重新组合。接下来，根据任务组合情况成立有关部门，设置每个部门中的岗位，估算员工的能力，确定岗位数。最后，规定各部门及部门岗位的工作权力和工作职责，决定部门之间的沟通协调渠道。具体步骤如图 14－7 所示。

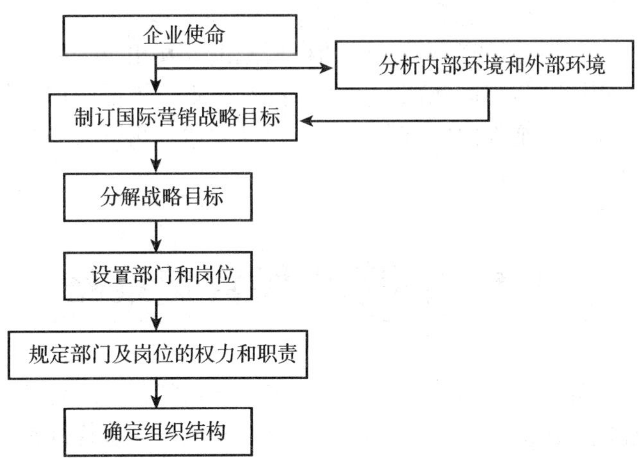

图 14－7　国际营销组织的设计程序

14.4.4 国际营销组织的建设与管理

1. 营销队伍建设

营销队伍建设首先要分析现实和潜在的顾客、销售环境、公司资源和实力，在此基础上作出营销人员数量、特征和任务安排等方面的决策。国际营销人员来源于本国外派人员、当地人员以及第三国人员。在确定了某一特定市场所需的人员数量之后，要进行销售区域划分和顾客访问计划等更为复杂的设计工作。

2. 国际营销培训

对于本国外派人员，培训侧重于派驻国的市场营销环境、当地风俗习惯和在海外销售将遇到的特殊问题；对于当地人员，则着重介绍公司及产品知识、企业情况、市场知识和推销技巧。国际营销人员在海外就职后，需要继续对他们进行在职培训。对国外雇员的培训，必须适应他们学习和交流的方式。对总公司负责国际营销业务的人员进行培训往往容易被忽视，通过培训应使他们能够对海外业务提出的各种要求作出迅速反应。

互联网的使用使得培训工作效率大为提高，营销人员可以通过视频在网上上课并参加交互式评估测试。

3. 营销人员激励

薪金、佣金、奖金等物质奖励及培训、晋级或特权授予等精神鼓励。激励时必须考虑国家之间的差别，不同的社会环境与竞争状况要求采用不同的激励机制。如日本人比美国人更注重社会认可，更重视家长制和集体精神，实行终身雇佣制、靠个人刺激来激励就行不通。因此，日本的奖金制度以集体努力为基础，很少采取个人佣金制。东欧国家的薪酬计划对基础工资要比美国重视得多，基于绩效的激励不是很有效。

4. 营销业绩考核与组织审查

国际营销部门和人员的业绩评估指标可分为两个方面：一是直接的推销效果，如所推销的产品数量与价值、推销的成本费用、新客户销量比率等；二是间接的推销效果，如访问的顾客人数与频率、产品与企业知名度的增加程度、顾客服务与市场调研任务的完成情况等。

营销组织审查内容包括：检查营销主管的权责范围及其相应程度，分析营销组织结构与营销目标是否适应，营销部门与职能部门是否匹配；检查营销部门职工的培训、激励、监督和评价的方式方法；检查营销部门同市场研究、产品制造、物资采购和财务会计等部门是否保持良好的沟通合作。

14.5 国际市场营销策略

与国内市场营销一样，国际营销同样需要开展一系列的营销组合活动和营销策略。但由于国际市场的复杂性、决策的风险性、手段的繁复性和战略的多样性都大大增加，因此国际营销策略面临更大的挑战。

14.5.1 产品策略

1. 产品延伸策略

产品延伸策略指对现有产品不加任何变动，直接向外扩展到国际市场。这种策略的优点是可充分发挥现有设备的生产能力，降低成本，获得规模效益，管理也相对简单易行。除仅通过出口方式进入国际市场的企业常采取这种策略外，具有本国传统特色的产品和为满足国外的本国侨民、驻外人员、旅游者生活所需的商品和服务也可以直接推广。不过这类产品的需求量有限，大量采用产品延伸策略的产品主要是原材料、石油等资源性产品和机器设备等技术性较强的工业产品。

2. 产品适应策略

产品适应策略指为了适应国际市场的不同需求，企业对现有产品进行相应改变。通常情况下，各国对产品基本功能要求比较相似，但因各国经济发展水平、社会文化和政府要求等存在差异，因此多数产品，尤其是消费品，必须进行适度更改才能适应市场。这种更改可以是功能、外观、包装、品牌商标或服务等。产品的适应性包括两种：一种是根据各国自然条件，对产品计量标准及技术标准等特殊规定进行的强制性适应；另一种是根据各国消费者收入水平，消费偏好等进行的非强制性适应。

从本质上看，产品适应策略是为了适应不同国家消费者的需求和政府规章制度的要求，以扩大企业营销范围和市场份额。但决策的最终目标是利润，因此企业作出产品更改决策前，先要进行成本效益分析，确信更改产品的费用小于可能取得的销售额增幅，才可采用这个策略。

3. 产品创新策略

产品创新策略指全面开发设计新产品，以适应国外某个特定目标市场。结合产品生命周期理论和国际新产品概念，判断是否创新只能从进口国市场的角度分析，因此有后向发明和前向发明两种形式。后向发明主要指有些产品在发达国家已过时，但在经济技术水平较低的国家仍有大量需求，企业将这些产品由发达国家销往发展中国家。前向发明指开发一种全新产品，以满足营销对象国市场的特殊需求。如欧美的化妆品公司通过研究中国人皮肤的特点，开发了适合中国人使用的护肤产品。通常，前向发明的风险较大，投资代价较高，企业有一定实力和国际营销经验后才适合采用这种方式。

企业制定产品策略，应遵循灵活多变的原则。例如，日本本田摩托车进军美国市场时，美国没有小功率摩托车，本田认为小功率摩托车在美国没有市场，因此制定的营销策略是主攻大功率摩托车市场。为了方便维修人员出行，本田向美国发送了两台小功率摩托车。当维修人员驾驶轻巧灵便的小功率摩托车时，经常被好奇的美国人拦住咨询购买，才引起本田的注意，随后调整了产品策略。

14.5.2 价格策略

国际市场上，商品的价格构成比较复杂，与国内价格相比，增加了关税、国际中间商成本、运费和保险费，以及汇率变动风险。影响商品定价的因素很多，企业进入国际市场时定价目标也各有不同。表 14 - 3 是企业定价目标和与之相适应的定价策略。

表 14-3　定价目标和策略

定价目标	定价策略
获取当前最大利润	取脂定价
提高市场占有率	渗透定价
应对或防止竞争	随行就市或声望定价

取脂定价指有意将价格定得高于预期价格，尽可能在产品进入国际市场初期就赚取最大利润。这种策略一般适用于生命周期较短、款式翻新快的新潮性产品。渗透定价指将产品价格定得低于预期价格，以利于市场接受，缩短进入国际市场的导入期，有效地排斥竞争者进入，使企业能在较长时期内占领市场。随行就市指依据商品特点和现有行情定价，适用于弹性较小或在国际市场供求基本平衡的产品。声望定价指利用国外顾客仰慕某些产品声望的心理而采取的一种高价政策，适用于在国际市场上有影响力的传统名牌产品。这类产品如果自甘菲薄，往往出现价廉滞销的情况。但采取这种策略时，必须控制外销数量，既不能因供应量太大，发生倾销而使价格下跌；也不能因供应量太少，导致价格过高而使外商另觅其他供应商或替代品。

14.5.3　渠道策略

选择和建立分销渠道是国际营销极其重要，也是十分困难的环节之一。在国际市场上，由于人力、财力限制，大多数企业无法在国外设销售机构，需经过许多中间环节和中介机构。

1. 国际市场渠道战略

（1）窄渠道战略。窄渠道战略指出口商在国际市场上给予客商或代理商在一定时期内独家销售特定产品或服务的权利。这一战略包括独家包销和独家代理两种形式，它有利于鼓励中间商开拓国际市场，并依据市场需求订货和控制销售价格，但容易使中间商垄断市场。

（2）宽渠道战略。宽渠道战略指出口商在国际市场上各个层次的环节中尽可能多地选择中间商来推销产品。这一战略促使中间商之间形成强有力的竞争，有利于产品进入更广阔的国际市场。但中间商一般不愿承担广告费用，产品的最终市场价格不易控制，部分中间商削价竞争，会损害产品在国际市场上的形象。

（3）长渠道战略。长渠道战略指出口商在国际市场上选用两个或两个以上环节的中间商推销产品。其特点是产品能进入更广阔的地理空间和不同层次的消费者群，但容易形成该产品较大的市场存量，并增加销售成本，导致最终售价上升。

（4）短渠道战略。短渠道战略指出口商在国际市场上直接与零售商或用户从事交易。它包括两种形式：一是出口商直接与物资经销商、大连锁商、超市等进行交易，降低产品成本，让利于零售商和消费者；二是出口商直接在各国或各地区建立自己的直销网络，以低价战略开拓国际市场，让利于消费者。但自营直销网络往往受企业财力的限制，只有少数跨国大企业能够采用。

2. 营销渠道选择

国际营销渠道大多由国内中间商和国外中间商两大类组成。国内中间商一般在生产厂商不准备直接同国外市场进行交易的情况下被选用，其主要职能是拟订出口商品的生产，组织出口货源，办理有关出口的商标、广告、展览等工作。国外中间商主要分为无商品所有权的代理商和有商品所有权的分销商。生产厂家选择国外中间商，可更接近国外市场，大大减少产品的流通环节。

影响国际分销渠道选择的因素很多，主要有以下几个方面。

(1) 企业自身因素：规模、资金、信誉、产品营销组合功能的特点、控制渠道的要求。

(2) 产品特征：价格、体积、重量、易腐易毁性、时尚性、技术性、标准化程度及所处生命周期的阶段等。

(3) 国际市场状况：目标市场容量和分布、消费者购买习惯、竞争者营销渠道策略等。

(4) 其他环境因素：国际市场经济形势、目标市场国的文化特征等。

14.5.4 促销策略

1. 人员推销

国际营销中的人员推销主要有两种方式：一是借助于参加或举办展览会的机会；二是在当地雇佣销售代表。人员推销的具体任务包括运送产品、在营业场所接受订单、上门征订、建立信誉并培养现有或潜在客户、充当技术顾问、推销有形产品或无形产品等。

2. 公共关系

国际公共关系是企业与顾客沟通的一种方式，是正确处理企业与社会公众关系，处理不利于公司的流言和丑闻，从而促进产品销售的一种活动。百事可乐赞助中国体育赛事以及其他公益事业的公关策略在公众中树立了良好的企业形象。

3. 销售促进

销售促进是为刺激早期需求或激发较强的市场反应而采取的能够迅速产生鼓励购买作用的促销手段。通常可选择如下方式：样品赠送、试用品、有奖销售、折价券、商品陈列展览和示范表演、竞赛及摸奖游戏；参加综合性或专业性的国际博览会、订货会、商品展销和交易会；参加或主办国际巡回展览。

4. 国际广告

企业在不同国家间可以选择广告主题标准化或个性化。标准化是把同样的广告信息和宣传主题传递到各国市场，强调基本需求的一致性。如飞利浦公司在多国使用相同的广告语“让我们做得更好”，宣传推荐公司照明、电气等产品，塑造鲜明的公司整体形象。个性化是企业针对不同国家和地区传播不同的广告信息，强调各国市场的差异性。在美国，福特为其“护卫者”做的广告强调价格便宜，但在印度则强调高端和舒适。当前跨国公司倾向于“规划全球化，执行本土化”的广告模式，传递标准化的基本信息，但要根据当地情况进行适当的修改。

国际广告必须适应东道国的环境。在营销组合中，广告最易受不同国家文化差异的影响。因此，语言表达、情感诉求、象征符号、说服方法等必须和文化规范一致。其中，语言是广告沟通的主要障碍之一，它不仅涉及不同国家的不同语言、同一国家的不同语言或方言，还包括语感、个人语言习惯等更加细微的问题。除此之外，国际广告还要遵守东道国对广告的管制。

国际广告的目标包括：通知、说服、提醒、创牌、保牌或竞争。根据具体情况，企业可以采用不同的广告形式，如形象广告的目标是塑造、巩固和发展企业及其产品、商标的形象，而产品广告的目标在于推销产品，诱导人们购买。在内容设计上，国际广告要考虑：以情感为主，还是以理性为主；是对比，还是陈述；是正面叙述，还是全面叙述；广告主题长期不变，还是经常改变。

选择恰当的国际广告代理商和媒体也至关重要。选择代理商时，应考虑其业绩、资信、业务水平和管理水平、职业道德、与媒介的关系、国际广告经验等。在媒体选择上，要考虑媒体的可获得性、覆盖面、频率、影响力及效果、费用，销售对象接触广告媒体的习惯，以及产品的性质及特点等。

本章习题

一、单选题

1. 国际市场营销依次经历了（　　）阶段的发展阶段。

A. 国际贸易，合资企业，直接投资　　B. 出口营销，国际营销，全球营销

C. 国内营销，国外营销，国际营销　　D. 来料加工，海外工程，劳务输出

2. 国际市场营销人员在决策时，无意识地参照自己的文化价值观和成功经验，把自己的文化价值观作为判断和决策的依据，称为（　　）。

A. 以自我为中心　　B. 价值本位观　　C. 无意识判断　　D. 自我参照标准

3. 企业将整个经营体系，包括商标、专利、包装、产品配方、公司名称、关键技术、管理服务等方面的使用权授予国外企业，同时给予广告和促销方面的支持，这种进入国际市场的方式是（　　）。

A. 出口　　B. 许可经营　　C. 特许经营　　D. 合资经营

4. 企业产品种类多，技术含量高，市场比较分散，适用于（　　）组织结构。

A. 地区型　　B. 产品型　　C. 矩阵型　　D. 网络型

5.（　　）是狭义的销售促进活动，指为刺激早期需求或激发较强的市场反应而采取的能够迅速产生鼓励购买作用的促销手段。

A. 公共关系　　B. 营业推广　　C. 人员推销　　D. 广告

二、多选题

1. 企业开展国际营销的主要原因有（　　）。

A. 国内市场萎缩　　B. 规模经济的需要　　C. 通信技术进步　　D. 贸易壁垒减少

2. 国际市场营销中，经济环境分析涉及下列（　　）因素。

A. GDP　　B. 人均收入　　C. 基础设施　　D. 教育水平

E. 语言

3. 国际营销组织结构类型中，全球性组织结构包括（　　）。

A. 国际事业部组织结构　　B. 产品型组织结构

C. 地区型组织结构　　D. 网络型组织结构

E. 矩阵型组织结构

三、名词解释

1. 国际市场营销　2. 价值观　3. 间接出口　4. 许可经营　5. 特许经营

四、简答及论述题

1. 国际市场营销的主要特点是什么？
2. 企业决定进入国际市场的方式时，主要考虑哪些因素？
3. 试论述国际市场营销发展的几个阶段。
4. 简述国际商务争端的解决手段。
5. 简述国际市场营销策略。

案例讨论

日本企业的大市场营销

许多获得成功的日本企业，都花费许多时间、精力和资金去分析市场机遇，并对目标市场作深入的了解，研究消费者心理，摸清组织市场营销的活动规律。

例如，索尼公司在进入美国市场之前，就先派出设计人员、工程师以及其他人员组成的专家组去美国考察，研究如何设计其产品以适应美国消费者的爱好。然后，招聘美国工业专家、顾问和经理等人员，帮助“索尼”分析如何进入市场。

在仔细地研究分析市场机遇，确定目标市场后，日本的企业将着手制订包括产品、价格、分销、促销、公共关系和政治权力运用等内容的市场营销战略规划。

一、产品策略

当初日本企业进入国际市场时，遇到了许多困难，首先碰到的就是来自美国和欧洲国家强大竞争者的对抗，因为那时世界市场主要是由美国和欧洲国家霸占。其次，就当时的日本产品而论，无论是技术上，还是在全球性销售网络上，都比不上美国和欧洲的产品。此外，日本还要努力消除人们在二次世界大战前对日本产品所形成的质量低劣印象。但是，日本的企业寄希望于利用其劳动力价格便宜的优势，在产品的价格上可以与欧、美抗衡。为此，在20世纪50年代后期和60年代期间，为了打入世界市场，日本各企业特别强调产品设计的低成本、高质量和创新性。从目前日本进入国际市场情况看，也可以证明他们仍然着重突出这三点。

日本企业以产品开发战略和市场开发战略为重点，进行目标市场渗透，一旦在某国市场取得了立足点，就努力扩大其产品的生产线，以便增加产量，扩大销售额，日益增加对整个市场的控制范围。以丰田公司向美国市场渗透为例，即表现为产品推出的连续性和不断扩大生产线。

日本的许多企业，一向是以增加产品的花色品种进行市场开发的。他们根据消费者的不同口味、爱好和收入水平，不断地变换产品型号、花色和品种。例如，坝农公司以生产AE-135单镜反光照相机为基础机型，生产出种类繁多、功能不同的相机，使其销售额猛增。坝农公司这种向市场纵深不断猛烈推进的策略，是日本许多企业的共同特点。每当一种新产品投入市场时，另一种新产品正在研制中。此外，日本各企业的产品更新换代非常快，其速度几乎是德国（德国是产品更新换代较快的国家之一）的两倍。如20世纪70年代期间，丰田汽车公司可以同时向美国汽车市场提供82种产品，而其他国家则只能提供48种或31种型号的汽车。

不断地改进产品质量，是日本企业获得成功的又一大特征。日本企业对不断改进产品的质量倾注了大量的心血，他们经常与消费者保持联系，甚至不惜花费大量的钱财和许多宝贵的时间，通过各种渠道，不断地了解和虚心听取顾客对产品提出的质量改进意见。把质量当作企业的生命，已成为日本企业全体员工的群体意识。一项研究表明，日本产品质量已胜过美国产品。20世纪70年代中期，美国执世界计算机工业之牛耳时，日本尚属无名之辈。但近几年，日本却成为美国在计算机工业发展上的主要威胁者。

二、价格策略

日本企业在进入国际市场时，一直采用一种所谓的“市场份额”价格策略。这种策略就是采用较低的进入市场价格，以便取得一部分市场并进一步长期控制该市场。为此，日本总是将价格定得比竞争者低。他们乐于在最初几年里受点损失，把这种损失视为对长远市场发展的一种投资。这样做使日本在过去几年中被指责为“产品倾销”，此情形在美国的小汽车等产品市场上表现得尤其明显。日本的小汽车以省油、低价等优点大量涌进美国市场；1990年已占美国小汽车市场约30%，使美国的汽车工业招架不住。最后，美日双方都以官方身份进入“对抗阶段”，对簿公堂，美国作出了对小汽车限量进口的决定。

三、分销策略

日本企业想打进美国市场，但当初日本的产品质量形象低劣，声誉不佳。而且，许多企业没有产品销售渠道。何况，即使了解美国的销售渠道，也不能公开地加以利用。为此，日本企业采取了以下几种措施。

(1) 集中全力选好进入市场的突破口。他们不是采取全线出击，一下子占领全部市场，而是选中该市场的某一地区、某个批发商或某种类型的消费者，先打进去，站稳脚跟后再逐步扩大。如丰田汽车公司首先选择了加利福尼亚市场，通过该地区了解到美国市场的特点、消费者爱好以及美国批发商和经销商打交道的经验。在“突破口”取得成功后全面进入美国市场。日本电视机进入中国市场的步骤：先找经销商销售12寸、16寸黑白电视机，而后销售彩色电视机，最后在中国合资建厂。

(2) 精心挑选有效的销售渠道和能干的批发商。

(3) 对某种特殊产品，直接与用户联系，建立独立的销售机构。

(4) 利用竞争者的销售网络进行销售，即在打入某国市场后，利用该国中间商或生产者的牌号或商标销售日本产品。当其产品打入市场并占有一定地位时，就逐步建立自己的产品牌形象，形成自己的销售渠道，最后取而代之。

四、销售策略

日本企业在进入某个市场时，十分注意与批发商的友好合作，向他们提供各种帮助，付给较优厚的酬金，激发中间商经营日本产品的积极性。日本企业坚持“经销者利益第一，本企业利益第二”的原则，始终与中间商保持友好的商务关系。日本企业还大量投入金钱和精力，开展广告宣传，推进和提高产品的市场声誉，扩大销售额。

五、公共关系策略

日本企业的公共关系开展得颇具风格，有力地扩大了企业的知名度。例如，日本汽车公司在进入美国市场后，所有的公司都积极地致力于美国的社会服务，抽出人力、物力和资金，从事那些看起来和本职工作毫不相干的社会服务工作，并与当地社区建立了亲密关系。日产汽车公司在田纳西州自建立工厂的那一天起，便成立了义务活动小组和研究西方问题的捐款委员会，经常向当地的慈善机构捐赠钱物，还组织当地的居民到工厂参观，以及组织当地中学生每学期到工厂体验一天的工厂生活等。这许许多多的活动和亲善态度颇得当地社区居民的好感。这也是日本企业打入美国市场的竞争策略的重要因素。美惊呼日汽车商竞争有方，而美国的汽车公司却对此无能为力！

六、政治权力

历史记录表明，日本的企业在打进美国市场初期，很少与美国的公司进行正面冲突，而是寻找薄弱环节，甚至从美国公司尚未到达的市场先行突破，求得一席之地。然后，他们就像“滚雪球”一样，进行战略推进，建立他们的产品基地并巩固市场阵地，以便在将来某时与美国竞争者进行正面对抗或直接竞争。随着正面进攻“猛烈战斗”的日益加剧，必然遭到美国公司的强烈反击，于是就产生了“贸易摩擦”。日本企业或是周旋于当地社团、政府，或是吸引大量本来属于美国企业的零售网及小型企业，或是改善工厂中美国员工的待遇等。采用各种方式和途径，以减弱美国竞争者的反击力量，减少乃至消除摩擦。有时也通过种种骚扰使对手士气低落，以便最后迫使对手作出让步。当“贸易摩擦”激烈到企业无法运用自己的力量来消除时，最后只有通过政府的外交手段来解决。

（资料来源：胡跃红．市场营销策略［M］．北京：国防大学出版社，1999.）

思考讨论题

1. 大市场营销理论与传统的4P营销理论有何区别？
2. 日本企业的全球扩张策略对我国企业有何启示？

第 15 章

市场营销理论的新发展

本章导读

外部市场环境无时不在变化，企业需要不断调整营销策略以与之相适应，因而在市场营销领域新理论和新实践不断涌现。本章主要介绍了服务营销、关系营销、绿色营销、网络营销和整合营销等营销科学发展的新成果。通过本章学习，可以使读者对市场营销理论发展有一个较为全面的理解和认识，以便为今后从事营销实践工作奠定基础。

本章的知识结构图如下：

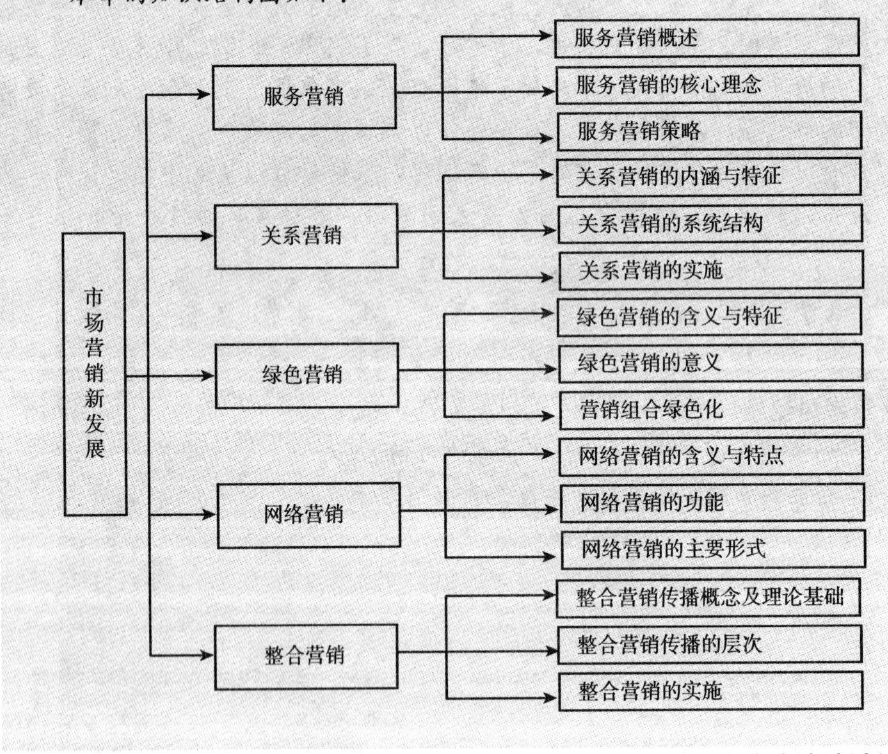

开篇案例

汽车广告新变化

艾瑞咨询推出的《2011年中国汽车网络营销行业研究报告》，针对汽车类广告主的网络营销活动和汽车网民的媒体接触行为进行了深入分析。报告数据显示，2011年汽车类广告主的网络广告投放规模达到48.3亿元；部分汽车厂商在网络广告上的预算占到其整体广告预算的20%；另一方面，汽车网民在购车时最信任的媒体是网络媒体。

互联网媒体的发展日新月异，不断创新的模式对传统媒体形成了很大影响。在吸引了超过5亿受众的同时，也越来越得到广告主的青睐。广告主在互联网上投放的广告越来越多，逐渐超过了部分传统媒体。其中汽车类广告主已经成为互联网展示类广告中最大的行业广告主。2011年汽车行业在互联网广告的投放规模达到48.5亿，较去年增长54.8%。

报告将拥有汽车，或者尚未拥有汽车、但未来一年内计划购买汽车的网民定义为汽车网民，研究了这些较为资深的用户的行为。在其购买前、购买中、购买后三个阶段中，进一步细分出接受影响并产生印象、产生明确购买意向、收集信息和接受建议、综合比较并初步决策、购买确认、购买实施、使用及评价7个消费阶段。由于在信息传播上的优势，网络媒体在购买确认和实施的阶段之外都有很强的影响力；同时，凭借营销服务的进步和电商的发展，在购买确认和实施阶段影响也有所提升。

网络广告在汽车网民中的信赖度最高，这与汽车网民的浏览习惯有很大关系。同时朋友的使用经验、网络媒体的口碑传播则是被汽车网民信赖的口碑渠道。这些渠道在网民从印象产生到初步决策的几个阶段有着很强影响力。

汽车属于大宗耐用商品，有着独特的营销需求。厂商与经销商的不同营销诉求、不同类型用户的划分、不同地域消费者的消费特点都在被挖掘。媒体方面，正在向着更加细化的媒体类型分工发展，同时一些媒体的区域化营销更加深入。另一方面在投放技术上，基于RTB（实时竞价）模式的精准投放技术在逐渐成熟，将帮助广告主更好地找到目标受众，提升广告效果。

随着国内微博、SNS等社会化媒体的发展，其受众覆盖面不断增长，正在引起广告主的注意，企业官方账号纷纷建立，与用户的互动得到提升。而移动互联网上更多新的营销形式和技术手段在这个平台上涌现，加上手机上有更多的个人属性，在互动性与精准投放广告上更有优势。

（资料来源：刘大龙．艾瑞精粹：2011年汽车互联网营销快速发展 广告规模近50亿［OL］．［2012－08－13］．http：//a.iresearch.cn/34/20120813/178959.shtml。）

15.1 服务营销

作为消费者，我们每天都在使用各种服务，如电信服务、金融服务、交通运输、教育服务、卫生服务等，服务是我们生活中不可或缺的因素。服务真正引起人们的重视是在20世纪 80 年代后期，目前，欧美等发达国家的服务业产值占国内生产总值的比重一般为 70%～80%，中等发达国家服务业的比重超过了 50%，一些发展中国家也达到了 30%左右。2011 年，我国服务业占国民经济的比重达到 43.1%，吸纳就业人口约 2.7 亿。

15.1.1 服务营销概述

1. 服务的含义

不同的组织和学者给服务的定义不同。

1960 年美国市场营销协会给服务的定义为：用于出售或者是同产品连在一起进行出售的活动、利益或满足感。

美国著名营销学家菲利普·科特勒对服务的定义是：服务是一方向另一方提供基本是无形的任何活动或利益，并且不导致任何所有权的产生。它可能与有形产品联系在一起，也可以毫无关系。

由此可见，服务既可以作为一种无形产品独立于有形产品而单独存在，也可以作为有形产品的附加物存在。

2. 服务的特点

对于多数服务而言，都具有以下特点。

（1）无形性。相对于具体的产品而言，服务是看不见摸不着的，这是服务的最大的特点。服务的特质及组成服务的元素很多时候都是无形的，它是不能预先被看见、感觉、触摸、品尝或嗅到的特殊消费，如顾客去理发，在理发之前无法看见理发后的效果。此外，顾客购买、享受服务后的利益也要等一段时间后才能感受到，甚至很难被察觉。如汽车到 4S 店做日常保养，车主将车子交由 4S 店进行保养，但车主在取回车子时，对汽车保养的效果是很难察觉并作出判断的。

（2）不可分割性。服务产品的生产过程与消费过程是同时进行的，服务人员在提供服务的同时消费者消费服务产品，因此二者是不可分离的。在服务的过程中消费者和生产者必须直接发生联系，服务的效果取决于服务提供者的能力与素质，同时也与消费者的感受与行为密切相关。

（3）易逝性。易逝性又称不可储存性。服务之所以无法储存，一方面源于服务的无形性，另一方面是由于服务产品的生产过程与消费过程是同时进行的，因此服务产品不可能像有形产品一样被储存起来，以备未来出售。尽管服务设施、劳动力等能够以实物形态存在，但只代表一种生产能力，而不是服务本身。服务的不可储存性使得服务需求的高峰期与低谷期之间，不能像有形产品一样通过调整产品的库存来进行平衡。例如天津到北京之间的高铁运输，平时客流不足，部分列车上座率较低，但是到了节假日客流量大涨，出现运力不足，但是由于铁路运输服务的不可储存性，二者之间无法平衡。

（4）可变性。可变性也称差异性，是指服务的构成成分及其质量水平经常变化，很难像有形产品那样可以用统一的质量标准来衡量。由于人的个性的存在，服务产品的质量评价很难形成统一的标准。首先，受服务提供者心理、身体等自身因素的影响，同一服务人员提供的服务也可能会不同；其次，顾客心理、身体等自身的因素也会直接影响服务产品的质量和效果。如同是去某地旅游，有人身心愉快，有人则败兴而归；又如同一个发型师理的同款发型，有的顾客非常满意，有的顾客却抱怨不已。

正是由于服务产品与普通产品相比较所具有的这 4 个显著特性，提供服务的企业在制定营销策略时，应根据其特性制定针对性强的服务营销策略。

15.1.2 服务营销的核心理念

1. 顾客满意

市场竞争越来越激烈，信息的通畅使企业要保持技术上的优势非常困难，越来越多的企业把工作重点转移到顾客身上，制定营销组合，提高顾客的满意度及忠诚度，实施顾客满意服务营销战略的企业将是离成功更近的企业。

菲利普·科特勒指出满意是指一个人通过对一种产品的可感知的效果与他或她的期望值相比较后，所形成的愉悦或失望的感觉状态，顾客感知价值与顾客预期的差距决定了顾客满意程度。顾客满意能使企业获得长期的盈利能力，还能使企业在竞争中得到更好的保护，形成较高的顾客忠诚度。顾客不会因为企业的失误或其他原因而立即选择新产品，同时，顾客也不会很快转向低价格产品。

2. 顾客满意的影响因素

影响顾客满意的因素主要可以从顾客和企业两个方面来分析。

1）顾客期望与感知

顾客期望是指顾客从各种渠道获得企业及产品的相关信息后，在内心对企业及产品服务等所形成一种标准，进而会对企业的行为或其产品形成一种期盼。

顾客感知是顾客消费产品或服务后对产品或服务形成的实际质量感知，是顾客所感受到的相对于所付出的价格的服务质量水平。顾客感受水平受顾客的经历、背景、需求等多方面因素的影响，不同的顾客对同一产品和服务的感受水平不一样，同一顾客在不同时间对同一产品或服务的感受也可能会有很大的差异。

顾客感知大于顾客期望时顾客产生满意感受，且顾客感知与顾客期望的差距越大，产生的满意感越强，满意程度越高。反之，顾客感知小于顾客期望时顾客产生不满情绪，差距越大，不满程度越高。

2）企业影响顾客满意

企业的形象与宣传等因素影响顾客满意。在顾客初次接触企业服务与产品之前，对该企业的产品和服务的期望主要来自于通过各种渠道获得的企业信息。这些信息有相当部分是企业通过信息沟通渠道有意识地传递给消费者的。这些信息常常能起到促进销售的作用，同时也能提高消费者对产品及服务的预期。顾客预期高是一把双刃剑，一方面可以增加产品及服务的销售；另一方面，预期越高，就越容易在消费后产生不满情绪。

企业提供产品及服务是影响顾客满意的关键因素，如产品的质量、价格、包装等，以及服务的质量、承诺、内容、响应时间、服务人员态度等。企业提供的产品及服务的各种特征将直接影响到顾客的消费感知，而消费感知直接影响消费者的满意程度。

当顾客对产品及服务的消费产生不满情绪时，企业的处理态度与能力也将直接影响顾客的满意程度。一项调查表明留住一位顾客的价值远远高于处理一项投诉所需的花费，而一般公司对 96％的顾客不满情况一无所知。会提出抱怨的顾客比不抱怨的顾客更可能继续和公司做生意，提出申述的顾客中，54％～70％的人在问题获得解决的情况下会再次上门消费，如果问题解决得够快，那么这一比例将上升到 90％。

3. 顾客忠诚

在营销实践中，顾客忠诚被定义为顾客购买行为的连续性。它是指客户对企业产品或服务的依赖和认可、坚持长期购买和使用该企业产品或服务所表现出的在思想和情感上的一种高度信任和忠诚的程度，是客户对企业产品在长期竞争中所表现出的优势的综合评价。

顾客忠诚度指顾客忠诚的程度，是一个量化概念。顾客忠诚度是指由于质量、价格、服务等诸多因素的影响，使顾客对某一企业的产品或服务产生感情，形成偏爱并长期重复购买该企业产品或服务的程度。

顾客忠诚度的提高有利于企业竞争力的形成。顾客忠诚主张以顾客为中心，关注顾客对企业的评价，追求顾客高的满意度和忠诚度。实践证明，顾客忠诚越高的企业竞争力越强。如迅达电梯有限公司从电梯这个特殊产品出发，以用户满意为主线，从产品设计、制造、安装到维修、持续跟踪、落实用户各项需求，通过定期的用户满意度和忠诚度调查，将用户需求转化为产品质量特性，从而创造顾客持续的忠诚。迅达电梯也成为电梯生产企业中的佼佼者，其产量、销售额、市场占有率、利润等多项经济指标连续在全国同行业中名列榜首。顾客忠诚带来重复购买，因此顾客忠诚度的提高还有利于提高企业的经济效益。有关研究表明，争取一位新顾客的成本比维持一位老顾客的成本高数倍，而且在成熟的竞争性强的市场中，企业争取到新顾客的困难非常大；此外，由于"口碑效应"，老顾客会推荐他人购买从而增加新顾客，因此形成一种"顾客忠诚→企业盈利→顾客忠诚"的良性循环效应。

阅读资料 15－1

海尔电器"五个一"升级服务模式

一证件：上门服务时出示"星级服务资格证"。二公开：公开出示海尔"统一收费标准"；公开一票到底的服务记录单，服务完毕后请用户签署意见。三到位：服务后清理现场到位；服务后通电试机演示到位；服务后向用户讲解使用知识到位。四不准：不喝用户的水；不抽用户的烟；不吃用户的饭；不要用户的礼品。五个一：递上一张名片；穿上一副鞋套；配备一块垫布；自带一块抹布；提供一站式产品通检服务。

（资料来源：海尔电器"五个一"升级服务模式［OL］.［2011－05－12］. http://028.teambuy.com.cn/chugui/info－10－460075.html.）

15.1.3 服务营销策略

服务营销有两层含义：其一是在有形产品的营销中把服务作为一种营销手段开展营销活动；其二是针对服务产品的营销活动。

在20世纪50年代初，美国营销大师麦卡锡教授把企业开展营销活动的可控因素归纳为四类，即产品（product）、地点（place）、价格（price）、促销（promotion），提出了传统的市场营销的4P组合。到80年代，美国服务营销学家布姆斯和毕纳，在传统理论的营销组合4P基础上加入了服务营销概念，增加了服务营销的3P，分别为人员（people）、有形展示（physical evidence）、过程（process），提出了7P服务营销组合，这样构成服务营销组合。

1. 人

作为服务营销组合因素的人，也就是指服务营销活动的参与者。服务产品的生产和消费过程是同时进行、不可分割的，因此，作为服务营销组合的要素的人既包括服务的提供者，也包括服务的消费者。作为服务提供者的人，他们身上有诸多的不同，如受教育的环境和水平不同，个人的知识结构不同，适合的岗位不同，对公司的制度理解的不同，对服务的理解不同等，这些不同导致他们提供的服务水平存在很大的差异，这会给公司的营销活动带来很大的困难。公司应通过员工培训、内部人员营销等活动尽可能地减小这些差异。而作为服务消费者的人是公司营销活动的对象，他们同样存在很多差异，如生活环境、职业、受教育程度、支付能力等，导致他们对服务的感知、期望，对服务质量的要求等也存在很大的不同。企业应注重与消费者之间的沟通，对顾客进行教育，提高顾客的参与度，了解顾客内心的真正需求，并尽可能地满足它，以提高顾客的满意度与忠诚度。

2. 服务过程

服务过程是服务的生产和消费过程的总和。首先，由于生产过程和消费过程的不可分割性，设计出一个能将生产过程和消费过程有机地融为一体的标准流程是极其重要的。第二，为了使服务质量更加可靠，应尽量使服务过程标准化。第三，为了满足不同顾客的个性化服务需求，可以对服务流程进行个性化设计。这与第二点并不冲突，可以通过服务的模块化设计得以实现。第四，引导顾客深层次地参与服务的生产和消费过程，并及时地表达自己的意愿，服务的提供者应尽可能地按照顾客的意愿修正和改善，以提高顾客的满意程度。

3. 有形展示

服务是无形的，但是服务的提供者可以通过一些有形的东西向顾客提供服务的相应信息。服务企业可以强调的有形展示的途径有很多，如服务环境的布置，服务设施与工具的安排与使用，服务人员自身甚至其服装、表情、言谈举止等都在向顾客传递着服务的相关信息。因此，在服务营销中，设计和提供服务的有形线索具有重要的战略意义。

4. 产品

服务产品包括服务的范围、服务的质量、服务的品牌设计及服务的保证等内容。服务产品营销首先要开展的是服务产品的设计与开发，按照选定的目标市场设计服务类型、服务范围、服务标准等，在此基础上开发适合市场需要的服务产品。如我国近些年兴起的快捷酒店的服务对象就完全不同于星级酒店，星级酒店主要是服务高端人群，而快捷酒店则另辟蹊径，主要针对中小商务旅行者、自助游群体和年轻一族，因而设计的服务产品就完全不同于星级酒店。服务产品的开发还要注意服务的差别化，同质化的服务产品泛滥的结果就是价格竞争激烈，服务利润低，继而影响服务质量，引发顾客的不满，这是一个恶性循环。因此，企业必须开发差别化的服务产品，树立差别化的服务形象，以避免激烈的市场竞争。

阅读资料 15-2

快捷酒店

快捷酒店（经济型酒店）的概念产生于20世纪80年代的美国，近些年才引进中国。经济型酒店的特点是功能简化，把服务功能集中在住宿上，力求在该核心服务上精益求精，而把餐饮、购物、娱乐功能大大压缩、简化，甚至不设，投入的运营成本大幅降低。

快捷酒店相对于传统宾馆有着很明显的市场优势，是我国酒店行业真正走向成熟的标志。国外对经济型酒店的划分主要以价格为标准，结合国内特点，经济型酒店可以定义为：以大众观光旅游者和中小商务旅行者为主要服务对象，以客房为唯一产品或核心产品，以加盟或特许经营等经营模式为主，价格低廉（一般在300元人民币以下）、服务规范、性价比高的现代酒店业态。但快捷酒店不等于廉价酒店，连锁品牌的快捷酒店在市场竞争力、知名度、统一化管理、客源等多方面有着明显的优势。

（资料来源：http：//baike. baidu. com/view/648196. htm.）

5. 价格

价格是市场营销组合的重要因素，无论是有形的产品还是无形的服务，为其制定适当的价格都是非常重要的。服务的定价比产品的定价可以更加灵活一些，针对不同的人群、不同的消费时间等都可以制定不同的价格，以吸引更多的顾客前来消费。有些产品在不同时间段的消费需求强度是不同的，故可以制定不同的价格，如某些餐厅在非节假日的时间实行打折优惠；针对不同的顾客也可以通过价格折扣来满足其需求，如铁路交通部门对学生假期家校往返实行半价优惠政策。

6. 渠道

渠道包括两方面的含义，一方面是帮助服务转移过程中所涉及的一系列企业或机构，如飞机票代售点、火车票代售点等；另一方面是服务网点的设置，如快捷酒店在一个城市的选址与开设的数量等。渠道的设计直接关系到顾客消费服务的便利性，由于服务产品的不可分割性和不可储存性，服务产品的分销一般以直销为主，也有一些服务企业的分销包括一个或几个中介机构。近些年来电子商务的兴起大大方便了服务产品的购买与消费。

7. 促销

服务促销策略是企业营销组合策略的一部分，由于服务本身的无形性、不可分割性等特性，企业对服务产品的促销应该着重强调企业的宣传策略。企业服务有形化宣传与展示可以为顾客提供有形的线索，以增强顾客对服务的信心，减少疑虑，企业可以通过对服务环境、品牌标志、员工形象等的有形展示，使顾客掌握有形的线索。为顾客提供尝试和体验服务的机会也是服务促销策略不错的选择。同时，在服务的提供者和消费者之间，应建立一种长期合作、互利的关系，以提高顾客忠诚度。

阅读资料15－3

麦当劳的店面设计

麦当劳金黄色的“M”标识全球统一，早已为人们所熟识，其亲和力在消费者的心目中也已根深蒂固。白色的西装、满头的白发、饶有趣味的山羊胡子及亲和的微笑，这就是KFC国际形象的最佳标志。麦当劳店内的墙面上，挂有各种各样的卡通、乐园类图画，还有五颜六色的小旗帜、剪图、绿树、红花等，随意而挂，烘托出了一种无拘无束的乐园氛围。肯德基店内的墙面以暖暖的黄橙色为基色，装有射灯的装饰墙上挂着温馨的人物画，还挂着装饰镜凸显温馨、空间的明亮，有时尚感。麦当劳墙上的提示语是：“请您妥善保管好自己的贵重物品。”麦当劳的桌椅摆放大体上比较随意，尤其是在不同的角落，也巧妙地做到了因地制宜，而肯德基的桌椅都是整体的，让人感觉干净利落。麦当劳让顾客随时随地感受到温馨、轻松无处不在。洗手间墙面上，也贴着“开心一刻”的幽默与笑话。为了照顾到顾客的各种闲情逸致，麦当劳还在店内专门设有报纸栏，以便有兴趣的消费者阅读。又备有小推车，以便使带着还不会走路的小孩前来光顾的顾客能够更方便，胜似在家一般。

（资料来源：麦当劳店面设计分析［OL］.［2010-07-03］. http：//www.3lian.com/edu/2010/07-03/2747.html.）

15.2 关系营销

15.2.1 关系营销的内涵与特征

1. 关系营销的定义

美国的贝瑞教授于1983年在美国市场营销学会的一份报告中最早提出了关系营销的定义：关系营销是吸引、维持和增强客户关系。1996年，他又对原有定义进行了完善：关系营销是为了满足企业和相关利益者的目标而进行的识别、建立、维持、促进同消费者的关系并在必要时终止关系的过程，这只有通过交换和承诺才能实现。关系营销理论一经提出，迅速风靡全球。

菲利普·科特勒则认为关系营销是把营销活动看成是一个企业与消费者、供应商、分销商、竞争者、政府机构以及其他公众发生互动作用的过程，其核心是建立和发展与这些公众的良好关系。关系营销是公司与顾客在顾客的整个购买生命期里一起创造和分享新价值的过程。在这个过程中，企业不断地发掘、理解、满足客户需求，维系与特定顾客的关系，双方互惠互利。

2. 关系营销与传统营销的比较

关系营销观念是在交易市场营销观念之后形成的，它是现代西方营销理论与实践在传统的“交易型营销”基础上的发展和进步，是市场竞争发展的结果。关系营销从追求每笔交易利益最大化转化为追求营销参与者各方面关系利益最大化，企业从追求单笔交易利益最大化转化为追求长期的、最大的利益，这是当今营销理论和实践发展的新趋势。

传统的市场营销理论是以单个企业为基础，企业营销活动是通过企业内部可控因素的组合，即产品、价格、分销、促销策略的组合开展的，企业营销活动的核心在于制定并实施有效的市场营销组合策略。但是，随着市场竞争的激烈化，传统的营销理念越来越难以使企业获得经营优势。在经营过程中，企业要获得竞争优势，需要各种必要的资源，而这些资源需要通过企业外部的组织、群体和个人才能获得，如从银行获得企业发展的资金，从社会招聘工作人员，通过经销商分销产品等。除此之外，要想生存，企业还必须被更广泛的社会成员接受，如政府、媒体、消费者组织、环境保护团体等。企业与这些外部组织、群体和个人息息相关，构成了企业生存与发展的网络，大多数企业的成功正是充分利用这种网络资源的结果。

关系营销和传统营销相比较，其活动目标、营销战略、决策过程重点、企业与营销对象的接触与依赖程度等都存在很大的差异，这些差异可以通过表15-1很直观地反映出来。

表 15-1 关系营销与传统营销的区别

标　　准	关系营销	传统营销
营销目标	建立长期稳定关系	销售
营销战略	维持与现有组织、个人的关系	发展新顾客
决策过程重点	售后活动及行为	售前活动及行为
与顾客接触及依赖的程度	较高	较低
了解顾客满意渠道	直接了解顾客感受	通过市场份额感受
主要质量指标	产品与沟通并重	产品质量
雇员对营销的影响	较大	较小

3. 关系营销的本质特征

1）双向的信息沟通

在传统营销活动中，企业注重的是单向的信息传递，注重把企业的信息、产品的信息等快速、准确、有效地传递给消费者，而对顾客反馈信息的关注则不足。在关系营销中，企业注重的沟通是双向而非单向的。一方面，企业把自身的、产品的各种信息传递给各个营销参与者；另一方面，企业密切关注各营销参与者的反应，及时地掌握营销参与者的各种反馈信息，并根据这些反馈信息及时地调整营销组合，更好地满足各营销参与者的需求，以期与各营销参与者建立长久、稳定的关系。这样才能使企业赢得各个利益相关者的支持与合作。

2）协同的战略过程

关系营销参与者各方不是独立的，而是处于各利益方共同构成的网络中。关系营销强调与利益相关者建立长期稳定的、彼此信任的、互利的关系。处于关系营销网络中的各方，应在制定战略的时候考虑各自战略的协调性，各方联合开展活动，以营销网络中各方的总体利益的最大化作为行动目标，从而实现营销活动参与者的多方共赢。

关系营销各方的协调关系主要表现为互助和合作。互助是指关系营销活动参与者各有优势，为了大家共同利益的实现而互相帮助，弥补对方的不足，以实现双方的利益的行为。合作是指关系营销活动各参与者各自拥有其独特的资源，把这些资源整合在一起，有利于参与营销活动的各方的利益。

3）互利的营销活动

在传统的交易营销中，企业和顾客之间往往是利益的矛盾体，也正是这个原因使得一些企业的行为并不是出于顾客的利益，如企业为了应对激烈的价格竞争，同时保证自身的利益，不惜以降低产品的质量为代价来降低生产成本。关系营销则是建立在企业与顾客双方互利的基础上，要求关系营销活动双方相互了解对方的利益要求，寻求利益的诉求点，从而达到双方利益的契合。

4）密切的沟通

在传统的营销活动中，企业与顾客之间的联系比较少，甚至不直接联系，双方之间只有商品这一纽带，自然谈不上关系密切。而在关系营销中则比较注重参与营销活动的各方的关系的建立、稳定与发展。因此，关系营销的参与各方应保持密切的沟通，不只要实现经济利益的多赢，还必须让营销活动的参与各方能从相互之间的联系中获得情感的满足。

5）及时的信息反馈

在传统营销活动中，由于企业与顾客之间很少有直接的联系，因而信息反馈既不充分、也不及时，这会对企业及时制定或调整营销策略以适应市场状况的变化产生极大影响。关系营销则强调建立营销活动参与各方之间的关系，因此企业要设立专门的部门，与营销系统中各参与者进行经常性的沟通，了解顾客、分销商、供应商的想法及态度，由此掌握相互之间关系的状态，并及时调整相关营销策略来维持营销活动各参与者之间的良好关系，并实现多方共赢。

15.2.2 关系营销的系统结构

关系营销强调的不只是企业与顾客之间的关系。现代企业要想在竞争中立于不败之地，仅仅建立、保持与顾客之间的密切关系是不够的，企业还要注意与营销活动的其他参与者建立密切的关系，如供应商、分销商、政府、媒体，甚至是竞争对手。除此之外，企业还要注意其内部关系的协调，如部门之间、人员之间关系的协调都是影响企业存在与发展的重要因素。图 15－1 是企业的关系营销网络。

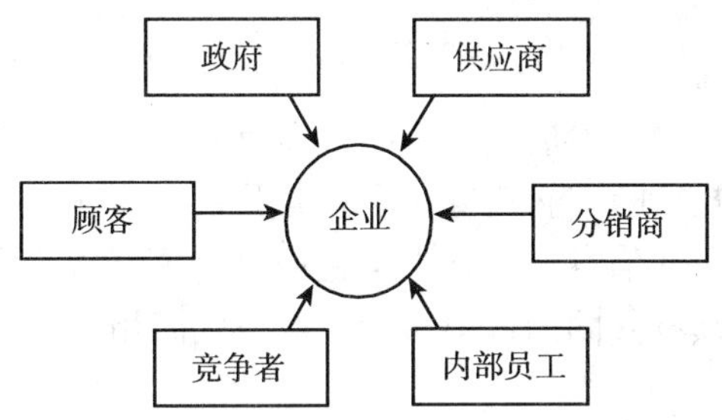

图 15－1 企业的关系营销网络

1. 企业与政府的关系

企业与政府的关系是以企业作为行为主体，利用各种信息传播途径和手段与政府进行双向的信息交流，以取得政府的信任与支持，从而为企业建立良好的外部政治环境，促进企业的生存和发展。企业要想建立与政府之间的良好关系必须要做到服从政府的管理，遵纪守法，支持政府工作等。

2. 企业与竞争者的关系

市场要求企业不断加快创新速度。随着全球化的压力越来越大，短兵相接的竞争对手也可以在不损害各自的竞争优势的前提下，结成战略联盟。通过合作，双方不仅可以共同分担产品开发的成本与风险，获取规模经济效益，还能共享资源与人才，从而可以更快地向市场推出具有竞争力的产品或与更大的竞争对手抗争。

阅读资料 15－4

合作与竞争

通用汽车和福特公司，日立和松下电器，戴姆勒—克莱斯勒和通用汽车，诺斯罗普·格鲁曼公司和英国航天系统公司，通用汽车和丰田，铁姆肯公司和 SKF 集团，这么多对制造商的共同之处是，每一对企业都是在市场上短兵相接的直接对手。然而，它们同时又是合作伙伴，一起肩并肩地开发新产品，分享新理念和新技术，合作开拓市场。

3. 企业与顾客的关系

顾客是企业最重要的人，是给企业带来利润的人，客户是企业生存和发展的基础。企业和顾客关系的发展包括三个阶段：满足顾客的需求；满足顾客不断变化的需求；超越顾客的期待。

4. 企业与供应商的关系

企业与供应商合作关系的状态对企业产品质量、产品设计、交货、库存水平等方面都产生重大影响，因此企业与供应商之间的关系也越来越密切，二者之间的关系发展由交易、合作到战略联盟，其终极目标是建设高效的供应商网络。

企业与供应商合作的基础是双赢关系的建立，它强调在合作的供应商和生产商之间共同分享信息，通过协商协调相互的行为。在合作中生产企业应与供应商建立高效的信息沟通渠道，帮助供应商降低成本、改进质量、加快产品开发进度；双方之间应以长期的信任合作取代短期的合同，通过建立相互信任的关系提高效率，降低交易及管理成本，最终实现双赢的目的。

5. 企业与分销商的关系

在企业营销活动中，分销渠道成员执行了很多重要的功能，如获取信息、促进销售、交易谈判、订货、融资、承担风险、物流等。企业与分销商建立良好的关系可以节约成本，降低风险，改善资金流、物流和信息流，减少渠道冲突，更容易达成一致性的战略目标。二者之间要建立良好的关系必须有共同的远景目标、双方之间相互信任、在行动上相互配合以及信息与利益的共享。

6. 企业内部的关系营销

企业内部关系营销是指企业运用市场营销的手段和方法加强成员之间的沟通和交流，协调和促进企业内部市场的各种关系，使各方增进理解、信任并相互支持。

15.2.3 关系营销的实施

1. 关系营销的推进层次

美国营销学家贝瑞和帕拉苏拉曼归纳了 3 种创造建立顾客价值的方法，即关系营销的 3 个层次。

（1）一级关系营销。在顾客市场中经常被称作频繁市场营销或频率市场营销，它是基于购买的营销关系，是最低层次的关系营销。在一级关系营销中，企业维持与顾客之间关系的主要手段是利用价格及其相关手段增加目标市场顾客的财务利益，即对那些频繁购买以及按稳定数量进行购买的顾客给予财务奖励的营销计划，如携程网对在本网购机票的旅客进行飞行里程的累加，达到一定里程之后即可享受一定里程的机票赠送。一级关系营销的另一种常用形式是对不满意的顾客承诺给予合理的财务补偿，如沃尔玛承诺给不满意的顾客无条件的退货。一级关系营销即企业与营销对象只在发生交易行为时才建立一种关系，在这种关系下的顾客，如果别的企业为其提供了更大的折扣或优惠，他可能很快就会成为其他企业的顾客。

（2）二级关系营销。企业在二级关系营销中不仅重视与顾客建立购买关系，更重要的是在此基础上，发展和保持与顾客之间长期稳定的合作关系，采用各种方式和方法力求与顾客保持密切的联系，以加深双方之间的感情。企业通过与顾客的交流沟通，挖掘和掌握顾客真正的需要，针对顾客的需要设计个性化的产品和服务，使得本企业比竞争对手能更好地满足顾客的需要，从而加深企业与顾客的关系。通过企业的二级关系营销既增加了顾客的财务利益，也增加了顾客的社会利益。二级关系营销一般可以通过建立顾客组织来实现。

阅读资料 15－5

百事可乐占领印度市场

20 世纪 80 年代，由于印度国内软饮料公司反跨国公司议员们的极力反对，可口可乐公司被迫从印度市场撤离。与此同时，百事可乐就开始琢磨如何打入印度市场，百事可乐公司明白：想要占领印度市场，就必须消除当地政治力量的对抗情绪。百事可乐公司认为要解决这个问题就必须向印度政府提出一项该政府难以拒绝的援助。百事可乐公司表示要帮助印度出口一定数量的农产品以弥补印度进口浓缩软饮料的开销，同时还帮助印度发展农村经济转让食品加工、包装和水处理技术，从而赢得了印度政府的支持，迅速占领了印度软饮料市场。

（3）三级关系营销。在三级关系营销活动中，企业除注重客户财务利益和社会利益的增加外，还要与顾客建立结构型联系。企业要想与客户构建结构型联系，必须能为顾客提供独特的、有价值的服务，一方面这种服务能为顾客带来财务利益或社会利益，另一方面顾客无法从其他竞争者处获得这种服务。这些服务通常以技术为基础，为客户提高效率和产出。早在 20 世纪末期，远大中央空调就能为顾客提供中央空调的远程监控与管理工作，以确保公司销售到世界每个角落的中央空调的正常运转和及时维修。良好的结构型联系提高了顾客转向企业竞争对手的机会成本，也成为吸引竞争者的顾客转向本企业的动力。结构型联系能为企业增强其与顾客之间的关系提供一个非价格动力，因为无论是财务联系还是社会联系，都只能支撑价格变动的小额涨幅，当出现较大的价格差别时，就需要更高级别的合作关系。三级关系营销是级别最高的关系营销层次，三级关系营销的成功实施可以形成顾客对企业的忠诚。忠诚的顾客一般不会转而购买别的企业的产品或服务，他们与企业之间形成了一种深刻的品牌偏好，建立了一种相对稳固的关系。

2. 关系营销的实施

企业在经营管理过程中，要真正建立与顾客之间的深层次的合作关系，需要方方面面的保障。

（1）组织设计。企业的组织结构直接决定企业与顾客之间关系的密切程度。企业应时刻明确谁是自己必须保持密切关系的客户。早在 20 世纪 90 年代末期，我国的铁路货运部门就曾经根据运量、货物品类、给企业带来的收益等因素，对货主进行了分类、筛选，找出对自己价值更大的客户，并指派专人负责，对其进行差别化管理。如今很多企业采用客户经理制，每个客户由相应的经理负责，保持经常性的联络与沟通，并及时进行反馈和追踪。

（2）信息资源共享。企业内部、企业与客户之间以多种方式分享信息资源，建立“知识库”或“回复网络”，并入更庞大的信息系统；组成临时“虚拟小组”，以完成自己或客户的交流项目。

（3）文化整合。企业文化是企业经营的深层次的东西，企业文化反映了企业的价值观，也决定了企业处理问题的方式、方法。企业与客户之间文化的差异会造成建立关系的困难，使工作关系难以维持，因此双方之间文化的融合是关系双方能否真正协调运作的关键。

15.3 绿色营销

经济的快速发展伴随着人类生存环境的不断恶化，近些年来人们越来越注重对环境和资源的保护，而这一理念逐渐转化为消费过程中的一种自律行为。在消费的同时人们开始注重污染的减少和环境的保护，绿色需求正在被逐渐唤起。目前，西方发达国家对于绿色产品的需求非常广泛，并且已形成了绿色消费链条：绿色需求→绿色设计→绿色生产→绿色产品→绿色价格→绿色市场开发→绿色消费。而绝大多数发展中国家由于资金和消费质量等问题，还无法真正实现对所有消费需求的绿色化。

15.3.1 绿色营销的含义与特征

1. 绿色营销的含义

英国威尔斯大学的肯·毕提教授在其著作《绿色营销——化危机为商机的经营趋势》中，从需求的角度阐述了绿色营销的含义。他认为绿色营销是一种能辨识、预期及符合消费的社会需求，并且可带来利润及永续经营的管理过程。

在企业生产经营过程中，对绿色营销含义的理解的角度则有所不同。绿色营销是企业在生产经营活动中，追求消费者利益、企业利益、社会利益的有机统一，在满足消费者需求的基础上，在实现企业利润目标的同时，也要充分注意自然环境及社会环境的保护。企业对产品的设计与生产、定价与销售等，都要注意保护生态环境，尽可能避免或减少环境污染，保护和节约自然资源，实现经济与市场的可持续发展。企业通过绿色营销活动，使自身利益、社会发展和保护环境三者有机地统一起来，使经济发展遵循代际公平的原则，既能满足当代人的需求，又不至于对后代生存和发展构成危害和威胁，即实现社会经济的可持续发展。

目前，绿色营销的开展主要集中在以下几个主要方向。

1）绿色食品

绿色食品是对具有无污染的安全、优质、营养类食品的总称，是指按特定生产方式生产，并经国家有关的专门机构认定，准许使用绿色食品标志的无污染、无公害、安全、优质、营养型的食品。

当前，我国正面临严重的食品安全问题挑战。在国内的食品市场上，安全隐患很多，如大米用矿物油“抛光”，面粉掺有“甲醛”，蔬菜农药残留严重超标……这些不安全食品直接影响了人们的身体健康，甚至危及生命安全。因此，目前我国消费者对绿色食品的需求十分旺盛。

阅读资料 15-6

绿 色 食 品

1990 年 5 月，中国农业部正式规定了绿色食品的名称、标准及标志。

标准规定：①产品或产品原料的产地必须符合绿色食品的生态环境标准；②农作物

种植、畜禽饲养、水产养殖及食品加工必须符合绿色食品的生产操作规程；③产品必须符合绿色食品的质量和卫生标准；④产品的标签必须符合中国农业部制定的《绿色食品标志设计标准手册》中的有关规定。绿色食品的标志为绿色正圆形图案，上方为太阳，下方为叶片与蓓蕾，标志的寓意为保护。在许多国家，绿色食品又有着许多相似的名称和叫法，诸如“生态食品”、“自然食品”、“蓝色天使食品”、“健康食品”、“有机农业食品”等。由于在国际上，对于保护环境和与之相关的事业已经习惯冠以“绿色”的字样，所以，为了突出这类食品产自良好的生态环境和严格的加工程序，在中国统一被称做“绿色食品”。

（资料来源：http：//baike. baidu. com/view/5589. htm.）

2）绿色服装

绿色服装也称生态服装或环保服装，是欧美等发达国家在20世纪90年代初期提出的一种服装设计理念。这种服装设计理念从环境保护的角度出发，探索服装设计思路，生产一种无污染、有利于人体健康的生态服装。据随机抽样调查显示，有四成左右的人表示认同并愿意购买绿色服装，可见潜在的市场前景良好。绿色服装生产的重点在于绿色服装的设计、选材。

绿色服装设计必须充分考虑服装原料的选择、面料的选择、服装结构、生产加工、包装设计等方面的绿色特点。

材料的绿色是绿色服装产品最首要的特征。目前，绿色服装在选材上主要有：

① 天然纤维面料。天然纤维以其良好的吸湿、透气、纯天然、安全、生物相容性深受消费者的青睐，包括纯棉织物、麻织物、毛织物、丝织物等。

② 新型生态环保型面料。如天然彩棉，麻纤维中的蕉麻、凤梨麻，具天然绿色的天蚕丝，毛中的牦牛毛、驼羊毛等，以及菠萝叶纤维、香蕉纤维等。这些天然纤维不仅穿着舒适，还具有某种天然色彩，不用染色、漂白，极大地减少了环境污染。

③ 天然无毒辅料。服装辅料在服装的造型、实用性、档次等各个方面都起着重要作用，如纽扣、拉链、内衬等。天然无毒辅料也是绿色服装的重要组成部分。

3）绿色家电

我们每时每刻都生活在辐射、污染之中。身边的汽车、电视机、电脑、手机、冰箱甚至台灯，无时无刻不在损害着我们的健康，因此，绿色家电应运而生。绿色家电是绿色环保背景下家电产业一种绿色化的变革。绿色家电是指在质量合格的前提下，高效节能且在使用过程中不对人体和周围环境造成伤害，在报废后还可以回收利用的家电产品。如绿色冰箱、绿色空调、环保型微波炉、水处理机、防辐射手机、附带有视屏保的电脑等一系列家电产品。绿色家电在设计之初就要考虑到节能、低辐射等因素，选取制造材料的时候要尽量选用可回收、无毒无害的，在生产时同样要降低生产能耗。

4）绿色包装

绿色包装也称无公害包装和环境之友包装，指对生态环境和人类健康无害，能重复使用和再生，符合可持续发展的包装。绿色包装是在绿色浪潮冲击下对包装行业实施的一种革命性的改变，绿色包装一方面保护环境，另一方面节约资源，二者相辅相成，不可分割。它不仅要求对现有包装的不乱丢、乱弃，而且要求对现有不符合环保要求的包装进行回收和处理，更要求按照绿色环保标准采用新包装和新技术。

2. 绿色营销的特征

绿色营销是一种新型营销理念，绿色营销是在原有的营销理论基础上发展起来的。与传统的营销相比，绿色营销具有一些不同以往的特征。

1）拓展营销范围

传统的市场营销活动的对象是消费者，企业营销的手段就是通过最大限度地满足消费者的需要，实现企业的利润目标。绿色营销活动的对象已经从消费者拓展为整个社会，既包括消费者个人需求的满足，还要满足整个社会长远发展的需求，乃至全人类的未来发展的需求。因此，绿色营销不能像传统的营销那样，顾客需要什么，企业就生产什么，即便是在传统营销中被奉为圣经的沃尔玛的经营理念——顾客永远是对的，在绿色营销理念面前也显得不够全面，企业需要从整个社会、整个人类的长远发展出发去开展生产经营活动。

2）倡导绿色消费

绿色营销的核心是提倡绿色消费。绿色消费也称可持续消费，是指一种以适度节制消费，避免或减少对环境的破坏，崇尚自然和保护生态等为特征的新型消费行为和过程。企业在绿色营销理念的指导下，把最大限度的刺激消费转化为可持续性的绿色消费。绿色消费不仅包括绿色产品，还包括物资的回收利用，能源的有效使用，对生存环境、物种环境的保护等。企业在开展绿色营销过程中，开拓绿色产品市场，营造绿色消费的群体意识，创造绿色消费环境，促销绿色产品，培育绿色文化。这种绿色消费意识，适应了人们保护和改善生态环境、实现全球经济可持续发展的要求。

3）培育绿色文化

在绿色营销过程中，企业不仅要把绿色理念实施到生产过程的每一环节中去，更要在企业内部乃至全社会培育和传播绿色文化。在企业内部，企业首先要在员工中树立绿色环保的思想，其次要把这一思想渗透到各个部门、各个岗位的工作中去，让绿色文化真正成为企业文化的核心内容；在企业外部，积极倡导和宣传绿色理念，诱导并满足绿色需求，在市场上逐步形成绿色的消费理念，长此以往不仅可以得到广大消费者的喜爱，更可以得到政府及各种社会团体的支持，把企业未来的发展、消费者需求的满足和社会长远发展的需求很好地结合在一起，企业便有了长期生存和发展的基础。在绿色文化的建设与传播过程中，企业目标与环境目标相融合，企业经营理念与可持续发展理念相融合，适应了社会发展的要求，反映了企业经营理念的新发展。

4）发展绿色科技

企业绿色营销活动的顺利开展，离不开绿色科技的保障。如近些年来，各种节能、环保等属于绿色范畴的技术被研究开发出来，并应用到产品的生产中去，大大减小了人类消费对自然环境的影响。我们所熟知的无氟冰箱、电动汽车、环保型微波炉、防辐射手机、附带有视屏保的电脑等产品都是绿色科技发展的产物。因此，要想真正地实现绿色生产、绿色消费，使国家真正走上可持续发展的道路，绿色科技的投入、发展和应用是十分必要的。

15.3.2 绿色营销的意义

1. 促进资源合理利用和经济的可持续发展

通过开展绿色营销活动，可以协调消费者需要、企业利益、社会发展和环境保护之间的关系，使经济的发展既能满足当代人的需求，又不至于对后代生存和发展构成威胁，即实现社会经济的可持续发展。随着社会上“绿色意识”的增强，越来越多的消费者选择购买绿色产品。

2. 有利于生态环境的改善和减缓生态环境的恶化

绿色思想的精髓是节约资源和保护环境，在这样的理念指导下开展的企业的生产、销售、运输等活动都会减少资源的消耗和浪费，对保护生态环境和减缓生态环境的恶化具有十分深远的意义。

3. 有助于企业塑造良好形象

良好的企业形象对企业的发展是非常必要的，企业经营不仅是为了实现盈利目标，身上还背负着促进社会发展的重任。绿色的生产经营活动使企业对内为员工营造安全、健康的工作环境，对外为消费者乃至整个社会的长期发展做出贡献，这样的企业才更能与政府、社会团体及消费者保持良好的关系，赢得政府的支持、社会的好感和消费者的信任，从而树立良好企业形象。

4. 有助于企业追求合理的经济效益

绿色需求在市场上形成了一个新的生产经营方向，这是一个发展机会多、潜力大的生产经营方向。这为企业的生产经营提供了新的发展空间，不论是绿色食品、绿色家电，还是节能环保的汽车，都将是该行业企业未来发展的方向。

15.3.3 营销组合绿色化

营销组合绿色化包括绿色产品策略、绿色价格策略、绿色渠道策略和绿色促销策略等内容。

1. 绿色产品策略

在绿色市场营销组合中，绿色产品策略是其策略的核心，只有设计、生产出适合需求的产品，企业的绿色营销活动目标才可能实现。绿色产品策略包括绿色产品设计、绿色产品生产、采用绿色标志和绿色包装等内容。

与传统同类产品相比，市场对绿色产品提出了更高的要求，它不仅要能满足消费者的传统需要，更要符合有关环保和安全卫生的标准，满足对社会、自然环境和人类身心健康有利的绿色需求。因此，产品的生产应尽可能地减少资源的消耗，并尽可能地利用可再生资源，产品本身不应添加危害人体健康和自然环境的材料，在产品制造过程中应消除或减少“三废”对环境的污染。

(1) 绿色产品设计。绿色产品设计包括材料的选择，产品结构、功能、制造过程的计划，包装与运输方式，产品的使用及产品废弃物的处理回收等，要关注这些因素给环境带来的影响。

(2) 生产过程绿色化。生产过程绿色化也可称为绿色制造。随着绿色营销观念不断地深入人心，生产过程绿色化越来越深化和全面。小范围的进行绿色产品的开发是远远不够的，必须从整个制造业下手，进行生产过程绿色化的研究和应用。制造业对环境的影响是超越时间和空间的，甚至是对全人类未来的发展都会产生深远的影响。ISO14000系列标准的陆续出台，为绿色制造的全球化研究和应用奠定了很好的管理基础。

（3）采用绿色标志。采用绿色标志是绿色营销的重要特点。绿色标志计划起源于原联邦德国的“蓝色天使计划”，随后在西方发达国家掀起了绿色标志的潮流，加拿大、日本、法国等国家纷纷推出了自己的绿色标志计划。1989年，北欧的一些国家，包括丹麦、芬兰、冰岛及挪威等实行统一的北欧环境标志，慢慢地越来越多的国家加入到这个行列中来。我国现行的绿色标志，是由国家指定的机构或民间组织依据环境标志产品标准及有关规定，对产品的环境性能及生产过程进行确认，并以标志图形的形式告知消费者哪些产品符合环境保护的要求，对生态环境更为有利。

（4）采用绿色包装。绿色包装也是绿色产品策略的一个极其重要的组成部分。产品的绿色包装首先应考虑减少对资源的消耗，其次包装的废弃物应尽可能地二次利用或成为新的资源。如在设计产品包装时，其材料应选择易于分解、无毒性的材料来包装，并避免过度包装等。除此之外，企业还应搞好包装品及其废弃物的回收服务，以免给环境带来污染。

2. 绿色价格策略

在绿色产品的设计与生产过程中，可能会产生比以往传统生产更高的成本，如增加或改善产品的绿色功能而支付的成本；研制对环境和人体无污染、无伤害而增加的成本；使用绿色原料、辅料而可能增加的成本；实施绿色营销而可能增加的销售费用等。绿色产品的成本比普通产品的成本高，绿色产品的价格也会高于普通产品的价格。在西方发达国家，由于消费者的消费意识比较超前，消费能力也比较强，虽然绿色产品价格上扬幅度较大，消费者有能力也乐于接受。在发展中国家，由于消费者的消费能力较低，绿色意识也比较薄弱，因此，在制定绿色产品价格时应注意消费者的接受能力，产品价格的上扬幅度不宜过大。

3. 绿色渠道策略

绿色营销渠道的通畅是企业成功实施绿色营销活动的关键，关系到企业生产的绿色产品在消费者心目中的位置，也关系到企业开展绿色营销的成本。企业的绿色分销策略主要包括企业绿色分销渠道的建立以及企业产品的绿色运输两个主要方面。

（1）企业绿色分销渠道的建立。企业建立绿色渠道时，主要包括绿色分销渠道设计、绿色分销商选择等。在设计分销渠道时，应设计较短的分销渠道，减少中间环节，如企业可自设绿色产品专营机构，直接销售自己的产品。但是绝大多数的企业会选择使用中间商分销产品，在选择分销商时要选择有绿色信誉的中间商，如关心环保，在消费者心中有良好信誉的大中间商等分销绿色产品。

（2）企业产品的绿色运输。在整个产品的生产及分销过程中，原材料及制成品的运输所占用的时间、成本和耗费都是相当高的，因此，绿色运输的发展对企业是非常有意义的。发展绿色运输，一方面要注意运输工具的选择，要选择那些污染少、排放少的比较环保的交通工具；另一方面要注意运输线路的规划，要尽可能地减少货物在途时间，以减少运输过程中的消耗与浪费。

4. 绿色促销策略

绿色促销是企业通过各种绿色促销手段与消费者进行沟通，以传播企业和产品信息的活动。企业绿色促销活动的首要目标是诱导消费者群体的绿色消费需求，在这一基础上树立企业和企业产品的绿色形象，并使之与消费者的绿色需求相协调。企业的绿色促销策略主要有绿色广告策略和绿色公关活动策略等。

15.4 网络营销

互联网起源于美国。最早出现的 ARPANET 网是 1969 年美国国防部资助西海岸四所大学和研究所，通过简单的通信电缆将主电脑连接起来，实现互相通信。随后几十年的时间里，互联网技术不断发展，应用的范围也越来越广。到 20 世纪 90 年代初，互联网开始了其商业化用途，并成立国际标准化管理委员会负责标准制定和实施。随后，短短几年间互联网发展到全世界 100 多个国家和地区。伴随着互联网在商业上越来越广泛的应用，一种不同于传统营销的新的营销方式——网络营销出现了。

网络营销在我国起步较晚，1996 年我国才有企业开始尝试这种新的营销模式。进入 21 世纪以来，随着网络的迅速普及，我国的网络营销进入了快速发展阶段，企业网站建设迅速发展，网络广告不断创新，网络营销工具与手段不断涌现。2011 年 6 月的调查数据表明，我国网民总数达到 4.85 亿，居全球第一位。与此同时，我国的网络营销进入了一个空前快速发展的阶段，网络调研、网络广告、网络分销、网络服务等网络营销活动，正异常活跃地介入到企业的生产经营中。

15.4.1 网络营销的含义与特点

1. 网络营销的含义

网络营销是以互联网为基础，利用信息的数字化和网络媒体的交互性来辅助营销目标实现的一种新型的市场营销方式。网络营销是传统营销模式的一种新的应用与发展，是企业传统营销体系的有益补充。以前，说起网络营销，很多人以为网络营销就是网站建设，或者开一个网上书店之类的事情。事实证明，不能把网络营销简单地理解为通过网络开展销售活动，网络营销更准确地说是由互联网替代如报刊、杂志、广播、电视等传统媒体成为企业新型营销沟通媒介，营造网上经营环境的过程，是凭借网络媒介综合利用各种营销方法、工具并协调其间的相互关系，从而更加有效地实现企业营销目的的手段。网络营销的实质是利用互联网对产品的售前、售中、售后各环节进行即时、双向的信息沟通和跟踪服务，它自始至终贯穿于企业经营的全过程，包括市场调查、客户分析、产品开发、销售策略、客户服务与管理等方面。

2. 网络营销的特点

(1) 跨时空性。传统的营销模式，尤其是传统的媒介，都受时间和空间的限制，而互联网则能够超越时间约束和空间限制，随时随地实现与顾客之间的信息交换，使得营销活动可以脱离时空限制，跨时空进行交易变成可能。目前全球几乎所有的国家和地区都已接入了互联网，企业通过互联网可以与全球市场进行联系，企业有了更多的时间和更大的空间进行营销。

(2) 媒体多样性。互联网能以数字化的方式全面地反映现实世界，它可以传输多种媒体形式的信息，如文字、声音、图片及影音文件等，使得为达成交易进行的信息交换能以多种形式存在和交换，信息传递方式生动、活泼、多样，可以充分发挥营销人员的创造性和能动性，也能最大限度地吸引网络使用者的注意力，从而达到较好的信息沟通效果。

（3）实时交互性。互联网可使企业市场营销人员与顾客及其他营销参与者进行实时信息沟通，能高效率地完成市场信息沟通及商品销售。互联网可以通过商品信息资料库提供有关的查询，并设置与顾客的交流平台来实现供需互动与双向沟通；也可以进行产品测试与消费者调查等活动，及时获得相关的市场信息。

（4）客户能动性。在传统营销中，顾客往往是企业营造的营销氛围的接受者，处于被动地位。在网络营销过程中，网络用户不仅仅是网络环境的接受者，同时也在网络环境的形成过程中充当重要角色——网络环境创造者。企业应利用这一特点充分调动各方面的积极因素，为自身的营销活动创造良好的网络环境。

（5）营销活动个性化。与传统的营销活动相比，互联网上的营销沟通是网络营销人员与顾客之间一对一的沟通，这种沟通是以消费者为主导的，通过营销人员与顾客之间循序渐进式的关系的建立，形成一种与以往营销活动完全不同的低成本的、个性化的营销手段，从而与消费者建立并保持长期良好的关系。

（6）成本经济性。网络营销的信息沟通都是通过网络实现的，而通过网络进行信息交换可以大大减少传统营销活动中必不可少的如印刷、投递等沟通成本。通过网络销售还可以实现无实体店面销售，可以节省店面销售所必需的租金、装潢费用、水电甚至人工等成本。另外，网络营销往往是直销的形式，省去了很多中间环节，可以减少多次交换带来的成本及损耗。

15.4.2 网络营销的功能

1. 信息发布

信息发布是网络营销的基本功能之一。网络的发展为企业提供了便捷的发布信息的渠道，企业通过各种网络渠道及手段，将企业及产品的信息传递给目标市场顾客、合作伙伴、公众等群体。企业既可以通过自己建设网站来发布相关信息，也可以利用各种网络营销工具和网络服务商的信息发布渠道向更大范围的顾客传播信息。

2. 网络市场调研

网络为企业搜集各种一手及二手资料提供了便利。一方面，企业可以通过浏览相关网站，便捷地获取二手资料，如可以通过浏览国家统计局网站、地方统计局网站了解经济发展的宏观数据，浏览竞争对手的网站了解竞争对手的现状与动向等；另一方面，企业也可以发起网上调研，通过调研问卷等形式获取宝贵的一手资料。网上市场调研的调查周期比较短，还可以节省传统调研中必不可少的交通费、印刷费等费用，因而比传统市场调研活动的成本低。

3. 客户沟通

维护与顾客之间的密切联系是当今每个企业都必不可少的工作。良好而密切的顾客关系，对于挖掘顾客的长期价值甚至是终身价值都具有至关重要的作用。在竞争如此激烈的今天，要想在竞争中保持自身地位的稳定，必须采用以顾客关系为核心的营销方式，它是企业创造和保持竞争优势的重要策略。网络具有良好的交互性，网络能帮助企业更高效地建立密切的顾客关系，因而对提高顾客的满意度和顾客的忠诚度也非常有效。

4. 网络销售

网络销售是企业传统销售渠道的有益补充。企业可以通过建立一个具备网上交易功能的网站作为自己的网上交易场所，更多企业的网上销售渠道建设并不限于企业网站本身，还包括建立在专业电子商务平台上的网上商店，以及与其他电子商务网站不同形式的合作等。网上销售并不是大型企业才能开展，不同规模的企业都有可能拥有适合自己需要的在线销售渠道。如近几年淘宝等综合电子商务平台的快速发展，为很多中小企业提供了网上销售的平台，越来越多的消费者开始接受并习惯网络购物，而网络购物涉及的商品也从最初的书籍、小商品等扩展到今天的无所不有的范围。

5. 企业品牌建设

企业开展网络营销还可以在互联网上建立并推广企业品牌及产品品牌。开展网络营销为企业利用互联网建立并推广品牌形象提供了十分便利的条件。在网络上，企业可以用适合自身的方式展现品牌形象。网络品牌建设通常是以企业网站建设为基础，并辅以一系列的宣传及推广措施，实现目标顾客、公众乃至全社会对企业及其产品的认可。

6. 网络销售促进

企业开展营销活动的基本目的是增加销售，传统营销活动如此，网络营销也不例外。网络促销是通过网络传递商品和服务的信息以增加销售。网络多媒体技术促进了信息传播模式的革新，为购销双方提供了较全面的商品表现形式，并提供了双向、快捷的信息传播模式，同时也留给双方充分思考的时间。在这种环境下，传统的促销方法显得力不从心，这些建立在计算机与现代通信技术基础上的促销方式还将随着这些技术的不断发展而改进。

15.4.3 网络营销的主要形式

1. 搜索引擎营销

搜索引擎营销是利用搜索引擎来进行网络营销和推广，是网络营销的一种形式。搜索引擎营销分为两种：一种是搜索引擎优化，是通过对网站结构（内部链接结构、网站物理结构、网站逻辑结构）、网站内容、相关性外部链接的优化，获得在搜索引擎上的优势排名，为网站引入流量；另一种是购买搜索结果页上的广告位来实现营销目的，各个搜索引擎都有自己的网络广告体系，由于广告只出现在相关搜索结果或相关主题网页中，因此，搜索引擎广告比传统广告更有针对性，客户转化率更高。搜索引擎营销的基本思想是让用户发现信息，并通过点击网站/网页进一步主动了解所需的信息，因此可以最小的投入，获得最大的来自搜索引擎的访问量，并产生商业价值。

搜索引擎营销主要实现方法包括：竞价排名、分类目录登录、搜索引擎登录、付费搜索引擎广告、关键词广告、来电付费广告、搜索引擎优化（搜索引擎自然排名）、地址栏搜索、网站链接策略等。

2. 博客营销

博客，也称网络日志，是一种通常由个人管理、不定期张贴新文章的网站。博客可以理解为个人思想、观点、知识等内容在互联网上的共享。

博客营销是利用博客开展网络营销的行为。企业或个人可以利用博客这种网络交互性平台，发布并更新企业或个人的相关信息，密切关注并及时回复博客平台上顾客的相关疑问及咨询，并通过较强的博客平台获得搜索引擎的较前排位，以达到宣传目的的营销手段。

作为一种信息发布和传递的工具，博客的内容题材和发布方式非常灵活，其传播具有极大的自主性，且没有直接费用。博客的信息量大，可以更客观地对自己的企业和产品进行推广，可信度较高。

3. 微博营销

微博，即微博客，是一个基于用户关系的信息分享、传播以及获取平台。用户可以通过WEB、WAP以及各种客户端组建个人社区，并实现即时分享。世界上最早的微博是美国的twitter，截至2010年1月，twitter在全球已经拥有7 500万注册用户。2009年8月中国最大的门户网站新浪网推出“新浪微博”内测版，成为门户网站中第一家提供微博服务的网站。

随着微博的逐渐火爆，微博营销快速发展起来。微薄营销是以微博作为营销平台，以微博听众作为营销对象开展的网络营销活动。每个企业都可以在有微博服务的网站上注册一个微博，然后时时更新自己的微博向博友传播企业、产品的相关信息，并通过微博平台与博友进行沟通交流，这样就可以达到营销的目的。

微博虽然是微博客，但是微博营销与博客营销却有很大的差异。首先，二者的信息源的表现形式不同，博客营销以博客文章为基础，对博客的质量有一定要求；微博内容则短小精炼，重点在于表达现在发生了什么有趣（有价值）的事情，对文字要求较低。其次，二者信息传播模式不同，微博注重时效性，是快速传播简短信息的渠道；博客则对时效性要求不高，因此可以获得多个渠道用户的长期关注。博客营销主要体现信息本身的价值，而微博营销则以信息源的发布者为核心，体现了人的核心地位。博客营销可以依靠个人的力量，而微博营销则要依赖其社会网络资源。

4. 电子邮件营销

电子邮件营销是在用户事先许可的前提下，通过电子邮件的方式向目标用户传递有价值信息的一种网络营销手段。用户许可、电子邮件传递信息、信息对用户有价值是电子邮件营销的三个基本要素，三者缺一不可，否则都不能称之为有效的电子邮件营销。电子邮件营销是网络营销手法中最古老的一种，广泛地应用于网络营销领域。

与传统的营销方式相比，电子邮件营销的沟通速度快，交流方便，成本低。但是，通常被用户称为“垃圾邮件”的广告邮件往往被拒收，或者被直接删除；此外电子邮件需要网络才可以接收和阅读，不像传统信函那样可以随时随地查看。

5. 论坛营销

论坛营销是指企业利用论坛这种网络交流的平台，通过文字、图片、视频等方式发布企业的产品和服务的信息，从而让目标客户更加深刻地了解企业的产品和服务，最终达到宣传企业品牌、加深市场认知度的网络营销活动。

论坛作为一种网络平台，是互联网诞生之初就存在的形式，在网络营销的早期，就有企业在论坛里发布企业及产品的信息，这是网络营销的一种最古老的、简单的方法。

网络营销的形式是多种多样的，除了上述介绍的形式外，还有很多。随着互联网的进一步普及和发展，网络营销将在企业营销活动中发挥越来越重要的作用，新的网络营销的形式也将会不断地被创造出来。

15.5 整合营销

1993年，美国西北大学的舒尔茨教授，最早提出了整合营销的概念，如今整合营销观念已经广为流传，得到了企业界和营销理论界的广泛认同，被认为是20世纪90年代市场营销理论最为重要的发展。整合营销是运用系统的方法进行营销决策与营销管理，它是传统营销理念的进一步发展。

15.5.1 整合营销传播的概念及理论基础

1. 整合营销传播的概念

从概念层面上，各个营销专家及组织给出了不同的整合营销传播的定义。美国广告公司协会对整合营销传播的定义是：整合营销传播是一个营销传播计划概念，要求充分认识用来制定综合计划时所使用的各种带来附加值的传播手段（如普通广告、直接反映广告、销售促进和公共关系）并将之结合，提供具有良好清晰度、连贯性的信息，使传播影响力最大化。被誉为“整合营销之父”的唐·舒尔茨教授认为：“整合营销传播不是以一种表情、一种声音，而是以更多的要素构成的概念。整合营销传播是以潜在顾客和现实顾客为对象，开发并实行说服性传播的多种形态的过程。”菲利普·科特勒则认为：企业所有部门为服务于顾客利益共同工作时，其结果就是整合营销。

从实战层面看，整合营销传播就是将企业营销组合的各个因素，如产品、价格、广告、公共关系、销售促进、包装设计、大型活动、企业形象识别系统等营销因素进行整合运用。使企业营销组合的各个因素反映的是企业的同一种信息，每个媒体发出的是同一种声音，让消费者从各个渠道接收到的信息都是统一的。因此，他们能更有效地接受企业所传播的信息，准确辨认企业及产品和服务，便于企业及其产品在消费者心中树立一致的形象。

整合营销是一种新的营销思想和理念，企业通过整合自身内外部的各种资源和要素，实现真正从以生产为核心向以营销为核心的方向转变，它是现代企业经营理念的重要组成部分。

2. 整合营销的理论基础

在20世纪60年代以后的很长一段时间里，传统的4P营销理论一直是营销理论的主导。随着市场的逐渐发展，竞争日益激烈，越来越多的企业把营销的中心从企业及其产品转向消费者，因此，以消费者为中心的4C理论也就应运而生。1990年，北卡莱罗纳大学教授劳特朋提出了用4C组合取代传统的4P组合的观点。1992年，唐·舒尔茨及其合作者田纳本和劳特朋出版了全球第一部整合营销专著——《整合营销传播》。

整合营销传播认为企业的营销活动应以客户（consumer）为中心，加强与客户的沟通（communication），关注并满足客户在成本（cost）、便利（convenient）方面的需求，力求比竞争对手更好地满足消费者的需求。整合营销思想把在传统营销中独立存在的各个因素，如产品、品牌、价格、渠道、广告、公关等，看成一个整体，进行有机组合，形成新的营销组合模式，即顾客的需求与欲望、顾客获取满足的成本、顾客购买的便利性、沟通。从关注4P转变到注重4C，是当前许多大企业全面调整市场营销战略的发展趋势。

消费者需求与欲望（consumer needs and wants）。整合营销理论认为，企业应该充分考虑顾客的需求和欲望，建立以顾客为中心的营销观念，将“以顾客为中心”的理念贯穿于市场营销活动的整个过程之中。要为消费者提供合适的产品，必须先了解消费者的需求和欲望。企业的生产经营活动必须从消费者的需求出发，而不是从企业的产品研发部门出发。

成本（cost）。整合营销理论认为，顾客在购买及消费某产品时，其付出的成本，除了金钱之外，还要耗费一定的时间、精力和体力，这些都是顾客总成本的重要组成部分。所以，顾客总成本等于货币成本、时间成本、精力成本和体力成本之和。顾客在购买及消费商品时，总是希望把总成本降到最低，以使自己得到最大限度的满足。因此，企业应利用各种手段降低顾客总成本，如降低商品生产成本、分销费用、促销费用等以降低商品价格；建立便捷的分销渠道，节约顾客的选择及购买时间；为顾客提供良好的售前、售中及售后服务，减少顾客精神和体力的耗费等。

便利性（convenience）。整合营销理论认为，考虑消费者选择及购买商品的便利性，最大限度地便利消费者，是目前企业竞争应认真思考的问题。在传播企业及商品信息时，企业应注意消费者的媒介习惯，考虑消费者信息的易得性，对于企业自身也是非常有意义的。在设计销售渠道时，企业应考虑消费者购买的便利性，如选择适合的地理位置，考虑消费者的易接近性，使消费者容易到达购买地。企业必须研究和分析消费者的购买行为，依据便利消费者的原则，为其设计能提供最大购买便利的渠道。

沟通（communication）。整合营销理论强调与顾客之间的沟通，而传统营销组合中强调的是促销。与传统营销组合中的促销相比，整合营销的沟通更强调消费者的地位及其认知与感受，更强调购销双方之间的双向与互动性。正是由于沟通的双向与互动，可以使企业及时、确切地掌握消费者的需要与感受，有针对性地打造产品与服务，更好地满足消费者的需求。

15.5.2　整合营销传播的层次

整合营销不是一蹴而就的，而是一个循序渐进的过程，企业应了解整合营销的各个层次，逐渐深入地开展整合营销。

1. 认知的整合

认知的整合是企业开展整合营销传播的第一个层次。认知的整合要求企业内部的人员深刻地认识到营销传播的重要性，在员工的思想意识上为即将开展的整合营销工作打好基础。

2. 形象的整合

形象的整合要求企业将所要传播的所有信息，在同一营销理念的指导下以“同一声音”传递给目标顾客乃至整个市场。这一整合营销层次可以理解为信息与信息的一致性，信息与媒体的一致性，以及媒体与媒体的一致性。如传播的信息中用到的文字、色彩及其他各种视觉要素之间的一致性，以及企业通过不同媒体传播的信息的一致性等。

3. 功能的整合

在营销传播过程中，往往会有多种营销传播的方案，涉及多种营销传播的媒介。各种营销方案起到的作用是不同的，各种营销媒介的传播效果也会有很大的差异。因此，要注重各种营销方案及营销媒介在使用过程中能做到相互促进，达到事半功倍的效果，切忌各种营销方案及营销媒介的作用相互抵消。

4. **营销传播模式的整合**

在企业整合营销的传播过程中，既需要人际营销传播，也需要非人际形式的营销传播，这就需要人际营销传播与非人际营销传播保持高度的一致性。如营销人员向顾客传递的信息内容，必须与广告、公关活动等其他非人际传播形式传递的信息内容协调一致。

5. **基于顾客的整合**

顾客需求是企业开展整合营销工作的出发点。企业在设计整合营销组合策略之前必须首先了解顾客的需求，细分市场，确定目标顾客，并在此基础上给产品以明确的定位。只有完成了这些工作，企业才能开展营销策划工作，这样的营销组合设计才会有很强的针对性，直接到达目标顾客的心中。

6. **基于营销参与者的整合**

企业的整合营销活动面对的对象不仅是消费者，还有很多营销参与者，如股东、企业内部从业人员、债权人、供应商、零售商、竞争对手、中央及地方各级政府部门等。这些营销参与者作为企业整合营销活动的利益相关者，与企业共担经营风险，同样应作为企业整合营销传播的对象。

7. **关系管理的整合**

关系管理的整合被认为是整合营销的最高阶段。企业必须制定有效的战略组合，并向不同的风险共担者作出有效传播。有效的战略组合包括营销战略、制造战略、工程战略、财务战略、人力资源战略等。企业必须把生产经营的每个功能环节协调起来，实现以营销战略为核心的各功能部门的协调，对企业内外部资源作出战略整合。

15.5.3 整合营销的实施

1. **建立资料库**

建立资料库是整合营销的起点。资料库分析使整合营销有别于传统的营销方法。资料库的内容主要包括顾客基本资料、顾客购买行为、购买历史、产品类别等资讯。资料库的主要功能是记录顾客的相关信息，包括每个现实顾客或潜在顾客的相关营销信息，如其购买的历史数据和预测数据等资料。在市场竞争激烈的今天，企业营销的成功依赖于重复营销，保持顾客的忠诚，使之成为有价值的终身客户，建立营销资料库可以帮助企业实现这一目标。顾客资料库管理的主要内容包括资料库的建立、资料储存、数据挖掘、资料处理、资料维护等内容。

2. **确定目标市场**

在前期建立的客户资料库的基础上，对顾客进行分析，按照各种指标对市场进行有效细分，在划分好细分市场之后，企业可以将既定市场中的一个或多个细分市场作为目标市场，并进行相应的市场定位。

3. **接触管理**

整合营销的起点和终点都是消费者，无论是企业的产品销售活动，还是营销传播活动，买卖双方必须通过某种接触联系在一起，因此企业就需要对与顾客之间的接触进行管理。接触可以分为3个层次：第一个层次是购买前的接触，在这个阶段对商品是看和听，没有实质性的接触，这个层次要解决的问题是合理选择与消费者进行沟通的时间、地点、方式，以及具体的沟通信息的设计；第二个层次是产品的实质接触阶段，消费者通过消费感受商品的品质、功能、质量等具体特征；第三个层次是持续接触阶段，当消费者对某产品有了消费经历后，如果感受较好，就会形成连续消费。

4. 整合企业内部

企业根据对资料库分析后所选定的目标市场以及接触管理需要，制定明确的营销目标，并与企业战略以及企业其他业务相结合，实现企业层次的营销整合。

5. 选择营销工具

企业最终要实现营销目标，必须在自身营销战略目标的指导下，根据目标市场的特征，如目标市场需求、目标市场顾客的成本承受能力、对购买便利的要求、目标市场顾客的媒介习惯等，选择具体的营销工具组合，并将其予以整合，以期达到较好的营销沟通效果。

6. 进行沟通整合

营销沟通整合是整合营销工作的关键环节。即使同是企业选择的目标市场中的顾客，每个顾客之间仍存在很大的差异，他们适应的营销沟通工具也会有所不同。此外，每种营销传播工具的特点不同，沟通效果同样存在很大的差异。因此，要以顾客特点为基础，针对不同行为类型的顾客制定不同的传播目标，使用不同的传播工具组合。在营销沟通的过程中，一定要注意“以一种声音说话”，实现一种高效的双向沟通。

本章习题

一、单选题

1. 实施绿色营销的企业，其活动都要以（　　）为前提，力求减少和避免环境污染，保护和节约自然资源。

A. 企业赢利　　B. 企业经营目标　　C. 保护生态环境　　D. 满足股东利益

2. 20 世纪 90 年代以来兴起的 4C 观念，强调以（　　）为中心的营销组合。

A. 沟通　　B. 宣传　　C. 消费者需求　　D. 质量

3. 关系营销将建立与发展同所有利益相关者之间的关系作为企业营销的（　　）。

A. 关键工作　　B. 次要工作　　C. 间接任务　　D. 辅助工作

4.（　　）要求建立专门的部门，用以追踪各利益相关者的态度。

A. 绿色营销　　B. 关系营销　　C. 整合营销　　D. 生态营销

5. 网络营销产生的技术基础是（　　）。

A. 互联网　　B. 计算机　　C. 付款手段　　D. 营销策略

二、多选题

1. 消费者的购物成本包括（　　）。

A. 风险承担　　B. 时间耗费　　C. 体力耗费　　D. 精力耗费

E. 购物的货币支出

2. 与传统营销相比，网络营销具有的特点有（　　）。

A. 交互性　　B. 个性化　　C. 经济性　　D. 跨时空性

E. 媒体多样性

3. 下列因素中属于整合营销的4C的有（　　）。

A. 顾客　　B. 价格　　C. 产品　　D. 便利性

E. 沟通

三、名词解释

1. 服务　2. 绿色营销　3. 网络营销　4. 关系营销　5. 整合营销

四、简答及论述题

1. 请简述服务营销组合的内容。
2. 请简述关系营销的推进层次。
3. 请简要描述绿色营销开展的主要方向。
4. 请论述网络营销的主要功能。
5. 请简述整合营销传播的层次。

案例讨论

微博订房——社交网络助力酒店营销

发微博逐渐成为越来越多的人，特别是年轻人的一种爱好。社交网络的发展风起云涌，在萧山，不少酒店瞄准了社交网络这个平台，推出了“微博订房”业务，萧山酒店业网络营销再度升级。

“微博控”主要是“70后”、“80后”群体，这也与大部分酒店的目标市场定位相符。目前，萧山第一世界大酒店、开元名都大酒店、太虚湖假日酒店等一批高星级酒店纷纷开通了自己的官方微博，其中不少官微的粉丝都突破了万人。业内人士指出，微博营销，以互动性强、信息量大、成本低、覆盖面广等特点也受到酒店营销部门的青睐。

近日，第一世界大酒店新浪官方微博已经上线最新的微预订功能——这是萧山旅游行业第一家开通微博预订的企业。用户只需进入该酒店在新浪微博的官方页面后，可以查看酒店介绍、图片、房型和报价，点击“订房”按钮跳转到“预订”页面。接着，只需填写预订日期、预订间数、入住人数和联系信息等，即可成功提交订单。酒店接收订单后，将通过电话联系用户确认预订信息。

随着微博的普及，利用微预订功能将是一种新兴的营销渠道。在微博日常管理中，已经有越来越多的宾客在选择预订之前会咨询一些问题并@酒店官方微博。

（资料来源：http：//www.xsnet.cn/news/szjj/2012_8/1641904.shtml.）

思考讨论题

1. 根据所学知识，请你解释什么是微博营销。
2. 结合案例，请试着分析微博营销与博客营销的区别。

参考文献

[1] 科特勒．市场营销管理［M］．赵平，王霞，译．9版．北京：清华大学出版社，2003.

[2] 张理，高学争．市场营销管理学［M］．北京：清华大学出版社，2012.

[3] 王迎军，柳茂平．战略管理［M］．天津：南开大学出版社，2003.

[4] 科特勒，阿姆斯特朗．市场营销［M］．俞利君，译．北京：华夏出版社，2003.

[5] 晁钢令．市场营销学［M］．3版．上海：上海财经大学出版社，2008.

[6] 科特勒．营销管理［M］．梅汝和，译．北京：中国人民大学出版社，2001.

[7] 周颖．市场营销学［M］．2版．北京：北京师范大学出版社，2011.

[8] 邱华．服务营销［M］．2版．北京：科学出版社，2010.

[9] 郭国庆．现代市场营销学［M］．北京：清华大学出版社，2008.

[10] 周立功．市场营销学［M］．北京：清华大学出版社，2011.

[11] 苏秦．服务质量、关系质量和顾客满意模型、方法及应用［M］．北京：科学出版社，2010.

[12] 韦福祥．服务营销学［M］．北京：对外经济贸易大学出版社，2009.

[13] 格罗鲁斯．服务管理与营销服务竞争中的顾客管理［M］．韦福祥，译．3版．北京：电子工业出版社，2008.

[14] 李光明，李伟萁．客户管理实务［M］．北京：清华大学出版社，2009.

[15] 拉普，霍佳震，维尔纳．客户关系管理：一个整体方案［M］．上海：上海社会科学院出版社，2012.

[16] 尤建新，陈强，鲍悦华．顾客满意管理［M］．北京：北京师范大学出版社，2008.

[17] 邵兵家．客户关系管理［M］．2版．北京：清华大学出版社，2010.

[18] 科特勒．市场营销原理［M］．13版．北京：中国人民大学出版社，2010.

[19] 吴涛．市场营销管理［M］．修订版．北京：中国发展出版社，2005.

[20] 侯雁．市场营销学教程［M］．北京：机械工业出版社，2007.

[21] 孙悦．战略管理［M］．北京：机械工业出版社，2008.

[22] 马绝尘．本土市场营销［M］．北京：企业管理出版社，2003.

[23] 李东进．消费者行为学［M］．北京：机械工业出版社，2008.

[24] 吕一林，李蕾．市场营销学［M］．北京：中国人民大学出版社，2000.

[25] 汤定娜，万后芬．中国企业营销案例［M］．北京：高等教育出版社，2001.

[26] 符国群．消费者行为学［M］．北京：高等教育出版社，2002.

[27] 科特勒．市场营销［M］．北京：中国国际广播出版社，2001.

[28] 李先国．营销管理［M］．大连：东北财经大学出版社，2002.
[29] 科特勒，阿姆斯特朗．科特勒市场营销教程［M］．俞利军，译．北京：华夏出版社，2000.
[30] 佩洛特，麦卡锡．基础营销学［M］．胡修浩，译．上海：上海人民出版社，2006.
[31] 吴建安．市场营销学［M］．北京：高等教育出版社，2007.
[32] 张璐．政府采购理论与实务［M］．北京：首都经济贸易大学出版社，2011.
[33] 布恩．当代市场营销学［M］．赵银德，译．北京：机械工业出版社，2005.
[34] 万后芬，汤定娜，杨智．市场营销教程［M］．北京：高等教育出版社，2007.
[35] 汪涛．组织市场营销［M］．北京：清华大学出版社，2005.
[36] 马斯特森，等．李先国，等译［M］．北京：北京大学出版社，2006.
[37] 王永贵．组织市场营销［M］．北京：北京大学出版社，2005.
[38] 方青云，袁蔚，孙慧．现代市场营销学［M］．上海：复旦大学出版社，2005.
[39] 赫特，斯潘．组织间营销管理：从战略视角观察工业组织间市场［M］．朱凌，译．北京：中国人民大学出版社，2006.
[40] 所罗门．所罗门营销学［M］．李东贤，译．北京：中国人民大学出版社，2009.
[41] 殷博益．市场营销学［M］．南京：东南大学出版社，2009.
[42] 王瑜，张晓锋．现代市场营销学［M］．南京：江苏人民出版社，2009.
[43] 戴秀英．市场营销学［M］．北京：北京大学出版社，2009.
[44] 李灿．市场调查与预测［M］．北京：清华大学出版社，2012.
[45] 王秀娥，夏冬．市场调查与预测［M］．北京：清华大学出版社，2012.
[46] 许以洪，熊艳．市场调查与预测［M］．北京：机械工业出版社，2010.
[47] 王玉华．市场调查与预测［M］．北京：机械工业出版社，2010.
[48] 帕拉苏拉曼．市场调研［M］．王佳芥，应斌，译．北京：中国市场出版社，2009.
[49] 麦克丹尼尔，盖茨．当代市场调研［M］．李桂华，译．8 版．北京：机械工业出版社，2012.
[50] 岳欣．市场调研、分析与预测［M］．北京：北京邮电大学出版社，2010.
[51] 伯恩斯，布什．营销调研［M］．于洪彦，译．6 版．北京：中国人民大学出版社，2011.
[52] 陈启杰．市场调研与预测［M］．上海：上海财经大学出版社，2008.
[52] 卢泰宏，杨晓燕，促销基础［M］．北京：清华大学出版社，2007.
[53] 范明明．市场营销学［M］．北京：科学出版社，2004.
[54] 王方华，奚俊芳．营销渠道［M］．上海：上海交通大学出版社，2005.
[55] 陈守则，王竞梅，戴秀英．市场营销学［M］．北京：机械工业出版社，2005.
[56] 李东进、秦勇．现代广告学［M］．北京：中国发展出版社，2011.
[57] 所罗门．消费者行为［M］．张莹，译，北京：经济科学出版社，1999.
[58] 刘苍劲，蔡继荣．国际市场营销：理论、实务、案例、实训［M］．北京：高等教育出版社，2010.
[59] 贾殷．国际市场营销［M］．吕一林，雷丽华，译．北京：中国人民大学出版社，2004.

[60] 拉斯库．国际市场营销学．马连福，赵颖，高楠，译．北京：机械工业出版社，2010.
[61] 成爱武，朱雪芹．国际市场营销学［M］．北京：机械工业出版社．2011.
[62] 鲁特．国际市场进入战略［M］．梅清豪，译．上海：上海人民出版社，2003.
[63] 洛夫洛克，沃茨．服务营销［M］．谢晓燕，赵伟韬，译．6 版．北京：中国人民大学出版社，2010.
[64] 陈孟建．网络营销与策划［M］．2 版．北京：人民邮电出版社，2012.
[65] 张卫东．网络营销：策划与管理［M］．北京：电子工业出版社，2012.
[66] 刘敏，牟俊山．绿色消费与绿色营销［M］．北京：清华大学出版社，2012.
[67] 万后芬．绿色营销［M］．2 版．北京：高等教育出版社，2006.
[68] 菲尔．B2B 营销：关系、系统与传播［M］．李孟涛，译．北京：北京科文图书业信息技术有限公司，2007.
[69] 张艳芳．关系营销［M］．成都：西南财经大学出版社，2007.
[70] 舒尔茨，凯奇．全球整合营销传播［M］．黄鹂，何西军，译．北京：机械工业出版社，2012.
[71] 克洛，巴克．广告、促销与整合营销传播［M］．应斌，王虹，译．5 版．北京：清华大学出版社，2012.
[72] ACHROL R S，KOTLER P. Marketing in the Network Economy［J］．Journal of Marketing，1999（Special Issue）．
[73] TAX S S，BROWN S W. Recovering and Learning from Service Failure［J］．Sloan Management Review，1998（Fall）．
[74] KEAVENEY S. Customer Switching Behavior in Service Industries：An Exploratory Study［J］．Journal of Marketing，1995，59（4）．
[75] EREVELLES S，LEAVIT C. A Comparison of Current Models of Consumer Satisfaction/Dissatisfaction［J］．Journal of Consumer Satisfaction，Dissatisfaction and Complaining Behavior，1992（5）．